HOLT McDOUGAL

Discovering FRENCH Today!

FRENCH 2
Blanc

Jean-Paul Valette
Rebecca M. Valette

HOLT McDOUGAL

HOUGHTON MIFFLIN HARCOURT

Teacher Reviewers

Carolyn Fletcher
Bonita High School, California

Patricia L. Ménard
Milton High School, Massachusetts

Teacher Panel

Linda Davisson
Wilbur Middle School, Kansas

Korey Dugger
Austin-East Magnet High School, Tennessee

Carolyn Fletcher
Bonita High School, California

Paul T. Giles
Forsyth Central High School, Georgia

Carole Lapointe-Prospère
West Roxbury High School, Massachusetts

Paul J. Maher
West Seneca East Senior High School, New York

Ann Minor
St. Andrew's Episcopal School, Mississippi

Dr. Mary Schense
Manzano High School, New Mexico

Martha Schillerstrom
Glenbard East High School, Illinois

Jennifer Schoenfeld
Lawton Community Schools, Michigan

Student Reviewers

Kate Hagelow
Illinois

Ashlie Lynn
Pennsylvania

Teacher Review Board

Kay Dagg
Washburn Rural High School, Kansas

Lynette Emanuel
Independence High School, Wisconsin

Casey Handrop
South West High School, California

Dianne Hopen
Humboldt High School, Minnesota

Sheila Hutchinson
Kimball High School, Texas

Pamela Knapp
Acton-Boxborough High School, Massachusetts

Patricia McCann
Lincoln-Sudbury High School, Massachusetts

T. Jeffrey Richards
Roosevelt High School, South Dakota

Cover photography

Front Cover ©David Sanger/The Image Bank/Getty Images
Back Cover Level 1a: ©David Noble/Travel Pictures; Level 1b: ©Patrice Coppee/Workbook Stock/Getty Images; Level 1: ©Travelpix Ltd/Stone/Getty Images; Level 2: ©David Sanger/The Image Bank/Getty Images; Level 3: ©Shaen Adey/Gallo Images/Getty Images

Printed in the U.S.A.

ISBN 978-0-547-87197-4

6 7 8 9 10 0918 21 20 19 18 17 16 15 14

4500491619 A B C D E F G

Reprise

Entre amis

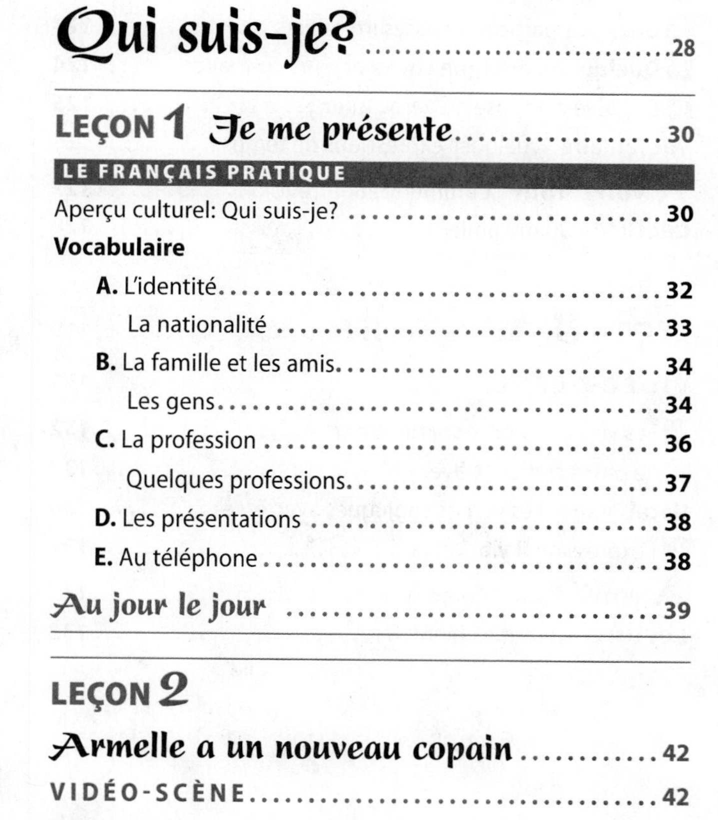

DIGITAL FRENCH
my.hrw.com

Unité 1

Qui suis-je?

Unité 2

Le week-end, enfin! 98

DIGITAL FRENCH
my.hrw.com

Unité 3

Bon appétit! 150

DIGITAL FRENCH
my.hrw.com

LEÇON 9 La nourriture et les boissons 152

LEÇON 10 Au supermarché 164

LEÇON 11 Jérôme invite ses copains 174

LEÇON 12 L'addition, s'il vous plaît! 184

Unité 4

Loisirs et spectacles! 204

DIGITAL FRENCH
my.hrw.com

Unité 5

Vive le sport! 270

DIGITAL FRENCH
my.hrw.com

Unité 6

Chez nous 318

DIGITAL FRENCH
my.hrw.com

Unité 7

Soyez à la mode! 368

DIGITAL FRENCH
my.hrw.com

Unité 8

Bonnes vacances! 432

DIGITAL FRENCH
my.hrw.com

Unité 9

Bonne route 490

DIGITAL FRENCH
my.hrw.com

Bonjour à nouveau! Hello again!

We hope that you had a very pleasant summer vacation and we would like to welcome you to another year of **DISCOVERING FRENCH TODAY!** *With this book you will learn to communicate and to express yourselves effectively on many aspects of daily life: meeting people, inviting friends, going out together, ordering food, choosing clothes, exercising and staying fit, and planning vacations. You will also be able to describe past events and talk about your plans for the future.*

At the beginning, you may want to review some basic vocabulary and structures which you learned last year. The opening section entitled Reprise is designed to facilitate and guide your review. You may also want to familiarize yourself with the review charts and summaries in Appendix A on pages R2–R12. Finally, the À votre tour section will encourage you to apply the material you have reviewed in communicative contexts.

In addition to language activities, you will continue to discover France and other areas of the French-speaking world. Since nations have become increasingly interdependent, it is important to understand other peoples and cultures. French is an international language and the French-speaking countries form a diverse and dynamic segment of the world community. In the Images du monde francophone sections of your book, you will read about the history, customs, and traditions of people who live not only in France, but also in parts of Canada, Europe, and Africa.

*We trust that you will find the many varied activities in this book both helpful and interesting in re-***DISCOVERING** *the excitement of learning* **FRENCH!**

Et maintenant, bonne chance et en avant avec le français!

Jean-Paul Valette   Rebecca M. Valette

Netk@fé
SALON DE THE
CONNEXION INTERNET
LIBRE SERVICE INFORMATIQUE
DEPANNAGE INFORMATIQUE
FORMATION
METROPOLITAIN

Reprise

Entre amis

FAISONS CONNAISSANCE!

RAPPEL 1 Les nombres, la date, l'heure et le temps

RAPPEL 2 Les choses de la vie courante

RAPPEL 3 Les activités

À VOTRE TOUR!

THÈME ET OBJECTIFS

In **Reprise**, you will meet new friends who live in different regions of France.

You will also have the opportunity to activate some of the basic communication skills that you learned last year.

In particular, you will review how to ...

- count
- give the date and tell time
- talk about the weather
- describe various things you own
- talk about places you you often go
- talk about your daily activities
- say what you like and don't like to do
- ask and answer questions

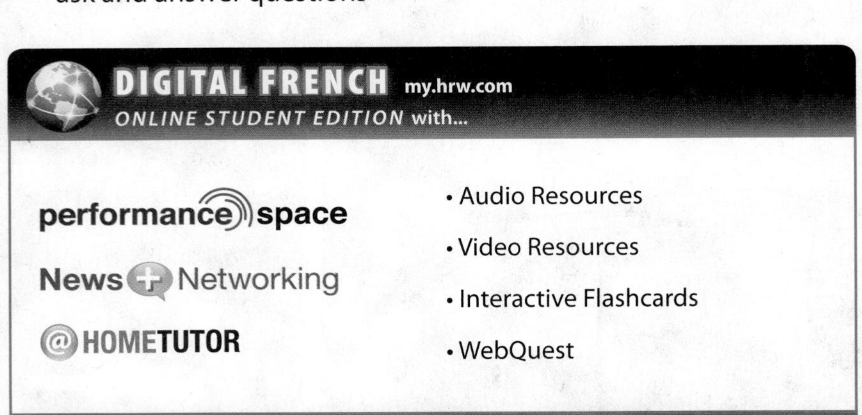

Faisons connaissance!

AUDIO

À quelle école vas-tu?
Quelles sont tes matières préférées?
Qu'est-ce que tu fais quand tu n'étudies pas?
Quel rêve° est-ce que tu aimerais° réaliser?

Nous avons posé° ces questions à quatre jeunes Français.
Voici leurs réponses.

Frédéric Chauveau, 16 ans

Je vais au lycée Schoelcher à Fort-de-France. Mes matières préférées sont l'histoire et les langues. J'étudie l'anglais et l'espagnol. J'étudie aussi la biologie parce que je veux être médecin.°

J'étudie beaucoup, mais je n'étudie pas tout le temps.° Quand je n'étudie pas, j'écoute mes CD. J'aime toutes° sortes de musique: le rock, le rap, le jazz . . . et même° la musique classique. Je surfe sur le Net et je télécharge° de la musique.

Mon rêve? Faire un voyage autour du monde,° mais d'abord,° je dois réussir mon bac!°

Stéphanie Delage, 14 ans

Je vais au collège Émile Zola à Toulouse. À l'école, j'aime tout° sauf° les maths. (Le professeur est trop strict!)

En dehors de° mes études, j'aime surtout° le sport. En hiver, je fais du ski, généralement avec ma famille. En été, je fais de l'escalade° et je joue au tennis. Je ne suis pas une championne, mais je joue assez bien.

Mon rêve? Aller au Tibet et faire l'ascension° de l'Himalaya.

Jean-Philippe Pons, 14 ans

Je vais au collège des Barattes à Annecy. Mes matières préférées? Euh . . . je n'ai pas de matière préférée sauf le sport et le dessin.°

J'aime sortir° avec mes copains. Le samedi on va au cinéma. Quand il y a un concert à la Maison des Jeunes,° on va au concert. Parfois° quelqu'un° organise une soirée. Alors, on va chez ce copain (ou cette copine) et on danse . . .

Mon rêve? Gagner à «La roue° de la fortune»!

rêve *dream* **aimerais** *would like* **posé** *asked* **médecin** *doctor* **tout le temps** *all the time* **toutes** *all* **même** *even* **télécharge** *download* **autour du monde** *around the world* **d'abord** *first* **bac** *high school diploma* **tout** *everything* **sauf** *except* **En dehors de** *Outside of* **surtout** *especially* **l'escalade** *rock climbing* **l'ascension** *climb* **dessin** *drawing* **sortir** *to go out* **Maison des Jeunes** *Youth Center* **Parfois** *Sometimes* **quelqu'un** *someone* **roue** *wheel*

Corinne Van Dinh, 15 ans

Je vais au lycée Saint-Grégoire à Tours. Je suis assez bonne en maths. J'aime aussi l'informatique et l'économie.

Qu'est-ce que je fais quand je n'étudie pas? Ça dépend! À la maison, j'aime jouer avec mon ordinateur. (C'est un cadeau° de mon oncle qui travaille dans une boutique d'informatique.) Le week-end, j'aime faire des promenades à vélo avec mes copines. J'aime aussi danser. Malheureusement,° mes parents sont assez stricts. Alors, je ne sors° pas très souvent.

Mon rêve? Visiter les États-Unis et passer six mois dans une famille américaine.

cadeau *present* **Malheureusement** *Unfortunately* **sors** *go out*

VOCABULAIRE La vie scolaire *(School life)*

les écoles (schools)

un collège *middle school*
un lycée *(senior) high school*
une école privée *private school*
une école publique

les études *(f.) (studies),* ***les matières*** *(f.) (school subjects)*

un cours *class, course*
l'histoire *(f.)*
la géographie *(la géo)*
l'économie *(f.)*
la philosophie (la philo)
les maths *(f.)*
les sciences *(f.)*
- **la physique**
- **la chimie** *chemistry*
- **la biologie (la bio)**
- **l'informatique** *(f.) computer science*
- **la technologie (la techno)**

une classe *class*
les langues *(f.) languages*
- **le français**
- **l'anglais** *(m.)*
- **l'espagnol** *(m.)*
- **l'allemand** *(m.) German*

la musique
les arts *(m.)* **plastiques** *art*

le sport
l'éducation *(f.)* **physique**

➔ In casual speech, French people often shorten certain words. For example, they say:

la géo for **la géographie**
la philo for **la philosophie**
la techno for **la technologie**

FLASH d'information

1. Fort-de-France is the main city of Martinique, a French island in the Caribbean West Indies.
2. French schools are often named after famous people.
   - Victor Schoelcher (1804–1893) helped to abolish slavery in the French colonies (1848).
   - Émile Zola (1840–1902) was a writer and journalist known for his defense of civil liberties.
3. The **baccalauréat** (or **bac**) is awarded to students who pass a national examination at the end of their secondary school studies. This diploma allows students to enter the university.

Et vous?

PARLER Maintenant, parlez de vous. Pour cela, complétez les phrases avec l'une des expressions suggérées, ou avec une expression de votre choix.

1. Je vais dans …
   - un collège
   - un lycée
   - une école privée

2. Je vais à l'école …
   - à pied *(on foot)*
   - à vélo
   - en voiture
   - en car scolaire *(school bus)*
   - en bus

3. Ma matière préférée est …
   - le français
   - l'anglais
   - l'histoire
   - les maths
   - l'informatique
   - les arts plastiques
   - la musique
   - l'éducation physique
   - ?

4. J'ai parfois *(sometimes)* des difficultés …
   - en français
   - en maths
   - ?

5. En général, je pense *(think)* que les professeurs de mon école sont …
   - sympathiques
   - amusants
   - intéressants
   - patients
   - stricts
   - ?

6. À la maison, quand je n'étudie pas, je préfère …
   - regarder la télé
   - écouter mes CD
   - téléphoner à mes copains
   - surfer sur le Net
   - jouer aux jeux vidéo
   - ?

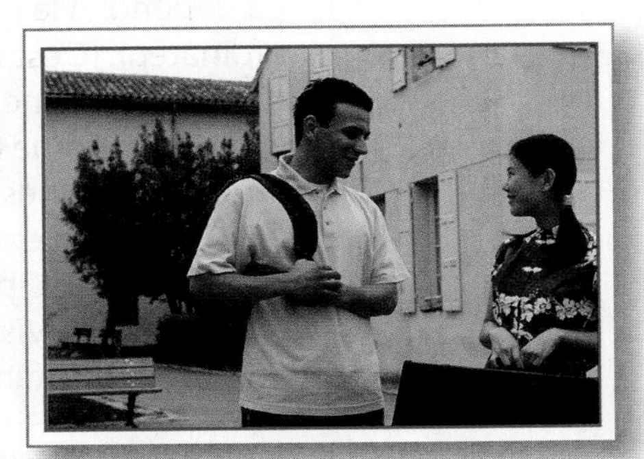

7. Le week-end, je préfère …
   - rester chez moi
   - aller en ville avec mes copains
   - pratiquer mon sport favori
   - ?

8. Quand je reste à la maison, je dois *(have to)* …
   - étudier
   - ranger *(pick up)* ma chambre
   - aider mes parents
   - ?

9. Quand je suis en ville avec mes copains, je préfère …
   - aller au cinéma
   - aller dans les magasins
   - aller au restaurant
   - ?

10. Quand je suis à une boum, je préfère …
    - danser
    - manger
    - parler avec mes copains
    - écouter de la musique

11. Quand je suis en vacances, je préfère ...

- rester chez moi
- travailler pour gagner de l'argent
- voyager avec ma famille
- aller en colonie de
- vacances *(camp)*
- aller à la plage avec mes copains
- ?

12. Quand je vais au cinéma, je préfère voir *(see)* ...

- un film d'aventures
- un film de science-fiction
- un film policier
- une comédie
- un drame psychologique
- ?

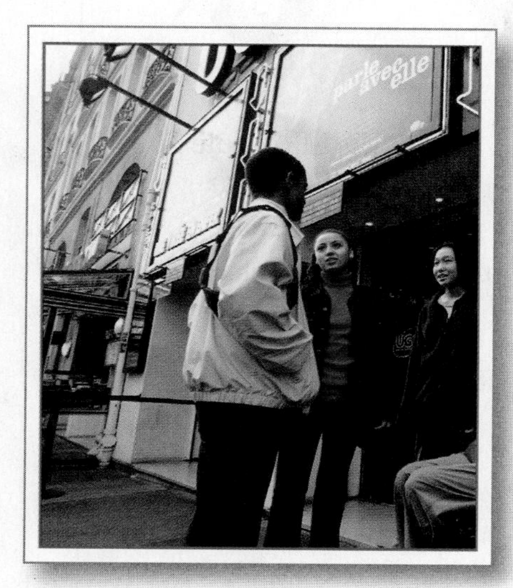

13. À la télévision, je préfère regarder ...

- les comédies
- les feuilletons *(soap operas, series)*
- les jeux télévisés *(game shows)*
- les clips *(music videos)*
- ?

14. Ma musique préférée est ...

- le rock
- le rap
- la musique classique
- le jazz
- ?

15. Quand je suis à la plage, je préfère ...

- nager
- jouer au volley
- faire du jogging
- bronzer *(get a tan)*
- ?

16. Mon sport préféré est ...

- le basket
- le volley
- le football américain
- le tennis
- le snowboard
- la natation *(swimming)*
- ?

17. Avec mon argent, je préfère acheter ...

- des CD
- des magazines
- des livres
- des jeux vidéo
- des vêtements
- ?

18. Un jour, j'espère ...

- gagner à «La roue de la fortune»
- faire un voyage autour du monde *(around the world)*
- avoir une voiture de sport
- ?

Rappel

Les nombres, la date, l'heure et le temps

FLASH d'information

Note that in French script, the "*1*" is written with an upstroke, and the "*7*" is written with a bar across the stem.

1 *11*
7 *77*

Révision

To review French numbers, turn to Appendix A, p. R2.

1 *C'est combien?* PARLER

1. Le sandwich coûte …
- ◆ deux euros
- ◆ quatre euros
- ◆ huit euros

2. Le livre coûte …
- ◆ onze euros
- ◆ treize euros
- ◆ quinze euros

3. Le jean coûte …
- ◆ dix-sept euros
- ◆ vingt-cinq euros
- ◆ trente-cinq euros

4. Le MP3 coûte …
- ◆ seize euros
- ◆ soixante euros
- ◆ soixante-dix euros

5. La montre coûte …
- ◆ quatre-vingt-quinze euros
- ◆ soixante-quinze euros
- ◆ cent quinze euros

6. Le vélo coûte …
- ◆ trois cents euros
- ◆ cent trente-trois euros
- ◆ trois cent trente euros

7. L'ordinateur coûte …
- ◆ deux cents euros
- ◆ deux mille euros
- ◆ cent vingt euros

8. L'appareil-photo coûte …
- ◆ quatorze euros
- ◆ quatre-vingts euros
- ◆ cent quarante euros

NOTE *Culturelle*

L'euro, monnaie européenne

La France et les autres pays de l'Union européenne ont une monnaie commune: **l'euro. L'euro**, représenté par le symbole **€**, est divisé en 100 centimes.

Voici les sept billets et les huit pièces de la monnaie européenne:

2 Écoutez bien!

ÉCOUTER Le professeur va choisir des nombres entre 0 et 100. Écoutez chaque nombre et indiquez si ce nombre est sur la carte A, sur la carte B, ou sur aucune des deux *(neither)*.

▶ trois **Oui, A.**
trente **Non.**
onze **Oui, B.**

A

76 34 18
51 15 22 3
85 93 27 68

B

11 39 98 82
16 45 84 6
61 42 71

3 Les séries

PARLER Continuez chaque série en ajoutant deux nombres.

a. 4, 8, 12 …
b. 5, 10, 15 …
c. 11, 22, 33 …
d. 50, 60, 70 …
e. 110, 220, 330 …

4 Joyeux anniversaire! PARLER/ÉCRIRE

1. L'anniversaire de Patrick, c'est …
2. L'anniversaire de Christine, c'est …
3. L'anniversaire de Sophie, c'est …
4. L'anniversaire de Jean-Claude, c'est …
5. L'anniversaire d'Isabelle, c'est …
6. L'anniversaire d'Aïcha, c'est …

5 Questions personnelles

PARLER/ÉCRIRE Parlons de toi.

1. Quel jour est-ce aujourd'hui? Et demain?
2. Quel est ton jour préféré?
3. Quel est ton mois préféré?
4. Quand est-ce, ton anniversaire?
5. Quand est-ce, l'anniversaire de ton meilleur *(best)* copain ou ta meilleure copine?

Révision

To review dates and days of the week, turn to Appendix A, p. R2.

FLASH d'information

French time is six hours ahead of New York time and nine hours ahead of California time.

6 Quelle heure est-il? PARLER/ÉCRIRE

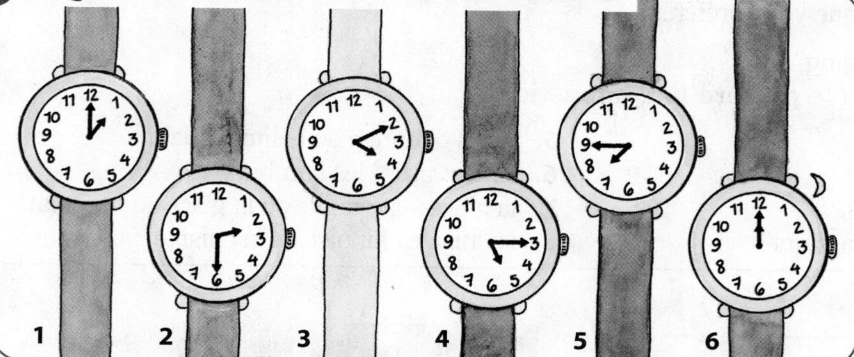

Révision

To review how to tell time, turn to Appendix A, p. R3.

Révision

To review the seasons and the weather, turn to Appendix A, p. R3.

7 Quel temps fait-il? PARLER/ÉCRIRE

1. Selon *(According to)* vous, quel est le mois?
2. Est-ce que c'est l'été ou l'automne?
3. Est-ce qu'il fait beau ou mauvais?
4. Est-ce qu'il fait chaud ou froid?
5. Selon vous, quel est le mois?
6. Est-ce que c'est l'hiver ou le printemps?
7. Est-ce qu'il fait chaud ou froid?
8. Est-ce qu'il pleut ou est-ce qu'il neige?

Rappel 2

Les choses de la vie courante

Révision

To review the definite and indefinite articles, turn to Appendix A, pp. R4 and R5.

1 Mes préférences

PARLER/ÉCRIRE Dites ce que vous préférez.

▶ la gymnastique ou le jogging?
Je préfère le jogging. (Je préfère la gymnastique.)

1. le foot ou le basket?
2. le cinéma ou le théâtre?
3. l'histoire ou les sciences?
4. le rap ou la musique classique?
5. le jus d'orange ou la limonade?
6. les pizzas ou les hamburgers?
7. la glace à la vanille ou la glace au chocolat?
8. la cuisine chinoise ou la cuisine mexicaine?

RAPPEL

In French, the DEFINITE ARTICLE **(le, la, l', les)** is used with nouns taken in a general sense.

J'aime **les sports et la musique.**

*I like **sports and music.***

Révision

To review the names of everyday objects and clothes, turn to Appendix A, pp. R4 and R5.

2 Qu'est-ce que c'est?

PARLER/ÉCRIRE Identifiez les choses suivantes. Pour cela, complétez les phrases avec les noms de la liste.

un appareil-photo
un blouson
un bureau
des chaussures
une chemise
des lunettes de soleil
un manteau
une montre
un stylo
une voiture

C'est ...

C'est ... / Ce sont ...

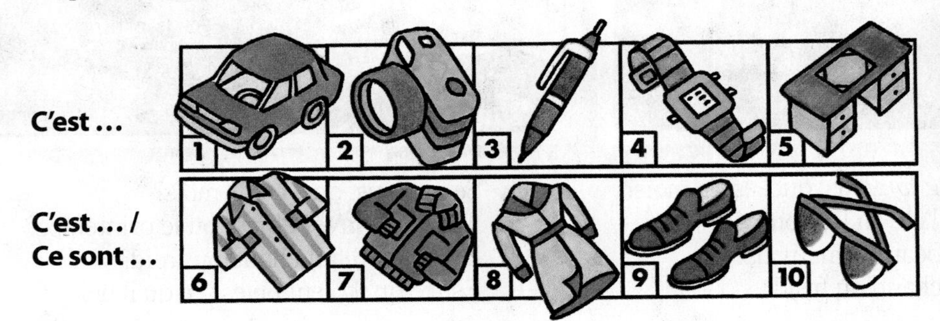

3 Qu'est-ce qu'ils portent?

PARLER/ÉCRIRE Décrivez les vêtements des personnes suivantes.

1. Aujourd'hui, je porte …
2. Le professeur porte …
3. L'élève à ma droite *(right)* porte …
4. L'élève à ma gauche *(left)* porte …

▶ How to talk about things:

Qu'est-ce que c'est?	*What's that? What is it?*	
C'est …	*That is …*	**C'est** un MP3.
Ce sont …	*Those are …*	**Ce sont** des CD.
Voici/voilà …	*This (Here) is …*	**Voici** ma maison et …
	These (Here) are …	**voilà** la maison de mon copain.
Qu'est-ce qu'il y a … ?	*What is there … ?*	**Qu'est-ce qu'il y a** dans le garage?
Il y a …	*There is (are) …*	**Il y a** une voiture.
Il n'y a pas …	*There is (are) no …*	**Il n'y a pas** de moto.
Est-ce qu'il y a … ?	*Is (Are) there … ?*	**Est-ce qu'il y a** des vélos?

4 Qu'est-ce qu'il y a?

PARLER/ÉCRIRE Pour chaque illustration, nommez au moins quatre objets.

1. Sur le bureau, il y a …

2. Dans la chambre, il y a …

3. Dans la valise bleue, il y a …

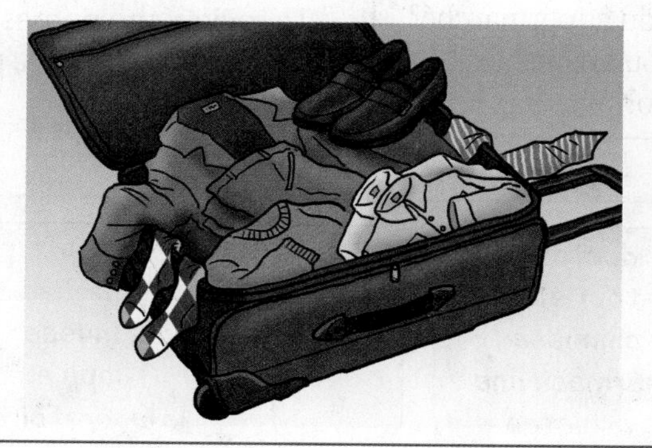

4. Dans la valise rouge, il y a …

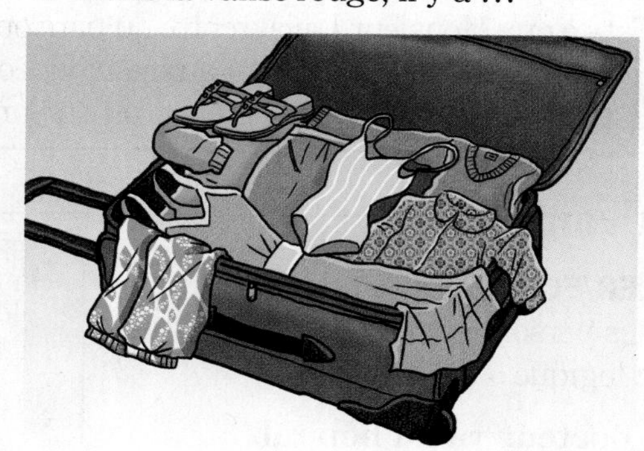

RAPPEL

In negative sentences, **un, une, des** become **de (d')**.

Le professeur porte **une** cravate.	Philippe **ne** porte **pas de** cravate.
Anne a **un** ordinateur.	Je **n'**ai **pas d'**ordinateur.
J'ai **des** amis à Paris.	Je **n'**ai **pas d'**amis à Québec.

5 Et vous?

PARLER/ÉCRIRE Complétez les phrases suivantes avec une expression de votre choix.

1. J'ai ... Je n'ai pas ...
2. Pour mon anniversaire, je voudrais ...
3. Mes parents ont ... Ils n'ont pas ...
4. Dans ma chambre, il y a ... Il n'y a pas ...
5. Dans la classe, il y a ... Il n'y a pas ...
6. Mon copain (ma copine) a ... Il (elle) n'a pas ...

RAPPEL

The DEFINITE ARTICLES **le** and **les** contract with **à** *(to, at)* and **de** *(of, from)*.

à + le → au	**de + le → du**
à + les → aux	**de + les → des**

Révision

To review contractions, turn to Appendix A, p. R6.

RAPPEL

There are two constructions with **jouer** *(to play)*.

jouer à + sport, game	Est-ce que tu **joues au tennis**?
jouer de + musical instrument	Mon cousin **joue de la clarinette.**

6 Qu'est-ce qu'ils font? PARLER/ÉCRIRE

1. Est-ce que Vincent va à l'école ou au café?
2. Est-ce qu'Anne et Léa sont au stade ou à la piscine?
3. Est-ce que Pauline vient de la plage ou de la bibliothèque?
4. Est-ce que Monsieur Laval rentre du parc ou du supermarché?
5. Est-ce qu'Éric et Marc jouent aux jeux vidéo ou aux cartes?
6. Est-ce qu'Élodie joue de la guitare ou du banjo?

Révision

To review the names of places, turn to Appendix A, p. R6.

7 Où vont-ils?

PARLER/ÉCRIRE Dites où vont les personnes suivantes. Soyez logique.

▶ **Le docteur va à l'hôpital.**

le docteur	va	le stade
les touristes	vont	la pharmacie
la chimiste		le musée
la pharmacienne		l'hôpital
les athlètes		le laboratoire

How to indicate where things are located:

sur

devant

à gauche (de)*

sous

derrière

à droite (de)*

près (de)*

dans

entre

à côté (de)*

loin (de)*

→ The expressions with an asterisk (*) are used with **de** when followed by a noun. Compare:

Le stade est **loin.**	*The stadium is* ***far (away).***
Le stade est **loin de** l'école.	*The stadium is* ***far from*** *the school.*

8 Pas de chance *(Bad luck)*

PARLER/ÉCRIRE Décrivez la scène. Pour cela, complétez les phrases avec les expressions de lieu *(place)* qui conviennent.

1. L'homme est … la voiture.
2. Le chien est … la voiture.
3. La caravane est … la voiture.
4. Les vélos sont … la voiture.
5. Le policier est … la voiture.
6. Les outils *(tools)* sont … la voiture.

9 En ville

PARLER Vous voyagez en France. Demandez à un(e) camarade où sont les endroits suivants. Il (Elle) va répondre en utilisant une expression de lieu.

▶ la bibliothèque? (l'église)
—**Pardon, monsieur (mademoiselle), où est la bibliothèque?**
—**Elle est derrière l'église.**
—**Merci.**

1. la statue? (l'église)
2. le musée? (le Café des Artistes)
3. l'Hôtel du Parc? (le café et le supermarché)
4. le cinéma? (le supermarché)
5. le cinéma? (la bibliothèque)

RAPPEL

To express POSSESSION or relationship, we use POSSESSIVE ADJECTIVES, such as **mon, ma, mes,** etc.

Révision

To review the forms of the possessive adjectives, turn to Appendix A, p. R7.

10 Dialogue

PARLER Jean-Paul et Amélie parlent de leurs affaires. Avec un(e) camarade, jouez les deux rôles.

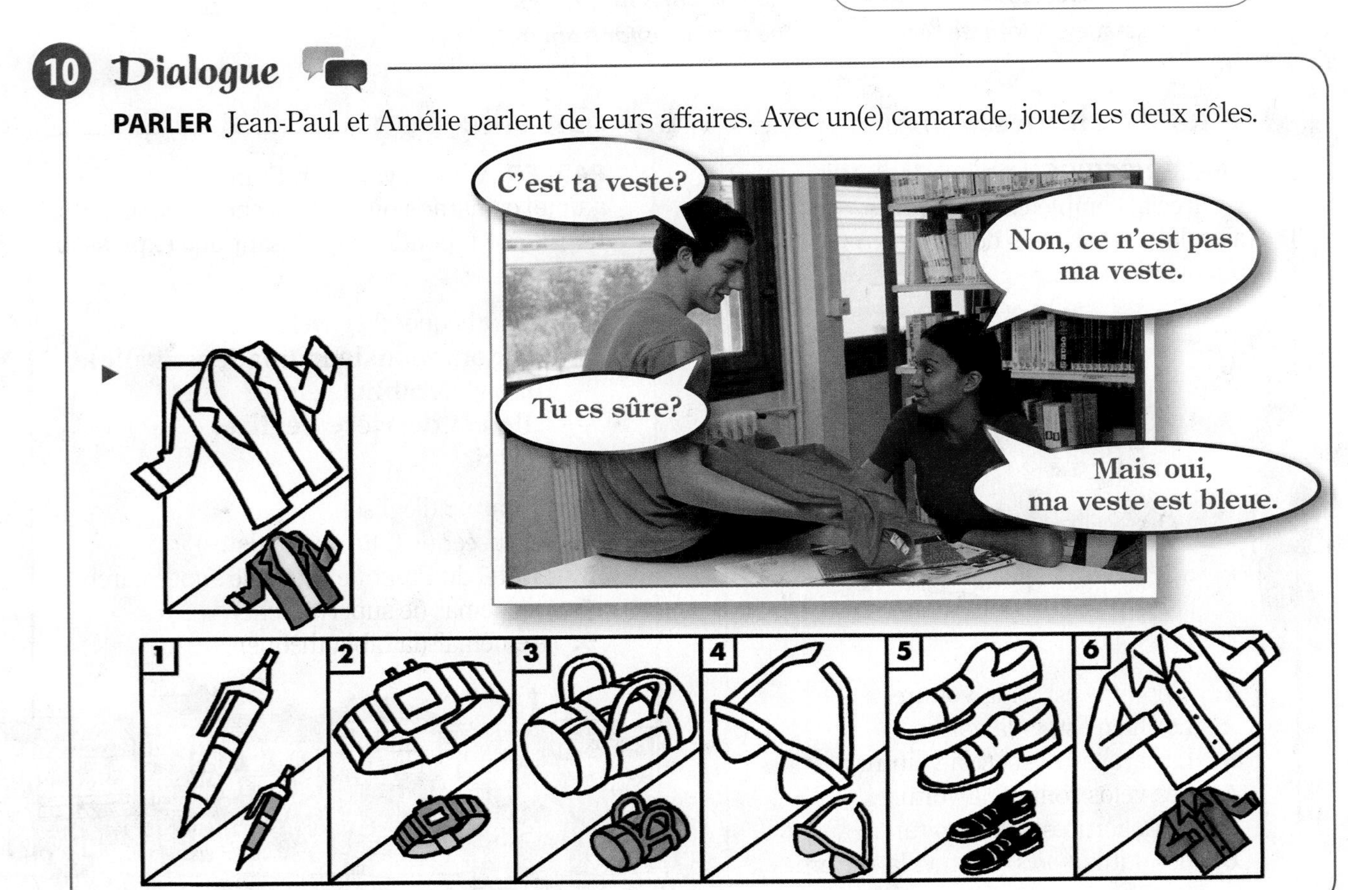

11 À qui est-ce? *(Whose is it?)*

PARLER Complétez les dialogues avec **son, sa** ou **ses.**

1. —C'est la maison de Claire?
—Non, ce n'est pas … maison.

2. —C'est l'appareil-photo de Marc?
—Oui, c'est … appareil-photo.

3. —Ce sont les cousines d'Éric?
—Non, ce ne sont pas … cousines.

4. —C'est le copain de Thomas?
—Oui, c'est … copain.

5. —C'est l'amie de Patrick?
—Non, ce n'est pas … amie.

6. —Ce sont les livres du professeur?
—Oui, ce sont … livres.

7. —C'est l'ordinateur de ta copine?
—Oui, c'est … ordinateur.

12 Relations personnelles

PARLER/ÉCRIRE On fait beaucoup de choses avec ses amis ou sa famille. Exprimez cela en utilisant les adjectifs possessifs qui conviennent.

▶ Paul et Marc invitent / copains **Paul et Marc invitent leurs copains.**

1. J'invite / amie française
2. Nathalie invite / cousin
3. Alice et Léa vont en ville avec / cousin
4. François et Thomas dînent avec / amies
5. Nous téléphonons à / grand-mère
6. Vous rendez visite à / oncle
7. Nous voyageons avec / parents
8. Vous jouez au foot avec / copains

RAPPEL

To point out specific objects or people, the French use DEMONSTRATIVE ADJECTIVES **(ce, cette, …).**

To ask about specific objects or people, they use INTERROGATIVE ADJECTIVES **(quel, quelle, …).**

Révision

To review the forms of **ce** and **quel,** turn to Appendix A, p. R7.

13 Au grand magasin

PARLER Vous êtes dans un grand magasin avec un(e) ami(e) français(e). Jouez les dialogues d'après le modèle.

▶ **—Combien coûte cette veste?**
—Quelle veste?
—Cette veste-ci!
—Elle coûte cent cinquante euros.

Rappel
3 Les activités

1 Qu'est-ce qu'ils font? PARLER/ÉCRIRE

1. Est-ce qu'elle mange une glace ou un croissant?
2. Est-ce qu'il achète une pizza ou un sandwich?
3. Est-ce qu'ils habitent à Québec ou à Paris?

4. Est-ce qu'ils visitent l'Italie ou la France?
5. Est-ce qu'ils voyagent en voiture ou en avion?
6. Est-ce qu'ils écoutent la radio ou un lecteur MP3?

7. Est-ce qu'ils jouent au volley ou au tennis?
8. Est-ce qu'elle porte un short ou un maillot de bain?
9. Est-ce qu'il porte un survêtement ou un tee-shirt?

RAPPEL

To describe what people do, we use verbs. Many French verbs end in **-er.**

Révision

To review common **-er** verbs and their forms, turn to Appendix A, p. R8.

2 Les voisins *(Neighbors)*

PARLER/ÉCRIRE Décrivez les activités des personnes suivantes.

1. Béatrice …
2. Les copains …
3. Vous …
4. Tu …
5. Les Thomas …
6. Tu …
7. Nous …
8. Vous …
9. Monsieur Carton …

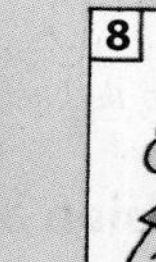

 **RAPPEL**

To make a sentence negative, use the following pattern:

ne + verb + **pas** ↓	Je **ne** parle **pas** italien.	Vous **ne** travaillez **pas.**
n' (+ vowel sound)	Je **n'**habite **pas** en France.	Nous **n'**étudions **pas.**

3 Oui ou non?

PARLER/ÉCRIRE Dites si oui ou non les autres personnes et vous faites les choses suivantes.

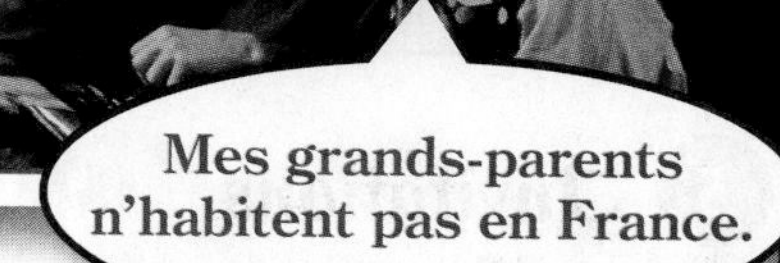

▶ Mes grands-parents …
- habiter en France?

1. À la maison, je …
   - téléphoner souvent?
   - aider mes parents?
   - préparer le dîner?
2. En classe, nous …
   - écouter toujours le professeur?
   - parler français?
   - manger des sandwichs?
   - apporter nos CD?
3. Le week-end, je …
   - étudier?
   - retrouver *(meet)* mes copains?
   - louer un film?
   - acheter des vêtements?
4. Mon copain/Ma copine …
   - parler espagnol?
   - jouer au tennis?
   - danser bien?
5. Mes cousins …
   - habiter au Canada?
   - voyager souvent?
   - téléphoner tous les mois *(every month)*?
6. Pendant les vacances, mes copains et moi, nous …
   - travailler?
   - nager?
   - organiser des boums?
7. En général, les jeunes Américains …
   - étudier beaucoup?
   - aimer la musique classique?
   - rester à la maison pendant les vacances?
8. En France, on …
   - parler anglais?
   - manger bien?
   - jouer au baseball?

▶ *How to talk about what you like, want, can do, and must do:*

Qu'est-ce que tu aimes faire?		**Qu'est-ce que tu peux faire?**	
J'aime ...	*I like ...*	**Je peux ...**	*I can, I am able to ...*
Je n'aime pas ...		**Je ne peux pas ...**	
Je préfère ...	*I prefer ...*		
Qu'est-ce que tu veux faire?		**Qu'est-ce que tu dois faire?**	
Je veux ...	*I want ...*	**Je dois ...**	*I must, I should, I have to ...*
Je ne veux pas ...			
Je voudrais ...	*I would like ...*	**Je ne dois pas ...**	

Qu'est-ce que tu aimes faire?

J'aime le tennis mais je préfère le volley.

➔ Note the use of **je veux bien** as an answer to an invitation.

—Tu veux jouer au volley? —Oui, **je veux bien.** *(I would, I'd like to.)*

4 Et toi?

PARLER/ÉCRIRE Indiquez vos préférences en complétant les phrases avec une expression de votre choix.

En général,
Avec mes amis,
Avec ma famille
Le week-end,
Pendant les vacances,
Quand je suis seul(e) *(by myself)*,

j'aime ...
je n'aime pas ...
je préfère ...

RAPPEL

The most common way to form a YES/NO QUESTION is to put **est-ce que** at the beginning of the sentence.

Révision

To review questions formed with **est-ce que**, turn to Appendix A, p. R10.

5 Invitations

PARLER Choisissez une activité et invitez vos camarades à faire cette activité avec vous. Ils vont accepter ou refuser. S'ils refusent, ils vont donner une excuse.

▶ **—Est-ce que tu veux jouer au volley avec moi?**
—Oui, je veux bien.
(Je regrette, mais je ne peux pas. Je dois rester à la maison.)

INVITATIONS	EXCUSES
dîner	étudier
jouer au foot	travailler
jouer au volley	rentrer
écouter des CD	aider mon frère
regarder la télé	préparer le dîner
acheter des chaussures	retrouver mon copain
visiter le musée	retrouver ma copine
jouer aux jeux vidéo	rester à la maison

6 Conversations 

PARLER Demandez à vos camarades s'ils font les choses suivantes.

Est-ce que tu organises souvent des fêtes?

Oui, j'organise souvent des fêtes.

(Non, je n'organise pas souvent de fêtes.)

▶ organiser souvent des fêtes?

1. parler italien?
2. jouer du banjo?
3. chanter dans une chorale?
4. rester à la maison le samedi?
5. travailler le week-end?
6. apporter ton portable en classe?
7. dîner souvent au restaurant?
8. manger à la cantine *(school cafeteria)*?
9. aimer surfer sur l'Internet?

RAPPEL

To ask for SPECIFIC INFORMATION, use the following construction:

QUESTION WORD + **est-ce que** + rest of sentence

Où est-ce que tu habites? *Where do you live?*

Révision

To review how to form questions with question words, turn to Appendix A, p. R10.

▶ *How to ask for information:*

où?	*Where?*	**Où** est-ce que ta mère travaille?
quand?	*When?*	**Quand** est-ce que vous jouez au foot?
comment?	*how?*	**Comment** est-ce que tu chantes? Bien ou mal?
pourquoi?	*why?*	**Pourquoi** est-ce que tu étudies le français?
à quelle heure?	*at what time?*	**À quelle heure** est-ce qu'on dîne?
qui?	*who(m)?*	**Qui** est-ce que tu invites à la boum?
à qui?	*to whom?*	**À qui** est-ce que Marc téléphone?
avec qui?	*with whom?*	**Avec qui** est-ce que tes amis jouent au basket?
qu'est-ce que	*what?*	**Qu'est-ce que** vous achetez?
de quoi?	*about what?*	**De quoi** est-ce que tu parles?

→ To ask WHO DOES SOMETHING, the construction is **qui** + VERB:

Qui téléphone? **Qui** parle espagnol?

7 Conversations 

PARLER Posez des questions à vos camarades sur leurs activités.

▶ rentrer à la maison (comment?)
—**Comment est-ce que tu rentres à la maison?**
—**Je rentre à la maison en bus (à vélo, à pied ...).**

1. habiter (où?)
2. rentrer à la maison (à quelle heure?)
3. dîner (à quelle heure?)
4. jouer au volley (avec qui?)
5. regarder la télé (quand?)
6. acheter tes vêtements (où?)
7. retrouver tes copains (quand?)
8. voyager (avec qui?)

8 Au téléphone 

PARLER Complétez la conversation suivante avec les expressions interrogatives qui conviennent. Ensuite, jouez cette conversation avec un(e) camarade.

▸ **—<u>À quelle heure</u> est-ce que tu dînes aujourd'hui? —À huit heures.**

1. —Et … tu vas manger?
   —Euh, une omelette.
2. —Dis, … tu fais samedi soir?
   —Je vais aller à une boum.
3. —Oh? … organise la boum?
   —C'est ma cousine Corinne.
4. —… est-ce que tu invites à la boum?
   —J'invite Christine.
5. —Et … est-ce que tu vas danser?
   —Avec toutes *(all)* mes copines.
6. —… est-ce que tu ne vas pas au concert le week-end prochain?
   —Parce que je n'ai pas de billet *(ticket)*.

9 Qui?

PARLER/ÉCRIRE Répondez aux questions en donnant le nom de la personne.

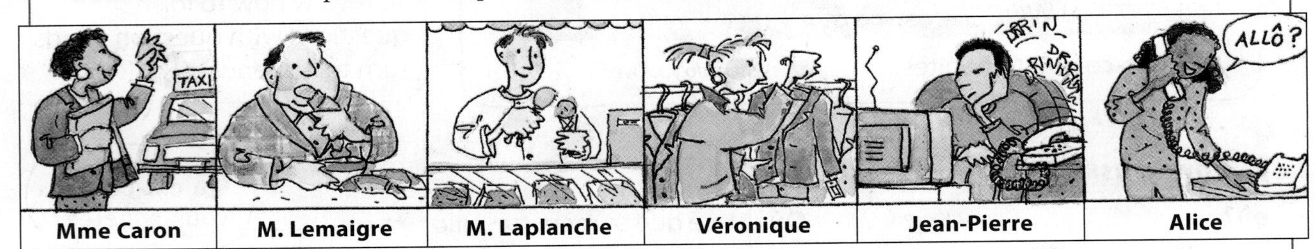

1. Qui entend le téléphone?
2. Qui vend des glaces?
3. Qui choisit une veste?
4. Qui répond au téléphone?
5. Qui attend un taxi?
6. Qui grossit?

RAPPEL
A few French verbs end in **-ir** and **-re**.
Many of these verbs follow a regular pattern.

Révision
To review **-ir** and **-re** verbs, turn to Appendix A, p. R11.

10 Quel verbe?

PARLER/ÉCRIRE Complétez les phrases suivantes avec les verbes de la liste. Soyez logique.

1. Hélène travaille dans un magasin. Elle … des montres.
2. Tu joues mal. Tu … ton match.
3. Vous étudiez beaucoup. Vous … toujours aux examens.
4. Nous sommes au régime *(on a diet)*. Nous …
5. Éric et Marc sont en vacances. Ils … à leurs grands-parents.
6. Madame Leduc est à l'arrêt de bus *(bus stop)*. Elle … l'autobus.
7. Philippe achète des vêtements. Il … un pantalon bleu.
8. Ces personnes mangent trop *(too much)*. Elles …
9. Je suis dans ma chambre. Je … mes devoirs et après je regarde la télé.
10. S'il te plaît, parle plus fort *(louder)*. Mon grand-père n' … pas très bien.
11. Nous sommes de bons élèves. Nous … toujours aux questions du professeur.
12. Les vacances commencent en juin. Elles … en septembre.

choisir
finir
grossir
maigrir
réussir

attendre
entendre
perdre
rendre visite
répondre
vendre

RAPPEL

When we talk to or about others, or about ourselves, we use PRONOUNS. Review the forms of subject and STRESS PRONOUNS in the sentences on the right.

SUBJECT PRONOUNS	STRESS PRONOUNS	
je (j')	moi	**Moi, je** parle français.
tu	toi	**Toi, tu** étudies l'espagnol.
il	lui	**Lui, il** habite en France.
elle	elle	**Elle, elle** aime voyager.
nous	nous	**Nous, nous** jouons bien au tennis.
vous	vous	**Vous, vous** chantez mal.
ils	eux	**Eux, ils** aiment danser.
elles	elles	**Elles, elles** ne voyagent pas souvent.

→ Stress pronouns are used:

• in sentences with no verb	Qui parle français? **Moi! Pas toi!**
• after **c'est** and **ce n'est pas**	**C'est lui. Ce n'est pas moi.**
• to reinforce the subject	**Eux, ils** voyagent souvent.
• before and after **et** and **ou** *(or)*	**Eux et moi,** nous sommes amis.
• after prepositions such as:	
pour *(for)*	Je travaille **pour lui.**
avec *(with)*	Vous jouez au volley avec **eux.**
chez *(home, at home; to or at someone's house)*	Tu ne vas pas **chez toi.**
	Tu vas **chez nous.**

11 Questions et réponses

PARLER/ÉCRIRE Répondez aux questions en utilisant des pronoms.

▶ Patrick dîne avec Corinne? (non)
Non, il ne dîne pas avec elle.

1. Marc étudie avec Caroline? (oui)
2. Alice danse avec François? (non)
3. Paul joue au tennis avec sa copine? (oui)
4. Philippe voyage avec ses parents? (non)
5. Michèle dîne chez ses cousines? (oui)
6. Léa travaille pour Monsieur Laval? (non)
7. Thomas travaille pour son oncle? (oui)
8. Monsieur Denis travaille pour ses clients? (oui)

12 L'orage *(The storm)*

PARLER/ÉCRIRE Il y a un orage et tout le monde reste à la maison. Dites cela en utilisant la construction **chez** + pronom accentué.

▶ je / dîner
Je dîne chez moi.

1. tu / étudier
2. nous / dîner
3. Monsieur Leblanc / travailler
4. vous / regarder la télé
5. Patrick et Marc / jouer au ping-pong
6. mes copines / préparer l'examen
7. je / écouter la radio
8. Marc / jouer aux jeux vidéo

RAPPEL

To make suggestions or to give ADVICE or ORDERS, we use the IMPERATIVE form of the verb.

Révision

To review the forms of the imperative, turn to Appendix A, p. R12.

RAPPEL

Note the use of **moi** in affirmative commands:

Téléphone-moi! ***Call me!***
Apporte-moi ce livre! ***Bring me** that book!*

13 S'il te plaît

PARLER Vous êtes dans les circonstances suivantes. Demandez à un(e) camarade de faire certaines choses pour vous.

► J'ai soif. (donner de la limonade)

1. J'ai des difficultés avec le problème de maths. (aider)
2. Je suis seul(e) *(alone)* ce week-end. (inviter à ta boum)
3. Je voudrais téléphoner à ton cousin Alain. (donner son numéro de téléphone)
4. J'ai faim. (apporter un sandwich)
5. Je suis seul(e) ce soir. (téléphoner)
6. Je voudrais téléphoner. (prêter ton portable)
7. Je voudrais écrire. (prêter ton stylo)

Donne-moi de la limonade, s'il te plaît!

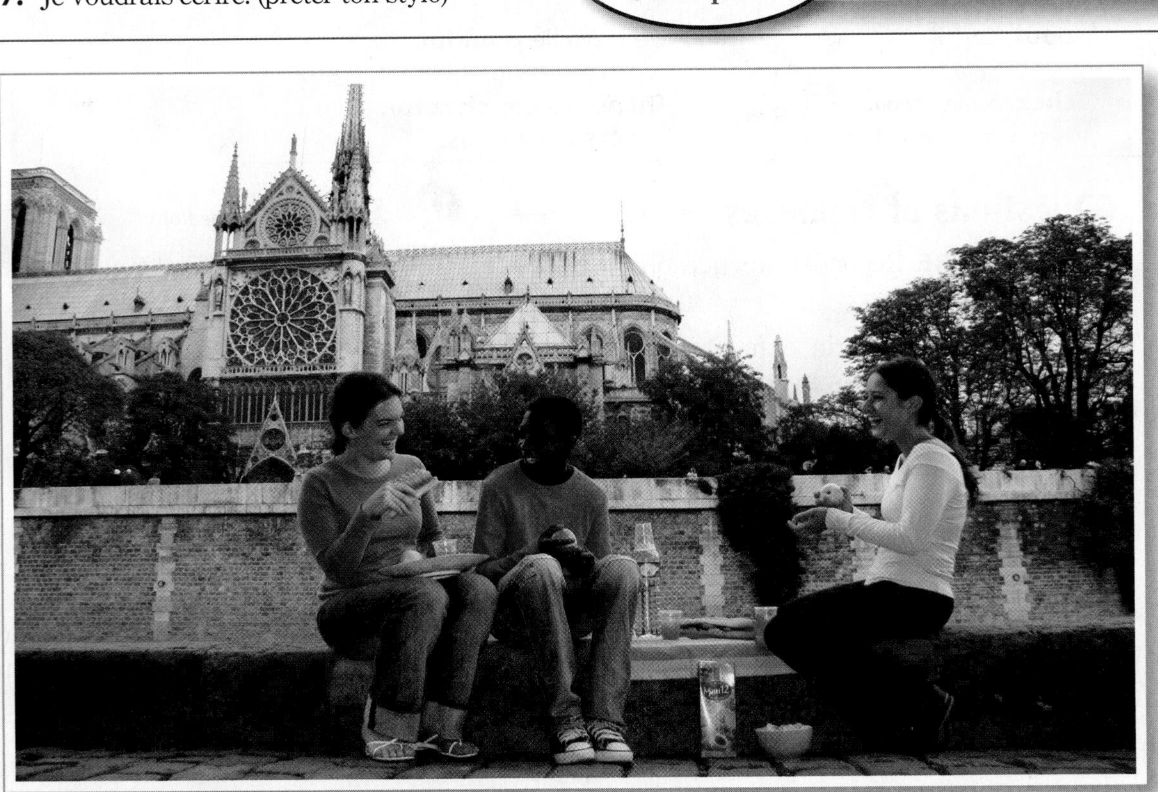

14 Bons conseils *(Good advice)*

PARLER/ÉCRIRE Donnez des conseils ou des ordres aux personnes suivantes. (Vos conseils peuvent être affirmatifs ou négatifs.)

1. Votre copain va jouer au tennis.

▶ • jouer bien
- gagner ton match
- perdre

2. Il pleut et vos deux petits frères sont dehors *(outside)*.

▶ • rester dehors
- jouer au basket
- rentrer à la maison

3. Votre copine a un examen important demain.

- étudier
- regarder la télé
- écouter tes CD

4. Vous faites du baby-sitting pour les enfants des voisins.

- manger vos spaghetti
- finir votre dîner
- jouer avec les allumettes *(matches)*

15 C'est le week-end

PARLER Proposez à un(e) camarade de faire les choses suivantes. Il (Elle) va accepter.

▶ visiter le musée

1. jouer au basket
2. jouer aux jeux vidéo
3. inviter des copains
4. rendre visite à nos amis
5. dîner au restaurant
6. organiser une fête
7. louer un DVD
8. regarder un film à la télé

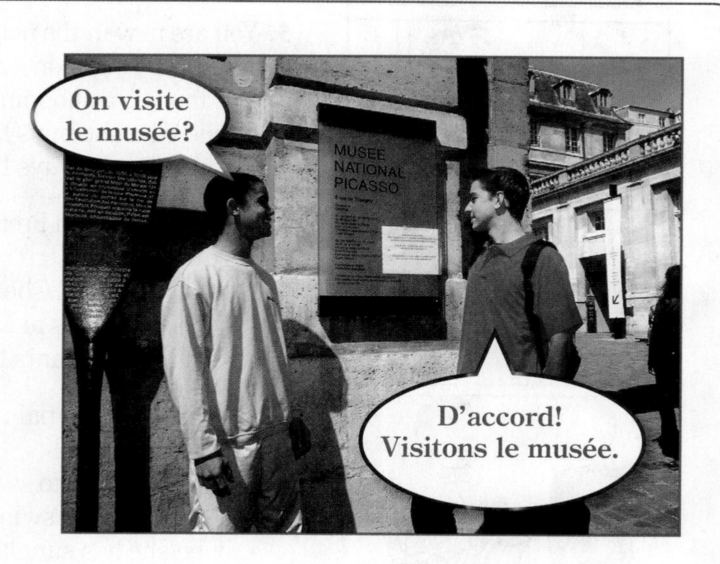

À votre tour!

Digital performance space

Situations

PARLER Imagine you are in the following situations. Your partner will take the other role and answer your questions.

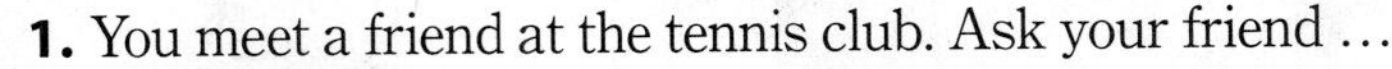

1. You meet a friend at the tennis club. Ask your friend …
   - if he/she likes tennis
   - how well he/she plays
   - if he/she wants to play with you

2. You want to give a party for the members of the French Club, but you need help. Ask a friend …
   - if he/she has a boom box
   - if he/she can bring some CD's
   - if he/she wants to organize the party with you

3. You meet a French student on the bus. Ask this student …
   - where he/she lives
   - if he/she studies English at school
   - if he/she likes to travel
   - which cities he/she wants to visit

4. You are new at school. Ask another student …
   - if he/she likes his/her teachers
   - where the library is
   - at what time the French class ends

5. You are new in the neighborhood and don't know your way around. Ask your neighbor …
   - if there is a shopping center
   - where he/she buys his/her clothes
   - where he/she buys his/her shoes

6. You are hosting a French exchange student at your home. Ask this student …
   - at what time he/she wants to have dinner
   - if he/she wants to eat a pizza
   - what he/she wants to watch on TV after **(après)** dinner

7. Your French pen pal is visiting you this summer. Ask your pen pal …
   - if he/she likes to swim
   - if he/she has a swimming suit
   - if he/she has sunglasses
   - if he/she wants to go **(aller)** to the pool with you

OBJECTIFS

Now you can . . .
- talk about daily activities
- ask your friends what they do and what they like to do

2 L'horaire des classes 

ÉCRIRE Write out your class schedule in French. Give the following information:

- the days of the week
- the periods and their times
- your classes and other school activities

3 En vacances en France 

ÉCRIRE You are going to go to France this summer. Make a list of eight things (clothes or other items) that you want to take along.

mes lunettes de soleil
mon appareil-photo

4 Mes préférences 

ÉCRIRE Write five things you like to do and four things you do not like to do.

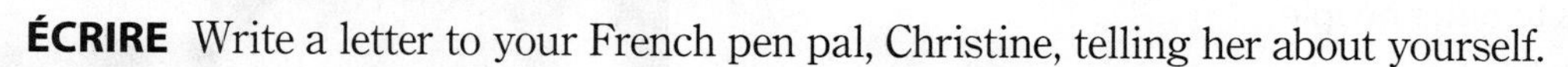

5 Une lettre à Christine

ÉCRIRE Write a letter to your French pen pal, Christine, telling her about yourself.

→ Give the date.
→ Tell Christine . . .
- your name
- where you live
- what school you go to
- what subjects you study
- what sports you play
- what other things you like to do

Unité 1

Qui suis-je?

THÈME ET OBJECTIFS

Culture

In this unit, you will discover more about the diversity of France and its people.

Communication

You will learn ...

- to give basic information about yourself and your family
- to name many professions
- to describe your friends and other people
- to say how you feel
- to talk about what you plan to do and what you have recently done

You will also be able ...

- to introduce your friends to other people
- to make a telephone call

Leçon 1

Culture

Je me présente

LE FRANÇAIS PRATIQUE

DVD AUDIO

Aperçu culturel ... Qui suis-je?

La France a une population de 63 millions d'habitants. Les Français sont d'origines très diverses. La majorité sont d'origine européenne, mais beaucoup sont d'origine africaine et asiatique. La France a aussi un grand nombre d'immigrés. Ces immigrés viennent principalement d'Afrique du Nord (Algérie, Maroc, Tunisie), et aussi d'autres pays européens (Portugal, Italie, Espagne, Turquie).

La majorité des Français habitent dans les villes, mais 20 pour cent de la population habitent à la campagne ou dans des villages de moins de 2 000 habitants.

1. *Maxime Cavagnac*
habite à Carcassonne, une petite ville de 40 000 habitants dans le sud de la France. Son père est vétérinaire. Sa mère travaille pour l'office du Tourisme.

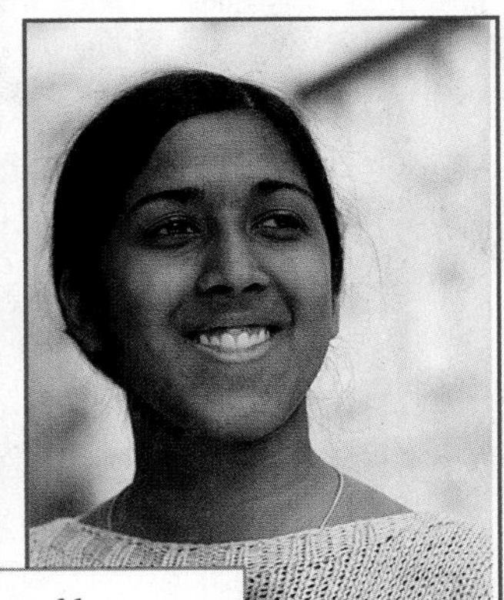

2. *Fatima Khareb*
est née en France, mais ses parents sont d'origine algérienne. Elle habite avec sa famille dans la banlieue de Marseille, la deuxième ville française.

3. *Mathilde Kieffer*
a dix-huit ans. Elle prépare le bac au lycée Jean Monnet à Strasbourg. Si elle réussit, elle va continuer ses études à l'université. Elle voudrait être avocate.

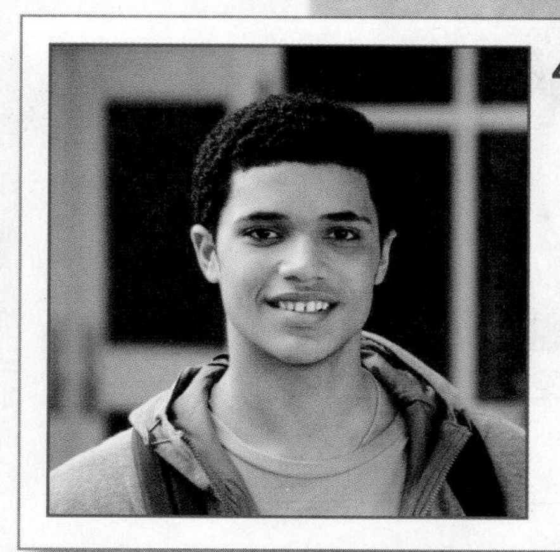

4. *Clément Boutin* a vingt ans. Il habite à Tours où il est étudiant en médecine. Il est originaire de la Guadeloupe où il compte retourner après ses études.

5. *Mélanie Pasquier* a dix-neuf ans. Elle habite à Avignon, mais elle fait ses études à l'Université de Provence à Aix. Elle voudrait être professeur d'espagnol comme sa mère.

6. *Stéphane Pelard,* 26 ans, est steward pour Air France. Il voyage beaucoup. Il est récemment marié. Sa femme est artiste. Ils habitent à la campagne. Ils n'ont pas d'enfants, mais ils ont un chien et un chat. Ils adorent les animaux.

7. *Monsieur Nguyen* habite à Paris dans le quatorzième arrondissement. Il est originaire du Viêt-Nam. Il possède un restaurant (vietnamien, bien sûr!) où il travaille avec sa femme et ses enfants.

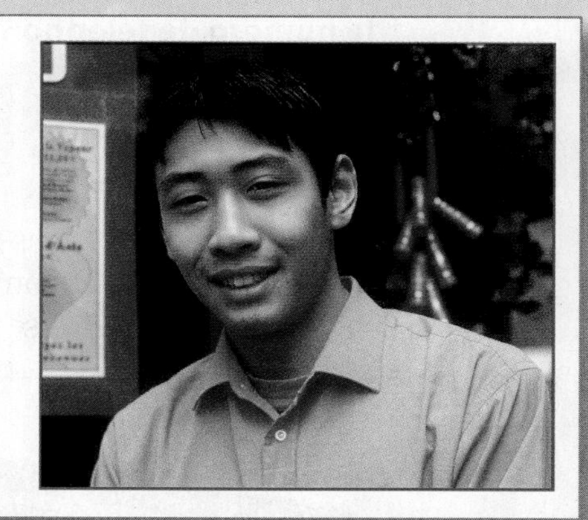

COMPARAISONS *Culturelles*

Faites des recherches et écrivez un petit «Aperçu culturel» sur les États-Unis. Indiquez la population, les origines des habitants, et quel pourcentage habite à la campagne ou dans des villages.

Et vous?

Imaginez que vous allez passer quinze jours en France chez une des personnes ci-dessus *(above)*. Quelle famille choisissez-vous? Pourquoi?

A VOCABULAIRE L'identité 

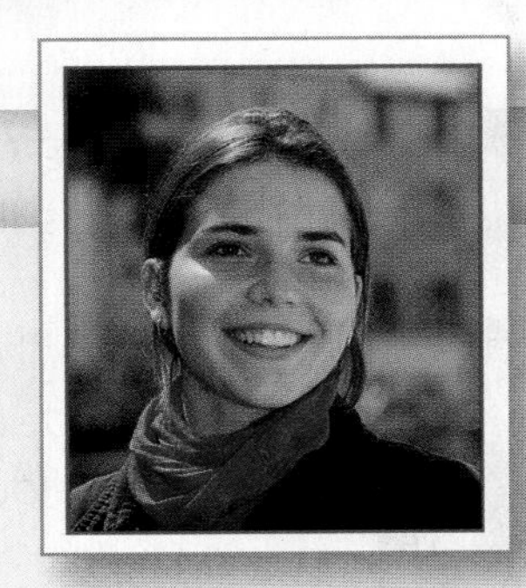

le PRÉNOM et le NOM	**Comment t'appelles-tu?**	*Je m'appelle Charlotte Lacour.*
la NATIONALITÉ	**Quelle est ta nationalité?** **De quelle nationalité es-tu?**	*Je suis française.*
le DOMICILE	**Où habites-tu?** **Quelle est ton adresse?** **Quel est ton numéro de téléphone?**	*J'habite à Tours.* *J'habite 45, rue Jeanne d'Arc.* *C'est le 02-47-35-82-07.*
l'ÂGE	**Quel âge as-tu?**	*J'ai quinze ans.*
le LIEU et la DATE de NAISSANCE	**Où es-tu né(e)?** **Quand es-tu né(e)?**	*Je suis née à Paris.* *Je suis née le 3 mai 1990.*

le prénom: *first name*
le nom: *name, last name*
l'adresse: *address*
le numéro de téléphone: *phone number*
le lieu: *place*
la date: *date*
la naissance: *birth*
je suis né(e): *I was born*

1 Et vous? 

PARLER Présentez-vous à la classe. Donnez votre nom et votre prénom, votre nationalité, votre adresse et votre âge.

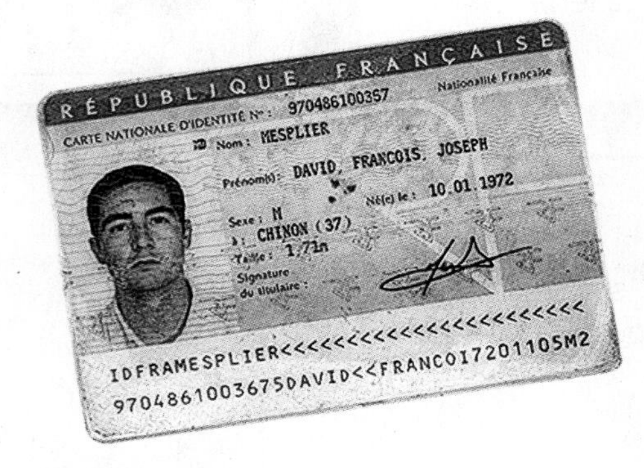

2 Le club français 

PARLER Vous êtes secrétaire du club français. Choisissez un(e) camarade et demandez-lui les renseignements *(information)* suivants:

- son nom
- son âge
- son lieu de naissance
- sa date de naissance

Le club français

Nom: ____________________
Prénom: __________ **Âge:** __________
Lieu de naissance: ____________________
Ville: ____________________
Code Postal: __________ **Téléphone:** __________

@HOMETUTOR
my.hrw.com

VOCABULAIRE La nationalité

J'ai un copain (une copine) ...

anglais(e)	**américain(e)**	**canadien (canadienne)**
français(e)	**mexicain(e)**	**italien (italienne)**
japonais(e)	**cubain(e)**	**haïtien (haïtienne)**
chinois(e)	**portoricain(e)**	
		vietnamien (vietnamienne)
belge *(Belgian)*	**espagnol(e)** *(Spanish)*	**cambodgien (cambodgienne)**
suisse *(Swiss)*	**allemand(e)** *(German)*	**indien (indienne)**
russe *(Russian)*		**coréen (coréenne)** *(Korean)*

3 Au club international

PARLER Il y a beaucoup de jeunes de nationalités différentes au club international. Faites la connaissance des personnes suivantes d'après le modèle.

▶ Erika (Berlin)

1. Nicole (Genève)

2. Pierre (Québec)

3. Silvia (Rome)

4. Michiko (Tokyo)

5. Lin (Beijing)

6. José (San Juan)

7. Luisa (Acapulco)

8. Olga (Moscou)

B VOCABULAIRE La famille et les amis 

—Tu as des frères et des soeurs?
Non, je suis **enfant unique.**
Oui, j'ai un frère./J'ai une soeur.

> **un(e) enfant unique** *only child*

—Comment s'appelle-t-il/elle?
Il s'appelle Philippe.
Elle s'appelle Véronique.

—Est-ce qu'il/elle est **plus jeune** que toi?
Non, il/elle est **plus âgé(e).**

> **plus jeune** *younger*
> **plus âgé(e)** *older*

—Quel âge a-t-il/elle?
Il/Elle a dix-sept ans.

—Est-ce que ton oncle est **marié**?
Non, il est **célibataire.** / **divorcé.**

> **marié** *married*
> **célibataire** *single*
> **divorcé** *divorced*

Les gens

La famille

un parent *(parent, relative)*
le père
le beau-père *(stepfather, father-in-law)*
le mari *(husband)*
le grand-père
l'oncle

la mère
la belle-mère *(stepmother, mother-in-law)*
la femme *(wife)*
la grand-mère
la tante *(aunt)*

un enfant *(child)*
le frère
le demi-frère *(stepbrother, half brother)*
le fils *(son)*
le petit-fils *(grandson)*
le cousin
le neveu *(nephew)*

la soeur
la demi-soeur *(stepsister, half sister)*
la fille *(daughter)*
la petite-fille
la cousine
la nièce

Les amis

un ami
un copain
un camarade
un voisin *(neighbor)*

une amie
une copine
une camarade
une voisine

le meilleur *(best)* **ami**
le meilleur copain

la meilleure amie
la meilleure copine

Les personnes

une personne

les gens *(people)*

→ **Une personne** is always feminine.
→ **Des gens** is masculine plural.

@HOMETUTOR
my.hrw.com

4 Questions personnelles PARLER/ÉCRIRE

1. Est-ce que tu es enfant unique?
2. Est-ce que tu as des frères et des soeurs? Combien? Comment s'appellent-ils/elles? Quel âge ont-ils/elles?
3. Comment s'appelle ton meilleur copain? Es-tu plus jeune ou plus âgé(e) que lui? Es-tu plus jeune ou plus âgé(e) que ta meilleure copine?
4. As-tu des oncles et des tantes? Est-ce qu'ils sont mariés, célibataires ou divorcés?
5. As-tu des cousins et des cousines? Est-ce qu'ils habitent près d'ici? Est-ce que tu vas chez eux pendant les vacances?
6. Est-ce que tes voisins ont des jeunes enfants? Est-ce que tu fais du baby-sitting pour eux?

5 La famille Moreau

PARLER/ÉCRIRE Lisez le texte suivant. Puis, sur une feuille de papier, établissez l'arbre généalogique de la famille Moreau.

Albert

Monique

Albert Moreau a 66 ans.

Sa femme Monique a 63 ans.

Ils ont deux enfants, Françoise (32 ans) et Jean-Pierre (41 ans).

Françoise Moreau est célibataire.

Jean-Pierre Moreau est marié. Sa femme et lui ont un fils, Éric (12 ans) et une fille, Véronique (10 ans).

La femme de Jean-Pierre s'appelle Élisabeth. Elle a 39 ans. Elle est enfant unique. Elle a une fille Sandrine (16 ans) de son premier mariage.

Françoise

Jean-Pierre

Élisabeth

Éric

Véronique

Sandrine

a. Sur la base de l'arbre généalogique que vous avez établi, déterminez si les phrases suivantes sont vraies ou fausses.

1. Éric est le petit-fils d'Albert et de Monique Moreau.
2. Françoise Moreau a un neveu et une nièce.
3. La tante d'Éric est mariée.
4. Élisabeth Moreau a un frère.
5. Sandrine est la demi-soeur d'Éric.
6. Éric et Véronique n'ont pas de cousins.
7. Sandrine a un demi-frère.
8. Jean-Pierre Moreau est le beau-père de Sandrine.

b. Expliquez la relation familiale qui existe entre les personnes suivantes.

▶ Françoise/Monique **Françoise est la fille de Monique.**

1. Élisabeth / Jean-Pierre
2. Élisabeth / Véronique
3. Albert / Véronique
4. Éric / Sandrine
5. Monique / Éric
6. Jean-Pierre / Sandrine

C VOCABULAIRE La profession

—Que fait ta mère?
Elle est photographe.

—Que fait ton père?
Il est comptable.
Il travaille dans **un bureau.**

—Qu'est-ce que tu voudrais faire **plus tard?**
Je voudrais être ingénieur.

un bureau	*office*
plus tard	*later on*

➔ After **être**, the French do not use **un/une** with the name of a profession.

Ma tante est **médecin.** — *My aunt is* ***a doctor.***
Je voudrais être **acteur.** — *I would like to be* ***an actor.***

EXCEPTION: **un/une** are used when the profession is modified by an adjective.
Gérard Depardieu est **un acteur français.**

6 *Quelle est leur profession?*

PARLER/ÉCRIRE Informez-vous sur les personnes suivantes et dites quelle est leur profession.

1. Madame Simon travaille dans un bureau, mais elle n'est pas secrétaire. Dans son travail, elle fait des additions et des soustractions. Elle est …
2. Monsieur Lemay travaille dans un hôpital. Il aide les malades *(patients)*, mais il n'est pas médecin. Il est …
3. Madame Sanchez représente ses clients en justice. Elle est spécialiste en droit *(law)* international. Elle est …
4. Monsieur Montel travaille chez lui. Dans son travail il utilise un ordinateur et beaucoup de papier. Son rêve *(dream)* est de recevoir le prix Nobel de littérature. Il est …
5. En ce moment, ma cousine travaille pour un magazine, mais elle n'est pas journaliste. Elle n'est pas photographe, mais les photographes prennent beaucoup de photos d'elle. Elle est …
6. Madame Durand travaille pour une compagnie spécialisée dans l'électronique. Elle travaille sur les plans d'un nouvel ordinateur. Elle est …
7. Mon oncle travaille dans un magasin. Il vend des radios et des ordinateurs. Il est …

RECHERCHE
Ingénieur projets et développement
Automobile
Fonction : Chef de projet
Niveau recherché : 1 à 5 ans
Plein temps
Souhaité : anglais/allemand

Service Express
RECHERCHE
- **Secrétaire bilingue :** français/espagnol expérience souhaitée
- **Chauffeurs Poids Lourds** débutant accepté, salaire motivant
- **Mécaniciens** Niveau BEP, expérience nécessaire

Envoyer CV et lettre de motivation à
Service-Express
Zone Industrielle Nord, 64100 Pau

@HOMETUTOR
my.hrw.com

VOCABULAIRE Quelques professions 

Les professions médicales
- **un(e) dentiste**
- **un médecin** *(doctor)*, **un docteur**
- **un infirmier (une infirmière)** *(nurse)*
- **un pharmacien (une pharmacienne)** *(pharmacist)*
- **un(e) vétérinaire**

Les professions techniques
- **un ingénieur** *(engineer)*
- **un programmeur (une programmeuse)**
- **un technicien (une technicienne)**
- **un informaticien (une informaticienne)** *(computer specialist)*

Les professions légales et commerciales
- **un avocat (une avocate)** *(lawyer)*
- **un vendeur (une vendeuse)** *(salesperson)*
- **un homme (une femme) d'affaires** *(businessperson)*

Les professions administratives
- **un(e) comptable** *(accountant)*
- **un employé (une employée) de bureau** *(office worker)*
- **un patron (une patronne)** *(boss)*
- **un(e) secrétaire**

Les professions artistiques et littéraires
- **un acteur (une actrice)**
- **un(e) cinéaste** *(filmmaker)*
- **un(e) photographe**
- **un(e) journaliste**
- **un écrivain** *(writer)*
- **un dessinateur (une dessinatrice)** *(designer, draftsperson)*
- **un mannequin** *(fashion model)*

7 Expression personnelle

PARLER/ÉCRIRE Complétez les phrases suivantes avec le nom d'une profession.

1. Je voudrais être …
2. Mon copain veut être …
3. Ma copine veut être …
4. Quand on est bon en maths, on peut être …
5. Quand on aime le théâtre, on peut être …
6. Quand on a du talent artistique, on peut être …
7. Quand on veut être riche, on peut être …
8. Quand on a un bon style, on peut être …

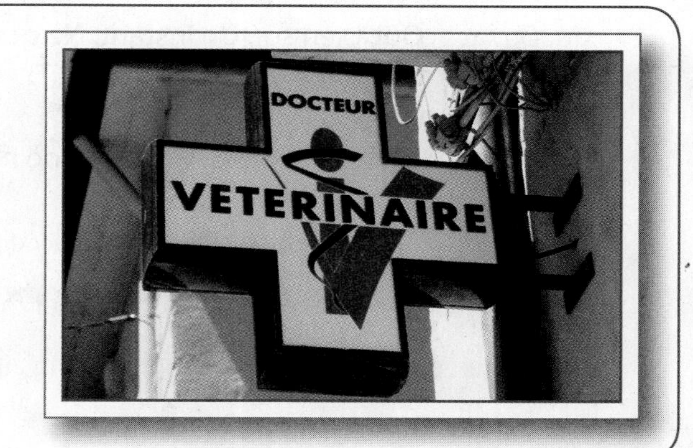

D VOCABULAIRE Les présentations

Jean-Paul présente son copain Marc à sa cousine Zoé.

JEAN-PAUL: Zoé, **je te présente** mon copain Marc.
ZOÉ: Bonjour!
MARC: Bonjour!

Jean-Paul présente Zoé à son voisin, Monsieur Vidal.

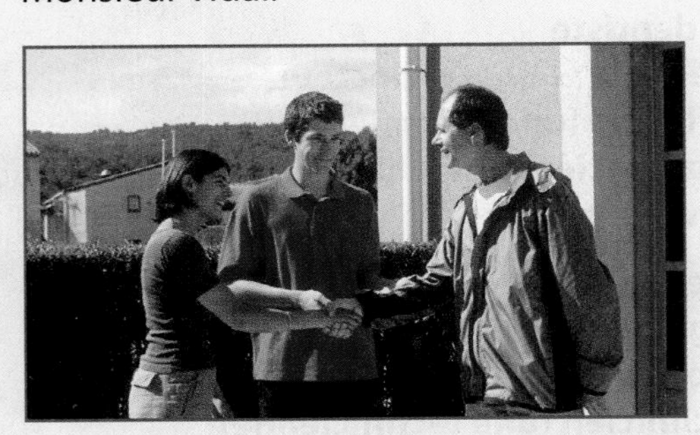

JEAN-PAUL: Monsieur Vidal, **je voudrais vous présenter** ma cousine Zoé.
M. VIDAL: **Enchanté.** *(Glad to meet you.)*
ZOÉ: **Enchantée.**

8 Présentez vos copains! PARLER

1. Choisissez deux camarades de classe et présentez-les l'un à l'autre.
2. Choisissez un(e) camarade de classe et présentez-le (la) à votre professeur.

E VOCABULAIRE Au téléphone

Michel Legrand téléphone à sa copine Christine Duval. C'est le père de Christine qui répond.

M. DUVAL: Allô!
MICHEL: Allô! Bonjour, monsieur. Ici Michel Legrand.
M. DUVAL: Bonjour, Michel.
MICHEL: Est-ce que **je pourrais** *(could I)* parler à Christine?
M. DUVAL: Oui, bien sûr. Un instant. **Ne quittez pas.** *(Hold on.)*

(Si Christine n'est pas là.)
M. DUVAL: Je suis **désolé** *(sorry)*. Christine n'est pas à la maison.
MICHEL: Alors, **je rappellerai** *(I'll call back)* plus tard.
M. DUVAL: D'accord! Au revoir, Michel.
MICHEL: Au revoir, monsieur.

@HOMETUTOR
my.hrw.com

9 Conversation dirigée 

PARLER Fabrice veut téléphoner à sa copine Catherine. C'est Fatima, la soeur de Catherine, qui répond. Jouez les deux rôles.

Fabrice		Fatima
Say hello to Fatima. Say who you are. Ask how she is.	→ ←	Answer that you are fine.
Ask if you can speak to Catherine.	→ ←	Say you are sorry. She is not home.
Ask where she is.	→ ←	Say that she is in town.
Thank Fatima and say that you will call later.	→	Say good-bye to Fabrice.

Au jour le jour

Messages téléphoniques

Qui: Marc Blomet
Quand: samedi 18 h. 30
Numéro de téléphone: 01. 42. 22. 65. 31
Message: Confirme rendez-vous de demain après-midi.

1. Qui a téléphoné?
2. À quelle heure est-ce qu'il a téléphoné?
3. Pourquoi est-ce qu'il a téléphoné?
4. Est-ce qu'il a laissé son numéro de téléphone?

Qui: Brigitte Duchemin
Quand: ce matin/ 11h.
Numéro de téléphone: 02.35.67.12.49
Message: Boum chez elle samedi à 16h. Répondre avant vendredi.

1. Qui a téléphoné?
2. Quand est-ce qu'elle a téléphoné?
3. Pourquoi est-ce qu'elle a téléphoné?
4. Qu'est-ce qu'on doit faire pour accepter l'invitation?

Au jour le jour

Un faire-part de mariage

Charlotte et Stéphane

vous invitent à venir
célébrer leur mariage

le 28 juillet à 15 heures
en L'Église de Vernon

Le Docteur et Madame François VALETTE
ont la joie de vous annoncer le mariage
de leur fille Charlotte
avec Stéphane PELARD.

125, rue de l'Ermitage, 37100 Tours

Monsieur et Madame Robert SADDO
Monsieur et Madame Guy PELARD
ont la joie de vous annoncer le mariage
de leur petit-fils et fils Stéphane
avec Charlotte VALETTE.

10, rue Poliveau, 75005 Paris
36, rue de Saint Nom, 78112 Fourgueux

- Quel événement est annoncé?
- Où et quel jour est-ce que cet événement est célébré?
- Comment s'appelle la mariée?
- Comment s'appellent ses parents? Où habitent-ils?
- Comment s'appelle le marié?
- Comment s'appellent ses grands-parents?
- Comment s'appellent ses parents?

Additional readings @ **my.hrw.com**
FRENCH InterActive Reader

Le carnet du jour

Quand on veut annoncer un événement familial important (naissance, mariage, anniversaire, etc.), on peut mettre une annonce dans «Le carnet du jour».

le carnet du jour

naissances

Yves et Catherine JAMIN
ont la joie d'annoncer
la naissance de leur fille
Anne-Sophie
à Paris, le 5 novembre 2004.

Mme Pierre DELAFON
est heureuse de faire part
de la naissance de sa petite fille
Coralie
chez
Vincent DELAFON
et Pascale, née Lescure,
Toulon, le 29 octobre 2004.

- Quel événement est annoncé?
- Où est née Anne-Sophie?
- Quel jour est-elle née?
- Quel âge a-t-elle aujourd'hui?
- Comment s'appellent ses parents?

- Quel événement est annoncé?
- Où est née Coralie?
- Quel jour est-elle née?
- Comment s'appelle sa grand-mère?
- Comment s'appellent ses parents?

Leçon 2

VIDÉO-SCÈNE DVD AUDIO

Armelle a un nouveau copain

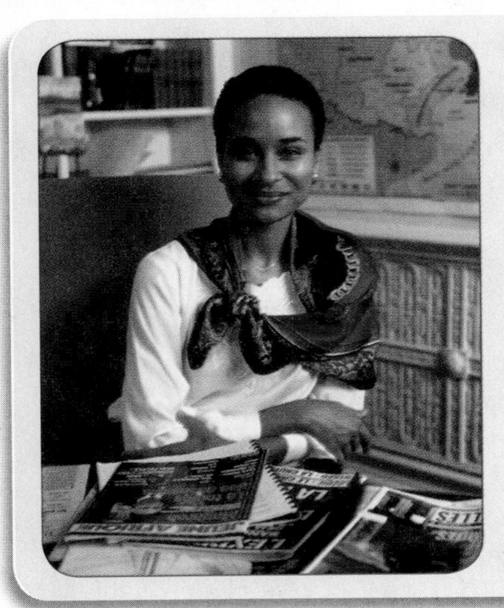

Cette jeune femme s'appelle Claire. C'est elle qui va vous présenter les différentes scènes de la vidéo.

Écoutez bien ce qu'elle dit!

Dans le premier épisode, nous allons rencontrer Armelle et Corinne.

Armelle et Corinne sont deux copines. Elles ont quinze ans. Elles vont au lycée Berthollet à Annecy.

Cet après-midi, Corinne est à la bibliothèque municipale. Sa copine Armelle arrive.

@HOMETUTOR
my.hrw.com

Armelle part pour son mystérieux rendez-vous.

Corinne reste à la bibliothèque pour étudier.

à suivre° ...

à suivre ... *to be continued*

Compréhension

1. Où se passe° la scène?
2. Qui sont Armelle et Corinne?
3. Qu'est-ce qu'Armelle annonce à Corinne?
4. Comment est le nouveau copain d'Armelle?
5. Qu'est-ce que Corinne veut aussi savoir°?
6. Où va Armelle à la fin° de la scène?

se passe *takes place* **savoir** *to know* **la fin** *end*

A Les expressions avec *être*

Review the forms of the verb **être** *(to be)*.

Je	**suis**	d'accord.	Nous	**sommes**	à l'heure.
Tu	**es**	au lycée.	Vous	**êtes**	en avance.
Il/Elle/On	**est**	au café.	Ils/Elles	**sont**	en retard.

→ The IMPERATIVE forms of **être** are irregular.

Sois logique. — ***Be** logical.*
Soyez généreux. — ***Be** generous.*
Soyons optimistes. — ***Let's** be optimistic.*

VOCABULAIRE Quelques expressions avec *être*

▶ *How to agree with someone:*

être d'accord (avec)
Vous **êtes d'accord avec** moi? — ***Do** you **agree with** me?*

▶ *How to say what someone is currently (busy) doing:*

être en train de + INFINITIVE
Nous **sommes en train d'**étudier. — *We **are busy** studying.*

▶ *How to say what belongs to someone:*

À qui est cette montre?
Elle est à Patrick.

être à + NAME OF PERSON (OR STRESS PRONOUN)
À qui est cette montre? — ***Who(m)** does this watch **belong to?***
***Whose** watch **is** this?*
Elle **est à** Patrick. — *It **belongs** to Patrick.*
Elle **n'est pas à** moi. — *It **doesn't belong** to me.*

▶ *How to talk about being on time:*

être à l'heure	*to be on time*	Je **suis** toujours **à l'heure.**
être en avance	*to be early*	Mes amis **sont** souvent **en avance.**
être en retard	*to be late*	Aujourd'hui tu **es en retard.**

@HOMETUTOR
my.hrw.com

1 Où sont-ils? Que font-ils?

PARLER/ÉCRIRE Pour chaque personne, choisissez un endroit et dites où cette personne est. Dites aussi ce qu'elle est en train de faire.

PERSONNES	ENDROITS	ACTIVITÉS
je	dans la cuisine	dîner
tu	dans la rue	faire du roller
vous	dans un magasin	organiser une fête
nous	au garage	préparer le dîner
Stéphanie	au stade	acheter des vêtements
Alice et Paul	au restaurant	jouer au foot
	chez un copain	réparer le vélo

▶ **Je suis chez un copain.**
Je suis en train d'organiser une fête.

2 À qui est-ce? *(Whose is it?)*

PARLER Demandez à qui sont les objets suivants. Un(e) camarade va répondre.
(Attention: **à + le = au; à + les = aux**)

▶ l'appareil-photo (Charlotte)

— **À qui est l'appareil-photo? À toi?**
— **Non, il n'est pas à moi. Il est à Charlotte.**

1. le DVD (Thomas)
2. le livre (le professeur)
3. l'ordinateur (mon cousin)
4. le portable (le cousin d'Antoine)
5. la tablette (mon copain)
6. la veste (le copain d'Éric)
7. la moto (ma voisine)
8. la voiture rouge (les voisins)

À L'HEURE

- **Bleu, blanc, rouge**
  Une montre dynamique qui plaît aux jeunes. Prix spécial: 15 euros

3 Questions personnelles PARLER/ÉCRIRE

1. Es-tu toujours d'accord avec tes copains? avec tes parents? avec tes professeurs? Quand est-ce que tu n'es pas d'accord avec eux?
2. En général, est-ce que les élèves sont à l'heure pour la classe de français? Et le professeur? Et toi, es-tu toujours à l'heure?
3. Quand tu as un rendez-vous, est-ce que tu es généralement en retard ou en avance? Et le copain (ou la copine) avec qui tu as rendez-vous, est-ce qu'il/elle est à l'heure? Qu'est-ce que tu fais quand tes amis ne sont pas à l'heure?

B Les adjectifs: formes et position

FORMS

Review the endings of regular adjectives:

	SINGULAR	PLURAL		
MASCULINE	—	-s	**petit**	**petits**
FEMININE	-e	-es	**petite**	**petites**

→ Adjectives that end in **-e** in the masculine singular do not add another **-e** in the feminine singular.

Marc est **dynamique.** Hélène est **dynamique** aussi.

→ Adjectives that end in **-s** in the masculine singular remain the same in the masculine plural.

Philippe est **français.** Éric et Patrick sont **français** aussi.

→ Adjectives that do not follow the above patterns are IRREGULAR.

Alain est **beau.** Stéphanie est **belle.**
Mon grand-père est **vieux.** Ma tante est **vieille.**
J'ai un **nouveau** copain. Qui est ta **nouvelle** copine?

POSITION

Most adjectives come AFTER the noun they modify.

J'ai des amis **sympathiques.** Mes parents ont une voiture **japonaise.**

→ The following adjectives, however, usually come BEFORE the noun:

grand ≠ petit	*big ≠ small*	Mes voisins ont une **petite** voiture.
bon (bonne) ≠ mauvais	*good ≠ bad*	Claire est une **bonne** élève.
beau (belle)	*beautiful*	Vous avez une **belle** maison.
nouveau (nouvelle)	*new*	Paul a un **nouveau** portable.
vieux (vieille)	*old*	J'ai un **vieux** vélo.
joli	*pretty*	Tu as une **jolie** montre.
jeune	*young*	Nous avons un **jeune** professeur.

→ The adjectives **beau**, **nouveau**, and **vieux** become **bel**, **nouvel**, and **vieil** before a vowel sound.

un **bel** appartement un **nouvel** ami un **vieil** homme

@HOMETUTOR
my.hrw.com

VOCABULAIRE Quelques descriptions

ADJECTIFS

riche ≠ pauvre	*rich ≠ poor*	**sensible**	*sensitive*
content ≠ triste	*happy ≠ sad*	**sympathique (sympa)**	*nice*
juste ≠ injuste	*fair ≠ unfair*	**aimable**	*pleasant, nice*
poli ≠ impoli	*polite ≠ impolite*	**bête**	*dumb, silly*
drôle ≠ pénible	*funny ≠ boring*	**égoïste**	*selfish*
		timide	*shy*

ADVERBES

très	*very*	Ma tante Lucie est **très** sympa.
trop	*too*	Ne sois pas **trop** triste.
assez	*rather, pretty*	Mon petit frère est **assez** drôle.

4 Comment sont-ils?

PARLER/ÉCRIRE Complétez les descriptions avec un adjectif du **Vocabulaire.**

1. Marc n'aime pas aider ses copains. C'est un garçon …
2. Alice invite ses copains chez elle. C'est une amie …
3. Mes voisins sont millionnaires. Ce sont des gens …
4. Stéphanie a beaucoup d'humour. C'est une fille …
5. Isabelle n'aime pas parler en public. C'est une fille …
6. Madame Labalance donne le même *(same)* salaire aux employés qui font le même travail. C'est une patronne …
7. Florence dit *(says)* toujours «s'il vous plaît» et «merci». C'est une fille …
8. Le petit garçon pleure *(cries)* beaucoup. C'est un garçon …

5 L'idéal

PARLER/ÉCRIRE Décrivez l'idéal pour les personnes suivantes. Utilisez les adjectifs suggérés dans des phrases affirmatives ou négatives.

▶ une bonne vendeuse
Une bonne vendeuse est polie et aimable. Elle n'est pas impatiente.

1. le copain idéal
2. la copine idéale
3. un bon professeur
4. une bonne secrétaire
5. une bonne patronne
6. un bon avocat
7. les bons employés
8. les bons élèves

amusant	bête	optimiste
compétent	efficace *(efficient)*	pessimiste
distant	dynamique	idéaliste
intéressant	juste	
indifférent	injuste	poli
intelligent	aimable	impoli
patient	honnête	
impatient	malhonnête	spontané
tolérant	sévère	réservé
strict	sincère	organisé

C Quelques adjectifs irréguliers

Many irregular adjectives follow predictable patterns:

- Adjectives in **-eux**

	MASCULINE	FEMININE		
SINGULAR	-eux	-euse	Alain est **sérieux.**	Alice est **sérieuse.**
PLURAL	-eux	-euses	Ses amis sont **sérieux.**	Ses amies sont **sérieuses.**

- Adjectives in **-al**

	MASCULINE	FEMININE		
SINGULAR	-al	-ale	Paul est **original.**	Valérie est **originale.**
PLURAL	-aux	-ales	Il a des amis **originaux.**	Elle a des amies **originales.**

- Adjectives with irregular feminine forms

MASCULINE	FEMININE		
-if	-ive	Paul est **actif.**	Sylvie est **active.**
-el	-elle	Éric est **ponctuel.**	Sa soeur est **ponctuelle.**
-on	-onne	Ce sandwich est **bon.**	Cette glace est **bonne.**
-en	-enne	Marc est **canadien.**	Alice est **canadienne.**

VOCABULAIRE La personnalité

[-eux/-euse]	**ambitieux** **consciencieux** **curieux**	**ennuyeux** *(boring)* **généreux** **sérieux**	**heureux** *(happy)* **malheureux** *(unhappy)* **paresseux** *(lazy)*
[-al (-aux)]	**génial** *(great)*	**libéral**	**original**
[-if/-ive]	**actif** **imaginatif**	**impulsif** **intuitif**	**naïf** **sportif** *(athletic)*
[-el/-elle]	**intellectuel**	**ponctuel**	**spirituel** *(witty)*
[-on/-onne]	**mignon** *(cute)*		
[-en/-enne]	**musicien** *(musical)*		

@HOMETUTOR
my.hrw.com

6 Substitutions

PARLER/ÉCRIRE Remplacez les noms soulignés par les noms entre parenthèses. Faites les changements nécessaires.

▶ Mon oncle n'est pas toujours ponctuel. (mes cousines)
Mes cousines ne sont pas toujours ponctuelles.

1. Mon copain est génial. (ma cousine / mes amis)
2. Ma mère est assez libérale. (mon père /mes profs / mes grands-parents)
3. La secrétaire de Madame Lebeau est très sérieuse. (les employés / le patron / les filles)
4. Cette actrice est très originale. (cet écrivain / ces dessinateurs / ces artistes françaises)
5. Votre voisine n'est pas très sportive. (tes soeurs / mon frère / nos cousins)
6. Ton frère est très mignon. (la nouvelle élève / tes copines / le copain d'Isabelle)

7 Préférences personnelles 

PARLER/ÉCRIRE Demandez à vos camarades quelles qualités ils préfèrent.

▶ impulsif ou patient?
—Préfères-tu les personnes impulsives ou les personnes patientes?
—Je préfère les personnes impulsives. (Je préfère les personnes patientes.)

1. sportif ou intellectuel?
2. imaginatif ou réaliste?
3. actif ou paresseux?
4. intuitif ou logique?
5. calme ou ambitieux?
6. sérieux ou original?
7. consciencieux ou négligent?
8. ennuyeux ou impulsif?

8 Une question de personnalité

PARLER/ÉCRIRE Ces filles sont vos amies. Décrivez la personnalité de chacune *(each one)*. Pour cela, utilisez un adjectif du **Vocabulaire.**

▶ Zoé prépare toujours ses devoirs avant le dîner.

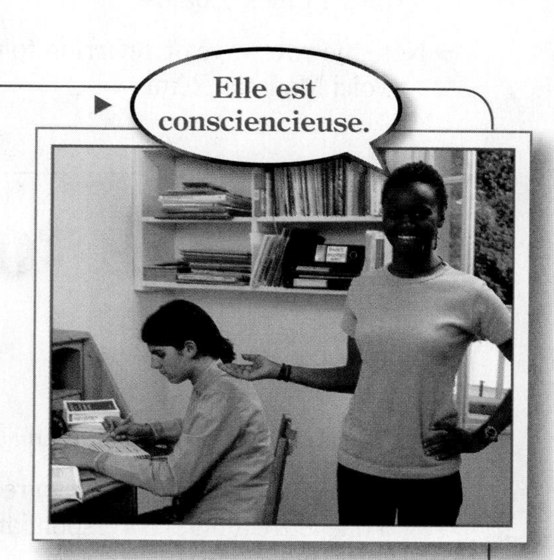

1. Béatrice est toujours à l'heure à ses rendez-vous.
2. Stéphanie adore nager. Elle fait du ski, fait du jogging et joue au tennis.
3. Hélène adore raconter *(to tell)* des histoires drôles.
4. Alice aide toujours ses amis.
5. Valérie chante dans la chorale. Elle joue aussi de la guitare.
6. Charlotte déteste étudier. Elle préfère regarder la télé … ou dormir *(sleep)*.
7. Après le lycée, Isabelle veut créer sa propre *(own)* compagnie.
8. Nathalie a un copain sympathique et des parents généreux. Elle est toujours contente.

D C'est ou *il est*

Compare the use of **c'est** and **il/elle est** to describe people or things.

	C'est + NAME **C'est** + ARTICLE + NOUN + (ADJECTIVE) **C'est** + ARTICLE + ADJECTIVE + NOUN	**Il/Elle est** + ADJECTIVE
	C'est André. **C'est** un copain. **C'est** un copain généreux.	**Il est** sympathique.
	C'est Stéphanie. **C'est** une cousine. **C'est** une fille très drôle.	**Elle est** intelligente.
	C'est le vélo de Paul. **C'est** un bon vélo.	**Il est** vieux.
	C'est une Renault. **C'est** une petite voiture.	**Elle est** rapide *(fast)*.

→ **C'est** is also used with **mon** and **ma.**

C'est **mon copain.** | C'est **ma cousine.**

→ Note the negative and plural forms of **c'est:**

C'est Paul. | **Ce n'est pas** Éric.
Ce sont mes copains. | **Ce ne sont pas** mes cousins.

→ Note the two ways of referring to professions:

Voici Madame Rémi. | **Elle est** architecte.
C'est une architecte.

À votre tour!

OBJECTIFS
Now you can ...
• describe people

Digital performance space

1 Autoportrait *(Self-portrait)*

PARLER/ÉCRIRE Faites votre autoportrait dans une lettre à un(e) correspondant(e) français(e). Mentionnez
- les aspects positifs de votre personnalité
- quelques *(a few)* aspects négatifs.

Si possible, donnez des exemples pour vos qualités et vos petits défauts *(defects)*.

STRATEGY Writing

List some adjectives that describe your strengths and your weaknesses. Then think of examples or situations to illustrate each adjective and write your composition.

QUALITÉS	DÉFAUTS
____________	____________
____________	____________

@HOMETUTOR
my.hrw.com

9 Présentations

PARLER/ÉCRIRE Luc présente certaines personnes et montre certaines choses à ses amis. Jouez le rôle de Luc.

- Marie
- une cousine
- canadienne
- une fille géniale

1
- ma mère
- pharmacienne
- généreuse

2
- Monsieur Sanchez
- mon prof d'espagnol
- mexicain
- très strict
- un bon prof

3
- mes voisins
- des gens intéressants
- aimables et polis

4
- Attila
- mon chien
- un terrier
- très intelligent

5
- mon vélo
- anglais
- un VTT
- trop petit pour moi

6
- la voiture de mon oncle
- une Renault
- une voiture française
- confortable
- économique

2 La personne mystérieuse 

PARLER/ÉCRIRE En groupe de trois ou quatre, choisissez une personne connue et décrivez-la en un ou deux paragraphes.

Ensuite, lisez cette description au reste de la classe. Qui va découvrir l'identité de cette personne mystérieuse?

Personnes connues
- un acteur
- une actrice
- un chanteur
- une chanteuse
- un(e) athlète

LESSON REVIEW
my.hrw.com

Lecture Un jeu: Qui est-ce?

Quatre amies sont à la table d'un café à Paris.
Ces amies sont de quatre nationalités différentes. Il y a …

une Française **une Américaine** **une Anglaise** **une Allemande**

Elles ont aussi des professions différentes. Il y a …

une étudiante **une photographe** **une journaliste** **une pianiste**

Lisez ce que disent ces quatre amies et déterminez par déduction logique la nationalité et la profession de chacune.

Sylvie

Je suis souvent à Paris pour mon travail, mais je n'habite pas à Paris. Je parle français et anglais. Je parle aussi allemand parce que mon père est allemand, mais je ne suis pas allemande. Je travaille pour un journal, mais je ne suis pas journaliste.

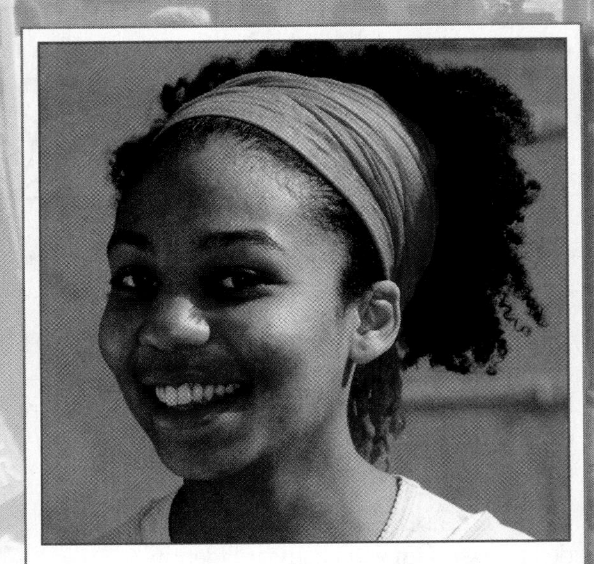

Pauline

J'habite à Paris. Je parle très bien français, mais je ne suis pas française. En fait, je ne suis pas européenne. J'aime cependant l'histoire européenne, mais je ne suis pas étudiante.

Additional readings @ my.hrw.com
FRENCH InterActive Reader

Christine

Moi aussi, je suis souvent à Paris. J'adore cette ville! Je parle français et allemand. J'aime beaucoup la musique mais je ne suis pas musicienne. En ce moment, je suis en train de préparer un article sur le jazz en Europe.

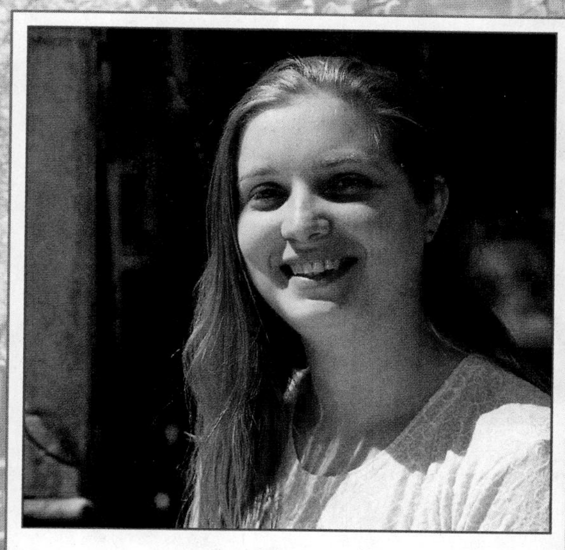

Olga

Je suis à Paris parce que je suis en vacances. Je parle assez bien français. Au lycée, c'est ma matière favorite. Je parle aussi allemand, mais ce n'est pas ma langue maternelle.

SUGGESTIONS:

- Copiez les grilles° à droite sur une feuille de papier.
- Pour trouver la solution, procédez par élimination successive. (Par exemple: Pauline dit qu'elle n'est pas française. Mettez un «X» dans la case° «française».)

	française	américaine	anglaise	allemande
Sylvie				
Pauline	X			
Christine				
Olga				

	étudiante	photographe	journaliste	planiste
Sylvie				
Pauline				
Christine				
Olga				

grilles *grids* **case** *box*

Leçon 3

VIDÉO-SCÈNE DVD AUDIO

Allons dans un café!

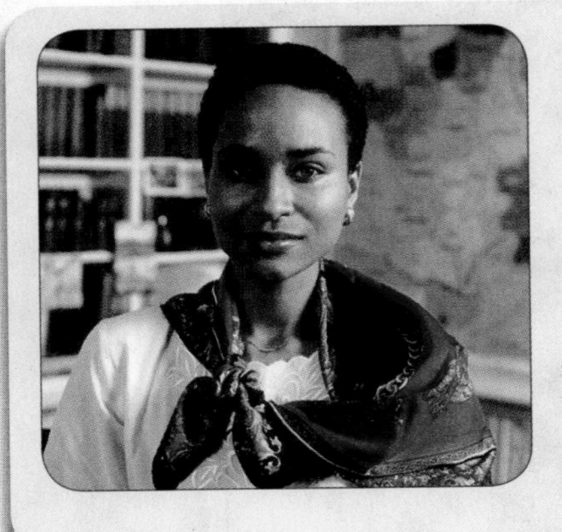

Dans l'épisode précédent, Armelle a parlé de son nouveau copain. Dans cet épisode, nous allons faire la connaissance du nouveau copain d'Armelle. Il s'appelle Pierre et il a quinze ans et demi.

Près du lac d'Annecy

Armelle arrive à son rendez-vous. Pierre l'attend.

Les deux amis traversent la rue.

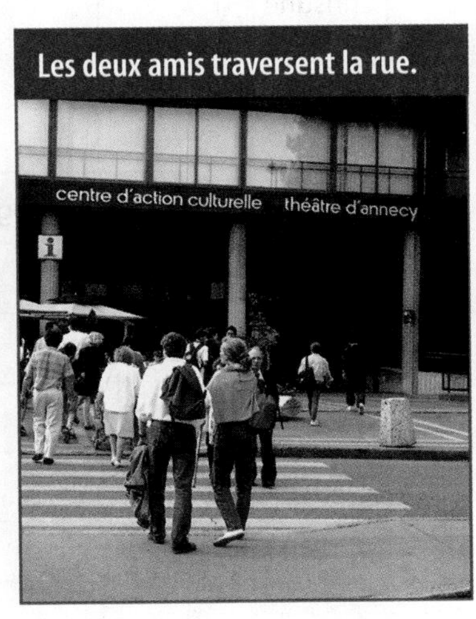

Il y a beaucoup de circulation aujourd'hui.

Au café

Pierre appelle le garçon.

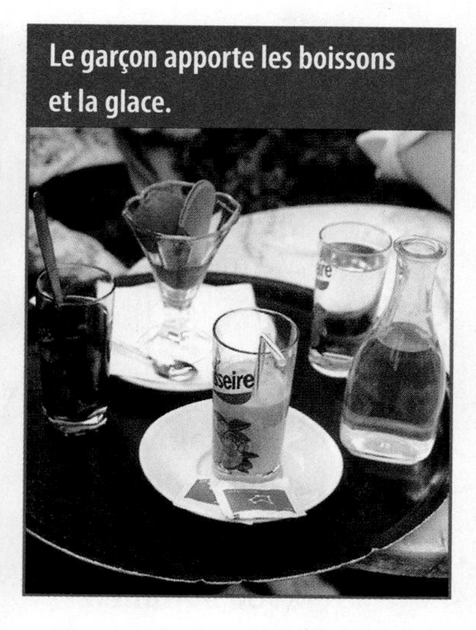

Le garçon apporte les boissons et la glace.

Soudain, Pierre voit quelqu'un.

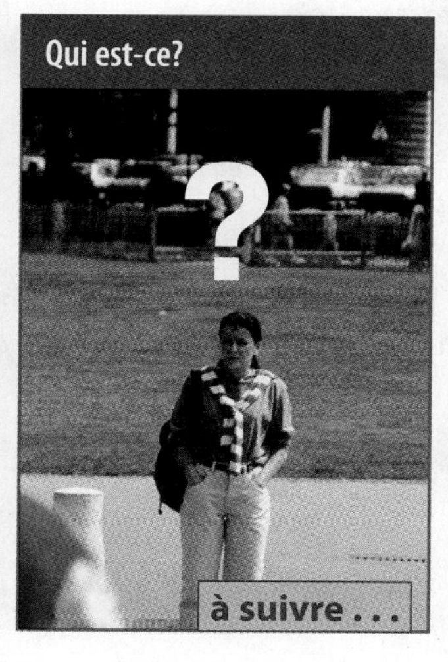

Qui est-ce?

Compréhension

1. Comment s'appelle le nouveau copain d'Armelle?
2. Où vont Pierre et Armelle?
3. Pourquoi est-ce que Pierre doit faire attention?
4. Qu'est-ce qu'Armelle commande?°
5. Qu'est-ce que Pierre commande?
6. Qu'est-ce qui se passe° à la fin de la scène?

commande *order* **se passe** *happens*

A Les expressions avec *avoir*

Review the forms of the verb **avoir** *(to have)*.

J' **ai** un portable.	Nous **avons** un rendez-vous.
Tu **as** un problème.	Vous **avez** une nouvelle voiture.
Il/Elle/On **a** un examen.	Ils/Elles **ont** beaucoup de copains.

VOCABULAIRE Quelques expressions avec *avoir*

▶ *How to talk about age:*

Quel âge as-tu? — ***How old are** you?*
Ma mère **a 39 ans.** — *My mother **is 39 (years old).***

▶ *How to describe certain feelings and states:*

avoir faim/soif	*to be hungry/thirsty*	Tu **as faim**?
avoir chaud/froid	*to be hot, warm/cold*	Nous **avons froid.**
avoir raison/tort	*to be right/wrong*	Les élèves **ont tort.**
avoir peur	*to be afraid*	Je **n'ai pas peur.**
avoir sommeil	*to be sleepy, tired*	Mon frère **a sommeil.**
avoir de la chance	*to be lucky*	Vous **avez de la chance.**
avoir l'air + ADJECTIVE	*to seem, look*	Marc **a l'air** fatigué.

▶ *How to express needs, desires and intentions:*

avoir besoin de + NOUN OR INFINITIVE
- **J'ai besoin d'**argent. — ***I need** money.*
- Nous **avons besoin de** travailler. — *We **need** to work.*

avoir envie de + NOUN OR INFINITIVE
- Alice **a envie d'**une glace. — *Alice **wants** an ice cream.*
- Qu'est-ce que tu **as envie de** manger? — *What **do** you **feel like** eating?*

avoir l'intention de + INFINITIVE
- Léa **a l'intention de** voyager. — *Léa **intends** to travel.*

▶ *How to ask what's wrong:*

Qu'est-ce que tu as? — *What's wrong (with you)?*
Qu'est-ce qu'il y a? — *What's the matter?*

@HOMETUTOR
my.hrw.com

1 Le bonheur *(Happiness)*

PARLER/ÉCRIRE Expliquez pourquoi les personnes suivantes sont heureuses.

▶ nous / un bon prof de français
Nous avons un bon prof de français.

1. vous / des parents généreux
2. moi / des copains sympathiques
3. toi / un nouveau portable
4. Éric / une nouvelle copine
5. nous / une grande maison
6. les profs / des élèves intelligents
7. les Lacour / des voisins aimables
8. ma soeur / un job intéressant

2 Oh là là!

PARLER/ÉCRIRE Que disent les personnes suivantes?

▶

3 Projets

PARLER/ÉCRIRE Dites ce que les personnes suivantes ont envie de faire. Dites aussi de quoi elles ont besoin.

une raquette
un job
un vélo
un passeport
une batte
un maillot de bain
un lecteur MP3
un télescope
dix dollars

▶ Philippe / jouer au baseball
Philippe a envie de jouer au baseball. Il a besoin d'une batte.

1. nous / aller à la campagne
2. Mme Lasalle / visiter l'Égypte
3. vous / nager
4. toi / écouter de la musique
5. moi / jouer au tennis
6. Hélène / regarder les étoiles *(stars)*
7. Patrick / gagner de l'argent
8. mes copains / manger une pizza

B Les expressions avec *faire*

Review the forms of the verb **faire** *(to do)*.

Je	**fais**	un sandwich.	Nous	**faisons**	attention.
Tu	**fais**	tes devoirs.	Vous	**faites**	un voyage.
Il/Elle/On	**fait**	une promenade.	Ils/Elles	**font**	la vaisselle.

Faire is one of the most common French verbs. Its basic meaning is *to do, to make.*

Qu'est-ce que **tu fais**? *What are you doing?*

VOCABULAIRE Quelques expressions avec *faire*

▶ *How to talk about activities one is engaged in:*

faire { **du** / **de la** / **des** } + SCHOOL SUBJECT *to study* / + SPORT OR PASTIME *to be active in, to do*

Nous **faisons de l'anglais.**
Mes amis **font du roller.**
Il **fait de la photo.**

➔ In negative sentences, **faire du, de la, des (de l')** become **faire de (d').**

—Vous **faites de la** gymnastique aujourd'hui?
—Non, nous **ne faisons pas de** gymnastique.

▶ *How to talk about many common activities:*

faire attention	*to pay attention, be careful*	**Fais attention!**
faire ses devoirs	*to do one's homework*	Tu **fais tes devoirs.**
faire une promenade	*to go for a walk, ride*	Je **fais une promenade.**
faire la cuisine	*to cook, to do the cooking*	Nous **faisons la cuisine.**
faire la vaisselle	*to do the dishes*	Qui **fait la vaisselle**?
faire les courses	*to do the (food) shopping*	Papa **fait les courses.**

4 *Qu'est-ce qu'ils font?*

PARLER/ÉCRIRE Complétez les dialogues et dites ce que font les personnes suivantes.

1.

—Qu'est-ce que vous … ?
—Nous …

2.

—Qu'est-ce que tu … ?
—Je …

3.

—Qu'est-ce qu'il … ?
—Il …

4.

—Qu'est-ce qu'elles … ?
—Elles …

@HOMETUTOR
my.hrw.com

5 Études professionnelles

PARLER/ÉCRIRE Pour chaque personne, choisissez un sujet d'étude et une profession.

PERSONNES	SUJETS D'ÉTUDE	PROFESSIONS
Éric	l'informatique	artiste
Véronique	la biologie	avocat(e)
Sylvie	les arts plastiques	chimiste
mon copain	l'allemand	interprète
ma copine	la chimie	programmeur (programmeuse)
la fille des voisins	le droit *(law)*	médecin

▶ **Éric fait de la chimie. Il veut être chimiste.**

6 Conversation 

PARLER Demandez à vos camarades s'ils font les choses suivantes. (Vous pouvez continuer la conversation avec des questions comme **où? quand? avec qui?**)

▶ le ski

1. le jogging
2. la gymnastique
3. la photo
4. le camping
5. le vélo
6. le ski nautique
7. le skate
8. le théâtre
9. la danse
10. le roller

(Non, je ne fais pas de ski.)

7 Questions personnelles PARLER/ÉCRIRE

1. Fais-tu des maths? de l'espagnol? de la chimie? de l'informatique?
2. En général, quand fais-tu tes devoirs, avant ou après le dîner?
3. Est-ce que tu fais attention quand le professeur parle? quand tu as un examen? quand tu traverses *(cross)* la rue?
4. Qui fait les courses dans ta famille? dans quel supermarché?
5. Est-ce que tu aimes faire la cuisine? Quelles sont tes spécialités?
6. Est-ce que tu fais la vaisselle de temps en temps *(from time to time)*? Généralement, qui fait la vaisselle chez toi?
7. Est-ce que tu aimes faire des promenades? Quelles sortes de promenades fais-tu? des promenades à pied? à vélo? en voiture?

C Les questions avec inversion

There are several ways of asking questions in French. When the subject of the sentence is a pronoun, questions can be formed by INVERTING (that is, *reversing the order* of) the subject and the verb.

Compare the two ways of asking the same question:

WITH INTONATION	WITH INVERSION
Tu as un vélo?	**As-tu** un vélo?
Vous êtes français?	**Êtes-vous** français?
Elle vend des ordinateurs?	**Vend-elle** des ordinateurs? (t)
Ils habitent à Québec?	**Habitent-ils** à Québec? (t)

YES/NO QUESTIONS can be formed with inversion according to the pattern:

VERB + SUBJECT PRONOUN (+ REST OF SENTENCE)
Parlez-vous français?

→ In inverted questions, the verb and the subject pronoun are joined with a hyphen.

→ In inverted questions, the sound / t / is pronounced between the verb and the subject pronouns **il, elle, ils, elles,** and **on.**

Note that if the **il/elle/on**-form of the verb ends in a vowel, the letter **-t-** is inserted between the verb and the pronoun.

Il a un job.	**A-t-il** un bon job?
Elle travaille.	**Travaille-t-elle** beaucoup?

INFORMATION QUESTIONS are formed with inversion according to the pattern:

INTERROGATIVE EXPRESSION + VERB + SUBJECT PRONOUN (+ REST OF SENTENCE)	
Où **habites-tu?**	Avec qui **dînez-vous** ce soir?
Quand **travaille-t-il?**	Pourquoi **sont-ils** en retard?

8 Conversation 

PARLER Posez des questions à vos camarades. Utilisez l'inversion.

▶ où / habiter?

1. dans quelle rue / habiter?
2. à quels sports / jouer?
3. quand / faire tes devoirs?
4. quelle classe / préférer?
5. combien de frères et de soeurs / avoir?
6. quels programmes / regarder à la télé?
7. quel type de musique / aimer?
8. dans quel magasin / acheter ton sac?

@HOMETUTOR
my.hrw.com

9 Conversation 

PARLER Demandez à vos camarades de parler des personnes suivantes en utilisant l'inversion.

▶ ton copain
- aimer la musique?

—Parle-moi de ton copain.
—D'accord!
—Aime-t-il la musique?
—Oui, il aime la musique. (Non, il n'aime pas la musique.)

1. ta copine
   - être sportive?
   - faire du jogging?
   - avoir un vélo?
2. tes voisins
   - être sympathiques?
   - avoir des enfants?
   - parler français?
3. ta tante
   - habiter à Denver?
   - parler français?
   - être professeur?
4. tes cousins
   - aimer le rock?
   - avoir beaucoup de CD?

À votre tour!

OBJECTIFS

Now you can . . .
- talk about your activities
- express your feelings

Digital performance space

1 Situation: Au Café  

PARLER You are in a café in Paris with your partner. Ask your partner …
- if he/she is thirsty
- if he/she is hungry
- if he/she feels like eating a sandwich
- what he/she feels like doing afterwards **(après)**
- what he/she intends to do tonight **(ce soir)**

2 Correspondance 

ÉCRIRE You have just gotten a new French e-mail pal. Write a letter describing yourself and your favorite activities. Ask your French friend for corresponding information. Mention:
- your name
- how old you are
- how many brothers and sisters you have
- a few artistic activities you do
- a few outdoor activities
- a few things you do to help at home

▶ **Je m'appelle [Nico]. Et toi?**

ACTIVITÉS ARTISTIQUES
le piano
le dessin (art)
la poterie
la photo
la danse
??

ACTIVITÉS EXTÉRIEURES
le VTT
le roller
la photo
le skate
le vélo
le jogging
la natation
le ski
??

LESSON REVIEW
my.hrw.com

Lecture
Les objets parlent!

Il est minuit. Est-ce que tout le monde° dort?° Non, les différents objets de la maison n'ont pas sommeil aujourd'hui. Ils parlent de leur travail. Chacun° décrit ce qu'il fait d'une façon° humoristique. Lisez ce qu'il dit. Pouvez-vous deviner° quel est l'objet qui parle?

tout le monde *everyone* **dort** *is asleep* **Chacun** *Each one* **d'une façon** *in a manner* **deviner** *guess*

1. la voiture

2. le téléviseur

3. le réfrigérateur

4. le lave-vaisselle

5. la cuisinière

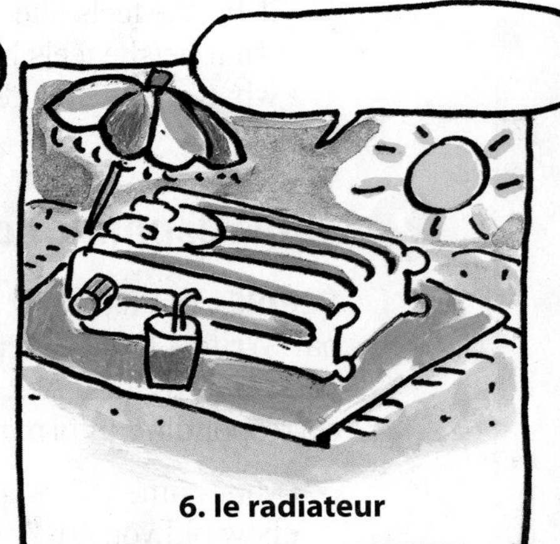

6. le radiateur

Additional readings @ **my.hrw.com**
FRENCH
InterActive Reader

A

Quand il fait froid, vous avez besoin de moi parce que j'ai chaud. Quand il fait chaud, j'ai froid et vous n'avez pas besoin de moi. Je travaille pour vous en hiver. En été, j'ai sommeil et je dors.°

je dors *I sleep*

B

Je n'ai pas froid et je n'ai pas chaud. Je n'ai pas soif et je n'ai pas très faim. En général, je ne travaille pas quand vous travaillez, mais je travaille quand vous ne travaillez pas. Je finis mon travail quand vous avez sommeil.

C

Je n'ai jamais chaud. J'ai froid en hiver et j'ai froid en été aussi. Je n'ai pas de chance parce que je dois travailler pour vous le jour et la nuit. Je n'ai jamais sommeil.

D

Je travaille dans votre cuisine. En général, je travaille avant le dîner. Quand je travaille, j'ai toujours chaud. Et quand j'ai chaud, vous devez faire attention!

E

Je travaille aussi dans votre cuisine. Vous avez besoin de moi après le dîner, surtout° si vous n'avez pas envie de faire la vaisselle. J'ai toujours très soif. Et quand je finis mon travail, j'ai très chaud.

surtout *especially*

F

Pendant la semaine vous avez besoin de moi pour aller à votre travail. Le week-end, vous avez besoin de moi pour faire les courses. Je travaille aussi pour vous quand vous avez envie de faire une promenade à la campagne.° Je n'ai pas faim, mais j'ai soif de temps en temps.

la campagne *the countryside*

Leçon 4

VIDÉO-SCÈNE DVD AUDIO

Ça, c'est drôle!

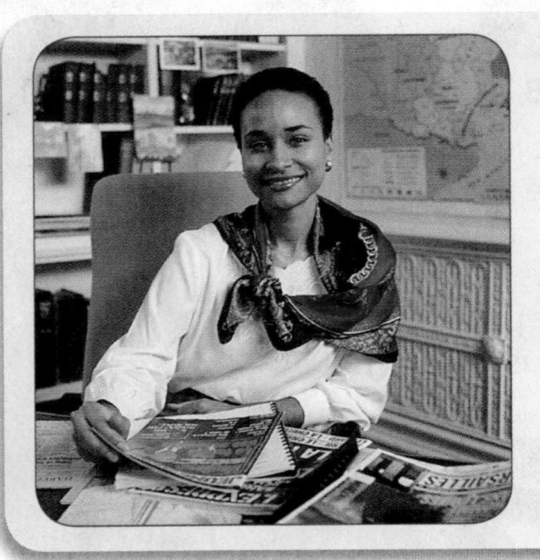

Dans l'épisode précédent, Pierre et Armelle sont allés dans un café. Pendant la conversation, Pierre a remarqué quelqu'un dans la rue.

Qui est la personne que Pierre a vue? C'est Corinne qui revient de la bibliothèque.

Tu vois la fille qui vient là-bas? C'est ma cousine.

Ça, par exemple! Corinne est ta cousine?

Compréhension

1. Qui est la personne qui passe dans la rue?
2. Pourquoi est-ce qu'Armelle est surprise?
3. Que fait Pierre ensuite?°
4. Qu'est-ce que Pierre propose à Corinne? Est-ce que Corinne accepte?
5. Pourquoi est-ce que Corinne est surprise quand elle voit Armelle?

ensuite *next*

A Le verbe *aller*; la construction *aller* + infinitif

Review the forms of the verb **aller** *(to go)* in the following sentences.

aller			aller + INFINITIVE	
Je	**vais**	à la plage.	Je	**vais nager** à la piscine.
Tu	**vas**	chez toi.	Tu	**vas dîner** au restaurant.
Alice	**va**	au stade.	Elle	**va regarder** un match de foot.
Nous	**allons**	à Paris.	Nous	**allons visiter** le musée d'Orsay.
Vous	**allez**	au musée.	Vous	**allez regarder** des sculptures.
Mes amis	**vont**	au café.	Ils	**vont retrouver** des copains.

To express what they ARE GOING (OR NOT GOING) TO DO, the French use the construction:

aller + INFINITIVE

Je **vais jouer** au foot. — ***I am going to play** soccer.*
Nous **n'allons pas travailler.** — *We **are not going to work.***

→ Note the expression:

aller chercher — *to go get* / *to pick up*

Alice **va chercher** son cousin à l'aéroport.
Je dois **aller chercher** un livre à la bibliothèque.

@HOMETUTOR
my.hrw.com

1 Où et comment?

PARLER/ÉCRIRE Dites où vont les personnes suivantes. Dites aussi comment elles vont à chaque endroit en utilisant l'une des expressions à droite.

à pied | à vélo | en bus | en taxi | en voiture | en métro | en avion

▶ les élèves / au lycée
Les élèves vont au lycée.
Ils vont au lycée en bus (à vélo, en métro …).

1. moi / en ville
2. mon copain / à l'école
3. nous / à la campagne *(countryside)*
4. les voisins / au supermarché
5. les touristes / à l'aéroport
6. ma mère / à son travail
7. vous / à Fort-de-France
8. toi / en France

2 Bonnes décisions

PARLER/ÉCRIRE Pour le premier janvier, les personnes suivantes prennent de bonnes décisions. Dites si oui ou non elles vont faire les choses suivantes.

▶ Monsieur Laboule / grossir?
Il ne va pas grossir.

1. moi / réussir à mes examens?
2. toi / être en retard?
3. les élèves / étudier?
4. nous / écouter le prof?
5. Monsieur Nicot / fumer *(smoke)*?
6. vous / faire attention en classe?
7. Christine / regarder des films stupides?
8. la secrétaire / perdre *(waste)* son temps?

3 Qu'est-ce qu'ils vont aller chercher?

PARLER/ÉCRIRE Dites ce que les personnes suivantes vont aller chercher.

les billets *(tickets)*
son passeport
des CD de rock
un pull
un sandwich
un jus de fruit

▶ J'ai soif. **Je vais aller chercher un jus de fruit.**

1. Tu as froid.
2. Nous organisons une soirée.
3. François va aller au Japon.
4. Vous allez au concert.
5. Les enfants ont faim.

4 Aller, avoir ou faire?

ÉCRIRE Complete the following sentences with the appropriate forms of **aller, avoir** and **faire.** Be logical in your choice of verbs.

1. Charlotte — une raquette. Elle — sur le court. Elle — un match de tennis.
2. Nous — au supermarché. Nous — les courses. Nous — besoin d'argent pour payer.
3. Tu — une promenade. Tu — en ville. Tu — rendez-vous avec une copine.
4. Je — dans ma chambre. Je — mes devoirs. Je (J') — une classe demain.
5. Vous — un passeport. Vous — un voyage. Vous — au Canada.
6. Mes copains — besoin d'exercice. Ils — au parc. Ils — du jogging.

B Le verbe *venir;* la construction *venir de* + infinitif

Review the forms of **venir** *(to come)* in the following sentences.

PRESENT	Je **viens**	du café.		Nous **venons**	du restaurant.
	Tu **viens**	de la plage.		Vous **venez**	de l'hôtel.
	Alice **vient**	de Lyon.		Mes amis **viennent**	du stade.

➔ The following verbs are conjugated like **venir:**

devenir	*to become*	Vous **devenez** très bons en français! Bravo!
revenir	*to come back*	Ma copine **revient** de Monaco demain!

To express what they HAVE JUST DONE, the French use the construction:

venir de + INFINITIVE

Je **viens de rencontrer** Marc.	*I **(have) just met** Marc.*
Ton frère **vient de téléphoner.**	*Your brother **(has) just called.***
Mes copains **viennent d'arriver.**	*My friends **(have) just arrived.***

MES AMIS VIENNENT DU STADE.

MES AMIS VIENNENT D'ARRIVER.

5 Qui vient?

PARLER/ÉCRIRE Philippe veut savoir qui vient à sa boum. Complétez les dialogues avec les formes appropriées de **venir.**

1. —Est-ce que tu ... ?
   —Bien sûr, je ...
2. —Et vous, est-ce que vous ... ?
   —Non, nous ne ... pas. Nous allons chez nos cousins ce jour-là.
3. —Marc et Véronique ... , n'est-ce pas?
   —Bien sûr, ils ... Ils aiment danser.
4. —Est-ce que Pauline ... ?
   —Non, elle ne ... pas. Elle est malade *(sick).*

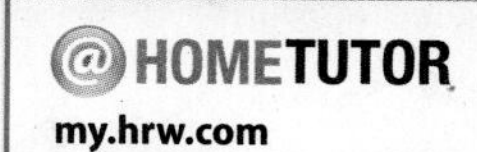

6 Qu'est-ce qu'ils viennent de faire?

PARLER/ÉCRIRE Regardez les illustrations et dites ce que les personnes viennent de faire. Utilisez votre imagination!

▶ **Maxime vient de jouer au tennis.**
(Maxime vient de perdre son match.)

▶ Maxime

1. Christine

2. M. Lebrun

3. Sabine

4. M. et Mme Masson

5. mes copains

7 Avant et après

PARLER/ÉCRIRE Dites ce que les personnes de la colonne A viennent de faire en choisissant une activité de la colonne B. Dites ce qu'elles vont faire après, en choisissant une activité de la colonne C.

A	B	C
moi	dîner	nager
toi	mettre *(set)* la table	dîner
nous	faire les courses	regarder la télé
Monsieur Leblanc	arriver à la plage	téléphoner à la police
mes copains	arriver à la maison	préparer le dîner
vous	avoir un accident	acheter une moto
	gagner à la loterie	aller au cinéma
	finir les devoirs	rentrer à la maison

▶ **Je viens de dîner. Je vais aller au cinéma (regarder la télé).**

C Le présent avec *depuis*

Read the following pairs of sentences. In each pair, the first sentence describes what people are doing. The second sentence describes how long they have been doing this. Compare the verbs in French and English:

Nous **habitons** à Genève.	*We **live** in Geneva.*
Nous **habitons** à Genève **depuis mai.**	*We **have been living** in Geneva **since May.***
J'**étudie** le français.	*I **am studying** French.*
J'**étudie** le français **depuis deux ans.**	*I **have been studying** French **for two years.***

To express what people have been doing since or for a certain time, the French use the construction:

PRESENT + **depuis** +	DURATION OF ACTIVITY	Je **travaille** ici **depuis** cinq jours.
	STARTING POINT IN TIME	Je **travaille** ici **depuis** lundi.

➔ Note the interrogative expressions:

depuis quand?	*since when?*	**Depuis quand** es-tu ici?
depuis combien de temps?	*how long?*	**Depuis combien de temps** attends-tu?

8 Expression personnelle

PARLER/ÉCRIRE Complétez les phrases suivantes avec l'une des expressions suggérées.

1. Je fais du français …
2. Je vais dans ce lycée …
3. Je connais mon meilleur copain (ma meilleure copine) …
4. Nous habitons dans notre maison (notre appartement) …
5. Mes voisins habitent ici …
6. J'ai un vélo …

- **depuis moins** *(less)* **d'un an**
- **depuis plus** *(more)* **d'un an**
- **depuis plus de deux ans**
- **depuis plus de cinq ans**
- **depuis plus de dix ans**

9 Depuis quand?

PARLER Dites depuis quand les personnes suivantes font certaines choses.

▶ vous/attendre le bus/dix minutes

1. ma cousine / être infirmière / décembre
2. Monsieur Arnaud / travailler pour Air France / deux ans
3. vous / utiliser cet ordinateur / six semaines
4. nous / faire de l'informatique / trois mois
5. ma tante / être avocate / six ans
6. nos voisins / venir dans ce club / juin

À votre tour!

OBJECTIFS

Now you can …
- talk about your plans
- say what you have just done

Digital performance space

1 Conversation dirigée

PARLER Vincent rencontre sa cousine Aurélie dans un café. Jouez les deux rôles.

Vincent		Aurélie
Says hello to Aurélie and asks her what she is doing.	⇄	Says she is waiting for her friend Philippe.
Asks her how long she has been waiting.	⇄	Answers since 3 o'clock.
Asks her what she is going to do if (**si**) Philippe does not come.	⇄	Says that she is going to go to a movie.
Asks if he can come with her.	→	Says of course and suggests that they go to the movies now.

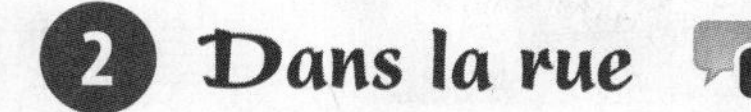

2 Dans la rue

PARLER It is Saturday afternoon. You meet your partner in town. Ask your partner …
- where he/she is coming from
- what he/she has just been doing
- where he/she is going to go now
- what he/she is going to do

3 Depuis quand?

PARLER/ÉCRIRE Demandez à cinq personnes différentes depuis combien de temps elles habitent dans votre ville. Donnez les résultats de votre enquête oralement ou par écrit.

Ma ville:	
Nom:	
1. Éric	habite ici depuis …
2.	
3.	

4 Le week-end prochain

ÉCRIRE/PARLER Dans un court paragraphe, décrivez vos projets pour le week-end prochain. Ensuite, comparez vos réponses avec les réponses de vos camarades. Vous pouvez mentionner …
- où vous allez aller (quand et avec qui)
- ce que vous allez faire
- ce que vous n'allez pas faire

Lecture Un déjeuner gratuit

Un jeune homme et une jeune fille sont dans un restaurant. Ils viennent de déjeuner. Qui va payer le repas?° «C'est simple, dit le jeune homme, nous allons jouer à un jeu.° Regardons les personnes qui passent dans la rue. Nous allons essayer° de deviner° où vont aller ces personnes. Si je devine correctement leur destination, c'est toi qui paies. Si tu devines correctement, c'est moi qui paie.» «D'accord!» répond la jeune fille.

Cinq personnes passent dans la rue.

- La première personne est un homme avec un paquet.°
- La seconde personne est une dame très élégante.
- La troisième personne est un jeune homme aux cheveux longs.°
- La quatrième personne est une petite fille de douze ans.
- La cinquième personne est une vieille dame avec une canne.

«Puisque° j'ai inventé le jeu, c'est moi qui vais commencer», dit le jeune homme. «Bon, d'accord, dit la jeune fille. Quels sont tes pronostics?»

«Eh bien, voilà, répond le jeune homme, ce n'est pas très difficile.

- L'homme avec le paquet va aller à la poste.
- La dame élégante va aller à la parfumerie.
- Le jeune homme aux cheveux longs va aller chez le coiffeur.
- La petite fille va aller à la pâtisserie.
- La vieille dame va aller à la pharmacie.»

«Tes choix sont logiques, dit la jeune fille, mais je crois° que tu as tort.
Voici mes pronostics:

- L'homme avec le paquet va aller à la pâtisserie.
- La dame élégante va aller à la pharmacie.
- Le jeune homme aux cheveux longs va aller à la parfumerie.
- La petite fille va aller chez le coiffeur.
- La vieille dame va aller à la poste.»

repas *meal* **jeu** *game* **essayer** *to try* **deviner** *to guess* **paquet** *package*
aux cheveux longs *with long hair* **Puisque** *Since* **crois** *believe*

Additional readings @ **my.hrw.com**
FRENCH InterActive Reader

«Tu as vraiment beaucoup d'imagination, dit le jeune homme à la jeune fille. J'espère° aussi que tu as assez d'argent pour payer mon repas!»

«Tu es vraiment très sûr de toi, répond la jeune fille. Avant de° déclarer victoire, regarde donc où vont les cinq passants!»

Le jeune homme et la jeune fille regardent les cinq personnes aller à leur destination. Comme° la jeune fille l'a prédit,° l'homme avec le paquet va à la pâtisserie. La dame élégante va à la pharmacie. Le jeune homme aux cheveux longs va à la parfumerie. La petite fille va chez le coiffeur. La vieille dame va à la poste.

«Alors, qui a gagné?» demande la jeune fille.

«Euh … eh bien, c'est toi. Mais vraiment, tu as une chance extraordinaire! Comment est-ce que tu as pu deviner correctement la destination de chaque personne?»

«Ce n'est pas par chance. J'habite dans ce quartier° depuis dix ans. Alors, je connais° tout le monde° ici … L'homme avec le paquet est allé à la pâtisserie parce que c'est lui le pâtissier. La dame élégante est allée à la pharmacie parce que son fils est malade. La petite fille est allée chez le coiffeur pour voir son père qui est le propriétaire° de la boutique. La vieille dame est allée à la poste parce qu'elle écrit° tous les jours à son petit-fils qui habite au Japon.»

«Et le jeune homme aux cheveux longs?»

«Ah oui, le jeune homme aux cheveux longs … Et bien, c'est mon fiancé et demain, c'est mon anniversaire. Alors, j'ai pensé° qu'il m'achèterait° un petit cadeau … Voilà, c'est très simple. Et merci pour cet excellent repas!»

espère *hope* **Avant de** *Before* **Comme** *As* **a prédit** *predicted* **quartier** *neighborhood* **connais** *know* **tout le monde** *everyone* **propriétaire** *owner* **écrit** *writes* **ai pensé** *thought* **achèterait** *would buy*

Avez-vous compris?

Qui sont ces personnes?

1. L'homme avec le paquet est …
   a. le pâtissier
   b. le coiffeur
   c. un étudiant

2. La dame très élégante va acheter …
   a. des croissants
   b. des médicaments
   c. des timbres *(stamps)*

3. Le jeune homme aux cheveux longs est …
   a. le fils de la dame élégante
   b. le fiancé de la jeune fille
   c. le pâtissier

4. La petite fille de douze ans est …
   a. la soeur du jeune homme
   b. la nièce de la dame élégante
   c. la fille du coiffeur

5. La vieille dame a un petit-fils qui …
   a. est au Japon
   b. travaille à la poste
   c. est malade

Tests de contrôle

By taking the following tests, you can check your progress in French and also prepare for the unit test. Write your answers on a separate sheet of paper.

Review...
- vocabulary: pp. 32-34, 37, 47-48

1 L'intrus *(The intruder)*

In each of the following categories, there is an item that does not fit. It is the intruder. Find it.

Objets:	voiture	(copain)	portable	guitare
1. Personnes:	voisin	copine	maison	camarade
2. Identité:	nom	prénom	âge	argent
3. Famille:	mari	voisin	neveu	petit-fils
4. Nationalités:	russe	mignon	chinois	suisse
5. Professions:	ordinateur	écrivain	avocat	comptable
6. Qualités:	aimable	pénible	ambitieux	génial
7. Défauts *(faults):*	impoli	égoïste	paresseux	juste

Review...
- adjective forms: pp. 46, 48

2 Le bon adjectif

Complete the following descriptions with the appropriate forms of the adjectives in parentheses.

1. (japonais)	une voiture ...	des ordinateurs ...
2. (riche)	un homme ...	des personnes ...
3. (généreux)	une tante ...	des grands-parents ...
4. (original)	une artiste ...	des écrivains ...
5. (ponctuel)	des garçons ...	des filles ...
6. (sportif)	une amie ...	des copains ...
7. (canadien)	ma cousine ...	mes copines ...

Review...
- irregular verbs: pp. 44, 56, 58, 66, 68

3 Le bon verbe

Complete the following sentences with the appropriate forms of the verbs in parentheses.

1. (être)	Nous — américains.	Mes cousins — français.
2. (avoir)	Tu — quinze ans.	Quel âge — tes cousins?
3. (faire)	Vous — un barbecue.	Les voisins — un pique-nique.
4. (aller)	Je — à un concert.	Mes amis — à un match de foot.
5. (venir)	Mon copain — chez moi.	Les touristes — au musée.

4 Contextes et dialogues

Review...
- expressions and constructions: pp. 44, 56, 58, 66, 68, 70

Choose the logical completions.

1. *Thomas parle avec Émilie.*

T: Tu **(as / es)** faim?
E: Non, je **(vais / viens de)** dîner.
T: Est-ce que tu as **(envie / besoin)** d'aller au cinéma?
E: Oui, je voudrais voir «Casablanca».
T: Tu as **(tort / raison)**. C'est un très bon film. À quelle heure est-ce qu'il commence?
E: À huit heures.
T: Oh là là! Il est huit heures dix. Nous sommes **(en retard/ en avance)**!

2. *Laura arrive seule (alone) à la boum de Nicolas.*

N: Comment? Tu ne **(viens / vas)** pas avec ton frère?
L: Non, il est à la maison.
N: Qu'est-ce qu'il **(va / fait)**?
L: Il **(est en train / vient)** d'étudier.
N: Pourquoi?
L: Il a **(envie / besoin)** de préparer l'examen de maths.
N: Ah, dommage!

3. *Marc parle à Lise, une nouvelle copine.*

M: Tu **(vas / viens)** de Québec?
L: Oui, je suis canadienne.
M: **(Quand / Depuis quand)** est-ce que tu habites à Québec?
L: Depuis toujours. C'est la ville où **(je suis née / j'habite)**.

4. *Pauline rencontre son copain Daniel.*

P: Oh là là, tu **(regardes / as l'air)** fatigué.
D: C'est vrai. Je **(vais / viens de)** faire un match de foot.
P: Est-ce que tu as **(besoin / envie)** d'un soda?
D: Ah oui, j'ai très **(soif / faim)**.

5 Composition: Un copain / Une copine

Digital performance space

Write a paragraph of eight sentences describing a friend of yours. Be sure to mention:

- your friend's name
- how old he/she is
- his/her nationality
- where he/she lives
- how long he/she has lived there
- two personality traits
- two physical traits
- if he/she is a very good friend

STRATEGY Writing

1 Make notes in French listing the above information.

2 Organize your ideas and write your paragraph.

3 Read over your paragraph checking spelling and agreement.

Vocabulaire

POUR COMMUNIQUER

Introducing people

Je te présente ...	*I introduce to you ...*
Je voudrais vous présenter ...	*I would like to introduce ... to you.*
Enchanté(e).	*Glad to meet you.*

Talking about future plans

Qu'est-ce que tu voudrais faire plus tard?	*What would you like to do later on?*
Je voudrais être [médecin].	*I'd like to be [a doctor].*

Making a phone call

Est-ce que je pourrais parler à ... ?	*Could I speak to ... ?*
Ne quittez pas.	*Hold on.*
Je suis désolé(e) ...	*I am sorry ...*
Je rappellerai.	*I'll call back.*

Asking what's wrong

Qu'est-ce que tu as?	*What's wrong (with you)?*
Qu'est-ce qu'il y a?	*What's the matter?*

MOTS ET EXPRESSIONS

L'identité

l'âge	*age*
un domicile	*place of residence*
le lieu	*place*
un nom	*name, last name*
un numéro de téléphone	*phone number*
un prénom	*first name*
une adresse	*address*
la date	*date*
la date de naissance	*birthday*
une nationalité	*nationality*
une profession	*profession*

Les gens

un ami	*friend*
un copain	*friend*
un camarade	*classmate, friend*
un voisin	*neighbor*
les gens	*people*
une amie	*friend*
une copine	*friend*
une camarade	*classmate, friend*
une voisine	*neighbor*
une personne	*person*

La famille

un parent	*parent, relative*
un enfant	*child*
le mari	*husband*
le père	*father*
le beau-père	*stepfather, father-in-law*
le fils	*son*
le frère	*brother*
le demi-frère	*stepbrother, half brother*
l'oncle	*uncle*
le cousin	*cousin*
le neveu	*nephew*
le grand-père	*grandfather*
le petit-fils	*grandson*
une famille	*family*
une enfant	*child*
la femme	*wife*
la mère	*mother*
la belle-mère	*stepmother, mother-in-law*
la fille	*daughter*
la soeur	*sister*
la demi-soeur	*stepsister, half sister*
la tante	*aunt*
la cousine	*cousin*
la nièce	*niece*
la grand-mère	*grandmother*
la petite-fille	*granddaughter*

Interactive Flashcards
@HOMETUTOR
my.hrw.com

Les professions

un acteur	**une actrice**	*actor (actress)*
un avocat	**une avocate**	*lawyer*
un cinéaste	**une cinéaste**	*filmmaker*
un comptable	**une comptable**	*accountant*
un dentiste	**une dentiste**	*dentist*
un dessinateur	**une dessinatrice**	*designer, draftsperson*
un docteur	**[un docteur]**	*doctor*
un écrivain	**[un écrivain]**	*writer*
un employé de bureau	**une employée de bureau**	*office worker*
un homme d'affaires	**une femme d'affaires**	*businessperson*
un infirmier	**une infirmière**	*nurse*
un informaticien	**une informaticienne**	*computer specialist*
un ingénieur	**[un ingénieur]**	*engineer*
un journaliste	**une journaliste**	*journalist*
un mannequin	**[un mannequin]**	*fashion model*
un médecin	**[un médecin]**	*doctor*
un patron	**une patronne**	*boss*
un pharmacien	**une pharmacienne**	*pharmacist*
un photographe	**une photographe**	*photographer*
un programmeur	**une programmeuse**	*programmer*
un secrétaire	**une secrétaire**	*secretary*
un technicien	**une technicienne**	*technician*
un vendeur	**une vendeuse**	*salesperson*
un vétérinaire	**une vétérinaire**	*veterinarian*
un bureau		*office*

Adjectifs

actif (-ive)	*active*	**libéral** (pl. **-aux**)	*liberal*
aimable	*pleasant, nice*	**malheureux (-euse)**	*unhappy*
ambitieux (-euse)	*ambitious*	**meilleur**	*best*
bête	*dumb, silly*	**mignon(ne)**	*cute*
consciencieux (-euse)	*conscientious*	**musicien(ne)**	*musical*
content	*happy*	**naïf (-ïve)**	*naive*
curieux (-euse)	*curious*	**original** (pl. **-aux**)	*original*
drôle	*funny*	**paresseux (-euse)**	*lazy*
égoïste	*selfish*	**pauvre**	*poor*
ennuyeux (-euse)	*boring*	**pénible**	*boring*
généreux (-euse)	*generous*	**poli**	*polite*
génial (pl. **-aux**)	*great*	**ponctuel(le)**	*punctual*
heureux (-euse)	*happy*	**riche**	*rich*
imaginatif (-ive)	*imaginative*	**sensible**	*sensitive*
impoli	*impolite*	**sérieux (-euse)**	*serious*
impulsif (-ive)	*impulsive*	**spirituel(le)**	*witty*
injuste	*unfair*	**sportif (-ive)**	*athletic*
intellectuel(le)	*intellectual*	**sympathique, sympa**	*nice*
intuitif (-ive)	*intuitive*	**timide**	*shy*
juste	*fair*	**triste**	*sad*

Vocabulaire

Adjectifs qui précèdent le nom

beau (belle)	*beautiful*	**mauvais**	*bad*
bon (bonne)	*good*	**nouveau (nouvelle)**	*new*
grand	*big*	**petit**	*small*
jeune	*young*	**vieux (vieille)**	*old*
joli	*pretty*		

Adjectifs de nationalité

allemand(e)	*German*	**français(e)**	*French*
américain(e)	*American*	**haïtien(ne)**	*Haitian*
anglais(e)	*English*	**indien(ne)**	*Indian*
belge	*Belgian*	**italien(ne)**	*Italian*
cambodgien(ne)	*Cambodian*	**japonais(e)**	*Japanese*
canadien(ne)	*Canadian*	**mexicain(e)**	*Mexican*
chinois(e)	*Chinese*	**portoricain(e)**	*Puerto Rican*
coréen(ne)	*Korean*	**russe**	*Russian*
cubain(e)	*Cuban*	**suisse**	*Swiss*
espagnol(e)	*Spanish*	**vietnamien(ne)**	*Vietnamese*

Adjectifs: la famille

célibataire	*single*	**plus âgé(e)**	*older*
divorcé(e)	*divorced*	**plus jeune**	*younger*
marié(e)	*married*	**unique**	*only*

Expressions avec *être*

être d'accord (avec)	*to agree (with)*	**être à l'heure**	*to be on time*
être en train de + INFINITIVE	*to be busy . . .*	**être en avance**	*to be early*
être à + NAME OF PERSON	*to belong to . . .*	**être en retard**	*to be late*

Expressions avec *avoir*

avoir de la chance	*to be lucky*	**avoir l'air +** ADJECTIVE	*to seem, look*
avoir chaud	*to be hot, warm*	**avoir besoin de +** NOUN	*to need (something)*
avoir faim	*to be hungry*	**avoir besoin de +** INFINITIVE	*to have to (do something)*
avoir froid	*to be cold*	**avoir envie de +** NOUN	*to want (something)*
avoir peur	*to be afraid*	**avoir envie de +** INFINITIVE	*to feel like (doing something)*
avoir raison	*to be right*	**avoir l'intention de +** INFINITIVE	*to intend, plan to (do something)*
avoir soif	*to be thirsty*		
avoir sommeil	*to be sleepy, tired*		
avoir tort	*to be wrong*		
avoir . . . ans	*to be . . . years old*		

Interactive Flashcards
@HOMETUTOR
my.hrw.com

Expressions avec *faire*

faire attention	*to pay attention, be careful*	**faire du (de la)** + SCHOOL SUBJECT	*to study*
faire la cuisine	*to cook, to do the cooking*	**faire du (de la)** + SPORT OR PASTIME	*to play, do*
faire la vaisselle	*to do the dishes*		
faire les courses	*to do the (food) shopping*		
faire ses devoirs	*to do one's homework*		
faire une promenade	*to go for a walk, ride*		

Verbes irréguliers

aller	*to go*	**venir**	*to come*
aller + INFINITIVE	*to be going (to do)*	**venir de** + INFINITIVE	*to have just (done)*
aller chercher	*to go get, to pick up*	**devenir**	*to become*
		revenir	*to come back*

Expressions utiles

assez	*rather, pretty*	**depuis**	*since*
très	*very*	**depuis quand?**	*since when?*
trop	*too*	**depuis combien de temps?**	*how long?*
		plus tard	*later*

Interlude 1

LE CONCERT DES Diplodocus

PRE-READING STRATEGY Avant de lire

Before you begin reading an article in a magazine, you probably glance at the title and the illustrations to get a general idea about the topic. Use this same approach when reading French. For example, with this story …

- First, look at the title and study the headings and the four cartoons.
- Then, with a partner, try to guess what will happen in the story.
- Finally, as you read, see how many of your guesses are right.

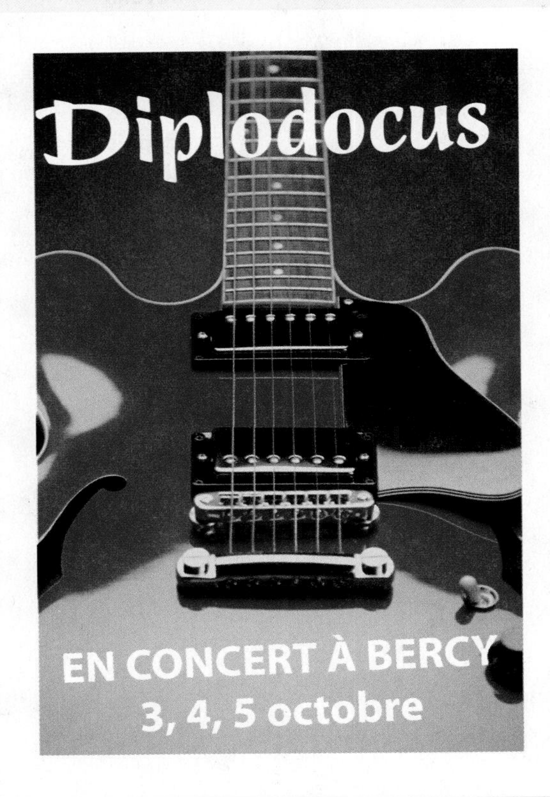

Expressions utiles

To talk about when things happen:

tôt ≠ tard	*early ≠ late*	Catherine doit rentrer **tôt** ce soir.
la première fois	*the first time*	C'est **la première fois** qu'elle rentre **tard.**
la troisième fois	*the third time*	C'est **la troisième fois** qu'elle entend ce groupe.
la dernière fois	*the last time*	C'est **la dernière fois** qu'elle va au concert.
la prochaine fois	*next time*	**La prochaine fois** elle va préparer son examen.

Additional readings @ my.hrw.com
FRENCH InterActive Reader

SCÈNE 1

Chez les Lagrange: 7 heures et demie

Les Lagrange viennent de dîner. Catherine, la fille aînée,° met son manteau. Sa mère veut savoir où elle va ce soir.

—Dis donc, Catherine, où vas-tu?

—Je vais chez Suzanne.

—Chez Suzanne? Mais c'est la troisième fois que tu vas chez elle cette semaine. Qu'est-ce que tu vas faire là-bas?

—Euh … , je vais étudier avec elle. Nous allons préparer ensemble l'examen de maths.

—Dans ce cas, d'accord. Mais promets-moi de rentrer tôt à la maison.

—Sois tranquille, Maman. Je vais revenir à onze heures.

Mots utiles

ensemble ≠ seul	*together ≠ alone*
être tranquille	*to relax, be calm*

aînée *older*

Avez-vous compris?

1. Qu'est-ce que Catherine va faire chez Suzanne?
2. À quelle heure est-ce qu'elle doit rentrer?

SCÈNE 2

Au Café de l'Esplanade: 8 heures

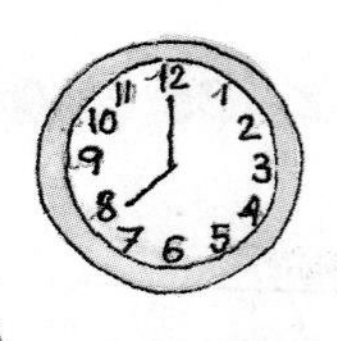

En réalité Catherine ne va pas chez Suzanne. Elle va au Café de l'Esplanade. Pourquoi va-t-elle là-bas? Parce que ce soir elle a rendez-vous avec son copain Jean-Michel.

Catherine arrive au café à huit heures. Jean-Michel est là depuis dix minutes.

—Salut, Catherine, ça va?

—Oui, ça va.

—Dis, j'ai une surprise!

—Ah bon? Quoi?

—Je viens d'acheter deux billets pour le concert des Diplodocus.

—Pour ce soir?

—Oui, pour ce soir. Tu viens?

—Euh … Je voudrais bien venir, mais … j'ai un problème.

Catherine explique la situation à Jean-Michel. Elle explique en particulier qu'elle doit être chez elle à onze heures.

—Ce n'est pas un problème. J'ai ma moto. Je vais te ramener chez toi après le concert.

—Bon, alors d'accord.

Et Catherine et Jean-Michel vont au concert sur la moto de Jean-Michel.

Mots utiles

avoir rendez-vous	*to have a date*
un billet	*ticket*
ramener	*to bring back, take home*

Avez-vous compris?

1. Est-ce que Catherine va chez Suzanne pour étudier? Pourquoi pas?
2. Quelle est la surprise de Jean-Michel?
3. Quel est le problème de Catherine?

SCÈNE 3

Au concert: 9 heures moins le quart

Ce soir les Diplodocus vont donner leur grand concert de l'année. Il y a beaucoup de monde dans la salle. Il y a aussi la télévision. Jean-Michel et Catherine viennent d'arriver. Une journaliste s'approche de° Catherine.

—Bonjour, mademoiselle, vous êtes une fan des Diplodocus?

—Oui, ils sont super-cools! J'ai tous leurs CD.

—Vous venez souvent ici?

—Non, je ne viens pas très souvent. C'est la première fois que je viens cette année.

—Merci, mademoiselle.

Le concert commence. Tout le monde crie et applaudit. C'est vraiment un concert extraordinaire.

Mots utiles

beaucoup de monde	*a lot of people*
la salle	*concert hall*
crier	*to shout, scream*

s'approche de *comes over to*

Avez-vous compris?

1. Avec qui est-ce que Catherine parle dans la salle?
2. Qu'est-ce que Catherine pense des Diplodocus?
3. Comment est le concert?

SCÈNE 4

Chez les Lagrange: 11 heures

Jean-Michel vient de raccompagner Catherine. Catherine rentre chez elle. Elle regarde sa montre. Ouf! Il est exactement onze heures.

Catherine va dans le salon. Ses parents sont en train de regarder la télé. En exclusivité, il y a justement° un reportage° sur le concert des Diplodocus.

—D'où viens-tu, Catherine?

—Euh … eh bien, je viens de chez Suzanne.

(En ce moment apparaît l'interview de Catherine.)

—Tiens, c'est curieux … Regarde cette fille. Tu ne trouves pas que vous vous ressemblez comme deux gouttes d'eau?

—Euh … c'est que …

—Inutile d'insister. La prochaine fois, dis la vérité.° C'est plus simple.

Confuse, Catherine va dans sa chambre. Cette expérience lui a donné° une bonne leçon. C'est la première fois qu'elle a menti à ses parents. C'est aussi la dernière.

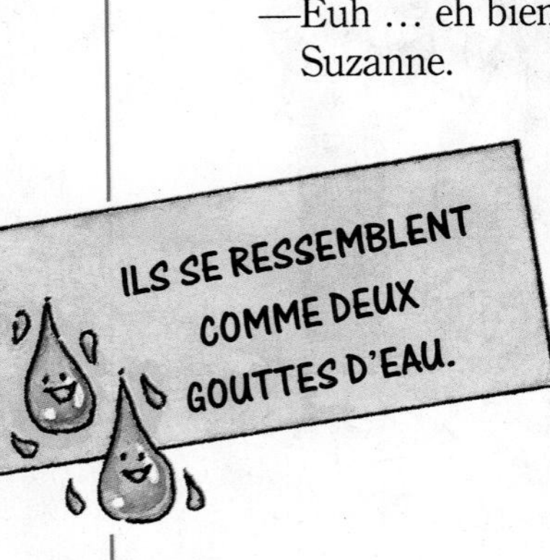

Mots utiles

apparaître *to appear*
confus *ashamed*
mentir *to lie*

justement *at that moment* **reportage** *news story*
dis la vérité *tell the truth* **lui a donné** *gave her*

Avez-vous compris?

1. Est-ce que Catherine rentre à l'heure ou en retard?
2. Quelle est la réaction de ses parents quand ils regardent l'interview de Catherine à la télé?
3. Qu'est-ce que Catherine décide?

READING STRATEGY L'Art de la lecture

When you read a new selection in French, you should first go through it quickly to get the general meaning. Then you can go back and work out the meanings of new words and expressions. Some of these may be so unfamiliar that you will need to look them up: these words and expressions are glossed for you or listed in the **Mots utiles** boxes.

Sometimes, though, you will not need a dictionary to find out the meanings of unfamiliar French words. You will be able to guess them because they look like English words. For example, it is not hard to understand **un concert** or **une surprise.**

Words that look alike in French and English and have similar meanings are called COGNATES or **mots apparentés** *(related words)*. French-English cognates help make reading easier, but they present certain problems:

- They are never pronounced the same in French and English.
- They are often spelled somewhat differently in the two languages.
- They may not have quite the same meaning in the two languages.

Exercice de lecture

Make a list of ten cognates that you encountered in the reading.

- Which words are spelled exactly the same in French and English?
- Which words are spelled differently?

La France et L'Europe

La France et ses Régions

- **La France est un pays° de l'Europe de l'ouest.**
- **Elle a une population de 63 millions d'habitants.**
- **C'est une république avec un président élu° pour cinq ans.**
- **Le drapeau° français est bleu, blanc et rouge.**
- **La fête nationale est le 14 juillet.**
- **La devise° de la France est «Liberté, Égalité, Fraternité».**

La France est divisée° administrativement en 22 grandes régions et 96 départements. Les grandes régions correspondent plus ou moins° aux anciennes° provinces françaises. Chaque° province a son histoire, ses coutumes° et ses traditions.

Paris est la capitale de la France. C'est une très grande ville. Onze millions de personnes (c'est-à-dire, presque° un Français sur six) habitent dans la région parisienne. Avec ses parcs, ses jardins, ses grandes avenues, ses musées et ses monuments, Paris est une très belle ville. C'est aussi un grand centre artistique et intellectuel. Voilà pourquoi on appelle souvent Paris la «Ville lumière».°

pays *country* **élu** *elected* **drapeau** *flag* **devise** *motto* **divisée** *divided* **plus ou moins** *more or less* **anciennes** *former* **Chaque** *Each* **coutumes** *customs* **presque** *almost* **«Ville lumière»** *"City of Light"*

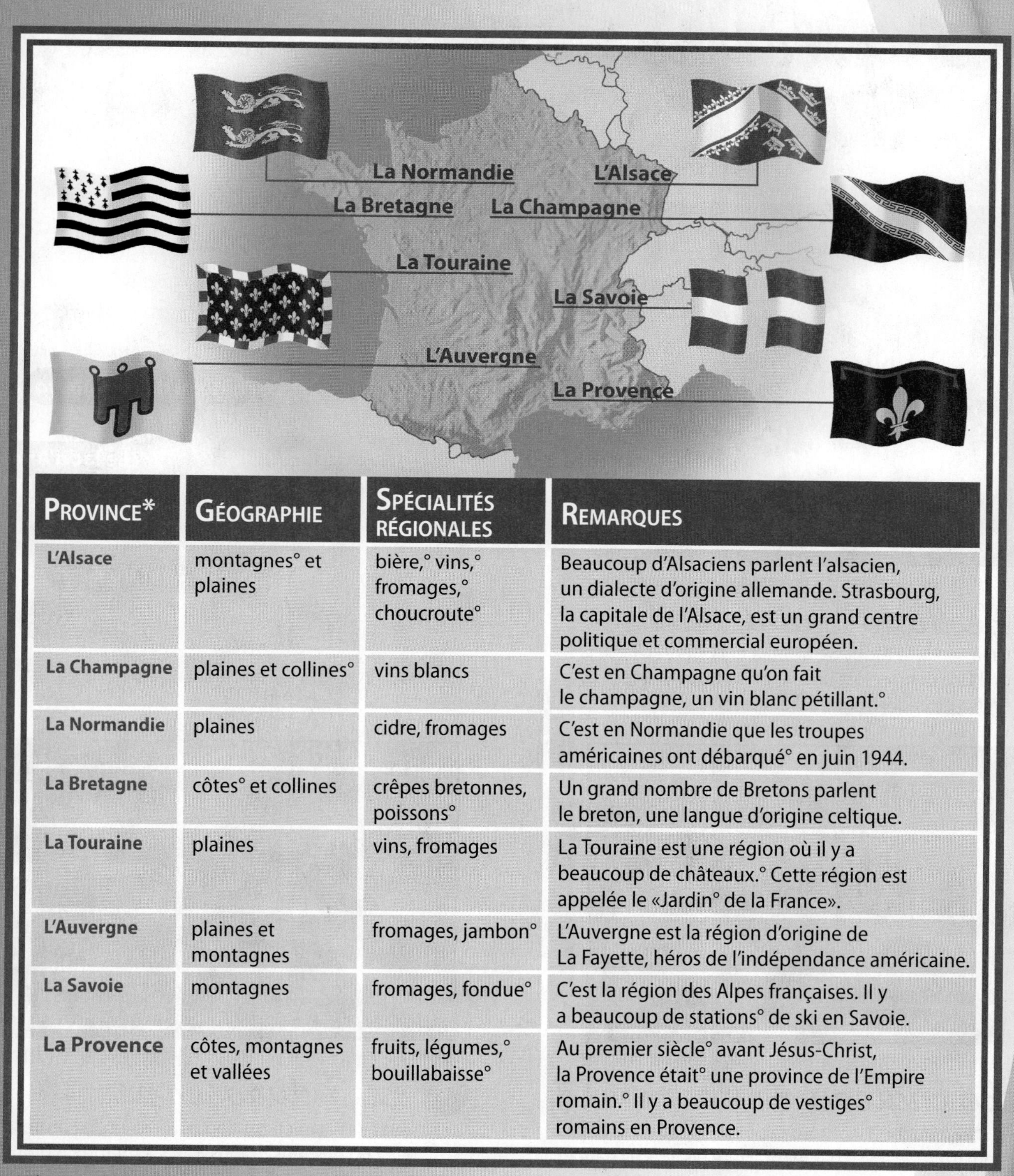

PROVINCE*	GÉOGRAPHIE	SPÉCIALITÉS RÉGIONALES	REMARQUES
L'Alsace	montagnes° et plaines	bière,° vins,° fromages,° choucroute°	Beaucoup d'Alsaciens parlent l'alsacien, un dialecte d'origine allemande. Strasbourg, la capitale de l'Alsace, est un grand centre politique et commercial européen.
La Champagne	plaines et collines°	vins blancs	C'est en Champagne qu'on fait le champagne, un vin blanc pétillant.°
La Normandie	plaines	cidre, fromages	C'est en Normandie que les troupes américaines ont débarqué° en juin 1944.
La Bretagne	côtes° et collines	crêpes bretonnes, poissons°	Un grand nombre de Bretons parlent le breton, une langue d'origine celtique.
La Touraine	plaines	vins, fromages	La Touraine est une région où il y a beaucoup de châteaux.° Cette région est appelée le «Jardin° de la France».
L'Auvergne	plaines et montagnes	fromages, jambon°	L'Auvergne est la région d'origine de La Fayette, héros de l'indépendance américaine.
La Savoie	montagnes	fromages, fondue°	C'est la région des Alpes françaises. Il y a beaucoup de stations° de ski en Savoie.
La Provence	côtes, montagnes et vallées	fruits, légumes,° bouillabaisse°	Au premier siècle° avant Jésus-Christ, la Provence était° une province de l'Empire romain.° Il y a beaucoup de vestiges° romains en Provence.

*These names correspond to the traditional provinces. For the names of the regions of France, see map on page R13.

montagnes *mountains* **bière** *beer* **vins** *wines* **fromages** *cheeses* **choucroute** *sauerkraut* **collines** *hills* **pétillant** *sparkling* **ont débarqué** *landed* **côtes** *coastline* **poissons** *fish* **châteaux** *castles* **Jardin** *Garden* **jambon** *ham* **fondue** *melted cheese dish* **stations** *resorts* **légumes** *vegetables* **bouillabaisse** *fish chowder* **siècle** *century* **était** *was* **romain** *Roman* **vestiges** *ruins*

IMAGES DU MONDE FRANCOPHONE

Sur les routes de France

1 Le Mont-Saint-Michel
2 Le château de Chambord
3 Le Futuroscope
7 Le lac d'Annecy
5 Le pont du Gard
6 Grasse
4 Carcassonne

1 Le Mont-Saint-Michel

On appelle le Mont-Saint-Michel la «Merveille° de l'Occident». C'est une île où se trouve° une église protégée° par des remparts.

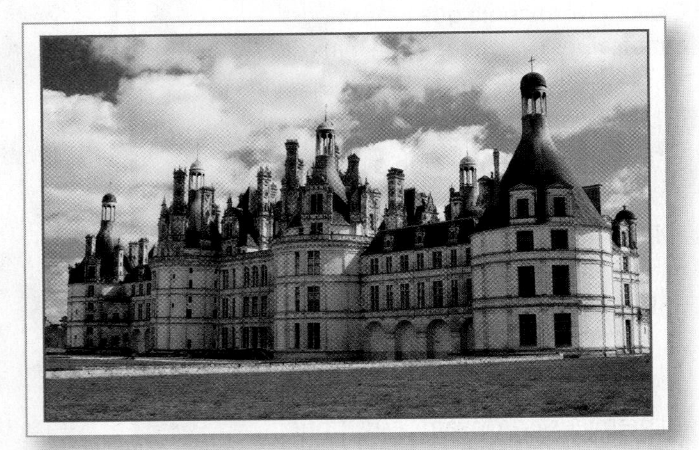

2 Le château de Chambord

Le château de Chambord est un château de la Loire. Construit° en 1519 par le roi° François 1er, ce château a 440 pièces,° 63 escaliers° et exactement 365 cheminées.° En été, il est illuminé la nuit.°

3 Le Futuroscope

Avec ses attractions audio-visuelles, le Futuroscope est l'un des plus grands parcs à thème du monde.° Ici on peut voyager virtuellement dans l'espace ou plonger° au fond° de l'océan.

Merveille *Wonder* **se trouve** *is located* **protégée** *protected* **Construit** *Built* **roi** *King* **pièces** *rooms* **escaliers** *staircases*
cheminées *fireplaces* **la nuit** *at night* **du monde** *in the world* **plonger** *to dive* **au fond** *to the depths*

4 Carcassonne

Carcassonne est une ville médiévale entourée° de remparts.

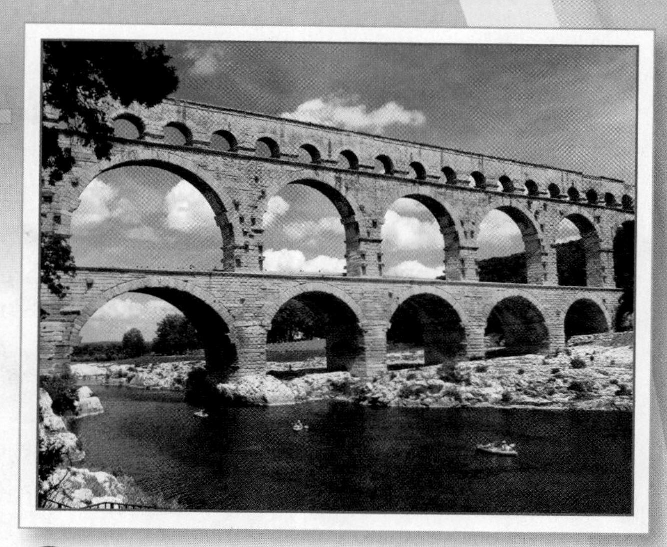

5 Le pont du Gard

Le pont du Gard a trois niveaux° différents. Construit par les Romains en l'an 40 de notre ère, ce monument est resté° intact pendant deux mille ans.

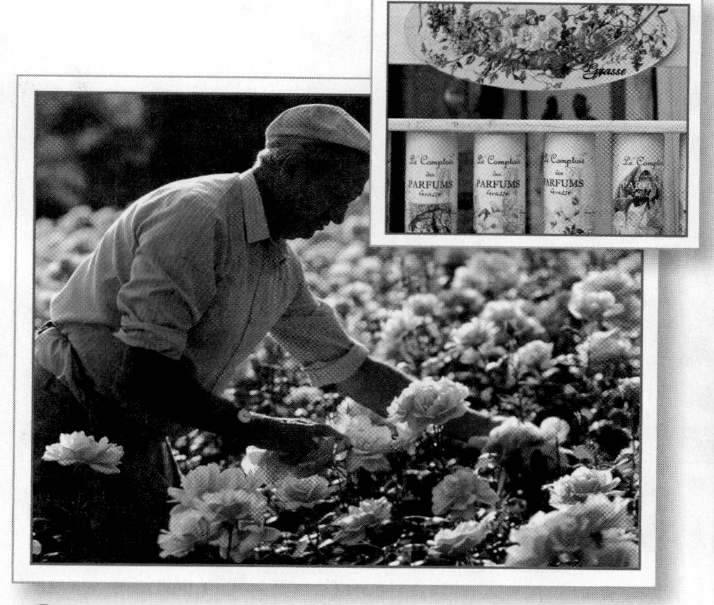

6 Grasse

Dans la région de Grasse, on cultive des fleurs.° Ces fleurs sont utilisées par l'industrie de la parfumerie. Les parfums français sont vendus dans le monde entier.

7 Le lac d'Annecy

Le lac d'Annecy est situé dans les Alpes. En été, on fait de la voile et de la planche à voile. En hiver, on fait du ski dans les stations de ski de la région.

ET VOUS?

Indiquez les trois endroits que vous aimeriez le plus visiter. Expliquez pourquoi et comparez vos préférences avec vos camarades.

entourée *surrounded* **niveaux** *levels* **est resté** *has remained* **fleurs** *flowers*

Le calendrier des fêtes°

Entre le 1er janvier et le 31 décembre, on célèbre beaucoup de fêtes en France. Voici quelques-unes de ces fêtes.

DATE	FÊTE
1er janvier	le jour de l'an
6 janvier	la fête des Rois°
2 février	la Chandeleur°
février ou mars (un mardi)	Mardi Gras
mars ou avril (un dimanche)	Pâques°
1er mai	la fête du Travail°
14 juillet	la fête nationale
1er novembre	la Toussaint°
11 novembre	l'anniversaire de l'Armistice
25 décembre	Noël

Le jour de l'an

Ce jour-là, la coutume est de rendre visite à ses grands-parents. Les grands-parents donnent un peu d'argent à leurs petits-enfants. Cela s'appelle «les étrennes».

La fête des Rois

Pour célébrer cette fête, on mange un gâteau spécial qui s'appelle la «galette des rois». Dans ce gâteau, il y a un petit objet de porcelaine. La personne qui trouve cet objet est le roi ou la reine.° Tout le monde félicite le roi et la reine du jour.

La Chandeleur

Le jour de la Chandeleur, il est traditionnel de faire des crêpes. Chaque° personne fait une crêpe en tenant° une pièce de monnaie° dans la main gauche. On fait sauter° la crêpe. Si la crêpe tombe bien° dans la poêle,° c'est bon signe. Cela signifie qu'on aura° de l'argent toute l'année.°

---

fêtes *holidays* **les Rois** *Three Kings* **Chandeleur** *Candlemas* **Pâques** *Easter* **fête du Travail** *Labor Day* **Toussaint** *All Saints' Day* **reine** *queen* **Chaque** *Each* **en tenant** *while holding* **pièce de monnaie** *coin* **fait sauter** *flips* **tombe bien** *lands right* **poêle** *frying pan* **aura** *will have* **toute l'année** *all year long*

Mardi Gras

Cette fête s'appelle aussi le Carnaval. Elle a lieu° 40 jours avant Pâques. C'est une fête très joyeuse. Le Carnaval de Nice, en Provence, est très célèbre.° Il y a des défilés° de chars,° des bals masqués et on danse dans les rues.

Le 14 juillet

Les Français célèbrent leur fête nationale le 14 juillet. Cette fête commémore le commencement de la Révolution française en 1789. À Paris, il y a un défilé militaire sur les Champs-Élysées. Le soir, il y a des orchestres dans les rues et tout le monde danse. Il y a aussi un grand feu d'artifice.°

Noël

Noël est la fête de la famille. Dans les familles catholiques, on va à la messe° de minuit. Après la messe, il y a le «réveillon». Le réveillon est un repas léger:° huîtres,° boudin blanc° ... et champagne. Le jour de Noël, on fait un grand repas familial.

La veille° de Noël, les petits enfants mettent leurs chaussures devant° la cheminée.° Est-ce que le père Noël va passer cette nuit? Et qu'est-ce qu'il va mettre dans leurs chaussures?

a lieu *takes place* **célèbre** *famous* **défilés** *parades* **chars** *floats* **feu d'artifice** *fireworks* **messe** *Mass* **léger** *light* **huîtres** *oysters* **boudin blanc** *meatless milk-based sausage* **veille** *night before* **devant** *in front of* **cheminée** *fireplace*

COMPARAISONS CULTURELLES

Quelles fêtes sont les mêmes en France et aux États-Unis? Quelles fêtes sont différentes? Choisissez une fête typiquement américaine et décrivez-la.

Le Tour de France

En juillet, un grand événement sportif passionne° les Français de tout âge. Cet événement c'est le Tour de France. Le Tour de France est la plus grande° course° cycliste du monde. C'est aussi la plus longue et la plus difficile.

Une course d'endurance

Le Tour de France est une course d'endurance. Il commence vers° le 1er juillet dans une ville de province. Il finit trois semaines plus tard à Paris, en général sur les Champs-Élysées. Pendant ces trois semaines, les coureurs° parcourent° environ° 3 800 kilomètres. Chaque année, l'itinéraire est un peu différent, mais il finit toujours à Paris.

Le Tour de France est divisé° en 20 étapes° environ. Chaque jour, il y a une étape. Ces étapes ont de 40 à 300 kilomètres. Les étapes les plus difficiles et les plus dangereuses sont les étapes de montagne. Beaucoup de coureurs abandonnent dans les Alpes ou les Pyrénées. Il y a aussi deux ou trois étapes «contre la montre».° Dans ces étapes, les coureurs courent° individuellement.

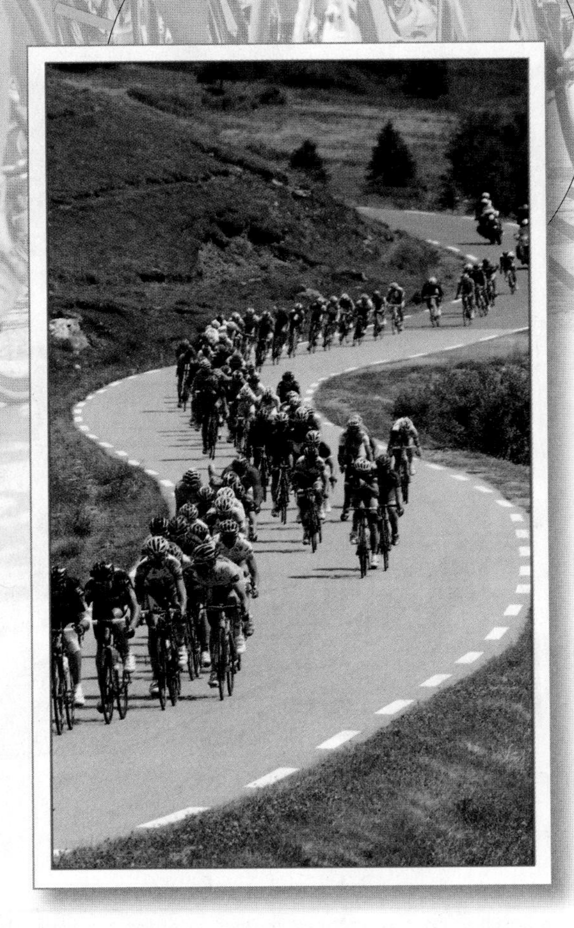

Le maillot° jaune

À la fin de chaque étape, les officiels établissent le classement° général. Ce classement est basé sur le temps total de tous les coureurs. Le premier au classement général est le coureur qui a le temps total minimum. Ce coureur porte le fameux «maillot jaune».

---

passionne *captivates the interest of* **la plus grande** *the biggest* **course** *race* **vers** *around* **coureurs** *racers* **parcourent** *cover* **environ** *about* **divisé** *divided* **étapes** *stages* **«contre la montre»** *"against the clock"* **courent** *race* **maillot** *jersey* **classement** *ranking*

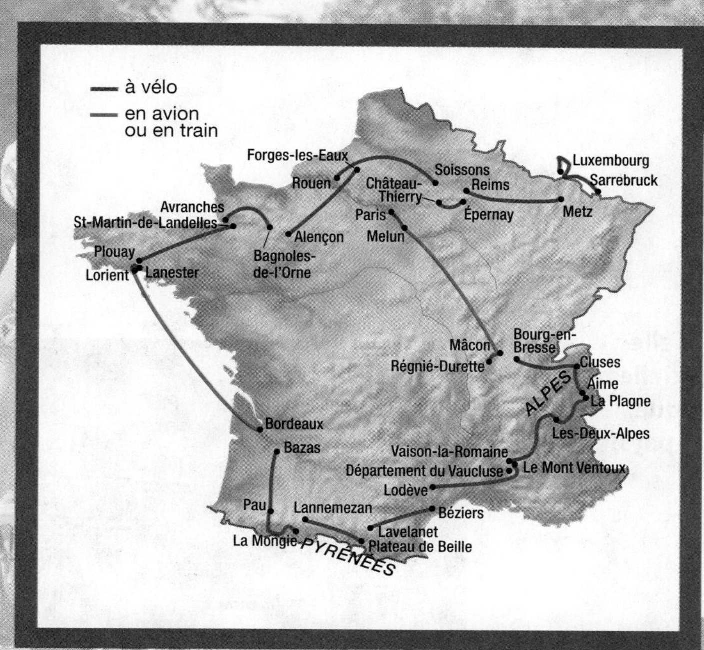

LE TOUR 2011 en chiffres

Date de départ	le 2 juillet
Date d'arrivée	le 24 juillet (à Paris)
Distance totale	3 400 kilomètres environ
Nombre d'étapes	21
Étape la plus longue	Dinan — Lisieux: 226,5 kilomètres
Étape la plus courte	Les Essarts — Les Essarts (contre la montre: 23 kilomètres
Nom du vainqueur°	Cadel Evans (Australie)

Les participants

Chaque année, environ 200 coureurs participent au Tour de France. Ces coureurs sont répartis° en équipes° différentes. La majorité des coureurs sont français, mais il y a aussi des Italiens, des Espagnols, des Belges, des Allemands, des Luxembourgeois, des Hollandais, des Anglais … et des Américains! En fait, le grand héros moderne est un champion américain, Lance Armstrong. Il a gagné sept Tours de France (en 1999, 2000, 2001, 2002, 2003, 2004 et 2005) après sa victoire sur le cancer.

La Grande Boucle féminine

Il y a aussi un Tour de France féminin. La Grande Boucle féminine ne suit pas° le même° itinéraire que le Tour masculin, mais généralement elle finit aussi à Paris sur les Champs-Élysées.

CONNEXIONS Courses cyclistes
Consultez les sites Internet du Tour de France et de la Grande Boucle féminine pour découvrir l'itinéraire de cette année. Qui ont été les champions?

vainqueur *winner* **répartis** *divided* **équipes** *teams* **ne suit pas** *does not follow* **même** *same*

Ici aussi, on parle français

Le français est non seulement° la langue officielle de la France. C'est aussi l'une des langues officielles dans quatre autres° pays° européens: la Belgique, le Luxembourg, la Suisse et Monaco. Dans ces pays, une partie de la population parle français.

La Belgique

La Belgique est un pays de 10 millions d'habitants, situé° au nord-est de la France. C'est une monarchie avec un roi. Le roi actuel° s'appelle Albert II. La capitale de la Belgique est Bruxelles. Bruxelles est le siège° de certaines institutions de l'Union européenne.

La Belgique a trois langues officielles: le français, le néerlandais° et l'allemand. Trente-cinq pour cent (35%) des Belges parlent français.

Le Luxembourg est un petit pays de 500 000 habitants situé à l'est° de la Belgique. Les langues officielles sont le français, l'allemand et le luxembourgeois, qui est un dialecte allemand.

La capitale du pays s'appelle aussi Luxembourg. Comme° Bruxelles, cette ville est un centre européen important.

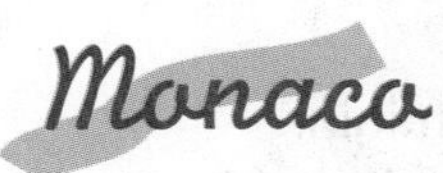

Situé sur la Méditerranée près de l'Italie, Monaco est un tout petit° pays avec une population de 30 000 personnes. Les habitants de Monaco s'appellent les Monégasques. Monaco est une principauté° gouvernée par un prince, le prince Albert II. La langue officielle est le français.

Chaque année a lieu° le Grand Prix de Monaco. C'est une course automobile très difficile qui est disputée° dans les rues de la ville.

---

seulement *only* **autres** *other* **pays** *countries* **situé** *located* **actuel** *present* **siège** *seat* **néerlandais** *Dutch* **est** *east* **Comme** *Like* **tout petit** *very small* **principauté** *principality* **a lieu** *takes place* **disputée** *held*

La Suisse 

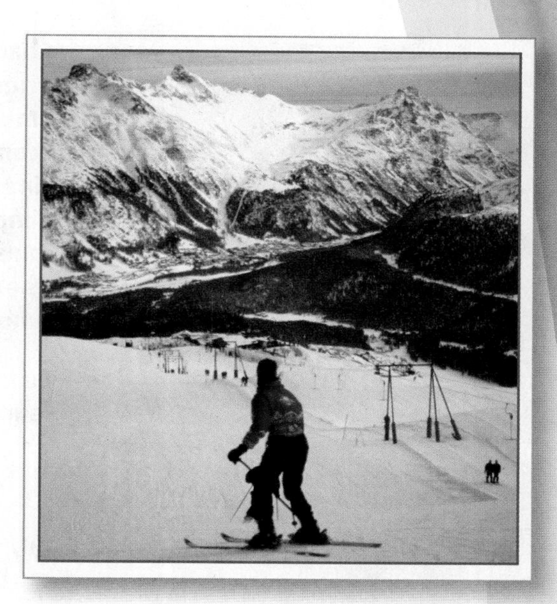

La Suisse est un pays de 7 millions d'habitants situé à l'est de la France. La Suisse est la plus ancienne république d'Europe. C'est une république fédérale qui est divisée en 23 cantons.

Il y a quatre langues nationales en Suisse: l'allemand, le français, l'italien et le romanche. On parle français dans les cantons de l'ouest. La ville de Genève est située dans la partie française. C'est le siège de certaines agences des Nations unies et de la Croix-Rouge° Internationale.

La Suisse est un pays de vallées et de hautes° montagnes: les Alpes. En hiver, beaucoup de touristes européens et américains vont en Suisse pour faire du ski.

Quelques faits supplémentaires

En Belgique et au Luxembourg, on utilise les euros, comme en France. En Suisse, on utilise les francs suisses.

Le français qu'on parle en Belgique et en Suisse est un peu différent du français de France. Par exemple, quand on compte . . .

on dit:		au lieu de:
70	septante	soixante-dix
80	octante (ou huitante)	quatre-vingts
90	nonante	quatre-vingt-dix

CONNEXIONS Voyage en Europe francophone
Avec deux ou trois camarades, choisissez un de ces pays européens francophones et préparez une petite brochure touristique. Présentez les sites à visiter et les activités que le pays offre aux touristes.

Croix *Cross* **hautes** *high*

Rencontres ... au Futuroscope

Chaque° année, le Futuroscope attire° des millions de visiteurs, principalement des jeunes, qui viennent avec leurs parents, leurs amis ou leur école. Ce grand parc à thème futuristique offre un grand nombre d'attractions audio-visuelles. Des techniques cinématographiques très sophistiquées donnent aux spectateurs l'impression d'hyper-réalité. Ces spectateurs deviennent participants dans un monde° virtuel fantastique. Ils sont catapultés dans l'espace. Ils explorent les mystères du monde sous-marin.° Ils voyagent dans la jungle tropicale. Ils vivent° à l'époque des dinosaures.

Le magazine *Info-jeunes* a demandé à plusieurs° visiteurs de décrire leurs expériences.

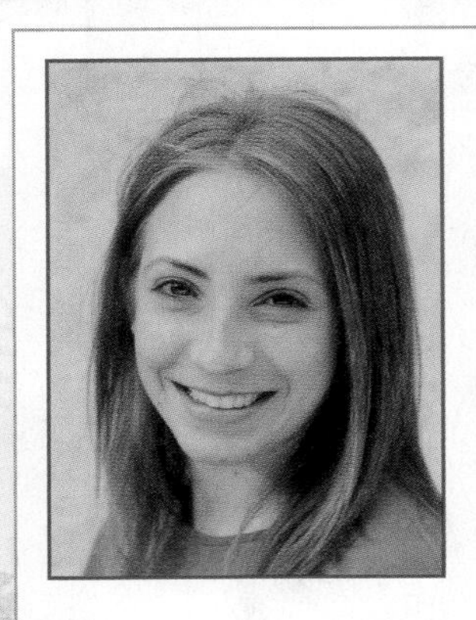

Cécile (16 ans)

C'est la première fois° que je viens ici. J'ai beaucoup aimé «Le Défi° d'Atlantis». On plonge° dans la mer et on découvre la cité d'Atlantis. Là, on participe à une course° de chars° pour sauver° la ville. Il faut° éviter° beaucoup d'obstacles différents. C'est génial.

Clément (15 ans)

J'habite dans la région. Alors, je viens assez souvent avec mes copains. Aujourd'hui nous sommes allés à «Métropole Défi». C'est un jeu vidéo géant où on joue par équipes. Il faut passer par un labyrinthe, sauter° sur un trampoline aérien, éviter des barrières magnétiques et affronter° toutes sortes° de dangers. C'est super!

Monsieur Bertin (38 ans)

Je suis allé à «Astrotour» avec mes deux enfants. Ils ont beaucoup aimé ce voyage dans l'espace, mais moi, j'ai eu le vertige. Quand je suis sorti, j'avais mal à la tête et mal à l'estomac. Les sensations fortes,° c'est bien ... mais c'est pas pour moi.

CONNEXION Parc à thème français

Imaginez que vous allez visiter le Futuroscope avec deux ou trois camarades. Préparez votre visite. Pour cela, cherchez le site du Futuroscope sur l'Internet et choisissez trois attractions qui vous intéressent. Décrivez ces attractions.

Chaque *Each* **attire** *attracts* **monde** *world* **sous-marin** *underwater*
vivent *live* **plusieurs** *several* **fois** *time* **Défi** *Challenge*
plonge *dives* **course** *race* **chars** *chariots* **sauver** *to save*
il faut *one must* **éviter** *avoid* **sauter** *jump* **affronter** *confront*
toutes sortes *all kinds* **fortes** *strong*

LE SAVEZ-VOUS?

1. Les Français votent pour leur président ...
a. tous les trois ans
b. tous les cinq ans
c. tous les sept ans

2. La fête nationale française est ...
a. le 4 juillet
b. le 14 juillet
c. le 11 novembre

3. La Bretagne est une province ...
a. de la Belgique
b. de la Suisse
c. de la France

4. Pour skier, les Français vont ...
a. en Savoie
b. en Touraine
c. en Champagne

5. Les Romains ont construit *(built)* ...
a. le château de Chambord
b. le Mont-Saint-Michel
c. le pont du Gard

6. Le Futuroscope est ...
a. une ville très moderne
b. un film de science-fiction
c. un parc à thème

7. La «galette des rois» est ...
a. un gâteau
b. une fête
c. un parfum

8. À Paris, il y a un grand défilé militaire ...
a. le 1er mai
b. le 14 juillet
c. le Mardi Gras

9. Le Tour de France est ...
a. une course automobile
b. une course cycliste
c. un match de foot

10. Le Tour de France finit ...
a. à Paris
b. dans les Alpes
c. au Futuroscope

11. Lance Armstrong est un ...
a. astronaute
b. champion cycliste
c. coureur automobile *(racing driver)*

12. Bruxelles est la capitale ...
a. de la Belgique
b. de la Suisse
c. du Luxembourg

13. Le plus petit pays où on parle français est ...
a. Monaco
b. le Luxembourg
c. la Suisse

14. Le Grand Prix de Monaco est ...
a. une course automobile
b. un festival de cinéma
c. une décoration militaire

15. En Suisse, on utilise ...
a. l'euro
b. la livre sterling
c. le franc suisse

Unité 2

Le week-end, enfin!

THÈME ET OBJECTIFS

Culture

In this unit, you will learn ...

- what French young people do on weekends
- how to take the subway in Paris

Communication

You will learn how ...

- to describe your own weekend activities: whether you stay home or go to town
- to talk about your other leisure activities
- to describe what you see when you go for a walk or a drive in the country

You will also be able ...

- to describe what you did yesterday, last weekend, or last summer
- to talk more generally about what happened in the past

LIGNE N°5
RICHARD-LENOIR
LIGNE N°5

Les activités du week-end

Aperçu culturel ... Le week-end

Les jeunes Français profitent du week-end pour sortir. Ils sortent souvent avec leurs copains. L'après-midi, ils vont dans les magasins ou au café. Le soir, ils vont au cinéma ou au concert. Parfois, ils vont à la campagne avec leurs parents. Pour beaucoup de Français, le week-end est aussi l'occasion de rendre visite aux autres membres de la famille.

Samedi

1. Le samedi, Mathilde suit des cours de théâtre à la Maison des Jeunes de la ville où elle habite. Les MJC (Maisons des Jeunes et de la Culture) offrent un grand choix d'activités artistiques et culturelles: ciné-club, photo, poterie, batik, etc. On peut aussi suivre des cours de danse, de gymnastique et de judo.

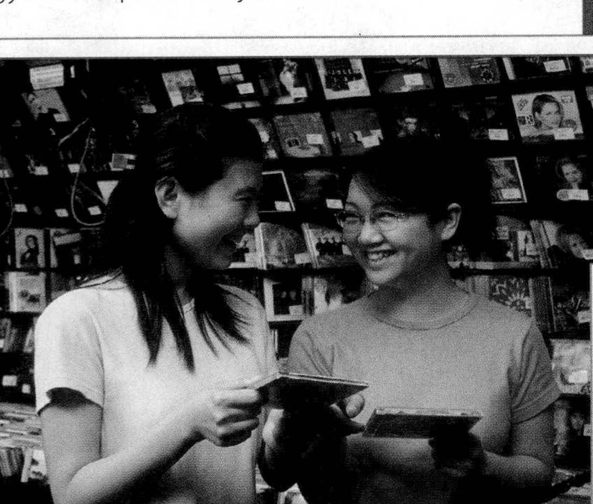

2. Le samedi après-midi, Karine et Sophie adorent «faire les magasins». Cela ne signifie pas nécessairement qu'elles achètent quelque chose. Elles regardent simplement ...

3. Quand Julien et ses copains n'ont rien de spécial à faire, ils vont au café. Là, ils discutent, ou bien ils regardent les gens qui passent dans la rue.

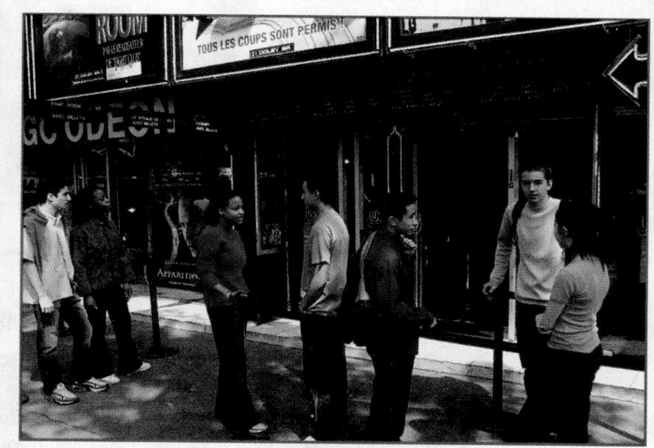

4. Le samedi soir, les jeunes Français aiment sortir. Ce soir Sabine va au ciné avec sa bande de copains.

Dimanche

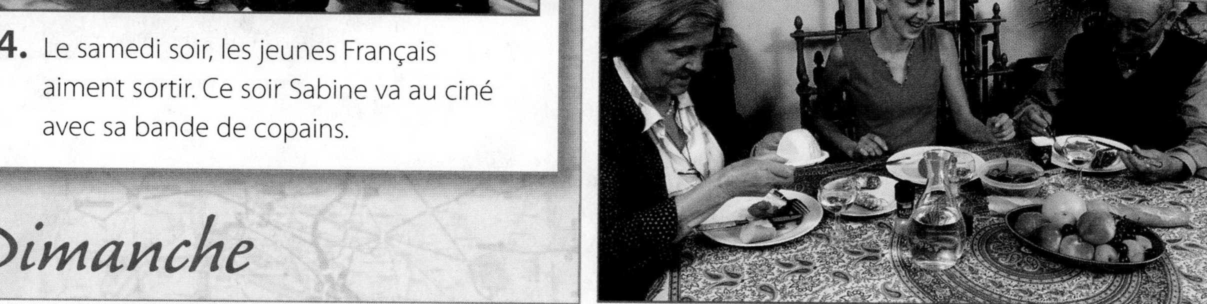

5. Le dimanche, Sophie va souvent dîner chez ses grands-parents qui ont une maison à la campagne.

6. Le dimanche après-midi, Michel fait une promenade à la campagne avec sa famille.

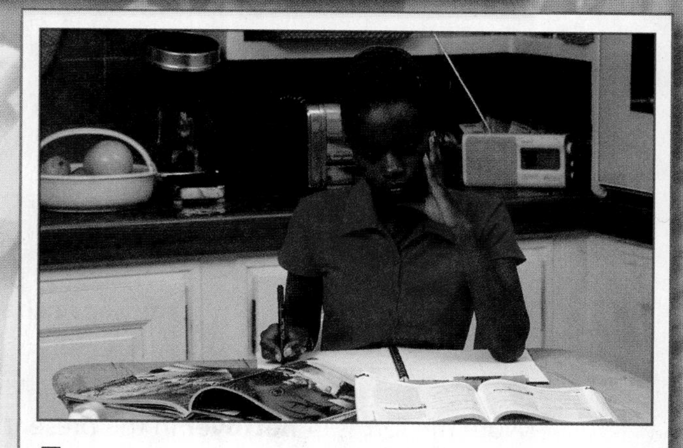

7. Le dimanche soir, Claire est à la maison. Elle finit ses devoirs pour les cours de lundi.

COMPARAISONS *Culturelles*

Faites un sondage *(poll)* parmi vos camarades de classe. Comment les jeunes Américains de votre région passent-ils le week-end? Quelles sont les similarités et les différences avec les activités des jeunes Français?

Et vous?

Imaginez que vous allez passer le week-end en France chez une des personnes ci-dessus *(above)*. Qui choisissez-vous? Pourquoi?

A VOCABULAIRE Un week-end en ville

—Qu'est-ce que tu vas faire ce week-end?

Je vais **sortir** avec des copains.
travailler
rester à la maison

sortir *to go out*

Activités de week-end

	OÙ?	POUR FAIRE QUOI?
On va ...	**en ville**	**aller dans les magasins.** **faire des achats** *(to go shopping)* **chercher un nouveau DVD**
	au ciné	**voir un film.**
	au café	**rencontrer des copains.** **retrouver des amis**
	au stade	**assister à** **un match de foot.** / **un concert de rock**
	à la piscine **à la plage**	**nager.** **prendre un bain de soleil** *(sunbath)* **bronzer**
On reste ...	**à la maison**	**aider ses parents.** **laver la voiture** **nettoyer le garage** **ranger sa chambre** **ranger ses affaires** *(things)*

chercher *to look for*

voir *to see*

assister à *to attend*

prendre *to take*
bronzer *to get a tan*

laver *to wash*
nettoyer* *to clean*
ranger *to pick up*
ranger *to put away*

*Note the forms of **nettoyer** in the present tense: je **nettoie,** tu **nettoies,** il **nettoie,** nous **nettoyons**, vous **nettoyez,** ils **nettoient**

@HOMETUTOR
my.hrw.com

1 Et vous?

PARLER/ÉCRIRE Indiquez vos préférences en complétant les phrases suivantes. Comparez vos réponses avec vos camarades.

1. Le week-end, je préfère …
   - rester à la maison
   - sortir avec mes copains
   - faire du baby-sitting
   - ?
2. Quand je sors avec mes copains, je préfère …
   - aller dans les magasins
   - voir un film
   - dîner au restaurant
   - ?
3. En général, je préfère assister à …
   - un concert de jazz
   - un concert de rock
   - un concert de musique classique
   - ?
4. Quand je vais à la plage ou à la piscine, je préfère …
   - nager
   - rencontrer d'autres *(other)* gens
   - prendre un bain de soleil
   - ?
5. En général, je préfère faire mes achats …
   - dans un grand centre commercial
   - dans le quartier où j'habite
   - au centre-ville *(downtown)*
   - ?
6. Quand je veux être utile *(helpful)* à la maison, je préfère …
   - laver la voiture
   - nettoyer la cuisine
   - ranger ma chambre
   - ?

2 Conversation

PARLER Avec vos camarades de classe, faites des conversations selon le modèle.

(Je vais retrouver mes copains.)

B VOCABULAIRE Un week-end à Paris 

—Qu'est-ce que tu vas faire samedi après-midi?

Je vais | voir un film au Quartier Latin.
assister à un concert à la Villette
faire une promenade sur les Champs-Élysées

—Comment vas-tu aller là-bas?

Je vais | marcher.
aller à pied
prendre | le bus
le métro

aller à pied *to walk*

Dans le métro

Je vais acheter | **un billet** *(ticket)* de métro.
un ticket de métro

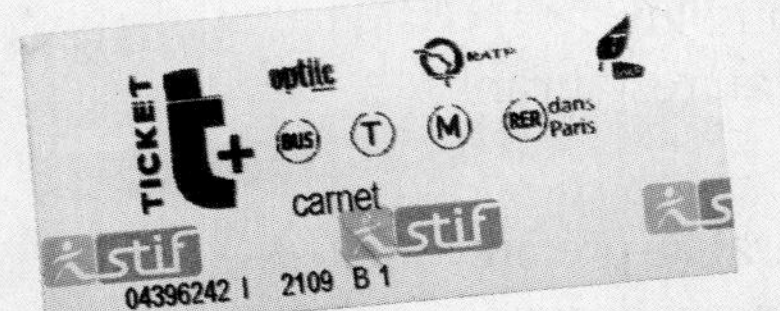

Je vais | prendre la direction Balard.
monter à Opéra
descendre à Concorde

monter *to get on*

descendre *to get off*

Au jour le jour

Le métro de Paris

Comment visiter Paris? C'est simple! Faites comme les Parisiens. Prenez le métro! Le métro de Paris est pratique et très économique. Un billet de métro coûte 1,70 euros. Avec ce billet vous pouvez° aller où vous voulez.°

Le métro de Paris est très étendu.° Il y a 14 lignes différentes et 300 stations. Pour savoir° comment aller à votre destination, vous devez° consulter le plan° du métro. Dans certaines stations de métro, il y a un plan lumineux.° Ce plan indique la ligne que vous devez prendre, et si c'est nécessaire, la station où vous devez changer.

Si vous voulez visiter:	Votre station de métro:
l'Arc de Triomphe	Étoile
la Tour Eiffel	Trocadéro
le Centre Pompidou	Châtelet
le Louvre	Louvre
le Musée d'Orsay	Solférino
les Invalides	Invalides
les Champs-Élysées	Étoile ou Franklin-Roosevelt

pouvez *can* **voulez** *want*
étendu *spread out, extensive*
savoir *to know* **devez** *have to*
plan *map* **lumineux** *with lights*

@HOMETUTOR
my.hrw.com

3 À Paris en métro

PARLER Regardez le plan du métro. Utilisez ce plan pour répondre aux questions suivantes.

1. Béatrice habite près de l'Arc de Triomphe. Où est-ce qu'elle prend le métro pour aller à l'école?
- **a.** à Étoile
- **b.** à Montparnasse Bienvenüe
- **c.** à Trocadéro

2. Des touristes veulent visiter le Centre Pompidou. Où est-ce qu'ils vont descendre?
- **a.** à Opéra
- **b.** à République
- **c.** à Châtelet

3. Isabelle a rendez-vous avec un copain dans un café des Champs-Élysées. Elle prend le métro. À quelle station est-ce qu'elle va descendre?
- **a.** à Invalides
- **b.** à Franklin-Roosevelt
- **c.** à Bastille

4. Thomas et Christine vont aller voir une exposition. Ils descendent du métro à Solférino. Quel musée est-ce qu'ils vont visiter?
- **a.** le Louvre
- **b.** le Centre Pompidou
- **c.** le Musée d'Orsay

5. Des étudiants américains sont dans un hôtel du Quartier Latin. Ce matin, ils prennent le métro et descendent à Trocadéro. Quel monument est-ce qu'ils vont visiter?
- **a.** la Tour Eiffel
- **b.** l'Opéra de la Bastille
- **c.** l'Arc de Triomphe

6. Delphine et Lucie viennent de voir un film aux Champs-Élysées. Elles vont dîner dans un restaurant près de l'Opéra. Elles prennent le métro à Franklin-Roosevelt. À quelle station est-ce qu'elles vont changer de métro?
- **a.** à Concorde **b.** à Opéra **c.** à Étoile

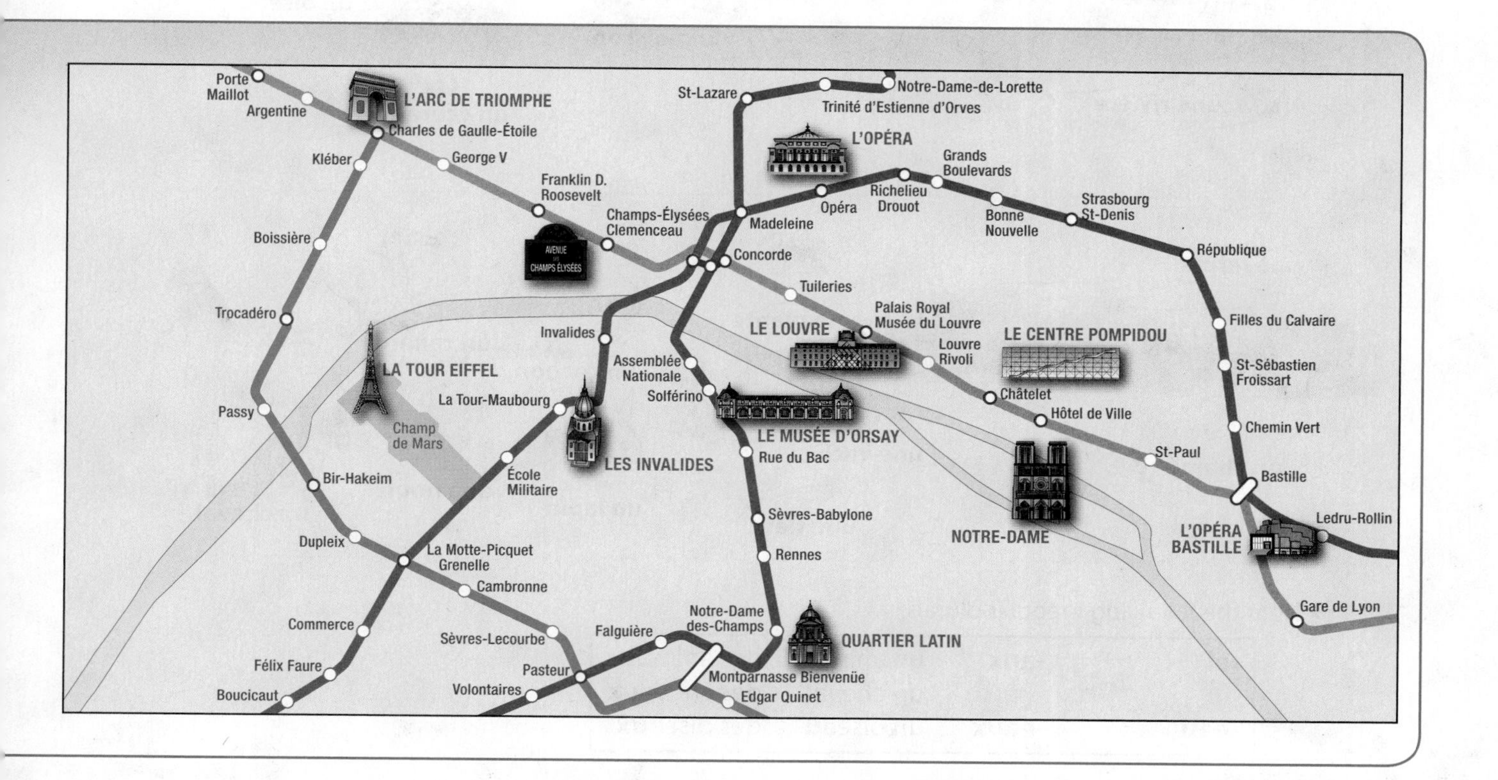

C VOCABULAIRE Un week-end à la campagne

—Où allez-vous **passer** le week-end?

Nous allons passer le week-end **à la campagne** *(in the country)*.

Nous allons | **partir** samedi matin.
| **rentrer** dimanche soir

passer *to spend (time)*

partir *to leave*
rentrer *to come back*

—Quand on est à la campagne, on peut …

faire un pique-nique

faire | **une promenade** *(walk, ride)* / **un tour** *(walk, ride)* / **une randonnée** *(hike, long ride)* | **à pied** / **à vélo** / **à cheval** *(on horseback)*

aller à la pêche *(to go fishing)*

Où allez-vous passer le week-end?

Nous allons passer le week-end à la campagne.

À la campagne

Quelques endroits

Quelques animaux

→ Note the following irregular plurals.

-al	→	**-aux**	un anima**l**	des anim**aux**
			un cheva**l**	des chev**aux**
-eau	→	**-eaux**	un ois**eau**	des ois**eaux**

@HOMETUTOR
my.hrw.com

NOTE Culturelle

Les Français et la nature

Les Français adorent la nature et les animaux. Les gens qui habitent dans les grandes villes aiment avoir des fleurs et des plantes dans leur appartement. Le week-end, ils vont souvent à la campagne chez des amis ou chez des parents.° Le dimanche, quand il fait beau, ils font des pique-niques sur l'herbe° et des promenades dans les champs ou dans les forêts. Les jeunes peuvent faire des randonnées à vélo ou aller à la pêche dans les lacs et les rivières.

parents *relatives* **l'herbe** *grass*

Et vous?

- Est-ce qu'il y a des plantes ou des fleurs chez vous?
- Est-ce que vous allez parfois à la campagne ou dans la forêt? Où?
- Où est-ce que vous aimez faire des pique-niques?
- Qu'est-ce que vous faites quand vous êtes à la campagne?

4 Les photos de Jean-Claude

PARLER Quand il va à la campagne, Jean-Claude aime prendre des photos. Regardez ces photos et faites correspondre chaque photo avec le commentaire de Jean-Claude.

1. Cet homme sur le lac, c'est mon oncle Édouard. Il adore aller à la pêche, mais il n'a pas de chance. En général, il ne prend pas de poissons.
2. C'est le printemps. Il y a des fleurs dans les champs. Ce lapin n'a pas peur de moi.
3. C'est l'automne. Les arbres perdent leurs feuilles. Devant l'arbre, il y a un écureuil.
4. Pendant les vacances d'été, je rends souvent visite à mes grands-parents. Ils ont une ferme en Normandie. Dans la prairie à côté de leur ferme il y a un cheval et des vaches.
5. Le fermier vient de passer. Les poules mangent. Les oiseaux aussi. L'écureuil sur la branche attend son tour *(turn)*.

Leçon 6

VIDÉO-SCÈNE DVD AUDIO

Pierre a un rendez-vous

Dans cette unité, nous allons faire la connaissance de Madame et Monsieur Duval, les parents de Pierre. Nous sommes samedi aujourd'hui. Pierre est chez lui.

Cet après-midi, Pierre a rendez-vous avec Armelle. Il s'apprête à partir quand sa mère lui demande ce qu'il va faire ...

@HOMETUTOR
my.hrw.com

Compréhension

1. Où et quand se passe la scène?
2. Qu'est-ce que Madame Duval veut savoir?
3. Qu'est-ce qu'elle demande aussi?
4. Qu'est-ce que Pierre a fait hier soir?
5. Où va Pierre à la fin de la scène?

A Le passé composé avec *avoir*

To describe past actions, the French use a past tense called the passé COMPOSÉ. Note the forms of the passé composé in the following sentences.

J'**ai acheté** un jean.	***I bought*** *a pair of jeans.*
Marc **a choisi** une veste.	*Marc* ***chose*** *a jacket.*
Nous **avons attendu** nos copains.	*We* ***waited for*** *our friends.*

FORMS

The passé composé consists of two words. For most verbs, the passé composé is formed as follows:

PRESENT of **avoir** + PAST PARTICIPLE

PASSÉ COMPOSÉ		PRESENT of **avoir**		+ PAST PARTICIPLE
J'**ai**	**visité** Paris.	j'	**ai**	**visité**
Tu **as**	**visité** Québec.	tu	**as**	
Il/Elle/On **a**	**visité** un musée.	il/elle/on	**a**	
Nous **avons**	**visité** Dakar.	nous	**avons**	
Vous **avez**	**visité** Genève.	vous	**avez**	
Ils/Elles **ont**	**visité** Monaco.	ils/elles	**ont**	

@HOMETUTOR
my.hrw.com

The past participle of regular verbs ending in **-er, -ir,** and **-re** is formed by replacing the infinitive ending as follows:

	INFINITIVE ENDING		PAST PARTICIPLE ENDING		
VERBS IN -er	**-er**	→	**-é**	travailler	J'ai **travaillé**.
VERBS IN -ir	**-ir**	→	**-i**	finir	Nous avons **fini**.
VERBS IN -re	**-re**	→	**-u**	attendre	Sophie a **attendu**.

USES

The passé composé is used to describe actions and events *that took place in the past.* It has several English equivalents.

J'ai visité Montréal. { ***I visited*** *Montreal.* / ***I have visited*** *Montreal.* / ***I did visit*** *Montreal.* }

1 Au grand magasin

PARLER/ÉCRIRE Dites ce que chacun a acheté le week-end dernier *(last weekend).*

▶ Stéphanie

Stéphanie a acheté un jean.

2 La fête

PARLER Ce week-end, Grégoire et Amélie organisent une fête. Jouez les deux rôles.

▶ inviter nos copains

1. finir les décorations
2. nettoyer la maison
3. ranger le salon
4. louer un DVD
5. choisir la musique
6. apporter les sandwichs
7. chercher des sodas
8. acheter les pizzas

VOCABULAIRE Quand?

hier	*yesterday*	**Hier,** nous avons joué au volley.
samedi dernier	*last Saturday*	**Samedi dernier,** nous avons joué au foot.
avant	*before*	J'ai fait mes devoirs **avant** le week-end.
après	*after*	Vous avez lavé la vaisselle **après** le dîner?
pendant	*during*	**Pendant** les vacances, nous avons voyagé.
d'abord	*first*	**D'abord,** j'ai acheté du pain *(bread)*.
ensuite	*then*	**Ensuite,** j'ai préparé des sandwichs.
finalement	*finally*	**Finalement,** nous avons mis *(set)* la table.
enfin	*at last*	**Enfin,** nous avons dîné.

Pendant les vacances, nous avons voyagé.

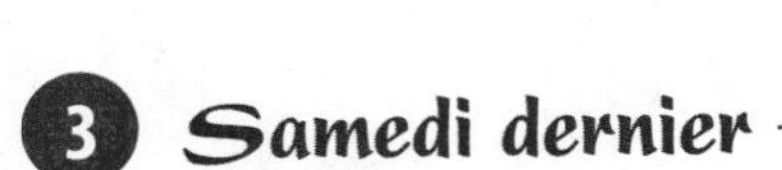

PARLER/ÉCRIRE Dites ce que les personnes suivantes ont fait samedi dernier.

	CLAIRE	PAUL ET VINCENT	NOUS	VOUS
samedi matin	• ranger sa chambre	• nettoyer le garage	• travailler dans le jardin	• aider vos parents
samedi après-midi	• attendre une copine • assister à un concert avec elle	• jouer au tennis • perdre	• retrouver des amis • visiter un musée	• acheter des vêtements • choisir une casquette
samedi soir	• finir ses devoirs • répondre à une lettre	• écouter la radio • entendre un concert	• préparer le dîner • manger une pizza	• rendre visite à des amis • dîner chez eux

▶ **Samedi matin, Claire a rangé sa chambre. Samedi après-midi, elle a …**

4 Et vous?

PARLER/ÉCRIRE Dites ce que vous avez fait. Si possible, décrivez deux ou trois activités pour chaque moment. Attention: n'utilisez pas le verbe **aller.**

1. Hier avant le dîner, j' …
2. Après le dîner, j' …
3. Ce matin, pendant la classe, les élèves …
4. À la maison samedi dernier, j' …
5. Chez mon copain, nous …
6. Pour ma fête d'anniversaire, j'ai …
7. Pour la fête de Thanksgiving, nous …
8. Pendant les vacances, mes copains et moi, nous …

@HOMETUTOR
my.hrw.com

B Le passé composé: forme négative

Compare the affirmative and negative forms of the passé composé in the sentences below.

AFFIRMATIVE	NEGATIVE	
J'ai **invité** Paul.	Je **n'ai pas invité** Marc.	*I **did not invite** Marc.*
Éric **a vendu** sa guitare.	Il **n'a pas vendu** son vélo.	*He **did not sell** his bike.*

In the negative, the passé composé is formed as follows:

PASSÉ COMPOSÉ (negative)	=	PRESENT of **avoir** (negative)	+	PAST PARTICIPLE
Je **n'ai pas** **étudié.**		je **n'ai pas**		**étudié**
Tu **n'as pas** **étudié.**		tu **n'as pas**		
Il/Elle/On **n'a pas** **étudié.**		il/elle/on **n'a pas**		
Nous **n'avons pas** **étudié.**		nous **n'avons pas**		
Vous **n'avez pas** **étudié.**		vous **n'avez pas**		
Ils/Elles **n'ont pas** **étudié.**		ils/elles **n'ont pas**		

5 Conversation

PARLER Demandez à vos camarades s'ils ont fait les choses suivantes le week-end dernier.

▶ jouer au basket? ▶ étudier?

Tu as joué au basket?
Oui, j'ai joué au basket.
Tu as étudié?
Non, je n'ai pas étudié.

1. travailler?
2. surfer sur le Net?
3. jouer aux jeux vidéo?
4. organiser une soirée?
5. assister à un match de foot?
6. ranger ta chambre?
7. retrouver des amis?
8. finir un livre?
9. choisir des vêtements?
10. perdre *(waste)* ton temps *(time)*?
11. rendre visite à un copain?
12. rendre visite à tes cousins?

6 Tant pis! *(Too bad!)*

PARLER/ÉCRIRE Les personnes suivantes n'ont pas certaines choses. Expliquez ce qu'elles n'ont pas fait.

▶ Françoise n'a pas sa raquette.
Elle n'a pas joué au tennis.

1. Vous n'avez pas de lecteur MP3.
2. Nous n'avons pas nos maillots de bain.
3. Vous n'avez pas de billets *(tickets)*.
4. Les élèves n'ont pas de chance.
5. Marc n'a pas de patience.
6. Tu n'as pas de télé.
7. Caroline n'a pas de livres.
8. Je n'ai pas faim.

dîner
nager
étudier
jouer au tennis
réussir à l'examen
attendre son copain
écouter de la musique
regarder le match de foot
assister au concert

C Les questions au passé composé

Note how questions are asked in the passé composé.

Tu as travaillé ce week-end?	***Did you work*** *this weekend?*
Est-ce que Paul a travaillé aussi?	***Did Paul work*** *too?*
Qu'est-ce que tu as acheté?	***What did you buy?***
Où est-ce qu'Alice a acheté cette veste?	***Where did Alice buy*** *that jacket?*

Questions in the passé composé are formed according to the following pattern:

INTERROGATIVE FORM of **avoir** + PAST PARTICIPLE

YES/NO QUESTIONS

INTONATION	**Tu as … ?**	**Tu as** travaillé?
WITH **est-ce que**	**Est-ce que tu as … ?**	**Est-ce que tu as** travaillé?

INFORMATION QUESTIONS

WITH **est-ce que**	**Quand est-ce que tu as … ?** **Qu'est-ce que tu as … ?**	**Quand est-ce que tu as** dîné? **Qu'est-ce que tu as** mangé?

➔ When the subject of the question is a pronoun, inversion may be used.

As-tu … ? **As-tu** dîné? **A-t-il … ?** **A-t-il** travaillé?

7 Conversation

PARLER Demandez à vos camarades ce qu'ils ont fait hier. Si c'est nécessaire, imaginez une réponse.

À qui est-ce que tu as téléphoné?

J'ai téléphoné à mon oncle (à une copine, aux voisins …).

▶ à qui / téléphoner?

1. avec qui / étudier?
2. qui / rencontrer après la classe?
3. où / dîner?
4. à quelle heure / dîner?
5. quel programme / regarder à la télé?
6. quelle station de radio / écouter?
7. quel magazine / regarder?
8. quand / préparer tes devoirs?

8 Bavardages

PARLER Lisez ce que les personnes suivantes ont fait. Avec un(e) camarade, parlez de leurs activités.

▶ Léa a joué au tennis. (avec qui? avec Éric)
—Léa a joué au tennis.
—Ah bon! Avec qui est-ce qu'elle a joué?
—Elle a joué avec Éric.

1. Zoé a téléphoné. (à quelle heure? à six heures)
2. Anne a voyagé au Canada. (comment? en train)
3. Laure a acheté un pull. (où? au Bon Marché)
4. Luc a visité Moscou. (avec qui? avec sa mère)
5. Paul a trouvé un job. (où? dans un café)
6. Éric et Lise ont dîné en ville. (où? à l'Écluse)
7. Les voisins ont téléphoné. (quand? lundi)
8. Caroline a visité Genève. (quand? en octobre)

@HOMETUTOR
my.hrw.com

9 Un week-end à Paris 

PARLER Des camarades de classe ont passé un week-end à Paris. Posez-leur des questions sur leur voyage.

▶ quand / visiter Paris? en avril

1. comment / voyager? en métro
2. où / dîner? au Pied de Cochon
3. qui / rencontrer? beaucoup de gens sympa
4. quel musée / visiter? le Musée d'Orsay
5. quels souvenirs / acheter? des posters
6. à quel concert / assister? à un concert de jazz

10 Questions et réponses 

PARLER Léa demande à Paul ce qu'il a fait samedi dernier. Jouez les deux rôles avec un/une camarade. Posez des questions et choisissez une réponse logique.

▶ acheter à la librairie *(bookstore)*
LÉA: **Qu'est-ce que tu as acheté à la librairie?**
PAUL: **J'ai acheté un dictionnaire.**

- regarder à la télé
- écouter à la radio
- acheter pour l'anniversaire de ton père
- apporter à la fête
- vendre à ton cousin
- manger au restaurant
- choisir à Mod'Shop

une pizza	des CD de rock
une cravate	un dictionnaire
des tee-shirts	un film d'aventures
un concert de jazz	mon vélo

VOCABULAIRE Expressions pour la conversation

▶ *How to ask people if they have ever done something:*

déjà	*ever, already*	— Est-ce que tu as **déjà** visité Paris? — Oui, j'ai **déjà** visité Paris.
ne ... jamais	*never*	— Non, je **n'**ai **jamais** visité Paris.

11 Conversation 

PARLER Demandez à vos camarades s'ils ont déjà fait les choses suivantes. (S'ils répondent affirmativement, demandez des précisions avec des questions comme **quand? où? avec qui? pourquoi?** etc.)

▶ visiter Québec?

1. voyager en avion?
2. dîner dans un restaurant vietnamien?
3. manger des escargots *(snails)*?
4. gagner à la loterie?
5. jouer dans un film?
6. participer à un marathon?
7. visiter le Futuroscope?
8. assister à un concert de rock?

D Les verbes *prendre* et *mettre*

Review the forms of the verbs **prendre** *(to take)* and **mettre** *(to put, put on)*.

INFINITIVE	prendre			mettre		
PRESENT	Je	**prends**	un taxi.	Je	**mets**	ma veste.
	Tu	**prends**	ton vélo.	Tu	**mets**	un pull.
	Il/Elle/On	**prend**	le métro.	Il/Elle/On	**met**	un CD.
	Nous	**prenons**	nos livres.	Nous	**mettons**	la télé.
	Vous	**prenez**	le bus.	Vous	**mettez**	la radio.
	Ils/Elles	**prennent**	des photos.	Ils/Elles	**mettent**	des sandales.

Prendre

→ When used with meals, foods, and beverages, **prendre** means *to have.*

Qu'est-ce que **tu prends**? — *What **are you having**?*
Je prends un café et un croissant. — ***I'm having** a cup of coffee and a croissant.*

→ The following verbs are conjugated like **prendre:**

apprendre	*to learn*	Nous **apprenons** le français.
apprendre à + INFINITIVE	*to learn how to*	Charlotte **apprend** à danser.
comprendre	*to understand*	Les élèves **comprennent** le prof.

Mettre

→ **Mettre** has the following meanings:

to put on, wear (clothes) — Tu **mets** ta nouvelle veste?
to turn on (the radio, TV) — **Mets** la radio, s'il te plaît.
to set (the table) — Qui va **mettre** la table?

→ The following verbs are conjugated like **mettre:**

permettre	*to let, allow, permit*	**Permets**-tu à ton frère d'écouter ton MP3?
promettre	*to promise*	Je **promets** d'être patient.

12 Quel verbe?

PARLER/ÉCRIRE Complétez les phrases avec l'un des verbes suggérés. Soyez logique.

1. Les élèves ne … pas la question du professeur.
2. Philippe … des photos avec son nouvel appareil-photo.
3. Les touristes … un taxi pour aller au musée.
4. Je … d'être sérieux et de travailler plus.
5. Pourquoi est-ce que tu ne … pas à ton frère d'écouter ton MP3?
6. Quand il pleut, nous … un imper.
7. Est-ce que vous … à faire du ski?
8. Je ne … pas pourquoi tu es fâché *(upset)*.

apprendre
comprendre
prendre
mettre
permettre
promettre

@HOMETUTOR
my.hrw.com

13 Questions personnelles PARLER/ÉCRIRE

1. Quand tu vas à l'école, est-ce que tu prends le bus? Et tes copains?
2. Est-ce que tu comprends l'espagnol? le russe? le vietnamien? Et tes parents?
3. Est-ce que tu apprends à jouer du piano? à jouer de la guitare? à jouer au tennis?
4. Quels vêtements est-ce que tu mets quand il fait chaud? quand il fait froid?
5. Quand tu étudies, est-ce que tu mets la radio? la télé? un CD?

À votre tour!

OBJECTIFS

Now you can . . .
- talk about past activities

Digital performance space

1 Situation: Un voyage au Canada

PARLER Your partner is back from a short trip to French-speaking Canada. Ask your partner . . .

- how he/she traveled
- if he/she visited Montreal or Quebec
- if he/she met any Canadian students
- if he/she spoke French or English
- if he/she bought souvenirs (**des souvenirs**), and if so, what

2 Interviews: Hier soir

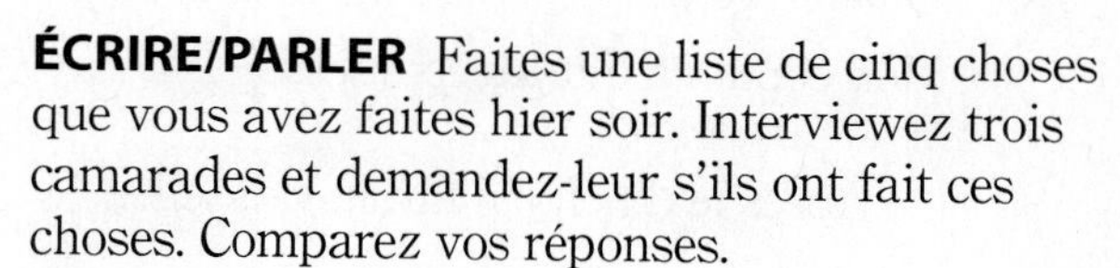

ÉCRIRE/PARLER Faites une liste de cinq choses que vous avez faites hier soir. Interviewez trois camarades et demandez-leur s'ils ont fait ces choses. Comparez vos réponses.

Mes activités	Zoé
regarder la télé	√
aider ma mère	x
ranger ma chambre	
téléphoner à un copain	
étudier	

3 Le week-end dernier

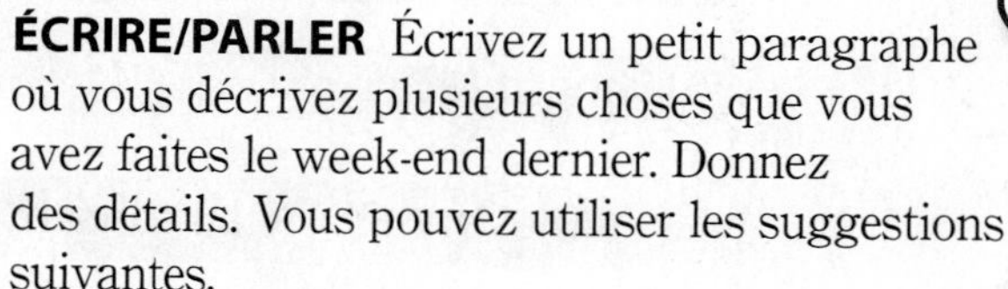

ÉCRIRE/PARLER Écrivez un petit paragraphe où vous décrivez plusieurs choses que vous avez faites le week-end dernier. Donnez des détails. Vous pouvez utiliser les suggestions suivantes.

- téléphoner (à qui? quand?)
- rencontrer (qui? où?)
- visiter (quoi? quand? avec qui?)
- acheter (quelles choses? où?)
- regarder (quels programmes? quand?)
- dîner (où? avec qui? quand?)

Ensuite, comparez vos réponses aux réponses de vos camarades.

Lecture Dans l'ordre, s'il vous plaît!

Les paragraphes suivants décrivent certains événements passés. Malheureusement,° l'ordre logique des phrases n'a pas été respecté. Reconstituez les paragraphes en mettant les phrases dans l'ordre logique.

Malheureusement *Unfortunately*

A. Un dîner entre copains

Nous avons dîné.

Ma copine a préparé le repas.

Mon copain a fait les courses.

Après le dîner, j'ai fait la vaisselle.

B. Le concert

Elles ont regardé la page des spectacles.

Nicole a acheté les billets.

Hélène et Nicole ont acheté le journal.°

Elles ont assisté au concert.

Après le concert, elles ont dîné ensemble.

Elles ont choisi un concert très intéressant.

Pendant le concert, elles ont retrouvé des copains.

journal *newspaper*

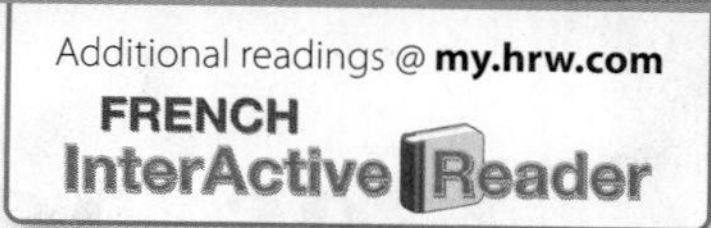

C. Un match de tennis

Nous avons fini le match à quatre heures.

J'ai gagné le deuxième set et le match.

Pascal a perdu le premier set.

Nous avons fait un match.

Après le match, nous avons fait une promenade à vélo.

Hier après-midi, j'ai joué au tennis avec mon cousin Pascal.

D. Une invitation

Sa soeur Françoise a répondu.

Nous avons dîné dans un restaurant japonais.

Samedi, j'ai téléphoné à Marie-Laure.

Alors, j'ai invité Françoise au restaurant.

Elle a accepté mon invitation.

Elle a dit que Marie-Laure n'était ° pas à la maison.

était *was*

E. Un job d'été

J'ai trouvé un job dans un supermarché.

Avec l'argent que j'ai gagné, j'ai acheté une tablette.

L'été dernier, je n'ai pas voyagé.

J'ai travaillé là-bas pendant deux mois.

J'ai cherché un job.

Les achats de Corinne

Samedi dernier, Pierre est allé à un rendez-vous avec Armelle. Il est parti de chez lui à deux heures.

Pierre a retrouvé Armelle. Puis ils sont allés au cinéma. Là, ils ont vu *L'Homme invisible*.

Après le film, ils ont fait une promenade en ville.

Ensuite, ils sont allés dans un café. Là, ils ont vu Corinne.

Au café, les trois amis parlent de leurs activités.

Pierre a accepté le cadeau de sa cousine. Puis, vers sept heures, Pierre, Armelle et Corinne sont rentrés chez eux.

Corinne et Armelle ont pris le bus.

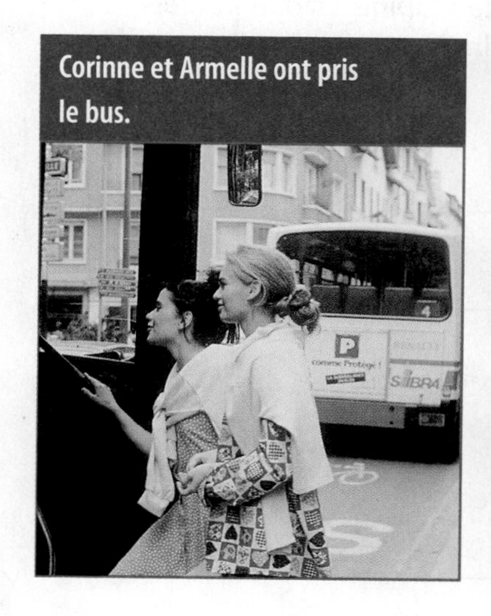

Pierre est rentré chez lui à pied.

à suivre ...

Compréhension

1. Où sont allés Pierre et Armelle samedi après-midi?
2. Où sont-ils allés après? Qui ont-ils rencontré?
3. Qu'est-ce que Corinne a acheté?
4. Qu'est-ce qu'elle a donné à Pierre?

A Le verbe *voir*

Note the forms of the irregular verb **voir** *(to see)*.

INFINITIVE	voir	
PRESENT	Je **vois** le prof.	Nous **voyons** un western.
	Tu **vois** ta copine.	Vous **voyez** une comédie.
	Il/Elle/On **voit** un film.	Ils/Elles **voient** souvent leurs copains.

→ Note the expression **aller voir** *(to go see)*.

—Tu vas **aller voir** le film? — *Are you going **to go see** the movie?*

—Je ne peux pas. Je dois **aller voir** ma tante. — *I can't. I have **to go see** my aunt.*

1 *Qu'est-ce qu'on voit?*

PARLER/ÉCRIRE Dites ce que les personnes voient dans les circonstances suivantes.

▶ Patrick est au cinéma.
Il voit un film d'aventures.

1. Nous sommes à Paris.
2. Les touristes visitent New York.
3. Tu es à l'aéroport.
4. Je nage dans une rivière.
5. Vous faites une promenade dans la forêt.
6. Mélanie visite une ferme.
7. On est au jardin botanique.

des avions
des poissons
des plantes et des fleurs
des oiseaux et des écureuils
des lapins et des poules
la Statue de la Liberté
la Tour Eiffel
un film d'aventures

2 *Questions personnelles* PARLER/ÉCRIRE

1. Est-ce que tu vois bien? Est-ce que tu as besoin de lunettes? Est-ce que tu portes des verres de contact *(contact lenses)*?
2. Est-ce que tu vois souvent tes cousins? tes grands-parents? Quand?
3. Est-ce que tu vas voir un film le week-end prochain *(next)*? Où? Avec qui? Quel film est-ce que tu vas voir?

@HOMETUTOR
my.hrw.com

B Quelques participes passés irréguliers

Many irregular verbs have irregular PAST PARTICIPLES.
Note the PAST PARTICIPLES of the following verbs.

avoir **être** **faire**	**eu** **été** **fait**	Cet hiver, Cécile **a eu** la grippe *(flu)*. Moi, **j'ai été** malade *(sick)*. Nous **n'avons pas fait** nos devoirs.
mettre **prendre**	**mis** **pris**	Est-ce que tu **as mis** la table? Je **n'ai pas pris** ton appareil-photo.
voir	**vu**	Nous **n'avons pas vu** François après la classe.

→ The verb **être** has two meanings in the passé composé. Compare:

Juliette **a été** malade. — *Juliette **has been** sick.*
Elle **a été** à l'hôpital. — *She **went** to the hospital.*

→ Verbs conjugated like **mettre** and **prendre** have similar past participles.

promettre — **promis** — **J'ai promis** d'aider mon grand-père.
comprendre — **compris** — Nous **n'avons pas compris** la question.

→ The passé composé of **il y a** is **il y a eu**.

Il y a eu un bon film à la télé. — ***There was** a good movie on TV.*

3 Qu'est-ce qu'ils ont fait?

PARLER/ÉCRIRE Expliquez ce que les personnes suivantes ont fait samedi dernier.

▶ Éric (prendre le métro / être en ville)
Éric a pris le métro.
Il a été en ville.

1. vous (être dans les magasins / faire des achats)
2. nous (mettre des jeans / être à la campagne / faire un pique-nique)
3. les touristes (voir l'Arc de Triomphe / prendre des photos)
4. moi (mettre mon maillot de bain / prendre un bain de soleil)
5. toi (faire une promenade à vélo / avoir un accident / être à l'hôpital)
6. Léa (avoir envie de sortir *(go out)* / faire un tour en ville)

4 Conversation 

PARLER Demandez à vos camarades s'ils ont fait les choses suivantes le week-end dernier. Si oui, continuez le dialogue (par exemple, avec **où? quand? comment? pourquoi? avec qui?**).

▶ faire un pique-nique?

(Non, je n'ai pas fait de pique-nique.)

1. faire un tour en voiture?
2. faire des achats?
3. avoir un rendez-vous?
4. être à la campagne?
5. être en ville?
6. prendre des photos?
7. voir un film?
8. voir tes cousins?

C Quelqu'un, quelque chose et leurs contraires

Note how the following expressions are used in the present and the passé composé.

quelqu'un *(somebody, someone)*	**ne … personne** *(nobody, not anyone)*
J'invite **quelqu'un.** J'ai invité **quelqu'un.**	Je **n'**invite **personne.** Je **n'**ai invité **personne.**

quelque chose *(something)*	**ne … rien** *(nothing, not anything)*
Je fais **quelque chose.** J'ai fait **quelque chose.**	Je **ne** fais **rien.** Je **n'**ai **rien** fait.

➔ The above expressions can be the subject of the sentence.

Quelqu'un a téléphoné. **Personne n'**a travaillé.

Ne … personne and **ne … rien** are negative expressions that require **ne** before the verb.

➔ In one-word answers, **personne** and **rien** can stand alone.

—Qui as-tu rencontré? —Qu'est que tu as fait?
—Personne. **—Rien.**

➔ In the passé composé, the word order is:

ne + **avoir** + PAST PARTICIPLE + **personne** **ne** + **avoir** + **rien** + PAST PARTICIPLE	Je **n'**ai vu **personne.** Je **n'**ai **rien** vu.

5 Un cambriolage *(A burglary)* 

PARLER Le week-end dernier, l'appartement de Monsieur Dupont a été cambriolé *(burglarized)*. L'inspecteur de police pose certaines questions à Monsieur Dupont, qui répond négativement.
Jouez les deux rôles.

▶ voir quelqu'un?

1. voir quelque chose?
2. entendre quelqu'un?
3. entendre quelque chose?
4. parler à quelqu'un?
5. observer quelque chose?
6. téléphoner à quelqu'un?
7. faire quelque chose?

@HOMETUTOR
my.hrw.com

D Le passé composé du verbe *aller*

Note the forms of the passé composé of the verb **aller** in the sentences below. Pay attention to forms of the past participle.

Samedi, Éric **est allé** au musée.	*On Saturday, Eric **went** to the museum.*
Anne et Alice **sont allées** à une fête.	*Anne and Alice **went** to a party.*

The passé composé of **aller** is formed with **être** according to the pattern:

PRESENT of **être** + PAST PARTICIPLE

→ The past participle takes endings to agree with the subject.

	MASCULINE		FEMININE	
AFFIRMATIVE	**je suis**	**allé**	**je suis**	**allée**
	tu es	**allé**	**tu es**	**allée**
	il est	**allé**	**elle est**	**allée**
	nous sommes	**allés**	**nous sommes**	**allées**
	vous êtes	**allés**	**vous êtes**	**allées**
	ils sont	**allés**	**elles sont**	**allées**
NEGATIVE	**je ne suis pas**	**allé**	**je ne suis pas**	**allée**
INTERROGATIVE	**tu es**	**allé?**	**tu es**	**allée?**
	es-tu	**allé?**	**es-tu**	**allée?**
	est-ce que tu es	**allé?**	**est-ce que tu es**	**allée?**

6 *Qui est allé où?*

PARLER/ÉCRIRE Dites où ces personnes sont allées ce week-end en complétant les phrases suivantes.

Philippe

Claire

Patrick et Ousmane

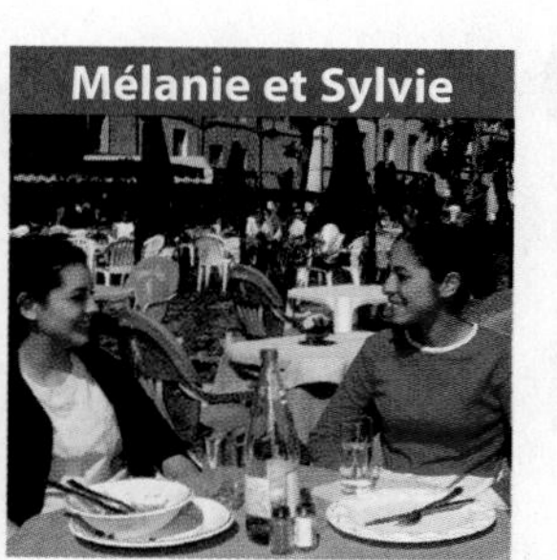
Mélanie et Sylvie

▶ <u>Patrick et Ousmane sont</u> allés au musée.

SAMEDI MATIN
1. … allé en ville.
2. … allées au stade.
3. … allée à la plage.
4. … allés à la pêche.

SAMEDI SOIR
5. … allée au cinéma.
6. … allés à un concert.
7. … allées à un rendez-vous.
8. … allé chez Corinne.

DIMANCHE
9. … allées à une boum.
10. … allé au restaurant.
11. … allée à la campagne.
12. … allés au café.

7 Où et quoi?

PARLER/ÉCRIRE Pour chaque personne, choisissez un endroit où elle est allée et dites ce qu'elle a fait là-bas. Soyez logique!

▶ **Juliette est allée chez les voisins. Elle a fait du baby-sitting.**

QUI?	OÙ?	QUOI?
moi	au café	bronzer
Jérôme	au ciné	danser
Juliette	au stade	faire des achats
nous	à l'aéroport	voir un film
vous	au supermarché	faire les courses
M. Renaud	au centre commercial	faire du baby-sitting
les touristes	à la plage	retrouver des copains
toi	dans une discothèque	voir un match de foot
	chez les voisins	prendre l'avion

VOCABULAIRE Quelques expressions de temps

maintenant	**avant**	**après**
aujourd'hui	**hier**	**demain**
ce matin	**hier matin**	**demain matin**
cet après-midi	**hier après-midi**	**demain après-midi**
ce soir *(tonight)*	**hier soir**	**demain soir**
lundi	**lundi dernier** *(last)*	**lundi prochain** *(next)*
ce week-end	**le week-end dernier**	**le week-end prochain**
cette semaine	**la semaine dernière**	**la semaine prochaine**
ce mois-ci	**le mois dernier**	**le mois prochain**
cet été	**l'été dernier**	**l'été prochain**
cette année *(year)*	**l'année dernière**	**l'année prochaine**

8 Conversation

PARLER Demandez à vos camarades de décrire ce qu'ils ont fait et ce qu'ils vont faire.

Qu'est-ce que tu as fait ... ?

Qu'est-ce que tu vas faire ... ?

Qu'est-ce que tu vas faire ce soir?

Je vais étudier.

▶ ce matin
1. hier soir
2. samedi soir
3. dimanche matin
4. l'été dernier
5. le mois dernier

▶ ce soir
6. demain matin
7. demain soir
8. samedi prochain
9. le mois prochain
10. l'été prochain

@HOMETUTOR
my.hrw.com

9 Occupations

PARLER Composez des dialogues en faisant les substitutions suggérées.

▶ voir le prof après la classe?
aller à la bibliothèque

Tu as vu le prof après la classe?
Ah non, je n'ai pas eu le temps.
Qu'est-ce que tu as fait alors?
Je suis allée à la bibliothèque.

1. faire tes devoirs?
   aller au ciné
2. ranger ta chambre?
   aller en ville
3. faire les courses?
   aller à un rendez-vous
4. aider ton petit frère?
   aller au café
5. rendre visite à ta grand-mère?
   ??
6. préparer l'examen?
   ??

À votre tour!

OBJECTIFS

Now you can . . .
- talk about places you have gone and what you did there

1 Situation: Au cinéma

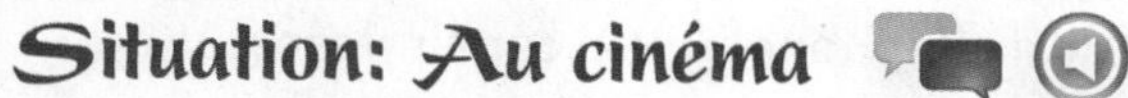

PARLER Your partner went to a movie last weekend with a friend. You want to know what they did.

Ask your partner . . .
- with whom he/she went to the movies
- to which movie theater they went
- which movie they saw
- what they did afterwards

2 Une carte postale

LIRE/ÉCRIRE Lisez la carte postale de Philippe.

Ma chère Christine,
Il a fait très beau ce week-end. Nous sommes allés à la campagne. Nous avons fait une promenade à pied. Nous avons vu beaucoup d'animaux. J'ai pris des photos. Le soir, nous sommes allés dans un restaurant.
Je t'embrasse,
Philippe

Mlle Christine Lukas
146, rue Jeanne d'Arc
37000 Tours
FRANCE

Maintenant, écrivez une carte postale à un copain (une copine). Dans cette carte, décrivez votre week-end. Dites où vous êtes allés et ce que vous avez fait.

LESSON REVIEW
my.hrw.com

Lecture Quatre amies

Quatre amies sont dans un café. Elles s'appellent:

Ariane, Béatrice, Florence et Michèle.

Ces filles parlent de ce qu'elles ont fait samedi dernier. Écoutez bien ce qu'elles disent. Pouvez-vous trouver le nom de chaque fille?

- Qui est Ariane?
- Qui est Florence?
- Qui est Béatrice?
- Qui est Michèle?

fille numéro un

Samedi après-midi, j'ai fait des achats. Je suis d'abord allée au Printemps où j'ai acheté une robe. J'ai aussi acheté une cravate pour l'anniversaire de mon père. Ensuite, je suis allée à la Boîte à Musique où j'ai écouté des CD, mais là je n'ai rien acheté. Après, j'ai téléphoné à mon copain Jean-Luc. Nous sommes allés Chez Luigi, un très bon restaurant italien. Après, nous sommes allés à un concert de reggae.

Cette fille s'appelle ...

Samedi matin, j'ai fait les courses. Samedi après-midi, je suis allée au cinéma. J'ai vu une comédie américaine très très drôle. Au cinéma, j'ai retrouvé mon cousin Laurent. Après le film, nous sommes allés dans un café. À six heures, Laurent est allé à un rendez-vous. Moi, le soir, je suis allée à la boum de ma copine Isabelle. Là, j'ai beaucoup dansé. J'ai aussi fait la connaissance d'un garçon très sympathique!

Cette fille s'appelle ...

fille numéro deux

Additional readings @ **my.hrw.com**
FRENCH InterActive Reader

Pour trouver la solution, il faut savoir les choses suivantes:

- Ariane parle italien, mais elle déteste la cuisine italienne.
- Les parents de Béatrice sont divorcés.
- Florence n'aime pas danser.
- Samedi dernier, Michèle n'a pas dépensé d'argent.

Suggestion: Cherchez d'abord le nom de la fille qui n'a rien dépensé. Procédez ensuite par élimination progressive.

fille numéro trois

Samedi après-midi, j'ai fait un tour en ville. D'abord, je suis allée à la bibliothèque. J'ai pris un livre sur l'art mexicain. Ensuite, je suis allée chez ma cousine Frédérique. J'ai dîné chez elle. Après le dîner, nous sommes allées au théâtre. C'est Frédérique qui a payé les billets.

Cette fille s'appelle ...

Samedi matin, je suis allée à mon cours de gym avec Amélie. À midi, nous sommes allées dans un restaurant où nous avons mangé une excellente pizza. Après, nous sommes allées au musée voir une exposition° de photos. Ensuite, je suis rentrée chez moi° et j'ai dîné avec mes parents. Après le dîner, je suis allée dans ma chambre et j'ai commencé mes devoirs. J'ai beaucoup de travail pour lundi!

Cette fille s'appelle ...

fille numéro quatre

exposition *exhibit* **je suis rentrée chez moi** *I went home*

Leçon 8

VIDÉO-SCÈNE DVD AUDIO

Tu es sorti?

Dans l'épisode précédent, Pierre est allé au cinéma avec Armelle. Après le film, ils sont allés dans un café où ils ont rencontré Corinne. Corinne a donné quelque chose à Pierre. Il est maintenant sept heures et demie. Les Duval sont prêts à dîner, mais Pierre n'est pas rentré.

Monsieur Duval s'impatiente un peu.

À ce moment, la porte s'ouvre. C'est Pierre qui rentre.

Compréhension

1. Où se passe la scène?
2. Pourquoi M. Duval est-il impatient?
3. Qu'est-ce qu'il demande à sa femme?
4. Qu'est-ce qu'il demande à Pierre?
5. Que répond Pierre?
6. Qu'est-ce qu'il montre à son père?
7. Que font Pierre et ses parents après?

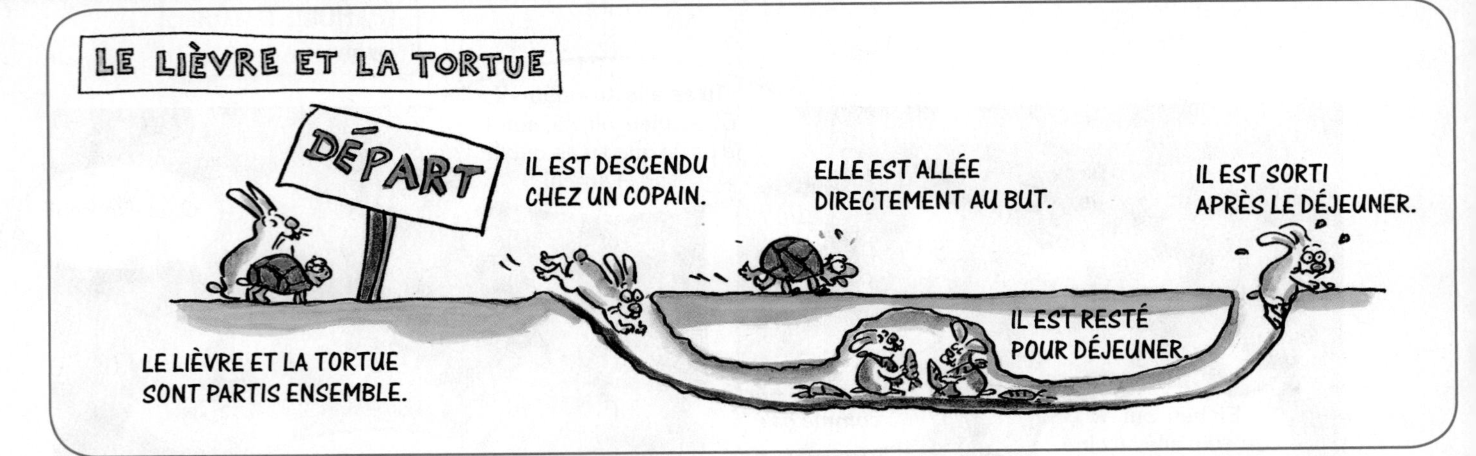

A Les verbes comme *sortir* et *partir*

A few verbs ending in **-ir** are conjugated like **sortir** *(to go out, get out)* and **partir** *(to leave).*

INFINITIVE	sortir		partir		ENDINGS
PRESENT	Je	**sors** avec un ami.	Je	**pars à** midi.	**-s**
	Tu	**sors** demain soir?	Tu	**pars** dimanche?	**-s**
	Éric	**sort** avec Sophie.	Il/Elle/On	**part** dans une heure.	**-t**
	Nous	**sortons** ce soir.	Nous	**partons** en voiture.	**-ons**
	Vous	**sortez** souvent?	Vous	**partez** en vacances?	**-ez**
	Ils/Elles	**sortent** samedi.	Ils/Elles	**partent** en juillet.	**-ent**
PASSÉ COMPOSÉ	Je **suis**	**sorti(e).**	Je **suis**	**parti(e).**	

→ The passé composé of **sortir** and **partir** is formed with **être.**

→ **Dormir** *(to sleep)* follows the same pattern. However, its passé composé is formed with **avoir.**

PRESENT	je	**dors**	nous	**dormons**
	tu	**dors**	vous	**dormez**
	il/elle/on	**dort**	ils/elles	**dorment**
PASSÉ COMPOSÉ	j'ai	**dormi**		

1 Questions personnelles PARLER/ÉCRIRE

1. En général, à quelle heure est-ce que tu pars à l'école?
2. À quelle heure est-ce que tu es parti(e) ce matin?
3. En général, est-ce que tes parents partent de la maison avant ou après toi?
4. Est-ce que tu vas partir en vacances cet été? Où vas-tu aller?
5. Est-ce que tu es parti(e) en vacances l'été dernier? Où es-tu allé(e)?
6. Est-ce que tu sors souvent le week-end? Avec qui?
7. Est-ce que tu es sorti(e) le week-end dernier? Où es-tu allé(e)?
8. En général, est-ce que tu dors bien? Combien d'heures dors-tu?
9. Combien d'heures as-tu dormi la nuit dernière?

B Le passé composé avec *être*

Note the forms of the passé composé in the following sentences:

Olivier **est allé** au cinéma.	*Olivier **went** to the movies.*
Laure **est sortie** avec un copain.	*Laure **went out** with a friend.*
Claire et Hélène **ne sont pas parties** à la campagne.	*Claire and Hélène **did not leave** for the country.*

The passé composé of certain verbs of motion like **aller, sortir,** and **partir** is formed according to the pattern:

PRESENT of **être** (affirmative or negative) + PAST PARTICIPLE

→ When the passé composé is formed with **être,** the past participle agrees with the subject.

2 *Qui est sorti?*

PARLER/ÉCRIRE Dites qui est sorti et qui n'est pas sorti ce week-end.

▶ Charlotte a vu un film à la télé.
Elle n'est pas sortie.

1. Nous avons étudié.
2. Michèle et Monique ont dîné au restaurant.
3. Vous avez fait une promenade à vélo.
4. Jacqueline a fait du baby-sitting.
5. Monsieur Dupont a travaillé dans le jardin.
6. Tu as vu un copain au café.
7. J'ai organisé une soirée chez moi.
8. François et Vincent sont allés au ciné.
9. Vous avez dormi.
10. Les voisins ont fait un pique-nique.

VOCABULAIRE Les verbes conjugués avec *être*

aller	**allé**	*to go*	Je **suis allée** au cinéma.
sortir	**sorti**	*to go out, get out*	Mélanie **est sortie** avec Christophe.
partir	**parti**	*to leave*	Mes parents **sont partis** en vacances.
arriver	**arrivé**	*to arrive*	Vous **êtes arrivés** à midi.
entrer	**entré**	*to enter, come in*	Nous **sommes entrés** dans le café.
rentrer	**rentré**	*to return, go home, get back*	Nous **sommes rentrés** lundi.
retourner	**retourné**	*to return*	Léa **est retournée** à Paris.
monter	**monté**	*to go up* *to get on*	Alice **est montée** dans sa chambre. Les touristes **sont montés** dans le bus.
descendre	**descendu**	*to go down* *to get off*	Anne **est descendue** dans la cave *(cellar)*. Je **suis descendu** de l'avion à Nice.
passer	**passé**	*to pass, go by*	Cécile **est passée** par *(by)* le parc.
rester	**resté**	*to stay*	Les touristes **sont restés** à l'hôtel.
tomber	**tombé**	*to fall*	L'enfant **est tombé** dans la rue.
venir	**venu**	*to come*	Quand est-ce que vous **êtes venus?**
revenir	**revenu**	*to come back*	Paul **est revenu** hier.
devenir	**devenu**	*to become*	Christine **est devenue** très pâle.

→ Note how **entrer** is used with a PREPOSITION in French.

Nous **sommes entrés**	**dans**	le restaurant.
We ***entered***	—	*the restaurant.*

→ When **passer** means to spend *(time)*, it is conjugated with **avoir.**

J'ai passé une semaine à Lyon. *I* ***spent*** *a week in Lyon.*

→ The verb **arriver** may also mean to *happen* as in the following expression:

Qu'est-ce qui est arrivé? *What happened?*

3 Un week-end à Paris

PARLER/ÉCRIRE Des copains ont passé un week-end à Paris. Dites ce que chacun a fait.

1. nous / arriver à Paris à neuf heures
2. mes copains / monter à la Tour Eiffel
3. Catherine / descendre dans le métro
4. vous / passer par l'Arc de Triomphe
5. Éric / rester une heure dans un café
6. Nathalie / venir au Musée d'Orsay avec nous
7. Isabelle et Christine / sortir avec des copains
8. moi / retourner à l'hôtel en taxi
9. nous / partir dimanche soir
10. Léa et Zoé / rentrer chez elles

@HOMETUTOR
my.hrw.com

4 Oui ou non?

PARLER/ÉCRIRE Lisez ce que les personnes ont fait et dites si oui ou non elles ont fait les choses entre parenthèses.

▶ Nous avons fait une promenade. (rester à la maison?)

1. Philippe a travaillé l'été dernier. (partir en vacances?)
2. Claire est restée chez elle. (sortir?)
3. Les touristes ont pris un taxi. (arriver à l'heure à l'aéroport?)
4. Ma cousine a eu la grippe *(flu)*. (venir chez nous?)
5. Vous avez rendu *(returned)* les livres. (passer à la bibliothèque?)
6. Mes copains ont raté *(missed)* le dernier bus. (rentrer à pied?)
7. Jean-François est resté dans sa chambre. (descendre pour le dîner?)
8. Ma grand-mère a eu un accident. (tomber dans les escaliers *[stairs]*?)

5 Un séjour à Paris

LIRE/ÉCRIRE Béatrice a visité Paris. Dans son agenda elle a pris quelques notes. Regardez bien ses notes et répondez aux questions.

mercredi 18 juin	arrivée-gare de Lyon, 8h30 hôtel Esmeralda visite du Louvre dîner à l'Hippopotame
jeudi 19 juin	matin: visite du musée Picasso midi: rendez-vous avec Claudine cinéma soir: dîner chez Claudine
vendredi 20 juin	matin: Tour Eiffel après-midi: Bon Marché pantalon, 2 chemises (60 euros) soir: dîner avec Marc, discothèque
samedi 21 juin	départ-aéroport d'Orly 11h15

1. Quel jour est-ce que Béatrice est arrivée à Paris?
2. Quel jour est-ce qu'elle est partie de Paris?
3. Combien de temps est-elle restée?
4. Comment est-elle arrivée à Paris?
5. Comment est-elle partie?
6. Dans quel hôtel est-elle restée?
7. Quel jour est-ce qu'elle est montée à la Tour Eiffel?
8. Quel jour est-ce qu'elle a visité le Louvre? Quel autre *(other)* musée a-t-elle visité?
9. Quel jour est-ce qu'elle a fait des achats? Où est-elle allée? Qu'est-ce qu'elle a acheté? Combien d'argent a-t-elle dépensé?
10. Où a-t-elle dîné le premier jour?
11. Avec qui a-t-elle dîné le deuxième jour?
12. Quand est-ce qu'elle a dîné avec Marc? Qu'est-ce qu'ils ont fait après?

6 Conversation 

PARLER Demandez à vos camarades si oui ou non ils ont fait les choses suivantes.

(Non, je ne suis pas allée au Japon.)

▶ aller au Japon

1. aller au Tibet
2. visiter Beijing
3. monter dans un hélicoptère
4. faire un voyage en ballon
5. descendre dans un sous-marin *(submarine)*
6. voir les pyramides d'Égypte
7. dîner dans un restaurant japonais
8. sortir avec une personne célèbre *(famous)*

7 Le 14 juillet

LIRE/ÉCRIRE Dites ce que ces personnes ont fait pour la fête nationale (le 14 juillet).

1. vous / regarder le défilé *(parade)*
2. Zoé / passer sur les Champs-Élysées
3. nous / voir le feu d'artifice *(fireworks)*
4. Marc / écouter la musique militaire
5. mes amies / monter à la Tour Eiffel
6. vous / aller au concert public
7. toi / retrouver tes copains
8. nous / sortir avec nos cousins
9. Éric et Léa / danser dans la rue
10. moi / rentrer très tard

8 Qu'est-ce que tu as fait? 

PARLER Composez des dialogues en faisant les substitutions suggérées.

1. • hier après-midi
   • aller en ville
   • faire des achats?
   • voir un film
2. • hier soir
   • rester chez moi
   • regarder la télé?
   • faire mes devoirs
3. • dimanche matin
   • aller chez ma grand-mère
   • rentrer en bus?
   • prendre un taxi
4. • le week-end dernier
   • partir à la campagne
   • aller à la pêche?
   • faire un pique-nique
5. • l'été dernier
   • visiter Paris
   • monter à la Tour Eiffel?
   • avoir le vertige (feel dizzy)
6. • pendant les vacances
   • aller dans l'Arizona
   • descendre dans le Grand Canyon?
   • être trop fatigué(e)

9 Une lettre

PARLER/ÉCRIRE Complétez la lettre de Véronique à Frédéric avec le passé composé des verbes suggérés.

Cher Frédéric,
Le week-end dernier, je (aller) chez ma cousine Nathalie qui habite à Versailles. Nous (jouer) au ping-pong et après, nous (sortir). Nous (prendre) le bus et nous (aller) en ville pour faire des achats. Nous (rencontrer) des copains et nous (aller) au café avec eux. Nous (rester) une heure là-bas. Après, nous (partir) et nous (aller) dans un restaurant italien où nous (manger) une excellente pizza. Ensuite, nous (aller) au cinéma où nous (voir) un western. Nathalie (rester) en ville, mais moi, je (prendre) le train et je (rentrer) chez moi.

Je t'embrasse,
Véronique

Maintenant composez une lettre où vous décrivez votre week-end.

@HOMETUTOR
my.hrw.com

C L'expression *il y a*

Note the use of **il y a** *(ago)* in the following sentences.

Marc a téléphoné **il y a une heure.**	*Marc called* ***an hour ago.***
Je suis allé à Paris **il y a six mois.**	*I went to Paris* ***six months ago.***

To express how long ago a certain event took place, the French use the expression:

il y a + ELAPSED TIME

10 Quand?

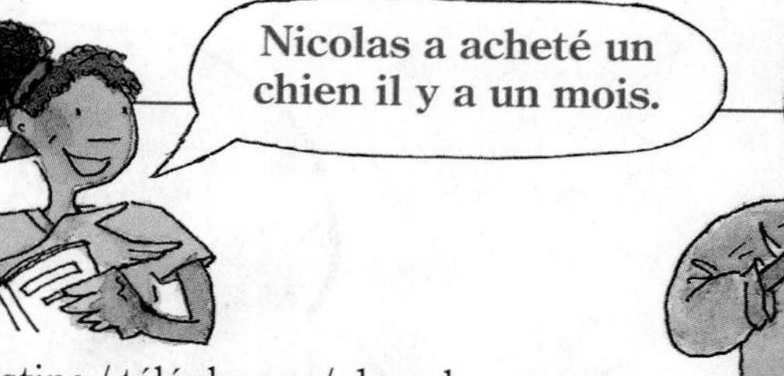

PARLER/ÉCRIRE Dites quand les personnes suivantes ont fait certaines choses.

▸ Nicolas / acheter un chien / un mois

1. Annette / téléphoner / une semaine
2. Isabelle / organiser une soirée / dix jours
3. Pauline / partir en Italie / deux jours
4. Christine / téléphoner / deux heures
5. Thomas / rentrer de Québec / cinq jours
6. Jérôme / venir / deux jours

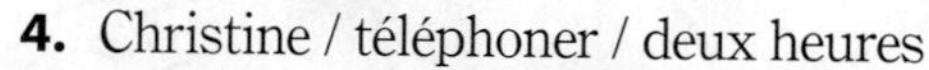

À votre tour!

OBJECTIFS

Now you can . . .
- talk about weekend events
- write mini-stories

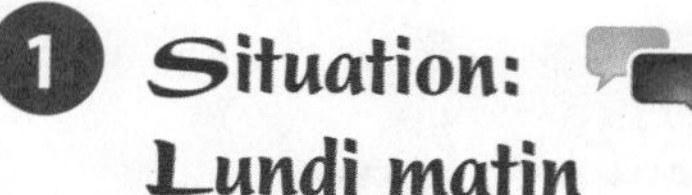

1 Situation: Lundi matin

PARLER It is Monday morning. With your partner, talk about what you both did last weekend.

You may ask each other . . .
- if you went out Saturday night
- where you went and what you did
- at what time you came home
- if you stayed home on Sunday (if not, where you went and what you did)

2 Racontez une histoire

Écrire Choisissez l'une des histoires suivantes. Utilisez votre imagination et complétez cette histoire. Ajoutez un minimum de cinq phrases.

- Dimanche dernier, je ne suis pas resté(e) chez moi. J'ai pris le bus et je suis allé(e) en ville. Dans la rue, j'ai rencontré Philippe, mon copain français. Nous sommes allés dans un café. Ensuite, . . .
- Le week-end dernier, j'ai été invité(e) par mes cousins qui habitent à la campagne. Je suis arrivé(e) chez eux vendredi soir. Samedi matin, nous . . .
- La nuit dernière, j'ai entendu un bruit *(noise)* très très étrange. Je suis sorti(e) de mon lit. J'ai mis mes vêtements. Ensuite, . . .
- L'été dernier, mes parents ont acheté une caravane *(camping trailer)*. Alors, évidemment nous ne sommes pas restés chez nous. Nous avons fait un grand voyage. Nous sommes partis le . . . et nous . . .

Lecture Ici tout va bien!

Monsieur Petit travaille pour une compagnie internationale. Dans son travail, il voyage beaucoup. Cette année, il est allé au Canada. Il est resté deux mois là-bas. Sa femme est allée avec lui, mais leur fils Antoine, 18 ans, est resté à la maison. Un jour ils ont reçu° la lettre suivante.

ont reçu *received*

Chers parents,

J'espère que votre voyage est agréable. Ici tout va bien. Samedi dernier je suis allé déjeuner chez ma nouvelle copine, Véronique, et ensuite nous sommes sortis. Véronique et sa soeur Annick sont venues à la maison. Je leur ai proposé de faire une promenade dans votre nouvelle voiture. (J'ai trouvé les clés sur le bureau de Papa.) Nous sommes d'abord allés à la campagne. Ensuite, nous sommes allés au restaurant. Après, nous sommes allés écouter du jazz dans un club. Finalement, à minuit, j'ai raccompagné Véronique et Annick chez elles.

J'ai eu un petit problème avec la voiture, mais heureusement ce n'est pas très grave. Voilà ce qui s'est passé.° Quand je suis arrivé chez Véronique, sa soeur a crié: «Attention, il y a un chat!» J'ai vu le chat, mais je n'ai pas vu le mur. Alors, je suis rentré dans le mur de la maison de Véronique. Rassurez-vous, nous sommes sortis indemnes° de cet accident. C'est l'essentiel, n'est-ce pas?

Je vous embrasse et je vous attends avec impatience.

Antoine

P.S. Les parents de Véronique ne sont pas très contents. Ils vous attendent aussi avec impatience.

ce qui s'est passé *what happened* **sommes sortis indemnes** *came out OK*

Mots utiles

heureusement	*fortunately*	Heureusement, Antoine n'a pas fait de mal *(did not hurt)* au chat.
maleureusement	*unfortunately*	Malheureusement, il est rentré dans le mur.

Vrai ou faux?

1. Les parents d'Antoine sont au Canada.
2. La nouvelle copine d'Antoine s'appelle Annick.
3. Le père d'Antoine a une nouvelle voiture.
4. Antoine, Véronique et Annick sont sortis samedi soir.
5. Ils sont rentrés à onze heures.
6. Avec la voiture, Antoine est rentré dans un arbre.
7. Les jeunes sont sortis indemnes de l'accident.
8. La voiture est sortie indemne de l'accident.

Tests de contrôle

By taking the following tests, you can check your progress in French and also prepare for the unit test. Write your answers on a separate sheet of paper.

1 Le choix logique

Review...
- vocabulary: pp. 102, 104, 106

Complete each of the following sentences with the option that logically fits.

1. Julie est en ville. Elle fait — . **(des achats / ses devoirs / la vaisselle)**
2. Ce soir, je ne vais pas rester à la maison. Je vais — . **(étudier / sortir / aider ma mère)**
3. Léa prend un bain de soleil. Elle aime — . **(bronzer / nager / laver sa voiture)**
4. Cet après-midi, je vais — ma chambre. **(chercher / ranger / laver)**
5. Patrick aime marcher. Il va en ville — . **(en bus / en métro / à pied)**
6. Au stade, nous avons — à un bon match. **(assisté / regardé / écouté)**
7. Julie achète un — de métro. **(billet / arbre / champ)**
8. Nous allons — samedi et rentrer dimanche. **(partir / aller / rester)**
9. Regarde — dans l'arbre. **(le lapin / la vache / l'oiseau)**
10. Dans cette rivière, il y a beaucoup de — . **(fleurs / feuilles / poissons)**

2 Le verbe logique

Review...
- verbs: pp. 116, 132, 134

Complete each of the following sentences with the appropriate option.

1. Luc habite en Égypte. Il — l'arabe. **(met / prend / comprend)**
2. Avant le dîner, on — la table. **(met / prend / fait)**
3. Nicolas est dans sa chambre. Il — . **(dort / sort / part)**
4. Le bus — dans dix minutes. **(sort / part / va)**
5. J'ai eu un accident. Je suis — de vélo. **(tombé / venu / monté)**
6. Claire est — chez elle à dix heures. **(rentrée / sortie / devenue)**

3 Samedi dernier

Review...
- passé composé: regular and irregular past participles: pp. 110-111, 123

Complete the following sentences with the PASSÉ COMPOSÉ of the verbs in parentheses.

1. Nous — à un match. **(assister)**
2. Tu — tes copains. **(attendre)**
3. Vous — vos devoirs. **(finir)**
4. J'— des vêtements. **(choisir)**
5. Mes soeurs — au volley. **(jouer)**
6. Léa — à un mail. **(répondre)**
7. J'— une promenade. **(faire)**
8. Vous — en ville. **(être)**
9. Nous — un film. **(voir)**
10. Tu — des CD. **(mettre)**
11. Alice — un accident. **(avoir)**
12. Marc et Paul — des photos. **(prendre)**

4 Être ou avoir?

Complete the following sentences with the PASSÉ COMPOSÉ of the verbs in parentheses

Review...
- passé composé: pp. 110-111, 133-134

1. Pauline — chez elle. Elle — sa chambre. **(rester / ranger)**
2. Nous — Paris. Nous — à la Tour Eiffel. **(visiter / monter)**
3. Isabelle et Céline — des copines. Elles — au cinéma. **(retrouver / aller)**
4. Léa — avec Éric. Ils — dans un restaurant chinois. **(sortir / dîner)**
5. Mes copains — aux jeux vidéo. Après, ils — un film. **(jouer / regarder)**
6. Le train — de Paris à 8 heures. Il — à Marseille à midi 30. **(partir / arriver)**

5 Contextes et dialogues

Complete the following dialogues with the appropriate options.

Review...
- expressions and constructions: pp. 112, 115, 124, 126, 137

1. *Paul et Léa parlent du week-end.*

P: Tu fais **(une chose / quelque chose)** ce week-end?
L: Non, je ne fais **(pas / rien)**.
P: Est-ce que tu as **(déjà / d'abord)** visité le zoo de Vincennes?
L: Non, je n'ai **(jamais / rien)** été là-bas.
P: Allons-y *(Let's go there)* samedi **(prochain / dernier).**
L: Bonne idée. **(Dans / Pendant)** la visite, je vais prendre des photos des animaux.

2. *Antoine rencontre Zoé au café.*

A: Tu attends **(quelqu'un / quelque chose)**?
Z: Non, je n'attends **(personne / une personne)**.
A: Tu veux aller voir *Fantômas* au Majestic?
Z: J'ai **(déjà / souvent)** vu ce film.
A: Quand?
Z: **(Depuis / Il y a)** deux jours.
A: Dommage!

6 Composition: Un week-end à Paris

Digital performance space

Imagine that you won a round-trip ticket for a weekend in Paris. Write a paragraph in which you describe what you did, using the PASSÉ COMPOSÉ.
Mention …

- how many days you stayed in Paris
- when you left
- what places or monuments you saw
- how you went there (on foot? by subway?)
- where else you went
- whom you met
- what you bought
- which day you came back

STRATEGY Writing

1	2	3
Sketch out your responses in French.	Write your paragraph, using the passé composé.	Read over what you have written, checking spelling and verb forms.

Vocabulaire

POUR COMMUNIQUER

Talking about past events

Qu'est-ce qui est arrivé?	*What happened?*
J'ai attendu mon ami.	*I waited for my friend.*
Il n'est pas venu.	*He didn't come.*

Saying how long ago something happened

Marc a téléphoné il y a une heure.	*Marc phoned an hour ago.*

MOTS ET EXPRESSIONS

En métro

un billet (de métro)	*subway ticket*
un ticket (de métro)	*subway ticket*
monter	*to get on*
descendre	*to get off*

À la campagne

un arbre	*tree*
un champ	*field*
un lac	*lake*
un bain de soleil	*sunbath*
la campagne	*country(side)*
une ferme	*farm*
une feuille	*leaf*
une fleur	*flower*
une forêt	*forest*
une plante	*plant*
une prairie	*prairie*
une rivière	*river*

Les animaux

un canard	*duck*
un cheval (des chevaux)	*horse*
un cochon	*pig*
un écureuil	*squirrel*
un lapin	*rabbit*
un oiseau (des oiseaux)	*bird*
un poisson	*fish*
une poule	*hen*
une vache	*cow*

Verbes réguliers

aider	*to help*
assister à	*to attend*
bronzer	*to get a tan*
chercher	*to look for*
laver	*to wash*
nager	*to swim*
nettoyer (je nettoie)	*to clean*
passer	*to spend (time)*
ranger	*to pick up; to put away*
rencontrer	*to meet*
rentrer	*to come back; to go home*
rester	*to stay*
retrouver	*to meet*
travailler	*to work*

Verbes irréguliers

mettre	*to put, put on*
permettre	*to let, allow, permit*
promettre	*to promise*
partir	*to leave*
sortir	*to go out*
dormir	*to sleep*
prendre	*to take*
apprendre (à)	*to learn*
comprendre	*to understand*
voir	*to see*
aller voir	*to go see*

Interactive Flashcards
@HOMETUTOR
my.hrw.com

Expressions avec *aller*

aller à la pêche	*to go fishing*
aller à pied	*to walk*
aller dans les magasins	*to go shopping*

Expressions avec *faire*

faire des achats	*to go shopping*
faire un pique-nique	*to have a picnic*
faire une promenade	*to go for a walk, ride*
faire une randonnée	*to for a hike, long ride*
faire un tour à cheval	*to go for a horseback ride*
faire un tour à pied	*to go for a walk*
faire un tour à vélo	*to go for a bike ride*

Verbes conjugués avec *être*

aller	*to go*
arriver	*to arrive; to happen*
descendre	*to go down; to get off*
devenir	*to become*
entrer	*to enter, come in*
monter	*to go up; to get on*
partir	*to leave*
passer	*to pass, go by*
rentrer	*to return, go home, to get back*
rester	*to stay*
retourner	*to return*
revenir	*to come back*
sortir	*to go out, get out*
tomber	*to fall*
venir	*to come*

Expressions affirmatives et négatives

quelqu'un	*somebody*
quelque chose	*something*
déjà	*already, ever*
ne … personne	*nobody*
ne … rien	*nothing*
ne … jamais	*never*

Expressions de temps

après	*after*
avant	*before*
d'abord	*first*
enfin	*at last*
ensuite	*then*
finalement	*finally*
pendant	*during*
hier	*yesterday*
hier matin	*yesterday morning*
hier soir	*last night, yesterday evening*
l'été dernier	*last summer*
l'année dernière	*last year*
maintenant	*now*
aujourd'hui	*today*
ce matin	*this morning*
ce mois-ci	*this month*
ce soir	*tonight*
demain	*tomorrow*
demain après-midi	*tomorrow afternoon*
lundi prochain	*next Monday*
la semaine prochaine	*next week*

Interlude 2

Camping de printemps

PRE-READING STRATEGY Avant de lire

The title of the reading is easy to understand. This is a story about camping in the springtime. Have you ever been camping? What are some of the things one can enjoy on a camping trip? Can you think of any possible discomforts or problems one might encounter?

As you will see, this is a story about three boys who set out on a peaceful weekend trip only to find some unexpected excitement.

A. Les préparatifs

Il a fait très froid ce printemps et Jean-Christophe n'a pas encore° eu l'occasion d'utiliser la tente de camping qu'il a reçue° pour son anniversaire. Finalement, la semaine dernière, la météo° a annoncé du beau temps pour toute la semaine. Jean-Christophe a donc décidé de faire du camping ce week-end. Il a proposé à Vincent et à Thomas, deux copains de lycée, de venir avec lui. Les deux garçons ont accepté avec plaisir l'invitation de Jean-Christophe. Oui, mais où aller?

pas encore *not yet* **a reçue** *received* **météo** *weather report*

Mots utiles

utiliser	*to use*
donc	*therefore, so*
seulement	*only*
puisque	*since*
prêt(e)	*ready*

Additional readings @ **my.hrw.com**
FRENCH InterActive Reader

Giverny

Vauville

Une maison normande

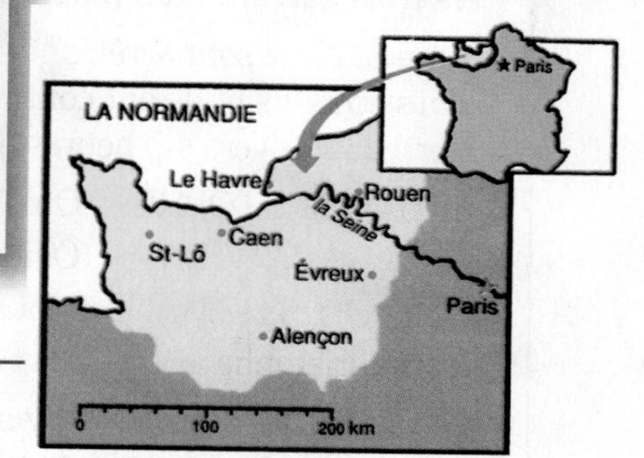

JEAN-CHRISTOPHE: Allons en Normandie!
VINCENT: Bonne idée, c'est une région que je ne connais° pas très bien.
THOMAS: Et ce n'est pas très loin, c'est seulement à 200 kilomètres d'ici. Avec nos scooters, on peut faire ça dans la journée.
JEAN-CHRISTOPHE: Bon, puisque vous êtes d'accord, je vais préparer l'itinéraire. Rendez-vous samedi matin chez moi à huit heures. D'accord?
VINCENT: D'accord!
THOMAS: D'accord, et à samedi.

Vendredi soir après le dîner, Jean-Christophe a pris une carte et il a choisi un itinéraire qu'il a marqué au crayon rouge. Ensuite, il est allé dans sa chambre et il a choisi quelques vêtements qu'il a mis dans un grand sac avec sa tente. Puis, il est allé au garage et il a mis le sac sur le porte-bagages de son scooter. Tout est maintenant prêt pour le départ.

connais *know*

Avez-vous compris?

1. Pourquoi est-ce que Jean-Christophe veut faire du camping?
2. Où est-ce que les trois garçons ont l'intention d'aller? Est-ce loin?
3. Comment vont-ils voyager?

B. Une longue journée

Samedi matin à huit heures, Vincent et Thomas sont arrivés en scooter chez Jean-Christophe. Jean-Christophe a mis son casque. Il est monté sur° son scooter et les trois garçons sont partis en direction de la Normandie …

À midi, ils se sont arrêtés° et ils ont fait un pique-nique, puis ils sont remontés sur leurs scooters et ils ont continué leur route. En fin d'après-midi, ils sont arrivés en Normandie. Vers six heures, Jean-Christophe a donné le signal de l'arrêt.°

JEAN-CHRISTOPHE: On s'arrête ici pour la nuit?
VINCENT: Oui, je suis fatigué.
THOMAS: Moi aussi. Où est-ce qu'on va camper?

Jean-Christophe a regardé la carte.

JEAN-CHRISTOPHE: Il y a une rivière près d'ici. Ça vous va?
VINCENT: Oui, bien sûr.
THOMAS: Allons-y.

Quelques minutes plus tard, les garçons sont arrivés au bord de la rivière. Ils sont descendus de leurs scooters et ils ont commencé à préparer le terrain pour la nuit. Malheureusement, ce n'est pas l'endroit idéal pour camper.

THOMAS: Zut! Un moustique!
VINCENT: Aïe! Moi aussi, je me suis fait piquer° par un moustique.
JEAN-CHRISTOPHE: Aïe! Et moi aussi!
VINCENT: C'est la rivière qui attire° ces sales bêtes° … Si nous restons ici, nous allons être dévorés.°
JEAN-CHRISTOPHE: Tu as raison. Allons un peu plus loin.

Mots utiles

en fin de	*at the end of*
vers	*toward, around*
fatigué(e)	*tired*
au bord de	*at the edge of*
un moustique	*mosquito*

est monté sur *got on*
se sont arrêtés *stopped*
le signal de l'arrêt *the sign to stop*
je me suis fait piquer *I got stung*
attire *attracts*
sales bêtes *nasty beasts*
dévorés *eaten up*

Avez-vous compris?

1. À quelle heure est-ce que les garçons ont déjeuné?
2. À quelle heure est-ce qu'ils ont décidé de s'arrêter pour la nuit?
3. Pourquoi est-ce que le bord de la rivière n'est pas l'endroit idéal?

C. Un endroit tranquille

Jean-Christophe et ses deux copains ont pris leur matériel de camping et ils sont remontés sur leurs scooters. Quelques kilomètres plus loin, ils ont trouvé une prairie isolée° et ils ont décidé de s'arrêter là pour la nuit. Jean-Christophe et Thomas ont commencé à monter° la tente. Vincent est allé chercher du bois pour faire un feu. Il est vite revenu avec une nouvelle° pour ses copains.

VINCENT: Regardez, il y a une vache là-bas.
JEAN-CHRISTOPHE: Ce n'est pas une vache. C'est un taureau.
THOMAS: Est-ce qu'il est dangereux?
JEAN-CHRISTOPHE: Euh … je ne sais pas.

Brusquement, le taureau s'est mis à° courir dans la direction des garçons.

VINCENT: Il n'a pas l'air très content.
THOMAS: C'est vrai! Il n'est certainement pas très heureux qu'on occupe son territoire.
VINCENT: On reste ici?
JEAN-CHRISTOPHE: Non, il vaut mieux partir!

Et, à nouveau,° les trois garçons ont pris leur matériel et ils sont repartis. Finalement, à huit heures, ils sont arrivés près d'une forêt.

THOMAS: Ici, au moins, il n'y a pas de taureau furieux.
VINCENT: Et pas de moustiques.
JEAN-CHRISTOPHE: Alors, c'est ici que nous allons camper.

Jean-Christophe a vite installé la tente. Vincent a allumé un feu et Thomas a préparé un excellent dîner. Tout le monde a mangé avec appétit. Après le dîner, Vincent a pris sa guitare et ses copains ont chanté avec lui. Enfin, à dix heures et demie, les trois garçons sont allés dans la tente, heureux d'avoir trouvé un endroit si tranquille pour passer la nuit.

Mots utiles

un feu *fire*
courir *to run*
il vaut mieux *it is better*
au moins *at least*
allumer *to light*
tout le monde *everyone*

isolée *isolated* **monter** *to put up, pitch*
une nouvelle *news* **s'est mis à** *began to*
à nouveau *again*

Avez-vous compris?

1. Pourquoi est-ce que les garçons n'ont pas fait de camping dans la prairie isolée?
2. Quels sont les avantages de l'endroit près de la forêt?
3. Comment ont-ils passé la soirée?

D. Une nuit mouvementée

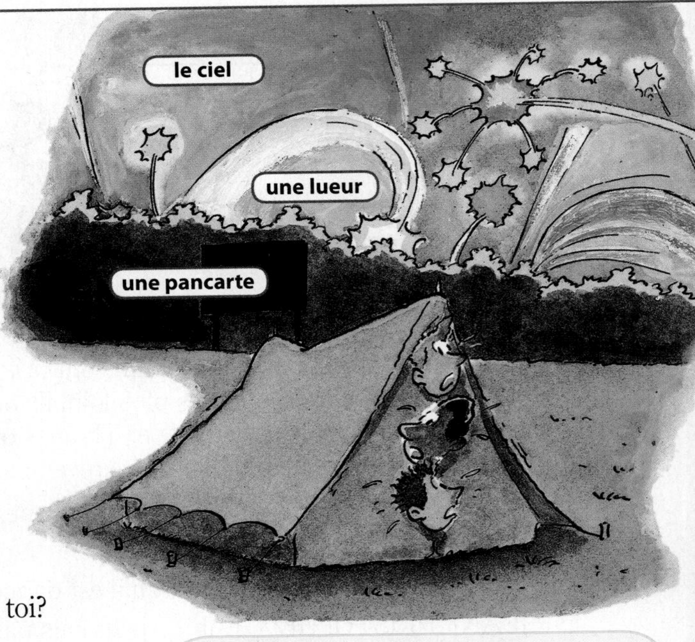

Cette nuit-là, Vincent n'a pas très bien dormi. Vers trois heures du matin, il est sorti de la tente pour prendre l'air. Soudain, il a vu une lueur bleue dans le ciel ... Puis une lueur rouge ... Puis une lueur verte ...

Il est rentré dans la tente pour alerter ses copains.

VINCENT: Dites, les gars,° je viens de voir quelque chose d'extraordinaire.

JEAN-CHRISTOPHE: Quoi?

VINCENT: Il y a des lueurs dans le ciel.

THOMAS: Mais, mon pauvre vieux, ce sont des éclairs.

VINCENT: Des éclairs? Tu as déjà vu des éclairs bleus, rouges et verts, toi?

JEAN-CHRISTOPHE: Tu as rêvé!

Tout à coup, des explosions ont interrompu le silence de la nuit. Bang! Poum! Bang! Bang! Poum!

Mots utiles

un éclair	*(flash of) lightning*
rêver	*to dream*
tout à coup	*suddenly*
un bruit	*noise*
en vitesse	*very quickly, fast*
fou (folle)	*crazy*

gars = garçons

READING STRATEGY L'Art de la lecture

You may have noticed that in French, as in English, certain words are related to one another: they belong to the same WORD FAMILY. For instance:

- **une soirée** *(evening)* is related to **un soir** *(evening)*
- **la fin** *(end)* is related to **finir** *(to finish)*
- **en vitesse** *(very quickly)* is related to **vite** *(quickly)*

Often you will discover the meaning of a word or expression you have not seen before if you can relate it to a word you already know.

Exercice de lecture

Can you guess the meanings of these words from the story? What words that you recognize are they related to?

- Jean-Christophe a mis le sac sur **le porte-bagages** de son scooter.
- On peut faire 200 kilomètres dans **la journée**.
- Vincent est revenu avec **une nouvelle** pour ses copains.

Jean-Christophe a ouvert° la tente. Il a entendu des bruits étranges, puis des voix humaines très près. Bientôt° une douzaine d'hommes armés ont encerclé la tente. Les garçons sont sortis de la tente en vitesse.

Le chef de la bande d'hommes a demandé à Jean-Christophe:

LE CHEF: Qu'est-ce que vous faites ici?
JEAN-CHRISTOPHE: Euh, eh bien, nous faisons du camping.
LE CHEF: Du camping? Mais vous êtes complètement fous. Vous voulez mourir?°
JEAN-CHRISTOPHE: *(tremblant)* Euh, non, pourquoi?
LE CHEF: Comment? Vous n'avez pas vu la pancarte quand vous êtes entrés dans cette forêt?
JEAN-CHRISTOPHE: Euh, non.
LE CHEF: Regardez-la quand vous partirez.° Et maintenant, décampez° en vitesse.

Les trois garçons ont vite démonté° la tente, puis ils ont quitté les lieux° précipitamment.° Quand ils sont sortis de la forêt, ils ont vu une énorme pancarte avec cette inscription:

DANGER
TERRAIN MILITAIRE
MANOEUVRES DE PRINTEMPS
DÉFENSE ABSOLUE D'ENTRER°

Dimanche soir, Jean-Christophe est rentré chez lui, fatigué, mais content d'avoir utilisé sa tente.

a ouvert *opened* **Bientôt** *Soon* **mourir** *to die* **partirez** *will leave*
décampez *break camp and leave* **ont démonté** *took down*
ont quitté les lieux *left* **précipitamment** *very quickly*
défense absolue d'entrer *absolutely no trespassing*

Avez-vous compris?

1. Qu'est-ce que Vincent a vu à trois heures du matin?
2. Pourquoi est-ce que le chef dit que les garçons sont complètement fous?
3. Que dit la pancarte?

Many French-English cognates follow predictable patterns. Knowing the patterns will make it easier for you to recognize new words. From time to time in the readings, cognate patterns will be introduced in small boxes, like the ones below.

Cognate pattern: -ant ↔ *-ing*

tremblant ↔ *trembling*
amusant ↔ *?*
intéressant ↔ *?*

Cognate pattern: -ment ↔ *-ly*

certainement ↔ *certainly*
complètement ↔ *?*
brusquement ↔ *?*

Cognate pattern: é- ↔ *s-*

étrange ↔ *strange*
un état ↔ *?*
étudier ↔ *?*

Cognate pattern: -x ↔ *-ce*

une voix ↔ *voice*
un choix ↔ *?*
un prix ↔ *?*

Unité 3

Bon appétit!

THÈME ET OBJECTIFS

Culture

In this Unit, you will learn ...

- where French people do their shopping
- what kinds of foods are typically served in French and Québecois restaurants

Communication

You will learn how ...

- to talk about your favorite foods and beverages
- to order in a French café or restaurant
- to shop for food in a French market

You will also be able ...

- to express what you want to do, what you can do and what you must do

AIGLE
AIGLE

Leçon 9

LE FRANÇAIS PRATIQUE

DVD  AUDIO 

Culture

La nourriture et les boissons

Aperçu culturel ... Où faites-vous les courses?

Quand on est pressé,° on peut faire les courses au supermarché. Là, on trouve tous les produits° nécessaires à la préparation des repas. Quand on a le temps, on peut acheter ces produits dans des boutiques spécialisées. Dans chaque quartier,° il y a une boulangerie, une pâtisserie, une boucherie, une crémerie et une épicerie.

pressé *in a hurry* **produits** *products* **quartier** *neighborhood*

Une boulangerie

Une pâtisserie

1. Pour le pain et les croissants, on va à la boulangerie. Le pain préféré des Français est la «baguette». C'est un pain long et croustillant.°

Les pâtisseries vendent aussi du pain et toutes sortes de gâteaux: tartes, brioches, éclairs, etc. Certaines pâtisseries vendent des glaces et des bonbons.

croustillant *with a crunchy crust*

Une boucherie

Une charcuterie

2. Pour la viande (boeuf, veau, poulet), on va à la boucherie. Pour le porc, les saucisses et les plats préparés, on va à la charcuterie.

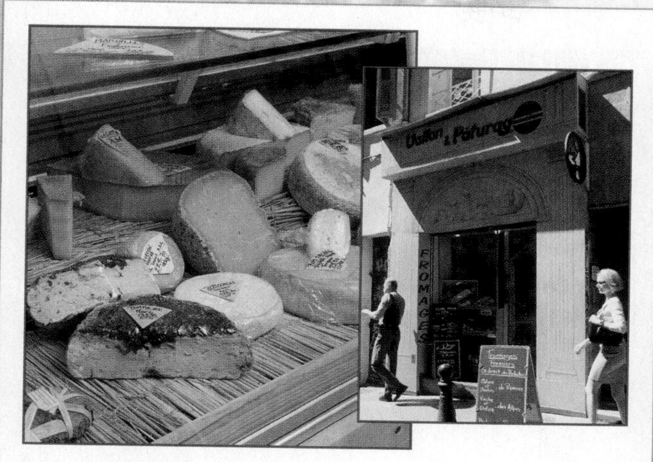

Une crémerie

3. Pour le lait, le beurre et les oeufs, on va à la crémerie. Les crémeries vendent aussi des fromages. La France produit 400 différentes sortes de fromage. Quand on aime le fromage, on a le choix!°

choix *choice*

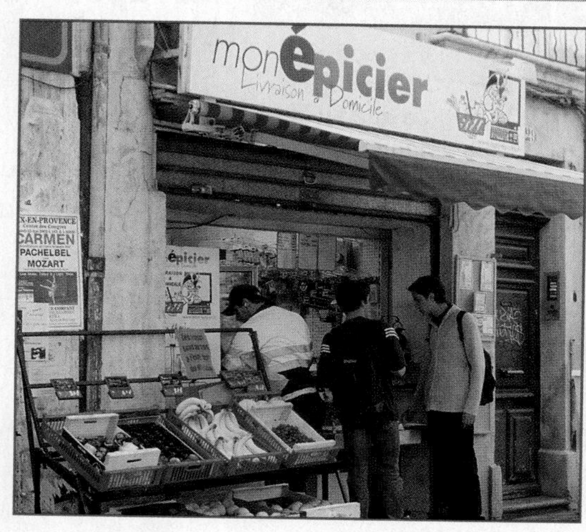

Une épicerie

4. L'épicerie est une sorte de petit supermarché. Ici on vend toutes sortes de produits différents: lait, fromages, riz, spaghetti, jus de fruits, eau minérale, etc. Les épiceries ont aussi un choix limité de fruits et de légumes.

5. Dans beaucoup de villes françaises, il y a un marché en plein air.° Le marché a lieu un jour fixe de la semaine, le mardi ou le vendredi, par exemple. Les fermiers de la région viennent au marché vendre les produits de leurs fermes. On a, par conséquent, un grand choix de légumes et de fruits frais.°

marché en plein air *outdoor market* **frais** *fresh*

Un marché en plein air

COMPARAISONS CULTURELLES

Est-ce que dans votre quartier il y a des boutiques spécialisées comme en France? Qu'est-ce qu'on achète dans ces boutiques?

Et vous?

Selon vous *(In your opinion)*, quels sont les avantages et les inconvénients respectifs du supermarché et des boutiques spécialisées (par exemple, prix, qualité du service, rapidité des courses, etc.)?

A VOCABULAIRE Les repas 

—Où est-ce que tu vas **déjeuner?**

Je vais déjeuner | à **la cantine de l'école.**
| au restaurant
| chez moi

déjeuner *to have lunch*
la cantine *cafeteria*

Les repas

Noms	
un repas	*meal*
le petit déjeuner	*breakfast*
le déjeuner	*lunch*
le dîner	*dinner*
la cuisine	*cooking, cuisine*
la nourriture	*food*

Verbes	
prendre le petit déjeuner	*to have breakfast*
déjeuner	*to have lunch*
dîner	*to have dinner*

La table

Je vais mettre la table.

un verre
une cuillère
une serviette
une assiette
une tasse
une fourchette
un couteau

FLASH d'information

Les fast-foods en France

Quand ils ont faim, les jeunes Français vont souvent dans un fast-food. Ces restaurants, simples et bon marché, servent des repas à l'américaine (salades, poulet ou hamburgers, frites) ou des plats italiens (pizzas, paninis).

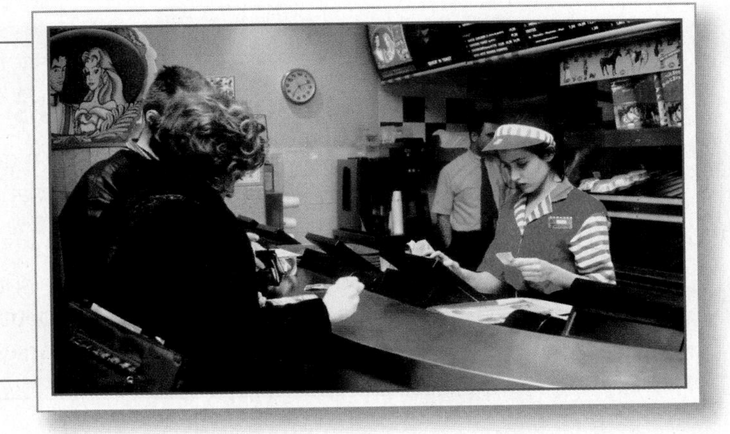

@HOMETUTOR
my.hrw.com

1 Et vous?

PARLER/ÉCRIRE Indiquez vos préférences en complétant les phrases suivantes.

1. Mon repas préféré est …
   - le petit déjeuner
   - le déjeuner
   - le dîner
   - … ?
2. Pendant la semaine, je déjeune …
   - à la cantine
   - chez moi
   - dans un fast-food
   - … ?
3. En général, nous dînons …
   - entre cinq heures et six heures
   - entre six heures et sept heures
   - entre sept heures et huit heures
   - … ?
4. En semaine, je prends mon petit déjeuner …
   - seul(e)
   - avec mes frères et soeurs
   - avec toute ma *(my whole)* famille
   - … ?
5. Le week-end, je préfère déjeuner …
   - chez moi
   - chez mes copains
   - au restaurant avec ma famille
   - dans un fast-food avec mes copains
6. La nourriture de la cantine de l'école est …
   - mauvaise
   - assez bonne
   - bonne
   - excellente
7. Je préfère la nourriture …
   - mexicaine
   - italienne
   - chinoise
   - … ?
8. Quand je dois aider pour le repas, je préfère …
   - faire les courses
   - mettre la table
   - faire la vaisselle
   - … ?

2 Quels ustensiles?

PARLER/ÉCRIRE Vous avez commandé *(ordered)* les choses suivantes. Dites de quels ustensiles vous avez besoin.

▶ Pour le steak …

▶ Pour le steak, j'ai besoin d'un couteau.

1. Pour la soupe …
2. Pour le beurre *(butter)* …
3. Pour le café …
4. Pour la glace …
5. Pour le thé …
6. Pour la viande *(meat)* …
7. Pour les spaghetti …
8. Pour la limonade …

B VOCABULAIRE Au café

▶ Pour commander:

commander *to order*

—S'il vous plaît, monsieur/mademoiselle!
—**Vous désirez?** *(May I help you?)*
—Je voudrais un croque-monsieur.
—Et **comme** *(for, as)* boisson?
—Donnez-moi un café, s'il vous plaît.

▶ Pour payer:

—**L'addition**, s'il vous plaît.
Est-ce que **le service** est **compris?**

payer *to pay*
l'addition *(f) check, bill*
le service *tip, service charge*
compris *included*

FLASH d'information

En France le service, ou **pourboire°** (15%), est compris dans l'addition. Souvent les gens laissent° quelques pièces de monnaie° comme pourboire supplémentaire.°

pourboire *tip* **laissent** *leave* **pièces de monnaie** *small change (coins)* **supplémentaire** *extra*

Au café

un plat *(dish)*
- un croissant
- **un croque-monsieur** *(grilled ham-and-cheese sandwich)*
- un sandwich
  - un sandwich au **saucisson** *(salami)*
  - un sandwich au **fromage** *(cheese)*
  - un sandwich au **jambon** *(ham)*
  - un steak-frites *(steak with French fries)*

un dessert
- **un yaourt** *(yogurt)*
  - un yaourt **nature**
  - un yaourt **à la fraise** *(strawberry)*

une boisson *(beverage)*
- un café
- **un chocolat** *(cocoa, hot chocolate)*
- **un thé** *(tea)*
  - **un thé glacé** *(iced tea)*
- **un soda** *(carbonated soft drink)*

une omelette
- une omelette **nature** *(plain)*
- une omelette aux **champignons** *(mushrooms)*

une pizza
- une pizza aux **anchois** *(anchovies)*

une salade
- une salade verte
- une salade de tomates

une glace *(ice cream)*
- une glace **au chocolat**
- une glace **à la vanille**

une limonade *(lemon soda)*
une eau minérale *(mineral water)*

3 S'il vous plaît!

PARLER/ÉCRIRE Commandez les choses suivantes.

▶ **S'il vous plaît, je voudrais un café!**

4 Au «Balto»

PARLER Vous êtes dans un café qui s'appelle Le Balto. Le garçon arrive. Complétez les deux dialogues suivant les instructions. Ensuite, jouez ces dialogues avec vos camarades de classe.

A

—Bonjour, monsieur (mademoiselle). Vous désirez?

Ask for a sandwich.—

—Quelle sorte de sandwich?

Ask for a sandwich of your choice.—

—Et comme boisson?

Ask for your favorite cold drink.—

You are ready to pay.
Ask for the check.—

—Voilà.

The waiter gives you the check.

Ask if the tip is included.—

—Oui, monsieur (mademoiselle). Il est compris dans le prix *(price)*.

B

—Bonjour, mademoiselle (monsieur). Vous désirez?

Ask if they have ice cream.—

—Mais, bien sûr, mademoiselle (monsieur).

Ask for your favorite kind of ice cream.—

—Et comme boisson?

Ask for iced tea.—

—Je regrette, mais nous n'avons pas cela.

Ask for another beverage.—

—Très bien, mademoiselle (monsieur).

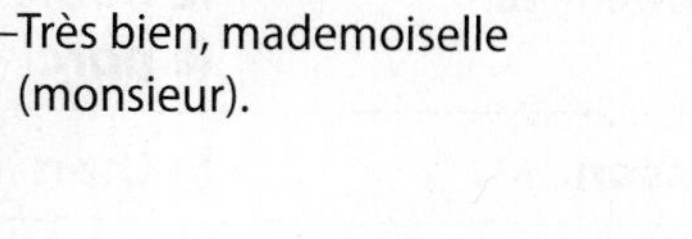

FLASH d'information

Les Français consomment beaucoup d'eau minérale: en moyenne *(on the average)* 120 litres par an. Ces eaux minérales viennent de sources *(springs)* situées dans les régions volcaniques. Elles contiennent des minéraux qui sont bons pour la santé *(health)*. On distingue entre:

l'eau plate *(still water)* l'eau gazeuse *(sparkling water)*

C VOCABULAIRE Un repas

Quel est ton plat préféré?

C'est le poulet rôti.

▶ *Pour exprimer ses préférences:*

—Quel est ton plat **préféré**?

préféré *favorite*

—C'est le **poulet rôti.**

le poulet rôti *roast chicken*

J'adore ...	*I love*	**Je n'aime pas tellement ...**	*I don't like ... that much*
J'aime ...	*I like*	**Je déteste ...**	*I hate*

Les plats

Pour le petit déjeuner

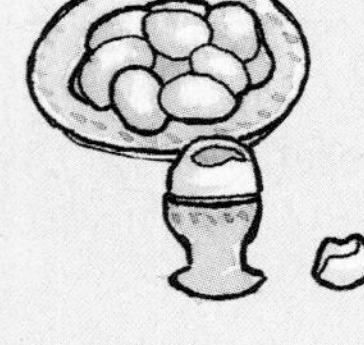

le pain **les céréales** *(f.)* **la confiture** **un oeuf** **des oeufs sur le plat**

Pour le déjeuner et le dîner

les hors-d'oeuvre *(m.)* *(appetizers)*	**le jambon** *(ham)* **la soupe**	**le saucisson** *(salami)* **le céleri**	**le melon**
la viande *(meat)*	**le poulet** *(chicken)* **le porc**	**le rosbif** *(roast beef)*	**le veau** *(veal)*
le poisson *(fish)*	**le thon** *(tuna)*	**la sole**	**le saumon** *(salmon)*
les autres plats *(m.)*	**les spaghetti** *(m.)*	**les frites** *(f.) (French fries)*	**le riz** *(rice)*
la salade et le fromage	**la salade**	**le fromage** *(cheese)*	**le yaourt**
le dessert	**le gâteau** *(cake)*	**la tarte** *(pie)*	**la glace**
les boissons *(f.)* *(beverages)*	**l'eau** *(f.) (water)* **le jus d'orange**	**l'eau minérale** **le jus de pomme** *(apple)*	**le lait** *(milk)* **le jus de raisin** *(grape)*
les ingrédients *(m.)*	**le beurre** *(butter)* **la margarine**	**le sel** *(salt)* **le sucre** *(sugar)* **le poivre** *(pepper)*	**le ketchup** **la mayonnaise** **la moutarde** *(mustard)*

5 Préférences personnelles

PARLER/ÉCRIRE Dites si oui ou non vous aimez les choses suivantes.

- J'adore …
- J'aime beaucoup …
- Je n'aime pas tellement …
- Je déteste …

▶ **J'adore le poisson.**
(Je n'aime pas tellement le poisson.)

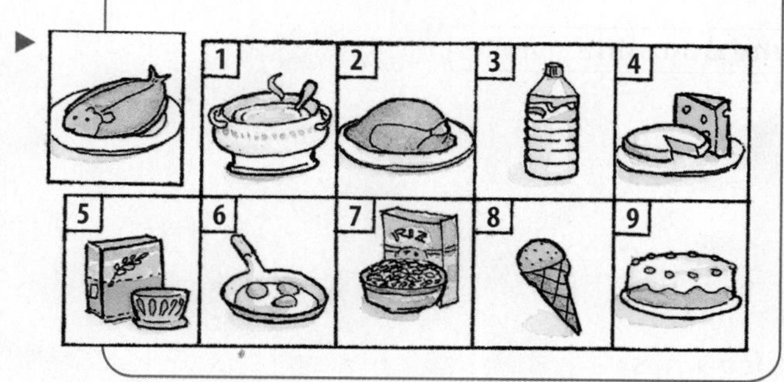

6 S'il vous plaît

PARLER Vous dînez avec un(e) ami(e) français(e). Demandez-lui les choses suivantes.

7 Invités *(Guests)*

PARLER Vous avez invité des camarades chez vous. Demandez-leur leurs préférences.

▶ poisson ou viande?

1. saumon ou thon?
2. jambon ou rosbif?
3. poulet ou veau?
4. oeufs sur le plat ou oeufs brouillés *(scrambled)*?
5. spaghetti ou frites?
6. fromage ou yaourt?
7. gâteau au chocolat ou gâteau à l'orange?
8. glace au café ou glace à la vanille?

(Je préfère le poisson.)

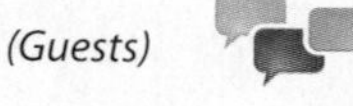

8 Et les autres?

PARLER/ÉCRIRE Complétez les phrases suivantes en indiquant les préférences alimentaires de chacun. Si c'est nécessaire, utilisez votre imagination.

Mon copain Ma copine Mon père Ma mère Mon chien Mon chat	aime beaucoup n'aime pas tellement déteste	??

D VOCABULAIRE Les courses *(food shopping)*

▶ *Pour faire les courses au marché:*

—Vous désirez?

Je voudrais **un kilo** de tomates.
une livre de carottes.

un kilo	*kilo (1,000 grams = 2.2 lbs)*
une livre	*pound (500 grams)*

—Et avec ça? *(Anything else?)*
Donnez-moi aussi **une douzaine** d'oeufs.

une douzaine *dozen*

—C'est tout? *(Is that all?)*
Oui, c'est tout.
Ça fait combien? *(How much does that come to?)*

—Alors, ça fait quatre euros cinquante.

Fruits et légumes

@HOMETUTOR
my.hrw.com

9 Les courses

PARLER/ÉCRIRE Vous allez préparer les plats suivants. Décrivez les légumes et les fruits que vous allez acheter.

▶ des frites **Je vais acheter des pommes de terre.**

1. une salade de tomates
2. une salade de fruits
3. une soupe de légumes
4. une tarte aux fruits
5. un repas végétarien
6. une grande salade

10 Au marché 

PARLER Vous faites les courses au marché. Complétez le dialogue avec le marchand en suivant les instructions. Jouez ce dialogue avec un(e) camarade.

Ask for one vegetable and give the quantity you want.

Ask for two of your favorite fruits and specify the quantities.

Say that is all and ask how much it will cost.

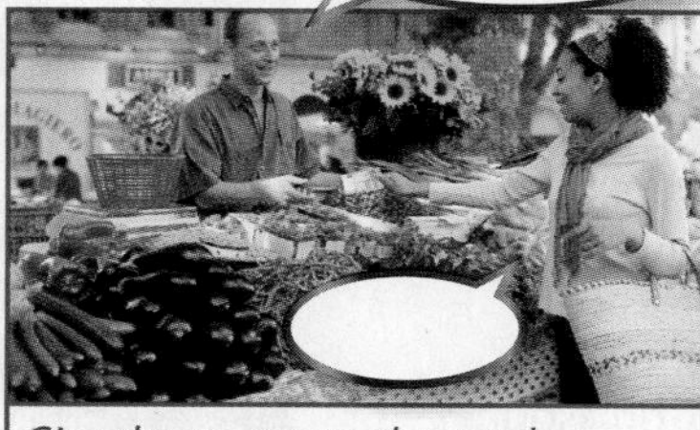

Give the money to the vendor.

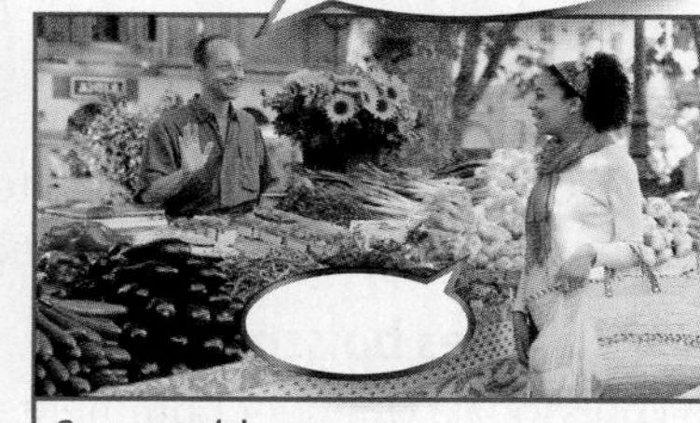

Say good-bye.

11 Qu'est-ce que vous préférez?

PARLER/ÉCRIRE Indiquez vos préférences.

▶ pour le petit déjeuner: un oeuf ou des céréales? **Je préfère des céréales (un oeuf).**

1. pour le petit déjeuner: un pamplemousse ou une orange?
2. après le déjeuner: une pomme ou une poire? des cerises ou des fraises?
3. avec le poulet: des haricots verts ou des petits pois?
4. avec le bifteck: des pommes de terre ou des carottes?
5. comme salade: une salade de tomates ou une salade de concombre *(cucumber)*?
6. pour le dessert: une tarte aux pommes ou une tarte aux poires?
7. comme glace: une glace à la vanille ou une glace à la fraise?

Au jour le jour

Déjeuner à Québec

Vous voyagez au Canada. Aujourd'hui vous êtes à Québec. Où allez-vous déjeuner? Si vous voulez, vous pouvez aller à l'Érable.

Regardez le menu. Les omelettes sont évidemment la spécialité de ce restaurant, mais il y a d'autres plats au menu.

LE MENU

Les omelettes

1. Combien d'omelettes différentes y a-t-il au menu?
2. Parmi *(Among)* ces omelettes, quelle est votre omelette favorite? Combien est-ce qu'elle coûte?
3. Qu'est-ce qu'il y a dans une omelette espagnole? dans une omelette western?
4. Dans quelles omelettes est-ce qu'il y a des tomates? des pommes de terre? des oignons?

Les salades et les plats divers

1. Allez-vous prendre une salade ou une soupe? Qu'est-ce que vous avez choisi?
2. Comment dit-on «hamburger» à Québec?
3. Qu'est-ce que vous allez choisir si vous avez très faim?
4. Qu'est-ce que vous allez commander si vous n'avez pas très faim?

Les crêpes et les desserts

1. Comment dit-on «glace» à Québec?
2. Choisissez une crêpe. Qu'est-ce qu'il y a dans cette crêpe?
3. Quel dessert avez-vous choisi? Quel est son ingrédient principal?

Les boissons

1. Comment dit-on «boisson» à Québec? Comment dit-on «soda»?
2. Qu'est-ce que vous avez choisi comme boisson?

UN REPAS COMPLET

1. Imaginez que vous allez prendre un repas complet.
   - Vous voulez dépenser seulement 10 dollars. Choisissez un plat principal, un dessert et une boisson.
     Qu'est-ce que vous avez choisi?
     Combien coûte votre repas?
   - Vous avez très faim. Choisissez un plat froid, un plat chaud, un dessert et une boisson.
     Qu'est-ce que vous avez choisi?
     Combien coûte votre repas?
2. Avec un(e) camarade qui va jouer le serveur (la serveuse), composez et jouez un dialogue où vous commandez votre repas.

Additional readings @ my.hrw.com
FRENCH

OMELETTES

Omelette nature 5,50
Plain omelette

Omelette aux fines herbes 5,95
Omelette with fine herbs

Omelette aux champignons et fromage 6,50
Omelette with mushrooms and cheese

Omelette jambon et fromage 6,50
Omelette with ham and cheese

Omelette espagnole: tomates pelées, poivrons et oignons 6,50
Omelette with tomatoes, green peppers and onions

Omelette lyonnaise: oignons 5,95
Omelette with onions

Omelette niçoise: tomates pelées et fonds d'artichauts 6,50
Omelette with tomatoes and artichoke hearts

Omelette paysanne: lardons, pommes de terre, fines herbes et oignons hachés 6,50
Omelette with thick bacon, potatoes, onions and fine herbs

Omelette western: jambon, pommes de terre et oignons 6,50
Omelette with ham, potatoes and onions

Omelette provençale: tomates pelées, ail et persil 6,50
Omelette with tomatoes, garlic and parsley

SALADES

Salade maison 3,25
House salad

Salade César 3,95
Caesar salad

Salade de poulet 6,75
Chicken salad

DIVERS

Soupe aux pois 2,75
Canadian pea soup

Soupe à l'oignon gratinée 4,00
Baked French onion soup

Croque-monsieur 6,25
Grilled bread with ham and cheese

Hambourgeois deluxe 6,75
Hamburger deluxe garnished

CRÊPES FRANÇAISES À LA POÊLE

Fraises et crème glacée 5,50
Strawberries and ice cream

Pêches et crème glacée 5,50
Peaches and ice cream

Poires et crème glacée 5,50
Pears and ice cream

Ananas et crème glacée 5,50
Pineapple and ice cream

Bleuets et crème glacée 5,50
Blueberries and ice cream

DESSERTS

Tarte au sucre 3,50
Sugar pie

Tarte aux pommes 3,00
Apple pie

Mousse au chocolat 2,95
Chocolate mousse

Shortcake aux fraises 3,50
Strawberry shortcake

Gâteau Forêt noire 3,50
Black Forest cake

Gâteau au fromage 3,50
Cheesecake

Salade de fruits 3,50
Fruit salad

Fraises à la crème 3,50
Strawberries with cream

Cassata maison 3,50
House Italian ice cream

BREUVAGES

Jus d'orange 1,75
Orange juice

Jus de pomme 1,75
Apple juice

Jus de pamplemousse 1,75
Grapefruit juice

Nectar de poire 1,95
Pear juice

Nectar d'abricot 1,95
Apricot juice

Jus de tomate 1,95
Tomato juice

Liqueurs douces 1,95
Soft drinks

Bon Appétit!

Leçon 10

VIDÉO-SCÈNE DVD AUDIO

Au supermarché

Nous sommes samedi. Pierre a décidé d'aller faire un pique-nique à la campagne demain avec sa copine Armelle et sa cousine Corinne. Cet après-midi, les trois amis vont faire les courses pour le pique-nique. Ils vont au supermarché.

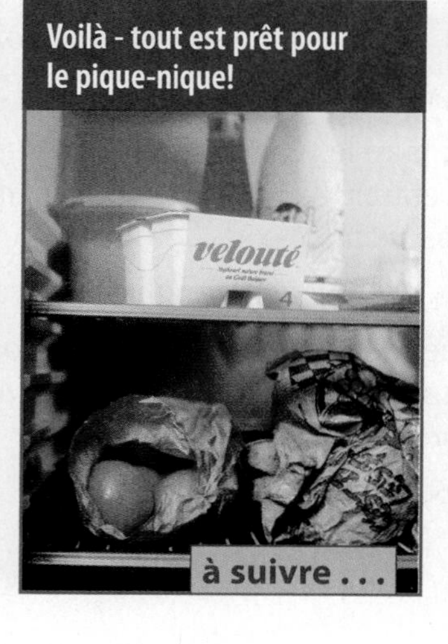

Compréhension

1. Où vont Pierre, Armelle et Corinne?
2. Qu'est-ce qu'ils achètent au rayon° boulangerie?
3. Qu'est-ce qu'ils achètent au rayon charcuterie?
4. Quelles boissons achètent-ils?
5. Qu'est-ce qu'ils vont faire demain?

rayon *section*

A Les verbes *vouloir, pouvoir* et *devoir*

Note the forms of the irregular verbs **vouloir**, **pouvoir**, and **devoir**.

INFINITIVE	vouloir	pouvoir	devoir
PRESENT	je **veux** tu **veux** il/elle/on **veut** nous **voulons** vous **voulez** ils/elles **veulent**	je **peux** tu **peux** il/elle/on **peut** nous **pouvons** vous **pouvez** ils/elles **peuvent**	je **dois** tu **dois** il/elle/on **doit** nous **devons** vous **devez** ils/elles **doivent**
PASSÉ COMPOSÉ	**j'ai voulu**	**j'ai pu**	**j'ai dû**

Vouloir means to *want*. It can be followed by a NOUN or an INFINITIVE.

Veux-tu une glace? — ***Do you want*** *an ice cream cone?*
Voulez-vous déjeuner avec nous? — ***Do you want*** *to have lunch with us?*

➔ To express a request politely, the French use **je voudrais** instead of **je veux**.

Je voudrais une glace. — ***I would like*** *an ice cream cone.*
Je voudrais déjeuner. — ***I would like*** *to have lunch.*

➔ To accept an offer, the French often use the expression **je veux bien**.

—Tu veux déjeuner avec moi? — *Do you want to have lunch with me?*
—Oui, **je veux bien.** — *Yes,* ***I would love to.***

Pouvoir has several English equivalents.

can	Est-ce que tu **peux** faire les courses?	***Can*** *you do the food shopping?*
may	Est-ce que je **peux** entrer?	***May*** *I come in?*
to be able	Jacques ne **peut pas** venir ce soir.	*Jacques* ***is not able*** *to come tonight.*

Devoir is usually followed by an INFINITIVE. Note its English equivalents.

should	Nous **devons** étudier ce soir.	*We* ***should*** *study tonight.*
must	Vous **ne devez pas** sortir.	*You* ***must not*** *go out.*
have	Je **dois** préparer le dîner.	*I* ***have to*** *fix dinner.*

➔ When **devoir** is followed by a NOUN, it means to *owe*.
Je **dois** vingt euros à mon frère. — *I* ***owe*** *my brother 20 euros.*

@HOMETUTOR
my.hrw.com

1 Le dîner

PARLER/ÉCRIRE Pour le dîner, chacun veut faire une chose différente.

▶ Claire / aller dans un restaurant chinois
Claire veut aller dans un restaurant chinois.

1. nous / dîner en ville
2. Olivier / rester à la maison
3. toi / manger un steak
4. vous / commander une pizza
5. moi / aller dans un restaurant vietnamien
6. Jérôme et Patrick / faire un pique-nique
7. Isabelle / dîner à huit heures
8. David et François / dîner à sept heures

2 C'est impossible!

PARLER/ÉCRIRE Les personnes suivantes n'ont pas certaines choses. Dites quelle activité de la liste elles ne peuvent pas faire.

▶ Marc n'a pas sa raquette.
Il ne peut pas jouer au tennis.

1. Nous n'avons pas de vélo.
2. Je n'ai pas mon maillot de bain.
3. Éric n'a pas de couteau.
4. Tu n'as pas de fourchette.
5. Nous n'avons pas nos livres.
6. Alice n'a pas de portable.
7. Les touristes n'ont pas d'appareil-photo.
8. Vous n'avez pas d'ordinateur.
9. Léa n'a pas son MP3.

étudier
écouter de la musique
nager
jouer au tennis
prendre des photos
manger un steak
manger des spaghetti
faire une promenade à la campagne
téléphoner
surfer sur le Net

3 Que doivent-ils faire?

PARLER/ÉCRIRE Dites ce que les personnes doivent faire pour atteindre *(to reach)* leurs objectifs.

▶ Marc veut manger une pizza.
Il doit aller dans un restaurant italien.

1. Je veux manger des tacos.
2. Tu veux manger un hamburger.
3. Monsieur Legros veut maigrir.
4. Mes copains veulent préparer un repas.
5. Vous voulez réussir à l'examen.
6. Nous voulons gagner de l'argent.

étudier
trouver un job
aller au marché
faire les courses
faire de l'exercice
aller dans un restaurant italien
aller dans un restaurant mexicain
aller dans un fast-food

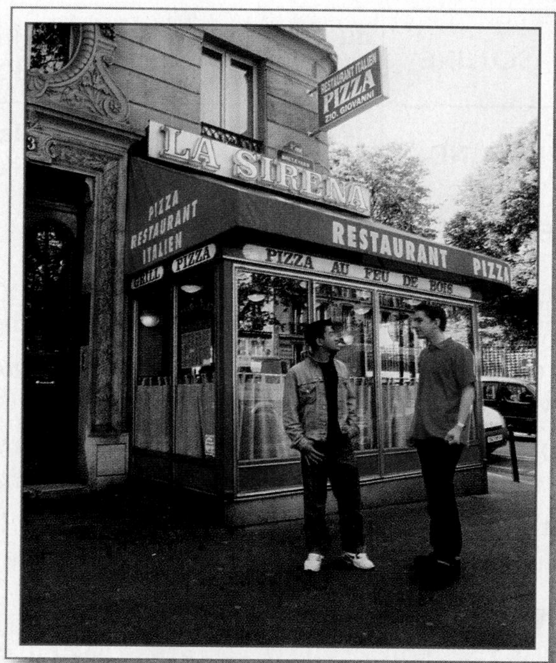

B L'article partitif: *du, de la*

Look carefully at the pictures below.

The pictures on the left represent *whole* items: a whole chicken, a whole melon, a whole head of lettuce, a whole pie. The nouns are introduced by INDEFINITE ARTICLES: **un, une.**

The pictures on the right represent a *part* or *some quantity* of these items: a serving of chicken, a piece of melon, some leaves of lettuce, a slice of pie. The nouns are introduced by PARTITIVE ARTICLES: **du, de la.**

Voici …	Voilà …
un poulet	**du** poulet
un melon	**du** melon
une salade	**de la** salade
une tarte	**de la** tarte

FORMS

The partitive article has the following forms:

MASCULINE	**du**	**du** fromage, **du** pain
	de l' (+ VOWEL SOUND)	**de l'**argent
FEMININE	**de la**	**de la** salade, **de la** limonade
	de l' (+ VOWEL SOUND)	**de l'eau**

USES

Partitive articles are used to refer to A CERTAIN QUANTITY or A CERTAIN AMOUNT of something. Note how they are used in the sentences below.

Voici **du pain …** et voilà **de la confiture.**	*Here is **some bread** …* *and there is **some jam.***
Philippe mange **du fromage.**	*Philippe is eating **(some) cheese.***
Nous achetons **de l'eau minérale.**	*We are buying **(some) mineral water.***
—Est-ce que tu veux **de la salade?** —Oui, donne-moi **de la salade.**	*Do you want **(any, some) salad?*** *Yes, give me **some salad.***

LANGUAGE COMPARISON

While the words *some* or *any* are often omitted in English, the articles **du** and **de la** must be used in French.

@HOMETUTOR
my.hrw.com

4 Pique-nique 

PARLER Béatrice a invité ses copains à un pique-nique. Elle leur demande s'ils ont faim ou soif et elle leur offre quelque chose. Jouez les rôles de Béatrice et de ses copains. Faites les substitutions suggérées.

1. faim
   du poulet
2. soif
   de l'eau minérale
3. soif
   du jus d'orange
4. faim
   de la glace
5. faim
   du jambon
6. soif
   du thé glacé
7. soif
   du jus de pomme
8. faim
   du pain et du fromage

5 Une invitation 

PARLER Vous avez invité des copains à déjeuner chez vous. Offrez à vos copains le choix entre les choses suivantes. Ils vont indiquer leurs préférences.

▶ (le) lait ou (l')eau?

1. (la) soupe ou (le) melon?
2. (le) saucisson ou (le) jambon?
3. (le) poisson ou (la) viande?
4. (le) rosbif ou (le) poulet?
5. (le) saumon ou (la) sole?
6. (le) ketchup ou (la) mayonnaise?
7. (le) beurre ou (la) margarine?
8. (le) fromage ou (le) yaourt?
9. (le) gâteau ou (la) glace?
10. (le) jus d'orange ou (l') eau minérale?

6 Au «Petit Vatel» 

PARLER Vous déjeunez au restaurant Le Petit Vatel. Vous demandez les choses suivantes au serveur (à la serveuse). Jouez les dialogues avec un(e) camarade.

—Je voudrais du pain, s'il vous plaît.

—Voilà du pain, monsieur (mademoiselle).

▶ 

1 

2 

3 

4 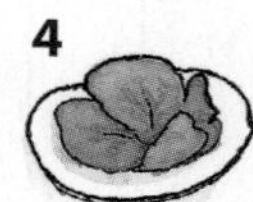

5 

6 

7 

C L'article partitif dans les phrases négatives

Note the forms of the partitive articles in the negative sentences below.

AFFIRMATIVE	NEGATIVE	
Tu veux **du pain**?	Non, merci, je **ne** veux **pas de pain.**	***I don't** want **(any) bread.***
Tu as pris **de la tarte**?	Non, je **n'**ai **pas** pris **de tarte.**	***I didn't** have **(any) pie.***
Tu bois **du café**?	Non, je **ne** bois **jamais de café.**	*I **never** drink **(any) coffee.***
Il y a **de l'eau minérale**?	Non, il **n'**y a **plus d'eau minérale.**	*There is **no more mineral water.***

After NEGATIVE EXPRESSIONS, such as **ne ... pas, ne ... jamais,** and **ne ... plus** *(no more)*:

du, de la (de l') → de (d')

→ Note the use of **pas de** in short answers.

Non, merci, **pas de café** pour moi. ***No coffee** for me, thanks.*

7 Au café

PARLER Le serveur (La serveuse) propose certaines choses aux clients. Jouez les rôles en faisant les substitutions suggérées.

1. avec votre steak
   des frites
   de la salade
2. dans votre café
   du lait
   du sucre
3. sur votre pizza
   des olives
   du saucisson
4. dans votre sandwich
   du jambon
   du beurre
5. sur votre gâteau
   de la crème
   du chocolat
6. sur votre salade
   de la mayonnaise
   du poivre

8 Un végétarien

PARLER/ÉCRIRE François est végétarien. Il ne mange pas de viande, mais il aime d'autres choses. Hier il a déjeuné au restaurant. Dites si oui ou non il a mangé les choses suivantes.

▶ le poulet?
—**Non, il n'a pas mangé de poulet.**

▶ la salade?
—**Oui, il a mangé de la salade.**

1. le thon?
2. le rosbif?
3. le veau?
4. le riz?
5. le jambon?
6. le porc?
7. la glace?
8. le gâteau?

9 Les courses

PARLER/ÉCRIRE Zoé a fait les courses ce matin mais elle a oublié *(forgot)* certaines choses. Comparez la liste de Zoé avec ses achats. Dites ce qu'elle a acheté et ce qu'elle n'a pas acheté.

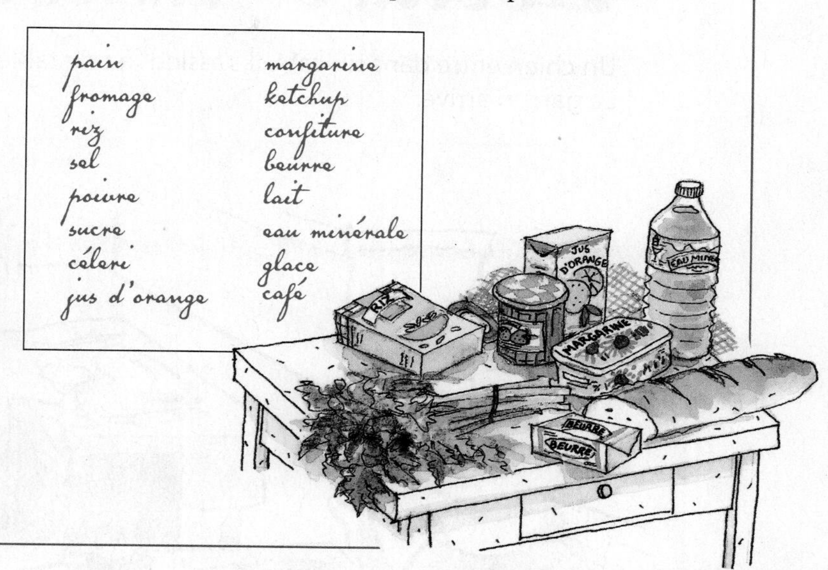

À votre tour!

OBJECTIFS

Now you can . . .
- talk about foods and food preferences

Digital performance space

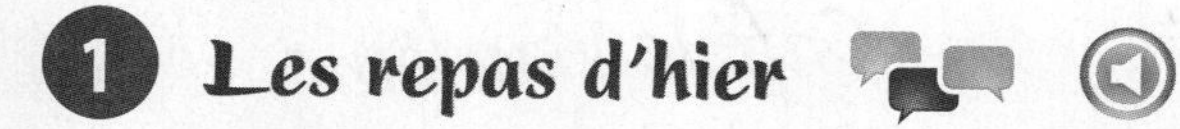

1 Les repas d'hier

PARLER/ÉCRIRE Demandez à plusieurs camarades ce qu'ils ont pris hier au petit déjeuner, au déjeuner et au dîner. Inscrivez les résultats de votre enquête dans un tableau.

NOM	PETIT DÉJEUNER	DÉJEUNER	DÎNER
Sylvie	des céréales, du lait, …	du poulet, …	
1.			

2 Invitation

PARLER/ÉCRIRE Vous allez inviter votre partenaire à dîner chez vous.

- Faites une liste de cinq choses que vous allez servir.
- Demandez à votre partenaire s'il/si elle mange ces choses.
- Si nécessaire, modifiez votre menu.

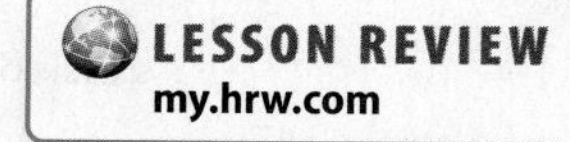

Additional readings @ **my.hrw.com**
FRENCH InterActive Reader

Lecture Histoire de chien

Un chien entre dans un café. Il s'assied° à une table, puis il appelle° le garçon. Le garçon arrive.

—Vous désirez?
—Je voudrais un sandwich au jambon.
—Avec ou sans° moutarde?
—Avec de la moutarde.
—Et avec ça?
—Donnez-moi aussi une salade.
—Avec de la vinaigrette?
—Oui, avec de la vinaigrette.
—Et que voulez-vous comme boisson?
—Donnez-moi de l'eau.
—De l'eau minérale?
—Oui, de l'eau minérale.
—Je vous apporte ça tout de suite.

s'assied *sits down* **appelle** *calls* **sans** *without*

Café le Vendôme

	PRIX
un sandwich au jambon	
moutarde	
une salade vinaigrette	
eau minérale	
Service et Taxe Compris	

@HOMETUTOR
my.hrw.com

Un client a vu la scène. Très étonné,° il dit au garçon:

—Ça, vraiment, c'est extraordinaire!

Le garçon répond:

—Oui, vraiment, c'est extraordinaire. Ce chien vient ici depuis dix ans, et c'est la première fois qu'il commande de l'eau avec son repas. D'habitude° il prend toujours du jus de tomate.

étonné *astonished* **D'habitude** *Usually*

Vrai ou faux?

1. Le chien commande un sandwich au fromage.
2. Le chien veut de la moutarde.
3. Le chien prend une salade.
4. Le chien ne veut pas de vinaigrette.
5. Le chien prend de l'eau minérale.
6. D'habitude le chien commande du jus de tomate.

Leçon 11

VIDÉO-SCÈNE DVD AUDIO

Jérôme invite ses copains

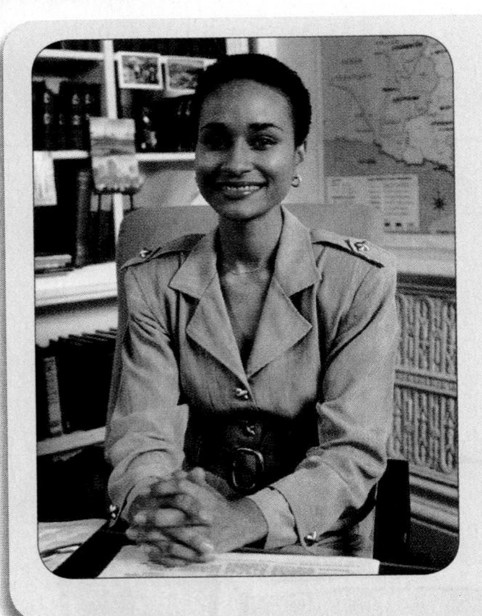

Dans le dernier épisode, Pierre, Armelle et Corinne ont fait les courses pour un pique-nique.

Dans ce nouvel épisode, vous allez faire la connaissance de Jérôme. Jérôme est le grand frère de Pierre. Il a 19 ans. Il est étudiant à l'université. Maintenant il n'habite plus avec sa famille. Il a un appartement en ville avec d'autres étudiants. De temps en temps, il revient chez ses parents. Ce soir, par exemple …

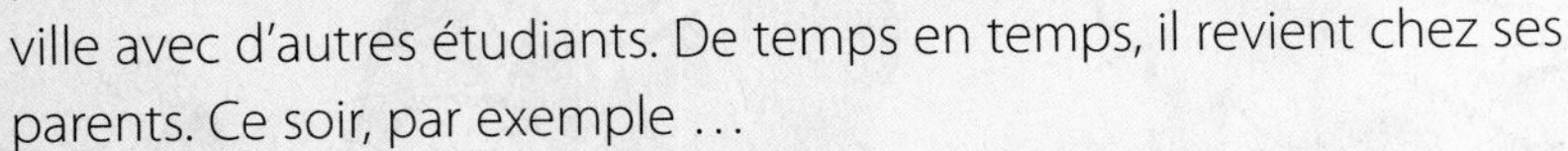

Jérôme est allé au cinéma avec Bernard, son camarade de chambre, et Cécile, une copine d'université. Après le film, les trois amis sont allés chez les parents de Jérôme. Maintenant ils sont dans la cuisine.

Les amis mangent avec grand appétit.

Les amis ont fini leur repas. Bernard et Cécile partent.

Jérôme reste chez ses parents pour la nuit. **à suivre . . .**

Compréhension

1. Qui est Jérôme?
2. Où habite-t-il?
3. Qu'est-ce qu'il a fait ce soir?
4. Qu'est-ce que les amis boivent?°
5. Qu'est-ce qu'ils mettent dans leurs sandwichs?
6. Qu'est-ce qu'ils mangent ensuite?
7. Qu'est-ce qu'ils font après le repas?

boivent *drink*

A Le verbe *boire*

Note the forms of the irregular verb **boire** *(to drink).*

INFINITIVE	boire	
PRESENT	Je **bois** du lait. Tu **bois** du soda. Il/Elle/On **boit** de l'eau.	Nous **buvons** du café. Vous **buvez** du thé glacé. Ils/Elles **boivent** du jus d'orange.
PASSÉ COMPOSÉ	J'**ai bu** de l'eau minérale.	

1 *Nous avons soif!*

PARLER/ÉCRIRE Dites ce que les personnes suivantes boivent. Vous pouvez utiliser les expressions suggérées ou autre chose *(something else)*.

1. À la boum, tu …
2. Au petit déjeuner, je …
3. Au pique-nique, nous …
4. À la cantine de l'école, vous …
5. Chez nous, nous …
6. Les personnes qui veulent maigrir …
7. Ma copine …
8. Mes grands-parents …
9. Quand il fait chaud, on …
10. Quand il fait froid, on …

du lait
du café
de l'eau
de l'eau minérale
de la limonade
du thé glacé
du jus d'orange
du citron pressé
??

@HOMETUTOR
my.hrw.com

B Les verbes comme *acheter, préférer* et *payer*

Verbs like **acheter, préférer,** and **payer** have a STEM CHANGE in the **je-, tu-, il-,** and **ils-** forms of the present tense.

INFINITIVE	acheter	préférer	payer
STEM CHANGE	e → è	é → è	y → i
PRESENT	j' **achète** tu **achètes** il/elle/on **achète** nous **achetons** vous **achetez** ils/elles **achètent**	je **préfère** tu **préfères** il/elle/on **préfère** nous **préférons** vous **préférez** ils/elles **préfèrent**	je **paie** tu **paies** il/elle/on **paie** nous **payons** vous **payez** ils/elles **paient**
PASSÉ COMPOSÉ	**j'ai acheté**	**j'ai préféré**	**j'ai payé**

VOCABULAIRE Quelques verbes

acheter	*to buy*	J'**achète** du pain et du fromage.
amener	*to bring (someone)*	J'**amène** un copain au pique-nique.
préférer	*to prefer*	Je **préfère** dîner au restaurant.
espérer	*to hope*	J'**espère** avoir un «A» à l'examen.
payer	*to pay, pay for*	Je **paie** l'addition.
envoyer	*to send*	J'**envoie** un mail à mon cousin.
nettoyer	*to clean*	Je **nettoie** le garage.

2 Substitutions

PARLER/ÉCRIRE Faites de nouvelles phrases avec les sujets entre parenthèses.

1. Vous amenez des copains à la fête. (toi, François, Cécile et Christine)
2. Vous envoyez un mail au professeur. (moi, ma copine, les élèves)
3. Vous espérez aller à Montréal cet été. (le professeur, toi, mes parents)
4. Vous nettoyez le garage. (moi, Marc, nous)
5. Vous payez la note *(bill)*. (ma soeur, tu, nous)

3 Questions personnelles

PARLER/ÉCRIRE Parlons de toi.

1. Qu'est-ce que tu achètes avec ton argent?
2. Quand tu vas au restaurant avec des copains, en général qui paie? Et quand tu vas au restaurant avec ta famille?
3. Qu'est-ce que tu espères faire ce week-end? cet été? après le lycée?
4. Quand tu vas à une soirée, est-ce que tu amènes des copains? Qui? Qui as-tu amené à la dernière soirée? Qui vas-tu amener à la prochaine soirée?
5. Quand tu es en vacances, est-ce que tu envoies des cartes postales? À qui?

C Le choix des articles

Articles are used much more frequently in French than in English. The choice of a DEFINITE, INDEFINITE, or PARTITIVE article depends on what is being described.

USE	TO DESCRIBE	
the DEFINITE article **le, la, l', les**	a noun used in the GENERAL sense	J'aime **le** gâteau. *(As a rule) I like cake.*
	a SPECIFIC thing	Voici **le** gâteau. *Here is the cake (I baked).*
the INDEFINITE article **un, une, des**	one (or several) WHOLE items	Voici **un** gâteau. *Here is a (whole) cake.*
the PARTITIVE article **de, de la, de l'**	SOME, A PORTION or A CERTAIN AMOUNT of something	Voici **du** gâteau. *Here is some (a serving, a piece of) cake.*

4 Activités

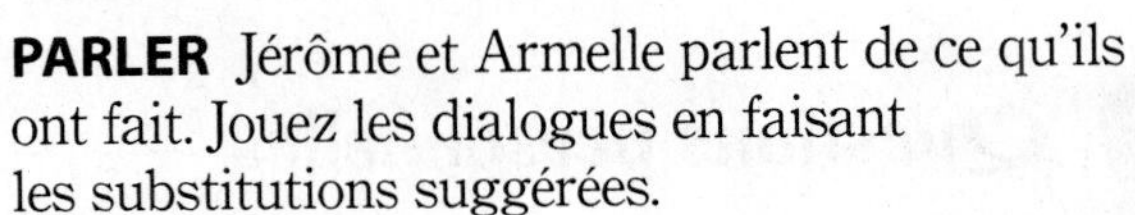

PARLER Jérôme et Armelle parlent de ce qu'ils ont fait. Jouez les dialogues en faisant les substitutions suggérées.

1. déjeuner en ville
   manger?
   soupe et poulet
2. aller à un pique-nique
   apporter?
   eau minérale et jus d'orange
3. dîner dans un restaurant japonais
   commander?
   poisson et riz
4. dîner chez un copain
   manger?
   rosbif et salade

@HOMETUTOR
my.hrw.com

→ The DEFINITE article is used generally after the following verbs:

aimer	Mes amis **aiment la** glace.
préférer	Moi, je **préfère le** gâteau.

→ The PARTITIVE article is often (but not always) used after the following verbs and expressions:

voici	**boire**	**acheter**	**avoir**
voilà	**manger**	**vendre**	**vouloir**
il y a	**prendre**	**commander**	

Depending on the context, however, the definite and indefinite articles may also be used with the above verbs.

Je commande **la glace.**	*I am ordering* ***the ice cream (on the menu).***
Je commande **une glace.**	*I am ordering* ***an ice cream (= one serving).***
Je commande **de la glace.**	*I am ordering* ***(some) ice cream.***

→ The French do not use the partitive article with a noun that is the subject of the sentence.

Il y a **du lait** et **de la glace** dans le réfrigérateur.
BUT: **Le lait** et **la glace** sont dans le réfrigérateur.

→ The partitive article may also be used with nouns other than foods.

As-tu **de l'argent**?	*Do you have* ***(any, a certain amount of) money?***
Cet artiste a **du talent.**	*This artist has* ***(some, a certain amount of) talent.***

5 *Quand on aime quelque chose ...*

PARLER/ÉCRIRE Dites ce que les personnes suivantes aiment et expliquez ce qu'elles ont fait.

▶ M. Lebeuf / la viande (acheter)

1. Philippe / la salade (manger)
2. Claire / la sole (commander)
3. Madame Brochet / le poisson (acheter)
4. Marc / l'eau minérale (boire)
5. Sylvie / la confiture (prendre)
6. Mademoiselle Lafontaine / l'eau (prendre)
7. Véronique / le fromage (acheter)
8. Madame Jarret / le rosbif (commander)

6 À la cantine

PARLER/ÉCRIRE Nous sommes à la cantine du lycée Descartes. Décrivez ce que mangent et boivent les élèves.

▶ Christine

Christine mange du poisson, des frites et une pomme.
Elle boit du lait.

7 Expression personnelle

PARLER/ÉCRIRE Complétez les phrases avec le nom d'un plat ou d'une boisson.

1. J'aime …
2. Je n'aime pas …
3. Mon dessert préféré est …
4. À la cantine de l'école, il y a souvent …
5. Il n'y a pas souvent de …
6. Ce matin, au petit déjeuner, j'ai bu …
7. Hier soir, j'ai mangé …
8. Dans notre réfrigérateur, il y a …
9. Le jour de mon anniversaire, je voudrais manger …

À votre tour!

OBJECTIFS

Now you can ...
- order a meal
- plan a menu

Digital performance space

1 Au «Relais Régal»  

LIRE/PARLER Vous voyagez en France avec des copains. Vous déjeunez au Relais Régal. Choisissez un menu et expliquez ce menu à vos copains.

Je vais choisir le menu ...
Comme hors-d'oeuvre, il y a ...
Il y a aussi ...
Comme plat principal, il y a ...
Il y a aussi ...
Comme dessert, il y a ...
Comme boisson, il y a ...

Relais Régal

MENU TOURISTIQUE à 9,50 €	MENU RÉGAL à 12 €	MENU GASTRONOMIQUE à 18 €
soupe à l'oignon ou melon	salade de tomates ou saucisson	jambon d'Auvergne ou saumon fumé
poulet rôti	rôti de boeuf	rôti de porc ou sole meunière
salade	salade	salade
glace	fromage	fromage
café	tarte aux pommes	gâteau au chocolat
	café ou thé	eau minérale et café

2 Une invitation à dîner 

PARLER Imagine that you are inviting a friend to dinner. Since you are a good host/hostess, you want to serve what your friend likes. Ask ...

- at what time he/she has dinner
- if he/she eats meat
- if so, what meat he/she prefers
- if he/she likes vegetables
- what vegetables he/she prefers
- if he/she prefers cake or ice cream
- what he/she drinks

3 Un client difficile 

PARLER You are a waiter/waitress in a French restaurant. Today you have a customer who is very hard to please: every time you suggest something, this customer says that he/she does not like it. With a partner, act out the skit.

4 Un bon repas 

PARLER/ÉCRIRE You and a classmate have decided to prepare a fancy meal. You will make a suggestion for the first course and your classmate will accept or refuse. If he/she refuses, he/she will make another suggestion. Take turns suggesting the courses. Continue the conversation until you agree on your menu. Then prepare your shopping list.

—**Comme hors-d'oeuvre, on peut manger du saucisson.**
—**Je n'aime pas le saucisson, mais on peut manger du melon.**
—**D'accord, moi aussi, j'aime le melon. Achetons un melon.**

MENU
hors-d'oeuvre
plat principal
légumes
dessert
boisson

Courses
- *melon*

Lecture Nourriture et langage

Qu'est-ce qu'un «navet»?° Cela dépend à qui ou de quoi vous parlez. Pour le cuisinier,° un navet est un légume, mais pour le cinéphile,° c'est un très mauvais film. Une «patate» est le terme familier qu'on emploie pour désigner une pomme de terre, mais c'est aussi une personne stupide et maladroite.° Une «bonne poire» peut être servie au dessert, mais c'est aussi une personne généreuse, mais naïve.

Il existe beaucoup d'expressions françaises qui utilisent le vocabulaire de l'alimentation. Voici certaines de ces expressions. Est-ce que vous pouvez deviner leur sens?°

navet *turnip* **cuisinier** *cook* **cinéphile** *movie lover* **maladroite** *clumsy* **deviner leur sens** *guess what they mean*

1 Jean-Claude dit à ses copains:
«Ce week-end j'ai vu un navet.»
Qu'est-ce qu'il veut dire?

- Je suis allé à la campagne.
- J'ai acheté des légumes.
- J'ai vu un mauvais film.

2 Corinne dit à son cousin:
«Tu racontes° des salades.»
Qu'est-ce qu'elle veut dire?

- Tu manges trop.
- Tu es végétarien.
- Tu ne dis pas la vérité.

racontes *are talking about*

3 Cécile dit à sa copine:
«Je n'ai pas un radis.»
Qu'est-ce qu'elle veut dire?

- Je n'ai pas d'argent.
- Je n'ai pas de copain.
- Je ne veux pas aller au supermarché.

4 Guillaume dit à ses copains:
«Mon oncle Gérard a du pain sur la planche.»°
Qu'est-ce qu'il veut dire?

- Mon oncle est très riche.
- Mon oncle a beaucoup de travail.
- Mon oncle est boulanger.

planche *board*

5 Mélanie dit à Claire:
«Ce n'est pas du gâteau.»
Qu'est-ce qu'elle veut dire?

- C'est mauvais.
- C'est difficile.
- Ce n'est pas intéressant.

6 Carole dit à son frère:
«Occupe-toi° de tes oignons.»
Qu'est-ce qu'elle veut dire?

- Va chez le dentiste.
- Va dans la cuisine et prépare le repas.
- Occupe-toi de tes affaires.

occupe-toi *mind*

COMPARAISONS DE LANGUE

En anglais, il existe aussi beaucoup d'expressions qui utilisent le vocabulaire de l'alimentation. Par exemple,

It's a piece of cake! *He's a good egg.* *She tried to butter me up.*

Connaissez-vous d'autres expressions? Si vous voulez, vous pouvez développer une version anglaise de ce quiz et l'envoyer à une classe correspondante en France.

Leçon 12

VIDÉO-SCÈNE

DVD AUDIO

L'addition, s'il vous plaît!

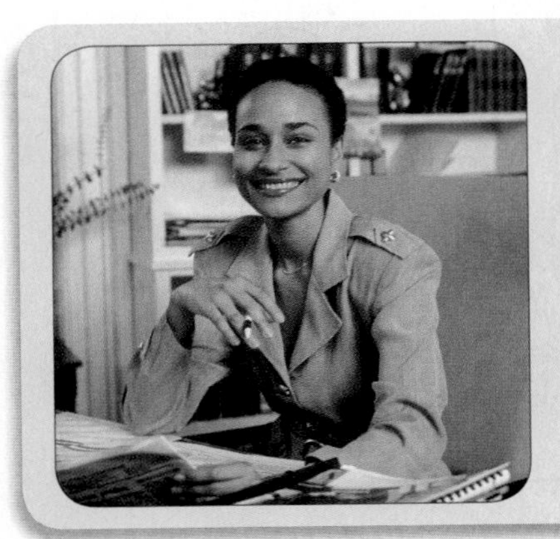

Hier soir, Jérôme est revenu chez ses parents avec ses copains Bernard et Cécile. Les trois copains ont mangé et bu ce que Pierre avait acheté pour le pique-nique. Maintenant, on est dimanche matin. Pierre va à la cuisine.

Au restaurant. Pierre, Armelle, Corinne et Jérôme ont bien mangé! Jérôme appelle le garçon.

Le garçon a apporté l'addition à Jérôme.

Tout le monde remercie Jérôme pour le repas.

Compréhension

1. Quel jour sommes-nous aujourd'hui?
2. Quelle mauvaise surprise Pierre a-t-il?
3. Qu'est-ce que Jérôme propose d'abord à Pierre?
4. Pourquoi est-ce que cette solution ne marche pas?
5. Quelle autre solution Pierre propose-t-il?
6. Pourquoi est-ce que le pique-nique coûte cher à Jérôme?

VOCABULAIRE Les quantités

un kilo de pommes

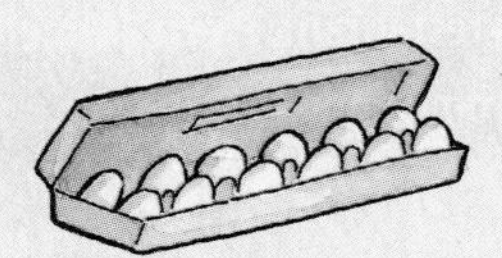
une douzaine d'oeufs

un litre de lait

un paquet de café

un sac d'oranges

une boîte de céréales

une bouteille d'eau minérale

une livre de beurre

une boîte de thon

un pot de mayonnaise

un morceau de fromage

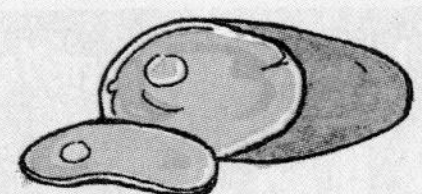
une tranche de jambon

un morceau	*piece*
un paquet	*pack, package*
un pot	*jar*
un sac	*bag*
une boîte	*box, can*
une bouteille	*bottle*
une tranche	*slice*

→ To express quantity, the French use the construction:

EXPRESSION OF QUANTITY + **de** + NOUN

1 Les courses

PARLER Jean-Paul va faire les courses. Il demande à sa mère ce qu'il faut acheter. Jouez les deux rôles.

1. des poires
   un kilo
2. du lait
   deux litres
3. des fraises
   une livre
4. des oeufs
   une douzaine
5. de la margarine
   un pot
6. du fromage
   un grand morceau
7. du jambon
   trois tranches
8. des enveloppes
   un paquet
9. de la limonade
   une bouteille
10. du thon
    deux boîtes

2 Les courses de Monsieur Finbec

PARLER/ÉCRIRE Monsieur Finbec a fait les courses ce matin. Dites ce qu'il a acheté en complétant les phrases avec des quantités. Soyez logique!

1. D'abord, Monsieur Finbec est passé à la crémerie *(dairy store)*. Là, il a acheté deux bouteilles (trois litres) de lait, … de beurre, … de yaourt et … de fromage.
2. Après, il est passé chez le marchand de fruits et légumes. Il a acheté … de pommes, … de tomates et … d'oranges.
3. Ensuite, il est allé à l'épicerie *(grocery shop)* où il a acheté … de thon, … de café, … d'eau minérale et … de jambon.
4. Finalement, il est passé à la papeterie *(stationery store)* où il a acheté … d'enveloppes.

A Expressions de quantité

In the sentences on the right, the expression of quantity **beaucoup** *(much, many, a lot)* is used to introduce nouns.

Tu manges **du** pain?	Oui, je mange **beaucoup de** pain.
Tu as **de l'**argent?	Non, je n'ai pas **beaucoup d'**argent.
Tu bois **de la** limonade?	Oui, je bois **beaucoup de** limonade.
Tu as **des** copains?	Oui, j'ai **beaucoup de** copains.

Many, but not all, expressions of quantity introduce nouns according to the construction:

EXPRESSION OF QUANTITY + **de** + NOUN

VOCABULAIRE Expressions de quantité avec *de*

assez de	*enough*	Est-ce que tu as **assez d'**argent?
beaucoup de	*a lot, much, very much* *a lot, many*	Philippe n'a pas **beaucoup de** patience. Nous avons **beaucoup de** copains.
trop de	*too much* *too many*	M. Legros mange **trop de** viande. Nous avons **trop d'**examens.
peu de	*little, not much* *few, not many*	Tu as **peu de** patience. Vous avez **peu de** livres intéressants.
un peu de	*a little, a little bit of*	Donne-moi **un peu de** fromage.
combien de	*how much* *how many*	**Combien d'**argent as-tu? **Combien de** sandwichs veux-tu?

→ When the above expressions of quantity do not introduce nouns, they are used without **de**.

J'étudie **beaucoup.**	*I study **a lot.***
Vous mangez **trop.**	*You eat **too much.***

@HOMETUTOR
my.hrw.com

3 Réponses personnelles

PARLER/ÉCRIRE Répondez aux questions suivantes en utilisant une des expressions suggérées dans des phrases affirmatives ou négatives.

▶ Tu as de l'argent?
Oui, j'ai beaucoup (assez) d'argent
(Non, je n'ai pas beaucoup d'argent.)

assez — beaucoup — trop — peu

1. Tu as des copains sympathiques?
2. Tu as des profs intéressants?
3. Tu as des vacances?
4. Tu as des examens?
5. Tu manges du pain?
6. Tu bois du lait?
7. Tu fais de l'exercice?
8. Tu fais des progrès en français?

4 Conversation

PARLER Demandez à vos camarades s'ils font les choses suivantes. Ils vont répondre en utilisant une expression de quantité.

1. travailler
2. téléphoner
3. dormir
4. voyager
5. chatter sur le Net
6. regarder la télé
7. sortir le week-end
8. écouter la radio

▶ étudier

(Je n'étudie pas beaucoup [assez].)

VOCABULAIRE D'autres expressions de quantité

un(e) autre	*another*	Veux-tu **un autre** croissant?
d'autres	*other*	As-tu fait **d'autres** sandwichs?
plusieurs	*several*	J'ai acheté **plusieurs** livres.
quelques	*some, a few*	Nous avons invité **quelques** amis.

5 Au pique-nique

PARLER Vous avez invité vos camarades à un pique-nique. Offrez-leur une seconde fois *(another time)* les choses suivantes. Ils vont accepter ou refuser.

▶ une orange

Tu veux une autre orange?

Oui, merci, donne-moi une autre orange.

(Non, merci, je n'ai pas faim.)

1. un sandwich
2. une tranche de pizza
3. un morceau de fromage
4. une pomme
5. un verre de limonade
6. un paquet de chips

B L'adjectif *tout*

The adjective **tout (le)** agrees in gender and number with the noun it introduces.
Note the four forms of **tout** *(all)*:

	SINGULAR	PLURAL		
MASCULINE	**tout (le)**	**tous (les)**	**tout le** groupe	**tous les** garçons
FEMININE	**toute (la)**	**toutes (les)**	**toute la** classe	**toutes les** filles

→ Note the following English equivalents:

tout le, toute la	*all the* *the whole*	J'ai bu **toute la limonade.** Alain a mangé **tout le gâteau.**
tous les, toutes les	*all (the)* *every*	**Tous les** invités *(guests)* sont ici. Je fais les courses **toutes les semaines.**

→ In the above expressions, the definite article **(le, la, les)** may be replaced by a possessive or a demonstrative adjective.

J'ai invité **tous mes copains.** — *I invited **all my friends.***

→ **Tout** is used in several common expressions:

tout le monde	*everybody, everyone*	Où est **tout le monde?**
tout le temps	*all the time*	Olivier mange **tout le temps.**

→ **Tout** may be used alone with the meaning *all, everything.*

Tout est possible. — ***Everything** is possible.*

6 La gourmandise (Gluttony)

PARLER/ÉCRIRE Les personnes suivantes sont des gourmands *(gluttons)*. Expliquez pourquoi.

▶ Patrick / manger / la glace
Patrick a mangé toute la glace.

1. Valérie / manger / le fromage
2. Frédéric / finir / les gâteaux
3. Sophie / boire / le jus d'orange
4. Jean-Claude / prendre / la tarte
5. Juliette / manger / les fraises
6. Éric / boire / l'orangeade
7. Delphine / prendre / les cerises
8. Marc / finir / les desserts

7 Quand?

PARLER/ÉCRIRE Voici certaines choses que nous faisons régulièrement. Complétez les phrases par **tous (toutes) les** + expression de temps.

▶ J'écoute de la musique **tous les jours (tous les week-ends).**

▶ Je téléphone à mes cousins **toutes les semaines (tous les dimanches, tous les mois).**

1. Je regarde la télé …
2. Je fais mon lit …
3. Je range ma chambre …
4. Je vais au cinéma …
5. Je vais en ville …
6. Je vais au restaurant …
7. Mon père (Ma mère) fait les courses …
8. Le professeur donne un examen …
9. Je vois mon copain …

C L'expression *il faut*

Note the use of the expression **il faut** in the following sentences.

À l'école, **il faut étudier.** — *At school,* ***one has to study.***
Pour être heureux, **il faut avoir des amis.** — *To be happy,* ***you (people, we) must have friends.***

To express a GENERAL OBLIGATION or NECESSITY, the French use the construction:

il faut + INFINITIVE

→ To express what one SHOULD NOT do, the French use **il ne faut pas** + INFINITIVE.

Il ne faut pas perdre son temps. — ***You should not*** *waste your time.*

→ To express PURPOSE, the French use the construction **pour** + INFINITIVE.

Pour réussir, il faut travailler. — ***(In order) to succeed,*** *you have to work.*

8 Oui ou non?

PARLER/ÉCRIRE Dites ce qu'il faut faire et ce qu'il ne faut pas faire.

▶ Pour réussir à l'examen

- étudier
- être paresseux

Pour réussir à l'examen, il faut étudier.
Il ne faut pas être paresseux.

1. Pour être en bonne santé *(health)* …
- faire de l'exercice
- fumer *(smoke)*
- manger trop de viande
- boire de l'eau minérale

2. Pour être heureux …
- être pessimiste
- avoir des amis sympathiques
- avoir beaucoup d'argent
- être égoïste

3. Quand on est en classe …
- écouter le professeur
- dormir
- mâcher *(chew)* du chewing-gum
- répondre aux questions

4. Quand on est invité à dîner …
- être poli avec tout le monde
- manger tous les plats
- manger avec les mains
- remercier *(thank)* l'hôtesse

À votre tour!

OBJECTIFS
Now you can …
• prepare a shopping list

Digital performance space

1 Le pique-nique

PARLER/ÉCRIRE Avec votre partenaire, vous avez décidé d'organiser un pique-nique pour huit personnes. Décidez des choses que vous allez acheter et en quelles quantités. Écrivez votre liste de courses.

LESSON REVIEW
my.hrw.com

Lecture La recette du croque-monsieur

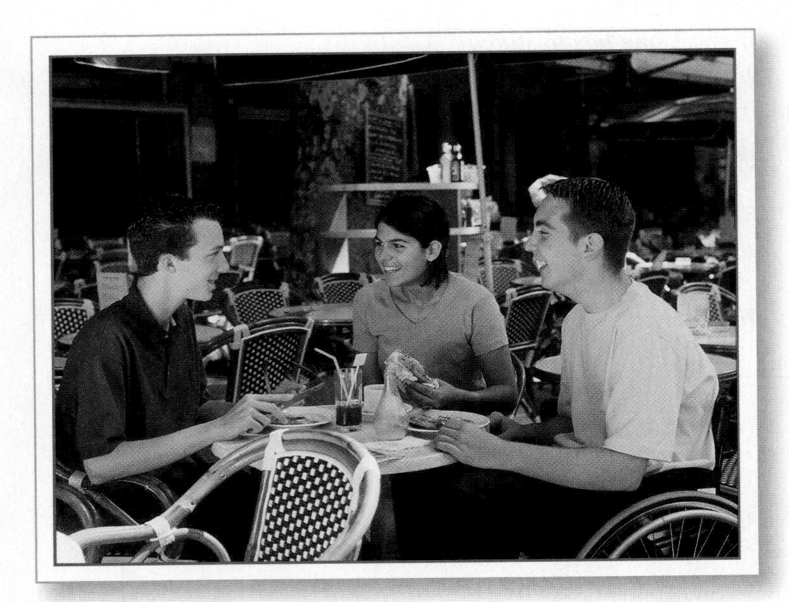

Vous êtes dans un café en France et vous avez faim. Qu'est-ce que vous allez commander? Peut-être un sandwich ou une salade. Si vous préférez manger quelque chose de chaud, vous pouvez choisir une omelette ou une pizza. Ou bien, vous pouvez faire comme beaucoup de jeunes Français et commander un «croque-monsieur».

Les croque-monsieur sont des sandwichs chauds faits avec du jambon et du fromage. Pour manger un croque-monsieur, vous n'avez pas besoin d'aller en France. Vous pouvez le préparer chez vous. Voici une recette très simple.

Les ingrédients

Pour faire deux croque-monsieur, il faut:°

- 4 tranches de pain
- 2 tranches de jambon
- 4 tranches de gruyère°
- un peu de beurre
- un peu de gruyère râpé°
- de la moutarde de Dijon (facultatif°)

(Les tranches de jambon et de fromage doivent avoir les mêmes dimensions que les tranches de pain.)

il faut *one needs* **gruyère** *a type of cheese* **râpé** *grated* **facultatif** *optional*

Additional readings @ **my.hrw.com**

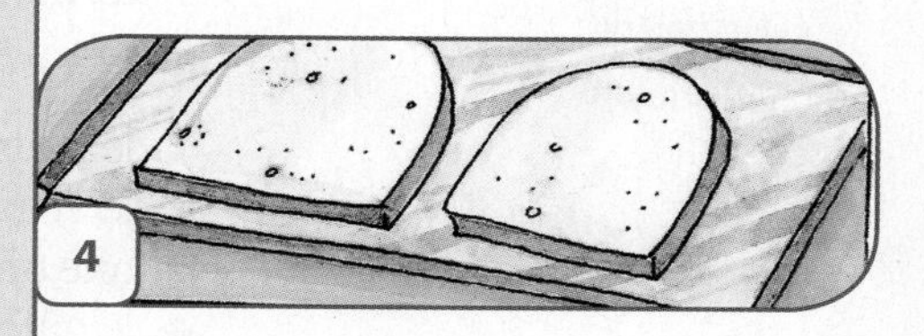

La recette

1. Allumez le gril° du four.
2. Dans une poêle,° faites fondre° un peu de beurre.
3. Avec une cuillère à café, passez le beurre fondu sur les tranches de pain.
4. Sur une plaque,° mettez deux tranches de pain (côté beurré° contre° la plaque).
5. Sur chaque tranche, mettez successivement:
   - un peu de moutarde
   - une tranche de fromage
   - une tranche de jambon
   - une autre tranche de fromage
6. Recouvrez avec une autre tranche de pain beurré (côté beurré à l'extérieur).
7. Mettez les deux croque-monsieur au four pendant trois minutes.
8. Avec une spatule, retournez les deux croque-monsieur. Remettez° au four pendant une ou deux minutes.
9. Mettez le gruyère râpé sur les croque-monsieur. Remettez au four pendant une minute.
10. Retirez° du four et mettez les deux croque-monsieur sur deux assiettes. Mangez chaud. Bon appétit!

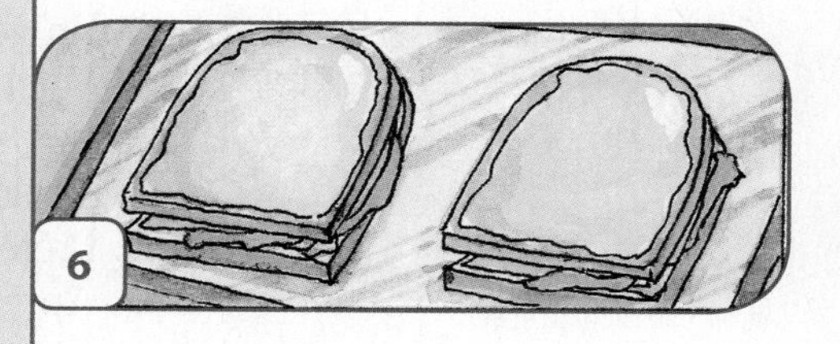

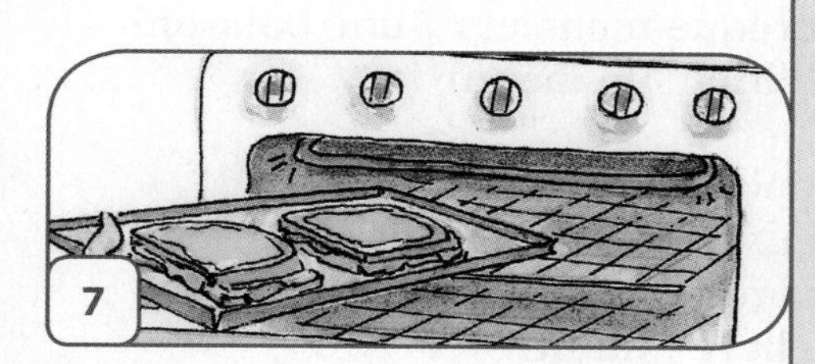

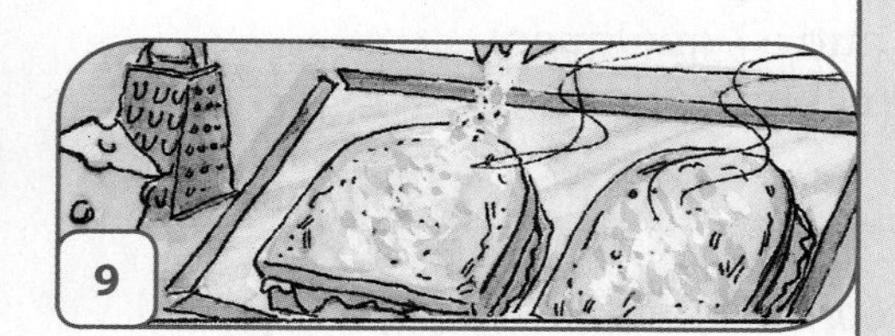

***À noter:** Vous pouvez faire aussi des «croque-madame». Pour cela, mettez un oeuf frit sur chaque croque-monsieur.

gril *broiler* **poêle** *frying pan* **fondre** *melt* **plaque** *baking sheet* **côté beurré** *buttered side* **contre** *against* **Remettez** *Put back* **Retirez** *Take out*

Tests de contrôle

By taking the following tests, you can check your progress in French and also prepare for the unit test. Write your answers on a separate sheet of paper.

Review...
- vocabulary: pp. 158, 160

1 Les catégories

Determine to which of the categories on the right the following products belong.

▶ le porc — **Le porc est une viande.**

1. le beurre
2. le veau
3. une orange
4. le gâteau
5. une poire
6. la tarte
7. les haricots
8. une pomme
9. les petits pois
10. le jambon
11. le fromage
12. un pamplemousse

viande
produit laitier *(dairy product)*
légume
fruit
dessert

Review...
- vocabulary and constructions: pp. 154, 156, 158, 186, 188, 189

2 Le choix logique

Complete the following sentences with the appropriate options.

1. En général, on — à midi. **(déjeune / prend le petit déjeuner)**
2. Voici — pour le café. **(une tasse / une fourchette)**
3. Et voilà — pour le steak. **(une cuillère / un couteau)**
4. Voulez-vous un sandwich — ? **(aux champignons / au jambon)**
5. Préfères-tu manger une pizza ou — ? **(un croque-monsieur / une boisson)**
6. Après le repas, le serveur apporte *(brings)* — . **(l'addition / le menu)**
7. Je vais mettre — dans mon thé. **(du poivre / du sucre)**
8. J'ai acheté une douzaine — . **(d'oeufs / de petits pois)**
9. Où est — de jus d'orange? **(le paquet / la bouteille)**
10. Papa a acheté — de beurre. **(une livre / un litre)**
11. Veux-tu — de fromage? **(une boîte / un morceau)**
12. Tu grossis parce que tu manges — . **(assez / trop)**
13. J'ai mis — sel dans la soupe. **(trop / trop de)**
14. Donne-moi — croissant, s'il te plaît. **(un autre / quelques)**
15. J'ai acheté — jeux vidéo. **(beaucoup / plusieurs)**

Review...
- irregular verbs: pp, 166, 176

3 La bonne forme

Complete the following sentences with the appropriate forms of the verbs in parentheses.

1. **(vouloir)** Mes copains — aller au cinéma. Est-ce que tu — voir ce film?
2. **(pouvoir)** Élise — organiser une boum samedi. Est-ce que vous — venir?
3. **(devoir)** Je — rentrer chez moi. Nous — faire nos devoirs.
4. **(boire)** Vous — du jus d'orange. Mes copains — du jus de raisin.

4 Contextes et dialogues

Complete the following dialogues with the appropriate options.

Review...
- use of articles: pp. 168, 170, 178-179

1. *Zoé et Julie sont au restaurant.*

Z: Est-ce que tu veux **(du / le)** poulet?
J: Non, je n'aime pas **(la / de la)** viande.
Z: Il y a aussi **(un / du)** saumon.
J: Excellent! J'adore **(le / du)** poisson!

2. *Claire et Thomas entrent dans une boulangerie.*

C: J'achète **(le / du)** pain?
T: Bien sûr, nous n'avons pas **(de / du)** pain à la maison.
C: Est-ce que je prends aussi **(une / de la)** tarte?
T: Écoute, moi je préfère **(le / du)** gâteau au chocolat.
C: Bon, je vais prendre **(un / du)** gâteau.

5 Composition: Un repas à l'école

Digital performance space

In a short paragraph describe a recent meal you had at school. Use the PASSÉ COMPOSÉ in complete sentences. Mention ...

- at what time you had lunch
- what you ate
- what you drank
- what you had for dessert
- what food you liked
- what food you did not like

STRATEGY Writing

1	2	3
Note down your answers to the above questions.	Write out your paragraph.	Check your composition to be sure you have used the appropriate passé composé forms. Also check whether you used the correct articles.

Vocabulaire

POUR COMMUNIQUER

Ordering at a café

Vous désirez?	*What would you like?*
Et comme dessert?	*And for dessert?*
Le service est compris.	*The tip (service charge) is included.*

Expressing food preferences

Quel est ton plat préféré?	*What is your favorite dish?*
J'adore …	*I love …*
Je n'aime pas tellement …	*I don't like … that much.*

Shopping for food

Vous désirez?	*May I help you? What would you like?*
Et avec ça?	*Anything else?*
C'est tout?	*Is that all?*
Ça fait combien?	*How much does that come to?*

MOTS ET EXPRESSIONS

Au restaurant

un couteau	*knife*
le déjeuner	*lunch*
le dîner	*dinner*
le petit déjeuner	*breakfast*
un plat	*dish*
le pourboire	*tip*
un repas	*meal*
le service	*tip, service charge*
un verre	*glass*
l'addition	*check, bill*
une assiette	*plate*
la cantine	*cafeteria*
une cuillère	*spoon*
la cuisine	*cooking, cuisine*
une fourchette	*fork*
une serviette	*napkin*
une tasse	*cup*

La nourriture

les anchois	*anchovies*
le beurre	*butter*
le céleri	*celery*
un champignon	*mushroom*
un chocolat	*hot chocolate, cocoa*
un croque-monsieur	*grilled ham and cheese*
un dessert	*dessert*
le fromage	*cheese*
un fruit	*fruit*
le gâteau	*cake*
des haricots verts	*green beans*
un hors-d'oeuvre	*appetizer*
un ingrédient	*ingredient*
le jambon	*ham*
le jus d'orange	*orange juice*
le jus de pomme	*apple juice*
le jus de raisin	*grape juice*
le ketchup	*ketchup, catsup*
le lait	*milk*
une banane	*banana*
une boisson	*beverage, drink*
une carotte	*carrot*
les céréales	*cereal*
une cerise	*cherry*
la confiture	*jam*
l'eau	*water*
l'eau minérale	*mineral water*
une fraise	*strawberry*
les frites	*French fries*
la glace	*ice cream*
une glace à la vanille	*vanilla ice cream*
une glace au chocolat	*chocolate ice cream*
une limonade	*lemon soda*
la margarine	*margarine*
la mayonnaise	*mayonnaise*
la moutarde	*mustard*
la nourriture	*food*
une omelette	*omelet*

Interactive Flashcards
@HOMETUTOR
my.hrw.com

La nourriture (suite)

un légume	*vegetable*
le melon	*melon*
un oeuf	*egg*
un oeuf sur le plat	*fried egg*
le pain	*bread*
un pamplemousse	*grapefruit*
des petits pois	*peas*
un plat	*dish*
le poisson	*fish*
le poivre	*pepper*
le porc	*pork*
le poulet	*chicken*
le poulet rôti	*roast chicken*
le riz	*rice*
le rosbif	*roast beef*
le saucisson	*salami*
le saumon	*salmon*
le sel	*salt*
un soda	*soft drink*
les spaghetti	*spaghetti*
le sucre	*sugar*
un thé	*tea*
un thé glacé	*iced tea*
le thon	*tuna*
le veau	*veal*
un yaourt	*yogurt*
un yaourt à la fraise	*strawberry yogurt*
une omelette nature	*plain omelet*
une orange	*orange*
une poire	*pear*
une pomme	*apple*
une pomme de terre	*potato*
une salade	*salad, lettuce*
la sole	*sole*
la soupe	*soup*
la tarte	*pie*
une tomate	*tomato*
la viande	*meat*

Les quantités

un kilo	*kilogram*
un litre	*liter*
un morceau	*piece*
un paquet	*pack, package*
un pot	*jar*
un sac	*bag*
une boîte	*box; can*
une bouteille	*bottle*
une douzaine	*dozen*
une livre	*pound*
une tranche	*slice*

Expressions de quantité

assez de	*enough*
beaucoup de	*much, many, a lot of*
combien de	*how much, how many*
peu de	*not much, not many, few*
un peu de	*a little, a little bit of*
trop de	*too much, too many*
ne … plus de	*no more*
un(e) autre	*another*
d'autres	*other*
plusieurs	*several*
quelques	*some, a few*

Expressions avec tout

tout/toute/tous/toutes	*all*
tout le/toute la	*all the, the whole*
tous les/toutes les	*all (the), every*
tout le monde	*everybody, everyone*
tout le temps	*all the time*

Verbes réguliers

acheter (j'achète)	*to buy*
amener (j'amène)	*to bring (someone)*
commander	*to order*
déjeuner	*to have lunch*
détester	*to dislike, to hate*
dîner	*to have dinner*
envoyer (j'envoie)	*to send*
espérer (j'espère)	*to hope*
nettoyer (je nettoie)	*to clean*
payer (je paie)	*to pay, pay for*
préférer (je préfère)	*to prefer*

Verbes irréguliers

boire	*to drink*
devoir	*must, to have (to); to owe*
pouvoir	*can, may, to be able*
vouloir	*to want*
mettre la table	*to set the table*
prendre le petit déjeuner	*to have breakfast*
il faut + INFINITIVE	*one must, one has to, it is necessary*

Additional readings @ **my.hrw.com**
FRENCH InterActive Reader

Quatre Surprises

PRE-READING STRATEGY Avant de lire

The title of this reading is easy to understand: "Four Surprises."

Take a moment to skim over the story, reading the paragraphs below the subheads. The first section is entitled **L'invitation**. Can you figure out what kind of an invitation it is?

Now look at the pictures. What do you think the four surprises are? Write down your four guesses on a piece of paper. Then read the story to see how many you got right.

L'invitation

Paul et David sont deux étudiants américains. Avec l'argent qu'ils ont économisé cette année, ils ont décidé de passer un mois en France. Ils viennent d'arriver à Paris. Malheureusement, ils n'ont pas d'amis français.

PAUL: Tu connais des gens à Paris?

DAVID: Non, je ne connais personne. Et toi?

PAUL: Moi non plus. Attends, si! Ma soeur Christine a une correspondante° française qui habite à Paris. Je crois° que j'ai son nom dans mon carnet d'adresses.

Paul regarde dans son carnet d'adresses.

PAUL: Voilà. La copine de ma soeur s'appelle Nathalie Descroix. J'ai son numéro de téléphone …

DAVID: Eh bien, téléphone-lui!

PAUL: Bon, d'accord. Je vais lui téléphoner.

Paul compose° le numéro de Nathalie. Celle-ci° répond. Paul explique qu'il est le frère de Christine et qu'il est à Paris avec un copain. Nathalie propose d'inviter les deux garçons à déjeuner.

NATHALIE: Tu es libre mardi en huit?°

PAUL: Oui, bien sûr.

NATHALIE: Est-ce que tu veux déjeuner chez moi avec ton copain?

PAUL: Avec grand plaisir. Où est-ce que tu habites?

NATHALIE: J'habite une modeste chambre d'étudiante au 125, rue de Sèvres.

PAUL: À quel étage?

NATHALIE: Au sixième étage. Donc, je vous attends° mardi en huit à midi. Mais je vous préviens, ce sera° un repas très simple.

PAUL: Merci beaucoup pour ton invitation. À bientôt.

NATHALIE: Au revoir, à bientôt.

Dans son carnet, Paul note la date du 8 juillet.

correspondante *pen pal* **crois** *believe, think*
compose *dials* **Celle-ci** *The latter (= Nathalie)*
mardi en huit *a week from Tuesday*
je vous attends *I'm expecting you* **sera** *will be*

Avez-vous compris?

1. Qui sont Paul et David?
2. Qui est Nathalie?
3. Où habite Nathalie?
4. Qu'est-ce que Nathalie propose?

Mots utiles

un carnet d'adresses	*address book*
expliquer	*to explain*
libre	*free*
un étage	*floor*
prévenir	*to warn, tell in advance*

Première surprise

Le 8 juillet, Paul et David ont mis leurs plus beaux vêtements. Ils ont acheté un gros bouquet de fleurs et il sont allés chez Nathalie.

Arrivé devant l'immeuble° du 125, rue de Sèvres, Paul a regardé son carnet. «Nathalie habite au sixième étage.» Paul et David sont entrés dans l'immeuble. Puis ils ont monté les escaliers et compté les étages. «Deux, trois, quatre, cinq, six.»

PAUL: Nous sommes au sixième étage.
DAVID: Et voilà la chambre de Nathalie.

Sur une porte, il y a en effet° une carte avec le nom: DESCROIX.

Paul a sonné. Pas de réponse.
Il a sonné deux fois,° trois fois, quatre fois ... Toujours pas de réponse.

DAVID: Tu es sûr que Nathalie habite ici?
PAUL: Mais oui. Son nom est inscrit° sur la porte.
DAVID: Regarde, il y a une enveloppe sous le tapis.
PAUL: C'est sûrement pour nous.

Paul a ouvert° l'enveloppe. Il a trouvé° des clés avec la note suivante:°

Chers amis,

Excusez-moi si je ne suis pas ici pour vous accueillir.° Ce matin, j'ai dû aller à l'hôpital rendre visite à une amie qui a eu un accident. Ce n'est pas grave, mais je ne serai pas de retour° avant trois heures.

Entrez chez moi et faites comme chez vous. Le déjeuner est préparé. Ne m'attendez pas.

À bientôt,
N.D.

Mots utiles

gros, grosse	*big, large*
les escaliers	*stairs*
compter	*to count*
sonner	*to ring (the doorbell)*
un tapis	*rug*
une clé	*key*

Avez-vous compris?

1. Quel jour est-ce que Paul et David sont allés chez Nathalie?
2. Comment sont-ils montés chez elle?
3. Quelle est la première surprise?

immeuble *(apartment) building* **en effet** *in fact* **fois** *times* **inscrit** *written* **a ouvert** *opened* **a trouvé** *found* **suivante** *following* **pour vous accueillir** *to welcome you* **je ne serai pas de retour** *I won't be back*

Deuxième surprise

Paul a pris les clés et il a ouvert la porte.

Une autre surprise attend les deux garçons. En effet, ce n'est pas dans «une modeste chambre d'étudiante» qu'ils sont entrés, mais dans un appartement relativement petit, mais très moderne et très confortable.

Et sur la table de la salle à manger est servi un magnifique repas froid. Il y a du saumon fumé,° du poulet rôti° avec de la mayonnaise, une salade, un grand nombre de fromages différents et, comme dessert, un énorme gâteau au chocolat.

DAVID: Nathalie a parlé d'un repas très simple, mais en réalité, elle a préparé un véritable festin.°

PAUL: C'est vrai. Nous allons nous régaler!°

DAVID: On commence?

PAUL: Non! Attendons Nathalie. C'est plus poli.

DAVID: Tu as raison. Attendons-la!

Paul et David ont attendu, mais il est maintenant une heure et Nathalie n'est toujours pas là.

DAVID: J'ai faim.

PAUL: Moi aussi, j'ai une faim de loup.°

DAVID: Alors, déjeunons! Après tout, Nathalie a dit de ne pas attendre.

Les garçons ont pris plusieurs tranches° de saumon fumé. «Hm, c'est délicieux.» Puis, ils ont mangé du poulet rôti. «Fameux° aussi!» Puis ils ont pris de la salade et ils ont goûté à tous les fromages. Finalement, ils sont arrivés au dessert. Ils ont pris un premier morceau de gâteau au chocolat, puis un deuxième, puis un autre et encore° un autre … Bientôt, ils ont fini tout le gâteau.

DAVID: Quel repas merveilleux! Nathalie est une excellente cuisinière.°

PAUL: C'est vrai … Mais, euh, maintenant je suis fatigué.

DAVID: Euh, moi aussi …

Paul et David ont quitté la table. Ils se sont assis° sur le sofa. Quelques minutes plus tard, ils sont complètement endormis.°

Pendant qu'ils dormaient° le téléphone a sonné plusieurs fois. Dring, dring, dring, dring, dring … Mais personne n'a répondu.

du saumon fumé *smoked salmon* **rôti** *roast* **véritable festin** *real feast*
Nous allons nous régaler! *We're going to enjoy a delicious meal!*
j'ai une faim de loup *I'm as hungry as a wolf* **tranches** *slices*
Fameux *Great* **encore** *still* **cuisinière** *cook* **se sont assis** *sat down*
endormis *asleep* **dormaient** *were sleeping*

Mots utiles

énorme	*enormous*
commencer	*to begin*
poli(e)	*polite*
plusieurs	*several*
goûter	*to taste*

Avez-vous compris?

1. Quelle est la deuxième surprise?
2. Qu'est-ce qu'il y a pour le déjeuner? Qu'est-ce que Paul et David pensent du repas?
3. Pourquoi n'ont-ils pas répondu au téléphone?

Troisième surprise

Il est maintenant trois heures. Quelqu'un est entré dans l'appartement. Paul et David se sont réveillés.°

DAVID: Tiens, voilà Nathalie.
PAUL: Bonjour, Nathalie.

Mais la personne qui est entrée n'est pas Nathalie. C'est une dame d'une cinquantaine d'années,° très élégante. Elle a l'air très surprise.

LA DAME: Qu'est-ce que vous faites ici?

Paul et David, à leur tour,° sont très surpris.

PAUL: Nous attendons notre amie Nathalie.
LA DAME: Votre amie Nathalie n'habite pas ici.
DAVID: Mais alors, chez qui sommes-nous?
LA DAME: Vous êtes chez moi.
PAUL: Mais alors, qui êtes-vous?

Maintenant la dame sourit.

LA DAME: Je suis la tante de Nathalie et vous, vous êtes certainement ses amis. À votre accent, je vois que vous êtes américains. Elle m'a parlé de vous.
PAUL: Oh, excusez-nous, madame. Nathalie s'est trompée° quand elle nous a donné son adresse. Elle a dit qu'elle habitait° au sixième étage.

La dame semble s'amuser.°

LA DAME: Mais non, elle ne s'est pas trompée. Nathalie habite bien° une chambre d'étudiante au sixième, l'étage au-dessus. C'est vous qui vous êtes trompés! Vous êtes ici au cinquième étage.
DAVID: Au cinquième étage? Je ne comprends pas! Nous avons compté les étages.
LA DAME: Votre erreur est bien excusable. Notre premier étage en France correspond au deuxième étage américain. Ainsi, vous avez pensé être au sixième étage. En réalité, vous êtes seulement au cinquième.
PAUL: Ça, par exemple!°
DAVID: Et le repas?
LA DAME: Je l'ai préparé pour des amis qui viennent passer la journée à Paris.
PAUL: Et la note sous le tapis?
LA DAME: Je l'ai écrite pour dire à mes amis que … Mais, au fait,° où sont-ils?

Le téléphone sonne à nouveau. La dame va répondre. Elle revient au bout de quelques minutes.

LA DAME: Ce sont justement mes amis qui viennent de téléphoner. Ils m'ont dit qu'ils ont téléphoné plusieurs fois. Ils ont eu une panne° …
PAUL: Tout s'explique!°
LA DAME: Pour vous et pour moi, mais pas pour Nathalie. Ma nièce vous attend certainement. Allez vite chez elle!

Mots utiles

sourire	*to smile*	**une erreur**	*mistake, error*
sembler	*to seem*	**à nouveau**	*again*
au-dessus	*above*	**au bout de**	*at the end of*

Avez-vous compris?

1. Qui est la personne qui est entrée dans l'appartement? Pourquoi a-t-elle l'air très surprise?
2. Quelle est la troisième surprise?
3. Pour qui le repas a-t-il été préparé?

se sont réveillés *woke up*
d'une cinquantaine d'années *about fifty years old*
à leur tour *in turn* **s'est trompée** *made a mistake*
habitait *lived* **s'amuser** *to be amused*
bien *indeed* **Ça, par exemple!** *What do you know!*
au fait *as a matter of fact* **panne** *breakdown*
Tout s'explique! *That explains everything!*

Quatrième et dernière surprise

Paul et David sont montés à l'étage supérieur.
Ils ont sonné à l'appartement de Nathalie.
Celle-ci a ouvert la porte.

PAUL: Bonjour! Nathalie?

Nathalie a l'air étonnée.

NATHALIE: Oui, c'est moi. Et vous, vous êtes … ?

PAUL: Je suis Paul. Et voici mon copain David.

NATHALIE: Ah, enchantée! Quelle bonne surprise!

Paul, à son tour, est très étonné de l'air surpris de Nathalie.

PAUL: Euh … nous nous excusons de° …

NATHALIE: Ne vous excusez pas. Je suis très contente de vous voir. Vous avez de la chance car° j'avais l'intention d'aller au cinéma cet après-midi.

PAUL: Au cinéma? Et l'invitation à déjeuner?

NATHALIE: Quel déjeuner? … Ah, oui. J'espère que vous n'avez pas changé d'avis. Je compte absolument sur vous mardi prochain.

DAVID: Comment? Ce n'est pas pour aujourd'hui?

PAUL: Tu as dit «mardi huit». Nous sommes bien le 8 juillet aujourd'hui!

NATHALIE: Non, j'ai dit «mardi en huit». C'est différent. «Mardi en huit» signifie le mardi de la semaine prochaine. Mais au fait, vous avez probablement faim. Malheureusement, je n'ai rien préparé. Ah, si, attendez. J'ai un gâteau au chocolat. Je vais le chercher.°

DAVID: Euh, non merci. Pas aujourd'hui.

NATHALIE: Comment? Vous n'aimez pas le gâteau au chocolat?

DAVID: Si, mais …

nous nous excusons de *we're sorry to*
car = parce que **Je vais le chercher.** *I'll go get it.*

Mots utiles

supérieur(e)	*higher*
étonné(e)	*astonished, surprised*
changer d'avis	*to change one's mind*
signifier	*to mean*

Avez-vous compris?

1. Qui habite à l'étage supérieur?
2. Quelle est la quatrième surprise de Paul et de David et la cause de leur erreur?
3. Pourquoi est-ce qu'ils ne veulent pas manger le gâteau de Nathalie?

READING STRATEGY L'Art de la lecture

By now you know that there is not always a word-for-word correspondence between French and English. For example, the French say **je m'appelle** ... *(I call myself ...)*, whereas Americans normally say *my name is* ... However, you can frequently guess what a French phrase means, even though in English you would express it differently.

For example, in the story you have just read, when Nathalie's aunt enters the apartment, **elle a l'air très surprise** (word-for-word: *"she has the air very surprised"*). You know what this description means, even though in normal English you would word it differently, saying: *she looks (or seems) very surprised.*

Exercice de lecture

How would you express the following phrases in everyday English? (You may want to go back to the story and see how they are used.)

- **mardi en huit** *("Tuesday in eight")*
- **à bientôt** *("till soon")*
- **être de retour** *("to be of return")*
- **faites comme chez vous** *("do as at your house")*

Cognate pattern: ˆ ↔ *-s-*

un hôpital ↔ *hospital*
une forêt ↔ ?
un poulet rôti ↔ ?

Cognate pattern: **-(vowel)** ↔ *-te*

poli ↔ *polite*
absolu ↔ ?
favori ↔ ?

Cognate pattern: **-té** ↔ *-ty*

la réalité ↔ *reality*
la société ↔ ?
l'autorité ↔ ?

Cognate pattern: **-eur** ↔ *-or*

une erreur ↔ *error*
un inspecteur ↔ ?
un réfrigérateur ↔ ?

Unité 4

Loisirs et spectacles!

THÈME ET OBJECTIFS

Culture

In this unit, you will learn …

- where French young people like to go in their free time
- what kind of entertainment they prefer

Communication

You will also learn …

- to describe and discuss various forms of entertainment
- to discuss the types of movies you like
- to talk about your favorite stars
- to extend, accept, and turn down invitations

You will also learn …

- to describe your relationships with other people

DIGITAL FRENCH my.hrw.com
ONLINE STUDENT EDITION with...

News + Networking

@HOMETUTOR

- Audio Resources
- Video Resources
- Interactive Flashcards
- WebQuest

PRACTICE FRENCH WITH HOLT MCDOUGAL APPS!

Porte 1
Porte 1

Leçon 13

Culture

LE FRANÇAIS PRATIQUE

DVD AUDIO

Allons au spectacle

Aperçu culturel ... Le monde des spectacles

Musique ou cinéma? Quel spectacle choisir quand on veut sortir? Pour la majorité des Français, le cinéma est de loin le spectacle favori. Les jeunes y vont généralement avec leurs copains le samedi après-midi ou le samedi soir. Leurs films préférés sont les films d'aventures et les films comiques.

Quand ils ont assez d'argent pour acheter des billets, les jeunes vont aussi au concert. Là, ils peuvent écouter et applaudir leurs chanteurs et leurs groupes favoris.

Au cinéma

1. Ces jeunes font la queue pour aller voir le dernier film de leurs acteurs préférés.

Le Stade de France

2. Le Stade de France, près de Paris, a une capacité de 80 000 spectateurs. On vient ici pour voir les matchs de foot internationaux et aussi pour écouter les grandes stars de la chanson et du rock.

Juliette Binoche

3. Cette actrice française est parfaitement bilingue. Pour son rôle d'infirmière dans le film *Le Patient anglais,* Juliette Binoche a obtenu l'Oscar du meilleur second rôle féminin. Elle a aussi joué le rôle principal dans le film *Chocolat*.

@HOMETUTOR
my.hrw.com

Gérard Depardieu

4. Grand, costaud, sympathique, Gérard Depardieu est l'un des acteurs préférés des Français. Acteur aux multiples talents, il joue des rôles très différents dans un grand nombre de films. Il a joué le rôle principal dans le film *Cyrano*.

Audrey Tautou

5. Après de brillantes études scientifiques au lycée, Audrey Tautou a décidé de devenir actrice. Aujourd'hui c'est l'une des jeunes stars du cinéma français. Elle est connue° pour son rôle d'Amélie, une jeune fille naïve, mais optimiste et généreuse.

connue *known*

MC Solaar

6. MC Solaar est né à Dakar, au Sénégal, mais il est de nationalité française. C'est le «Monsieur Rap» français. Dans ses chansons, il exprime des messages positifs contre la violence et pour la paix universelle.

Princesse Erika

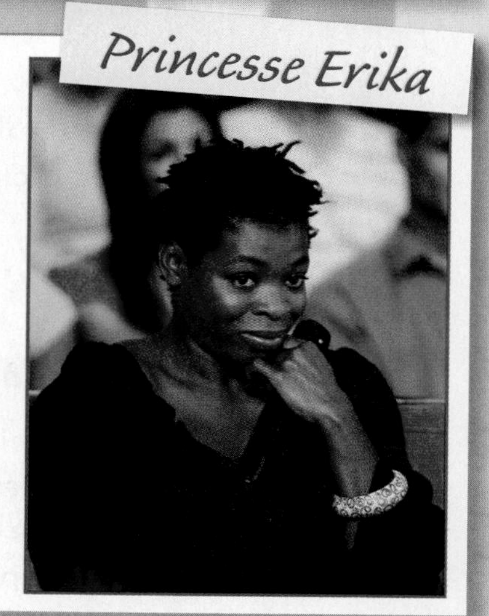

7. La princesse Erika, chanteuse française de reggae, est la petite fille d'une princesse africaine. Très généreuse, elle donne des concerts pour les enfants des pays du tiers monde.

COMPARAISONS *Culturelles*

Allez dans un magasin de musique ou consultez des sites sur l'Internet pour obtenir des exemples de chansons de MC Solaar ou de la princesse Erika … ou d'un autre chanteur français. Comparez cette musique à la musique américaine. Quelles sont les ressemblances et les différences?

Et vous?
Faites une liste des actrices et des acteurs français que vous connaissez. Dans quels films ont-ils joué?

Leçon 13

Vocabulaire et Communication

A VOCABULAIRE Les spectacles 

—Tu sors souvent?
Oui, je sors assez souvent.

Je vais au concert | **une fois** *(once)* / **deux fois** *(twice)* / **trois fois** *(three times)* | **par semaine.** / **par mois** / **par an**

On va ... pour ...

au cinéma (au ciné) voir | **un film.** / **un acteur/une actrice**

au théâtre voir | **une pièce de théâtre** *(play).* / **une comédie musicale** *(musical)*

au concert entendre | **un orchestre** *(band, orchestra).* / **un groupe** / **un chanteur/une chanteuse** *(singer)* / **une chanson** *(song)*

au musée voir **une exposition** *(exhibit).*

au stade assister à **un match** *(game).*
voir | **une équipe** *(team).* / **un joueur/une joueuse** *(player)*

Quand on va à un concert ...

On **laisse** la voiture au parking.
On **cherche** des sodas.
On **cherche** sa place *(seat).*
On **trouve** sa place.
Après, on **garde** le programme.
On n'**oublie** pas l'événement *(event).*

laisser	*to leave, to let*
chercher	*to get, pick up*
chercher	*to look for*
trouver	*to find*
garder	*to keep*
oublier	*to forget*

@HOMETUTOR
my.hrw.com

1 Conversation

PARLER Demandez à vos camarades qui sont leurs personnes favorites.
[Attention: **favori** (m.), **favorite** (f.)]

▶ l'acteur

1. l'actrice
2. la chanteuse
3. le chanteur
4. l'orchestre
5. le groupe
6. la chanson
7. le joueur de basket
8. la joueuse de tennis
9. le joueur de baseball
10. le joueur de football
11. l'équipe de baseball
12. l'équipe de basket

2 Combien de fois?

PARLER/ÉCRIRE Décrivez vos loisirs en choisissant un élément de chaque colonne.

Je vais	au cinéma au théâtre au concert au musée au stade	une fois par semaine une ou deux fois par mois une ou deux fois par an plusieurs fois par an pratiquement jamais

3 Questions personnelles PARLER/ÉCRIRE

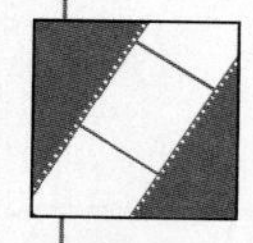

1. Est-ce que tu es allé(e) au cinéma récemment *(recently)*? Où? Quel film est-ce que tu as vu? Comment as-tu trouvé le film? bon ou mauvais?
2. Qui sont tes acteurs et tes actrices préférés? Dans quels films jouent-ils?

3. Est-ce que tu vas souvent au concert? Quel genre de musique est-ce que tu préfères? le rock? le rap? le reggae? la musique classique?
4. Est-ce que tu joues dans un orchestre? dans un groupe musical? Comment s'appelle-t-il?

5. Est-ce qu'il y a un théâtre dans ton école? Si oui, est-ce que tu aimes assister aux pièces? Quelle pièce as-tu vu récemment?
6. Est-ce que tu as joué dans une pièce de théâtre ou dans une comédie musicale? Quel rôle? As-tu eu peur d'oublier ton texte?

7. Est-ce que tu joues dans une équipe? Dans quelle sorte d'équipe? basket? baseball? football? hockey?
8. Est-ce que tu assistes aux matchs de football de ton école? Comment est-ce que tu encourages les joueurs?

9. Est-ce qu'il y a un musée dans ta ville? Comment s'appelle-t-il?
10. Est-ce que tu es allé(e) à une exposition récemment? Où? Qu'est-ce que tu as vu?

B VOCABULAIRE Au cinéma 

—Quel film est-ce qu'on joue?
Qu'est-ce qu'on joue?
On joue *Tigre et dragon*.

—Quelle **sorte** / Quel **genre** de film est-ce?
C'est un film d'aventures.

une sorte *kind, sort*
un genre *type, kind*

—À quelle heure **commence** le film? / **la séance**
Il/Elle commence à huit heures et demie.

commencer *to begin*
la séance *show*

—Combien **coûtent** **les billets?** / **les places**
Ils/Elles coûtent 7 euros.

coûter *to cost*
un billet *ticket*

Quel genre de film est-ce?

C'est ...

- **un film d'aventures** *(action movie)*
- **un film policier** *(detective movie)*
- **un film d'horreur**
- **un film de science-fiction**
- **un drame psychologique**
- **un dessin animé** *(cartoon)*
- **une comédie**
- **une comédie musicale**

NOTE Culturelle

Le cinéma français

La France produit beaucoup de films. Chaque année,° une sélection de ces films est présentée à un jury qui décide du meilleur film. Les résultats sont annoncés à une soirée de gala qui a lieu° à Paris en février au Théâtre du Châtelet. Le meilleur film, le meilleur acteur et la meilleure actrice reçoivent° un **César** qui est l'équivalent de l'«Oscar» américain.

En juillet, les Français célèbrent la **Fête du cinéma.** Pendant les trois jours de cette fête, ils peuvent voir tous° les films qu'ils veulent pour un prix très réduit.°

chaque année *every year* **a lieu** *takes place*
reçoivent *receive* **tous** *all* **réduit** *reduced*

@HOMETUTOR
my.hrw.com

4 Au cinéma

PARLER Ce soir, vous avez décidé d'aller au cinéma. Choisissez un film de la liste. Demandez à un(e) camarade s'il (si elle) veut venir avec vous. Votre partenaire va vous demander des précisions. Composez le dialogue en suivant les instructions et jouez ce dialogue en classe.

VOUS: Est-ce que tu veux aller au *(name of movie theater)?*
PARTENAIRE: *Ask what is playing.*
VOUS: …
PARTENAIRE: *Ask what kind of movie it is.*
VOUS: …
PARTENAIRE: *Ask what the tickets cost.*
VOUS: …
PARTENAIRE: *Ask when the movie starts.*
VOUS: …
PARTENAIRE: *Decide whether you want to go or not and give your reasons why.*

LES FILMS DE LA SEMAINE

CINÉMA	FILM	PREMIÈRE SÉANCE À	PRIX DES BILLETS
Vox	LA MENACE FANTÔME	18 h 30	8€
Majestic	LES PIRATES DE L'ÎLE ROUGE	20 h	7€
Palace	LES EXTRA-TERRESTRES CONTRE-ATTAQUENT	19 h 30	8€
Gaumont	Astérix et Obélix: Mission Cléopâtre	19 h	7€
Studio 25	LE RETOUR DE DRACULA	19 h 45	8€

CONNEXIONS

Do you know the names of any French movie stars? The next time you go to a video store, look for French movies on the shelf for "foreign films". Make a list of the main actors and actresses that appear in more than three movies. Have any of them appeared in American movies too?

C VOCABULAIRE Les invitations 

▶ *Comment inviter quelqu'un:*

—Dis, Jérôme, est-ce que tu es **libre** samedi?
Oui, je suis libre.
Non, | je ne suis pas libre.
| je suis **occupé(e)**

libre *free*

occupé *busy*

—Est-ce que tu veux | sortir | avec moi?
| dîner
| aller au cinéma
| voir une exposition

5 Invitations 

Créez des dialogues où vous invitez des copains aux spectacles suivants.

▶ 

▶ samedi

1. dimanche

2. lundi soir

3. mardi soir

4. mercredi après-midi

@HOMETUTOR
my.hrw.com

▶ Comment accepter l'invitation:

D'accord.
Oui, je veux bien.
Volontiers!
Avec plaisir!
Oui, super! Bonne idée!

d'accord *OK, all right*

volontiers *Sure! I'd love to!*
le plaisir *pleasure*
une idée *idea*

▶ Comment refuser poliment l'invitation:

Je regrette.
Je suis désolé(e).
Je voudrais bien ... *(I would like to)*
Je te remercie ... *(I thank you)*

mais ... je ne peux pas.
j'ai d'autres **projets**
je n'ai pas **le temps**
je dois travailler

regretter *to be sorry*
désolé *very sorry*

un projet *plan*
le temps *time*

5. demain

MATCH de FOOTBALL
France - Italie
le Parc des Princes

6. ??

??
??

6 Situations

PARLER Avec vos camarades, composez des dialogues correspondant aux situations suivantes. Jouez ces dialogues en classe.

Béatrice

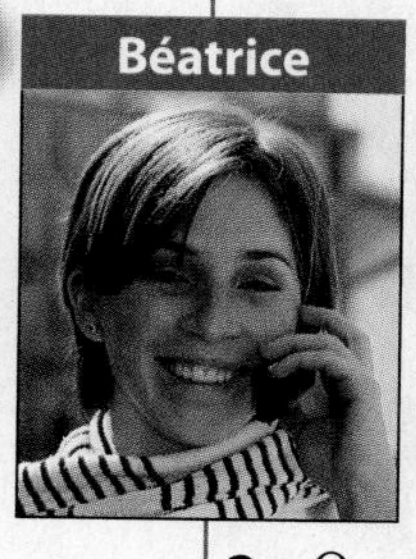

1. Béatrice téléphone à Jean-Paul.
   Elle propose d'aller à un concert de rock.
   Jean-Paul demande quand.
   Béatrice répond samedi.
   Jean-Paul accepte.

Jean-Paul

2. Ousmane veut sortir avec Amélie. Elle n'est pas libre samedi, mais elle est libre dimanche. Ousmane invite Amélie dans un restaurant japonais. Elle accepte l'invitation.

Amélie et Ousmane

Grégoire et Zoé

3. Grégoire propose à Zoé d'aller au cinéma lundi et au théâtre jeudi. Zoé n'aime pas tellement Grégoire. Elle refuse les deux invitations en inventant des excuses différentes.

Au jour le jour

Au concert en France

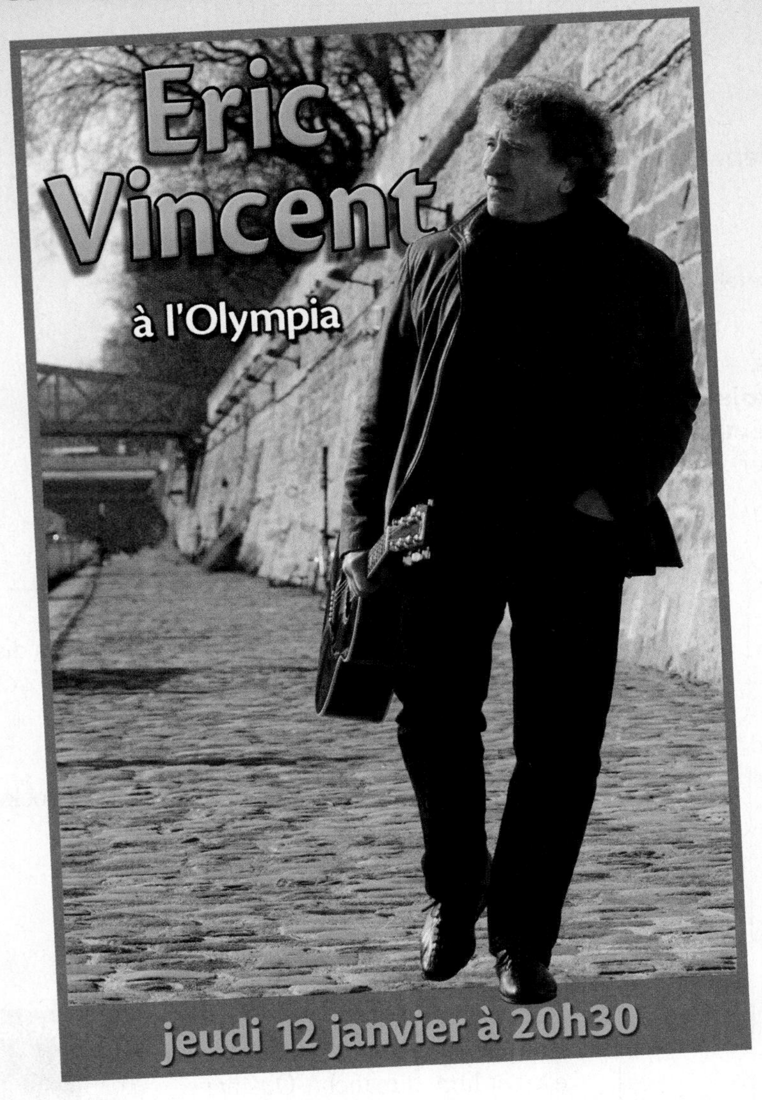

1. Quel spectacle est annoncé sur cette affiche?
2. Comment s'appelle le chanteur? De quel instrument joue-t-il?
3. Où a lieu *(takes place)* le concert?
4. Quel jour a lieu le concert?
5. À quelle heure est la séance?

Additional readings @ **my.hrw.com**
FRENCH InterActive Reader

Quelques grands succès du cinéma

Voici les titres français et les titres anglais de dix grands succès du cinéma. Ces titres ne sont pas placés dans le même ordre. Pouvez-vous faire correspondre les titres français et les titres anglais de ces films?

CINÉMA REX	
1. **Autant en emporte le vent**	a. **Star Wars**
2. **Le jour le plus long**	b. **Schindler's List**
3. **Cendrillon**	c. **Harry Potter and the Sorcerer's Stone**
4. **La guerre des étoiles**	d. **The King's Speech**
5. **Harry Potter à l'école des sorciers**	e. **Dead Poets Society**
6. **Il faut sauver le soldat Ryan**	f. **Gone with the Wind**
7. **La liste de Schindler**	g. **Cinderella**
8. **Le Cercle des poètes disparus**	h. **Saving Private Ryan**
9. **Minuit à Paris**	i. **The Longest Day**
10. **Le Discours du roi**	j. **Midnight in Paris**

Discussion

Choisissez l'un de ces films et discutez de ce film avec vos camarades. Voici quelques questions que vous pouvez poser:

- Quelle sorte de film est-ce?
- Qui sont les acteurs principaux?
- Où as-tu vu ce film? (au cinéma? à la télévision? sur DVD?)
- Quand as-tu vu ce film?
- Est-ce que tu as aimé ce film? Pourquoi ou pourquoi pas?

Un jeu

En groupe, choisissez l'un des films de la liste ou un film que vous avez vu récemment. Composez un petit paragraphe où vous décrivez ce film. Le porte-parole *(spokesperson)* du groupe va lire la description au reste de la classe qui va essayer de deviner *(try to guess)* le titre du film.

C'est un film américain assez ancien. C'est un film historique qui a lieu pendant la guerre civile américaine. On assiste au siège d'Atlanta.

L'acteur principal est Clark Gable. Il joue le rôle de Rhett Butler, un homme riche.

L'actrice principale est Vivien Leigh. Elle joue le rôle de Scarlett O'Hara.

LE TITRE DU FILM:
AUTANT EN EMPORTE LE VENT

Leçon 14

VIDÉO-SCÈNE

DVD AUDIO

Un petit service

Ce week-end, il y a un grand concert à Annecy. Pierre voudrait bien aller au concert avec Armelle, mais il a un problème. Il n'a pas assez d'argent pour acheter les billets. Heureusement, Pierre a une ressource: son frère Jérôme.

Pierre est à la maison. Il lit des bandes dessinées.

Jérôme arrive. Pierre est très content de voir son frère.

cent francs = *approximately* quinze euros

deux cents francs = *approximately* trente euros

Compréhension

1. Quel est le problème de Pierre?
2. Qu'est-ce qu'il demande à Jérôme?
3. Combien d'argent est-ce que Jérôme a prêté à Pierre la semaine dernière?
4. Combien d'argent est-ce que Pierre veut aujourd'hui?
5. Combien d'argent est-ce que Jérôme lui donne?

A Les pronoms compléments: *me, te, nous, vous*

The words in heavy type are called OBJECT PRONOUNS.

Note the form and position of these pronouns in the sentences below.

—Tu **me** parles?	*Are you talking **to me?***
—Oui, je **te** parle!	*Yes, I'm talking **to you!***
—Tu **nous** invites au concert?	*Are you inviting **us** to the concert?*
—Oui, je **vous** invite.	*Yes, I'm inviting **you.***

FORMS

The object pronouns that correspond to **je, tu, nous,** and **vous** are:

je tu	**me (m')** **te (t')**	*me, to me* *you, to you*	Éric **me** téléphone. Anne **te** parle.	Il **m'**invite. Elle **t'**écoute aussi.
nous vous	**nous** **vous**	*us, to us* *you, to you*	Tu **nous** téléphones. Je **vous** parle.	Tu **nous** invites. Je **vous** écoute.

→ **Me** and **te** become **m'** and **t'** before a VOWEL SOUND.

POSITION

In French, object pronouns come IMMEDIATELY BEFORE the verb.

AFFIRMATIVE	NEGATIVE
Je **te** téléphone ce soir.	Je ne **te** téléphone pas demain.
Tu **nous** invites au cinéma.	Tu ne **nous** invites pas au concert.

@HOMETUTOR
my.hrw.com

1 Conversation 

PARLER Demandez à vos camarades s'ils vont faire les choses suivantes pour vous. Ils vont accepter.

▶ inviter au ciné?
—Tu m'invites au ciné, d'accord?
—D'accord, je t'invite au ciné.

1. inviter au concert?
2. téléphoner ce soir?
3. aider à faire le problème de maths?
4. passer tes notes de français?
5. attendre après la classe?
6. amener au musée?
7. rendre visite ce week-end?
8. apporter un sandwich?

2 Mes amis et moi

PARLER/ÉCRIRE Choisissez trois personnes de la liste et dites ce qu'elles font ou ce qu'elles ne font pas pour vous. Pour cela, utilisez les verbes suggérés dans des phrases de votre choix. Utilisez aussi votre imagination!

- mon frère
- ma soeur
- mon copain
- ma copine
- mes voisins
- mes cousins
- mes professeurs
- mon chien
- mon chat
- ma grand-mère

aimer
écouter
obéir *(to obey)*
téléphoner
comprendre
parler
inviter
rendre visite

▶ **Mon chien m'aime mais il ne m'obéit pas.**

▶ **Ma copine me téléphone tous les jours après le dîner.**

VOCABULAIRE Rapports et services personnels

présenter … à	*to introduce … to*	Je **présente** mon copain **à mes parents.**
apporter … à	*to bring … to*	Tu **apportes** un cadeau *(gift)* **à ta mère.**
donner … à	*to give … to*	Éric **donne** son adresse **à Pauline.**
montrer … à	*to show … to*	Nous **montrons** nos photos **à nos amis.**
prêter … à	*to lend, loan … to*	Anne **prête** son vélo **à Valérie.**
rendre … à	*to give back … to*	Je **rends** le dictionnaire **au prof.**

3 Pas de problème!

PARLER/ÉCRIRE Les personnes soulignées ont besoin de certaines choses. Heureusement, elles ont des amis qui les aident. Expliquez cela d'après le modèle. Faites des phrases en utilisant le pronom qui correspond à la personne soulignée.

▶ Tu as soif. (Béatrice / apporter de la limonade)
Pas de problème! Béatrice t'apporte de la limonade.

1. Nous avons faim. (Marc / apporter des sandwichs)
2. Vous organisez une soirée. (Céline / prêter ses CD)
3. Je ne comprends pas la leçon. (Pauline / montrer ses notes)
4. Tu veux prendre une photo. (Nicolas / prêter son appareil-photo)
5. Je veux téléphoner à Sophie. (Sa cousine / donner son numéro de téléphone)
6. Nous allons à Paris. (Thomas / donner l'adresse de son copain français)
7. Vous voulez étudier. (Philippe / rendre vos livres)
8. Tu veux faire une promenade à la campagne. (Vincent / rendre ton vélo)
9. Tu veux rencontrer de nouveaux copains. (Sophie / présenter à ses amis)

B Les pronoms *me, te, nous, vous* à l'impératif

Look at the following commands. Compare the position and form of the object pronouns.

AFFIRMATIVE	NEGATIVE
Téléphone-**moi** ce soir.	Ne **me** téléphone pas après onze heures.
Invite-**moi** au concert.	Ne **m'**invite pas au théâtre.
Apportez-**nous** une pizza.	Ne **nous** apportez pas de sandwichs.

In AFFIRMATIVE commands, the object pronoun comes AFTER the verb and is attached with a hyphen.

➔ Note: **me** becomes **moi.**

In NEGATIVE commands, the object pronoun comes BEFORE the verb.

4 Emprunts *(Borrowing things)* 

PARLER Demandez à vos camarades de vous prêter certaines choses et expliquez pourquoi.

1. ton MP3
   écouter de la musique
2. ta batte
   jouer au baseball
3. ton portable
   téléphoner à un copain
4. 4 euros
   acheter un magazine
5. 8 euros
   aller au cinéma
6. 20 euros
   acheter un cadeau pour l'anniversaire d'un copain

5 S'il te plaît 

PARLER Vous êtes dans les situations suivantes. Demandez à vos camarades de faire certaines choses pour vous. Utilisez les verbes de la liste.

donner montrer prêter rendre apporter

▶ J'ai soif.
… un verre d'eau.
S'il te plaît, apporte-moi (donne-moi) un verre d'eau.

1. J'ai faim.
   … un sandwich.
2. Je voudrais téléphoner à Marc.
   … son numéro de téléphone.
3. Je voudrais étudier ce soir.
   … mon livre de français.
4. Je vais acheter de la limonade.
   … où est le supermarché.
5. Je n'ai pas d'argent.
   … dix euros.
6. Je voudrais organiser une boum.
   … ta radio.
7. Je dois prendre le train.
   … où est la gare.
8. Je voudrais aller chez ta cousine.
   … son adresse.

@HOMETUTOR
my.hrw.com

6 Un voyage à Québec

PARLER Vous faites un voyage à Québec. Demandez certains services aux personnes suivantes.

▶ au garçon de café
- apporter un sandwich

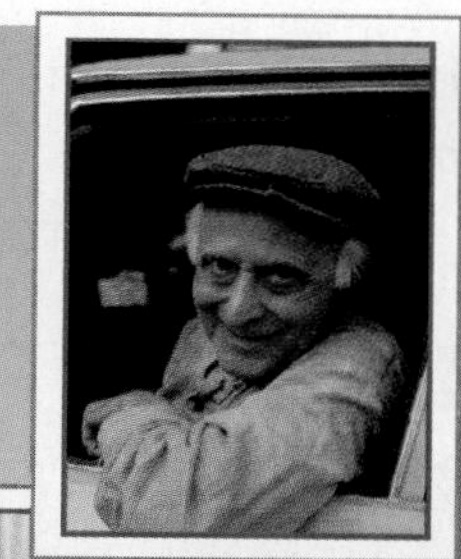

1. au chauffeur de taxi
   - aider avec les bagages
   - montrer la ville
   - amener à mon hôtel

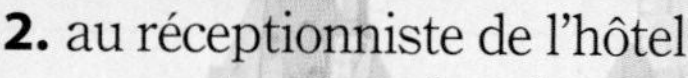

2. au réceptionniste de l'hôtel
   - montrer ma chambre
   - prêter un plan *(map)* de Québec
   - donner l'adresse d'un bon restaurant

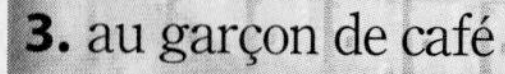

3. au garçon de café
   - montrer le menu
   - donner de l'eau
   - apporter une glace

4. à la serveuse du restaurant
   - apporter le menu
   - montrer les spécialités
   - donner l'addition

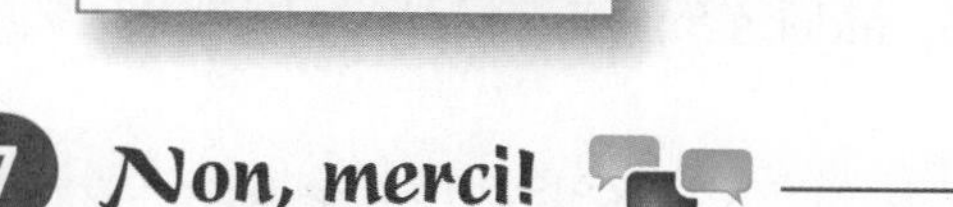

7 Non, merci!

PARLER Demandez à vos camarades de ne pas faire certaines choses et expliquez pourquoi.

▶ téléphoner ce soir
(Je dois étudier.)
—Ne me téléphone pas ce soir.
—Ah bon? Pourquoi?
—Je dois étudier.

1. téléphoner demain
   (Je ne suis pas chez moi.)
2. rendre visite samedi
   (Je vais chez mes cousins.)
3. attendre après la classe
   (Je vais chez le dentiste.)
4. envoyer un mail
   (Je n'ai pas d'ordinateur.)
5. inviter au concert
   (Je dois travailler.)
6. parler en espagnol
   (Je ne comprends pas.)

C Les pronoms compléments à l'infinitif

Note the position of the object pronouns when used with an infinitive.

—Tu vas **m'inviter** au concert? — *Are you going to **invite me** to the concert?*
—Bien sûr, je vais **t'inviter.** — *Of course I'm going to **invite you.***

—Tu peux **nous prêter** 20 euros? — *Can you **lend us** 20 euros?*
—Non, je ne peux pas **vous prêter** 20 euros. — *No, I cannot **lend you** 20 euros.*

In an infinitive construction, the object pronoun comes immediately BEFORE the infinitive.

SUBJECT AND VERB +	OBJECT PRONOUN +	INFINITIVE
Je vais	**te**	téléphoner demain
Je ne peux pas	**vous**	inviter dimanche.

8 Prête-moi ... 

PARLER Demandez à vos copains de vous prêter les choses suivantes. Ils vont accepter ou refuser.

(Non, je ne vais pas te prêter ma raquette.)

9 Désolé! 

PARLER Demandez à votre camarade de faire certaines choses pour vous. Votre camarade ne peut pas les faire et va vous donner une raison pour son refus.

▶ prêter 20 euros
—Dis, prête-moi 20 euros, s'il te plaît.
—Désolé(e), mais je ne peux pas te prêter 20 euros.
—Ah bon? Pourquoi?
—Je n'ai pas d'argent.

1. inviter ce week-end
2. donner l'adresse de Pauline
3. amener au concert
4. montrer tes photos
5. acheter un sandwich
6. aider à faire le problème de maths

RAISONS

Je n'ai pas mon album.
Je n'ai pas d'argent.
Je vais aller à la campagne.
Je n'ai pas compris.
Je suis fauché(e) *(broke)*.
Je ne sais pas où elle habite.
Je n'ai pas de voiture.

À votre tour!

OBJECTIFS

Now you can . . .
• ask others to do things for you

1 Échanges

PARLER Negotiate an exchange of services or favors with a classmate. Continue the dialogue until you both agree to a fair trade-off. You may want to use verbs like **inviter, donner, prêter, acheter, vendre,** and **aider.**

2 À Québec

PARLER You are visiting your friend who lives in Quebec. Since this is your first time there, you ask your friend to do a few things for you. (You may use the suggestions in parentheses or think of something else.) Your friend will accept and tell you when he/she is going to do these things.

Ask your partner to do at least three of the following things:
- to show you . . . (la Citadelle? le Vieux Québec? his/her school? . . .)
- to take **(amener)** you . . . (to a hockey game? to a concert? . . .)
- to introduce you . . . (to his/her friends? to his/her cousins? . . .)
- to lend you . . . (his/her bicycle? his/her camera? . . .)
- to give you . . . (a map **[un plan]** of Quebec? the address **[l'adresse]** of a good restaurant? . . .)
- to invite you . . . (to the theater? to the movies? . . .)

LESSON REVIEW
my.hrw.com

Lecture Le courrier du coeur

Voici trois lettres adressées à Lucile, une conseillère° qui a réponse à tous vos problèmes sentimentaux. Les réponses de Lucile sont sur la page de droite. Attention, les réponses ne sont pas dans le même ordre que les lettres.
Est-ce que vous pouvez faire correspondre chaque lettre avec la réponse de Lucile?

conseillère *advisor*

Chère Lucile,

J'ai 16 ans. J'ai des parents généreux, des amis sympathiques ... et pourtant° je suis malheureux. Voici mon problème: je suis amoureux d'°une jeune fille très timide. En classe, elle me regarde tout le temps, mais elle ne me parle jamais. Et pourtant, je suis sûr qu'elle me trouve sympathique.

Qu'est-ce que je dois faire? Est-ce que vous pouvez m'aider?

Désespéré

Chère Lucile,

J'ai un copain. Il s'appelle Christian et il est très sympa. Il dit qu'il m'aime ... Le problème est que j'ai une rivale. Non, ce n'est pas une autre fille. C'est la moto de Christian. Le week-end, il passe plus de temps° avec elle qu'avec moi. Qu'est-ce que je peux faire contre une moto? Répondez-moi vite, s'il vous plaît.

Désolée

Chère Lucile,

Ce week-end, je dois sortir avec un garçon qui m'a offert° une bouteille° de parfum très cher pour mon anniversaire. Le problème est que je déteste ce parfum. Quand je le mets, je suis toujours malade. Je ne veux pas offenser mon ami, mais il m'est impossible de mettre son parfum. Qu'est-ce que vous me conseillez de faire?

Allergique

pourtant *however* **amoureux de** *in love with* **plus de temps** *more time* **a offert** *gave* **bouteille** *bottle*

Additional readings @ my.hrw.com
FRENCH InterActive Reader

Chère Désolée,

Cher Désespéré,

Chère Allergique,

Vous avez tort d'être jalouse. Bien sûr, votre rivale a des séductions mécaniques que vous n'avez pas. Mais elle ne peut pas parler ni° penser et surtout elle ne peut pas aimer.

Votre problème est que vous avez peur de monter à moto ... et vous avez raison!

Lucile

Soyez honnête avec vous-même. Votre véritable allergie n'est pas le parfum. C'est le garçon qui vous a offert ce parfum. Êtes-vous sûre de vos sentiments envers lui?

Lucile

Qui est le plus timide? Votre amie ou vous? Si vous êtes vraiment amoureux d'elle, faites le premier pas.

Lucile

ni *or*

COMMENT ÉCRIRE À UN AMI FRANÇAIS:

- Mettez la date en haut et à droite de la page.
- Commencez votre lettre avec le nom de votre ami(e):

  Cher Paul,
  Chère Nathalie,
- Si vous connaissez très bien cette personne, vous pouvez écrire:

  Mon cher Paul,
  Ma chère Nathalie,
- Écrivez votre lettre.
- Terminez votre lettre par l'une des formules suivantes:

  Je t'embrasse,
  Je t'embrasse affectueusement,
  Bien à toi,
  Amicalement,

  ou plus simplement:

  Ton ami(e)
- Signez lisiblement.

Leçon 15

VIDÉO-SCÈNE DVD AUDIO

Dans une boutique de disques

Dans l'épisode précédent, Pierre a emprunté cent francs à son frère Jérôme. Avec cet argent, il a acheté deux billets pour le concert de Mano Negra.

Cet après-midi, Pierre et Armelle sont allés au concert.

Après le concert, ils sont allés dans un magasin de disques pour acheter le dernier compact de ce groupe.

Dans le magasin, Armelle parle à l'employé. Pendant ce temps, Pierre écoute de la musique.

Armelle écoute le compact. Puis elle demande à Pierre son opinion.

Armelle paie le compact. Elle demande à Pierre s'il veut venir l'écouter chez elle.

Pierre et Armelle sortent du magasin. Les deux amis vont chez Armelle.

à suivre . . .

Compréhension

1. Que font Pierre et Armelle après le concert?
2. Qu'est-ce qu'Armelle veut acheter?
3. Pourquoi est-ce qu'elle ne peut pas l'acheter?
4. Qu'est-ce que l'employé lui propose?
5. Est-ce qu'elle achète le compact?
6. Qu'est-ce qu'elle propose à Pierre?

A Le verbe *connaître*

Note the forms of the irregular verb **connaître** *(to know)*.

INFINITIVE	connaître			
PRESENT TENSE	Je	**connais** Philippe.	Nous	**connaissons** Québec.
	Tu	**connais** sa soeur.	Vous	**connaissez** cet hôtel.
	Il/Elle/On	**connaît** les voisins.	Ils/Elles	**connaissent** ce café.
PASSÉ COMPOSÉ	J'ai	**connu** Paul l'été dernier.		

→ **Connaître** means *to know* in the sense of *to be acquainted* or *familiar with*. It is used primarily with PEOPLE and PLACES.

→ In the passé composé, **connaître** means *to meet for the first time*.

Où **as-tu connu** François? *Where **did you meet** François?*

→ Note also the expression **faire la connaissance de** *(to meet, to get to know)*.

Où **as-tu fait la connaissance de** François?

→ The verb **reconnaître** *(to recognize)* is conjugated like **connaître**.

Je n'**ai** pas **reconnu** ta cousine.

@HOMETUTOR
my.hrw.com

1 Dix ans après

PARLER/ÉCRIRE Les élèves du Lycée Turgo reviennent à leur école dix ans après. Dites quelles personnes et quelles choses chacun reconnaît.

▶ Paul / Isabelle
Paul reconnaît Isabelle.

1. Florence / ses copains
2. nous / le prof d'anglais
3. vous / la directrice *(principal)*
4. moi / la bibliothèque
5. toi / le gymnase
6. mes copains / la cantine

2 Tu connais? 

PARLER Demandez à vos camarades s'ils connaissent les personnes ou les choses suivantes.

▶

(Non, je ne connais pas ce monument.)

▶ le monument

1. la ville

2. la cathédrale

3. la personne

4. le drapeau

5. le drapeau

6. le sport

7. l'homme

B Les pronoms compléments *le, la, les*

In each of the questions below, the noun in heavy type comes directly after the verb. It is the DIRECT OBJECT of the verb. Note the form and position of the DIRECT OBJECT PRONOUNS that are used to replace them.

Tu connais **Patrick**?	Oui, je **le** connais.	*Yes, I know* ***him.***
Tu vois souvent **Anne**?	Oui, je **la** vois souvent.	*Yes, I see* ***her*** *often.*
Tu connais **mes copains**?	Oui, je **les** connais bien.	*Yes, I know* ***them*** *well.*
Tu invites **tes copines**?	Oui, je **les** invite.	*Yes, I invite* ***them.***

FORMS

Direct object pronouns have the following forms:

	SINGULAR	PLURAL			
MASCULINE	**le (l')** *him, it*	**les** *them*	Je **le** connais.	Je **l'**aime.	Je **les** invite.
FEMININE	**la (l')** *her, it*		Je **la** connais.	Je **l'**aime.	Je **les** invite.

→ Note that **le** and **la** become **l'** before a vowel sound.

The direct object pronouns **le, la, l',** and **les** can refer to PEOPLE and THINGS.

Tu vois **Hélène**? Oui, je **la** vois. *Yes, I see* ***her.***

Tu vois **cette affiche**? Oui, je **la** vois. *Yes, I see* ***it.***

3 Le bon choix

PARLER/ÉCRIRE Complétez les réponses aux questions suivantes. Pour cela, remplacez les noms soulignés par les pronoms **le, la, l'** ou **les.**

▶ Tu connais Cécile? **Oui, je la connais. C'est ma voisine.**

1. Tu connais Pierre et Alain? Oui, je ... connais. Ce sont des copains.
2. Tu invites Sylvie? Oui, je ... invite. C'est une bonne copine.
3. Tu aides ta mère? Oui, je ... aide. Elle a beaucoup de travail.
4. Tu écoutes ces chanteurs? Oui, je ... écoute. Ils sont excellents.
5. Tu connais cette comédie? Oui, je ... connais. Elle est très drôle.
6. Tu regardes le film? Oui, je ... regarde. Il est amusant.
7. Tu trouves tes notes? Oui, je ... trouve. Elles sont dans mon sac.
8. Tu gardes tes magazines? Oui, je ... garde. Ils sont intéressants.
9. Tu attends le bus? Oui, je ... attends. Il arrive dans cinq minutes.
10. Tu cherches ta casquette? Oui, je ... cherche. Où est-elle?

POSITION

In general, the object pronouns **le, la, l'**, and **les** come BEFORE the verb.

	AFFIRMATIVE	NEGATIVE
Qui connaît **Éric**?	Je **le** connais.	Tu ne **le** connais pas.

→ In AFFIRMATIVE COMMANDS, the pronouns come AFTER the verb and are connected to it by a hyphen. In NEGATIVE COMMANDS, they come BEFORE the verb.

	AFFIRMATIVE	NEGATIVE
J'invite **Sylvie**?	Oui, invite-**la**.	Non, ne **l'**invite pas.
J'achète **les billets**?	Oui, achète-**les**.	Non, ne **les** achète pas.

→ In INFINITIVE constructions, the pronouns come BEFORE the infinitive.

	AFFIRMATIVE	NEGATIVE
Qui va regarder **le film**?	Je vais **le** regarder.	Marc ne va pas **le** regarder.
Tu veux écouter **ces CD**?	Je veux **les** écouter.	Je ne veux pas **les** écouter.

→ The verbs **attendre, chercher, écouter,** and **regarder** take direct objects in French, but not in English. Compare:

attendre	Nous **attendons**		le bus.	Nous l'**attendons.**
	*We **are waiting***	***for***	*the bus.*	*We **are waiting for** it.*
chercher	Thomas **cherche**		son sac.	Il le **cherche.**
	*Thomas **is looking***	***for***	*his bag.*	*He **is looking for** it.*
écouter	Béatrice **écoute**		ses amis.	Elle les **écoute.**
	*Béatrice **listens***	***to***	*her friends*	*She **listens** to them.*
regarder	Pierre **regarde**		Nicole.	Il la **regarde.**
	*Pierre **looks***	***at***	*Nicole*	*He **looks** at her.*

4 Un pique-nique

PARLER/ÉCRIRE Vous allez à la campagne avec des copains. Décidez si oui ou non vous allez prendre les choses suivantes.

▶ ton appareil-photo?

(Non, je ne le prends pas.)

1. ton frisbee
2. ta tablette
3. tes CD
4. ta raquette de tennis
5. tes lunettes de soleil
6. ton vélo
7. tes livres
8. ton MP3
9. ton portable
10. ton pull

5 Conversation

PARLER Demandez à vos camarades s'ils font les choses suivantes. Ils vont répondre en utilisant un pronom.

▶ regarder souvent la télé?
—Est-ce que tu regardes souvent la télé?
—Oui, je la regarde souvent. (Non, je ne la regarde pas souvent.)

1. regarder les matchs de foot à la télé?
2. écouter tes CD?
3. inviter souvent ton copain chez toi?
4. aider ta mère à la maison?
5. connaître bien tes voisins?
6. étudier tes leçons le dimanche?
7. ranger souvent ta chambre?
8. voir tes grands-parents le week-end?
9. aimer le rap?
10. aimer la cuisine chinoise?

6 À Paris

PARLER Vous êtes à Paris avec des copains. Vous décidez de faire les choses suivantes.

▶ visiter le Musée d'Orsay?

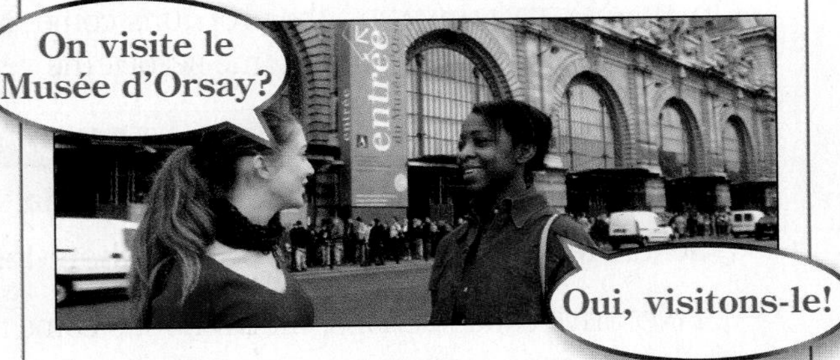

1. visiter la Cité des Sciences?
2. prendre le métro?
3. acheter le plan *(map)* de Paris?
4. acheter ces affiches?
5. visiter cette église?
6. inviter nos copains français?

7 Décisions

PARLER Dites à vos copains de faire ou de ne pas faire certaines choses suivant la situation.

▶ Catherine est sympathique. (inviter?)
—Alors, invite-la!

▶ Thomas et Patrick sont pénibles. (inviter?)
—Alors, ne les invite pas!

1. Ces chemises sont super. (acheter?)
2. Cette veste est trop chère. (acheter?)
3. Cette comédie est stupide. (regarder?)
4. Ce film est intéressant. (regarder?)
5. Nathalie est une bonne copine. (inviter?)
6. Jérôme et Marc sont snobs. (inviter?)
7. Isabelle est toujours en retard. (attendre?)
8. Marc vient dans dix minutes. (attendre?)

8 Pas maintenant!

PARLER Jean-Paul demande à sa copine Christine quand elle va faire certaines choses. Jouez les deux rôles.

▶ visiter le Musée d'Orsay? (samedi après-midi)

1. voir l'Exposition Matisse? (dimanche)
2. voir le nouveau film de Depardieu? (vendredi soir)
3. écouter le nouveau CD de MC Solaar? (ce soir)
4. acheter les billets pour le concert? (demain)
5. rencontrer ton cousin Éric? (la semaine prochaine)
6. inviter tes copains? (le week-end prochain)

@HOMETUTOR
my.hrw.com

C Les compléments d'objet direct au passé composé

The sentences below are in the PASSÉ COMPOSÉ. Note the position of the DIRECT OBJECT PRONOUNS in the sentences on the right. Note also the forms of the PAST PARTICIPLE.

As-tu invité **Marc**?	Oui, je **l'**ai **invité.**
As-tu invité **Juliette**?	Non, je ne **l'**ai pas **invitée.**
As-tu invité **tes cousins**?	Non, je ne **les** ai pas **invités.**
As-tu invité **tes amies**?	Oui, je **les** ai **invitées.**

In the passé composé, the direct object pronoun comes immediately BEFORE the verb **avoir.**

	AFFIRMATIVE	NEGATIVE
Voici Paul.	Je **l'**ai invité.	Je ne **l'**ai pas invité.

In the passé composé, the past participle AGREES with a DIRECT OBJECT, if that direct object comes BEFORE the verb. Compare:

NO AGREEMENT (direct object follows the verb)	AGREEMENT (direct object comes before the verb)
Marc a **vu** Nicole et Sylvie?	Oui, il les a vues .
Éric n'a pas **apporté** sa guitare?	Non, il ne l' a pas **apporté**e.

→ When the past participle ends in **-é, -i,** or **-u,** the masculine and feminine forms SOUND THE SAME.

→ When the past participle ends in **-s** or **-t,** the feminine forms SOUND DIFFERENT from the masculine forms.

(mon vélo)	Je l'ai **pris.**	Je l'ai **mis** dans le garage.
(ma guitare)	Je l'ai **prise.**	Je l'ai **mise** dans ma chambre.

9 Hier soir

PARLER Demandez à vos camarades s'ils ont fait les choses suivantes hier soir.

▶ regarder la télé?
—Tu as regardé la télé?
—Oui, je l'ai regardée.
(Non, je ne l'ai pas regardée.)

1. écouter la radio?
2. apprendre la leçon?
3. aider tes parents?
4. ranger ta chambre?
5. écouter tes CD?
6. faire la vaisselle?
7. faire tes devoirs?
8. faire ton lit?

10 Chaque chose à sa place

PARLER Demandez à vos camarades où ils ont mis certaines choses.

▶ ta bicyclette (au garage)
—Où as-tu mis ta bicyclette?
—Je l'ai mise au garage.

1. la glace (au réfrigérateur)
2. les assiettes (dans la cuisine)
3. la limonade (sur la table)
4. les livres (sur le bureau)
5. ton argent (à la banque)

11 Jean Pertout

PARLER/ÉCRIRE Jean Pertout n'a jamais rien. Expliquez pourquoi il n'a pas les choses suivantes dans des phrases affirmatives ou négatives. Soyez logique!

▶ Il a le journal? (trouver)
Non, il ne l'a pas trouvé.

▶ Il a les billets? (perdre)
Non, il les a perdus.

1. Il a sa raquette? (laisser à la maison)
2. Il a ses livres? (oublier dans l'autobus)
3. Il a sa casquette? (oublier dans le magasin)
4. Il a son portable? (prendre)
5. Il a les magazines? (garder)
6. Il a son appareil-photo? (perdre)
7. Il a les billets de cinéma? (trouver)
8. Il a les DVD? (laisser chez un copain)

À votre tour!

OBJECTIFS
Now you can . . .
- express yourself more fluently using pronouns

Digital performance space

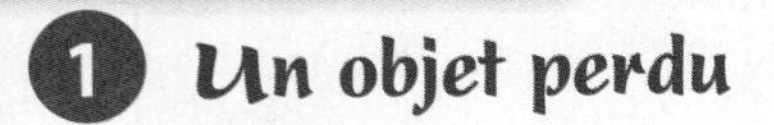

1 Un objet perdu

PARLER Your partner is looking for something **(son portable? son livre de français? ses lunettes? sa casquette? ... ?).**

Ask your partner
- what he/she is looking for
- when he/she lost it
- if he/she left it at home

If appropriate, offer some helpful suggestions.
- if he/she forgot it on the school bus **(dans le car)**
- how he/she is going to find it

2 Quelques activités récentes

PARLER/ÉCRIRE Faites une liste de quatre choses que vous avez faites récemment. Par exemple:
- voir (quel film? quel match sportif?)
- regarder (quel programme de télé?)
- écouter (quel CD? quel concert?)
- acheter (quelle chose?)
- rencontrer (qui?)

Puis demandez à vos camarades s'ils ont fait les mêmes choses. Si oui, demandez des détails.

LESSON REVIEW
my.hrw.com

Additional readings @ **my.hrw.com**
FRENCH InterActive Reader

Lecture Au jardin du Luxembourg*

Alain fait une promenade au jardin du Luxembourg. Sur un banc il y a une jeune fille. Elle est jolie. Alain ne la connaît pas, mais il voudrait bien faire sa connaissance. Oui, mais comment?

Alain a une idée. Il s'approche de la jeune fille et commence une conversation.

*A park in Paris that is popular with students.

ALAIN: Tiens, quelle bonne surprise! Ça va?

LA FILLE: Oui, ça va! Mais ... je ne vous connais pas!

ALAIN: Comment, vous ne me connaissez pas? C'est moi, Alain.

LA FILLE: Vous êtes peut-être Alain, mais je ne vous connais pas.

ALAIN: Mais si, mais si ... Je vous ai rencontrée cet été en Angleterre. Vous vous souvenez° bien maintenant!

LA FILLE: J'ai passé mes vacances en Italie.

ALAIN: Tiens, c'est bizarre ... Pourtant,° j'ai une excellente mémoire ... Où donc° est-ce que je vous ai rencontrée? Ah, oui! Je vous ai rencontrée chez ma cousine, Laure Blanchet! Vous la connaissez bien?

LA FILLE: Non, je ne la connais pas.

ALAIN: Bon, ça n'a pas d'importance. Est-ce que je peux vous inviter à prendre quelque chose dans un café?

LA FILLE: Non, merci! Et ce jeune homme qui vient là-bas ... vous le reconnaissez, n'est-ce pas?

Alain regarde dans la direction indiquée par la jeune fille. Il voit un jeune homme grand et athlétique.

ALAIN: Non, je ne le reconnais pas.

LA FILLE: C'est mon copain!

ALAIN: Ah bon, euh ... je vois ... Eh bien, au revoir!

vous vous souvenez *you remember* **Pourtant** *And yet* **Où donc** *So where*

Vrai ou faux?

1. Alain a rencontré la jeune fille en Angleterre.
2. La jeune fille a rencontré Alain chez Laure Blanchet.
3. Alain veut faire la connaissance de la jeune fille.
4. La jeune fille veut faire la connaissance d'Alain.

Leçon 16

VIDÉO-SCÈNE

DVD AUDIO

La voisine d'en bas

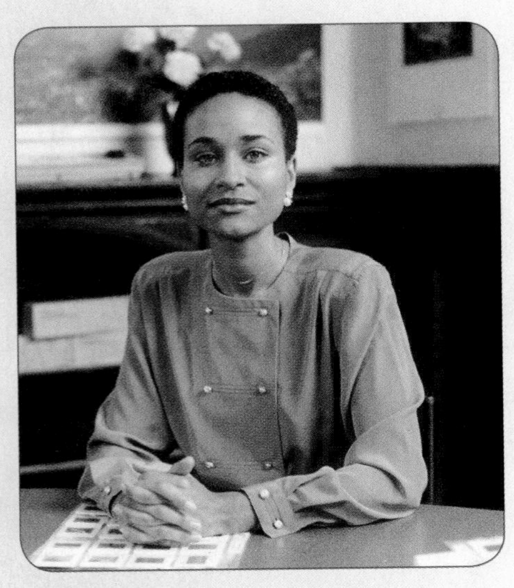

Dans l'épisode précédent, Armelle a acheté un nouveau compact. Armelle a proposé à Pierre d'écouter ce compact chez elle. Pierre a accepté l'invitation d'Armelle.

Maintenant les deux amis sont chez Armelle. Armelle met le compact qu'elle a acheté.

Armelle voudrait danser, mais Pierre ne semble pas très intéressé.

Soudain, le téléphone sonne. Armelle répond.

C'est la voisine d'en bas qui arrive. Elle est venue écouter son groupe préféré!

FIN

Compréhension

1. Où se passe la scène?
2. Qui téléphone d'abord? Pourquoi?
3. Qui téléphone ensuite? Pourquoi?
4. Qu'est-ce qu'Armelle propose à sa voisine?

A Les verbes *dire, lire* et *écrire*

The verbs **dire** *(to say, tell)*, **lire** *(to read)*, and **écrire** *(to write)* are irregular.

INFINITIVE	dire	lire	écrire
PRESENT	je **dis** tu **dis** il/elle/on **dit**	je **lis** tu **lis** il/elle/on **lit**	j' **écris** tu **écris** il/elle/on **écrit**
	nous **disons** vous **dites** ils/elles **disent**	nous **lisons** vous **lisez** ils/elles **lisent**	nous **écrivons** vous **écrivez** ils/elles **écrivent**
PASSÉ COMPOSÉ	j'ai **dit**	j'ai **lu**	j'ai **écrit**

→ The verb **décrire** *(to describe)* is conjugated like **écrire**.

LANGUAGE COMPARISON

Que (qu') is often used after **dire** and similar verbs to introduce a clause. In English, the equivalent *that* is often left out. In French, **que** must be used.

Pierre dit **que** le film est génial. *Pierre says **(that)** the movie is great.*
Je pense **qu'**il a raison. *I think **(that)** he's right.*

1 Après le film

PARLER/ÉCRIRE Des copains sont allés au cinéma. Maintenant ils parlent du film. Décrivez ce que chacun dit.

▶ Pauline / le film est bon — **Pauline dit que le film est bon.**

1. nous / nous avons aimé le film
2. toi / le film est mauvais
3. moi / les acteurs jouent bien
4. Sophie / elle n'aime pas l'actrice principale
5. Frédéric et Marc / le film est trop long
6. vous / les billets sont trop chers

@HOMETUTOR
my.hrw.com

VOCABULAIRE On lit, on écrit, on dit

On lit ...

un journal (*pl.* **journaux**)	*paper, newspaper*	**une bande dessinée**	*comic strip*
un magazine	*magazine*	**une histoire**	*story, history*
un roman	*novel*	**une revue**	*magazine*

On écrit ...

un mail (un mél)	*e-mail*	**une carte**	*card*
un journal	*diary, journal*	**une carte postale**	*postcard*
un poème	*poem*	**une lettre**	*letter*

On dit ...

un mensonge	*lie*	**la vérité**	*truth*

→ The French have two words that mean to *tell*.

dire	*to tell or say (something)*	**Dites**-nous la vérité.
raconter	*to tell or narrate (a story)*	**Racontez**-nous une histoire.

2 À la bibliothèque

PARLER/ÉCRIRE Les étudiants suivants sont à la bibliothèque. Dites ce que chacun lit et ce que chacun écrit.

▶ Jérôme (un magazine / une lettre) **Jérôme lit un magazine. Après, il écrit une lettre.**

1. nous (un magazine de sport / des lettres)
2. Antoine (un livre d'histoire / des notes)
3. Françoise et Adèle (un article scientifique / un poème)
4. toi (une lettre / une carte postale à Jacques)
5. vous (un livre de français / un résumé *[summary]*)
6. moi (une carte postale / une lettre à Sylvie)
7. Annie (un mail / une réponse)

3 Questions personnelles PARLER/ÉCRIRE

1. Quels journaux et quels magazines est-ce que tu lis?
2. Est-ce que tu lis des bandes dessinées? Quelle est ta bande dessinée favorite?
3. En général, est-ce que tu aimes lire? Est-ce que tu as lu un bon livre récemment? Quel est le titre de ce livre?
4. Est-ce que tu as lu un roman cet été? Quel roman?

5. En classe, est-ce que tu écris avec un stylo ou avec un crayon? Et quand tu écris une lettre?
6. Quand tu es en vacances, est-ce que tu écris des cartes postales? À qui est-ce que tu as écrit l'été dernier?
7. Est-ce que tu as écrit une lettre récemment? À qui as-tu écrit?

8. Est-ce que tu dis toujours la vérité? D'après toi, est-ce que les journalistes disent toujours la vérité? Et les hommes et les femmes politiques? Quand est-ce qu'ils disent des mensonges?

B Les pronoms compléments *lui, leur*

In the questions below, the nouns in heavy type are INDIRECT OBJECTS. These nouns represent PEOPLE and are introduced by **à.**

Note the form and position of the INDIRECT OBJECT PRONOUNS that are used to replace the indirect objects in the answers.

Tu parles **à Jean-Paul**?	Oui, je **lui** parle.
Tu téléphones **à Christine**?	Non, je ne **lui** téléphone pas.
Tu écris **à tes copains**?	Oui, je **leur** écris.
Tu rends visite **à tes cousines**?	Non, je ne **leur** rends pas visite.

FORMS

INDIRECT OBJECT PRONOUNS replace **à** + nouns representing PEOPLE

They have the following forms:

	SINGULAR	PLURAL	
MASCULINE or FEMININE	**lui** *(to) him, (to) her*	**leur** *(to) them*	Je **lui** parle. Je **leur** parle.

VOCABULAIRE Quelques verbes suivis d'un complément indirect

écrire à	*to write (to*	J'**écris à ma cousine.**
parler à	*to speak, talk to*	Je **parle à mon professeur.**
rendre visite à	*to visit*	Nous **rendons visite à nos amis.**
répondre à	*to answer*	Les élèves **répondent au professeur.**
téléphoner à	*to phone, call*	Stéphanie **téléphone à Éric.**
acheter ... à	*to buy for*	Madame Masson **achète** un vélo **à son fils.**
demander ... à	*to ask for*	Philippe **demande** 10 euros **à son père.**
dire ... à	*to say, tell (to)*	Je **dis** toujours la vérité **à mes parents.**
donner ... à	*to give (to)*	Thomas **donne** son adresse **à un copain.**
emprunter ... à	*to borrow from*	J'**emprunte** un livre **à mon prof.**
montrer ... à	*to show (to)*	Je **montre** mon album de photos **à Pauline.**
prêter ... à	*to lend, loan (to)*	Marc ne **prête** pas son portable **à son frère.**

LANGUAGE COMPARISON

▶ The verbs **téléphoner, répondre,** and **demander** take indirect objects in French, but not in English. Compare:

Je **téléphone**	**à**	Isabelle.	Je **lui téléphone.**
I am calling		*Isabelle.*	*I am calling her.*

@HOMETUTOR my.hrw.com

POSITION

The position of **lui** and **leur** is the same as that of the other object pronouns.

	AFFIRMATIVE	NEGATIVE
PRESENT TENSE	Je **lui** parle.	Je ne **lui** parle pas.
IMPERATIVE	Parle-**lui**.	Ne **lui** parle pas.
INFINITIVE CONSTRUCTION	Je vais **lui** parler.	Je ne vais pas **lui** parler.
PASSÉ COMPOSÉ	Je **lui** ai parlé.	Je ne **lui** ai pas parlé.

→ In the passé composé, there is NO AGREEMENT with a preceding indirect object. Compare:

	INDIRECT OBJECT (no agreement)	DIRECT OBJECT (agreement)
Voici **Nathalie.**	Je **lui** ai téléphoné.	Je **l'**ai invitée.
Voici **mes copains.**	Je **leur** ai parlé.	Je **les** ai rencontrés dans la rue.

4 *Générosité*

PARLER/ÉCRIRE Dites quelles choses vous prêtez aux personnes suivantes.

▶ Christine veut faire une promenade à la campagne.
Je lui prête mon vélo.

1. Éric et Vincent veulent prendre des photos.
2. Thomas veut téléphoner.
3. Catherine veut écrire à son copain.
4. Antoine et Jacques veulent faire un film.
5. Isabelle veut écouter de la musique.
6. Paul et Marc veulent étudier la leçon.

mon caméscope *(camcorder)*
mon MP3
mes notes
mon appareil-photo
mon portable
mon vélo
mon stylo

5 *Questions personnelles*

PARLER/ÉCRIRE Dans tes réponses, utilise les pronoms **lui** ou **leur**.

1. Le week-end, est-ce que tu rends visite à ton copain? à ta copine?
2. Pendant les vacances, est-ce que tu rends visite à tes cousins? à tes grands-parents?
3. Est-ce que tu écris souvent à tes grands-parents? à quelle occasion?
4. Est-ce que tu demandes des conseils *(advice)* à ta mère? à tes copains? à ton prof?
5. Est-ce que tu donnes des conseils à ton frère? à ta copine?
6. Quand tu as un problème, est-ce que tu parles à tes parents? à ton copain?
7. Est-ce que tu demandes de l'argent à tes parents? Pour quelle(s) raison(s)?
8. Est-ce que tu prêtes ton portable à ton frère? à ta soeur? à tes copains?
9. Est-ce que tu empruntes beaucoup de choses à tes copains? Qu'est-ce que tu leur empruntes?

6 Cadeaux 

PARLER/ÉCRIRE Anne veut savoir ce que Joël va acheter et pour qui. Jouez les deux rôles.

▶ ANNE: **Qu'est-ce que tu achètes à ton père pour son anniversaire?**
JOËL: **Je vais lui acheter une cravate.**
ANNE: **Ah bon, et qu'est-ce que tu lui as acheté l'année dernière?**
JOËL: **Je lui ai acheté une cravate aussi.**
ANNE: **Vraiment? Tu n'as pas beaucoup d'imagination!**

1. ta mère / son anniversaire
   des fleurs 
2. tes grands-parents / Noël
   une boîte de chocolats 
3. ton copain / sa fête
   une casquette
4. tes cousins jumeaux *(twin)* / leur anniversaire
   des tee-shirts

7 Entre copains

PARLER/ÉCRIRE Dites ce que font les personnes suivantes pour leurs copains en répondant affirmativement aux questions. (Attention: Utilisez un pronom complément d'objet **direct** ou **indirect.**)

▶ Isabelle invite sa copine?
Oui, elle l'invite.

▶ Florence téléphone à Philippe?
Oui, elle lui téléphone.

1. Thomas écrit à Stéphanie?
2. Nicolas écoute Caroline?
3. Hélène comprend Patrick?
4. Catherine répond à Olivier?
5. Corinne rend visite à ses copains?
6. Jean-Claude attend Cécile après la classe?
7. Frédéric voit souvent ses cousines?
8. Jérôme dit la vérité à Éric?

8 Décisions

PARLER/ÉCRIRE Lisez les situations suivantes et dites ce que vous allez faire pour les personnes en question. Utilisez le pronom complément d'objet **direct** ou **indirect** qui convient.

▶ Un ami est à l'hôpital.
- rendre visite? **Je lui rends visite. (Je ne lui rends pas visite.)**

1. Il y a un étudiant français à votre école. Cet étudiant ne parle pas anglais.
   - parler français?
   - présenter à vos copains?
   - inviter?
   - téléphoner?
2. Vous avez un correspondant *(pen pal)* français qui arrive dans votre ville.
   - attendre à l'aéroport?
   - inviter chez vous?
   - montrer votre ville?
   - acheter un cadeau?
3. Vous avez une amie qui est très curieuse … et très bavarde *(talkative)*.
   - inviter chez vous?
   - dire toujours la vérité?
   - montrer vos photos?
4. Il y a une nouvelle élève dans votre classe. Cette fille est très timide.
   - parler?
   - aider?
   - inviter?
5. Un copain veut emprunter votre livre favori. En général, cet ami rend rarement les choses qu'il emprunte.
   - dire oui?
   - prêter votre livre?
   - dire non?
6. Votre meilleure copine est en France.
   - écrire?
   - téléphoner souvent?
   - oublier?
   - envoyer un mail?

@HOMETUTOR
my.hrw.com

C L'ordre des pronoms

The questions below contain both a DIRECT and an INDIRECT object.
Note the sequence of the corresponding pronouns in the answers.

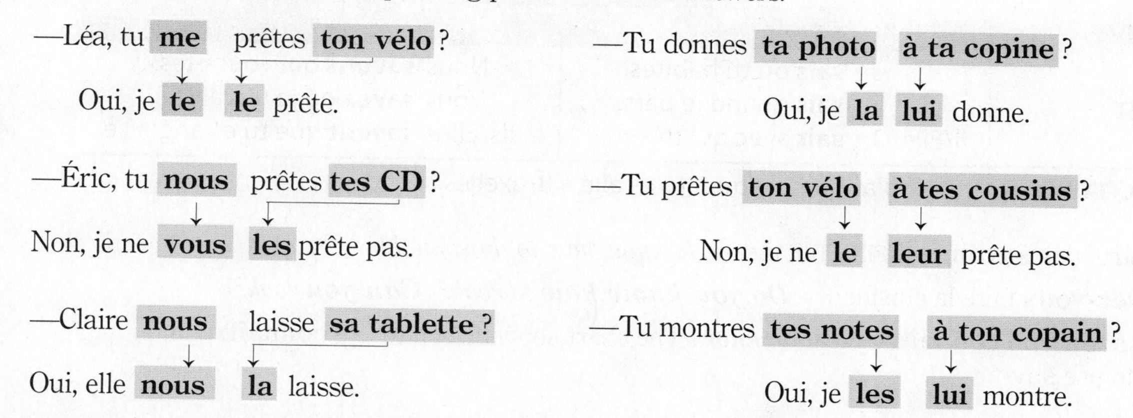

—Léa, tu **me** prêtes **ton vélo**?
Oui, je **te** **le** prête.

—Éric, tu **nous** prêtes **tes CD**?
Non, je ne **vous** **les** prête pas.

—Claire **nous** laisse **sa tablette**?
Oui, elle **nous** **la** laisse.

—Tu donnes **ta photo** **à ta copine**?
Oui, je **la** **lui** donne.

—Tu prêtes **ton vélo** **à tes cousins**?
Non, je ne **le** **leur** prête pas.

—Tu montres **tes notes** **à ton copain**?
Oui, je **les** **lui** montre.

When the following object pronouns are used in the same sentence, the order is:

me **te** **nous** **vous**	before	**le** **la** **les**

le **la** **les**	before	**lui** **leur**

9 Conversation

PARLER Demandez à vos camarades de faire les choses suivantes. Ils vont répondre oui ou non, en utilisant des pronoms.

▶ prêter tes CD?
—Tu me prêtes tes CD?
—Oui, je te les prête.
(Non, je ne te les prête pas.)

1. prêter ton portable?
2. donner ton numéro de téléphone?
3. donner dix dollars?
4. dire toujours la vérité?
5. montrer tes photos?
6. montrer la photo de ta copine?
7. prêter ton scooter?
8. présenter tes copains?

10 Pourquoi pas?

PARLER/ÉCRIRE Complétez les dialogues suivants en utilisant des pronoms.

▶ —Est-ce que Pierre montre ses photos à ses cousins?
—Non, **il ne les leur montre pas.** Ils sont trop curieux.

1. —Est-ce que Stéphanie prête sa raquette à son frère?
   —Non, ... Il ne joue pas au tennis.
2. —Est-ce que Marc prête son appareil-photo à Claire?
   —Non, ... Elle casse *(breaks)* tout.
3. —Est-ce que Catherine montre son journal à sa petite soeur?
   —Non, ... Elle est indiscrète.
4. —Est-ce que Patrick prête ses CD à ses copains?
   —Non, ... Ils détestent le rock.

D Le verbe *savoir; savoir* ou *connaître*

Note the forms of the verb **savoir** *(to know).*

INFINITIVE	savoir	
PRESENT	Je **sais** où tu habites. Tu **sais** quand je pars. Il/Elle/On **sait** avec qui tu sors.	Nous **savons** qui vous êtes. Vous **savez** où je travaille. Ils/Elles **savent** que tu es anglaise.
PASSÉ COMPOSÉ	J'**ai su** pourquoi tu es allé à Bruxelles.	

The construction **savoir** + INFINITIVE means *to know how to do something.*

Savez-vous faire la cuisine? ***Do you know how** to cook? (**Can you** cook?)*

→ Both **savoir** and **connaître** mean *to know*. The chart shows when to use **connaître** and when to use **savoir.**

Connaître means *to know* in the sense of *to be acquainted with* or *to be familiar with.*		
connaître + PEOPLE	Je **connais Jacqueline.**	Je ne **connais** pas **sa cousine.**
connaître + PLACES	Marc **connaît Lyon.**	Il **connaît un bon restaurant.**

Savoir means *to know* in the sense of *to know information* or *to know how.*	
savoir *(used alone)*	Je **sais!** Mon frère ne **sait** pas.
savoir + que ...	Je **sais que** tu parles français.
savoir + si *(if, whether)* ...	**Sais**-tu **si** Paul a une moto?
savoir + INTERROGATIVE EXPRESSION ...	Je **sais où** tu habites. Je **sais qui** a téléphoné. Je ne **sais** pas **comment** je dois répondre. Je ne **sais** pas **pourquoi** Claire ne vient pas.
savoir + INFINITIVE	Nous **savons jouer** aux jeux vidéo.

11 *Qu'est-ce qu'ils savent faire?*

PARLER/ÉCRIRE Expliquez ce que les personnes suivantes savent faire.

▶ Stéphanie joue aux cartes. **Elle sait jouer aux cartes.**

1. Vous jouez au tennis.
2. Nous parlons français.
3. Je joue de la guitare.
4. Mon oncle fait la cuisine.
5. Tu nages.
6. Catherine pilote un avion.
7. Anne et Éric dansent le rock.
8. Ces garçons chantent.
9. Je développe mes photos.
10. Vous programmez un ordinateur.

12 Dommage! 

PARLER Proposez à vos camarades de faire certaines choses. Ils vont refuser en expliquant pourquoi. (Ils peuvent considérer les suggestions de la liste.)

▶ On va à la plage?

1. On va à la discothèque?
2. On fait un match?
3. On prépare le dîner?
4. On s'inscrit *(join)* à la chorale?
5. On regarde un film italien?
6. On invite les étudiants mexicains?

chanter
danser
jouer au tennis
nager
parler italien
parler espagnol
faire la cuisine

13 Une fille bien informée

PARLER/ÉCRIRE Dites que Florence connaît les personnes suivantes. Dites aussi ce qu'elle sait à leur sujet *(about them)*.

▶ Jacques / où il habite
Florence connaît Jacques.
Elle sait où il habite.

1. Véronique / où elle habite
2. Monsieur Moreau / où il travaille
3. Paul / quand il joue au tennis
4. Annie / avec qui elle va au cinéma
5. Robert / à quelle heure il vient
6. Thérèse / qui est son acteur favori
7. cette fille / quels films elle aime

14 Connaître ou savoir?

PARLER/ÉCRIRE Complétez les phrases avec **sait** ou **connaît**.

1. Philippe … Alice.
2. Sophie ne … pas mes cousins.
3. Frédéric … un bon restaurant.
4. Stéphanie ne … pas à quelle heure est le film.
5. Thomas … où est le cinéma.
6. Jérôme … le propriétaire *(owner)* du cinéma.
7. Juliette … qui joue dans le film.
8. Pauline ne … pas cet acteur.

À votre tour!

OBJECTIFS
Now you can …
- talk about what you know

Digital performance space

1 Une soirée musicale  

PARLER You are organizing a musical talent show and you are looking for participants. Ask your partner …

- if he/she knows how to play the guitar
- if he/she knows how to dance
- what (other things) he/she knows how to do
- if he/she knows some good singers
- if he/she knows a good band

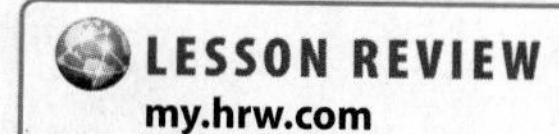

Lecture Es-tu une personne généreuse?

Tu as beaucoup d'amis, n'est-ce pas? Mais es-tu vraiment une personne généreuse? Voici un test simple. Analyse les huit situations suivantes. Réponds aux questions par oui ou par non.

1. Ce soir, il y a une comédie très intéressante à la télé. Ta mère (ou ton père) a beaucoup de travail à la cuisine. Est-ce que tu l'aides?

A. Oui, je l'aide.
B. Non, je ne l'aide pas.

2. Tu as l'intention d'aller à un match de hockey ce soir avec tes copains. Ton petit frère qui a neuf ans veut vous accompagner. Est-ce que tu l'amènes au match?

A. Oui, je l'amène.
B. Non, je ne l'amène pas.

3. Tu vas au cinéma. Le film va commencer dans une minute. Ta copine n'est pas arrivée. Est-ce que tu l'attends?

A. Oui, je l'attends.
B. Non, je ne l'attends pas.

4. Ta grand-mère est malade. Est-ce que tu lui téléphones pour prendre de ses nouvelles?

A. Oui, je lui téléphone.
B. Non, je ne le lui donne pas.

5. Tu es dans l'autobus. Une vieille dame monte dans le bus mais il n'y a pas de siège° pour elle. Est-ce que tu lui donnes ton siège?

A. Oui, je lui donne mon siège.
B. Non, je ne lui donne pas mon siège.

siège *seat*

6. Un camarade de classe a perdu ses notes d'histoire. Est-ce que tu lui prêtes tes notes avant l'examen?

A. Oui, je lui prête mes notes.
B. Non, je ne lui prête pas mes notes.

7. Des copains organisent une fête, mais ils n'ont pas de musique. Est-ce que tu leur prêtes ton nouveau MP3?

A. Oui, je le leur prête.
B. Non, je ne le leur prête pas.

8. Tu as un billet pour le concert de ton groupe favori. Ta cousine voudrait aussi aller au concert, mais elle n'a pas de billet. Est-ce que tu lui donnes ton billet?

A. Oui, je le lui donne.
B. Non, je ne le lui donne pas.

INTERPRÉTATION:

Combien de réponses «A» avez-vous?

- de 6 à 8 — Bravo! Tu es une personne généreuse et bien élevée. Tu as certainement beaucoup d'amis.
- de 3 à 5 — Tu as assez bon caractère, mais tu n'es pas toujours sociable.
- 1 ou 2 — La générosité n'est pas ta qualité principale. Fais un effort!
- 0 — Sans commentaire!

Tests de contrôle

By taking the following tests, you can check your progress in French and also prepare for the unit test. Write your answers on a separate sheet of paper.

Review...
- vocabulary and constructions: pp. 208, 210, 212-213, 219, 240

1 Le choix logique

Complete each of the following sentences with the appropriate option.

1. Je vais — une exposition au musée. **(assister à / voir)**
2. À quelle heure — le film? **(commence / joue)**
3. Julien cherche son sac mais il ne le — pas. **(trouve / laisse)**
4. Thomas n'a pas bonne mémoire. Il — tout. **(garde / oublie)**
5. Catherine est —. Elle fait ses devoirs. **(libre / occupée)**
6. Je suis — mais je ne peux pas sortir avec toi. **(malheureux / désolé)**
7. Léa — ses photos à sa cousine. **(prend / montre)**
8. Est-ce que tu peux — des sandwichs à la boum? **(apporter / rendre)**
9. Marc n'a pas d'argent. Il — 10 euros à son copain. **(prête / emprunte)**
10. Est-ce que tu peux me — ton numéro de téléphone? **(donner / prêter)**

Review...
- irregular verbs: pp. 228, 238, 244

2 La bonne forme

Complete the following sentences with the appropriate forms of the verbs in parentheses.

1.	**(écrire)**	J'— une lettre à ma cousine.	Et vous, à qui — -vous?
2.	**(lire)**	Antoine — un livre.	Ses copains — des magazines.
3.	**(dire)**	Est-ce que vous — la vérité?	Moi, je la — toujours.
4.	**(connaître)**	Nous — Léa.	Elle — nos copains.
5.	**(savoir)**	Mes amis — jouer du piano.	Moi, je ne — pas.

Review...
- object pronouns: pp. 230-231, 233, 240-241

3 Les relations personnelles

Complete the following sentences with the appropriate DIRECT or INDIRECT OBJECT PRONOUNS that correspond to the people in parentheses.

1.	(Pauline)	Nicolas — téléphone. Il — invite au barbecue.
2.	(Éric)	Nous — connaissons bien. Nous — avons rendu visite hier.
3.	(mes copains)	Je — ai invités à la boum. Je — ai demandé d'apporter des sandwichs.
4.	(le professeur)	Les élèves — écoutent. Ils — demandent des conseils *(advice)*.
5.	(ta cousine)	Tu — écris pour son anniversaire. Tu ne — vois pas souvent.
6.	(Léa et Zoé)	Vous — parlez souvent. Vous — trouvez très sympathiques.
7.	(Catherine)	Est-ce que tu — as écrit? Est-ce que tu — as donné ton adresse?
8.	(Nicolas)	Je — ai rencontré samedi. Je — ai prêté mon vélo.

4 Contextes et dialogues

Complete the following dialogues with the appropriate options.

1. *Julien organise une boum. Élodie lui parle.*

É: Dis, tu **(me / m')** invites à ta boum?
J: Bien sûr! Je vais **(te / t')** inviter.
É: Tu invites Nicolas aussi?
J: Nicolas? Qui est-ce?
É: C'est mon cousin. Tu **(l' / lui)** as rencontré hier.
J: Ah oui, c'est vrai. Eh bien, donne- **(me / moi)** son numéro de téléphone. Je vais **(le / lui)** téléphoner.

2. *Léa parle à Thomas de Pauline.*

L: Tu **(sais / connais)** Pauline?
T: Bien sûr.
L: Tu **(sais / connais)** où elle habite?
T: Oui, j'ai son adresse. Pourquoi? Tu veux **(la / lui)** voir?
L: Oui, je **(la / lui)** ai prêté mes notes et elle ne **(me les / le leur)** a pas rendues.
T: Tiens, voilà son adresse.
L: Merci.

Review...
- use of object pronouns, **savoir** vs. **connaître:** pp. 218, 220, 230-231, 233, 243, 244

5 Composition: Un(e) ami(e)

Write a paragraph describing your relationship with one of your friends (real or imaginary). Mention ...

- your friend's name
- since when you have known him/her
- if you know where he/she was born
- if you know his/her parents
- if you see him/her often
- when you saw him/her last
- if you invited him/her to your birthday
- what present he/she gave you

STRATEGY Writing

1

Briefly note your answers to the above questions.

2

Write out your paragraph, incorporating the information requested.

3

Check whether you used **savoir** and **connaître** correctly.
Look over all the verbs: some should be in the present and others in the passé composé.
Also check your use of object pronouns and their position.

Vocabulaire

POUR COMMUNIQUER

Extending an invitation

Est-ce que tu es libre samedi?	*Are you free Saturday?*
Non, je suis occupé(e).	*No, I'm busy.*

Accepting an invitation

D'accord!	*OK. All right.*
Oui, je veux bien.	*Yes, I want to.*
Volontiers!	*Sure! I'd love to!*
Avec plaisir!	*With pleasure.*
Bonne idée!	*Good idea.*

Turning down an invitation

Je regrette.	*I'm sorry.*
Je suis désolé(e).	*I'm (very) sorry.*
Je voudrais bien, mais …	*I'd like to, but …*
Je te remercie mais …	*I thank you, but …*
J'ai d'autre projets.	*I have other plans.*
Je n'ai pas le temps.	*I don't have the time.*

MOTS ET EXPRESSIONS

Spectacles

un dessin animé	*cartoon*
un drame psychologique	*psychological drama*
un film	*movie*
un film d'aventures	*action movie*
un film d'horreur	*horror movie*
un film de science-fiction	*science fiction movie*
un film policier	*detective movie*
un groupe	*group*
un match	*game*
un orchestre	*band, orchestra*
une chanson	*song*
une comédie	*comedy*
une comédie musicale	*musical*
une équipe	*team*
une exposition	*exhibit*
une pièce de théâtre	*play*

Personnes

un acteur	*actor*
un chanteur	*singer*
un joueur	*player*
une actrice	*actress*
une chanteuse	*singer*
une joueuse	*player*

Au cinéma

un billet	*ticket*
un genre	*type, kind*
une place	*seat*
une séance	*show, showing*
une sorte	*kind, sort*

On lit, on dit, on écrit

un journal (des journaux)	*(news)paper; diary, journal*
un magazine	*magazine*
un mail (mél)	*e-mail*
un mensonge	*lie*
un poème	*poem*
un roman	*novel*
une bande dessinée	*comic strip*
une carte	*card*
une carte postale	*postcard*
une histoire	*story; history*
une lettre	*letter*
une revue	*magazine*
la vérité	*truth*

Interactive Flashcards
@HOMETUTOR
my.hrw.com

Verbes réguliers

chercher	*to get, to pick up; to look for*
commencer	*to begin*
coûter	*to cost*
garder	*to keep*
laisser	*to let, to leave*
oublier	*to forget*
raconter	*to tell, narrate (a story)*
regretter	*to be sorry*
remercier	*to thank*
trouver	*to find*

Verbes irréguliers

connaître	*to know, to be familiar with*
savoir	*to know*
savoir + INFINITIVE	*to know how to*
dire	*to tell, say*
écrire	*to write*
lire	*to read*

Verbes suivis d'un complément indirect

parler à	*to speak, talk to*
rendre visite à	*to visit*
répondre à	*to answer*
téléphoner à	*to phone, call*

Verbes suivis de deux compléments

acheter … à	*to buy … for*
apporter … à	*to bring … to*
demander … à	*to ask … of*
dire … à	*to say, tell … to*
donner … à	*to give … to*
écrire … à	*to write … to*
emprunter … à	*to borrow … from*
montrer … à	*to show … to*
présenter … à	*to introduce … to*
prêter … à	*to lend, loan … to*
rendre … à	*to give back … to*

Compléments d'objet direct

me	*me*
te	*you*
le (l')	*him, it*
la (l')	*her, it*
nous	*us*
vous	*you*
les	*them*

Compléments d'objet indirect

me	*(to) me*
te	*(to) you*
lui	*(to) him*
lui	*(to) her*
nous	*(to) us*
vous	*(to) you*
leur	*(to) them*

Expressions de temps

une fois	*once*
deux fois	*twice*
trois fois	*three times*
par semaine	*a week, per week*
par mois	*a month, per month*
par an	*a year, per year*

Interlude 4

Un Américain à Paris

PRE-READING STRATEGY Avant de lire

Look at the title of this reading. Have you ever visited France or another foreign country? When we travel, we know we will find differences in language as well as in other customs. In China, for example, we would expect to hear people speak Chinese and to have our meals served with chopsticks.

What kinds of differences would you expect to discover in France? The American in this reading encountered some difficulties he did not anticipate.

Allez-vous visiter la France un jour? Si vous allez en France, vous observerez° certaines différences entre la vie quotidienne en France et aux États-Unis.

Ces différences ne sont pas très importantes, mais elles existent tout de même. Et parfois, elles sont la source de petits problèmes.

Voici certains problèmes qui sont arrivés à Harry Hapless, un touriste américain qui ne connaît pas très bien les habitudes françaises. Pouvez-vous expliquer la cause de ces problèmes?

observerez *will observe*

Mots utiles

la vie quotidienne	*daily life*	**une habitude**	*custom*
tout de même	*all the same, nevertheless*	**expliquer**	*to explain*

1

le lendemain matin	*the next morning*	**seulement**	*only*
ouvert ≠ fermé	*open ≠ closed*	**un jour férié**	*holiday*

2

lent	*slow*	**la note**	*bill*
dur	*hard, tough*	**un pourboire**	*tip*
le mécontentement	*displeasure*	**compris**	*included*

3

un cadeau	*gift, present*	**ouvrir**	*to open*
énorme	*large, enormous*	**l'amour**	*love*
sonner	*to ring (the doorbell)*	**le deuil**	*mourning*

1 Harry Hapless arrive en France le 30 avril au soir. Il prend un taxi et va directement à son hôtel. Le lendemain matin, qui est un mercredi, Harry dit: «J'ai besoin d'argent. Je vais aller changer des dollars à la banque.» La première banque où il va est fermée. La deuxième et la troisième aussi. En fait,° toutes les banques sont fermées ce matin. Pourquoi?

- En France, les banques sont ouvertes seulement l'après-midi.
- En France, les banques sont fermées le mercredi.
- En France, le premier mai est un jour férié.

En fait *in fact*

2 Un soir, Harry Hapless va au restaurant et commande un steak-frites. Le service est lent. Le steak est dur.° Les frites sont froides. Le serveur n'est pas poli … Et l'addition est très chère: 30 euros! Pour montrer son mécontentement, Harry laisse un petit pourboire: deux euros seulement. L'attitude du serveur change. Il est maintenant très aimable avec Harry. Pourquoi?

- Le serveur a des remords.°
- Le serveur aime les touristes américains.
- En France, le pourboire est compris dans l'addition.

dur *tough* **le remords** *regrets, remorse*

3 Un jour, Harry Hapless est invité à dîner chez Jacques Lachance, son copain d'université. Harry, qui est un homme poli, veut apporter un cadeau à Madame Lachance, la femme de son copain. Oui, mais quoi? Harry sait que les Françaises aiment beaucoup les fleurs. Il passe chez une marchande de fleurs. Il regarde les roses, les tulipes, les bégonias, les géraniums … Finalement il choisit un énorme pot de chrysanthèmes. La marchande prend le pot, l'enveloppe dans du joli papier, décore le paquet° avec un ruban° et le donne à Harry. Très content de son achat, Harry arrive chez les Lachance. Il sonne. Son ami Jacques lui ouvre la porte. Harry entre et présente son cadeau à Madame Lachance. Celle-ci° le prend et remercie° Harry profusément … Mais quand elle ouvre le paquet, elle a l'air consternée. Pourquoi?

- Madame Lachance est allergique aux fleurs.
- En France, les chrysanthèmes sont un signe de grand amour.
- En France, les chrysanthèmes sont un signe de deuil.

paquet *package* **ruban** *ribbon* **Celle-ci** *The latter* **remercie** *thanks*

RÉPONSE

Interprétation

1 En France, le premier mai est un jour férié.

En France et dans beaucoup d'autres pays, le premier mai est la fête du Travail. Évidemment, on ne travaille pas ce jour-là. Les magasins, les bureaux et les banques sont fermés. (Aux États-Unis, la fête du Travail est le premier lundi de septembre.)

2 En France, le pourboire est compris dans l'addition.

Puisque le service de 15% (quinze pour cent) est compris dans l'addition, en général on laisse seulement quelques petites pièces de monnaie au serveur.

3 En France, les chrysanthèmes sont un signe de deuil.

Le premier novembre, qui est la fête de la Toussaint,° les Français honorent leurs défunts.° Traditionnellement on va au cimetière° et on met des pots de chrysanthèmes sur la tombe des gens de sa famille.

la Toussaint *All Saints' Day* **défunts** *dead* **cimetière** *cemetery*

Mots utiles

4

avoir mal aux dents	*to have a toothache*	**un étage**	*floor (of a building)*
un rendez-vous	*appointment*	**un peintre**	*painter*
un immeuble	*building*	**un renseignement**	*information*

5

la veille	*the day before*	**rappeler**	*to remind*
le vol	*flight*	**la note**	*bill*

4 Harry Hapless a mal aux dents. Il a rendez-vous chez un dentiste qui habite dans un immeuble ancien. Arrivé dans cet immeuble, Harry demande à la concierge° à quel étage habite le dentiste. La concierge lui répond: «Le docteur Ledentu? C'est au cinquième étage, mais aujourd'hui l'ascenseur ne marche pas.»° Harry dit: «Ça ne fait rien,° je vais monter à pied.»

Harry monte les escaliers et compte les étages: deux, trois, quatre, cinq. «Je suis au cinquième étage», dit Harry, et il sonne. Un homme en blanc ouvre la porte. Ce n'est pas un dentiste mais un peintre. Harry lui explique qu'il a rendez-vous avec le docteur Ledentu. Le peintre lui répond: «Je ne connais pas le docteur Ledentu. Ici, c'est chez Madame Masson. Je repeins son appartement. Allez voir la concierge.»

Quel est le problème?

- Harry s'est trompé° d'étage.
- La concierge a donné un mauvais° renseignement à Harry.
- Ce jour-là, le docteur Ledentu s'est déguisé en° peintre.

concierge *building superintendent* **ne marche pas** *isn't working*
Ça ne fait rien *That doesn't matter* **s'est trompé** *made a mistake*
mauvais *wrong* **s'est déguisé en** *disguised himself as*

RÉPONSE

5 Finalement, les vacances de Harry Hapless finissent. La veille de son départ il téléphone à la compagnie aérienne pour confirmer l'heure de son vol. L'employée lui rappelle que son avion est à 8 h 15. Elle lui recommande d'être à l'aéroport une heure et demie avant le départ.

Le lendemain, Harry veut profiter° de son dernier jour en France. Le matin, il fait une promenade à pied et prend quelques photos. À midi, il déjeune dans un bon restaurant. L'après-midi, il va dans les magasins et achète quelques souvenirs. Puis il retourne à son hôtel, paie sa note et prend un taxi. Arrivé à l'aéroport, il regarde sa montre et dit: «Il est 6 heures 15. J'ai encore deux heures avant le départ de mon avion.» Puis il va au comptoir° de la compagnie aérienne. Là, l'hôtesse lui dit: «Mais, Monsieur Hapless, le dernier avion pour New York est parti il y a dix minutes.»

Qu'est-ce qui s'est passé?°

- En France, les avions sont souvent en avance.
- L'employée a donné à Harry un mauvais renseignement.
- Harry ne sait pas comment fonctionne l'heure officielle.

RÉPONSE

profiter *to take advantage* **comptoir** *counter*
Qu'est-ce qui s'est passé? *What happened?*

Interprétation

4 Harry s'est trompé d'étage.

Il y a une différence d'un étage entre les étages français et américains. Voici la correspondance entre ces étages:

ÉTAGES FRANÇAIS	ÉTAGES AMÉRICAINS
rez-de-chaussée	*first floor*
premier étage	*second (not first) floor*
deuxième étage	*third (not second) floor*
dix-neuvième étage	*twentieth (not nineteenth) floor*

Ainsi, quand Harry Hapless pensait° qu'il était° au cinquième étage, il était en réalité au quatrième étage.

pensait *thought* **était** *was*

5 Harry ne sait pas comment fonctionne l'heure officielle.

En France, on utilise l'heure officielle pour donner l'heure des trains, des avions, etc. L'heure officielle commence à 0 heure le matin et finit à 23 heures 59 le soir.

Harry Hapless pensait que son avion était à 8 h 15 du soir (ou 20 h 15 à l'heure officielle). En réalité, l'avion était à 8 h 15 du matin.

ARRIVÉES INTERNATIONALES

LIGNE AÉRIENNE	ORIGINE	VOL	PORTE	HEURE
AEROFLOT	MOSCOU	318	B45	ATTERRI
DELTA	NEW YORK	53	B18	RETARDÉ
AIR FRANCE	GENÈVE	44	C31	ANNULÉ
BRITISH AIRWAYS	DUBLIN	645	D23	15 H 32

DÉPARTS INTERNATIONAUX

LIGNE AÉRIENNE	DESTINATION	VOL	PORTE	HEURE
TRANSMERIDIAN	ATHÈNES	318	A16	EMBARQUEMENT
AIR FRANCE	ROME	53	C44	14 H 08
SWISSAIR	BRUXELLES	44	B12	15 H 54
AMERICAN AIR	DAKAR	120	F54	18 H 41

READING STRATEGY **L'Art de la lecture**

Sometimes you can guess the meaning of a new French word because it looks like an English word that you know. For example, in Episode 4 you encountered the phrase:

Harry monte **les escaliers** …

Perhaps the word **escaliers** reminded you of *escalator*, and then you figured out that he must be going up the stairs.

Exercice de lecture

Were you able to figure out the following words by using your knowledge of English?

Episode 3: Il passe chez **une marchande de fleurs.**

Hint: What does a merchant do?

Episode 3: Elle **enveloppe** le pot dans du joli papier.

Hint: What happens when you are envelopped in fog?

Episode 3: Madame Lachance a l'air **consternée.**

Hint: How do people feel when they are in a state of consternation?

Episode 4: C'est au cinquième étage, mais **l'ascenseur** ne marche pas.

Hint: What does a hot-air balloon do when it ascends?

L'Amérique et la France d'outre-mer

Le Québec
Le Nouveau-Brunswick
La Nouvelle-Écosse
La Nouvelle-Angleterre
La Louisiane
Haïti
La Guadeloupe
La Martinique
La Guyane française

Où et pourquoi parle-t-on français en Amérique?

Aux dix-septième et dix-huitième siècles,° la France avait° un vaste empire colonial en Amérique. Ceci explique la présence de la langue française sur ce continent. L'empire français comprenait° les éléments suivants:

Le Canada

Autrefois, une grande partie du Canada était° française. Ce territoire s'appelait° la Nouvelle-France. En 1763, après une guerre° entre les Français et les Anglais, le territoire est devenu une colonie britannique. Beaucoup de Canadiens d'origine française ont cependant gardé° leurs coutumes, leurs traditions ... et leur langue. Aujourd'hui, la majorité des Québécois° parlent français. On parle français aussi dans certaines parties de l'Ontario et des Provinces Maritimes (la Nouvelle-Écosse° et le Nouveau-Brunswick).

Aux dix-neuvième et vingtième siècles, un grand nombre de familles québécoises ont émigré aux États-Unis, principalement dans les états de la Nouvelle-Angleterre (le Maine, le Vermont, le New Hampshire, le Massachusetts, le Connecticut et le Rhode Island). Aujourd'hui, leurs descendants, les «Franco-Américains», sont deux millions.

La Louisiane

En 1682, un explorateur français, Robert Cavelier de La Salle, est parti de la région des Grands Lacs en direction du golfe du Mexique. Après un long et difficile voyage, il a descendu tout le Mississippi. Il a donné aux territoires qu'il a traversés° le nom de Louisiane, en l'honneur du roi° de France, Louis XIV. (À cette époque, la Louisiane était toute la vallée du Mississippi.) La Louisiane est devenue espagnole en 1763, et française à nouveau en 1802. Finalement, en 1803, la France a vendu la Louisiane aux États-Unis pour 80 millions de francs.

Autrefois, on parlait° français à la Nouvelle-Orléans. Aujourd'hui, certaines familles parlent encore français dans la région des bayous.

Haïti

Autrefois, Haïti était une colonie française et s'appelait Saint-Domingue. En 1801, les esclaves° noirs, sous la direction de leur chef Toussaint Louverture, se sont révoltés contre les Français. En 1804, ils ont obtenu leur indépendance. Haïti est devenue la première république noire. Aujourd'hui, beaucoup d'Haïtiens parlent français et créole.

La Martinique et la Guadeloupe

Autrefois ces deux îles étaient des colonies françaises. Aujourd'hui, ce sont des départements français d'outre-mer.° À la Martinique et à la Guadeloupe, vous êtes en France, comme si vous étiez° à Paris.

---

siècles *centuries* **avait** *had* **comprenait** *included* **était** *was* **s'appelait** *was called* **guerre** *war*
ont ... gardé *kept* **Québécois** *people of Quebec* **Nouvelle-Écosse** *Nova Scotia* **a traversés** *crossed*
roi *king* **parlait** *used to speak* **esclaves** *slaves* **d'outre-mer** *overseas*
comme si vous étiez *as if you were*

IMAGES DU MONDE FRANCOPHONE

Le Château Frontenac, Québec

Québec,
la Belle Province

Les Canadiens francophones° représentent presque° trente pour cent de la population canadienne. Ils habitent principalement dans la province de Québec, qu'on appelle souvent «la Belle Province».

- La ville de Québec est la capitale administrative de cette province, mais la plus grande ville est Montréal.
- Le drapeau° québécois est bleu avec une croix° blanche et des fleurs de lys. Ce sont les emblèmes de l'ancienne France.
- La devise° du Québec est «Je me souviens».° Les Québécois se souviennent de leurs traditions, de leur culture et de leur langue.

Avec plus de° trois millions d'habitants, Montréal est la deuxième ville du Canada, après Toronto. C'est aussi la deuxième ville d'expression française du monde,° après Paris. Montréal est à la fois° une ville moderne avec des gratte-ciel et une ville historique avec des quartiers° anciens. Le «Vieux Montréal» est typiquement français avec ses cafés, ses restaurants et ses boutiques. Au centre de la ville, il y a aussi une immense ville souterraine° avec un métro et de longues galeries où on trouve des restaurants, des magasins, des cinémas, etc. En hiver, quand il fait très froid, c'est ici que les Montréalais font leur «magasinage».°

francophones *French speaking* **presque** *almost* **drapeau** *flag* **croix** *cross* **devise** *motto* **«Je me souviens»** *"I remember"* **plus de** *more than* **du monde** *in the world* **à la fois** *at the same time* **quartiers** *districts* **souterraine** *underground* **«magasinage»** *shopping*

La Ville Souterraine, Montréal

CONNEXIONS
Visite à Québec

Imaginez que vous allez passer un week-end à Québec avec deux ou trois camarades. Établissez le programme de votre visite pour samedi et dimanche. Pour cela, cherchez sur l'Internet les sites officiels de Québec (en français, bien sûr!). Expliquez votre programme au reste de la classe.

Carnaval à Québec

On célèbre le Carnaval de façons différentes dans les différentes parties du monde français. À Québec, le Carnaval, c'est la fête de la neige. En février, il y a dix jours de fêtes, d'activités et de compétitions diverses. La grande attraction est la course° de canoës sur le Saint-Laurent. Vingt équipes de cinq hommes participent à cette course très dangereuse et très mouvementée.° Il y a aussi des courses de voiture sur glace,° et des concours° de sculpture de glace et de neige. (Si on n'a pas peur du froid, on peut aussi mettre un maillot de bain et prendre un «bain de neige».)

La mascotte du Carnaval, c'est «Bonhomme», un grand bonhomme de neige° avec un bonnet rouge. Le premier jour du Carnaval, Bonhomme couronne° la reine° du Carnaval. Ensuite, il y a un grand feu d'artifice° et la fête commence!

La Saint-Jean à Québec

La Saint-Jean a lieu° le 24 juin. C'est la fête nationale de la province de Québec. La Saint-Jean est une fête particulièrement importante pour les Québécois d'expression française. Elle est célébrée avec grande joie dans la ville de Québec.

Le matin, il y a des processions et des défilés° dans les rues de la ville. À midi, on pique-nique sur l'herbe. L'après-midi, il y a des compétitions sportives. Le soir, la ville entière assiste à un concert de musique folklorique et populaire sur les plaines d'Abraham, le grand parc historique. On chante et on allume un feu de joie° gigantesque. À minuit, il y a un feu d'artifice. «Vive le Québec!» «Vive les Québécois!»

Le français au Québec

Le français qu'on parle à Québec est généralement semblable° au français qu'on parle en France. Mais il y a certaines différences. Notez, par exemple, comment on dit les choses suivantes en français et en québécois.

français	québécois	français	québécois
Au revoir!	Bonjour!	la glace	la crème glacée
le week-end	la fin de semaine	la pastèque	le melon d'eau
le petit déjeuner	le déjeuner	le chewing-gum	la gomme
le déjeuner	le dîner	faire des achats	magasiner
le dîner	le souper	faire du shopping	dépenser

Comprenez-vous les phrases suivantes?

- Bonjour et bonne fin de semaine!
- Je vais magasiner. Et toi?
- Après le dîner, qu'est-ce que tu préfères comme dessert? du melon d'eau ou de la crème glacée?

---

course *race* **mouvementée** *action-packed* **glace** *ice* **concours** *contests*
bonhomme de neige *snowman* **couronne** *crowns* **reine** *queen* **feu d'artifice** *fireworks*
a lieu *takes place* **défilés** *parades* **feu de joie** *bonfire* **semblable** *similar*

IMAGES DU MONDE FRANCOPHONE

Les Acadiens: du Canada à la Louisiane

Prenez une carte de la Louisiane et regardez bien la région à l'ouest et au sud de la Nouvelle-Orléans. Les paroisses° de cette région ont des noms français: Lafourche, Terrebonne, Vermilion, Saint Martin, Acadia, Lafayette, Iberville et, plus au nord, Avoyelles, Évangéline, Pointe Coupée.

Ici nous sommes au centre du pays° «cajun». Le mot° «cajun» vient du mot français «acadien». Dans ces paroisses en effet,° la majorité de la population est d'origine acadienne et beaucoup de gens comprennent le français. Qui sont les Acadiens? Quelle est leur origine? Pourquoi parlent-ils français?

Voici leur histoire ...

L'histoire des Acadiens commence non pas en Louisiane mais au Canada. Les Acadiens sont en effet les descendants des premiers colons° français au Canada. Ces colons sont arrivés en 1604 dans l'est du Canada. Là, ils ont établi une colonie très prospère qu'ils ont appelée l'Acadie. (Cette région est aujourd'hui la Nouvelle-Écosse.) En 1713, la France a signé un traité° qui a cédé l'Acadie à l'Angleterre. L'Acadie est devenue une colonie britannique, mais les Acadiens ont voulu rester fidèles° à leurs traditions françaises. Ils ont décidé de préserver leur culture et leur langue. Ils ont refusé de prêter serment° à la couronne° britannique.

«Le Grand Dérangement», Philadelphia, Pennsylvania, 1755, Robert Dafford.

Le gouverneur anglais a décidé alors d'expulser° les Acadiens. En juin 1755, l'armée anglaise a attaqué les villages acadiens sans° défense. Toute la population a été faite prisonnière. Le gouverneur a donné l'ordre de brûler° les maisons, de détruire° les villages et finalement de déporter la population. Pour la majorité des Acadiens, un long et terrible exode° a commencé.

---

paroisses *parishes (counties)* **pays** *country* **mot** *word* **en effet** *as a matter of fact* **colons** *colonists* **traité** *treaty* **fidèles** *faithful*
prêter serment *pledge allegiance* **couronne** *crown* **expulser** *expel* **sans** *without* **brûler** *burn* **détruire** *destroy* **exode** *exodus*

C'est l'époque° du «grand dérangement».° Les soldats° anglais ont séparé les familles. Les hommes ont été déportés d'abord, puis les femmes et les enfants. Des groupes sont arrivés dans le Massachusetts, d'autres en Virginie, d'autres en Géorgie, d'autres dans les Antilles° ... Finalement, les familles acadiennes se sont regroupées.° Certaines ont décidé d'aller en Louisiane qui était alors une colonie française.

Les premiers Acadiens sont arrivés en Louisiane vers 1760, après un voyage de 3 000 kilomètres et cinq ans d'exode. Là, ils ont reconstruit° leurs maisons, leurs écoles, leurs églises. Ils ont commencé une nouvelle existence où ils étaient° finalement libres.

De nouveaux immigrants sont arrivés en pays «cajun»: des Allemands, des Espagnols, des Anglais, des Africains et des Antillais ... Certains ont appris le français et sont devenus Acadiens d'adoption. Aujourd'hui, les Acadiens sont très nombreux,° peut-être un million, peut-être plus.

Évangéline

Le grand poète américain, Longfellow, a immortalisé l'exode cruel et tragique des Acadiens dans son poème *Evangeline*. Ce poème est basé sur une histoire vraie. Évangéline Bellefontaine, une jeune Acadienne, est fiancée à Gabriel Lajeunesse. Au moment où ils vont se marier, Évangéline et Gabriel sont déportés en Louisiane. Malheureusement, ils prennent des bateaux différents. Évangéline passe le reste de sa vie à rechercher la trace de son fiancé. Finalement, elle trouve Gabriel au moment où il va mourir.°

Aujourd'hui, on peut voir la statue d'Évangéline à côté de l'église Saint Martin de Tours à St. Martinville (Louisiane).

époque *period* **dérangement** *turmoil* **soldats** *soldiers*
Antilles *West Indies* **se sont regroupées** *regrouped*
ont reconstruit *rebuilt* **étaient** *were*
nombreux *numerous* **mourir** *to die*

Les Connaissez-vous?

Connaissez-vous les personnes suivantes? Qu'est-ce qu'elles ont en commun? Au moins° deux choses. Elles sont d'origine française et chacune a sa place dans l'histoire américaine.

Paul Revere **(1735–1818)**

La famille de Paul Revere s'appelait° Rivoire. C'était une famille huguenote d'origine française. Dans sa vie, Paul Revere a exercé un grand nombre de métiers:° soldat, commerçant,° imprimeur,° graveur,° orfèvre° … Si Paul Revere est resté célèbre, c'est à cause du rôle qu'il a joué pendant la Révolution américaine.

Jean-Baptiste Point du Sable **(17??–1814)**

Venait-il° du Canada? de la Louisiane ou de Saint-Domingue? On ne connaît pas bien les origines de ce Français d'ascendance africaine. On sait que, vers° 1780, il est venu dans la région des Grands Lacs pour faire le commerce de la fourrure° avec les Indiens. Il a établi plusieurs comptoirs° dans la région. Pour sa maison, il a choisi un site près du lac Michigan. Autour de cette maison s'est développé un petit village qui a grandi° très vite et est devenu Chicago. Aujourd'hui, on considère Jean-Baptiste Point du Sable comme le fondateur° de la troisième ville des États-Unis.

Le marquis de La Fayette **(1757–1834)**

La Fayette était issu° d'une famille française très célèbre et très riche. À dix-huit ans, il a entendu parler° de la Révolution américaine. Il a alors décidé de rejoindre° les patriotes américains et de combattre° avec eux contre les Anglais. Malheureusement, sa famille et ses amis se sont opposés à ses projets et le roi de France lui a interdit° de partir. Que faire?

La Fayette n'a pas hésité longtemps. Il est allé en Espagne où il a acheté un bateau avec son propre° argent et il est parti pour l'Amérique. Dès° son arrivée, La Fayette s'est engagé° dans l'armée américaine. À vingt ans, le Congrès continental l'a nommé général. Il est devenu l'ami de Washington, avec qui il a participé aux grandes batailles de la guerre de l'Indépendance. La Fayette est l'un des grands héros de la Révolution américaine.

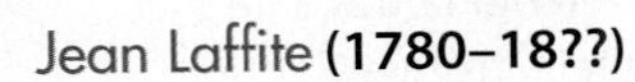

Jean Laffite **(1780–18??)**

Jean Laffite est un héros de légende. C'était le chef d'un groupe de contrebandiers° qui opérait dans la région de la Nouvelle-Orléans. C'était aussi un ardent patriote. Jean Laffite a défendu victorieusement la Nouvelle-Orléans quand les Anglais ont attaqué cette ville en 1814. Après la guerre, il a reconstitué son groupe de contrebandiers, puis il a mystérieusement disparu° …

Au moins *At least* **s'appelait** *was named* **métiers** *professions* **commerçant** *businessman* **imprimeur** *printer* **graveur** *engraver* **orfèvre** *silversmith* **Venait-il?** *Did he come?* **vers** *around* **commerce de la fourrure** *fur trade* **comptoirs** *trading posts* **a grandi** *grew* **fondateur** *founder* **était issu** *came* **a entendu parler** *heard about* **rejoindre** *join* **combattre** *fight* **a interdit** *forbade* **propre** *own* **Dès** *Immediately on* **s'est engagé** *enlisted* **contrebandiers** *smugglers* **a … disparu** *disappeared*

John James Audubon **(1785–1851)**

Où est né Audubon? À la Nouvelle-Orléans? À Haïti? En France? Les origines de ce grand artiste restent mystérieuses. Après avoir fait ses études en France, Audubon est arrivé à Philadelphie en 1803. Puis, pendant trente ans, il a passé sa vie à voyager et à peindre° la nature autour de lui. Dans son oeuvre° *Les oiseaux d'Amérique,* Audubon combine le talent artistique avec l'esprit d'observation scientifique.

Sarah Grimké **(1792–1873) et** Angélina Grimké **(1805–1879)**

Sarah et Angélina Grimké étaient issues d'une famille huguenote française émigrée en Amérique au XVIIIe siècle. Les deux soeurs ont consacré° leur vie° à l'abolition de l'esclavage° aux États-Unis. Par leurs écrits° et leurs discours,° elles ont joué un rôle très important dans la lutte° pour l'émancipation des Noirs et pour les droits° de la femme. Leur neveu,° Archibald Grimké (1849–1930), a continué leur lutte contre° la discrimination. Il a été vice-président de la NAACP (Association nationale pour l'avancement des personnes de couleur).

John Charles Frémont **(1813–1890)**

Né en Géorgie, Frémont était le fils d'un officier français. Est-ce un héros ou un aventurier? Peut-être les deux! Frémont a commencé sa carrière comme professeur de mathématiques, mais bien vite, il a abandonné ce métier pour devenir explorateur. C'est l'un des grands explorateurs de l'Ouest. Il a exploré les montagnes Rocheuses,° le Nevada, l'Oregon. Arrivé en Californie en 1846, il a proclamé l'indépendance de ce territoire espagnol. Puis il est devenu gouverneur et sénateur du nouvel état. En 1856, Frémont a été le candidat républicain aux élections présidentielles. Battu,° Frémont a continué à défendre ses idées alors révolutionnaires: l'abolition de l'esclavage, la construction d'un chemin de fer° transcontinental qui rejoindrait° le Pacifique. Plus tard, Frémont a été gouverneur du territoire de l'Arizona.

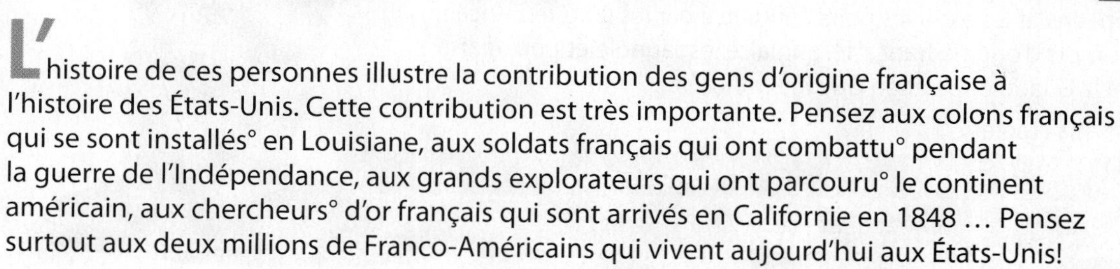

L'histoire de ces personnes illustre la contribution des gens d'origine française à l'histoire des États-Unis. Cette contribution est très importante. Pensez aux colons français qui se sont installés° en Louisiane, aux soldats français qui ont combattu° pendant la guerre de l'Indépendance, aux grands explorateurs qui ont parcouru° le continent américain, aux chercheurs° d'or français qui sont arrivés en Californie en 1848 … Pensez surtout aux deux millions de Franco-Américains qui vivent aujourd'hui aux États-Unis!

CONNEXIONS Histoire américaine

Avec deux ou trois camarades, choisissez une de ces personnes présentées ici. Expliquez pourquoi vous trouvez cette personne intéressante et écrivez une courte biographie d'elle. (Sources: sites Internet, encyclopédies)

peindre *paint* **oeuvre** *work* **ont consacré** *devoted* **vie** *life* **esclavage** *slavery* **écrits** *writings* **discours** *speeches* **lutte** *struggle* **droits** *rights* **neveu** *nephew* **contre** *against* **Rocheuses** *Rocky* **Battu** *Defeated* **chemin de fer** *railroad* **rejoindrait** *would link* **se sont installés** *settled* **ont combattu** *fought* **ont parcouru** *traveled through* **chercheurs** *seekers*

IMAGES DU MONDE FRANCOPHONE

La France d'outre-mer

Il y a une France métropolitaine et une France d'outre-mer. La France d'outre-mer est constituée par° un certain nombre de départements et de territoires dispersés dans le monde entier.° Les départements et territoires d'outre-mer font partie intégrante de la France. Leurs habitants sont citoyens° français. Ils ont les mêmes droits et les mêmes obligations que tous les Français.

Voici quelques-uns de ces territoires et départements:

Département/Territoire	Population	Capitale	Produits
La Martinique	400 000	Fort-de-France	sucre, bananes, ananas°
La Guadeloupe	450 000	Basse-Terre	sucre, bananes, ananas
La Guyane française	150 000	Cayenne	fruits tropicaux, sucre, bananes, riz,° tabac°
La Polynésie française	200 000	Papeete	fruits tropicaux, café, vanille, noix de coco°

Le créole

Quelle est la langue officielle de la Martinique? C'est le français, bien sûr! Mais à la maison et avec leurs amis, les jeunes Martiniquais parlent créole. Le créole reflète la personnalité et l'histoire de la Martinique. Cette langue originale est née du contact entre les Européens et les esclaves noirs. Influencé par les langues africaines, le créole contient° des mots d'origine française, anglaise, espagnole et portugaise. On parle aussi créole à la Guadeloupe et en Guyane française.

Voici certaines expressions créoles:

créole	français
Ça ou fé?	Comment allez-vous?
Moin bien.	Je vais bien.
Ça ou lé?	Qu'est-ce que vous voulez?
Moin pa savé.	Je ne sais pas.

Et voici un proverbe créole:

Gros poisson ka mangé piti.	Les gros poissons mangent les petits.

constituée par *made up of* **dans le monde entier** *around the world*
citoyens *citizens* **ananas** *pineapple* **riz** *rice* **tabac** *tobacco*
noix de *coconuts* **contient** *contains*

Le Carnaval à la Martinique

À la Martinique, le Carnaval est toujours une fête° extraordinaire. C'est la fête de la musique, de la danse, du rythme, de l'exubérance. C'est surtout la fête de la bonne humeur.

On prépare le Carnaval des mois à l'avance° ... Finalement la semaine du Carnaval arrive. Le lundi, les jeunes gens mettent leurs masques et leurs costumes. Dans les rues, les orchestres de musique créole (clarinette, tambour° et banjo) jouent des airs typiques. Tout le monde chante et danse ... Le mardi, c'est le jour des diables.° Ce jour-là, tout le monde porte des vêtements rouges.

Le Carnaval finit le mercredi. Ce jour-là, on met des vêtements blancs et noirs. Le soir, on brûle° «Vaval», une immense effigie de papier mâché qui représente le Carnaval. Le Carnaval est fini. «Au revoir, Vaval! À l'année prochaine!»

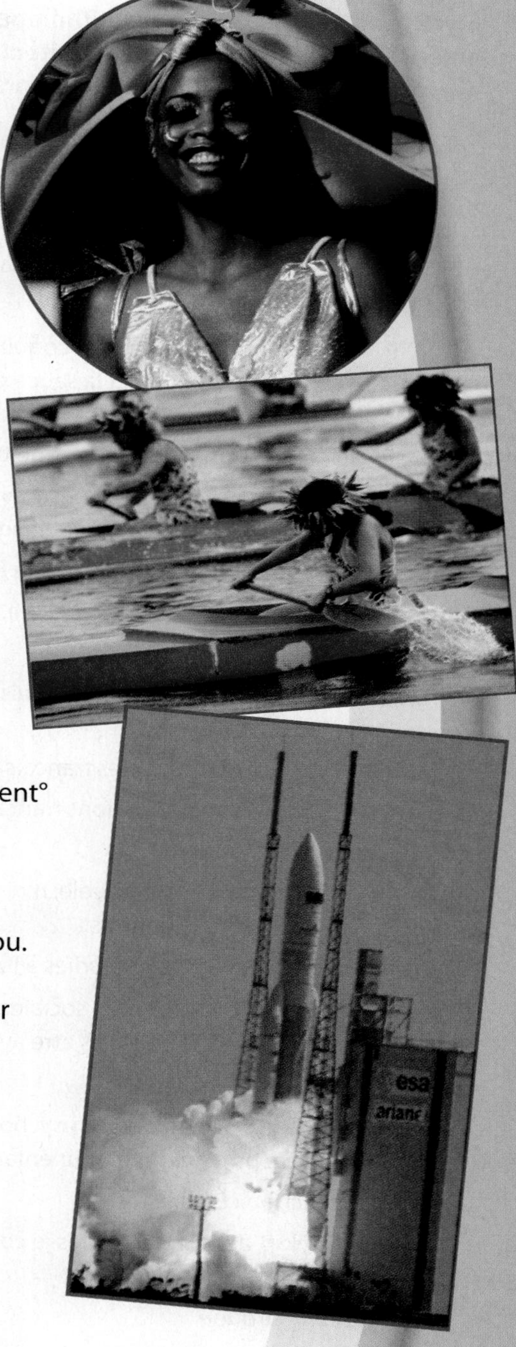

Les fêtes de juillet à Tahiti

Tahiti est la plus grande île de la Polynésie française. En juillet, Tahiti est en fête. Il y a des danses folkloriques. Il y a des cérémonies traditionnelles. Il y a des défilés.° Il y a des épreuves° sportives. Mais le grand événement est la course de pirogues.° Chaque village a son équipage.° Ces équipages s'entraînent° pendant des semaines. Finalement le jour de la course arrive. Les équipages sont prêts.° Le signal du départ est donné. Qui va gagner cette année?

La Guyane française

Située au nord-est de l'Amérique du Sud, la Guyane française est un pays de forêt équatoriale. Autrefois, la Guyane était une colonie pénale où étaient° déportés les criminels condamnés aux travaux forcés.° (Le bagne° le plus célèbre se trouvait° sur la fameuse «Île du Diable».°)

Avec la technologie moderne, le caractère de la Guyane a complètement changé. C'est en Guyane, en effet, que se trouve le centre spatial de Kourou. De ce centre sont lancées° les fusées° Ariane. Ces fusées, construites° par la France en coopération avec d'autres pays européens, sont utilisées pour le lancement de satellites européens, japonais ... et américains.

CONNEXIONS En France d'outre-mer

Avec deux ou trois camarades, choisissez un département ou territoire d'outre-mer que vous aimeriez visiter. Préparez un poster illustré de photos. (Sources: sites Internet, brochures touristiques)

fête *festival* **à l'avance** *in advance* **tambour** *drum* **diables** *devils* **brûle** *burn* **défilés** *parades* **épreuves** *competitions* **course de pirogues** *canoe race* **équipage** *crew* **s'entraînent** *train* **prêts** *ready* **étaient** *were* **travaux forcés** *forced labor* **bagne** *prison* **se trouvait** *was located* **«Île du Diable»** *Devil's Island* **lancées** *launched* **fusées** *rockets* **construites** *built*

IMAGES DU MONDE FRANCOPHONE

Rencontre avec Myrtise et Garine

Myrtise Maurice et Garine Jean-Philippe sont étudiantes dans une université américaine. Elles sont amies et habitent dans le même appartement. Je les ai rencontrées chez elles. Elles étaient en train de faire la cuisine.

JEAN-PAUL: Bonjour, Myrtise! Bonjour, Garine! Qu'est-ce que vous faites?

MYRTISE: Nous préparons un repas haïtien. Nous avons des invités ce soir.

JEAN-PAUL: Qu'est-ce qu'il y a au menu?

MYRTISE: Du lambi° avec du riz et de la «sauce pois».

JEAN-PAUL: Qu'est-ce que c'est?

MYRTISE: Le lambi, c'est un gros coquillage° qu'on trouve partout dans les Antilles. Et la sauce pois, c'est une sauce avec des haricots rouges.

JEAN-PAUL: Et toi, Garine, qu'est-ce que tu fais?

GARINE: Je fais des «bananes pesées». Ce sont des bananes frites. C'est aussi une spécialité haïtienne.

JEAN-PAUL: Vous êtes haïtiennes toutes les deux?

GARINE: Non, moi, je suis américaine, mais mes parents sont nés en Haïti.

JEAN-PAUL: Et toi, Myrtise?

MYRTISE: Moi, je suis haïtienne. Je suis venue ici à l'âge de douze ans avec ma famille.

JEAN-PAUL: Est-ce que tu parles français avec tes parents?

MYRTISE: Bien sûr! Nous parlons français et créole.

JEAN-PAUL: Et toi, Garine?

GARINE: Je comprends le créole, mais à la maison, mes parents préfèrent que je parle français.

JEAN-PAUL: Qu'est-ce que tu étudies à l'université?

GARINE: J'étudie les sciences sociales. Et après, je vais faire des études de droit.° Je voudrais être avocate.

JEAN-PAUL: Et toi, Myrtise?

MYRTISE: Je fais des études de psychologie. Je voudrais être psychologue pour enfants.

JEAN-PAUL: Ici, aux États-Unis?

MYRTISE: Non, après mes études je compte° retourner en Haïti.

JEAN-PAUL: Pourquoi?

MYRTISE: Parce que c'est mon pays ... Il y a beaucoup de choses à faire là-bas ...

GARINE: Au fait, Jean-Paul, est-ce que tu veux dîner avec nous?

JEAN-PAUL: Oui, avec plaisir!

lambi *conch* **coquillage** *shellfish* **droit** *law* **compte** *plan*

CONNEXIONS Haïti

Avec deux ou trois camarades, préparez une présentation sur l'un des sujets suivants:

- l'histoire d'Haïti
- la musique haïtienne
- la cuisine haïtienne

LE SAVEZ-VOUS?

1. La Louisiane a été nommée ainsi en l'honneur …
   - **a.** d'une province française
   - **b.** d'une jeune fille française nommée Louisette
   - **c.** du roi de France Louis XIV

2. Toussaint Louverture est …
   - **a.** un explorateur français
   - **b.** le premier gouverneur de la Louisiane
   - **c.** le chef des esclaves haïtiens révoltés contre les Français

3. Aujourd'hui, la Martinique et la Guadeloupe sont …
   - **a.** des pays indépendants
   - **b.** des départements français
   - **c.** des colonies espagnoles

4. La devise du Québec est …
   - **a.** «Je me souviens.»
   - **b.** «Vive la différence!»
   - **c.** «Vive le français!»

5. Après Paris, la deuxième ville d'expression française du monde est …
   - **a.** Québec
   - **b.** Montréal
   - **c.** la Nouvelle-Orléans

6. À Paris on dit «Au revoir». À Québec on dit …
   - **a.** «Bonjour»
   - **b.** «Bonne nuit»
   - **c.** «Bon voyage»

7. Le mot «cajun» vient du mot français …
   - **a.** «acadien»
   - **b.** «canadien»
   - **c.** «indien»

8. Avant de venir en Louisiane, les Acadiens habitaient *(lived)* …
   - **a.** au Mexique
   - **b.** en Nouvelle-Angleterre
   - **c.** dans l'est du Canada

9. Certaines villes américaines sont nommées Lafayette en l'honneur …
   - **a.** d'un explorateur français
   - **b.** d'un général canadien
   - **c.** d'un héros de la Révolution américaine

10. L'un des premiers gouverneurs de Californie était d'origine française. Il s'appelle …
    - **a.** Paul Revere
    - **b.** John Charles Frémont
    - **c.** John James Audubon

11. Tahiti est une île …
    - **a.** canadienne
    - **b.** française
    - **c.** haïtienne

12. Les jeunes Martiniquais parlent français et …
    - **a.** créole
    - **b.** espagnol
    - **c.** italien

Unité 5

Vive le sport!

THÈME ET OBJECTIFS

Culture

In this unit, you will learn ...

- what sports French people enjoy
- how they keep in shape

Communication

You will learn how ...

- to name and describe your favorite sports
- to talk about your daily activities and personal care

You will also learn ...

- to identify various parts of the body and describe a person's physical features
- to explain what you do to stay fit
- to let a doctor know what is wrong when you feel sick or in pain

DIGITAL FRENCH my.hrw.com

ONLINE STUDENT EDITION with...

- Audio Resources
- Video Resources
- Interactive Flashcards
- WebQuest

PRACTICE FRENCH WITH HOLT MCDOUGAL APPS!

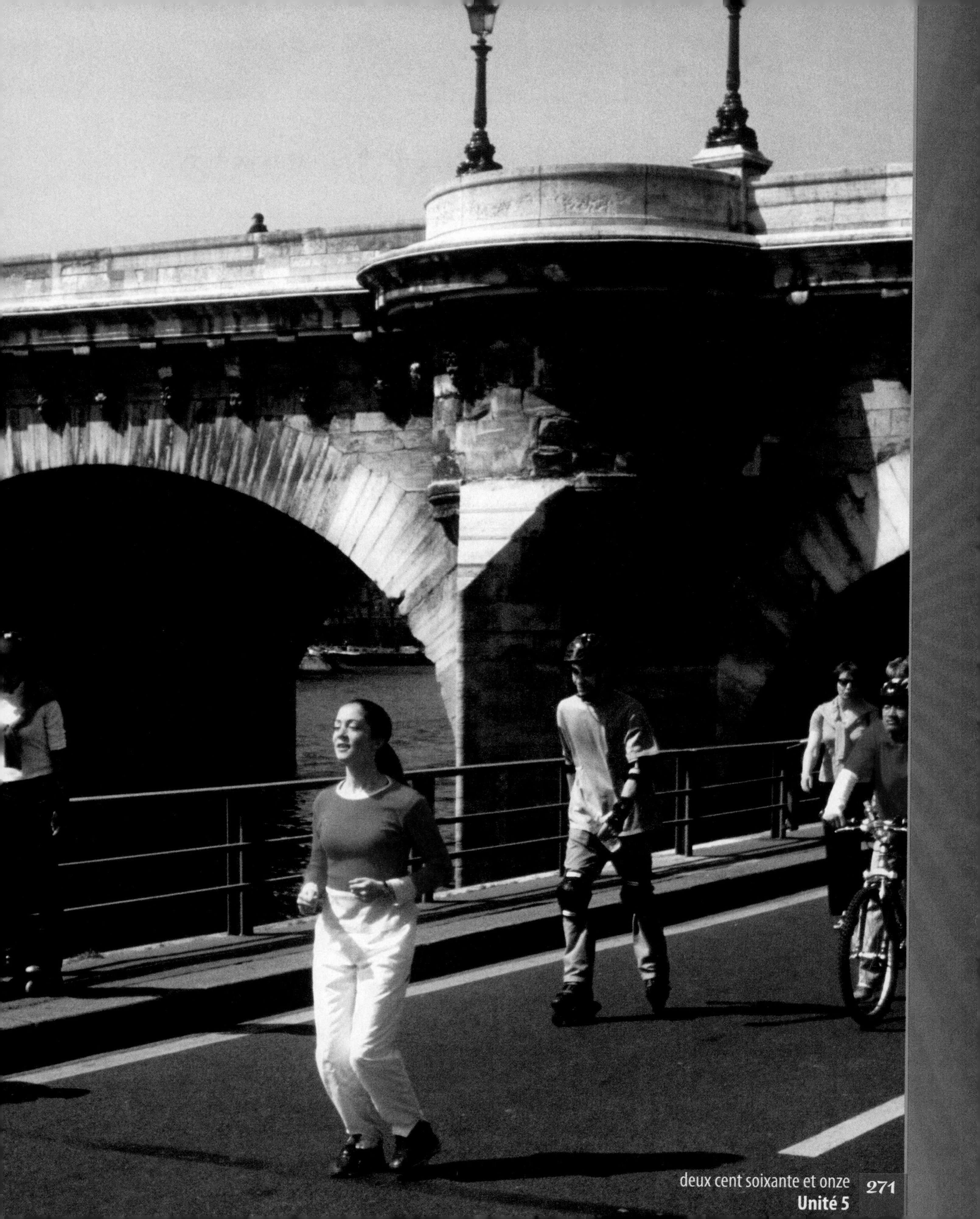

LE FRANÇAIS PRATIQUE

DVD AUDIO

Le sport, c'est la santé

Aperçu culturel ... Le sport en France

«Un esprit sain dans un corps sain»[1] dit le proverbe. Les jeunes Français mettent ce proverbe en action en pratiquant toutes sortes de sports. 75% sont inscrits° dans un club sportif. À l'école ils font de la gymnastique et du jogging. Ils jouent aussi au foot, au volley et au basket. En dehors° de l'école, la pratique des sports varie avec les saisons: ski en hiver, tennis et natation au printemps et en été, planche à voile et escalade pendant les vacances.

[1] "A healthy mind *(spirit)* in a healthy body"

inscrits *registered* **dehors** *outside*

1. La planche à voile est un sport très populaire sur les plages de la Méditerranée et de l'Atlantique. On peut aussi pratiquer ce sport à la Martinique.

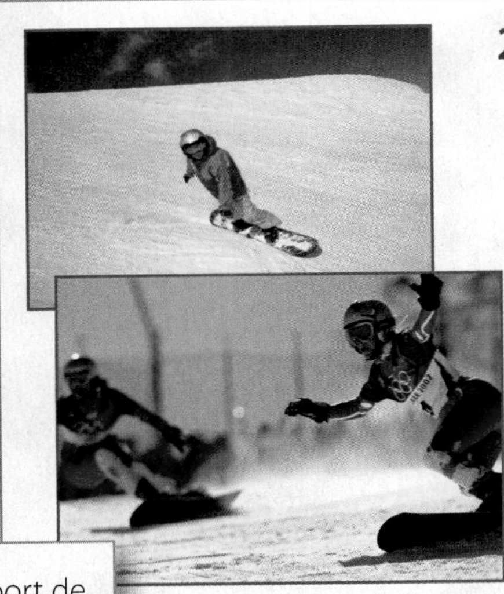

2. À Noël et pendant les vacances de février, beaucoup de jeunes Français vont dans les stations de sports d'hiver des Alpes et des Pyrénées. Là, ils font du ski et surtout° du snowboard (ou surf des neiges). Deux jeunes Françaises, Isabelle Blanc et Karine Ruby, sont les championnes olympiques de cette spécialité.

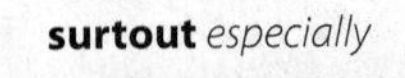

surtout *especially*

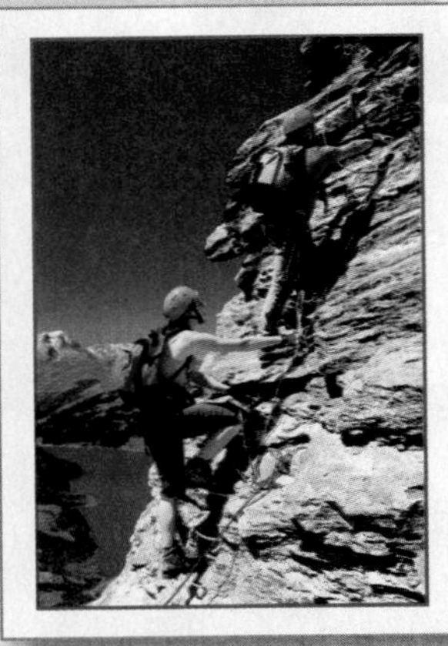

3. L'escalade est un sport de montagne qu'on peut pratiquer en été. En ville, les jeunes peuvent s'entraîner° pour ce sport dans des installations spécialisées.

s'entraîner *to train*

4. Le vélo tout terrain°, ou VTT, est un autre sport de montagne. Aujourd'hui beaucoup de Français utilisent leur VTT pour circuler° en ville.

vélo tout terrain *mountain biking* **circuler** *to get around*

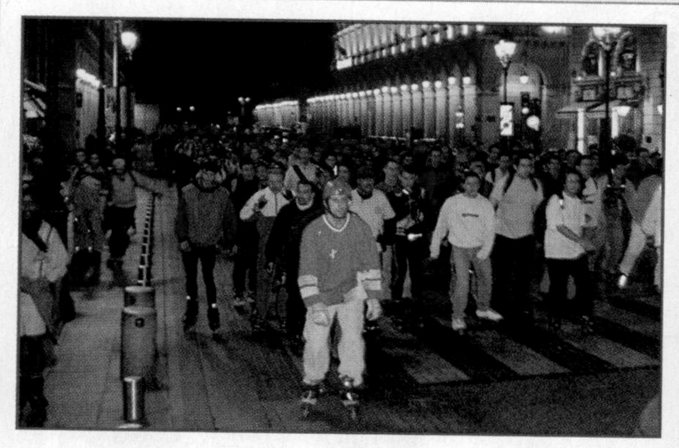

5. Le roller est le nouveau sport à la mode° dans les grandes villes et principalement à Paris. Tous les vendredis soirs, 10 000 jeunes Parisiens font la traversée° de leur ville en roller. Ils sont accompagnés par des policiers, eux aussi en roller.

à la mode *fashionable* **traversée** *crossing*

6. Le football reste le sport favori des jeunes Français. Pendant la semaine, ils pratiquent ce sport au lycée ou dans des clubs sportifs. Le week-end, ils regardent leurs équipes favorites à la télé. Zinedine Zidane, un Français d'origine algérienne, est l'un des meilleurs joueurs du monde. Grâce à° lui, l'équipe de France a gagné la Coupe d'Europe et la Coupe du Monde.

grâce à *thanks to*

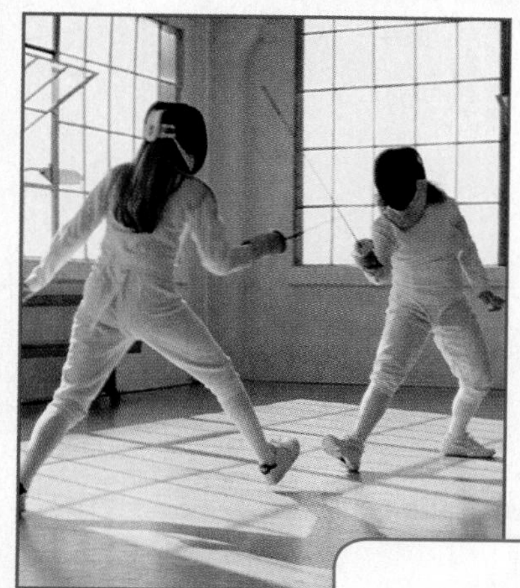

7. Dans les clubs sportifs, les jeunes Français pratiquent d'autres sports, comme le tennis, l'escrime°, la gymnastique rythmique sportive (pour les filles) et le judo (pour les garçons). Ce sport de combat a été rendu° populaire par les champions olympiques français.

crime *fencing* **rendu** *made*

COMPARAISONS *Culturelles*

Pourquoi faites-vous du sport? Voici la réponse des Français à cette question:

- pour le plaisir 80%
- pour la santé *(health)* 70%
- pour rencontrer des gens 27%
- pour le look 22%
- pour la compétition 12%

Faites un sondage dans votre classe et déterminez pourquoi vous faites du sport. Comparez les réponses avec les réponses des Français.

Et vous?

Est-ce que vous pratiquez les mêmes sports que les jeunes Français? Expliquez.

A VOCABULAIRE Les sports individuels 

—Tu es **sportif (sportive)**?
—Oui, je fais du sport.
—Quels sports est-ce que tu **pratiques**?
—Je fais de la gymnastique et du jogging.
—Est-ce que tu **cours** beaucoup?
—Je cours 20 kilomètres par semaine.

pratiquer *to practice*

courir *to run*

INFINITIVE	courir			
PRESENT TENSE	je	**cours**	nous	**courons**
	tu	**cours**	vous	**courez**
	il/elle/on	**court**	ils/elles	**courent**
PASSÉ COMPOSÉ	j'**ai**	**couru**		

Quelques sports individuels

le jogging
le patinage *(ice skating)*
le patin à roulettes *(roller skating)*
le roller *(in-line skating)*
le skate(board)

le ski
le ski nautique *(waterskiing)*
le surf *(surfboarding)*
le snowboard, le surf des neiges

le vélo *(cycling)*
le VTT *(mountain biking)*

l'escalade *(f.) (rock climbing)*
la marche à pied *(hiking)*
la gym(nastique)

l'équitation *(f.) (horseback riding)*
la natation *(swimming)*
la voile *(sailing)*
la planche à voile *(windsurfing)*

➔ To talk about individual sports, the French use the construction:

faire { **du** / **de la** / **de l'** } + NAME OF SPORT

Je **fais du vélo.**
Éric **fait de la voile.**
Nous **faisons de l'escalade.**

In negative sentences, **du/de la** → **de.**

Je **ne** fais **pas de** ski.

@HOMETUTOR
my.hrw.com

1 Le sport et vous

PARLER/ÉCRIRE Indiquez vos préférences en complétant les phrases suivantes.

1. Je fais du sport …
- tous les jours
- une fois par semaine
- trois fois par semaine
- pratiquement jamais

2. Je fais du sport parce que …
- c'est amusant
- c'est bon pour la santé *(health)*
- c'est obligatoire à mon école
- ?

3. Je préfère courir …
- seul(e) *(alone)*
- avec un copain ou une copine
- avec mon chien
- ?

4. Je préfère faire de la natation …
- dans une piscine
- dans un lac
- dans une rivière
- à la mer *(ocean)*

5. En hiver, mon sport préféré est …
- le ski
- le patinage
- le surf des neiges
- ?

6. En été, mon sport préféré est …
- l'équitation
- la voile
- le ski nautique
- ?

7. Dans mon quartier, les jeunes font …
- du roller
- du skate
- du jogging
- ?

8. Je voudrais apprendre à faire …
- du surf
- du parachutisme
- du parapente *(parasailing)*
- de la plongée sous-marine *(scuba diving)*
- de l'escalade

2 Et vos camarades? 

PARLER Demandez à vos camarades s'ils pratiquent les sports suivants. S'ils répondent que **oui,** continuez le dialogue avec des questions comme **où? quand? avec qui?**

▶ **—Tu fais du jogging?**
—Oui, je fais du jogging.
—(Non, je ne fais pas de jogging.)
—Où?
—Je fais du jogging dans les rues de mon quartier. (dans le parc de la ville, …).

3 Le sport et la géographie

PARLER/ÉCRIRE Dites quels sports individuels on pratique dans les régions suivantes.

▶ À la Martinique … — **À la Martinique, on fait de la voile, du ski nautique, de la planche à voile …**

1. À Hawaii …
2. Dans le Colorado …
3. En Floride …
4. En Californie …
5. Dans ma région, en été …
6. Dans ma région, en hiver …

B VOCABULAIRE Un peu de gymnastique

Je lève
le bras droit.

Je lève
le bras gauche.

Je plie
les jambes.

Je mets
les mains
derrière le dos.

Je mets
les mains
sur la tête.

lever* *to raise*

plier *to bend*

Lever* is conjugated like **acheter: je lève, tu lèves, il lève, nous levons, vous levez, ils lèvent.**

Les parties du corps

@HOMETUTOR
my.hrw.com

4 «Jacques a dit» 

PARLER Le jeu de **«Jacques a dit»** est l'équivalent du jeu américain *«Simon says»*. Jouez à ce jeu avec vos camarades. Vous pouvez utiliser les instructions suivantes ou créer d'autres instructions.

▶ Jacques a dit / touchez les cheveux

1. levez la main droite
2. levez la jambe gauche
3. levez la tête
4. mettez la main gauche derrière le dos
5. mettez la main droite sur l'oreille gauche
6. mettez un doigt sur le nez
7. mettez deux doigts sur la bouche
8. ouvrez *(open)* la bouche
9. fermez *(close)* les yeux
10. mettez les mains autour *(around)* du cou
11. pliez les genoux
12. montrez vos dents
13. mettez les mains sur les épaules
14. touchez votre pied gauche avec la main droite

5 Anatomie

PARLER/ÉCRIRE Complétez les phrases suivantes avec la partie du corps qui convient.

▶ On mange …
On mange avec la bouche et les dents.

1. On regarde avec …
2. On court avec …
3. On écoute avec …
4. On joue au foot avec …
5. On respire *(breathes)* par …
6. On joue au basket avec …
7. On joue de la guitare avec …
8. On porte un chapeau sur …

C VOCABULAIRE La santé

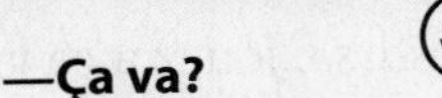

🙂	☹️
—Ça va?	
Oui, **ça va.**	Non, **ça ne va pas.**
Je suis **en forme** *(in shape).*	Je ne suis pas en forme.
Je suis **en bonne santé** *(health).*	Je suis en mauvaise santé.
Je me **sens** *(feel)* bien.	Je ne me sens pas bien.
Ça va **mieux** *(better).*	

—Qu'est-ce que tu as? *(What's wrong? What's the matter?)*

Je suis | **malade** *(sick).*
| **fatigué(e)** *(tired)*

J'ai | **la grippe** *(flu).*
| **un rhume** *(cold)*

—Où est-ce que tu as mal? *(Where does it hurt?)*

J'ai mal		
	à la tête.	*(I have a headache. My head hurts.)*
	au ventre	*(I have a stomachache. My stomach hurts.)*
	au dos	*(I have a sore back. My back hurts.)*
	aux oreilles	*(I have an earache. My ears hurt.)*

→ To indicate where you have a pain or where you are sore, use the construction:

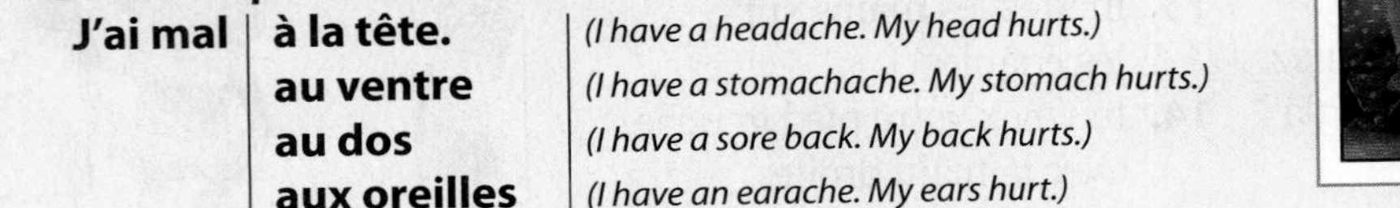

avoir mal { **au (à l')** / **à la (à l')** / **aux** } + PART OF THE BODY

6 Aïe! *(Ouch!)*

PARLER Demandez à vos camarades où ils ont mal.

▶ —Où as-tu mal?
—J'ai mal au pied.

7 Questions personnelles PARLER/ÉCRIRE

1. Qu'est-ce que tu fais pour rester en bonne santé?
2. Est-ce que tu es en forme? Qu'est-ce que tu fais pour rester en forme?
3. Est-ce que tu as mal à la tête quand tu étudies trop? Quel médicament *(medicine)* est-ce que tu prends quand tu as mal à la tête? Et quand tu as mal au ventre?
4. Est-ce que tu as eu la grippe l'année dernière? Où est-ce que tu as eu mal?
5. Quels sports est-ce que tu pratiques? Est-ce que tu as mal après avoir pratiqué ces sports? Où?
6. Est-ce que tu es allé(e) chez le dentiste récemment? Pourquoi? Est-ce que ça va mieux maintenant?

8 Ça va? 

PARLER Créez des dialogues, suivant le modèle, en choisissant un élément de chaque colonne.

A la partie du corps	B le problème
les yeux	courir
le nez	manger trop de chocolats
les dents	faire de la marche
les pieds	regarder la télé
les doigts	travailler dans le jardin
la tête	jouer de la guitare
le ventre	être piqué *(stung)* par un moustique
les jambes	??
le dos	

Au jour le jour

En été, beaucoup de Français passent leurs vacances dans les terrains de camping. Ces terrains de camping sont généralement bien équipés. Ils offrent souvent la possibilité de pratiquer différents sports.

Imaginez que, l'été prochain, vous allez faire du camping en France avec des copains. Vous êtes chargé(e) de trouver un terrain de camping.

Regardez la brochure.

- Comment s'appelle ce terrain de camping?
- Quelles activités est-ce que ce terrain de camping propose?
- Combien coûte le séjour *(stay)* de deux semaines en juillet?
- Quels autres services est-ce que le terrain de camping propose?
- Quand pensez-vous sont les semaines à 260 euros?

sèche-cheveux *hair dryer* **Animation** *organized social activities* **Location** *rental*

Camping Le Ker

Spécial 2 semaines juillet-août €450 par semaine

Restauration : restaurant-crêperie, pizza au feu de bois

- Café
- Piscine extérieure et piscine couverte
- Tennis
- Volley-ball
- Pétanque
- Ping-pong
- Badminton
- Mini-golf
- Aire de jeux pour les plus petits

Installations sanitaires récentes, coin bébé et sèche-cheveux

Animation — Soirées dansantes

Accés Internet — Possibilité de baby-sitting

Location : emplacement tente, caravane et aussi bungalow

Semaine à partir de 260 euros*

*selon la saison.

Route de Mesquer 44 410 Piriac-sur-mer

Leçon 18

VIDÉO-SCÈNE DVD AUDIO

Un vrai sportif

Aimez-vous le sport? Comme beaucoup de jeunes Français, Pierre et Armelle font du sport assez souvent. En hiver ils font du ski dans les Alpes. En été, ils font de la natation et de la planche à voile sur le lac d'Annecy.

Ce matin, ils font du jogging . . .

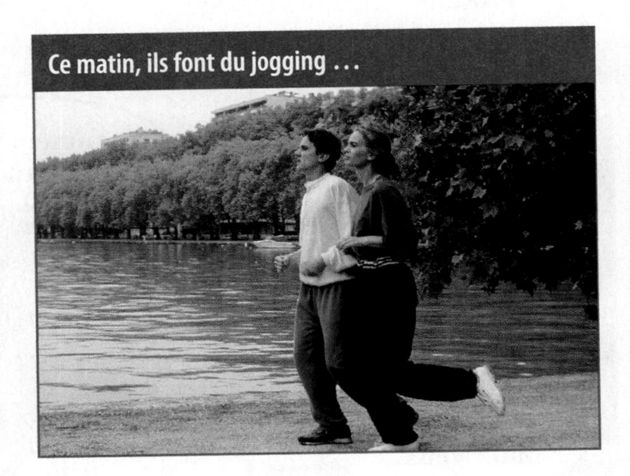

En route, ils voient quelqu'un qui fait du jogging aussi.

Armelle et Pierre disent bonjour à Jérôme.

Jérôme continue son jogging.

Armelle semble impressionnée par les exploits de Jérôme.

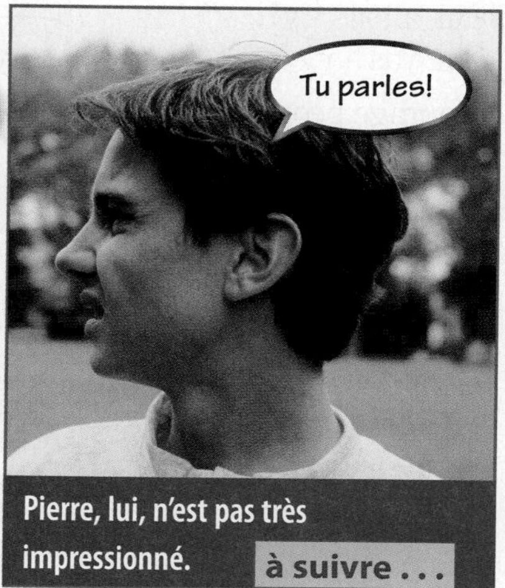

Pierre, lui, n'est pas très impressionné. à suivre ...

Compréhension

1. Qui est-ce que Pierre et Armelle rencontrent?
2. D'où vient Jérôme?
3. Quel est son sport préféré maintenant?
4. Qu'est-ce qu'il va faire samedi matin?

A Le pronom *y*

Note the use of the pronoun **y** *(there)* in the answers to the following questions.

Tu vas souvent **à la plage**?	Oui, j'**y** vais souvent en été.
Tu vas **au club** de sports le soir?	Non, je n'**y** vais pas.
Est-ce que tu vas **chez ton copain**?	Oui, j'**y** vais assez souvent.
Est-ce que ta raquette est **dans ta chambre**?	Non, elle n'**y** est pas.
Tu es allé **en France**?	Oui, j'**y** suis allé.
Est-ce qu'Éric est allé **chez son cousin**?	Non, il n'**y** est pas allé.

The pronoun **y** is the equivalent of the English *there*. It replaces names of places introduced by PREPOSITIONS OF PLACE such as **à, en, dans, chez,** etc.

Like other object pronouns, **y** comes BEFORE the verb, except in affirmative commands.

→ Note the word order in negative sentences.

Je **n'y** vais **pas**. Je **n'y** suis **pas** allé.

→ Note the position of **y** in affirmative commands. There is liaison between the verb and **y.**

On va **au stade**?	Oui, allons-**y!**
Je vais **à la bibliothèque**?	Oui, vas-**y!**

→ The expression **Vas-y!** is used to encourage people.

Vas-y! *Go on! Go ahead! Keep going!*

→ The pronoun **y** may also replace **à** + NOUN designating a THING.

Tu joues **au foot**?	Oui, j'**y** joue.
Tu réponds **à cette lettre**?	Non, je n'**y** réponds pas.

→ Note the following conversational expressions with **y.**

Vas-y!	*Go on! Go ahead! Keep going!*
On y va?	*Should we go? Are we going?*
Allons-y!	*Let's go!*

@HOMETUTOR
my.hrw.com

VOCABULAIRE Quelques expressions de temps

souvent	*often*	L'été, je vais **souvent** à la plage.
quelquefois	*sometimes*	Je joue **quelquefois** au volley.
de temps en temps	*from time to time*	Je vais **de temps en temps** à la campagne.
parfois	*occasionally*	Je fais **parfois** une promenade à vélo.
rarement	*seldom, rarely*	Je vais **rarement** chez mon cousin.
ne ... presque jamais	*almost never*	Je **ne** vais **presque jamais** au théâtre.

1 Conversation

PARLER Demandez à vos camarades s'ils vont aux endroits suivants. Ils vont répondre en utilisant une expression de temps.

▶ à la piscine?

(Non, je n'y vais presque jamais.)

1. à la bibliothèque?
2. au gymnase?
3. à la campagne?
4. au concert?
5. en ville?
6. au supermarché?
7. dans les magasins?
8. chez ton copain (ta copine)?
9. chez tes grands-parents?
10. chez le dentiste?

2 Pas le week-end!

PARLER/ÉCRIRE Le week-end on ne fait pas ce qu'on fait pendant la semaine. Exprimez cela en utilisant le pronom **y**.

▶ Nous déjeunons à la cantine de l'école.
Le week-end, nous n'y déjeunons pas.

1. On va à l'école.
2. Ma mère va à son travail.
3. Je vais à la bibliothèque.
4. Les élèves sont en classe.
5. Vous restez chez vous.
6. Ma tante déjeune au restaurant.
7. Nous jouons au foot.
8. Vous jouez au volley.

3 Questions personnelles

PARLER/ÉCRIRE Utilisez le pronom **y** dans vos réponses.

1. Maintenant, es-tu en classe?
2. Le samedi, vas-tu au cinéma?
3. Le dimanche, dînes-tu au restaurant?
4. Le week-end, restes-tu chez toi?
5. Es-tu allé(e) en France?
6. Es-tu allé(e) à Tahiti?
7. Es-tu monté(e) à la Statue de la Liberté?
8. Es-tu descendu(e) dans le Grand Canyon?

B Le pronom *en*

Note the use of the pronoun **en** in the answers to the questions below.

Tu fais **du jogging**?	Oui, j'**en** fais.
Vous avez fait **de la gymnastique**?	Oui, nous **en** avons fait.
Tu veux **de l'eau minérale**?	Oui, merci, j'**en** veux bien.
Tu as mangé **des spaghetti**?	Oui, j'**en** ai mangé.
Tu ne fais pas **de ski,** n'est-ce pas?	Non, je n'**en** fais pas.
Tu ne veux pas **de frites,** n'est-ce pas?	Non, je n'**en** veux pas.

POSITION

Like other object pronouns, **en** comes BEFORE the verb except in affirmative commands.

→ Liaison is required after **en** when the verb begins with a vowel sound.

J'**en** ai.	Tu n'**en** as pas.

→ Note the position of **en** in negative sentences.

Je ne fais pas **de sport.**	Je n'**en** fais pas.
Je n'ai pas acheté **de pain.**	Je n'**en** ai pas acheté.

→ Note the position of **en** in affirmative commands. There is liaison between the verb and **en.**

Fais **de la gymnastique.**	Fais-**en!**
Prends **de l'eau minérale.**	Prends-**en!**

→ Note the position of **en** with il y **a.**

Est-ce qu'il y a **des pommes**?	Oui, il y **en** a. Non, il n'y **en** a pas.

4 Vive les loisirs! 

PARLER Demandez à vos camarades s'ils pratiquent les sports suivants ou les activités suivantes.

▶ **de la photo**

(Non, je n'en fais pas.)

1. du ski nautique
2. de la voile
3. de la planche à voile
4. de la danse moderne
5. de l'escalade
6. du patin à roulettes
7. du patinage
8. du camping
9. du ski
10. du surf
11. du roller
12. du VTT
13. du skate
14. du snowboard

@HOMETUTOR
my.hrw.com

USES

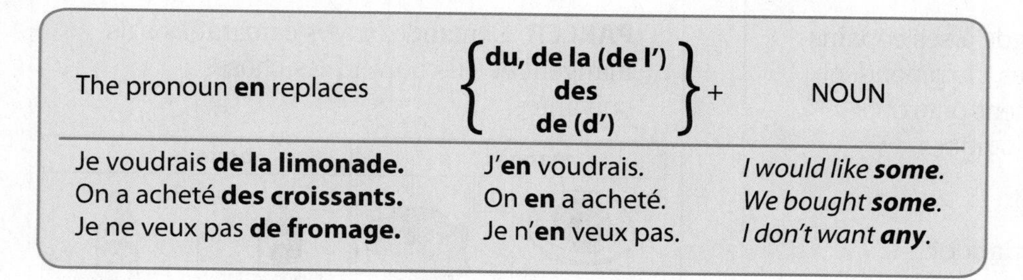

The pronoun **en** replaces	{du, de la (de l'), des, de (d')} +	NOUN
Je voudrais **de la limonade.**	J'**en** voudrais.	*I would like* ***some.***
On a acheté **des croissants.**	On **en** a acheté.	*We bought* ***some.***
Je ne veux pas **de fromage.**	Je n'**en** veux pas.	*I don't want* ***any.***

LANGUAGE COMPARISON

➔ The pronoun **en** is often the equivalent of the English pronoun *some, any.* While these pronouns are sometimes omitted in English, **en** must always be used in French.

Tu as **de l'argent**?	Oui, j'**en** ai.	*Yes, I have* ***(some).***
	Non, je n'**en** ai pas.	*No, I don't have* ***any.***

Other uses of **en**

➔ **En** replaces a noun introduced by **un** or **une.**

Tu as **une tablette**?	Oui, j'en ai **une.**	*Yes, I have* ***one.***

➔ Note that **un** and **une** are not used in negative sentences.

Tu as **une voiture**?	Non, je n'**en** ai pas.	*No, I don't have* ***one.***

➔ **En** replaces the preposition **de** + NOUN.

Tu viens **de la plage**?	Oui, j'**en** viens.	*Yes, I am coming* ***from there.***
Tu parles **de tes projets**?	Non, je n'**en** parle pas.	*No, I don't talk* ***about them.***
Tu as besoin **de ton livre**?	Oui, j'**en** ai besoin.	*Yes, I need* ***it.***

➔ **En** replaces a noun introduced by a NUMBER.

Marc a **trois frères**. Et toi?	Moi, j'**en** ai **deux.**	*I have* ***two.***
Sandrine a **trente livres.**	Moi, j'**en** ai **trente** aussi.	*I also have* ***thirty.***

➔ **En** replaces **de** + NOUN after an expression of QUANTITY.

Tu as **beaucoup d'amis**?	Oui, j'**en** ai **beaucoup.**	*Yes, I have* ***many.***
Tu as **assez d'argent**?	Non, je n'**en** ai pas **assez.**	*No, I don't have* ***enough.***

5 Un régime de championne 

PARLER Un journaliste interviewe une athlète. Jouez les deux rôles.

▶ faire du jogging? (tous les matins)

1. faire de la gymnastique? (tous les jours)
2. faire du vélo? (avant le dîner)
3. faire de la marche à pied? (quelquefois)
4. boire du jus d'orange? (au petit déjeuner)
5. boire de l'eau minérale? (à tous les repas)
6. manger du yaourt? (très souvent)
7. manger des produits naturels? (tout le temps)
8. donner des interviews? (de temps en temps)
9. prendre des vacances? (rarement)

6 Pourquoi pas?

PARLER Nicolas demande à ses copains s'ils font certaines choses. Ils répondent négativement et expliquent pourquoi. Jouez les rôles et soyez logiques.

▶ manger de la viande?

—Tu manges de la viande?
—Non, je n'en mange pas.
—Ah bon? Pourquoi est-ce que tu n'en manges pas?
—Je suis végétarien(ne).

1. manger du sucre?
2. vouloir de l'eau?
3. vouloir du gâteau?
4. faire du jogging?
5. faire du camping?
6. prendre des photos?
7. faire de l'espagnol?

Je n'ai pas d'appareil-photo.
Je n'ai pas de tente.
Je n'ai pas soif.
Je n'ai pas faim.
J'ai mal aux pieds.
J'ai mal aux dents.
Je suis végétarien(ne).
Je ne suis pas doué(e) (gifted) pour les langues.

7 Et vous?

PARLER Demandez à vos camarades s'ils mangent et s'ils boivent les choses suivantes.

manger ...		boire ...	
▶	1	6	7
2	3	8	9
4	5	10	11

—Est-ce que tu manges du poisson?
—Oui, j'en mange de temps en temps (souvent, tous les jours, quelquefois).
(Non, je n'en mange presque jamais.)

8 Nos possessions

PARLER Demandez à vos camarades s'ils ont les choses suivantes.

▶ une radio

1. un portable
2. un appareil-photo
3. un vélo
4. une guitare
5. une montre
6. un chien
7. un poisson rouge *(goldfish)*
8. une raquette de tennis
9. une batte de baseball
10. un ballon de basket

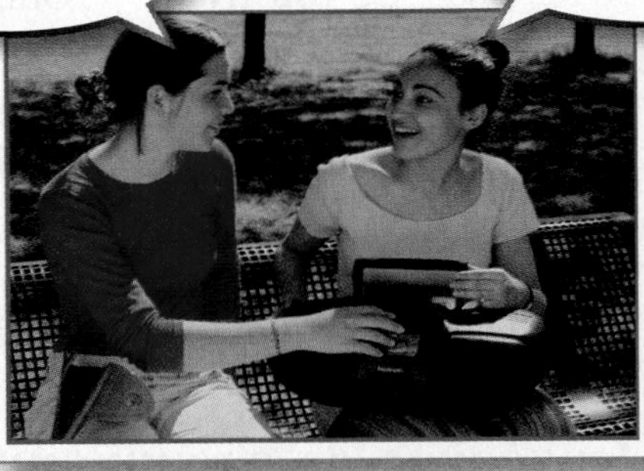

(Non, je n'en ai pas.)

9 Questions personnelles

PARLER/ÉCRIRE Utilisez le pronom en dans vos réponses.

1. Est-ce que tu as mangé des céréales ce matin? Est-ce que tu as bu du jus d'orange? du lait?
2. Est-ce que tu as fait du baby-sitting la semaine dernière? Pour qui?
3. Est-ce que tu as acheté des vêtements le week-end dernier? Où?
4. L'été dernier, est-ce que tu as fait de la natation? de la voile? de la planche à voile? Où?
5. Est-ce que tu as gagné de l'argent pendant les vacances? Comment?
6. Est-ce que tu as déjà fait du camping? Où? Quand? Avec qui?
7. Est-ce que tu as déjà fait du ski? du ski nautique? de l'escalade? Où? Quand?

@HOMETUTOR
my.hrw.com

VOCABULAIRE Pour exprimer son opinion

à mon avis	*in my opinion*	**À mon avis,** le français est une langue facile.
selon moi	*according to me*	**Selon moi,** le rugby est un sport trop violent.
d'après moi	*according to me*	**D'après moi,** la natation est un très bon exercice.
je pense que	*I think (that)*	**Je pense que** le jogging est un excellent sport.
je trouve que	*I think (that)*	**Je trouve qu'**on ne fait pas assez de sport à l'école.
je crois que	*I believe (that)*	**Je crois que** pour rester en forme, il faut faire du sport.

→ **Penser** *(to think)* and **trouver** *(to find)* are regular **-er** verbs.

INFINITIVE	**croire** *(to believe)*	
PRESENT TENSE	je **crois** tu **crois** il/elle/on **croit**	nous **croyons** vous **croyez** ils/elles **croient**
PASSÉ COMPOSÉ	**j'ai cru**	

10 Vous et le sport

PARLER/ÉCRIRE Exprimez votre opinion sur les sports suivants.

le VTT	le football américain	est un sport	dangereux	trop violent
le jogging	le karaté		intéressant	très bon pour la santé
la planche à voile	le surf des neiges		amusant	passionnant *(exciting)*
la marche à pied	l'escalade		difficile	ennuyeux *(boring)*

▶ **À mon avis, (Je crois que) l'escalade est un sport très dangereux.**

À votre tour!

OBJECTIFS

Now you can . . .
- discuss your favorite sports
- answer questions using **y** and **en**

Digital performance space

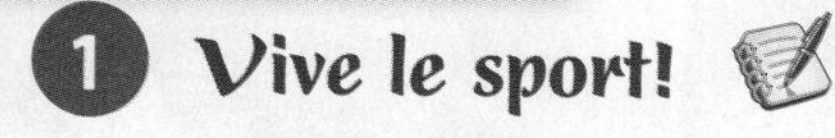

1 Vive le sport!

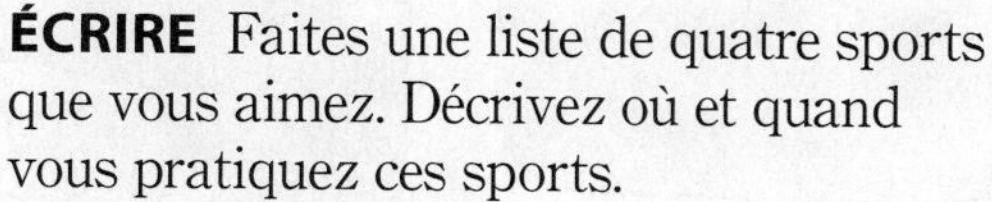

ÉCRIRE Faites une liste de quatre sports que vous aimez. Décrivez où et quand vous pratiquez ces sports.

le jogging
J'aime faire du jogging.
J'en fais dans mon quartier.
J'en fais deux ou trois fois par semaine.

le volley
J'aime jouer au volley.
J'y joue souvent à l'école.
J'y joue après les cours.

2 Vacances à la Martinique

PARLER Your partner went to Martinique for spring vacation. Ask your partner at least four questions. For instance, ask if he/she . . .

- bought some souvenirs **(des souvenirs)**
- went sailing **(faire de la voile)**
- went to the beach every day
- met French young people
- often went to a restaurant
- took many photographs
- went windsurfing

Lecture Quel sport est-ce?

Pouvez-vous identifier les sports suivants? Lisez les définitions et faites correspondre chaque définition avec l'illustration correspondante.

1. C'est un sport d'hiver. Aux États-Unis, on en fait dans le Colorado, mais on n'en fait pas en Floride. En France, on en fait en Savoie, mais on n'en fait pas en Normandie.

2. Ce sport est d'origine anglaise, mais aujourd'hui on y joue dans tous les pays du monde. En général, on y joue à deux,° mais on peut aussi y jouer à quatre. On n'y joue jamais à six.

3. C'est un sport d'été. Pour pratiquer ce sport, il est nécessaire de savoir nager. On en fait à la mer° ou sur un lac, mais on n'en fait pas en piscine.

4. C'est un sport d'équipe très populaire en France et dans les pays africains d'expression française. On y joue sur un terrain° rectangulaire avec un ballon rond. On peut utiliser les pieds et la tête, mais pas les mains. En semaine, les jeunes y jouent à l'école. Le week-end, ils regardent les matchs professionnels à la télé.

à deux *with two people* **à la mer** *at the ocean* **terrain** *field*

? le parapente

? l'équitation

? le ski nautique

? le snowboard

Additional readings @ **my.hrw.com**
FRENCH
InterActive Reader

5 Ce sport ne nécessite pas d'équipement spécial et il ne coûte rien. Tout le monde peut le pratiquer: hommes et femmes, jeunes et vieux. On peut en faire en toute saison, à toute heure de la journée et n'importe où:° en ville et à la campagne, dans la rue ou dans les parcs publics. C'est un excellent sport pour la santé, spécialement pour le coeur, pour les poumons° et pour les muscles des jambes.

6 C'est un sport dangereux. Ce n'est pas un sport pour tout le monde, mais on peut le pratiquer à tout âge. Quand on en fait, on a l'impression de voler° comme un oiseau.

7 Ce sport nécessite un équipement spécial et un excellent sens de l'équilibre. On peut le pratiquer dans la rue, mais ce n'est pas un sport pour tout le monde. Quand on en fait, il est recommandé de porter un casque.°

8 Pour pratiquer ce sport, on doit aller à la campagne. On peut en faire seul,° mais généralement on en fait en groupe. On ne peut pas en faire sans° un fidèle° compagnon qui a quatre pattes° et qui ne parle pas.

n'importe où *anywhere* **poumons** *lungs* **voler** *to fly* **casque** *helmet* **seul** *alone*
sans *without* **fidèle** *faithful* **pattes** *feet*

? le football

? le skate

? le jogging

? le tennis

LANGUAGE COMPARISON

Compare the word order in French and English when one noun modifies another:

un sport d'hiver

a winter sport.

How many other examples of this pattern can you find in the reading?

Leçon 19

VIDÉO-SCÈNE DVD AUDIO

Jérôme se lève?

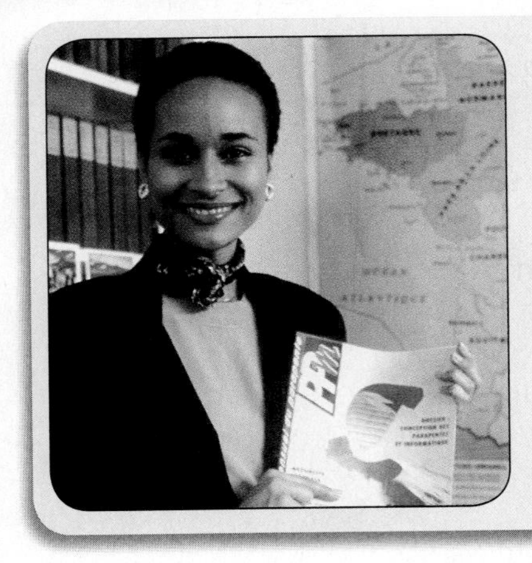

Dans l'épisode précédent, Jérôme nous a parlé de son sport préféré.

Aujourd'hui, c'est samedi. Jérôme doit participer à une compétition de parapente.

Compréhension

1. Où se passe la scène?
2. Pourquoi est-ce que Bernard vient dans la chambre de Jérôme?
3. Que fait Jérôme dans la salle de bains?
4. Qu'est-ce qui est arrivé à Jérôme en descendant les escaliers?

A L'usage de l'article défini avec les parties du corps

Note the use of the definite article in the sentences below.

J'ai **les** cheveux bruns.	*I have brown hair. (**My** hair is brown.)*
Tu as **les** yeux bleus.	*You have blue eyes. (**Your** eyes are blue.)*
Lève **la** main.	*Raise **your** hand.*
Ferme **les** yeux.	*Close **your** eyes.*

LANGUAGE COMPARISON

In French, parts of the body are usually introduced by the DEFINITE article **le, la,** or **les,** and not by a possessive adjective as in English.

1 Questions personnelles PARLER/ÉCRIRE

1. Est-ce que tu as les yeux bleus, bruns ou noirs?
2. Est-ce que tu as les cheveux courts *(short)* ou longs?
3. Est-ce que ta copine a les yeux marron?
4. Est-ce que ton copain a les cheveux blonds?
5. Qui a les yeux bleus dans la classe?
6. Qui a les cheveux noirs? Qui a les cheveux longs? Qui a les cheveux frisés *(curly)*?

@HOMETUTOR
my.hrw.com

B Les verbes réfléchis

À quelle heure est-ce que tu te lèves?

Je me lève à sept heures.

Getting up, washing, and *getting dressed* are activities that we do every day. In French, these activities are expressed by REFLEXIVE VERBS.

Note the forms of the French reflexive verbs in the sentences below.

Je **me lève** à sept heures.	***I get up*** *at seven.*
Tu **te laves.**	*You* ***wash up.***
Nous **nous habillons.**	*We* ***are getting dressed.***

REFLEXIVE VERBS are formed according to the following pattern:

REFLEXIVE VERB = REFLEXIVE PRONOUN + VERB

Note the forms of the reflexive verbs **se laver** *(to wash up)* and **s'habiller** *(to get dressed):*

INFINITIVE	se laver	s' habiller
PRESENT	je **me lave** tu **te laves** il/elle/on **se lave**	je **m' habille** tu **t' habilles** il/elle/on **s' habille**
	nous **nous lavons** vous **vous lavez** ils/elles **se lavent**	nous **nous habillons** vous **vous habillez** ils/elles **s' habillent**
NEGATIVE	je **ne me lave pas**	je **ne m' habille pas**
INTERROGATIVE	Est-ce que **tu te laves**?	Est-ce que **tu t' habilles?**

→ Reflexive pronouns represent the same person as the subject.

Éric **se** lave.	*Éric is washing* ***(himself).***
Nous **nous** habillons.	*We are getting* ***(ourselves)*** *dressed.*

→ Reflexive pronouns come immediately before the verb.
Note that **me, te,** and **se** become **m', t',** and **s'** before a vowel sound.

Il LAVE SON ENFANT.

IL SE LAVE.

2 Après le match de basket

PARLER/ÉCRIRE Des copains ont joué au basket. Après le match, ils se lavent.

▶ Stéphanie — **Stéphanie se lave.**

1. Patrick
2. Nathalie
3. Éric et Olivier
4. Corinne
5. nous
6. vous
7. moi
8. toi

VOCABULAIRE Les occupations de la journée

se réveiller	*to wake up*	Je **me réveille** à sept heures.
se lever	*to get up*	Le dimanche, nous **nous levons** à neuf heures.
se laver	*to wash, to wash up*	Tu **te laves** avant le petit déjeuner.
s'habiller	*to get dressed*	Vincent **s'habille** pour la boum.
se promener	*to go for a walk*	Tu **te promènes** avec tes copains.
se reposer	*to rest*	Le week-end, nous **nous reposons.**
se coucher	*to go to bed*	Je **me couche** à neuf heures.

→ **Se lever** and se **promener** are conjugated like **acheter.**

je **me lève** — nous nous **levons**
je **me promène** — nous nous **promenons**

3 Qu'est-ce qu'ils font?

PARLER/ÉCRIRE Complétez les phrases avec le pronom réfléchi qui convient.

▶ Thomas se lève à huit heures.

1. Les élèves … habillent pour aller à l'école.
2. Vous … lavez après le match de foot.
3. Nous … promenons à la campagne.
4. Le dimanche, mes parents … reposent.
5. Je … habille bien pour aller au restaurant.
6. À quelle heure est-ce que Brigitte … lève?
7. À quelle heure est-ce que tu … couches?
8. Le lundi, je … réveille à sept heures moins le quart.

4 Après le dîner

PARLER/ÉCRIRE Dites si oui ou non les personnes suivantes se reposent après le dîner.

▶ Nous étudions.
Nous ne nous reposons pas.

1. Madame Boulot travaille.
2. Tu fais la vaisselle.
3. Je range ma chambre.
4. Monsieur Canard lit le journal.
5. Les élèves préparent l'examen.
6. Nous regardons la télé.
7. Vous dormez.
8. Sophie écoute de la musique.
9. Je fais mes devoirs.
10. Mes copains vont au stade.

@HOMETUTOR
my.hrw.com

5 Expression personnelle

PARLER/ÉCRIRE Complétez les phrases suivantes en utilisant les suggestions entre parenthèses.

1. En général, je me réveille …
   (à quelle heure?)
2. Le dimanche, je me lève …
   (à quelle heure?)
3. Je me lave …
   (avant ou après le petit déjeuner?)
4. Je m'habille …
   (dans ma chambre ou dans la salle de bains?)
5. Le week-end, je me promène souvent …
   (en ville ou à la campagne?)
6. En général, je me repose …
   (avant ou après le dîner?)
7. En général, je me couche …
   (à quelle heure?)

6 Équivalences

PARLER/ÉCRIRE Lisez ce que font les personnes suivantes. Décrivez leurs activités en utilisant un verbe réfléchi équivalent à l'expression soulignée.

▶ Tu vas au lit.
Tu te couches.

1. Catherine met une belle robe.
2. Nous faisons une promenade à la campagne.
3. Le dimanche, ma mère ne travaille pas.
4. Philippe ouvre *(opens)* les yeux.
5. Mes copains font une promenade en ville.
6. Je sors du lit à six heures et demie.
7. Tu prends un bain *(bath)*.
8. Vous allez au lit.
9. Tu mets tes vêtements.

7 Conversation

PARLER Avec vos camarades, discutez de ce que vous faites en différentes circonstances.

À quelle heure?

▶ le lundi?
le dimanche?
pendant les vacances?
(se lever)

À quelle heure?

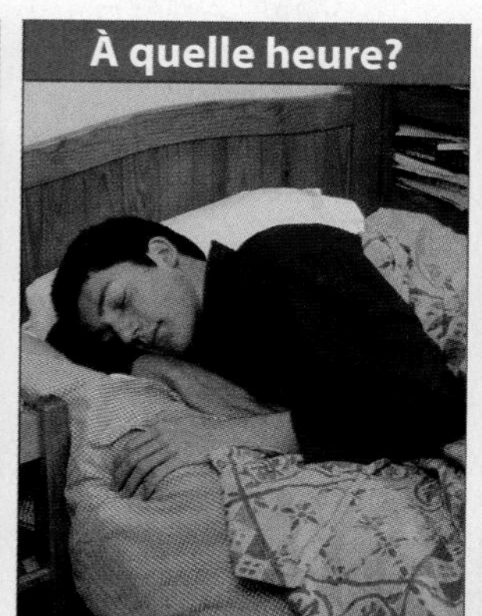

pendant la semaine?
le samedi soir?
pendant les vacances?
(se coucher)

Où?

le week-end?
avec ta famille?
avec tes copains?
(se promener)

Comment?

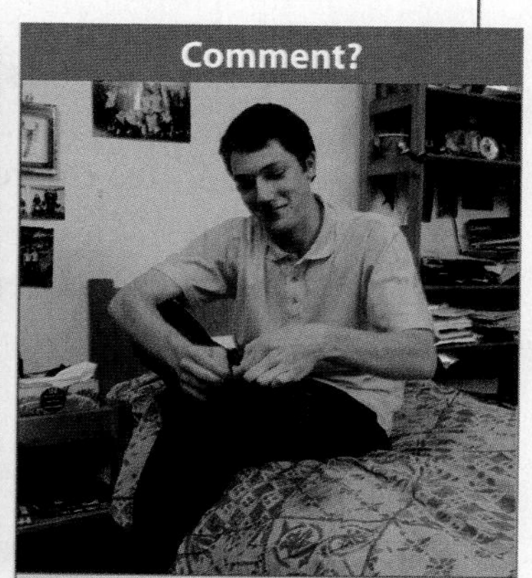

quand tu vas à l'école?
quand il fait chaud?
quand il fait froid?
quand tu vas à une boum?
(s'habiller)

▶ **—À quelle heure est-ce que tu te lèves le lundi?**
—Je me lève à sept heures et demie.

C La construction: *je me lave les mains*

Note the use of REFLEXIVE VERBS and the DEFINITE ARTICLE.

Je **me lave les** mains.	***I am washing my hands.***
Tu **te laves la** figure.	*You* ***are washing your*** *face.*
Stéphanie **se brosse les** dents.	*Stéphanie* ***is brushing her*** *teeth.*

To describe actions that one performs on one's body, French speakers use the construction:

SUBJECT +	REFLEXIVE VERB +	DEFINITE ARTICLE +	PART OF THE BODY
Je	**me lave**	**les**	**cheveux.**

VOCABULAIRE La toilette

Les articles de toilette

une brosse à dents

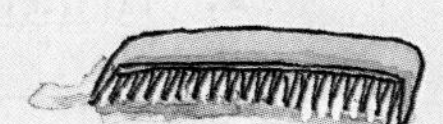
un peigne

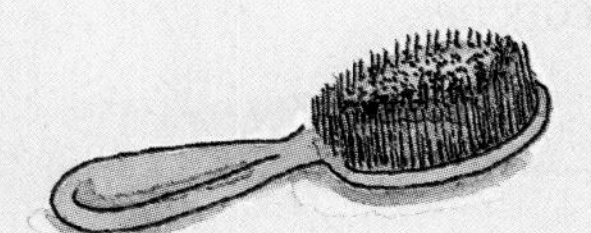
une brosse à cheveux

du shampooing

du rouge à lèvres

du dentifrice

du savon

un rasoir

se laver (les cheveux)	*to wash (one's hair)*	Est-ce que tu **te laves** les cheveux tous les jours?
se brosser (les dents)	*to brush (one's teeth)*	Je **me brosse** les dents après le dîner.
se maquiller	*to put on make-up*	Corinne **se maquille.**
se peigner	*to comb one's hair*	Éric **se peigne** souvent.
se raser	*to shave*	Mon père **se rase.**

Claire se brosse les dents.

Jérôme se lave la figure.

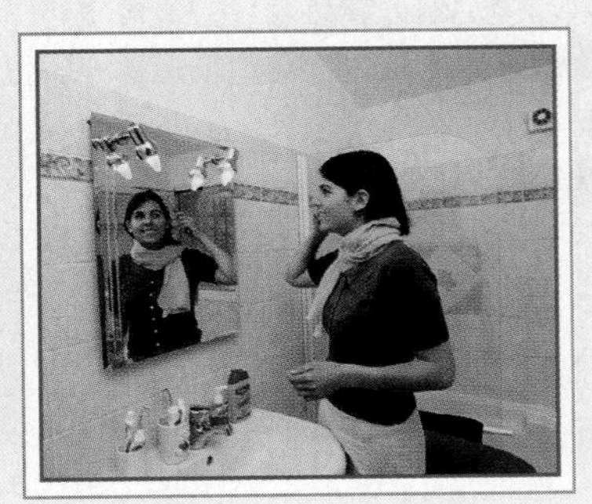
Zoé se brosse les cheveux.

8 Dans la salle de bains

PARLER/ÉCRIRE Les personnes suivantes sont dans la salle de bains. Dites ce qu'elles font en utilisant les éléments des colonnes A, B, C et D dans des phrases logiques. Combien de phrases pouvez-vous faire en cinq minutes?

A	B	C	D
je	se laver	les dents	du shampooing
tu	se brosser	les mains	du dentifrice
Jacqueline		les pieds	du savon
Paul et Marc		les cheveux	une brosse à dents
nous		la figure	une brosse à cheveux
vous			

▶ **Je me lave les mains avec du savon.**

9 Questions personnelles PARLER/ÉCRIRE

1. Est-ce que tu te brosses toujours les dents après le dîner?
2. Avec quel dentifrice est-ce que tu te brosses les dents?
3. Est-ce que tu te laves les mains avec de l'eau chaude ou de l'eau froide?
4. Avec quel savon est-ce que tu te laves?
5. Avec quel shampooing est-ce que tu te laves les cheveux?
6. Est-ce que tu te peignes souvent pendant la journée *(day)*?
7. Est-ce que les filles de ton âge se maquillent?
8. Est-ce que les garçons de ton âge se rasent?

À votre tour!

OBJECTIFS

Now you can . . .
- talk about your daily routine

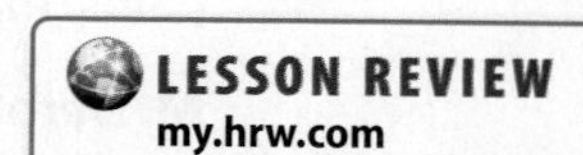

1 La routine quotidienne *(Daily routine)*

PARLER/ÉCRIRE Sur une feuille de papier, écrivez à quelle heure vous faites les choses suivantes. Puis demandez à trois camarades à quelle heure ils font les mêmes choses. Est-ce que quelqu'un a la même routine quotidienne que vous?

▶ se réveiller?
se lever?
partir pour l'école?
rentrer à la maison?
se coucher?

Moi	Kathy	Jim
▶ Je me réveille à 6h45.	6h50	
Je		
Je		
Je		
Je		

Additional readings @ my.hrw.com
FRENCH InterActive Reader

Lecture Pauvre Monsieur Bernard!

Il est sept heures du matin. Monsieur Bernard se réveille. Il se lève et va à la salle de bains.

La salle de bains est occupée.

M. Bernard: Toc, toc, toc!°
Mme Bernard: Oui?
M. Bernard: C'est toi, Monique?
Mme Bernard: Oui, c'est moi. Je me lave.
M. Bernard: Ah, excuse-moi. Je vais revenir.

Et Monsieur Bernard retourne dans sa chambre.

Monsieur Bernard retourne à la salle de bains, mais elle est encore occupée.

M. Bernard: Toc, toc … Monique?
Charlotte: Non, Papa! C'est Charlotte.
M. Bernard: Mais qu'est-ce que tu fais?
Charlotte: Je me lave les cheveux.
M. Bernard: Tu te laves les cheveux? … Dépêche-toi!
Charlotte: Je me dépêche, Papa.

Monsieur Bernard retourne dans sa chambre.

Toc, toc, toc! *Knock, Knock!*

▶ How to express yourself when you are in a rush:

être pressé(e)	*to be in a hurry, a rush*
être prêt(e)	*to be ready*
toujours	*still*
ne … (pas) encore	*still, not yet*
se dépêcher	*to hurry, to hurry up*
tout de suite	*right away*
à toute vitesse	*very quickly*

Additional readings @ my.hrw.com
FRENCH InterActive Reader

Monsieur Bernard retourne à la salle de bains, mais elle est toujours occupée.

M. Bernard: Toc, toc, toc!!! Comment Charlotte, tu es encore dans la salle de bains?

François: Ce n'est pas Charlotte. C'est François.

M. Bernard: Qu'est-ce que tu fais?

François: Je me brosse les dents.

M. Bernard: Tu te brosses les dents … Tu te brosses les dents … Mais, dépêche-toi! Je suis très pressé ce matin!

Monsieur Bernard retourne à la salle de bains. Cette fois, elle n'est plus° occupée. Monsieur Bernard se lave. Il se rase. Il s'habille à toute vitesse. Puis il va dans la salle à manger.

Dans la salle à manger, la famille prend le petit déjeuner.

Mme Bernard: Tu veux du café, François?

M. Bernard: Quelle heure est-il?

Mme Bernard: Il est huit heures.

M. Bernard: Ah, mon Dieu!° Non, merci! Je suis pressé. J'ai un rendez-vous° avec le patron à huit heures et demie. Je dois partir tout de suite. Au revoir.

Mme Bernard: Au revoir.

Charlotte: Au revoir, Papa.

François: Au revoir, et bonne journée!°

Monsieur Bernard met son manteau et son chapeau. Il sort de chez lui sans° prendre de petit déjeuner. Pauvre Monsieur Bernard!

ne … plus *no longer* **mon Dieu** *my goodness*
rendez-vous *appointment* **bonne journée** *have a good day*
sans *without*

Je **suis** très **pressée** ce matin.

Est-ce que tout le monde **est prêt**?

Vous êtes **toujours** au lit?

Vous **n'** êtes **pas encore** habillés?

Dépêche-toi, Monique.
Dépêchez-vous, les enfants.

Descendez **tout de suite.**

Il faut partir **à toute vitesse.**

Leçon 20

VIDÉO-SCÈNE DVD AUDIO

J'ai voulu me dépêcher

Dans l'épisode précédent, Jérôme devait participer à une compétition de parapente, mais il ne s'est pas levé à l'heure. Il a voulu se dépêcher. Mais il est tombé dans les escaliers et il s'est cassé la jambe.

Évidemment, il n'a pas pu participer à la compétition.

Maintenant il est dans le living de son appartement. Pierre lui téléphone.

Compréhension

1. Qu'est-ce qui est arrivé à Jérôme?
2. Qu'est-ce que Pierre veut savoir?
3. Que fait Armelle avec son stylo?

VOCABULAIRE Quelques verbes réfléchis

s'amuser	*to have fun*	Je **m'amuse** toujours quand je suis avec mes copains
s'arrêter	*to stop*	Le bus **s'arrête** devant l'école.
se dépêcher	*to hurry*	Marc **se dépêche** parce qu'il a un rendez-vous.
s'excuser	*to apologize*	Je **m'excuse** parce que j'ai tort.
se souvenir (de)	*to remember*	Est-ce que tu **te souviens de** moi?

→ **Se souvenir** is conjugated like **venir.**
Je **me souviens.** Nous **nous souvenons.**

1 Oui ou non?

PARLER/ÉCRIRE Lisez la description des personnes suivantes et dites si oui ou non elles font les choses entre parenthèses.

▶ Ces garçons sont impolis. (s'excuser?)
Ils ne s'excusent pas.

1. Je suis pressé (*in a hurry*). (se dépêcher?)
2. Nous avons soif. (s'arrêter au café?)
3. Pauline est triste. (s'amuser?)
4. Les joueurs (*players*) continuent le match. (s'arrêter?)
5. Vous êtes polis. (s'excuser?)
6. Tu as une bonne mémoire. (se souvenir de tout?)
7. Nous sommes à une boum. (s'amuser?)
8. Je ne peux pas téléphoner à Marc. (se souvenir de son numéro de téléphone?)

@HOMETUTOR
my.hrw.com

A L'impératif des verbes réfléchis

Note the affirmative and negative forms of the imperative of the verb **se reposer** (*to rest*).

AFFIRMATIVE		NEGATIVE	
Repose-toi!	*Rest!*	**Ne te repose pas!**	*Don't rest!*
Reposons-nous!	*Let's rest!*	**Ne nous reposons pas!**	*Let's not rest!*
Reposez-vous!	*Rest!*	**Ne vous reposez pas!**	*Don't rest!*

→ In AFFIRMATIVE commands, reflexive pronouns come AFTER the verb and are attached to it by a hyphen. Note that **te** becomes **toi**.

→ In NEGATIVE commands, reflexive pronouns come BEFORE the verb.

→ The following reflexive verbs are often used in the imperative:

se taire	*to be quiet*	**Tais-toi!**	**Taisez-vous!**
s'asseoir	*to sit down*	**Assieds-toi!**	**Asseyez-vous!**

2 Publicité

PARLER/ÉCRIRE Vous travaillez pour une agence de publicité (*ad agency*) française. Complétez les messages publicitaires avec une expression de la liste.

Lavez-vous les mains avec …
Lavez-vous les cheveux avec …
Brossez-vous les dents avec …
Brossez-vous les cheveux avec …
Réveillez-vous en musique avec …
Rasez-vous avec …

- le dentifrice SOURIRE
- le rasoir BLIP
- le savon SUAVE
- la brosse à dents DENTAL
- RADIO TAM TAM
- le shampooing CAPELLO
- la brosse à cheveux PILOU

3 En colonie de vacances (*At camp*)

PARLER/ÉCRIRE Dites à vos camarades de faire les choses entre parenthèses.

▶ Il est sept heures! (se réveiller)
Il est sept heures! Réveille-toi!

1. Il est sept heures dix. (se lever)
2. Voici du savon! (se laver)
3. Voici un peigne! (se peigner)
4. Il fait très beau! (se promener)
5. Tu es en retard! (se dépêcher)
6. Voici une chaise! (s'asseoir)
7. Tu vas à la fête (*party*)! (s'amuser)
8. Tu as tort! (s'excuser)

4 Que répondre?

PARLER/ÉCRIRE Votre copain français vous parle. Dites-lui ce qu'il doit faire. Pour cela, choisissez une expression de la liste.

s'amuser	s'habiller bien
se dépêcher	s'arrêter à la banque
se reposer	se promener à la campagne
se coucher	

▶ Je suis fatigué. **—Alors, repose-toi!**

1. J'ai un bus dans dix minutes.
2. Je vais à un concert avec des copains.
3. Je vais à un mariage.
4. J'ai sommeil.
5. J'ai besoin d'air pur.
6. J'ai besoin d'argent.

B Le passé composé des verbes réfléchis

Note the forms of the passé composé of the reflexive verb **se laver.**

	MASCULINE FORMS	FEMININE FORMS
AFFIRMATIVE	je **me suis** **lavé** tu **t'es** **lavé** il/on **s'est** **lavé**	je **me suis** **lavée** tu **t'es** **lavée** elle **s'est** **lavée**
	nous **nous sommes** **lavés** vous **vous êtes** **lavé(s)** ils **se sont** **lavés**	nous **nous sommes** **lavées** vous **vous êtes** **lavée(s)** elles **se sont** **lavées**
NEGATIVE	je **ne me suis pas** **lavé**	je **ne me suis pas** **lavée**
INTERROGATIVE	tu **t'es** **lavé?** est-ce que tu **t'es** **lavé?**	tu **t'es** **lavée?** est-ce que tu **t'es** **lavée?**

The passé composé of reflexive verbs is formed as follows:

SUBJECT+ REFLEXIVE PRONOUN + PRESENT OF **être** + PAST PARTICIPLE

In general (but not always) the past participle agrees with the subject.

Éric s'est promené. Mélanie s'est promenée.

➔ There is no agreement in the construction: REFLEXIVE VERB + PART OF BODY. Compare:

AGREEMENT	NO AGREEMENT
se laver Paul et Vincent se sont lav**és**.	**se laver les mains** Ils se sont lav**é** les mains.

5 Hier

PARLER/ÉCRIRE Décrivez ce que les personnes suivantes ont fait hier.

▶ Frédéric / se lever à sept heures
Frédéric s'est levé à sept heures.

1. Catherine / se réveiller à 7 h 30
2. Jean-Paul / se lever à 8 h 10
3. Monsieur Poly / se raser
4. Christine / se dépêcher pour prendre son bus
5. Madame Dumont / s'habiller élégamment pour aller au restaurant
6. Alice et Céline / se promener en ville
7. mon grand-père / se reposer
8. mes soeurs / se coucher à dix heures

6 Qui s'est amusé?

PARLER/ÉCRIRE Lisez ce que les personnes ont fait le week-end dernier et dites si oui ou non elles se sont amusées.

▶ Nous avons travaillé.
Nous ne nous sommes pas amusés.

1. Je suis allé à une boum.
2. Isabelle est sortie avec un copain.
3. Vous avez préparé l'examen.
4. Madame Lanson a travaillé.
5. Tu as vu une comédie très drôle.
6. Nous avons rencontré des copains à la plage.
7. Mon oncle a nettoyé son appartement.
8. Anne et Sophie sont allées danser.

7 Et vous?

PARLER Demandez à vos camarades s'ils ont fait les choses suivantes dimanche dernier.

▶ s'arrêter dans un café?

1. se lever tôt *(early)*?
2. se lever après dix heures?
3. se laver les cheveux?
4. se promener en ville?
5. s'amuser avec des copains?
6. se promener avec ta famille?
7. se reposer?
8. se coucher tôt?

(Non, je ne me suis pas arrêtée dans un café.)

C L'infinitif des verbes réfléchis

Note the position of the reflexive pronoun in the following sentences.

Je vais **me promener**.	*I am going **to take a walk.***
Nous n'allons pas **nous reposer**.	*We are not going **to rest.***

In an INFINITIVE construction, the reflexive pronoun comes immediately BEFORE the infinitive.

➔ Note that the reflexive pronoun always represents the same person as the subject.

Tu vas te promener. **Véronique** va **se** promener.

8 En ville

PARLER/ÉCRIRE Les personnes suivantes sont en ville. Dites où chacune va s'arrêter.

▶ J'ai faim.

- à la poste
- à la gare (station)
- dans une banque
- dans un magasin de vêtements
- dans un café
- dans une pizzeria
- dans un parc

Je vais m'arrêter dans une pizzeria.

1. Tu as soif.
2. Vous voulez acheter une chemise.
3. Isabelle veut acheter des timbres (*stamps*).
4. Nous voulons regarder les horaires (*schedules*) de train.
5. Les touristes veulent changer de l'argent.
6. J'ai envie de m'asseoir.

9 Vive le week-end!

PARLER/ÉCRIRE Dites ce que les personnes suivantes vont faire ce week-end.

▶ Nous aimons la nature.
(se promener à la campagne)
Nous allons nous promener à la campagne.

1. J'aime dormir.
(se lever à onze heures)
2. Tu aimes faire des achats.
(se promener en ville)
3. Vous êtes fatigués.
(se reposer)
4. Catherine va danser.
(s'habiller élégamment)
5. Nous allons à une boum.
(s'amuser)
6. Mes copains vont au ciné.
(se coucher tard *[late]*)

À votre tour!

OBJECTIFS

Now you can . . .
- describe yesterday's activities

Digital performance space

1 Une page de journal 

LIRE/ÉCRIRE Dans son journal, Stéphanie décrit les événements de la journée. Lisez le journal de Stéphanie et écrivez votre propre *(own)* journal—réel ou imaginaire—pour la journée d'hier.

mardi 18 avril

Je me suis levée à sept heures et quart comme d'habitude. Puis, je me suis lavée et je me suis habillée. (J'ai mis un jean et ma nouvelle chemise bleue.) J'ai pris le petit déjeuner avec mes parents (café au lait, pain grillé avec beurre et confiture). Ensuite, j'ai pris le bus et je suis arrivée au lycée à huit heures et demie pour la classe de français. Nous avons eu un examen assez difficile, mais je pense que j'ai réussi.

À midi et demi, j'ai déjeuné à la cantine avec ma copine Catherine. Après le déjeuner, nous nous sommes promenées en ville. Nous nous sommes arrêtées dans les magasins mais nous n'avons rien acheté. Ensuite, nous sommes rentrées au lycée pour la classe d'anglais.

Après les cours, je suis rentrée directement chez moi. Je me suis reposée un peu et j'ai commencé mes devoirs. Puis j'ai aidé ma mère à préparer le dîner. Nous avons dîné à sept heures et demie.

Après le dîner, je suis montée dans ma chambre et j'ai fini mes devoirs. Ensuite, j'ai téléphoné à Catherine pour organiser la boum de samedi. J'ai lu un peu et je me suis couchée à dix heures et demie.

2 Un sondage  

PARLER/ÉCRIRE Choisissez cinq camarades et demandez à chacun:
- à quelle heure il/elle s'est couché(e) hier soir
- à quelle heure il/elle s'est levé(e) ce matin

Inscrivez les résultats sur une feuille de papier et déterminez qui a le plus besoin de sommeil et qui a le moins besoin de sommeil.

Nom:			heures de sommeil
Jennifer	10 h 15	6 h 45	8 heures 30 minutes

Lecture La gymnastique du matin

Scène 1

Il est sept heures du matin.

À cette heure, tout le monde met la télé pour regarder l'émission° du célèbre° Monsieur Muscle. Cette émission s'appelle «La gymnastique du matin».

À sept heures précises, Monsieur Muscle entre en scène.° C'est un homme jeune et athlétique. Il commence la leçon de gymnastique:

Couchez-vous sur le dos.
Une, deux, une, deux, levez la tête!
Une, deux, une, deux, levez les jambes!
Et maintenant, levez-vous.
Une, deux, une, deux, levez les bras!
Une, deux, une, deux, pliez les jambes!
Une, deux, une, deux, … !

Et tout le monde lève la tête, lève les jambes, lève les bras et plie les jambes avec Monsieur Muscle.

Scène 2

Il est neuf heures du matin. Un homme rentre chez lui. Il a l'air pâle et fatigué. Sa femme est inquiète.°

Femme: Ça ne va pas?
Homme: Non, ça ne va pas.
Femme: Qu'est-ce que tu as?
Homme: J'ai mal à la tête, j'ai mal aux jambes, j'ai mal aux bras. J'ai mal partout.°
Femme: Est-ce que tu veux prendre ton petit déjeuner?
Homme: Non, je suis trop fatigué!
Femme: Mon pauvre chéri,° tu travailles trop. Repose-toi un peu!
Homme: Tu as raison, je vais me coucher.

Et l'homme est allé dans sa chambre. Là, il s'est regardé longuement° dans la glace. Puis, il s'est déshabillé° et il s'est couché.

Cet homme, vous l'avez certainement reconnu, c'est le célèbre Monsieur Muscle!

Mots utiles

Be careful not to confuse:

se reposer	*to rest*	Claire est fatiguée. Elle a envie de **se reposer.**
rester	*to stay*	Ce soir, elle ne va pas sortir. Elle va **rester** chez elle.

émission *program* **célèbre** *famous* **en scène** *on stage*
inquiète *worried* **partout** *all over* **chéri** *darling*
longuement *for a long time* **s'est déshabillé** *got undressed*

Tests de contrôle

By taking the following tests, you can check your progress in French and also prepare for the unit test. Write your answers on a separate sheet of paper.

1 Le choix logique

Review...
- vocabulary and constructions: pp. 274, 276, 278, 292, 303

Complete each of the following sentences with the appropriate option.

1. Mélanie aime —. Elle fait du jogging tous les jours. **(courir / faire les courses)**
2. J'adore aller à la piscine. Mon sport préféré est —. **(la voile / la natation)**
3. À la montagne, on peut faire —. **(de l'escalade/ du ski nautique)**
4. J'ai joué au foot et maintenant j'ai mal —. **(aux jambes / à l'épaule)**
5. Ma mère va chez le dentiste. Elle a mal —. **(aux dents / au dos)**
6. Quand on mange trop, on a mal —. **(au cou / au ventre)**
7. Pierre a la grippe. Il est —. **(mauvais / malade)**
8. Élodie fait du sport. Elle est —. **(en forme / en avance)**
9. Éric va chez le coiffeur parce qu'il a — cheveux longs. **(les / ses)**
10. Pauline — les mains avant le dîner. **(lave / se lave)**
11. — sur cette chaise. **(Arrête-toi / Assieds-toi)**
12. Vous parlez trop. —, s'il vous plaît. **(Taisez-vous / Dépêchez-vous)**

2 Le bon verbe

Review...
- reflexive verbs: pp. 293, 294, 302

Complete each of the following sentences with the appropriate form of the reflexive verb which logically fits.

s'amuser
s'arrêter
se dépêcher
s'excuser
se laver
se lever
se promener
se reposer

1. J'aime marcher. Je — souvent dans ce parc.
2. Quand j'ai tort, je —.
3. Julien — parce qu'il veut être à l'heure.
4. Vous — les mains avant le dîner.
5. Nous — quand nous sommes fatigués.
6. Mes parents — à 7 heures du matin.
7. Au cirque *(circus)*, les petits enfants — beaucoup.
8. Le bus — devant le théâtre.

3 Samedi dernier

Explain what people did by completing the following statements with the passé composé of the verbs in parentheses.

1. Nous — à huit heures. **(se lever)**
2. Ma grand-mère —. **(se reposer)**
3. Je — à minuit. **(se coucher)**
4. Léa et Zoé — à la boum. **(s'amuser)**
5. Vous — pour être à l'heure. **(se dépêcher)**
6. Mes cousins — à la campagne. **(se promener)**

Review...
- passé composé of reflexive verbs: p. 304

4 Contextes et dialogues

Complete the following dialogues with **y** or **en**, as appropriate.

(1) *Monsieur Lenard s'est levé tôt (early) pour faire les courses. Madame Lenard lui parle.*

Mme L: Tu es allé à la boulangerie?
M. L: Oui, j'— suis allé.
Mme L: Tu as pris du pain?
M. L: Bien sûr, j'— ai pris.
Mme L: Tu as acheté des croissants?
M. L: Oui, j'— ai acheté quatre.
Mme L: Magnifique! Allons prendre le petit déjeuner.

(2) *Nicolas et Pauline parlent de leurs sports préférés.*

N: Tu fais du jogging?
P: Oui, j'— fais tous les jours.
N: Tu joues au tennis?
P: J'— joue assez souvent.
N: Tu as une raquette?
P: Bien sûr, j'— ai une.
N: Tu veux aller au tennis club?
P: D'accord, Allons- — !

Review...
- use of **y** and **en**: pp. 282, 284

5 Composition: La routine quotidienne

Digital performance space

In a short paragraph, describe some aspects of your daily life. Use complete sentences and respond to the following questions ...

- In general **(En général)**, at what time do you get up?
- At what time did you get up today?
- Do you wash your hair every day?
- Do you often comb your hair?
- Do you hurry to go to school?
- Do you rest before dinner?
- Do you brush your teeth after dinner?
- At what time did you go to bed yesterday?

STRATEGY Writing

1 Note your answers to the above questions.

2 Use your notes to write out your paragraph.

3 Read over your paragraph, paying special attention to the reflexive verbs. Note that some are in the present and others should be in the passé composé.

Vocabulaire

POUR COMMUNIQUER

Talking about one's health

Je suis en forme.	*I am in shape.*
Je suis en bonne santé.	*I am in good health.*
Je me sens bien.	*I feel fine.*
Ça va mieux.	*I'm feeling better.*
Qu'est-ce que tu as?	*What's wrong? What's the matter?*
Où est-ce que tu as mal?	*Where does it hurt?*

MOTS ET EXPRESSIONS

Sports individuels

le jogging	*jogging*
le patin à roulettes	*rollerskating*
le patinage	*skating*
le roller	*in-line skating*
le skate(board)	*skateboarding*
le ski nautique	*waterskiing*
le ski	*skiing*
le snowboard	*snowboarding*
le surf	*surfboarding*
le surf des neiges	*snowboarding*
le vélo	*cycling*
le VTT	*mountain biking*
l'équitation	*horseback riding*
l'escalade	*rock climbing*
la gym(nastique)	*gymnastics*
la marche à pied	*hiking*
la natation	*swimming*
la planche à voile	*windsurfing*
la voile	*sailing*

Les parties du corps

un bras	*arm*
les cheveux	*hair*
un coeur	*heart*
un corps	*body*
un cou	*neck*
un doigt	*finger*
un dos	*back*
un estomac	*stomach*
un genou	*knee*
un nez	*nose*
un oeil (les yeux)	*eye(s)*
un pied	*foot*
un ventre	*stomach*
une bouche	*mouth*
une dent	*tooth*
une épaule	*shoulder*
la figure	*face*
une jambe	*leg*
une main	*hand*
une oreille	*ear*
une tête	*head*

La toilette

du dentifrice	*toothpaste*
un peigne	*comb*
un rasoir	*razor*
du rouge à lèvres	*lipstick*
du savon	*soap*
du shampooing	*shampoo*
une brosse à cheveux	*hairbrush*
une brosse à dents	*toothbrush*

Adjectifs

malade	*sick*
fatigué	*tired*
pressé	*in a hurry, in a rush*
prêt	*ready*
sportif (-ive)	*athletic*

Interactive Flashcards
@HOMETUTOR
my.hrw.com

Verbes réguliers

lever (je lève)	*to raise*
plier	*to bend*
pratiquer	*to practice*

Verbes irréguliers

courir	*to run*
croire	*to believe*

Expressions avec *avoir*

avoir mal	*to be in pain*
avoir mal à la tête	*to have a headache*
avoir mal au ventre	*to have a stomachache*
avoir mal au dos	*to have a backache*
avoir mal aux oreilles	*to have an earache*
avoir la grippe	*to have the flu*
avoir un rhume	*to have a cold*

Expressions avec *faire*

faire du sport	*to play sports*
faire de la voile	*to sail*
faire de l'escalade	*to do rock climbing*
faire du ski	*to ski*
faire du vélo	*to bike*

Verbes réfléchis

s'amuser	*to have fun*
s'arrêter	*to stop*
se brosser (les dents)	*to brush (one's teeth)*
se coucher	*to go to bed*
se dépêcher	*to hurry*
s'excuser	*to apologize*
s'habiller	*to get dressed*
se laver (les cheveux)	*to wash (one's hair)*
se lever	*to get up*
se maquiller	*to put on make-up*
se peigner	*to comb one's hair*
se promener	*to go for a walk*
se raser	*to shave*
se reposer	*to rest*
se réveiller	*to wake up*
se souvenir (de)	*to remember*

Phrases utiles

Assieds-toi.	**Asseyez-vous.**	*Sit down. Be seated.*
Tais-toi.	**Taisez-vous.**	*Be quiet.*

Expressions de temps

à toute vitesse	*(very) quickly*
de temps en temps	*from time to time*
ne … pas encore	*not yet*
ne … presque jamais	*almost never*
parfois	*occasionally*
quelquefois	*sometimes*
rarement	*seldom, rarely*
souvent	*often*
toujours	*still, always*
tout de suite	*right away*

Pour exprimer son opinion

à mon avis	*in my opinion*
selon moi	*according to me*
d'après moi	*according to me*
je pense que	*I think (that)*
je trouve que	*I think (that)*
je crois que	*I believe (that)*

Additional readings @ **my.hrw.com**
FRENCH InterActive Reader

Interlude 5

Le véritoscope

PRE-READING STRATEGY Avant de lire

Avec un «microscope», nous pouvons voir des objets très petits (*micro* = petit). Avec un «télescope», nous pouvons voir des choses qui sont loin de nous (*télé* = distance).

Par conséquent, avec un «véritoscope», nous pouvons voir la vérité. Mais, comment fonctionne cette machine imaginaire? Vous allez le découvrir en lisant cette histoire.

1 Une mauvaise nouvelle

Ce matin, Monsieur Dumas, avocat, est arrivé tard° à son bureau. Quand il est entré, Julien, le comptable, l'attendait.°

—Monsieur, je voudrais vous parler en privé.

—Mais qu'est-ce qu'il y a, Julien?

—Eh bien, monsieur, c'est arrivé encore une fois.

—Quoi?

—Quelqu'un a pris de l'argent dans la caisse.

—Combien?

—Cinq cents euros.

—Vous êtes sûr?

—Absolument sûr. J'ai compté l'argent hier soir et je l'ai recompté ce matin. Il manque cinq cents euros.

—Bien, bien, merci! Je vais voir ce que je peux faire.

tard *late* **l'attendait** *was waiting for him*

Mots utiles

en privé	*in private*
qu'est-ce qu'il y a	*what's wrong*
encore une fois	*once again*
compter	*to count*
il manque …	*… is missing*

Avez-vous compris?

1. Monsieur Dumas a un problème. Qu'est-ce que c'est?
2. Selon le comptable, combien d'argent est-ce qu'il manque dans la caisse?

2 Monsieur Dumas, en train de bricoler

Seul dans son bureau, Monsieur Dumas a réfléchi à la situation. C'est la troisième fois en deux mois que «quelqu'un» s'est servi dans la caisse. La première fois, c'était° cent euros. La deuxième fois, c'était deux cents euros. Et maintenant, c'est cinq cents euros.

«Si cela continue comme cela,° je vais bientôt° être ruiné» a pensé Monsieur Dumas. «Oui, mais que faire? Appeler° la police? C'est inutile. La police a d'autres choses à faire. Renvoyer tous mes employés? C'est impossible. Un seul est coupable … Ah, j'ai trouvé la solution …»

Le week-end suivant. Monsieur Dumas n'est pas sorti comme d'habitude. Il n'a pas dîné en ville. Il n'est pas allé au théâtre. Il n'a pas joué au bridge à son club … Il est resté chez lui. Et qu'est-ce qu'il a fait chez lui? Il est descendu dans son atelier. Il a travaillé jour et nuit sur un «projet spécial». Il faut dire° que Monsieur Dumas n'est pas seulement un brillant avocat. C'est aussi un bricoleur de génie.°

Mots utiles

seul	*alone*
réfléchir	*to think, reflect*
se servir	*to help or serve oneself*
renvoyer	*to fire (an employee)*
un seul	*only one person*
coupable	*guilty*

c'était *it was* **comme cela** *like that* **bientôt** *soon* **Appeler** *Call* **Il faut dire** *It should be said* **bricoleur de génie** *brilliant tinkerer*

Avez-vous compris?

1. Pourquoi est-ce que Monsieur Dumas ne peut pas renvoyer tous ses employés?
2. Comment a-t-il passé son week-end?

3 La réunion de lundi matin

Lundi, Monsieur Dumas est sorti de chez lui avec un mystérieux paquet sous le bras. Puis il est allé à son bureau. Là, il a convoqué° tous ses employés pour une réunion.°

À dix heures, tout le monde était assis° autour de° la grande table dans la salle de réunion.° Il y avait° Alice et Claudine, les deux assistantes de Monsieur Dumas, Julien, le comptable, Madeleine, la réceptionniste, Gilbert, le secrétaire, et Pierrot, le garçon de courses.°

Monsieur Dumas est entré dans la salle avec son mystérieux paquet. Il a posé le paquet au centre de la table. Puis il a pris la parole.°

—J'ai le regret de vous annoncer qu'il y a un voleur° parmi° vous.

Silence dans la salle.

Monsieur Dumas a continué.

—À trois reprises° différentes, quelqu'un a pris de l'argent dans la caisse. Si le coupable se dénonce, je lui demanderai° de restituer° l'argent et l'affaire sera réglée. Est-ce que le coupable veut se dénoncer?

Personne n'a répondu.

—Eh bien, puisque personne n'est coupable, vous ne verrez pas° d'inconvénient à vous soumettre au test de vérité.

Mots utiles

se dénoncer	*to give oneself up*
l'affaire sera réglée	*the matter will be settled*
puisque	*since*
s'allumer	*to light up*
rien à craindre	*nothing to fear*

a convoqué *called together* **réunion** *meeting* **assis** *seated* **autour de** *around* **salle de réunion** *conference room* **Il y avait** *There were* **garçon de courses** *errand boy* **a pris la parole** *began to speak* **voleur** *thief* **parmi** *among* **reprises** *occasions* **demanderai** *will ask* **de restituer** *to return* **ne verrez pas** *won't see*

Monsieur Dumas a ouvert° le mystérieux paquet. Les employés ont vu une étrange machine. L'élément central était un petit récipient rempli° d'eau. À ce récipient étaient attachés des électrodes, des fils électriques et un compteur.

—Cette machine s'appelle un véritoscope. C'est une machine ultrasensible qui capte° les impulsions nerveuses de l'individu.° Son fonctionnement est très simple. Elle est reliée° à une lampe dans mon bureau. Vous mettez la main dans l'eau et vous dites une phrase. Si vous dites la vérité, rien ne se passe.° Si vous ne dites pas la vérité, la machine détecte votre nervosité et la lampe qui est dans mon bureau s'allume. Évidemment,° cette machine fonctionne seulement° dans l'obscurité° la plus complète.

—Qu'est-ce qu'on fait? a demandé Madeleine, la réceptionniste.

—Et bien, vous allez tour à tour° mettre la main dans l'eau et vous allez dire: «Ce n'est pas moi qui ai pris l'argent.»

—Mais puisque personne n'est coupable … , a dit Pierrot, le garçon de courses.

—Alors, vous n'avez rien à craindre. C'est simplement un test pour confirmer votre innocence.

Avez-vous compris?

1. Qu'est-ce que Monsieur Dumas annonce à ses employés à la réunion de lundi matin?
2. Comment fonctionne le véritoscope?

a ouvert *opened* **rempli (d')** *filled (with)* **capte** *picks up* **individu** *person* **reliée** *linked*
rien ne se passe *nothing happens* **Évidemment** *Obviously* **seulement** *only*
obscurité *darkness* **tour à tour** *one after the other*

4 Le moment de vérité

Monsieur Dumas a éteint° les lumières et il est sorti. Il est allé à son bureau où il a attendu dix minutes. Puis il est retourné dans la salle de réunion.

—Alors, est-ce que la lampe s'est allumée? a demandé Alice, la première assistante.

—Non, elle ne s'est pas allumée, a répondu Monsieur Dumas.

—Vous voyez, personne ici n'est malhonnête, a ajouté Claudine, la seconde assistante.

—Est-ce qu'on peut sortir? a demandé Gilbert, le secrétaire.

—Attendez un peu, a dit Monsieur Dumas. Montrez-moi d'abord vos mains.

Tout le monde a levé les mains.

—Eh bien, maintenant, je sais qui est le coupable. Voilà, j'ai oublié de vous dire que dans le liquide il y a un produit incolore qui devient vert au contact de la peau.

—C'est vrai, j'ai la main verte, a dit Madeleine.

—Et moi aussi, a dit Pierrot.

—Mais vous, Julien, a dit Monsieur Dumas, vous avez la main blanche. Expliquez-nous donc pourquoi vous n'avez pas voulu vous soumettre au test du véritoscope!

a éteint *turned off*

Mots utiles

une lumière	*light*
un produit	*(chemical) product*
incolore	*colorless*
la peau	*skin*

Avez-vous compris?

1. Que font les employés pendant l'absence de Monsieur Dumas?
2. Comment Monsieur Dumas sait-il que c'est Julien le coupable?

READING STRATEGY L'Art de la lecture

You have probably noticed that in French, as in English, new words can be formed by adding PREFIXES. Here are some common French prefixes:

- **re-** (or **r-**) meaning *again, back, away, over*

recompter (re- + compter)	*to count again, recount*
revenir (re- + venir)	*to come back*
renvoyer (r- + envoyer)	*to send away, fire*
refaire (re- + faire)	*to do over, redo*

Exemples: Julien **a recompté** l'argent de la caisse.
Monsieur Dumas ne veut pas **renvoyer** tous ses employés.

- **in-** (or **im-**) meaning *not* and corresponding to the English *in-, un-, dis-, -less*

un inconvénient (in- + convénient)	*inconvenience*
incertain (in- + certain)	*uncertain*
incolore (in- + colore)	*colorless*

Exemples: Nous ne voyons pas d'**inconvénient** à ce test.
Monsieur Dumas a mis un produit **incolore** dans l'eau.

- **dé-** (or **d-**) corresponding to the English *dis-* or *des-*

découvrir (dé- + couvrir)	*to discover*
décrire (d- + écrire)	*to describe*

Exemple: Vous allez **découvrir** cela en lisant cette histoire.

- **mal-** meaning *evil* and corresponding to the English *un-, dis-, bad, evil*

malheureux (mal- + heureux)	*unfortunate, unhappy*
malhonnête (mal- + honnête)	*dishonest*
la malchance (mal- + chance)	*bad luck*
un malfaiteur (mal- + faiteur)	*evildoer*

Exemple: —Vous voyez, personne ici n'est **malhonnête**, a ajouté Claudine.

- **sous-** (or **sou-**) meaning *under* and corresponding to the English *sub-*

soumettre (sous- + mettre)	*to submit*

Exemple: Vous n'avez pas voulu vous **soumettre** au test du véritoscope.

Unité 6

Chez nous

THÈME ET OBJECTIFS

Culture

In this unit, you will learn ...

- what the French mean when they talk about **chez moi**
- what French houses look like

Communication

You will learn how ...

- to tell where you live
- to describe your house, its rooms, and its furnishings

You will also learn to describe past events with more precision.
You will be able ...

- to say what you were doing at a certain time in the past
- to describe the background of a past action
- to talk about what you used to do on a regular basis

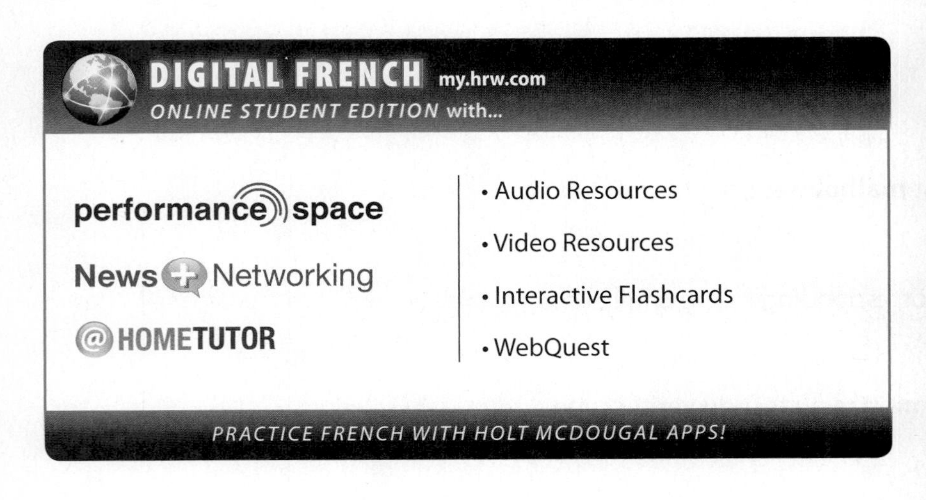

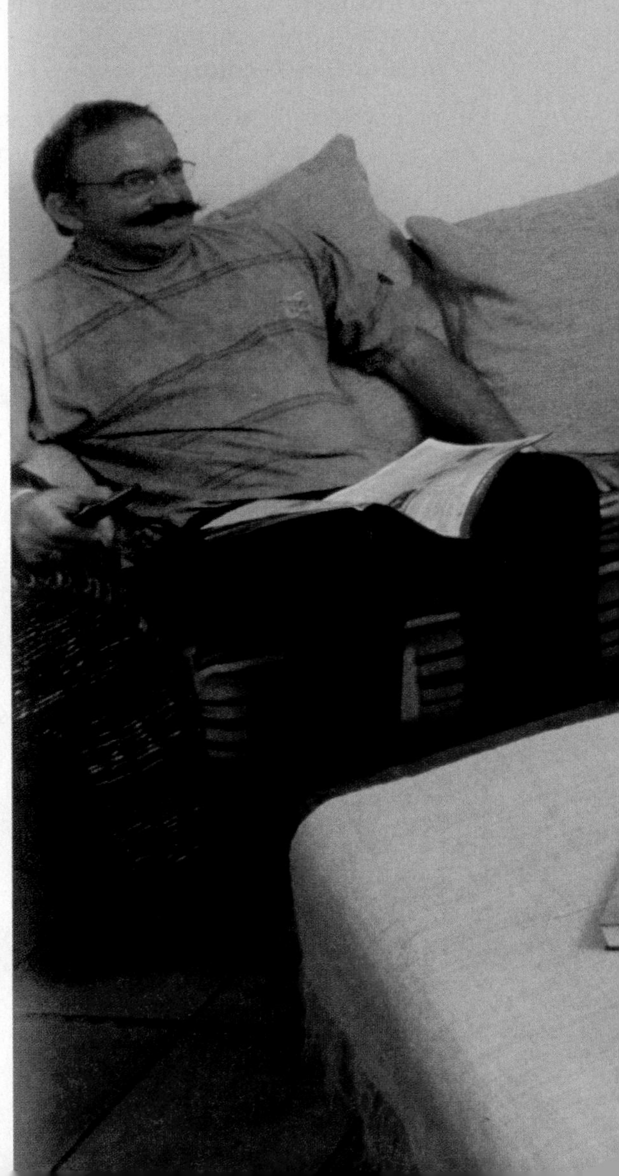

Leçon 21

Culture

LE FRANÇAIS PRATIQUE

DVD AUDIO

La maison

Aperçu culturel ... Chez nous

La majorité des Français (57%) habitent dans des maisons individuelles. Dans la banlieue des villes, beaucoup de gens habitent dans des lotissements où les maisons sont modernes mais souvent identiques. Dans les petites villes et à la campagne, les maisons sont généralement anciennes et différentes les unes des autres. Dans le centre des grandes villes, les gens habitent en appartement, dans des immeubles de cinq ou six étages.

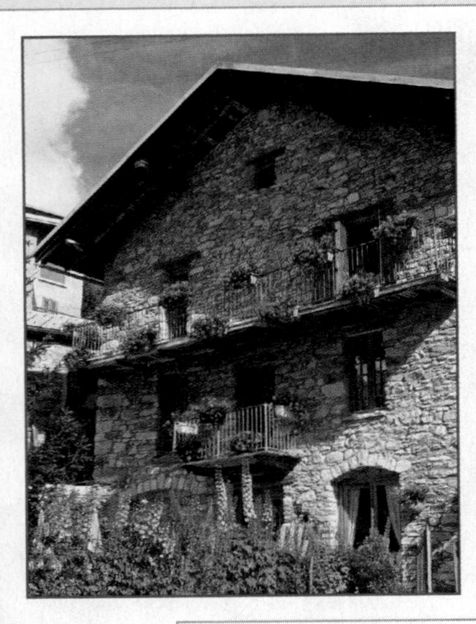

1. En France, les maisons individuelles sont généralement entourées d'un petit jardin avec des fleurs au printemps et en été. (Les Français aiment beaucoup cultiver les fleurs!)

2. Le salon, salle de séjour ou «living» est souvent la plus grande pièce de la maison. Il y a un sofa, des fauteuils et d'autres meubles modernes ou anciens. Beaucoup de familles françaises ont des meubles anciens qui sont transmis de génération en génération. Dans les appartements modernes, la salle à manger est l'extension du salon.

3. Les cuisines françaises sont généralement plus petites et aussi bien équipées que les cuisines américaines. C'est dans la cuisine qu'on prend le petit déjeuner le matin.

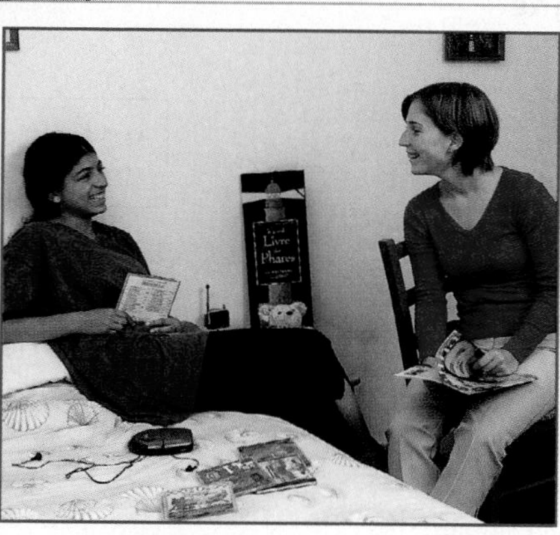

4. Les jeunes Français aiment décorer leur chambre avec des photos ou des posters. Cette chambre est leur domaine privé où ils étudient, écoutent de la musique et utilisent leur ordinateur. Parce que le salon est réservé à la famille, c'est dans leur chambre qu'ils invitent leurs amis.

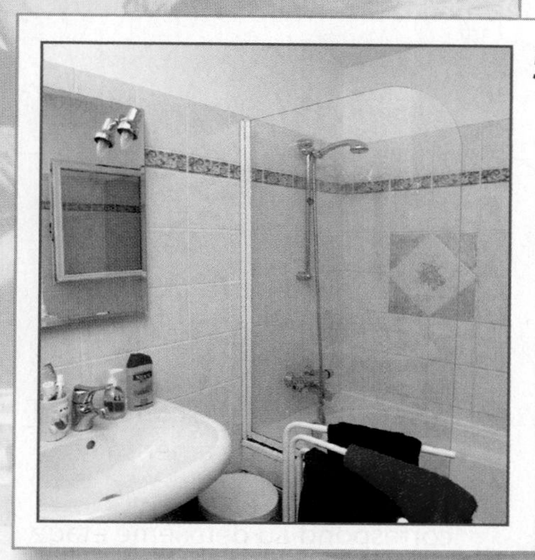

5. La majorité des maisons françaises ont seulement une ou deux salles de bains. Ainsi, les jeunes Français doivent partager la salle de bains avec leurs frères et soeurs, et parfois avec leurs parents. Dans les maisons anciennes, les toilettes et la salle de bains sont séparées.

COMPARAISONS *Culturelles*

Quelles similarités et quelles différences voyez-vous entre les maisons aux États-Unis et les maisons en France? Comparez les pièces suivantes:

- le salon
- la salle à manger
- la cuisine
- la chambre
- la salle de bains

A VOCABULAIRE La résidence 

—Où habites-tu?

J'habite
- **dans une ville.**
- **dans le centre-ville**
- **dans un quartier** | **moderne** / **ancien**
- **dans la banlieue**
- **dans un lotissement**
- **dans un village**
- **à la campagne**

le centre-ville *downtown*
un quartier *district, section, part*
ancien(ne) *old*
la banlieue *suburbs*
un lotissement *subdivision*

—Dans quel genre de maison?

J'habite
- **dans un immeuble.**
- **dans un appartement**
- **dans une maison individuelle**

un immeuble *apartment building*
un appartement *apartment*

—À quel **étage** habites-tu?

J'habite
- **au rez-de-chaussée.**
- **au premier (1er) étage**
- **au troisième (3e) étage**
- **au neuvième (9e) étage**

un étage *floor*
le rez-de-chaussée *ground floor*

1 Questions personnelles PARLER/ÉCRIRE

1. Dans quelle ville (ou quel village) habites-tu? Depuis combien de temps est-ce que tu habites là?
2. Si tu habites dans une grande ville, est-ce que tu habites dans le centre ou dans un autre quartier?
3. Dans quel genre de maison habites-tu?
4. Si tu habites dans un immeuble, à quel étage est ton appartement? Si tu habites dans une maison, à quel étage est ta chambre?
5. Combien de pièces est-ce qu'il y a chez toi? Combien de chambres à coucher?
6. Quelle est la pièce la plus *(most)* confortable? la plus grande? Quelle est la pièce où vous passez le plus de temps en famille?
7. Est-ce que votre cuisine est grande? De quelle couleur sont les murs? De quelle couleur est le sol? et le plafond?
8. Est-ce qu'il y a un grenier chez toi? Qu'est-ce qu'il y a dans ce grenier?

NOTE Culturelle

Il y a une différence d'un étage entre les étages français et les étages américains.

- Le rez-de-chaussée correspond au premier étage américain.
- Le premier étage français correspond au deuxième étage américain.
- Le deuxième étage français correspond au troisième étage américain.

Les parties de la maison

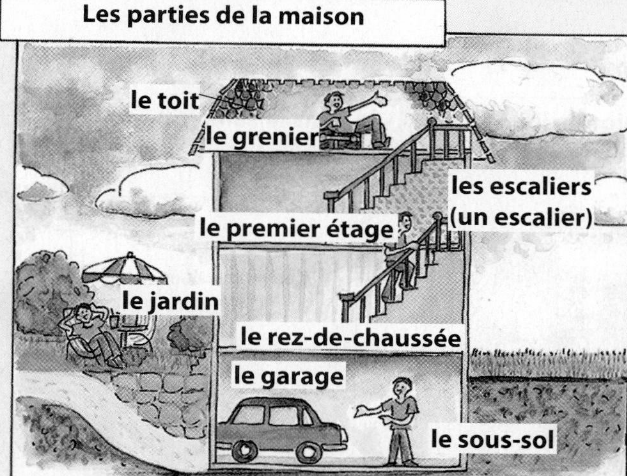

Les pièces de la maison

la chambre (à coucher) *([bed]room)*
la salle de bains *(bathroom)*
les toilettes (les WC) *(toilet)*

la cuisine *(kitchen)*
le living *(informal living room)*
le salon *(formal living room)*
la salle à manger *(dining room)*

la cave *(cellar)*

Une pièce *(room)*

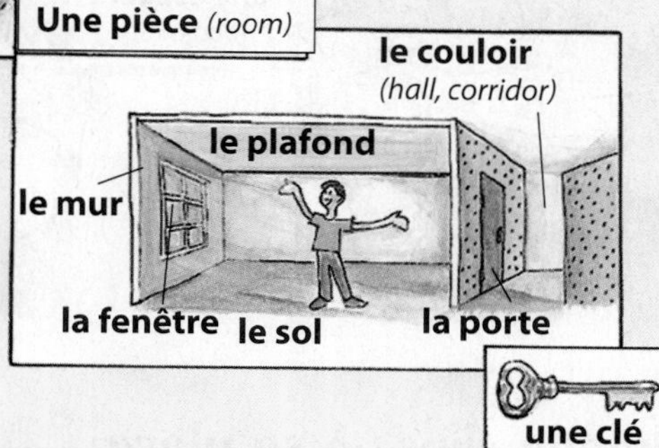

FLASH d'information

In French homes, the toilet typically is in a small room separate from the bathroom. **WC** (an abbreviation for the British *water closet*) is pronounced double vécé or simply vécé.

2 Un jeu de logique

ÉCRIRE Lisez les phrases suivantes et décidez si elles sont logiques ou non. Écrivez les lettres correspondant à vos réponses sur une feuille de papier *(sheet of paper)*. Vous allez découvrir le mot français qui correspond à *skyscraper*.

1. On se lave dans la salle de bains.
2. On dort dans la salle à manger.
3. On monte au premier étage par l'escalier.
4. On sort de la maison par la fenêtre.
5. On peut mettre des posters sur les murs.
6. On met les vieilles choses au grenier.
7. Le réfrigérateur est dans la cuisine.
8. La cave est généralement au sous-sol.
9. On marche sur le plafond.
10. Un écureuil peut se promener sur le toit.

	logique	pas logique
1.	G	F
2.	U	R
3.	A	V
4.	X	T
5.	T	B
6.	E	M
7.	C	O
8.	I	S
9.	T	E
10.	L	K

1	2	3	4	5	6	-	7	8	9	10

B VOCABULAIRE Le mobilier *(furniture)* et l'équipement de la maison

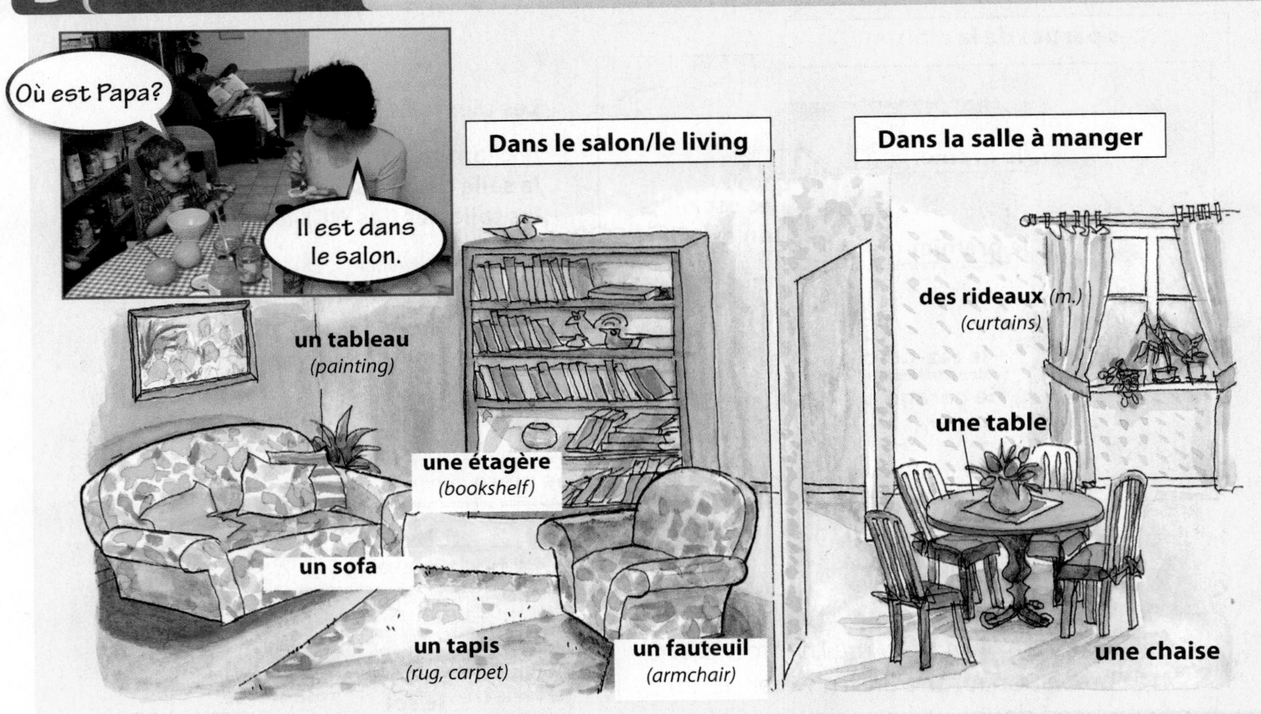

3 Chaque chose à sa place

PARLER/ÉCRIRE Dites où se trouvent *(are located)* normalement les choses de la colonne de gauche.

le lait les livres les vêtements l'ordinateur les assiettes propres *(clean)* les assiettes sales *(dirty)* les chemises sales le tapis le lavabo l'évier	sur dans	le bureau la cuisine les étagères la machine à laver le lave-vaisselle le placard le réfrigérateur la salle de bains le sol la table

▶ **Le lait est dans le réfrigérateur.**

4 Déménagements *(Moving)*

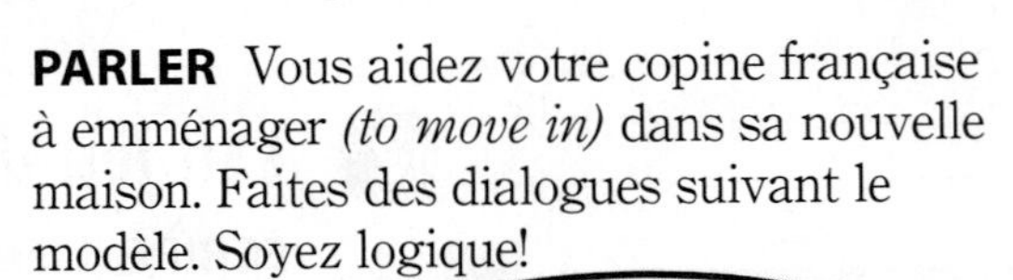

PARLER Vous aidez votre copine française à emménager *(to move in)* dans sa nouvelle maison. Faites des dialogues suivant le modèle. Soyez logique!

▶

▶

@HOMETUTOR
my.hrw.com

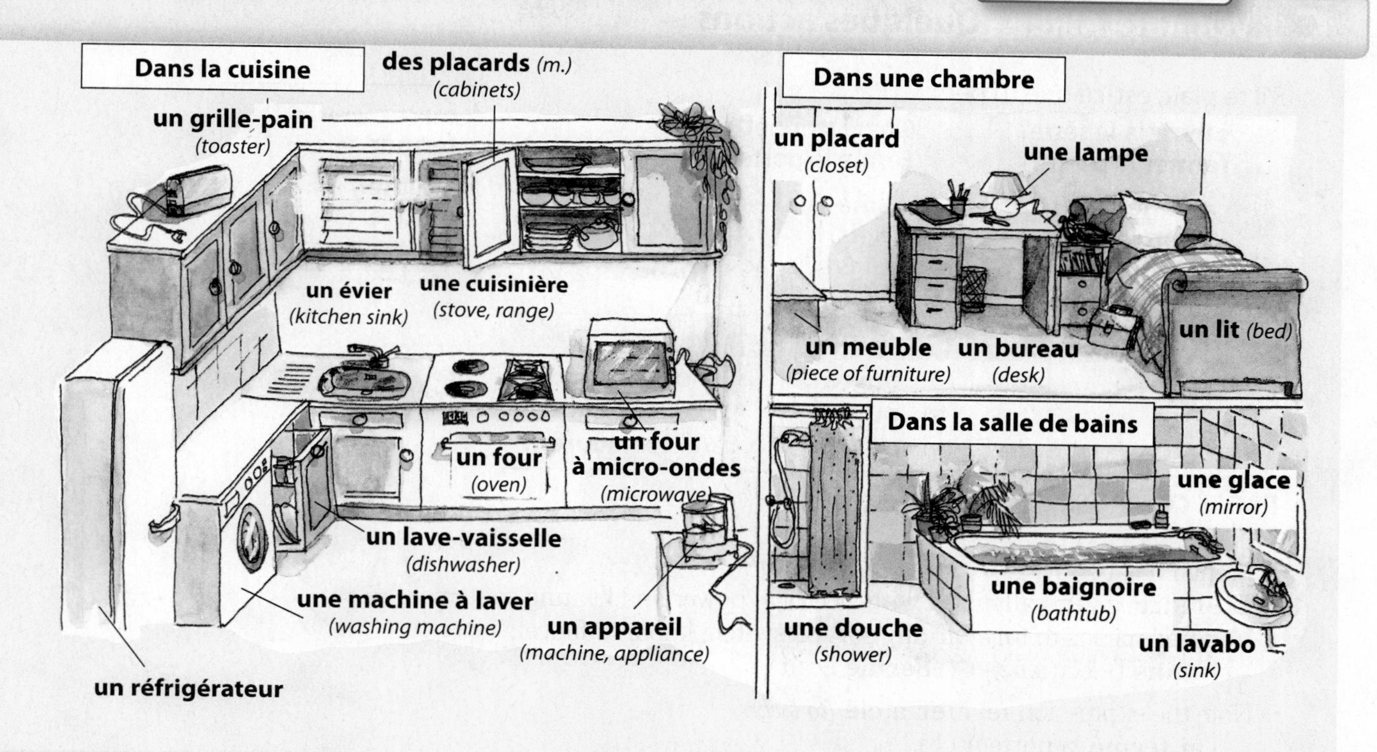

5 *Chez vous*

PARLER/ÉCRIRE Décrivez le mobilier et l'équipement de votre maison. Donnez des détails. (Vous pouvez utiliser les adjectifs de la liste dans des phrases affirmatives ou négatives.)

1. Dans le salon, il y a …
   ▶ **Dans le salon, il y a un sofa vert. Il est assez vieux, mais il est très confortable. Il y a aussi …**
2. Dans ma chambre, il y a …
3. Dans la cuisine, …
4. Dans la salle à manger, …

- grand(e) ≠ petit(e)
- ancien(ne) ≠ moderne
- vieux (vieille) *(old)* ≠ neuf (neuve) *(new)*
- confortable ≠ inconfortable
- pratique
- joli(e)

6 *Ma chambre* PARLER/ÉCRIRE

1. Est-ce que ta chambre est une grande ou une petite pièce?
2. De quelle couleur sont les murs?
3. Est-ce qu'il y a des posters sur les murs? Qu'est-ce qu'ils représentent?
4. Est-ce qu'il y a un tapis sur le sol?
5. Combien de fenêtres est-ce qu'il y a? De quelle couleur sont les rideaux?
6. Est-ce que ta chambre a une salle de bains indépendante?
7. En général, est-ce que tu fermes *(close)* la porte quand tu es dans ta chambre?
8. Est-ce qu'il y a un couloir entre ta chambre et la chambre de tes parents?

C VOCABULAIRE Quelques actions

S'il te plaît, est-ce que tu peux …

ouvrir la fenêtre? — Ouvre la fenêtre!
fermer la porte? — Ferme la porte!

allumer | **mettre** | **éteindre** — la télé? / la radio?
Allume | Mets | Éteins — la télé! / la radio!

ouvrir *to open*
fermer *to close*
allumer *to turn on*
mettre *to put on*
éteindre *to turn off*

INFINITIVE	**ouvrir** *(to open)*	
PRESENT	J' **ouvre**	nous **ouvrons**
	tu **ouvres**	vous **ouvrez**
	il/elle/on **ouvre**	ils/elles **ouvrent**
PASSÉ COMPOSÉ	j'**ai** **ouvert**	

→ French has two ways of saying *to turn off*.
Éteindre is generally used with electrical power and heating systems.
Fermer means to turn off any sort of switch, knob, or faucet.
Éteins l'électricité. **Ferme** l'eau.

→ Note the expression **fermer à clé** *(to lock)*.
J'**ai fermé** la porte **à clé**.

→ The following verbs are conjugated like **ouvrir**:

couvrir *to cover* Sophie **a couvert** son lit.
découvrir *to discover* Nous **avons découvert** un joli fauteuil.

7 S'il te plaît! 

PARLER Demandez à vos camarades de faire certaines choses en complétant les phrases avec l'expression qui convient.

▶ Il fait chaud! (l'air conditionné)

1. Il fait froid. (la fenêtre)
2. Je voudrais regarder le match France-Italie. (la télé)
3. Je n'aime pas ce genre de musique. (la radio)
4. Je voudrais prendre mon vélo. (la porte du garage)
5. Je vais faire un gâteau. (le four)
6. Il faut économiser l'énergie. (cette lampe)
7. J'ai chaud. (le chauffage *[the heating]*)
8. J'ai froid. (la climatisation *[air conditioning]*)

@HOMETUTOR
my.hrw.com

Au jour le jour

Les petites annonces

Quand on veut trouver un logement, on peut lire les petites annonces du journal. Ces annonces présentent une liste d'appartements à louer avec une courte description et le prix du loyer *(rent)*.

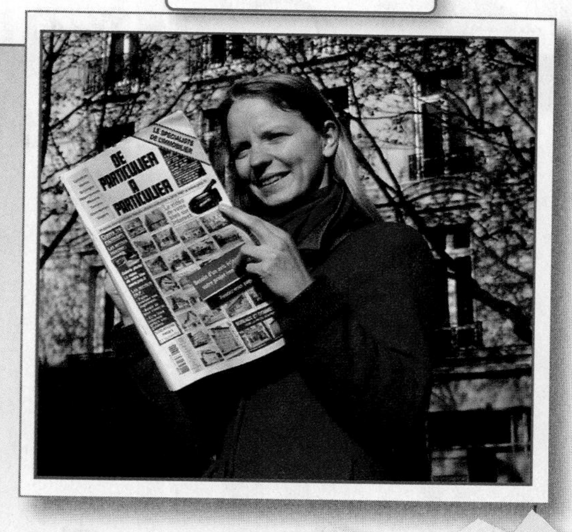

Quel appartement?

Analysez les petites annonces et choisissez un appartement pour les personnes suivantes:

- un(e) étudiant(e)
- une personne célibataire
- une famille qui a deux enfants
- une famille qui a un enfant (un seul parent travaille)
- une famille qui a un enfant (les deux parents travaillent)

QUARTIER LATIN
chambre d'étudiant
avec s.d.b.
possibilité cuisine
300 €
Tél: 01-42-21-35-64

MONTMARTRE
dans immeuble rénové
bel appt.
2 ch., s.d.b., w.c.
cuisine équipée
grand living
1 000 €
Tél: 01-44-61-12-49

PARC MONCEAU
immeuble ancien
2 ch., balcon
double living
tout confort
1 500 €
Tél: 01-45-12-70-36

NATION
immeuble moderne
studio, s.d.b.
kitchenette
550 €
Tél: 01-42-28-54-85

PASSY
superbe 5 pièces
3 ch., 2 bains
h. cft.
3 000 €
Tél: 01-46-95-16-02

Au téléphone

Vous avez décidé de louer l'un des cinq appartements. Vous téléphonez à l'agence immobilière *(real estate agency)* qui a mis l'annonce. Un agent, joué par un(e) camarade, vous répond. Composez et jouez le dialogue suivant.

- Confirmez le numéro de téléphone que vous appelez.
  Allô, monsieur (mademoiselle). C'est bien le ... ?
- Dites que vous êtes intéressé(e) par l'annonce.
  Je suis intéressé(e) par ...
- Demandez des détails sur l'appartement.
  Par exemple:
  Où est-il situé?
  Est-ce que l'immeuble est moderne ou ancien?
  Combien de pièces est-ce qu'il y a?
  Combien de salles de bain?
  Est-ce que la cuisine est bien équipée?
  Quels appareils est-ce qu'il y a?
  Est-ce qu'il y a un living?
  Est-ce qu'il est grand ou petit?
  Quel est le prix de l'appartement?
- Demandez quand vous pouvez visiter l'appartement.

Une année à Paris

Imaginez que vous allez passer une année à Paris avec un(e) ami(e). Avec votre camarade, décidez de l'appartement que vous allez louer. Expliquez les raisons de votre choix. Vous pouvez considérer les éléments suivants:

- nombre de pièces
- confort
- prix

VIDÉO-SCÈNE DVD AUDIO

Leçon 22

C'est quelqu'un que tu connais

Est-ce que vous vous souvenez de Corinne? C'est la cousine de Pierre. Aujourd'hui, elle est chez Pierre avec sa copine Armelle. Les trois amis écoutent de la musique.

Sur la table, il y a un album de photos. Armelle veut le regarder.

Compréhension

1. Qu'est-ce qu'Armelle veut regarder?
2. Qui est le petit garçon sur la photo?
3. Qui est la petite fille?
4. Qu'est-ce que Pierre propose de faire samedi prochain?

FLASH d'information

La France a un très grand nombre de châteaux historiques qui sont ouverts au public. Le plus célèbre de ces châteaux est le château de Versailles, près de Paris. C'est ici qu'a vécu Louis XIV° ou le «Roi Soleil»° (1638–1715), l'un des grands rois de l'histoire de France.

Louis XIV *Louis Quatorze* **Roi Soleil** *Sun King*

A Le verbe *vivre*

Note the forms of the irregular verb **vivre** *(to live)*.

INFINITIVE	vivre	
PRESENT TENSE	Je **vis** à Paris. Tu **vis** à Québec. Il/Elle/On **vit** bien en France.	Nous **vivons** à la campagne. Vous **vivez** simplement. Ils/Elles **vivent** bien.
PASSÉ COMPOSÉ	J'**ai vécu** deux ans à Toulouse.	

→ Both **vivre** and **habiter** mean *to live*. **Habiter** is used only in the sense of *to live in a place*. Compare:

*Alice **lives** in Paris.*	*She **lives** well.*
Alice **vit** à Paris.	Elle **vit** bien.
Alice **habite** à Paris.	—

PROVERBE
Il faut manger pour vivre et non pas vivre pour manger.

1 Expression personnelle PARLER/ÉCRIRE

1. J'habite ... (dans un immeuble? dans un lotissement? dans une maison individuelle? … ??)
2. Nous vivons dans notre maison (appartement) depuis … (un an? cinq ans? … ??)
3. Avant, nous avons vécu … (dans une autre ville? dans un autre état? … ??)
4. Dans ma région, on vit … (assez bien? bien? assez mal? … ??)
5. L'état où on vit le mieux *(the best)* est … (la Californie? le Texas? … ??)
6. Un jour, je voudrais vivre … (à Québec? à Paris? … ??)
7. Pour bien vivre, il faut … (être riche? avoir beaucoup de vacances? … ??)

@HOMETUTOR
my.hrw.com

B Révision: Le passé composé

Review the forms of the PASSÉ COMPOSÉ in the following pairs of sentences.

WITH **AVOIR**	WITH **ÊTRE**
J'**ai visité** le Canada.	Je **suis allé(e)** à Québec.
Stéphanie **a pris** le bus.	Elle **est descendue** au centre-ville.
Les touristes **ont visité** Paris.	Ils **sont montés** à la Tour Eiffel.
Éric m'**a téléphoné**.	Il **n'est pas venu** chez moi.

→ The passé composé of most verbs is formed with **avoir**.

→ The passé composé of several verbs of MOTION *(going, coming, staying)* is formed with **être**. (The past participles of these verbs agree with the subject.)

aller (allé)	**passer (passé)**	**monter (monté)**	**partir (parti)**	**venir (venu)**
entrer (entré)	**rester (resté)**	**descendre (descendu)**	**sortir (sorti)**	

→ The passé composé of REFLEXIVE VERBS is formed with **être**.
Alice **s'est promenée** en ville. Paul et Marc **se sont reposés**.

2 À Montréal

PARLER/ÉCRIRE Les personnes suivantes habitent à Montréal. Dites ce qu'elles ont fait hier.

▶ mes parents (aller à l'Opéra de Montréal / voir «Carmen»)
Mes parents sont allés à l'Opéra de Montréal. Ils ont vu «Carmen».

1. moi (sortir / prendre le bus / faire une promenade dans le Vieux Montréal)
2. Stéphanie (passer à la Place Ville Marie / acheter des vêtements / choisir un jean)
3. toi (passer à la bibliothèque municipale / rendre les livres / choisir d'autres livres)
4. nous (prendre le métro / monter à Bonaventure / descendre à Mont-Royal)
5. les touristes (visiter le Parc Olympique / monter à la Tour Olympique / acheter des souvenirs)
6. Claire et Sophie (faire une promenade / s'arrêter dans une crêperie / manger une crêpe)
7. vous (se promener / s'arrêter au Parc du Mont-Royal / se reposer)

3 Conversations

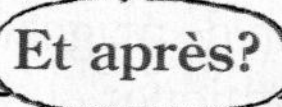

PARLER Des copains discutent de ce qu'ils ont fait. Jouez les rôles en faisant les substitutions.

1. hier après-midi
   faire des achats
   rentrer chez moi
2. à midi
   passer à la bibliothèque
   déjeuner à la cantine
3. après le dîner
   finir mes devoirs
   se coucher
4. samedi après-midi
   acheter des vêtements
   sortir avec des copains
5. dimanche soir
   aider ma mère
   voir un film à la télé
6. samedi matin
   ranger ma chambre
   se promener

C Le pronom relatif *qui*

RELATIVE PRONOUNS are used to CONNECT, or RELATE, sentences to one another. Note below how the two sentences on the left are joined into a single sentence on the right with the relative pronoun **qui**.

J'ai des copines. Elles habitent à Paris.	J'ai des copines **qui** habitent à Paris. *I have friends* ***who (that)*** *live in Paris.*
J'habite dans un immeuble. Il a 20 étages.	J'habite dans un immeuble **qui** a 20 étages. *I live in a building* ***that*** *has 20 stories.*

The relative pronoun **qui** *(who, that, which)* may refer to PEOPLE or THINGS. It is the SUBJECT of the verb that follows it.

4 En ville

PARLER/ÉCRIRE Mélanie est en ville. Elle décrit ce qu'elle voit et ce qu'elle fait. Jouez le rôle de Mélanie.

▶ Je rencontre un copain. Il va au cinéma. **Je rencontre un copain qui va au cinéma.**

1. Je parle à une dame. Elle attend le bus.
2. Je regarde des maisons. Elles ont une architecture intéressante.
3. Je rends visite à une copine. Elle habite dans la banlieue.
4. Je vais dans un café. Il sert *(serves)* d'excellents sandwichs.
5. J'entre dans un magasin. Il vend des jeux vidéo.
6. Je rencontre des copains. Ils vont à un concert.
7. Je vois des touristes. Ils prennent des photos.
8. Je prends un bus. Il va au centre-ville.

5 Au choix

PARLER/ÉCRIRE Pour chaque catégorie, choisissez ce que vous préférez.

▶ une station de radio / jouer du rock ou de la musique classique?

1. une maison / avoir une piscine ou un beau jardin?
2. un quartier / être très calme ou très animé *(lively)*?
3. une ville / avoir beaucoup de magasins ou un grand parc?
4. des voisins / être sympathiques ou très riches?
5. des magasins / vendre des vêtements chers ou bon marché?
6. des copains / aimer les sports ou la musique?
7. un appartement / être moderne ou ancien?
8. des professeurs / donner de bonnes notes ou de bons conseils *(advice)*?

@HOMETUTOR
my.hrw.com

D Le pronom relatif *que*

Note below how the two sentences on the left are joined into a single sentence on the right with the RELATIVE PRONOUN **que**.

J'ai des voisins. Je les invite souvent.	J'ai des voisins **que** j'invite souvent. *I have neighbors* ***whom (that)*** *I often invite.*
Nous allons dans un café. Je ne le connais pas.	Nous allons dans un café **que** je ne connais pas. *We are going to a café* ***that I*** *do not know.*

The relative pronoun **que** *(whom, that, which)* may refer to PEOPLE or THINGS. It is the DIRECT SUBJECT of the verb that follows it.

LANGUAGE COMPARISON

Although in English the object pronouns *whom, that,* and *which* are often omitted, in French the pronoun **que** cannot be left out.

Voici l'affiche **que** je viens d'acheter. *Here's the poster* ***(that)*** *I just bought.*

→ **Que** becomes **qu'** before a vowel sound.
Alice regarde le magazine **qu'**elle a acheté.

The choice between **qui** and **que** is determined by their function in the sentence:

- **qui** is the SUBJECT of the verb that follows it
- **que** is the DIRECT OBJECT of the verb that follows it

Compare:

SUBJECT (of **a**)	DIRECT OBJECT (of **je connais**)
Alice est une fille **qui** a beaucoup d'humour.	C'est une fille **que** je connais bien.
Paris est une ville **qui** a de beaux monuments.	C'est une ville **que** je connais bien.

6 Expression personnelle

PARLER/ÉCRIRE Complétez les phrases suivantes avec une idée personnelle.

▶ … une ville que je voudrais visiter.
Paris (Québec, San Francisco) est une ville que je voudrais visiter.

1. … une ville que j'aime.
2. … un magazine que je lis.
3. … une émission de télé *(TV show)* que j'aime regarder.
4. … un film que je voudrais voir.
5. … une actrice que je voudrais rencontrer.
6. … un acteur que j'admire beaucoup.
7. … une personne que j'aimerais *(would like)* connaître.

7 Oui ou non?

PARLER/ÉCRIRE Expliquez ce que vous faites et ce que vous ne faites pas, suivant le modèle.

▶ le français est une langue (parler bien?)
Le français est une langue que je (ne) parle (pas) bien.

1. la biologie est une matière (étudier?)
2. l'espagnol est une langue (comprendre?)
3. San Francisco est une ville (connaître?)
4. mes voisins sont des gens (voir souvent?)
5. le président des États-Unis est une personne (admirer?)
6. Oprah Winfrey est une personne (trouver intéressante?)

8 Qu'est-ce qu'ils font?

PARLER/ÉCRIRE Des amis sont allés en ville cet après-midi. Dites ce qu'ils font maintenant.

▶ Zoé / lire le livre / acheter
Zoé lit le livre qu'elle a acheté.

1. Léa / écouter le CD / acheter
2. Pauline / lire le magazine / prendre à la bibliothèque
3. Marc / téléphoner à la fille / rencontrer au café
4. nous / dîner avec les amis / retrouver
5. tu / parler du film / voir
6. Catherine / mettre la robe / choisir
7. mes copains / regarder le DVD / louer
8. je / manger la pizza / commander

9 La visite de la ville

PARLER/ÉCRIRE Jean-Pierre montre sa ville à un copain américain. Complétez ses phrases avec **qui** ou **que**. ▶

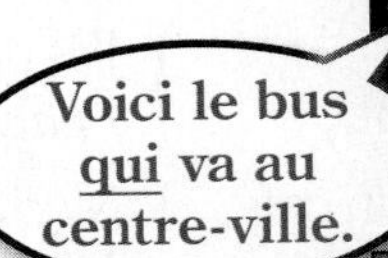

▶

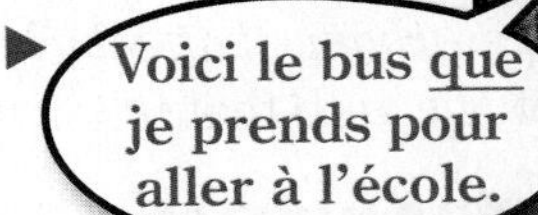

1. Voici une boutique … vend des cartes postales.
2. Voici une boutique … n'est pas très chère.
3. Voici un musée … je visite souvent.
4. Voici un monument … tu dois visiter.
5. Voici un restaurant … sert des spécialités régionales.
6. Voici le restaurant … je préfère.
7. Voici un hôtel … est très confortable.
8. Voici un hôtel … les guides touristiques recommandent.

10 Commentaires personnels

PARLER/ÉCRIRE Complétez les phrases en utilisant votre imagination.

▶ J'ai un copain qui …
J'ai un copain qui joue du piano (qui habite à Chicago, etc.).

▶ J'ai une copine que …
J'ai une copine que j'invite souvent chez moi (que mes parents aiment bien, etc.).

1. J'ai une copine qui …
2. J'ai un copain que …
3. J'ai des voisins qui …
4. J'ai des voisins que …
5. J'habite dans une ville qui …
6. J'habite dans une ville que …
7. J'ai une chambre qui …

À votre tour!

OBJECTIFS

Now you can …
- use **qui** and **que** in descriptions

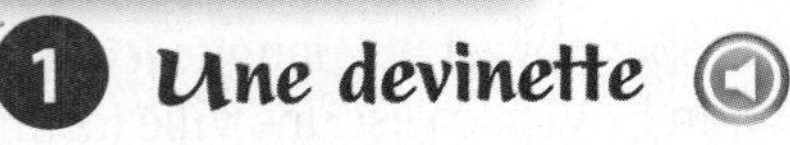

1 Une devinette

PARLER/ÉCRIRE Décrivez en 5 ou 6 phrases une personne, un endroit ou un objet, mais ne mentionnez pas son nom. Proposez cette devinette à vos camarades.

> C'est une ville qui est en France. C'est une ville qui a beaucoup de monuments. C'est une ville que les touristes américains aiment visiter …
>
> (Réponse: **Paris**)

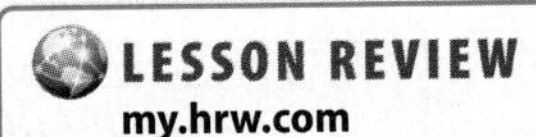

Additional readings @ **my.hrw.com**
FRENCH InterActive Reader

Lecture Qu'est-ce qu'ils achètent?

Quatre personnes font des achats dans un centre commercial. Chaque personne achète quelque chose de différent. Lisez les descriptions suivantes et identifiez la chose que chaque personne achète.

- **Amélie** est en train de décorer sa chambre. Elle va dans un magasin qui vend des livres, des souvenirs et beaucoup d'autres objets. L'objet qu'elle achète est en papier° et représente son groupe favori. C'est quelque chose qu'elle peut mettre au mur de sa chambre.

- **Frédéric** veut acheter quelque chose pour l'anniversaire de sa mère. Le cadeau° qu'il choisit est fabriqué en France. C'est quelque chose qui sent° très, très bon.

- **Madame Durand** veut acheter un cadeau pour sa nièce qui va se marier l'été prochain. Elle va dans un magasin qui vend des appareils électroménagers°. Là, elle achète un appareil qu'on trouve généralement dans la cuisine. C'est une chose que beaucoup de personnes utilisent pour préparer leurs repas.

- **Monsieur Pascal** veut acheter quelque chose pour les amis qui l'ont invité à dîner chez eux. Il choisit quelque chose qu'on peut manger. Mais attention! Ce n'est pas très recommandé pour les personnes qui veulent maigrir.

en papier *made of paper* **cadeau** *present, gift* **sent** *smells*
appareils électroménagers *kitchen appliances*

Amélie **Frédéric** **Madame Durand** **Monsieur Pascal**	**achète**	**une bouteille de parfum**	**une boîte de chocolats**	**un four à micro-ondes**	**un poster**

Leçon 23

VIDÉO-SCÈNE DVD AUDIO

À Menthon-Saint-Bernard

Dans l'épisode précédent, Pierre a proposé à Corinne et à Armelle de faire un tour à Menthon-Saint-Bernard, le village où il habitait quand il était petit.

Menthon-Saint-Bernard est un village très pittoresque, à une dizaine de kilomètres d'Annecy.

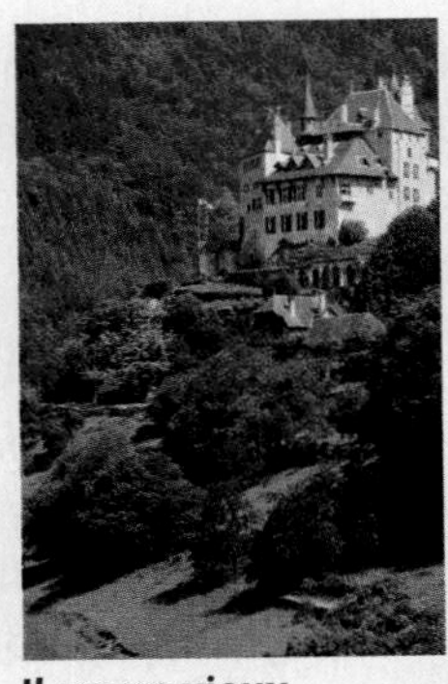

Il y a un vieux château . . .

. . . beaucoup de chalets

. . . et une plage sur le lac.

@HOMETUTOR
my.hrw.com

Il vaut mieux *It is better (to)*

Compréhension

1. Où est Menthon-Saint-Bernard?
2. Où les amis vont-ils d'abord?
3. Où vont-ils ensuite?
4. Où vont-ils finalement?
5. Qu'est-ce qui arrive là-bas?

A L'imparfait: formation

In French, as in English, people use different tenses to talk about the past.

- The most common past tense is the PASSÉ COMPOSÉ, which you have been using.
- Another frequently used past tense is the IMPERFECT, or L'IMPARFAIT.

In the French sentences below, the verbs are in the IMPERFECT.

Où est-ce que tu **habitais** avant? **J'habitais** à Bordeaux.	*Where **did** you **live** before?* ***I lived (used to live)** in Bordeaux.*
Qu'est-ce que vous **faisiez** à six heures? Nous **finissions** nos devoirs.	*What **were** you **doing** at six?* *We **were finishing** our homework.*

The imperfect is a *simple* tense. It consists of *one* word. It is formed as follows:

IMPERFECT STEM + IMPERFECT ENDINGS

→ For all verbs (except **être**) the imperfect stem is derived as follows:

IMPERFECT STEM = **nous**-form of PRESENT *minus* **-ons**

→ The IMPERFECT ENDINGS are the *same* for all verbs.

@HOMETUTOR
my.hrw.com

TYPE OF VERB		-er	-ir	-re	IRREGULAR	IMPERFECT ENDINGS
INFINITIVE		parler	finir	vendre	faire	
PRESENT	nous	parlons	finissons	vendons	faisons	
IMPERFECT STEM		parl-	finiss-	vend-	fais-	
IMPERFECT	je	parlais	finissais	vendais	faisais	-ais
	tu	parlais	finissais	vendais	faisais	-ais
	il/elle/on	parlait	finissait	vendait	faisait	-ait
	nous	parlions	finissions	vendions	faisions	-ions
	vous	parliez	finissiez	vendiez	faisiez	-iez
	ils/elles	parlaient	finissaient	vendaient	faisaient	-aient
NEGATIVE	je ne	parlais pas				
INTERROGATIVE	est-ce que tu	parlais?				
		parlais-tu?				

→ Note how the above pattern applies to other verbs:

acheter:	nous **achet**ons	→ j'**achetais**	lire:	nous **lis**ons	→ je **lisais**
manger:	nous **mange**ons	→ je **mangeais**	écrire:	nous **écriv**ons	→ j'**écrivais**
			prendre	nous **pren**ons	→ je **prenais**
sortir:	nous **sort**ons	→ je **sortais**	voir:	nous **voy**ons	→ je **voyais**
dormir:	nous **dorm**ons	→ je **dormais**	boire:	nous **buv**ons	→ je **buvais**

→ Note the imperfect forms of the following expressions:

il y a → **il y avait** il neige → **il neigeait** il pleut → **il pleuvait**

1 Les voisins

PARLER/ÉCRIRE Vous habitez dans un immeuble à Genève. Dites où chaque personne de l'immeuble habitait avant.

▶ Catherine / à Lyon
Avant, Catherine habitait à Lyon.

1. Jérôme / à Bordeaux
2. Alice et Thomas / à la campagne
3. vous / dans la banlieue
4. toi / chez tes grands-parents
5. moi / dans un lotissement
6. nous / à San Francisco
7. Marc et André / à Paris
8. les Dupont / à Strasbourg

2 Pendant la classe

PARLER/ÉCRIRE Hier pendant la classe de français, personne n'écoutait le professeur. Chacun faisait autre chose. Dites ce que chacun faisait.

▶ Paul / regarder Juliette
Paul regardait Juliette.

1. Sophie / se regarder dans une glace
2. Jacques / manger du chocolat
3. vous / vous amuser
4. toi / te peigner
5. vous / parler à vos amis
6. moi / finir le problème de maths
7. nous / finir les exercices d'anglais
8. Pauline / répondre à une lettre

3 La tempête de neige *(The blizzard)*

PARLER/ÉCRIRE À cause de la tempête de neige, tout le monde était à la maison hier. Dites si oui ou non les personnes suivantes faisaient les choses indiquées pendant la tempête.

▶ Robert (jouer au foot?)
Non, Robert ne jouait pas au foot.

▶ Sophie (regarder la télé?)
Oui, Sophie regardait la télé.

1. nous (jouer aux cartes?)
2. vous (jouer au volley?)
3. toi (te promener à vélo?)
4. Charles (attendre le bus?)
5. Corinne (dormir?)
6. Sylvie et Claire (faire du jogging?)
7. moi (faire mes devoirs?)
8. ma mère (écrire des lettres?)
9. François (lire un livre?)
10. nous (faire une promenade?)

B L'imparfait du verbe *être*

The imperfect of **être** has an irregular stem **ét-**. The endings are regular.

j'	**étais**	*I was*	nous	**étions**	*we were*
tu	**étais**	*you were*	vous	**étiez**	*you were*
il/elle/on	**était**	*he/she/one was*	ils/elles	**étaient**	*they were*

→ The imperfect of **être** is used to tell where people *were* or how they *were feeling*. It is NOT used to describe what they WERE DOING. Compare:

IMPERFECT of **être**		IMPERFECT of verb of action	
J'étais chez moi.	*I **was** at home.*	J'**étudiais.**	*I **was studying**.*
Alice **était** malade.	*Alice **was** sick.*	Elle **regardait** la télé.	*She **was watching** TV.*

4 L'accident de voiture

PARLER/ÉCRIRE Hier, il y a eu un accident de voiture dans le quartier. Dites où chacun était et ce que chacun faisait au moment de l'accident.

▶ Thomas (au supermarché / faire les courses)
Thomas était au supermarché. Il faisait les courses.

1. nous (au café / boire une limonade)
2. Alice (à la bibliothèque / lire un livre)
3. vous (à la maison / faire la vaisselle)
4. toi (dans ta chambre / écrire une lettre)
5. les touristes (au jardin public / prendre des photos)
6. mon grand-père (chez lui / dormir)
7. moi (chez les voisins / faire du baby-sitting)
8. nous (dans la rue / faire du roller)
9. Léa (au restaurant / prendre un café)

@HOMETUTOR
my.hrw.com

C L'usage de l'imparfait: événements habituels

In the sentences below, people are talking about the past. On the left, they describe what they *used to do* regularly. On the right, they describe what they *did* on a particular occasion. Compare the verbs in each pair of sentences.

Habituellement *(Usually)* …	Un jour …
Je **regardais** les matchs de foot.	**J'ai regardé** un film.
Nous **allions** au cinéma.	Nous **sommes allés** à un concert.
Paul **sortait** avec Nathalie.	Il **est sorti** avec Nicole.

Although both the IMPERFECT and the PASSÉ COMPOSÉ are used to talk about the past, each has a different function.

The **IMPERFECT** is used to describe ***habitual actions and conditions*** that existed in the past. It describes what people **USED TO DO**, what **USED TO BE.**

Quand **j'étais** jeune, nous **habitions** à la campagne.	*When I **was** young, we **lived (used to live)** in the country.*
J'allais souvent à la pêche.	*I often **used to go (would go)** fishing.*

The **PASSÉ COMPOSÉ** is used to describe ***specific past events.*** It describes what people **DID**, what **TOOK PLACE**, what **HAPPENED.**

Ma mère **a acheté** une voiture.	*My mother **bought** a car.*
Hier, nous **sommes allés** en ville.	*Yesterday we **went** downtown.*

5 Quand j'étais petit(e) …

PARLER/ÉCRIRE Décrivez ce que vous faisiez quand vous étiez petit(e) en complétant les phrases suivantes.

1. Ma famille et moi, nous habitions …
   - dans le centre-ville
   - dans la banlieue
   - à la campagne
   - ??
2. J'allais à l'école …
   - à pied
   - en bus
   - à vélo
   - ??
3. À la télé, je regardais surtout *(mainly)* …
   - les dessins animés
   - les films d'action
   - les sports
   - ??
4. Mes amis et moi, nous jouions …
   - aux jeux vidéo
   - au baseball
   - au football
   - ??
5. Comme animal, j'avais …
   - un hamster
   - une tortue
   - un chat
   - ??
6. Je collectionnais …
   - les timbres *(stamps)*
   - les posters
   - les poupées *(dolls)*
   - ??
7. Le soir, je me couchais …
   - juste après le dîner
   - à neuf heures
   - à dix heures
   - ??
8. Je voulais être …
   - pilote
   - astronaute
   - acteur/actrice
   - ??

6 Il y a cent ans *(One hundred years ago)*

PARLER/ÉCRIRE Dites si oui ou non on faisait les choses suivantes il y a cent ans.

▶ on / travailler avec des ordinateurs?
On ne travaillait pas avec des ordinateurs.

1. beaucoup de gens / habiter à la campagne?
2. on / vivre dans des gratte-ciel *(skyscrapers)*?
3. on / manger des produits naturels?
4. on / voyager en train?
5. les jeunes / jouer aux jeux vidéo?
6. les gens / avoir des réfrigérateurs?
7. les maisons / avoir l'air conditionné?
8. les gens / travailler beaucoup?
9. tout le monde / aller à l'université?
10. on / regarder les nouvelles *(news)* à la télé?

7 Un millionnaire

PARLER/ÉCRIRE Monsieur Michel a gagné dix millions d'euros à la loterie. Cet événement a changé sa vie *(life)*. Décrivez sa vie maintenant et sa vie avant. Utilisez les phrases suggérées et votre imagination.

Maintenant

▶ **Maintenant, Monsieur Michel vit à la campagne. Il habite …**

Avant

▶ **Avant, Monsieur Michel vivait en ville. Il habitait …**

- dans quel genre de maison / habiter?
- quelle voiture / avoir?
- quels vêtements / porter?
- dans quel restaurant / dîner?
- quels sports / faire?
- comment / voyager?
- où / passer ses vacances?

@HOMETUTOR
my.hrw.com

VOCABULAIRE Quelques expressions de temps

Événements spécifiques		Événements habituels	
un soir	*one evening*	**le soir**	*in the evening*
		tous les soirs	*every evening*
mardi	*Tuesday*	**le mardi**	*on Tuesdays*
un mardi	*one Tuesday*	**tous les mardis**	*every Tuesday*
un jour	*one day*	**chaque jour**	*every day*
le 4 mai	*on May 4*	**tous les jours**	*every day*
une fois	*once*	**d'habitude**	*usually*
deux fois	*twice*	**habituellement**	*usually*
plusieurs fois	*several times*	**autrefois**	*in the past*
		parfois	*sometimes*

8 En vacances

PARLER/ÉCRIRE Décrivez les vacances des personnes suivantes. Pour cela, complétez les phrases avec **allait** ou **est allé(e).**

▶ Un dimanche, Frédéric **est allé** chez sa tante.

▶ Le dimanche, Isabelle **allait** au restaurant.

1. L'après-midi, Philippe … à la piscine.
2. Tous les mardis, Mélanie … à un concert de jazz.
3. Le matin, Vincent … au marché.
4. Plusieurs fois, Paul … au concert.
5. D'habitude, Marc … à la plage.
6. Le samedi soir, Pauline … au cinéma.
7. Le 3 août, Sylvie … à Monaco.
8. Un jour, Anne … chez sa grand-mère.
9. Une fois, mon cousin … au cirque.
10. Le 14 juillet, Claudine … voir le feu d'artifice *(fireworks)*.

9 Une fois n'est pas coutume  *(Once does not make a habit.)*

PARLER Valérie demande à Patrick s'il faisait les choses suivantes tous les jours pendant les vacances. Patrick dit qu'un jour il a fait des choses différentes. Jouez les deux rôles.

▶ aller à la piscine (à la plage)

1. jouer au volley (au rugby)
2. déjeuner chez toi (au restaurant)
3. dîner à sept heures (à neuf heures)
4. sortir avec Monique (avec Sylvie)
5. aller à la discothèque (à un concert)
6. danser le rock (le cha-cha-cha)
7. rentrer à onze heures (à minuit)
8. se lever à neuf heures (à midi)

D L'usage de l'imparfait: actions progressives

Compare the uses of the IMPERFECT and the PASSÉ COMPOSÉ in the following sentences.

À sept heures, je **regardais** un film. Après le film, je **suis sorti.**	*At seven, I* ***was watching*** *a movie.* *After the movie, I* ***went out.***
Nous **attendions** Marc au café. Finalement, il **est arrivé.**	*We* ***were waiting*** *for Marc at the café.* *Finally, he* ***arrived.***

The **IMPERFECT** is used to describe ***actions that were in progress*** at a certain point in time. It describes what **WAS GOING ON,** what people **WERE DOING.**

À sept heures, je **faisais** mes devoirs. *At seven, I* ***was doing*** *my homework.*

➔ The imperfect is used to express the English construction *was/were + ... ing*.

The **PASSÉ COMPOSÉ** is used to describe ***specific actions that occurred at a specific time.*** It describes what **TOOK PLACE,** what people **DID.**

À sept heures, quelqu'un **a téléphoné.** *At seven, someone* ***phoned.***

10 À ce moment-là ...

PARLER/ÉCRIRE Décrivez ce que les personnes faisaient quand les choses suivantes sont arrivées.

1. Quelqu'un a téléphoné après le dîner.
   - mes parents / regarder la télé
   - moi / faire la vaisselle
   - ma soeur / ranger sa chambre
2. Ce matin, le directeur est venu dans notre classe.
   - le prof / raconter une histoire
   - nous / écouter
   - toi / prendre des notes
3. Hier soir, j'ai vu un OVNI (*UFO*).
   - moi / être avec mes copains
   - nous / faire une promenade
   - on / regarder le ciel *(sky)*
4. Samedi dernier, il y a eu un tremblement de terre *(earthquake)*.
   - nous / jouer aux cartes
   - les voisins / dîner
   - mon grand-père / dormir

11 Conversations

PARLER Hier Isabelle a téléphoné à ses copains mais personne n'a répondu. Maintenant elle veut savoir où chacun était et ce qu'il faisait. Jouez les dialogues.

▶ **—Où étais-tu <u>à midi</u>?**
—J'étais <u>au café</u>.
—Qu'est-ce que tu faisais?
—J'<u>attendais ma copine</u>.
—Et qu'est-ce que tu as fait après?
—Je <u>suis allé au ciné avec elle</u>.

1. après le déjeuner
   au garage
   réparer mon vélo
   jouer au basket
2. à cinq heures
   dans le jardin
   aider mon père
   sortir
3. avant le dîner
   dans la rue
   faire du roller
   finir mes devoirs
4. à sept heures
   chez un copain
   dîner avec lui
   rentrer chez moi

À votre tour!

Digital performance space

OBJECTIFS

Now you can . . .
- say what people were doing at a certain time in the past
- describe what you used to do when you were younger

1 Une enquête *(A survey)*

PARLER/ÉCRIRE Vous êtes un(e) journaliste français(e) qui faites une enquête sur les jeunes Américains. Vous voulez savoir comment ils occupent leurs soirées.

Choisissez quatre camarades et demandez à chacun ...
- ce qu'il/elle faisait hier soir à six heures
- ce qu'il/elle faisait hier soir à huit heures
- ce qu'il/elle faisait hier soir à dix heures

Inscrivez les résultats de votre enquête sur une feuille de papier.

	à 6 heures	à 8 heures	à 10 heures
1. Claudia	Claudia aidait sa mère.	Claudia faisait ses devoirs.	Elle surfait sur le Net.
2. Jim			

2 Notre enfance *(Our childhood)*

PARLER Avec un(e) camarade discutez de votre enfance. Vous pouvez parler des sujets suivants.

La vie quotidienne
- Dans quelle ville habitiez-vous?
- À quelle école alliez-vous?
- Comment est-ce que vous y alliez?
- Quelles classes est-ce que vous aimiez? (et aussi, quelles classes est-ce que vous n'aimiez pas?)

Les loisirs
- Est-ce que vous regardiez souvent la télé?
- Quelle était votre émission *(program)* favorite?
- Qui était votre acteur favori? et votre actrice favorite?
- Qui était votre groupe favori?
- Qu'est-ce que vous faisiez le week-end?
- Qu'est-ce que vous faisiez pendant les vacances?

3 À huit heures hier

En un petit paragraphe de 10 lignes, dites quelles étaient les occupations de votre famille hier à huit heures du soir. Mettez les verbes à l'imparfait. Vous pouvez utiliser les verbes suivants:

parler / travailler / téléphoner / étudier / regarder / écouter / jouer / préparer / dîner / être / avoir / faire / se promener / se reposer

Mon père regardait la télé. Il y avait un bon film. Mes frères jouaient aux cartes.

LESSON REVIEW
my.hrw.com

Lecture À l'école autrefois

Juliette passe souvent des vacances chez son grand-père. Celui-ci° habite dans un petit village où il a toujours vécu. Il aime raconter à Juliette la vie° du village autrefois. Aujourd'hui il décrit l'école où il allait.

«Quand j'étais jeune, nous habitions dans une ferme située à six kilomètres du village. À cette époque-là, il n'y avait pas de car scolaire° et je n'avais pas de vélo. Alors, j'allais à l'école à pied. Six kilomètres aller° et six kilomètres retour.° C'était long, surtout quand il pleuvait ou quand il neigeait. Évidemment,° je me levais tôt le matin et en hiver, quand je rentrais le soir, il faisait noir.°

Les écoles d'autrefois n'étaient pas mixtes comme aujourd'hui. Il y avait une école pour les garçons et une école pour les filles. Moi, évidemment, j'allais à l'école de garçons. En classe, nous portions tous un tablier° gris. (À leur école, les filles portaient des tabliers bleus.) C'était obligatoire!

Nous arrivions à l'école à huit heures. Une cloche° annonçait le commencement des classes. (Quand on arrivait en retard, on était puni!) À dix heures, il y avait une grande récréation.° Souvent mes camarades et moi, on se battait° pendant la récréation, mais après on était amis.

Il y avait un seul° maître pour toute l'école. C'était un homme petit, mais très costaud.° Il n'hésitait pas à nous tirer° les oreilles quand on parlait en classe ou quand on faisait des bêtises.° C'est vrai, il était sévère, mais il était juste et avec lui on apprenait beaucoup. Tout le monde le respectait. Les gens du village l'ont beaucoup regretté° quand il a pris sa retraite.°

À quatorze ans, j'ai passé mon certificat et j'ai quitté l'école. Je suis allé en ville où j'ai trouvé un travail dans une usine.° Je n'aimais pas ce travail. Alors, je me suis engagé° sur un bateau qui faisait le commerce avec l'Amérique du Sud. Mais ça, c'est une autre histoire … »

celui-ci *the latter* **la vie** *life* **car scolaire** *school bus* **aller = pour aller à l'école** **retour = pour rentrer à la maison**
Évidemment = Bien sûr **il faisait noir** *it was dark* **tablier** *smock* **cloche** *bell* **récréation** *recess*
se battait *used to fight* **seul** *only one* **costaud** *strong* **tirer** *to pull* **bêtises** *silly things* **ont regretté** *missed*
a pris sa retraite *retired* **usine** *factory* **je me suis engagé** *I signed on*

Additional readings @ **my.hrw.com**
FRENCH InterActive Reader

NOTE Culturelle

Les écoles françaises d'autrefois
Autrefois, l'école était obligatoire jusqu'à l'âge de 14 ans.
À la fin de leur scolarité, les élèves des écoles primaires passaient un examen et recevaient un diplôme appelé le «certificat d'études». En général, la discipline était très stricte et les élèves devaient étudier beaucoup pour obtenir leur certificat.

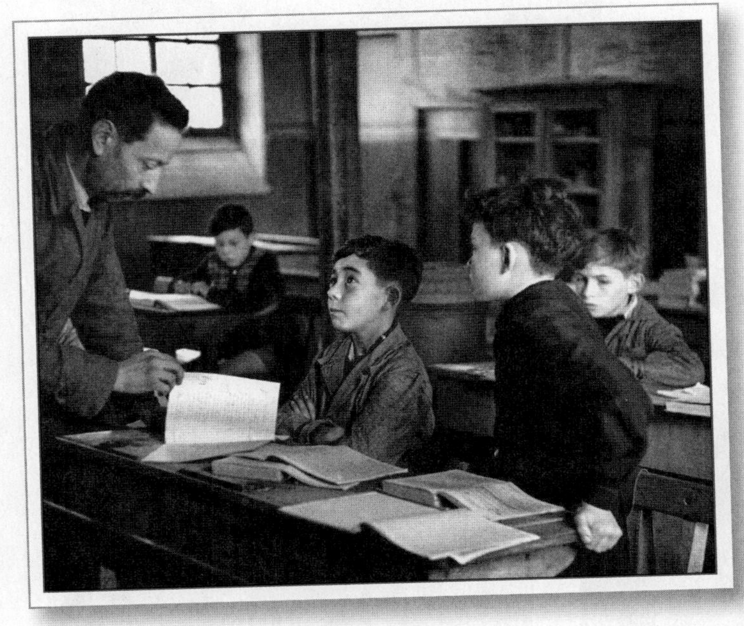

Le maître était sévère mais il était juste.

À dix heures, il y avait une grande récréation.

Vrai ou faux?

1. Autrefois, les enfants allaient à l'école en car scolaire, c'est-à-dire en bus.
2. Autrefois, les écoles étaient mixtes, c'est-à-dire les filles et les garçons allaient en classe ensemble.
3. Autrefois, les filles portaient des tabliers bleus et les garçons portaient des tabliers gris.
4. Autrefois, dans les villages, le maître était très respecté.
5. Autrefois, on pouvait quitter l'école à quatorze ans.

Leçon 24

VIDÉO-SCÈNE

DVD AUDIO

Montrez-moi vos papiers!

Dans l'épisode précédent, Pierre a montré à Armelle et à sa cousine Corinne la maison où il habitait quand il était petit.

Mais quand il a voulu ouvrir la porte de la cuisine, l'alarme s'est déclenchée.

L'alarme a alerté un gendarme qui passait dans le quartier.

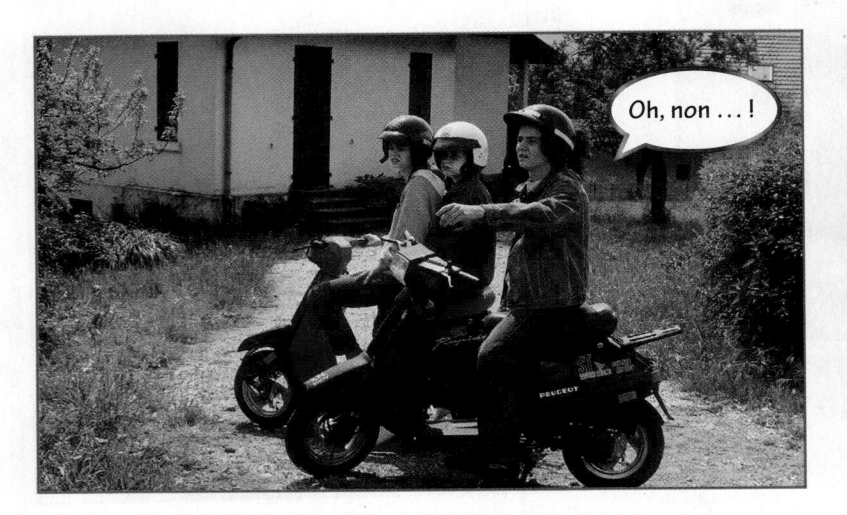

Le gendarme a l'air sévère.

Les amis montrent leurs papiers d'identité.

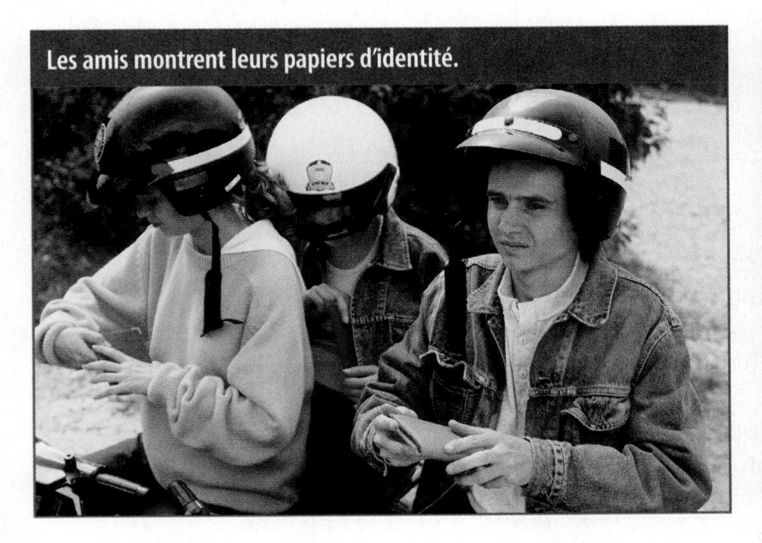

Pierre explique ce qu'ils faisaient.

Compréhension

1. Qui arrive sur la scène?
2. Qu'est-ce qu'il demande?
3. Comment Pierre explique-t-il sa présence ici?
4. Que fait le gendarme à la fin de la scène?

UN ACCIDENT

Petit VOCABULAIRE Un accident

Qu'est-ce qui est arrivé?	*What happened?*
Un accident a eu lieu.	*An accident took place.*
un conducteur (une conductrice)	*driver*
un témoin	*witness*
un panneau	*(traffic) sign*
heurter	*to run into*
traverser	*to cross*

@HOMETUTOR
my.hrw.com

1 Un accident

PARLER Savez-vous observer? Imaginez que vous avez assisté à la scène de l'accident représenté par les illustrations à gauche. Regardez bien ces illustrations et faites attention aux détails. Puis, répondez aux questions suivantes.

1. Quelle heure était-il?
- Il était une heure.
- Il était deux heures.
- Il était six heures.

2. Quel temps faisait-il?
- Il faisait beau.
- Il pleuvait.
- Il neigeait.

3. Combien de personnes est-ce qu'il y avait dans la rue?
- Il y avait une personne.
- Il y avait deux personnes.
- Il y avait trois personnes.

4. Combien de personnes est-ce qu'il y avait dans la voiture?
- Il y avait une personne.
- Il y avait deux personnes.
- Il y avait trois personnes.

5. Qui était le conducteur?
- C'était un jeune homme.
- C'était une jeune fille.
- C'était un vieux monsieur.

6. Qui a traversé la rue?
- le garçon
- la dame
- le chien

7. Qu'est-ce que la voiture a fait?
- Elle a continué sa route.
- Elle est entrée dans le magasin d'antiquités.
- Elle a heurté le panneau de stop.

8. Qu'est-ce que la dame a fait?
- Elle a téléphoné à la police.
- Elle est partie.
- Elle a aidé le conducteur.

9. Qu'est-ce que le conducteur a fait?
- Il est resté dans la voiture.
- Il est sorti de sa voiture.
- Il a parlé aux témoins de l'accident.

10. Qu'est-ce que le garçon a fait?
- Il a parlé au conducteur.
- Il est parti avec son chien.
- Il a pris une photo de l'accident.

11. Qu'est-ce qui est arrivé ensuite?
- Le jeune homme est entré dans le magasin.
- Une voiture de police est arrivée.
- Une ambulance a transporté le jeune homme à l'hôpital.

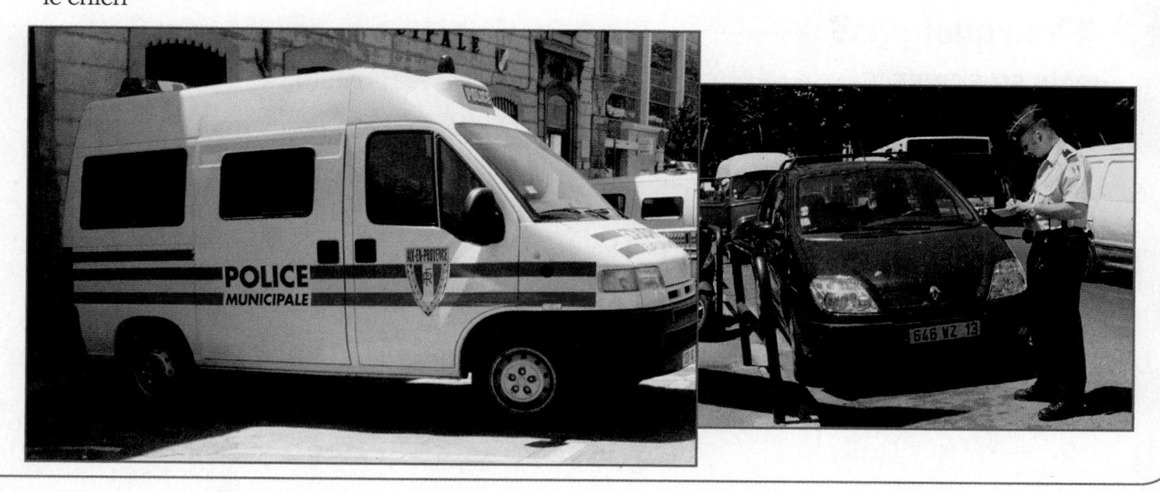

A L'usage de l'imparfait: circonstances d'un événement

In the sentences below, an accident is described.
Note the use of the PASSÉ COMPOSÉ and the IMPERFECT.

The PASSÉ COMPOSÉ is used to describe a ***well-defined action,*** completed at a specific point in time. (The mention of time may be omitted.)

Hier, Pauline **a vu** un accident.	*Yesterday Pauline **saw** an accident.*
Elle **a téléphoné** à la police.	*She **called** the police.*
Une ambulance **est arrivée.**	*An ambulance **arrived**.*

The IMPERFECT is used to describe ***conditions and circumstances*** that form the ***background*** of another past action.

TIME AND WEATHER

Il **était** deux heures.	*It **was** two (o'clock).*
La visibilité **était** mauvaise.	*The visibility **was** poor.*
Il **neigeait.**	*It **was snowing.***

OUTWARD APPEARANCE; PHYSICAL, MENTAL, OR EMOTIONAL STATE

Le conducteur **était** un homme jeune.	*The driver **was** a young man.*
Il **portait** un manteau gris.	*He **was wearing** a gray coat.*
Il **n'était pas** prudent.	*He **was not** careful.*

EXTERNAL CIRCUMSTANCES

Il n'y avait pas d'autres passagers.	***There were no** other passengers.*
La voiture **allait** vite.	*The car **was going** fast.*

OTHER ACTIONS IN PROGRESS

Pauline **allait** en ville.	*Pauline **was going** downtown.*
Sa copine l'**attendait.**	*Her friend **was waiting** for her.*

2 Pourquoi pas?

PARLER/ÉCRIRE Ces personnes ne sont pas allées à certains endroits. Expliquez pourquoi.

▶ Patrick / au lycée (il est malade). **Patrick n'est pas allé au lycée parce qu'il était malade.**

1. Catherine / à la classe de français (elle a la grippe)
2. Jérôme / au cinéma (il a mal à la tête)
3. Isabelle / au restaurant (elle n'a pas faim)
4. Marc / au stade (il est fatigué)
5. Thomas / au concert (il n'a pas de billet)
6. Hélène / au musée (elle veut ranger sa chambre)
7. Monsieur Panisse / au bureau (c'est samedi)
8. nous / à la plage (il fait froid)
9. vous / en ville (il pleut)

3 Excuses

PARLER Expliquez à un(e) camarade pourquoi vous n'avez pas fait certaines choses.

1. étudier
avoir mal à la tête

2. faire les courses
être fatigué(e)

3. dîner au restaurant
n'avoir pas assez d'argent

4. aller en classe
être malade

5. écrire à Cécile
n'avoir pas son adresse

6. faire tes devoirs
vouloir regarder la télé

4 Un coup de chance *(A stroke of luck)*

PARLER/ÉCRIRE L'été dernier vous étiez à Paris. Racontez votre coup de chance. (Dans votre narration, choisissez bien entre l'imparfait et le passé composé.)

1. C'est le 3 juillet.
2. Il est deux heures.
3. Il fait chaud.
4. J'ai soif.
5. Je vais dans un café.
6. Je commande une limonade.
7. Une femme entre dans le café.
8. Elle porte des lunettes noires.
9. Je reconnais la grande chanteuse Bella Labelle.
10. Je me lève.
11. Je lui demande un autographe.
12. Elle me donne un autographe, sa photo et un billet pour son prochain concert.

5 Pas de chance

PARLER Vous passez l'année scolaire en France. Hier soir, vous avez eu un petit accident. En rentrant chez vous, vous avez été heurté(e) par une moto et vous êtes tombé(e) dans la rue. Vous passez au poste de police. Répondez (en français, bien sûr) aux questions de l'inspecteur de police.

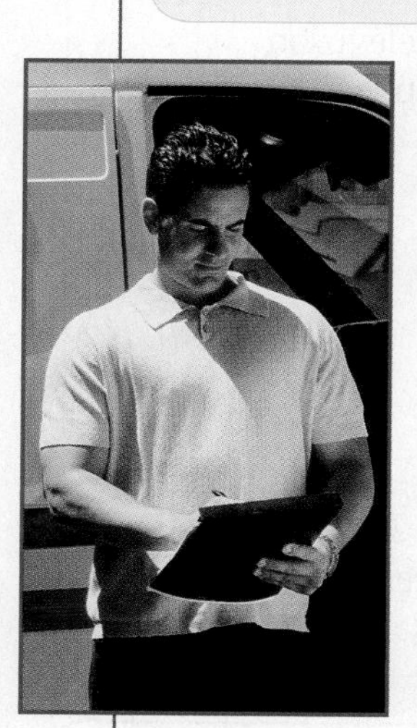

—À quelle heure avez-vous eu votre accident?
Say that it was nine o'clock.

—Où étiez-vous?
Say that you were on Boulevard Victor Hugo.

—Qu'est-ce que vous faisiez?
Say that you were going home.

—Vous avez traversé la rue et une moto vous a heurté(e)?
Answer affirmatively and say that you fell in the street.

—Avez-vous noté la marque *(make)* de la moto?
Say that it was a Peugeot.

— Avez-vous noté son numéro?
Answer negatively and say that the visibility was bad.

— Avez-vous vu le conducteur de la moto?
Answer affirmatively. Say that it was a tall man with a mustache **(une moustache).**

— Quels vêtements est-ce qu'il portait?
Say that he was wearing jeans and a black sweater.

— Est-ce que vous avez téléphoné à la police?
Answer negatively and say that you were too upset **(énervé).**

— Merci, nous allons faire notre enquête.

B Résumé: L'usage de l'imparfait et du passé composé

In talking about the past, the French use both the IMPERFECT and the PASSÉ COMPOSÉ. The choice of tense reflects the type of actions or events that are being described.

IMPERFECT	PASSÉ COMPOSÉ
HABITUAL OR REPEATED ACTIONS Le samedi soir, nous **allions** au cinéma.	**SPECIFIC AND ISOLATED ACTIONS** Samedi dernier, nous **sommes allés** au concert.
PROGRESSIVE ACTIONS J'**allais** en ville …	**ACTIONS THAT TAKE PLACE AT A GIVEN TIME OR FOR A GIVEN PERIOD** … quand j'**ai rencontré** ma cousine.
CIRCUMSTANCES OF A MAIN EVENT Il **pleuvait.**	**MAIN EVENT** Nous **sommes allés** dans un café.

6 Un accident qui finit bien

PARLER/ÉCRIRE Racontez au passé l'accident de Philippe. Pour cela, combinez les deux phrases avec **parce que.** (Notez que la première phrase décrit une action précise: utilisez le passé composé. La seconde phrase décrit les circonstances: utilisez l'imparfait.)

▶ Philippe va en ville. Il a un rendez-vous chez le dentiste.
Philippe est allé en ville parce qu'il avait un rendez-vous chez le dentiste.

1. Il met sa veste. Il fait froid.
2. Il prend sa moto. Il veut être à l'heure.
3. Il tombe. Il y a de la neige *(snow)*.
4. Il va à l'hôpital. Il est blessé *(hurt)*.
5. Il reste dix jours à l'hôpital. Il a une jambe cassée *(broken)*.
6. Il aime l'hôpital. Tout le monde est gentil *(nice)* avec lui.
7. Il rentre chez lui. Il peut marcher avec des béquilles *(crutches)*.

7 Pas possible! 

PARLER Avec un(e) camarade, racontez les événements suivants en faisant les substitutions suggérées.

▶ **—J'ai vu Oprah Winfrey.**
—Pas possible! Où étais-tu?
—J'étais à l'aéroport.
—Qu'est-ce que tu faisais?
—J'attendais un avion.
—Alors, qu'est-ce que tu as fait?
—Et bien, j'ai pris sa photo.

1. rencontrer Brad Pitt
à Hollywood
visiter les studios de télévision
demander un autographe
2. voir un accident
dans un café
lire un magazine
téléphoner à la police
3. voir un ours *(bear)*
à la campagne
faire du jogging
partir à toute vitesse
4. assister à l'arrivée du Tour de France
sur les Champs-Élysées
se promener avec des amis
prendre des photos

8 Êtes-vous un bon témoin?

PARLER/ÉCRIRE Imaginez que vous avez été le témoin de la scène suivante. La police vous pose quelques questions. Répondez.

1. Quelle heure était-il?
2. Est-ce qu'il y avait beaucoup de clients dans la banque?
3. Combien de personnes sont entrées?
4. Comment était l'homme physiquement? Était-il grand ou petit? blond ou brun? Quel âge avait-il?
5. Quels vêtements portait-il?
6. Décrivez l'aspect physique de la femme.
7. Décrivez ses vêtements. Portait-elle une jupe longue ou courte *(short)*?

8. À qui est-ce que l'employé a donné l'argent?
9. Qu'est-ce que l'homme a fait avec l'argent?
10. Où est-ce que la femme a mis l'argent?

11. Quelle heure était-il quand les deux bandits sont sortis?
12. Quel temps faisait-il?
13. Est-ce qu'il y avait d'autres voitures dans la rue?
14. Qu'est-ce que les bandits ont fait?
15. Décrivez leur voiture.

À votre tour!

OBJECTIFS

Now you can …
- describe the background of past events

Digital performance space

1 Thanksgiving

PARLER/ÉCRIRE Décrivez votre dernier dîner de Thanksgiving avec des verbes à **l'imparfait** et au **passé composé.**

Voici ce que vous pouvez décrire:

Les circonstances …

- La date: le jour?
- L'heure?
- L'endroit: la ville? chez vous? chez des amis?
- Les invités: combien étaient-ils? qui étaient-ils?
- Le repas: qu'est-ce qu'il y avait à manger? à boire?

Ce que vous avez fait …

- Qui avez-vous vu? De quoi avez-vous parlé?
- Qu'est-ce que vous avez mangé? bu?
- Qu'est-ce que vous avez fait avant le dîner? pendant? après?
- Qu'est-ce que les autres personnes ont fait?

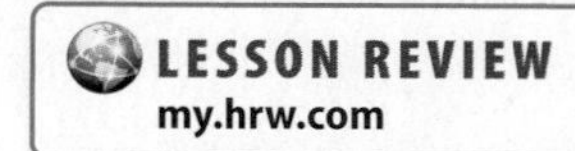

Lecture Au voleur!

Philippe est au café avec sa copine Martine. Il raconte une histoire curieuse.

—C'était jeudi dernier. Comme il pleuvait, je me suis arrêté dans ce café. Il était une heure de l'après-midi. J'étais assis° ici, à la même table qu'aujourd'hui. Je mangeais un sandwich.

assis *seated*

Tout à coup,° j'ai entendu du bruit. J'ai regardé à la fenêtre. J'ai vu un homme qui courait. Il portait une casquette et des lunettes noires, et à la main, il avait un sac de dame. Il courait très, très vite …

Tout à coup *All of a sudden*

Derrière, il y avait une petite dame qui courait aussi. Mais elle ne courait pas aussi vite que le voleur. Elle criait: «Au voleur! Au voleur! Arrêtez-le! Arrêtez-le!»

J'ai entendu une sirène. C'était une voiture de police qui venait en sens inverse.° La voiture de police s'est arrêtée. Deux policiers sont descendus pour bloquer le passage au bandit.

en sens inverse *from the opposite direction*

Additional readings @ **my.hrw.com**
FRENCH InterActive Reader

Un policier a sorti° son revolver et il a tiré en l'air. Le voleur a eu très peur et il est tombé dans la rue. Je me suis levé pour voir ce qui se passait.

a sorti *pulled out*

C'est alors que j'ai vu quelque chose de très curieux. Le bandit s'est levé, il a serré la main du policier et il lui a dit: «Bravo, c'est parfait!» Puis il a enlevé° sa casquette et ses lunettes de soleil.

a enlevé *took off*

J'ai tout de suite reconnu Jean-Paul Maldonado, le célèbre° acteur de cinéma. Je suis sorti et j'ai vu les projecteurs et la caméra qui filmait la scène. J'ai compris que j'assistais au tournage° de son nouveau film *Le Crime ne paie pas.*

—Tu lui as parlé? a demandé Martine.

—Non, je voulais lui demander un autographe, mais je n'ai pas osé.°

Je suis rentré chez moi, content d'avoir vu mon acteur favori.

célèbre *famous* **tournage** *filming* **n'ai pas osé** *didn't dare*

Cognate pattern: -que ↔ *-ck, -k, -c*

moquer ↔ *to mock*	**un chèque ↔ ?**
bloquer ↔ ?	**la banque ↔ ?**
masquer ↔ ?	**la musique ↔ ?**

Tests de contrôle

By taking the following tests, you can check your progress in French and also prepare for the unit test. Write your answers on a separate sheet of paper.

Review...
- vocabulary: pp. 322-326, 330

1 L'intrus

The following sentences can be completed logically by 3 of the 4 suggested options. Find the option that does NOT fit and circle it.

▶ Éric est sportif. Il fait —. **(du ski / du camping / de la natation / du foot)**

1. Nous habitons dans —. **(la banlieue / le couloir / le centre-ville / un immeuble)**
2. Les WC sont au —. **(sous-sol / rez-de-chaussée / 1er étage / jardin)**
3. Dans la cuisine, il y a —. **(un four / une cuisinière / un évier / un lit)**
4. Dans la salle de bains, il y a —. **(un lave-vaisselle / une douche / une baignoire / un lavabo)**
5. Au salon, il y a —. **(un grille-pain / un tapis / des tableaux / un fauteuil)**
6. Fermez — , s'il vous plaît. **(la fenêtre / le mur / la porte / le placard)**
7. Allumez —. **(la télé / le toit / la radio / le four)**
8. Mon oncle a — un an à Paris. **(vécu / habité / ouvert / travaillé)**

Review...
- pronouns **qui** and **que**: pp. 332, 333

2 Qui ou que?

Complete the following sentences with **qui** or **que**, as appropriate.

1. Comment s'appelle la fille — a téléphoné hier soir?
2. Qui est le garçon — tu as rencontré ce matin?
3. Est-ce que tu aimes la veste — j'ai achetée?
4. Où est le CD — était sur cette table?
5. J'habite dans une maison — a un grand jardin.

Review...
- imperfect forms: pp. 338-339, 340

3 Autrefois!

Complete the following sentences with the IMPERFECT of the verbs in parentheses.

1. Nous — **(habiter)** dans une ferme. Nous — **(avoir)** beaucoup d'animaux.
2. Mon père — **(travailler)** beaucoup. Il ne — **(gagner)** pas beaucoup d'argent.
3. J'— **(aller)** souvent au cinéma. J'— **(aimer)** beaucoup les westerns.
4. Vous — **(être)** très sportifs. Vous — **(faire)** du jogging tous les jours.
5. Les gens — **(voyager)** en train. Ils ne — **(prendre)** pas l'avion.
6. Tu — **(être)** un bon élève. Tu — **(réussir)** à tes examens.

4 Contextes et dialogues

Complete the following dialogues with the forms of the IMPERFECT or PASSÉ COMPOSÉ of the verbs in parentheses, as appropriate.

Review...
- uses of the imperfect and passé composé: pp. 344, 352, 354

(1) *Julien parle à Thomas.*

J: Où est-ce que tu — **(être)** hier à onze heures?
T: Chez moi. Je — **(regarder)** la télé.
J: Et tes parents?
T: Ils — **(être)** dans leur chambre. Ils — **(dormir)**.
J: Ah, je comprends maintenant pourquoi personne ne (n') — **(répondre)** quand je (j') — **(téléphoner)**.

(2) *Pauline parle à Élodie.*

P: Tu — **(sortir)** hier soir?
É: Non, je — **(rester)** à la maison.
P: Comment? C'— **(être)** samedi.
É: Oui, mais je — **(être)** fatiguée et je ne — **(vouloir)** pas sortir.

5 Contextes

Marc, a young Canadian, is describing a bike ride he took with his brother many years ago. Complete his description with the appropriate forms of the IMPERFECT or PASSÉ COMPOSÉ of the verbs in parentheses.

Review...
- uses of the imperfect and passé composé: pp. 341, 344, 352, 354

Quand j'— **(être)** petit, ma famille — **(habiter)** à la campagne. Mon petit frère et moi, nous — **(se promener)** souvent dans la nature. Un jour, nous — **(prendre)** nos VTT et nous — **(aller)** dans la forêt. Il — **(faire)** beau et nous — **(avoir)** chaud. Tout à coup *(suddenly)*, j'— **(entendre)** du bruit. Nous — **(s'arrêter)** et nous — **(voir)** un énorme animal. Il — **(être)** brun et il — **(porter)** des grandes cornes *(antlers)*. C'— **(être)** un orignal *(moose)*. Mon frère, qui — **(avoir)** très peur, — **(partir)**. Moi, je — **(rester)**. Heureusement *(fortunately)*, j'— **(avoir)** mon appareil-photo et je (j') — **(prendre)** cette photo.

6 Composition: Une promenade à la campagne

Digital performance space

In a short paragraph, describe a real or imaginary walk in the country. Use complete sentences. Mention ...

- what day of the week it was
- how the weather was
- if you were warm or cold
- what clothes you were wearing
- what animals you saw
- if you took any pictures
- what else you did
- when you came home

STRATEGY Writing

1	2	3
Write out brief answers to the above questions.	Organize your notes into a paragraph, using complete sentences.	Check over your paragraph, paying special attention to the use of the imperfect and the passé composé.

Vocabulaire

POUR COMMUNIQUER

Talking about an accident

Qu'est-ce qui est arrivé?	*What happened?*
Un accident a eu lieu.	*An accident took place.*

Talking about what happened

J'ai attendu Paul.	*I waited for Paul.*
Il n'est pas venu.	*He didn't come.*

Talking about habitual past actions

Tous les jours j'allais à l'école.	*Every day I went to school.*
Je prenais le métro.	*I used to take the subway.*

Describing a past scene

Il faisait beau.	*It was beautiful weather.*
Il y avait un joli jardin.	*There was a pretty garden.*
Les gens dansaient.	*The people were dancing.*

MOTS ET EXPRESSIONS

Personnes

un conducteur	*driver*
un témoin	*witness*
une conductrice	*driver*

La ville

le centre-ville	*downtown*
un lotissement	*subdivision*
un panneau	*(traffic) sign*
un quartier	*district, neighborhood*
la banlieue	*suburbs*

La résidence

un appartement	*apartment*
un couloir	*hall, corridor*
un escalier	*staircase*
les escaliers	*stairs*
un étage	*floor*
le premier étage	*second floor*
un garage	*garage*
un grenier	*attic*
un immeuble	*apartment building*
un jardin	*yard*
un living	*(informal) living room*
un mur	*wall*
un plafond	*ceiling*
le rez-de-chaussée	*ground floor, first floor*
un salon	*(formal) living room*
le sol	*floor*
un sous-sol	*basement*
un toit	*roof*
une cave	*cellar*
une chambre (à coucher)	*(bed)room*
une clé	*key*
une cuisine	*kitchen*
une fenêtre	*window*
une pièce	*room*
une porte	*door*
une salle à manger	*dining room*
une salle de bains	*bathroom*
les toilettes	*toilet*
les WC	*toilet*

Interactive Flashcards
@HOMETUTOR
my.hrw.com

Le mobilier et l'équipement de la maison

un appareil	*machine, appliance*
un bureau	*desk*
un évier	*kitchen sink*
un fauteuil	*armchair*
un four à micro-ondes	*microwave*
un four	*oven*
un grille-pain	*toaster*
un lavabo	*sink*
un lave-vaisselle	*dishwasher*
un lit	*bed*
un meuble	*piece of furniture*
le mobilier	*furniture*
un placard	*closet; cabinet*
un réfrigérateur	*refrigerator*
un rideau (des rideaux)	*curtain*
un sofa	*sofa, couch*
un tableau	*painting*
un tapis	*rug, carpet*
une baignoire	*bathtub*
une chaise	*chair*
une cuisinière	*stove, range*
une douche	*shower*
une étagère	*bookshelf*
une glace	*mirror*
une lampe	*lamp*
une machine à laver	*washing machine*
une table	*table*

Verbes réguliers

allumer	*to turn on*
fermer	*to turn off*
heurter	*to run into, to crash into*
traverser	*to cross*

Verbes irréguliers

éteindre	*to turn off*
mettre	*to turn on*
vivre	*to live*
ouvrir	*to open*
couvrir	*to cover*
découvrir	*to discover*

Expressions utiles: événements habituels

le soir	*in the evening*
tous les soirs	*every evening*
le mardi	*on Tuesdays*
tous les mardis	*every Tuesday*
chaque jour	*every day*
tous les jours	*every day*
autrefois	*in the past*
parfois	*sometimes*
d'habitude	*usually*
habituellement	*usually*

événements spécifiques

un soir	*one evening*
mardi	*Tuesday*
un mardi	*one Tuesday*
un jour	*one day*
le 4 mai	*on May 4*
une fois	*once*
deux fois	*twice*
plusieurs fois	*several times*

Adjectif

ancien(ne)	*old*

PRE-READING STRATEGY Avant de lire

Quand quelqu'un mentionne une maison hantée, à quoi pensez-vous?

- à une maison abandonnée?
- à des bruits étranges?
- à un fantôme qui se manifeste de temps en temps?

Et vous-même, avez-vous peur des fantômes ou aimez-vous explorer les maisons abandonnées?

Dans l'histoire que vous allez lire, Jean-François et son copain vont visiter une maison qui a la réputation d'être hantée. Qu'est-ce qu'ils vont trouver?

Une vieille maison hantée

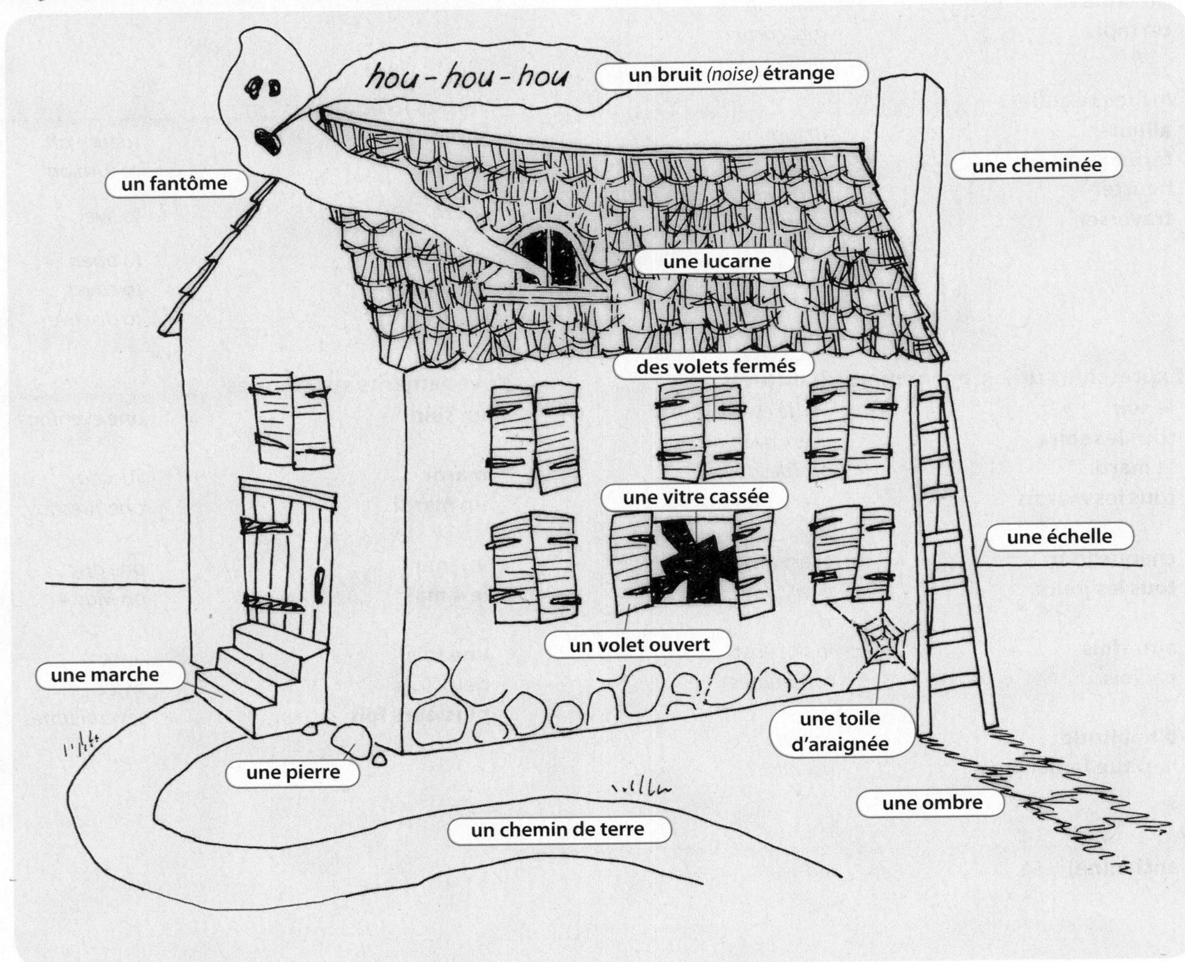

Le défi

Je m'appelle Jean-François Dupré. J'ai 21 ans et je suis étudiant. J'habite à Paris, mais en réalité je ne suis pas parisien. Ma famille est originaire de province.°

Quand j'avais 14 ans, ma famille s'est installée° à Marcillac, une petite ville dans le centre de la France. La raison de ce déplacement° est que mon père venait d'être nommé sous-directeur de la banque locale. Nous avons vécu deux ans là-bas.

Comme nous étions nouveaux au village, je n'avais pas beaucoup d'amis. J'avais un camarade de classe qui s'appelait Benoît. Nous étions voisins, mais nous n'étions pas vraiment copains. Nous allions ensemble° à l'école, et parfois nous jouions au foot après les classes, mais c'était tout.

Benoît avait 14 ans comme moi, mais il était plus grand et beaucoup plus fort que moi. Ce qui m'irritait en lui, c'est qu'il voulait toujours avoir raison et quand nous jouions à un jeu, il voulait toujours gagner.

Un jour, pendant les vacances de printemps, Benoît m'a demandé: «Dis, Jean-François, est-ce que tu veux aller explorer la maison hantée avec moi?» La maison hantée, c'était une vieille ferme abandonnée à deux kilomètres du village. J'avais bien envie d'aller visiter la maison hantée, mais je ne voulais pas y aller avec Benoît. Je lui ai répondu …

—Non, merci! Je ne me sens pas très bien aujourd'hui.

—Tu ne te sens pas très bien? Ah, oh, … dis plutôt que tu te dégonfles° …

—Non, je ne me dégonfle pas.

—Si, tu te dégonfles parce que tu as peur des fantômes … Ha, ha, ha!

—Je n'ai pas peur des fantômes plus que toi.

—Alors, dans ce cas, viens avec moi. Si tu ne viens pas, je vais dire à tout le monde que tu es une poule mouillée.°

Mots utiles

un défi	*challenge, dare*
comme	*since*
plutôt	*rather*
dans ce cas	*in that case*

Avez-vous compris?

1. Qui est Jean-François?
2. Pourquoi est-ce que Jean-François n'aimait pas Benoît?
3. Quel est le défi de Benoît?

originaire de province *comes from one of the French provinces* **s'est installée** *settled*
déplacement *move* **ensemble** *together* **tu te dégonfles** *you are losing courage (lit. becoming deflated)*
une poule mouillée *"chicken" (lit. wet hen)*

B L'expédition

J'ai bien été obligé d'accepter le défi de Benoît. Je suis allé chez moi prendre une lampe de poche et je suis parti avec Benoît … sans rien dire à mes parents.

Nous sommes sortis du village et nous sommes allés dans la direction de la maison hantée. Nous avons d'abord pris un chemin de terre, puis nous avons marché à travers champs. Finalement, nous sommes arrivés devant la ferme. J'ai regardé ma montre. Il était six heures et demie. La nuit commençait à tomber.

La ferme était une grande maison rectangulaire de deux étages avec un grenier. Dans le village, on disait qu'elle était habitée par le fantôme d'un ancien° fermier, assassiné par des brigands° au siècle dernier. C'est vrai que, isolée au milieu des champs, la ferme avait un aspect sinistre …

J'ai pris une pierre que j'ai lancée dans la porte et j'ai crié:

—Fantôme, es-tu là?

—Arrête, a dit Benoît, on ne sait jamais …

—On ne sait jamais quoi? lui ai-je répondu.

—Euh, rien!

—Alors, on entre?

—Écoute, Jean-François, on peut peut-être revenir demain. Regarde, il pleut.

C'est vrai, la pluie commençait à tomber. À vrai dire, j'avais aussi un peu peur, mais je voulais donner une leçon à Benoît. Alors, je lui ai dit:

—Dis donc, Benoît, tu ne veux pas entrer dans la maison, hein? C'est toi la poule mouillée!

—Non, mais dis donc, ça ne va pas?°

Mots utiles

une lampe de poche	*flashlight*
à travers champs	*across the fields*
au siècle dernier	*in the last century, 100 years ago*
au milieu de	*in the middle of*
lancer	*to throw*

Avez-vous compris?

1. Pourquoi la maison avait-elle la réputation d'être hantée?
2. Que voulait dire Benoît quand il a dit: «On ne sait jamais …»?
3. Pourquoi est-ce-que Jean-François a insisté pour visiter la maison?

ancien *former* **brigands** *robbers* **ça ne va pas?** *are you crazy?*

Dans la maison hantée

Nous avons donc décidé d'entrer dans la maison. Oui, mais comment? La porte était fermée. Les volets aussi étaient fermés à l'exception d'un volet du salon. Nous avons cassé une vitre et nous sommes entrés par la fenêtre. À l'intérieur, il faisait très noir. J'ai allumé ma lampe de poche et nous avons exploré les pièces du rez-de-chaussée.

La maison était vraiment abandonnée. Le salon, la salle à manger, la cuisine, tout était vide ... Maintenant, on entendait la pluie qui tombait de plus en plus fort. C'était sinistre ...

J'ai dit à Benoît: «Tu me suis?° Nous allons explorer le premier étage.» Je n'avais vraiment pas envie d'aller au premier étage, mais je voulais voir ce que Benoît allait faire.

«D'accord, je te suis, mais ne va pas trop vite», a-t-il répondu. Nous avons monté l'escalier en faisant très attention° car° les marches n'étaient pas très solides. Le premier étage était encore plus désolé et plus sinistre que le rez-de-chaussée. Des piles de vieux journaux traînaient° sur le sol. Les murs étaient couverts de toiles d'araignées. Dans la salle de bains, le lavabo et la baignoire étaient cassés.

Tout à coup, l'orage s'est mis à éclater. Un coup de tonnerre, suivi d'un autre coup de tonnerre ... Puis, entre les coups de tonnerre, un bruit beaucoup plus étrange.

Hou, hou, hou, hou, hou ...

—Tu as entendu? m'a demandé Benoît.

—Oui, j'ai entendu.

Hou, hou, hou ...

Le bruit étrange venait du grenier.

Hou, hou, hou ...

J'ai dit à Benoît: —Je vais voir ce que c'est.

—Non, non, c'est le fantôme. Ne monte pas. Reste avec moi. J'ai peur ..., a supplié Benoît.

—Écoute, reste ici si tu veux, mais moi, je vais dans le grenier.

Mots utiles

vide	*empty*
de plus en plus fort	*harder and harder*
se mettre à	*to begin to*
supplier	*to beg*

Avez-vous compris?

1. Décrivez l'intérieur de la maison.
2. Décrivez l'orage.
3. Pourquoi Benoît ne voulait-il pas monter au grenier?

Tu me suis? *Are you following me?* **en faisant très attention** *being very careful* **car** *because* **traînaient** *were lying around*

D Le fantôme

Moi aussi, j'avais terriblement peur, mais je ne pouvais plus reculer. Alors, je suis allé jusqu'à l'échelle qui menait au grenier.

Hou, hou, hou …

Je ne sais pas comment j'ai eu la force de monter à l'échelle, mais bientôt j'étais dans le grenier. J'ai alors vu le «fantôme». C'était une chouette effrayée par l'intrusion de visiteurs dans son domaine. Alors, j'ai ouvert une lucarne et la chouette s'est envolée dans la nature … J'ai regardé dehors. J'ai vu aussi une ombre qui courait. C'était Benoît.

Je lui ai crié: «Hé, Benoît! N'aie pas peur! J'ai découvert le fantôme … C'est une vieille chouette. Attends-moi!»

Mais Benoît ne m'a pas entendu. Et il a continué à courir à toute vitesse dans la direction du village.

Mots utiles

reculer	*to back up, back down*
mener	*to lead*
bientôt	*soon*
une chouette	*owl*
effrayer	*to frighten*
s'envoler	*to fly off*
dehors	*outside*

Avez-vous compris?

1. Pourquoi est-ce que Jean-François a dit qu'il ne pouvait pas reculer?
2. Qu'est-ce qui était à l'origine du bruit mystérieux?
3. Quelle leçon Jean-François a-t-il donnée à Benoît?

READING STRATEGY L'Art de la lecture

There are many French words that closely resemble English words, but whose meanings differ to some extent. These are called partial cognates. Some of the partial cognates in this story are familiar to you:

grand	may mean	*grand*	but it often corresponds to	*big, large*
répondre	may mean	*to respond*	but it often corresponds to	*answer*

Exercice de lecture

Can you find the more usual meanings of the following partial cognates from the story?

un fantôme	may mean	*phantom*	but it often corresponds to	??
commencer	may mean	*to commence*	but it often corresponds to	??
marcher	may mean	*to march*	but it often corresponds to	??
crier	may mean	*to cry (out)*	but it often corresponds to	??

Some expressions in French are considered IDIOMATIC because they cannot be translated word for word into English. For example, French has many IDIOMS built on the word **un coup** *(a stroke or blow)*. Here are a few that are found in the **Interlude** stories:

tout à coup	*all at once*	**Tout à coup**, l'orage a éclaté.
un coup de tonnerre	*thunder clap*	J'ai entendu **un coup de tonnerre**.
un coup de téléphone	*phone call*	Il y a eu **un coup de téléphone** pour toi.
un coup d'oeil	*glance*	Donne **un coup d'oeil** à cet article.

Cognate pattern: -er ↔ *-ate*

participer ↔ *to participate*
estimer ↔ ?
créer ↔ ?

Cognate pattern: -é ↔ *-ated, -ate*

assassiné ↔ *assassinated*
séparé ↔ *separate, separated*
isolé ↔ ?
désolé ↔ ?

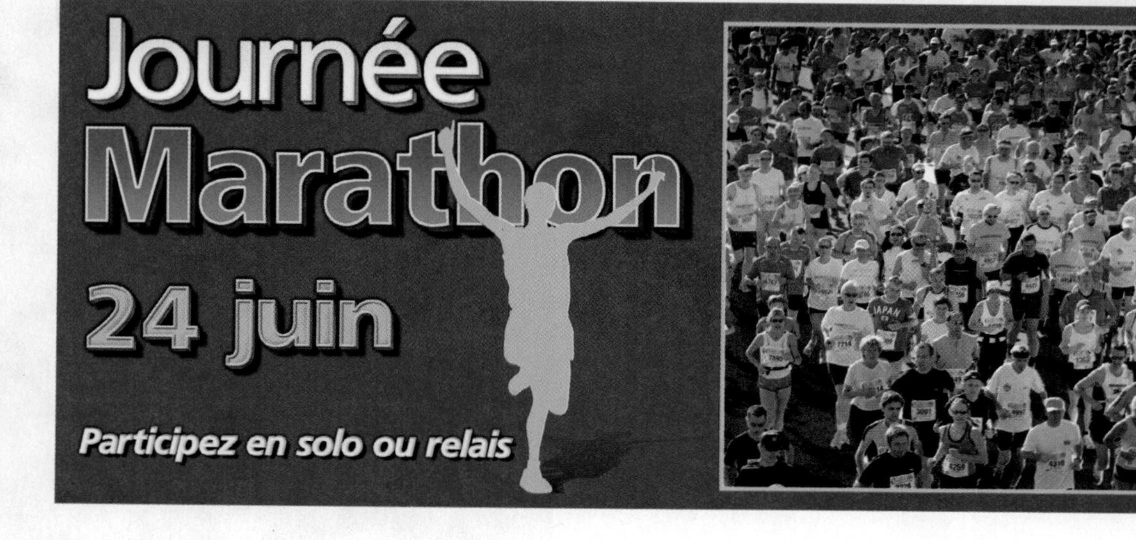

Unité 7

Soyez à la mode!

THÈME ET OBJECTIFS

Culture

In this unit, you will learn where French people buy their clothes and how they dress.

Communication

You will learn how ...

- to describe your clothes and other accessories: their color, design, fabric or material, size and fit
- to shop in a French department store

You will also learn how ...

- to count beyond 100
- to rank items in a series
- to make comparisons
- to ask people to make a choice

Leçon

25

LE FRANÇAIS PRATIQUE

DVD AUDIO

Culture

Achetons des vêtements!

Aperçu culturel ... Les jeunes Français et la mode

Les jeunes Français, filles et garçons, aiment avoir une bonne présentation. Ils font très attention à leur «look» et veulent être à la mode. Parce que leur budget est assez limité, ils n'achètent pas beaucoup de vêtements, mais quand ils achètent quelque chose de nouveau, ils insistent sur le style et la qualité. Beaucoup de jeunes achètent leurs vêtements dans des chaînes de magasins spécialisés dans la «mode-jeunes» ou dans la «mode-sports» où les prix sont raisonnables. Ils ajoutent une note personnelle à leur look en portant des accessoires intéressants: bagues, colliers, foulards, ceintures et boucles d'oreilles pour les filles, lunettes de soleil et sacs pour les garçons.

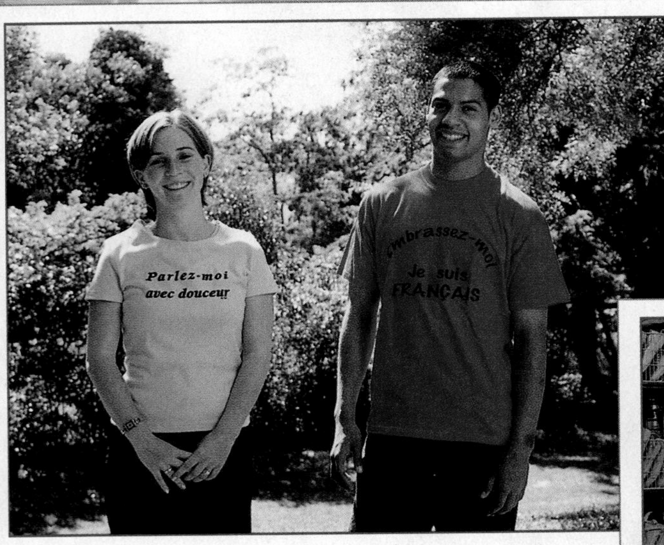

1. En France, comme aux États-Unis, le jean et le tee-shirt constituent l'uniforme des jeunes. Avec un tee-shirt on peut communiquer beaucoup de choses. On peut dire, par exemple, «Embrassez-moi! Je suis français!»

2. Les jeunes Français font particulièrement attention aux choix de leurs chaussures. D'accord, la pointure est importante, mais aussi la forme, le style et la couleur.

@HOMETUTOR
my.hrw.com

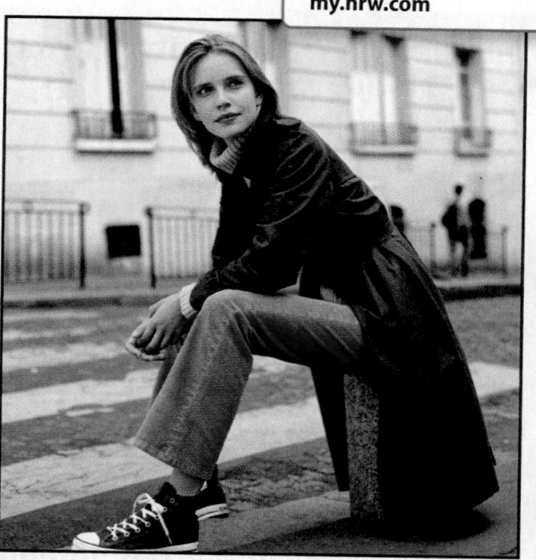

3. Chez les jeunes, le choix des vêtements est souvent le moyen d'affirmer sa personnalité.

4. En France, la mode est généralement très chère. Beaucoup de Français attendent donc la période des soldes pour acheter leurs vêtements. Pendant les soldes, les boutiques font des réductions de 30 à 50% sur le prix des vêtements. Légalement, les soldes ont lieu deux fois par an: en janvier et en juillet.

5. Saint-Laurent, Dior, Chanel ... Ces grands noms ont fait la réputation de la mode française. Au printemps et en automne, tous les «grands couturiers» présentent leurs nouvelles collections à une clientèle internationale.

COMPARAISONS *Culturelles*

Comparez l'attitude des jeunes Américains et des jeunes Français dans les domaines suivants:

- importance du look
- importance de la mode
- importance des vêtements
- achat des vêtements
- choix des chaussures
- façon de s'habiller

Et vous?

Dans toute la France, tous les magasins et toutes les boutiques ont des soldes deux fois par an exactement les mêmes jours. (C'est la législation!) Selon vous *(in your opinion)*, quels sont les avantages et les désavantages du système français? Préférez-vous ce système au système américain?

A VOCABULAIRE Les vêtements

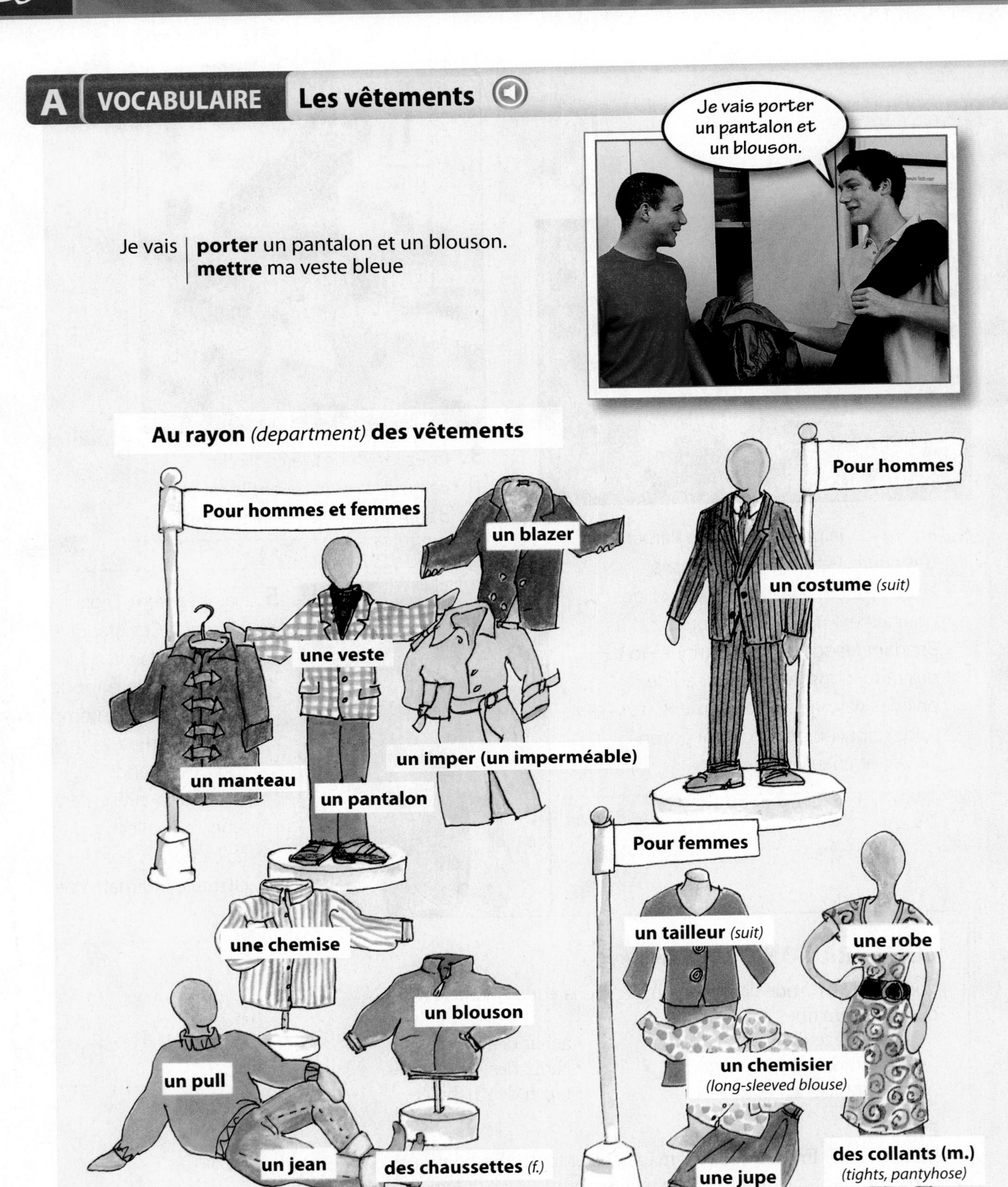

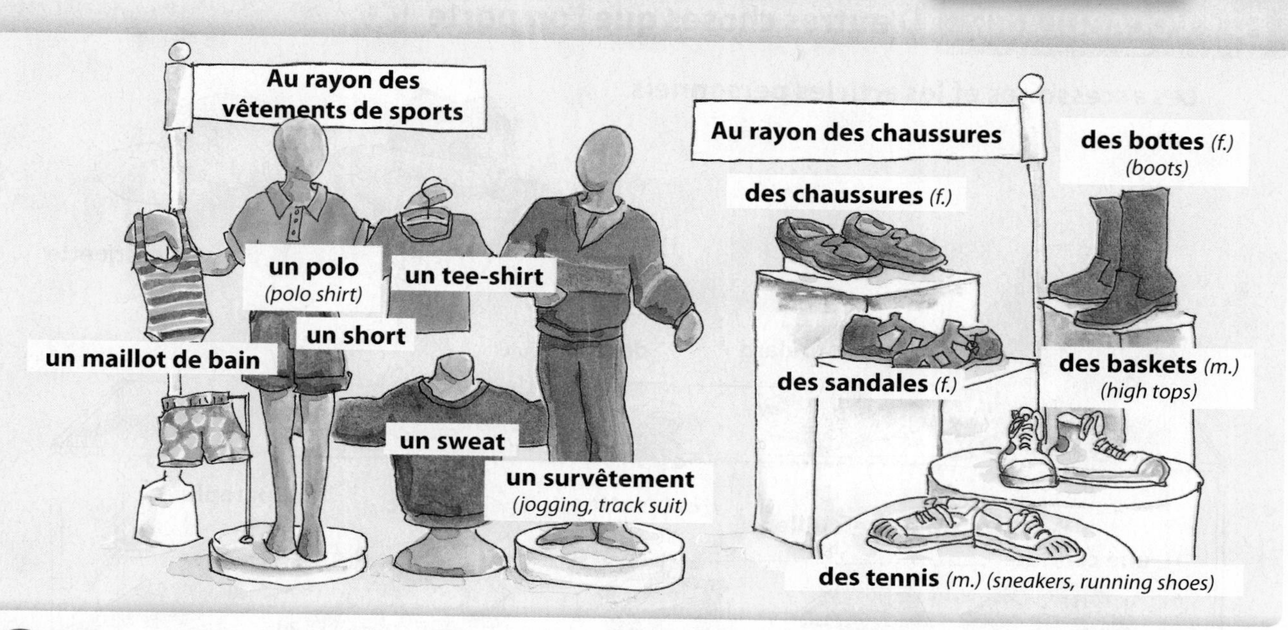

1 Qu'est-ce que tu vas mettre?

PARLER Choisissez les vêtements que vous allez porter dans les circonstances suivantes. Indiquez votre choix dans une conversation avec un(e) camarade.

▶ Il fait très froid ce matin.
—Il fait très froid ce matin.
—Qu'est-ce que tu vas mettre?
—Je vais mettre un pull, un jean et un manteau.

1. Il va pleuvoir.
2. La météo *(weather forecast)* a annoncé de la neige.
3. Je vais jouer au tennis.
4. Je vais aller à la plage.
5. Je suis invité(e) à un mariage.
6. Je vais sortir avec mon nouveau copain (ma nouvelle copine).
7. Mon copain français m'a invité(e) à dîner.
8. Je vais faire une promenade à cheval.

2 Les valises?

PARLER/ÉCRIRE Nommez cinq choses que vous allez mettre dans votre valise *(suitcase)* dans les circonstances suivantes.

1. Vous allez faire du camping cet été.
2. Vous allez faire du ski cet hiver.
3. Vous allez passer une semaine à la campagne en avril.
4. Vous allez passer deux semaines à la Martinique en juin.
5. Vous allez passer une semaine à Québec en février.
6. Vous allez visiter Paris en juillet.

B VOCABULAIRE D'autres choses que l'on porte

3 Joyeux anniversaire!

PARLER/ÉCRIRE C'est l'anniversaire des personnes suivantes. Vous allez acheter un cadeau différent pour chaque personne. Dites ce que vous allez choisir. Utilisez votre imagination!

▶ mon père

1. mon meilleur copain
2. ma petite soeur
3. mon petit frère
4. ma cousine
5. ma meilleure copine
6. ma soeur aînée *(older)*
7. ma mère
8. mon prof de français

C VOCABULAIRE La description des vêtements

Les couleurs

—**De quelle couleur** est ton nouveau polo?
—Il est bleu et vert.

la couleur *color*

blanc (blanche) **gris(e)** **rouge** **orange*** **bleu(e)** **marron*** **bleu clair***

noir(e) **beige** **rose** **jaune** **vert(e)** **violet (violette)** **bleu foncé***

➔ Colors indicated by an asterisk are invariable.
Paul porte une chemise **bleu foncé** et des chaussures **marron**.

Le dessin

—Aimes-tu ce **tissu à rayures**?
—Oui, il est assez joli, mais je préfère le tissu uni.

le dessin *pattern, design*
le tissu *fabric*

uni

à rayures

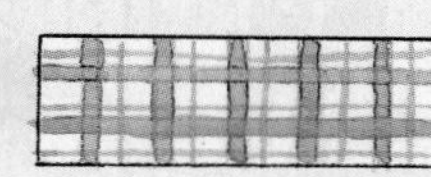
à carreaux

à fleurs

à pois

Les tissus et les autres matières

—Cette chemise est **en coton**?
—Non, elle est **en laine. C'est une chemise de laine.**

la matière *material*

le coton
le nylon
le polyester

l'argent *(m.) (silver)*
l'or *(m.) (gold)*

le velours *(velvet)*
le velours côtelé *(corduroy)*

le cuir *(leather)*
le caoutchouc *(rubber)*
le plastique

la laine *(wool)*
la toile *(linen, canvas)*
la soie *(silk)*

la fourrure *(fur)*

4 Et vous?

PARLER/ÉCRIRE Décrivez en détail (couleur, dessin, matière) les vêtements des personnes suivantes.

1. Moi, je porte …
2. Le/la prof porte …
3. L'élève à ma gauche porte …
4. L'élève à ma droite porte …
5. L'élève devant *(in front of)* moi porte …
6. L'élève derrière *(behind)* moi porte …

5 La transformation de Mademoiselle Jolivet

PARLER/ÉCRIRE Décrivez ce que portait Mademoiselle Jolivet en différentes circonstances.

- Vendredi au bureau, elle portait …
- Samedi soir, à la discothèque, …
- Dimanche après-midi, à la plage, …

6 En quelle matière?

PARLER/ÉCRIRE Dites en quelle matière peuvent être les choses suivantes.

▶ une cravate
Une cravate peut être en coton, en laine ou en soie.

1. une chemise
2. un pantalon
3. un blouson
4. un sac
5. un portefeuille
6. des chaussures
7. une veste
8. une ceinture
9. un pull
10. des bottes
11. une bague
12. des boucles d'oreilles

7 Conversation

PARLER Dites au vendeur (à la vendeuse) ce que vous voulez acheter et ce que vous préférez.

8 Questions personnelles PARLER/ÉCRIRE

1. Quelle est ta couleur préférée? Quels vêtements as-tu de cette couleur?
2. Est-ce que tu as un portefeuille? une montre? une chaîne? En quelle matière sont-ils?
3. Est-ce que tu portes une chemise? De quelle couleur est-elle? En quel tissu?
4. Est-ce que tu as des chemises avec un dessin particulier? Décris ces dessins.
5. Imagine que tu achètes une cravate pour l'anniversaire de ton oncle favori. Quelle couleur choisis-tu? Quel dessin?

@HOMETUTOR
my.hrw.com

D VOCABULAIRE Où et comment acheter des vêtements

J'aime être **à la mode** *(in fashion).*

J'achète mes vêtements ...

dans une boutique	**dans une boutique de soldes** *(discount shop)*
dans un magasin	**dans un grand magasin** *(department store)*
sur catalogue	**sur Internet**

—Vous désirez?
Je **cherche** des chaussettes.
Je voudrais **essayer** cette veste.

essayer *to try on*

—Quelle est votre **taille?** / votre **pointure**
Je **fais** / Je **porte** du 40.

la taille *(clothing) size*
la pointure *shoe size*

—Est-ce que ce pantalon **vous va** *(fit you)?*
Oui, **il me va bien.**
Non, **il ne me va pas.**
Non, il est trop

grand.	≠	**petit**
court *(short)*	≠	**long (*f.* longue)**
étroit *(tight)*	≠	**large** *(wide, baggy)*

—Est-ce que ce pull **vous plaît?** *(Do you like this sweater? [lit: Does it please you?])*

Oui, **il me plaît.**
Il est joli / super / élégant / **bon marché** *(inexpensive)* / **en solde** *(on sale)*

Non, **il ne me plaît pas.**
Il est **moche** *(ugly).* / **affreux (*f.* affreuse)** *(awful)* / **ridicule** *(ridiculous)* / **trop cher (*f.* chère)** *(expensive)*

—Vous avez choisi?
Oui, je vais acheter ces chaussures.
Non
- je ne suis pas **décidé(e).**
- je vais **réfléchir** *(think it over)*
- je vais chercher **quelque chose d'autre** *(something else)*

→ Note the plural forms of the following expressions:

Est-ce que **ces chaussures vous vont?**
Oui, **elles me vont** très bien.

Est-ce que **ces lunettes vous plaisent**?
Non, **elles ne me plaisent pas** beaucoup.

9 Questions personnelles PARLER/ÉCRIRE

1. Est-ce qu'il y a des grands magasins dans la ville où tu habites, ou près de ta ville? Comment est-ce qu'ils s'appellent?
2. Est-ce qu'il y a des boutiques de vêtements? Comment est-ce qu'elles s'appellent? Quel genre de vêtements est-ce qu'on vend dans ces boutiques?
3. Quand tu achètes des vêtements, quelle est la chose la plus importante? le style? la qualité? le prix?
4. Quand tu achètes des vêtements (ou des chaussures), est-ce que tu essaies beaucoup de choses avant de prendre une décision?

10 Qu'est-ce qui ne va pas?

PARLER Jouez le dialogue entre vendeurs et clients sur la base des illustrations.

▶ **—Ce pantalon vous va?**
—Non, il est trop court.

▶ 

1 

2 

3 

4 

5 

6 

11 Questions et réponses

PARLER Vous travaillez dans une boutique de vêtements. Posez des questions à un(e) client(e) qui va vous répondre en choisissant une réponse logique.

QUESTIONS	RÉPONSES
1. —Vous désirez?	**a.** Je fais du 38.
2. —Ce manteau vous va?	**b.** Non, je vais réfléchir.
3. —Ces bottes vous vont?	**c.** Je voudrais essayer ce manteau.
4. —Quelle est votre pointure?	**d.** Non, il est trop court.
5. —Comment trouvez-vous cette veste?	**e.** Oui, elles sont très confortables.
6. —Vous avez choisi?	**f.** Elle me plaît beaucoup, mais elle est un peu chère.

@HOMETUTOR
my.hrw.com

Au jour le jour

Tailles et pointures

Les tailles et les pointures sont différentes en France et aux États-Unis. Le tableau suivant présente les équivalences entre ces tailles et ces pointures.

France	USA	France	USA	France	USA	France	USA	France	USA
34	6	36	14	30	24	36	5½	39	6½
36	8	37	14½	32	26	37	6	40	7
38	10	38	15	34	28	38	7	41	8
40	12	39, 40	15½	36	29	39	7½	42	9
42	14	41	16	38	30	40	8½	43	10
44	16	42	16½	40	32	41	9	44	10½
		43	17	42	34	42	10	45	11

12 Shopping

PARLER Vous avez passé une semaine à Paris. La veille *(day before)* de votre départ, vous allez dans différentes boutiques. Complétez les dialogues avec le vendeur (la vendeuse). Jouez ces dialogues avec un(e) camarade.

A

—Vous désirez, monsieur (mademoiselle)?
—*Say that you are looking for a jacket.*

—Est-ce que cette veste vous va?
—*Say that it does not fit you and say why: too short? tight? …*

—Et cette veste bleue? Est-ce qu'elle vous plaît?
—*Say you like it and think it is very elegant and ask how much it costs.*

—Trois cents euros.
—*Say that it is too expensive and that you are going to look for something else.*

B

—Vous désirez?
—*Say that you are looking for a pair of shoes: indicate the type and color.*

—Quelle est votre pointure?
—*Give your French shoe size.*

—Est-ce que vous voulez essayer ces chaussures?
—*Answer affirmatively … Having tried them on, say that they fit and ask what they cost.*

—Cent euros. Elles sont en solde.
—*Say that you are buying them.*

Leçon 26

VIDÉO-SCÈNE DVD AUDIO

Armelle compte son argent

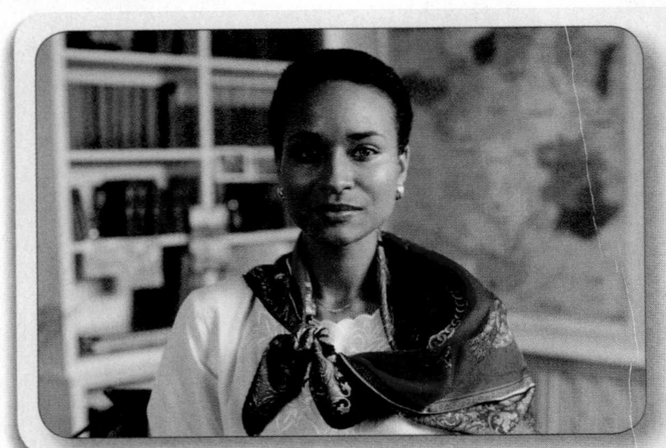

Dimanche prochain, Pierre va célébrer son anniversaire. À cette occasion, il a organisé une grande soirée pour tous ses amis ... et particulièrement pour Armelle.

Pour cette occasion, Armelle voudrait mettre quelque chose de spécial et d'original. Oui, mais voilà, elle a un problème commun à beaucoup de jeunes.

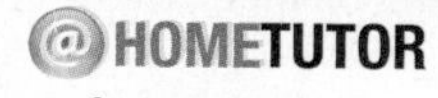

Armelle et Corinne sortent pour faire leurs achats.

à suivre . . .

Compréhension

1. Où se passe la scène?
2. Quel est le problème d'Armelle?
3. Combien d'argent a-t-elle?
4. Qu'est-ce que Corinne lui suggère?

A Les nombres de 100 à 1 000 000

100	**cent**	500	**cinq cents**	2 000	**deux mille**
101	**cent un**	510	**cinq cent dix**	5 000	**cinq mille**
110	**cent dix**				
200	**deux cents**	600	**six cents**	10 000	**dix mille**
250	**deux cent cinquante**	900	**neuf cents**	100 000	**cent mille**
420	**quatre cent vingt**	1 000	**mille**	1 000 000	**un million**

1 *C'est combien?* 

PARLER Vous faites des achats en France. Choisissez trois articles et demandez combien ils coûtent. Un(e) camarade va vous répondre.

B Les nombres ordinaux

ORDINAL NUMBERS (*first, second, third, fourth,* etc.) are used to indicate rank or order.

In French, ordinal numbers are formed according to the following pattern:

ORDINAL NUMBER = NUMBER + **ième**
(minus **-e**, if any)

		EXCEPTIONS:	
deux →	**deuxième**		
trois →	**troisième**	un(e) →	**premier (première)**
onze →	**onzième**	cinq →	**cinquième**
cent →	**centième**	neuf →	**neuvième**

2 La course *(The race)*

PARLER/ÉCRIRE Vous avez participé à une course de dix kilomètres avec des camarades. Dites dans quel ordre ils sont arrivés.

▶ Stéphanie (18)

1. Nathalie (25)
2. Jean-Pierre (6)
3. Jérôme (12)
4. Éric (1)
5. Philippe (40)
6. Pauline (9)
7. François (10)
8. Corinne (17)
9. Isabelle (100)

C Révision: Les adjectifs irréguliers

Many irregular adjectives have endings that follow predictable patterns.

Irregular FEMININE endings:

-on	**-onne**	**bon**	**bonne**
-ien	**-ienne**	**canadien**	**canadienne**
-el	**-elle**	**naturel**	**naturelle**
-et	**-ète**	**discret**	**discrète**
-er	**-ère**	**cher**	**chère**
-eux	**-euse**	**généreux**	**généreuse**
-f	**-ve**	**attentif**	**attentive**

Irregular MASCULINE PLURAL ending:

-al	**-aux**	**normal**	**normaux**

3 Substitutions

PARLER/ÉCRIRE Remplacez les mots soulignés par les mots entre parenthèses et faites les changements nécessaires.

1. Philippe porte un pantalon vert. (une chemise, des chaussettes, un pull)
2. Je vais acheter un costume italien. (des chaussures, une veste, une ceinture)
3. Est-ce que cet imper est anglais? (ce foulard, ces lunettes, cette cravate)
4. Ce tee-shirt est mignon. (cette robe, ces chemises, ce maillot de bain)
5. Cette bague est trop chère. (ce bracelet, ces boucles d'oreilles, ces colliers)
6. Cette vendeuse est très sérieuse. (ce vendeur, ces employés, mes copines)
7. Nathalie est sportive. (Éric, Paul et David, mes cousines)
8. Cette casquette est originale. (ces sandales, ce chapeau, ces tee-shirts)
9. Ces produits sont naturels. (ces couleurs, ce textile, cette boisson)
10. En classe, Jean-Paul est très attentif. (ses copains, Mélanie, Isabelle et Sophie)

D Les adjectifs *beau, nouveau, vieux*

The adjectives **beau** *(beautiful, pretty, good-looking)*, **nouveau** *(new)*, and **vieux** *(old)* are irregular.

SINGULAR			
MASCULINE (+ vowel)	le **beau** costume le **bel**‿imper	le **nouveau** costume le **nouvel**‿imper	le **vieux** costume le **vieil** /j/ imper
FEMININE	la **belle** veste	la **nouvelle** veste	la **vieille** veste

PLURAL			
MASCULINE (+ vowel)	les **beaux** costumes les **beaux** /z/ impers	les **nouveaux** costumes les **nouveaux** /z/ impers	les **vieux** costumes les **vieux** /z/ impers
FEMININE	les **belles** vestes	les **nouvelles** vestes	les **vieilles** vestes

The adjectives **beau, nouveau,** and **vieux** usually come BEFORE the noun.

➔ When the noun begins with a vowel sound, liaison is required.
les **vieux** /z/ acteurs — les **nouvelles** /z/ actrices

➔ Often **des** → **de** before a plural adjective.
Ce sont **des** sandales. — Ce sont **de** vieilles sandales.

LANGUAGE COMPARISON

In French, there are two adjectives that correspond to the English *new*:

nouveau (nouvelle)	*new (to the owner)*	Mes parents ont une **nouvelle** voiture.
neuf (neuve)	*brand-new*	Ce n'est pas une voiture **neuve.**

4 Expression personnelle

PARLER/ÉCRIRE Décrivez les choses suivantes. Utilisez la forme appropriée de **beau, nouveau** ou **vieux.**

▶ J'ai un … vélo.
J'ai un beau vélo. (J'ai un vieux vélo.)

1. Notre école est une … école.
2. Mon immeuble est un … immeuble.
3. À Québec, il y a beaucoup de … maisons.
4. Les voisins ont une … voiture.
5. Je voudrais acheter un … ordinateur.
6. Quand je travaille dans le jardin, je mets un … tee-shirt et de … chaussures.
7. Au Marché aux puces *(flea market)*, on peut acheter de … choses.
8. Dans les musées, on peut voir de … voitures.

5 Pas d'accord

PARLER Léa n'est pas d'accord avec les achats de Jean. Jouez les deux rôles.

▶ ma chemise
—Comment trouves-tu ma nouvelle chemise?
—Elle est assez belle.
—Assez belle? Tu ne l'aimes pas?
—Si, mais je préfère ta vieille chemise.

1. mon imper
2. mon blouson
3. mes chaussures
4. ma casquette
5. mes baskets
6. mon jean

@HOMETUTOR
my.hrw.com

E Les adverbes en *-ment*

To tell HOW we do certain things, we use ADVERBS OF MANNER. In English, most adverbs of manner end in ***-ly.*** In French, many adverbs of manner end in **-ment.**

Tu parles **calmement.**	*You speak **calmly.***
Nous étudions **sérieusement.**	*We study **seriously.***
J'attends **patiemment.**	*I am waiting **patiently.***

French adverbs of manner are formed from adjectives according to the following patterns:

■ Most adjectives (regular and irregular)

FEMININE ADJECTIVE + **ment**

normal	**normale**	→	**normale**ment
calme	**calme**	→	**calme**ment
sérieux	**sérieuse**	→	**sérieuse**ment
actif	**active**	→	**active**ment
naturel	**naturelle**	→	**naturelle**ment

→ When the adjective ends in **-i** or **-é,** the adverb is derived from the masculine form.
poli → **poli**ment   **spontané** *(spontaneous)* → **spontané**ment

→ Adverbs based on ordinal numbers follow the regular pattern.
premier **première** → **première**ment *first*   **deuxième** → **deuxième**ment

■ Adjectives ending in **-ant** and **-ent**

-ant	→	**-amment**	élég**ant**	→	élég**amment**
-ent	→	**-emment**	pati**ent**	→	pati**emment**

6 Expression personnelle

PARLER/ÉCRIRE Dites comment vous faites les choses suivantes en complétant les phrases avec un adverbe de la liste.

▶ Je parle français ...
Je parle français facilement (difficilement, lentement).

1. J'étudie ...
2. Je fais mes devoirs ...
3. J'écoute le professeur ...
4. J'aide mes amis ...
5. Je parle à mes parents ...
6. J'attends mes amis ...
7. J'arrive à l'école ...
8. Quand j'ai un problème, j'agis *(act)* ...
9. Quand je vais à un match de baseball, je m'habille ...

attentivement
calmement
difficilement *(with difficulty)*
facilement *(easily)*
généreusement
lentement *(slowly)*
patiemment
poliment
ponctuellement
prudemment
rapidement
sérieusement
simplement

7 Comment?

PARLER/ÉCRIRE Dites comment ces personnes agissent *(act)*.

▶ Jean-Claude est calme. (faire tout)
Il fait tout calmement.

1. Catherine est rapide. (lire le livre)
2. Jean-Pierre est actif. (faire du sport)
3. Alice est généreuse. (aider ses amis)
4. Nicolas est consciencieux. (faire ses devoirs)
5. Paul est élégant. (s'habiller)
6. Mélanie est intelligente. (répondre au professeur)

À votre tour!

OBJECTIFS

Now you can . . .
- shop in a French department store

Digital performance space

1 Situation: Au grand magasin 

PARLER You meet your partner at a department store. Ask your partner . . .

- which floor he/she is going to
- what he/she is going to buy
- how much he/she wants to spend
- if the item is a present and, if so, for whom

ÉTAGE	RAYONS
rez-de-chaussée	parfums, accessoires
1er	librairie, papeterie
2e	équipement ménager
3e	vêtements d'hommes
4e	vêtements de femmes
5e	articles de sport, vêtements d'enfants
6e	photo et équipement stéréo

2 Préparatifs de voyage  

ÉCRIRE/PARLER Vous allez faire un voyage en France cet été. Faites une liste de trois choses que vous devez acheter avant votre départ. Choisissez un(e) partenaire et comparez vos listes d'achats.

Ensuite, imaginez que vous allez ensemble *(together)* dans un grand magasin de votre ville pour acheter ces choses. Avec votre partenaire, composez un dialogue où vous dites . . .
- dans quel magasin vous allez aller
- à quels rayons vous allez faire vos achats
- combien d'argent vous allez dépenser

LISTE D'ACHATS

1.
2.
3.

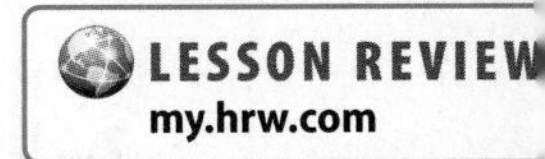

Additional readings @ **my.hrw.com**
FRENCH InterActive Reader

Lecture Le 5 000 mètres

Six amis font du sport régulièrement. Le week-end dernier, ils ont fait une course de 5 000 mètres. Chacun portait un maillot de couleur différente: bleu, rouge, vert, jaune, orange et rose.

Lisez attentivement les descriptions suivantes. Avec ces renseignements, déterminez l'ordre d'arrivée des coureurs et la couleur de leurs maillots.

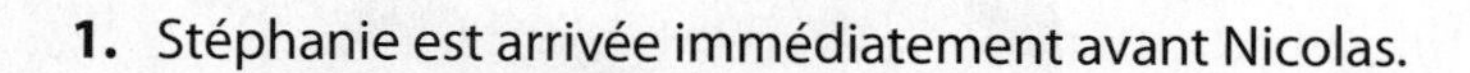

1. Stéphanie est arrivée immédiatement avant Nicolas.
2. Christine portait un maillot bleu.
3. Le maillot vert est arrivé premier.
4. Nicolas est arrivé quatrième.
5. André est arrivé avant Nicolas mais il n'était pas le premier.
6. Le maillot rouge est arrivé deuxième.
7. Paul portait un maillot vert.
8. Le dernier portait un maillot jaune.
9. Christine est arrivée entre Nicolas et Thomas.
10. Stéphanie portait un maillot orange.

SUGGESTIONS:

- Sur une feuille de papier, faites une grille semblable à la grille suivante.
- Lisez le texte plusieurs fois. À chaque fois, remplissez la grille avec des nouvelles informations.

ordre d'arrivée	nom	couleur du maillot
1		
2		
3		
4		
5		
6		

Mots utiles

une course	*race*
un coureur	*runner*
un maillot	*athletic T-shirt*

Leçon 27

VIDÉO-SCÈNE

DVD AUDIO

Corinne a une idée

Armelle voudrait acheter une nouvelle robe pour aller à la soirée de Pierre. Elle cherche quelque chose d'original, mais de pas trop cher. Corinne lui a suggéré d'aller dans une boutique qui a souvent des soldes.

Armelle et Corinne sont maintenant dans cette boutique.

Les deux amies sortent du magasin pour aller chez la grand-mère de Corinne.

Compréhension

1. Où sont Armelle et Corinne?
2. Qu'est-ce qu'elles font là?
3. Pourquoi est-ce qu'Armelle n'achète rien?
4. Quelle solution Corinne propose-t-elle à son amie?

A Le comparatif des adjectifs

Note how comparisons are expressed in the following sentences:

La veste est **plus** chère **que** le pull.	*The jacket is* ***more*** *expensive* ***than*** *the sweater.*
La moto est **plus** rapide **que** la voiture.	*The motorcycle is faster* ***than*** *the car.*
Le pull est **moins** cher **que** le blouson.	*The sweater is* ***less*** *expensive* ***than*** *the jacket.*
La moto est **moins** confortable **que** la voiture.	*The motorcycle is* ***less*** *comfortable* ***than*** *the car.*
Paul est **aussi** intelligent **que** toi.	*Paul is* ***as*** *intelligent* ***as*** *you.*
Tu n'es pas **aussi** sérieux **que** lui.	*You are not* ***as*** *serious* ***as*** *he (is).*

Comparisons with adjectives are expressed according to the following pattern:

+ **plus**	ADJECTIVE **(+ que ...)**	**plus cher (que)**	*more expensive (than)*
– **moins**		**moins cher (que)**	*less expensive (than)*
= **aussi**		**aussi cher (que)**	*as expensive (as)*

➔ Liaison is required after **plus** and **moins.**
plus‿intelligent moins‿intelligent

➔ Stress pronouns are used after **que.**
Paul est plus grand que **toi.** Tu es moins grand que **lui.**

➔ The comparative of **bon/bonne** *(good)* is **meilleur/meilleure** *(better).*
La tarte aux pommes est **bonne.** La tarte aux poires est **meilleure.**

1 Et vous?

PARLER/ÉCRIRE Choisissez une personne de la colonne B et comparez-vous à cette personne en utilisant au moins deux adjectifs de la colonne A.

	A	B
je suis	jeune grand(e) optimiste patient(e) sportif (sportive) sérieux (sérieuse) bon(ne) en français bon(ne) en maths	mon copain ma copine mon frère ma soeur mes camarades de classe ??

▶

VOCABULAIRE Quelques adjectifs

Les personnes

fort *(strong)*	≠	**faible** *(weak)*
gentil (gentille) *(nice)*	≠	**méchant** *(mean, nasty)*

Les choses

chaud *(warm, hot)*	≠	**froid** *(cold)*
facile *(easy)*	≠	**difficile** *(difficult)*
rapide *(fast)*	≠	**lent** *(slow)*
léger (légère) *(light)*	≠	**lourd** *(heavy)*
cher (chère) *(expensive)*	≠	**bon marché** *(inexpensive, cheap)*
utile *(useful)*	≠	**inutile** *(useless)*

➔ **Bon marché** is invariable. Its comparative form is **meilleur marché.**

LANGUAGE COMPARISON

In French there are two words that mean *fast*: **rapide** (an adjective), and **vite** (an adverb). Compare their use:

Cette voiture est **rapide.** *This car is* ***fast.***
Elle va **vite.** *It goes* ***fast.***

2 À votre avis

PARLER/ÉCRIRE Comparez les choses ou les personnes suivantes.

▶ le français / facile / l'allemand
Le français est plus (moins, aussi) facile que l'allemand.

1. le français / utile / italien
2. Paris / grand / New York
3. la Californie / jolie / la Floride
4. King Kong / méchant / Dracula
5. Spiderman / fort / Tarzan
6. les filles / indépendantes / les garçons
7. les adultes / idéalistes / les jeunes
8. l'argent / important / l'amitié *(friendship)*
9. les Yankees / bons / les Red Sox
10. les pizzas / bons / les hamburgers

3 Rien n'est parfait! 

PARLER Avec vos camarades, composez et jouez les dialogues en faisant les substitutions suggérées et les changements nécessaires.

▶

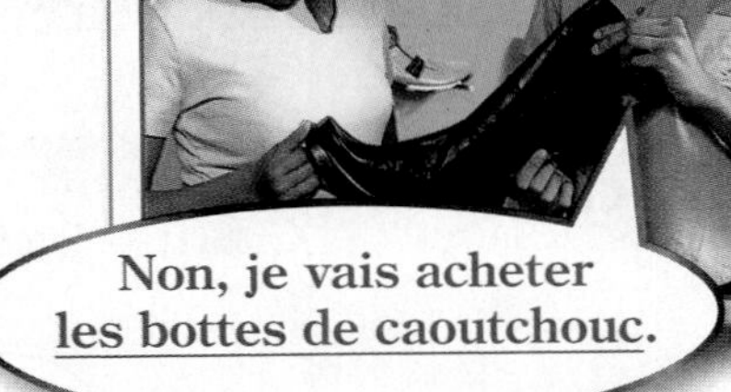

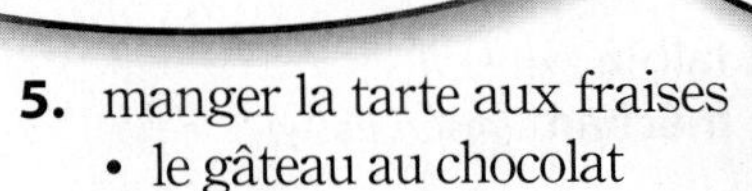

1. porter la bague en or
   - la bague en argent
   - léger
   - joli
2. prendre le sac en toile
   - le sac en plastique
   - solide
   - grand
3. mettre ta veste de laine
   - ma veste de velours
   - élégant
   - chaud
4. louer la voiture de sport
   - le minivan
   - confortable
   - rapide
5. manger la tarte aux fraises
   - le gâteau au chocolat
   - bon
   - gros *(big)*

4 Comparaisons

PARLER/ÉCRIRE Choisissez un des éléments de chaque paire et comparez-le à l'autre élément. Dans vos comparaisons, utilisez un maximum d'adjectifs de la liste entre parenthèses.

▶ un scooter / une moto (rapide, confortable, économique, joli, cher)
Un scooter est moins rapide, plus confortable ... qu'une moto.

1. un blazer / une veste de cuir (élégant, léger, confortable, pratique, cher)
2. une tablette / un smartphone (lourd, pratique, bon, cher)
3. un hamburger / une salade (léger, bon, riche en calories)
4. un ordinateur / une calculatrice (lourd, utile, pratique, cher)
5. un chien / un chat (gentil, fort, mignon)

@HOMETUTOR
my.hrw.com

B Le comparatif des adverbes

Comparisons with adverbs follow the same pattern as comparisons with adjectives.

Je fais du jogging { **plus** / **moins** / **aussi** } **souvent que** toi.	*I jog* { ***more*** / ***less*** / ***as*** } ***often*** { ***than*** / ***than*** / ***as*** } *you.*

→ The comparative of **bien** *(well)* is **mieux** *(better).*
Contrast the use of **meilleur(e)** and **mieux** in the following sentences:

Je suis **bon** en français.	*I am* ***good*** *in French.*
Je suis **meilleur** que toi.	*I am* ***better*** *than you.*
Je parle **bien.**	*I speak* ***well.***
Je parle **mieux** que toi.	*I speak* ***better*** *than you.*

VOCABULAIRE Quelques adverbes

tôt	*early*	Le lundi, je me lève **tôt.**
tard	*late*	Le samedi, je me couche **tard.**
vite	*fast*	Cette moto va très **vite**!
lentement	*slowly*	Allez plus **lentement**!
longtemps	*(for) a long time*	Où étais-tu? Je t'ai attendu **longtemps.**

5 Expression personnelle

PARLER/ÉCRIRE Complétez les phrases en choisissant l'une des expressions proposées.

1. Je vais plus vite à l'école ... (en bus ou à vélo?)
2. Je me lève plus tard ... (le dimanche ou le lundi?)
3. Je me couche plus tôt ... (le samedi soir ou le jeudi soir?)
4. Je regarde la télé plus longtemps ... (le week-end ou pendant la semaine?)
5. Je cours plus lentement ... (quand je suis en forme ou quand je suis fatigué[e]?)
6. Je vais plus souvent à la piscine ... (en hiver ou en été?)
7. Je m'habille plus élégamment ... (pour une boum ou pour un mariage?)
8. Je m'habille plus simplement ... (pour un pique-nique ou pour une boum?)
9. J'étudie mieux ... (le soir ou le matin?)
10. On mange mieux ... (à la cantine de l'école ou à la maison?)
11. On mange mieux ... (dans un restaurant chinois ou dans un restaurant italien?)

C Le superlatif des adjectifs

In a superlative construction, one or several people or things are compared to the rest of the group. Note the superlative constructions in the following sentences.

Anne est la fille **la plus gentille** de la classe.	*Anne is **the nicest** girl in the class.*
C'est l'hôtel **le plus moderne** de la ville.	*It's **the most modern** hotel in the city.*
Où est la boutique **la moins chère**?	*Where is **the least expensive** shop?*
Qui sont les élèves **les moins sérieux**?	*Who are **the least serious** students?*

Superlative constructions are formed according to the pattern:

le/la/les	**plus** / **moins**	ADJECTIVE	**le/la/les plus moderne(s)**	*the most modern*
			le/la/les moins moderne(s)	*the least modern*

→ The position of the superlative adjective (BEFORE or AFTER the noun) is usually the same as the simple adjective.

Voici une fille **intelligente.**	C'est la fille **la plus intelligente** de la classe.
Voici une **jolie** boutique.	C'est **la plus jolie** boutique de la ville.

→ Note that if the superlative adjective comes AFTER the noun, the definite article **le, la, les** is used twice: both BEFORE and AFTER the noun.

LANGUAGE COMPARISON

After a superlative construction, French uses **de** whereas English uses ***in.***

C'est la boutique la plus chère **de** la ville. *It's the most expensive shop **in** the city.*

→ The superlative of **bon/bonne** is **le meilleur/la meilleure** *(the best).*

Qui est **le meilleur** athlète du lycée? *Who is **the best** athlete in the school?*

6 Le savez-vous?

PARLER Pouvez-vous faire correspondre les choses suivantes avec le pays où elles sont situées?

1. le plus grand stade de foot		**a.** en Chine
2. la plus grande piscine		**b.** aux États-Unis
3. la plage la plus longue	se trouve	**c.** au Japon
4. le train le plus rapide		**d.** au Brésil
5. le sommet *(peak)* le plus élevé		**e.** au Maroc

7 Questions personnelles PARLER/ÉCRIRE

1. Quel est le sport le plus intéressant? le plus difficile? dangereux? le moins intéressant?
2. Quelle est la classe la plus intéressante? Quelle est la matière la plus facile? la plus utile?
3. Qui est la fille la plus sportive de la classe? le garçon le plus sportif?
4. Quelle est la plus grande pièce de ta maison (de ton appartement)? la pièce la plus petite? la pièce la plus confortable? la pièce la moins confortable?
5. Quelle est la plus grande ville de ta région? la plus jolie ville? la ville la plus intéressante?

@HOMETUTOR
my.hrw.com

8 Les champions 

PARLER/ÉCRIRE Dites qui est meilleur dans les catégories suivantes. Vous pouvez faire un sondage *(poll)* d'opinion dans la classe.

1. le meilleur acteur de cinéma
2. la meilleure actrice
3. le meilleur chanteur
4. la meilleure chanteuse
5. le meilleur groupe musical
6. le meilleur athlète professionnel
7. la meilleure athlète
8. le comédien le plus drôle
9. la comédienne la plus drôle
10. la meilleure émission de télé *(TV show)*
11. le meilleur film de l'année
12. la meilleure équipe de baseball
13. la meilleure équipe de basket
14. la meilleure équipe de football américain

9 Tu as raison 

PARLER Maxime et Marie sont d'accord sur beaucoup de choses. Jouez les deux rôles.

▶ une boutique chère / la ville

1. un hôtel moderne / la ville
2. un costume cher / le magasin
3. une pièce confortable / l'appartement
4. un professeur intéressant / l'école
5. un élève sérieux / la classe
6. un copain sympathique / notre groupe
7. une fille sportive / le club

À votre tour!

OBJECTIFS
Now you can . . .
• make comparisons

 Situation: En visite  

PARLER You are a French exchange student. You are new in town and have a few questions. Ask your partner to name . . .

▶ the best restaurant
Quel est le meilleur restaurant?

- the least expensive restaurant
- the most interesting shops
- the least expensive boutique
- the largest supermarket
- the best music shop

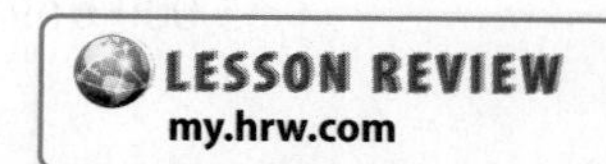

Lecture Quelques records

Lisez la description de certains records dans les paragraphes suivants. Pouvez-vous répondre aux questions?

1. L'animal terrestre le plus lourd est l'éléphant. L'animal le plus haut° est la girafe. L'animal le plus long est le python réticulé.

Quel est l'animal le plus rapide?
- ○ le guépard°
- ○ l'antilope
- ○ le cheval

2. La plus longue voiture est une limousine de 100 pieds de long. Cette voiture est équipée d'une piscine, d'un plongeoir° et d'une piste d'atterrissage° pour hélicoptère.

Combien de roues° a-t-elle?
- ○ 12
- ○ 26
- ○ 48

3. Entre le 3 juin et le 17 octobre 1994, trois personnes ont fait l'aller et retour° Londres (Angleterre) et Le Cap (Afrique du Sud) en taxi. Ce voyage de 21 691 miles est la plus longue course° en taxi du monde.

Combien a coûté cette course?
- ○ 1 500 dollars
- ○ 15 000 dollars
- ○ 65 000 dollars

4. Le plus long voyage spatial a été accompli par Valéri Poliakov, un astronaute russe.

Combien de temps a duré° ce voyage?
- ○ 12 jours
- ○ 162 jours
- ○ 437 jours

5. Plus de 100 millions de personnes portent le nom de Chang. C'est le nom de famille le plus commun du monde. Aux États-Unis, le nom de famille le plus commun est Smith.

Quel est le nom de famille le plus commun en France?
- ○ Dupont
- ○ Leblanc
- ○ Martin

MARTIN Claudine 14 r Abel 12e ---------------01 43 47 58 87
>> Claudine 4 r Baulant 12e ---------------01 43 43 23 68
>> Claudine 23 r Commerce 15e ----------01 45 75 18 50
>> Claudine avocate16 r Naples 8e -------01 43 87 02 67
>> Clotilde 19 r Chaufourniers 19e--------01 42 41 58 43
>> Clotil
>> Colet
>> Colet
>> Colet
>> Colet

LE BLANC Claudine 24 r Haies 20e-----------01 43 67 16
LEBLANC Claudine
20 cité Popincourt 11e ------------------------01 48 07 00
>> Claudine 295 r St Jacques 5e -----------01 46 33 81
LE BLANC Claudine 45 r Ulm 5e ---------------01 43 26 47
LEBLANC Colette 26 r Vavin 6e-----------------01 46 33 92
>> Corinne 10 r Thibaud 14e ---------------01 45 40 62
>> Daniel 14 bd Gouvion Saint Cyr 17e--01 40 55 03
>> Daniel 33 r Tolbiac 13e -------------------01 45 83 01
>> Danièle 59 r Moulin Vert 14e -----------01 45 43 73

DUPONT-(suite)
>> Therese 113 r Fbg St Antione 11e-
>> Thierry 11 r Croix Faubin 11e----
>> Thierry 59 r Eugène Carrière 18e ------01 46 28 1
>> Thierry 11 pass Foubert 13e -----------01 45 59 6
>> Thierry médecin 1 r Louvre 1er---------01 42 35 2
>> Thierry 50 r Sévigné 3e------------------ 01 42 33 4
>> Thomas 3 r Didier 16e --------------------01 45 50 5

6. Le plus jeune champion olympique est un Français. Ce garçon a participé aux Jeux Olympiques de Paris en 1900 et a gagné une médaille d'or en aviron.°

Quel âge avait-il?
- ○ moins de dix ans
- ○ douze ans
- ○ quinze ans

le plus haut *tallestle* **guépard** *cheetah* **plongeoir** *diving board* **piste d'atterrissage** *landing area*
roues *wheels* **aller et retour** *round trip* **course** *ride* **a duré** *lasted* **aviron** *crew, rowing*

Additional readings @ **my.hrw.com**
FRENCH InterActive Reader

7. La plus grande publicité° lumineuse a été créée en 1925 pour la marque° d'automobile Citroën. Réalisée en six couleurs avec 250 000 ampoules° électriques, cette publicité était visible à une distance de 40 kilomètres.

Quel monument a servi de support à cette publicité?
- ○ l'Arc de Triomphe
- ○ La Tour Eiffel
- ○ L'Empire State Building

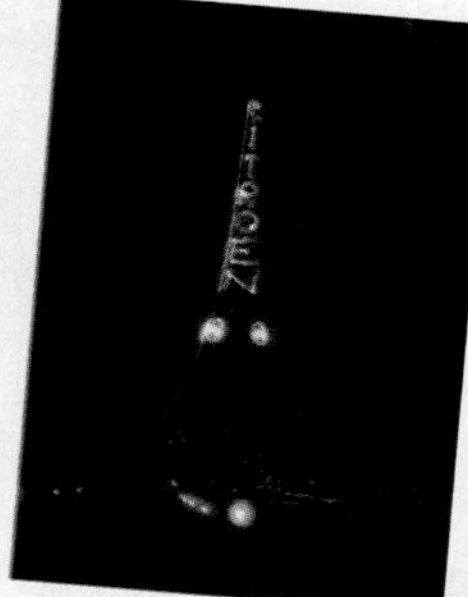

8. Le peintre Vincent Van Gogh (1853-1890) a probablement été l'un des artistes les plus malheureux et les moins chanceux° de l'histoire. Durant sa vie,° il a vendu un seul° tableau.° Aujourd'hui, ses tableaux sont parmi les plus chers du monde. Le prix payé en 1990 pour son tableau «Le portrait du Docteur Gachet» a établi un record mondial.°

Quel était le prix de ce tableau?
- ○ un million de dollars
- ○ dix millions de dollars
- ○ plus de quatre-vingts millions de dollars

Cognate pattern: -ir ↔ *-ish*

finir ↔ *finish*
accomplir ↔ ?
établir ↔ ?

9. Couru sur une distance de plus de 3 000 kilomètres, le Tour de France est la plus longue course cycliste du monde. D'une durée de° 21 jours, c'est aussi la plus grande épreuve° d'endurance. Finalement, c'est l'événement sportif qui attire° le plus grand nombre de spectateurs.

Combien de personnes vont voir le Tour de France chaque année?
- ○ un million
- ○ cinq millions
- ○ quinze millions

10. Le plus grand dîner du monde a eu lieu à Paris le 22 septembre 1900. C'est le président de la République qui a offert ce dîner. Il y avait 22 925 personnes à ce grand banquet.

Qui étaient ces invités?
- ○ des artistes
- ○ des supporters politiques
- ○ tous les maires° de France

publicité *advertisement* **marque** *make* **ampoules** *bulbs* **chanceux** *lucky* **vie** *life* **un seul** *only one* **tableau** *painting* **mondial** *world* **D'une durée de** *Lasting* **épreuve** *trial* **attire** *attracts* **maires** *mayors*

Leçon 28

VIDÉO-SCÈNE DVD AUDIO

Les vieilles robes de Mamie

Dans l'épisode précédent, Armelle est allée dans une boutique avec Corinne pour acheter une robe, mais elle n'a rien trouvé d'intéressant. Corinne a proposé à Armelle d'aller chez sa grand-mère qui a une collection de robes anciennes. Les deux amies viennent d'arriver chez la grand-mère de Corinne.

Compréhension

1. Où est la grand-mère de Corinne?
2. Pourquoi Corinne et Armelle lui rendent-elles visite?
3. Qu'est-ce qu'elles font dans le grenier?
4. Qu'est-ce que Pierre pense des robes d'Armelle et de Corinne?

A Le pronom interrogatif *lequel*

AVANT

APRÈS

Note the forms and use of the pronoun **lequel** *(which one)* in the following sentences.

Voici un CD de jazz et un CD de rock.
Lequel veux-tu écouter? — ***Which one** do you want to listen to?*

Voici plusieurs chaussures.
Lesquelles voulez-vous essayer? — ***Which ones** do you want to try on?*

The interrogative pronoun **lequel** agrees with the noun it replaces. It has the following forms:

	SINGULAR	PLURAL
MASCULINE	lequel?	lesquels?
FEMININE	laquelle?	lesquelles?

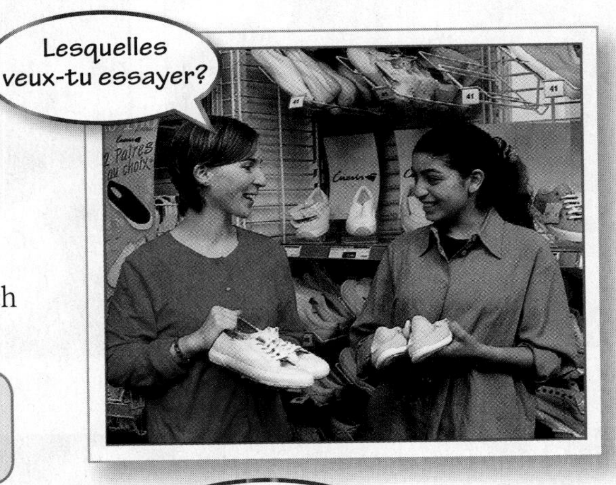

➔ Note that **lequel** consists of two parts, both of which agree with the noun it replaces:

DEFINITE ARTICLE	+	INTERROGATIVE ADJECTIVE
le	+	quel

1 Au centre commercial

PARLER Des clients veulent essayer certaines choses. Jouez le rôle des clients et des vendeurs. (Notez que chaque chose est identifiée par sa couleur.)

B Le pronom démonstratif *celui*

Note the forms and use of **celui** *(the one)* in the answers to the questions below.

Tu aimes **ce pantalon**? Non, je préfère **celui-ci.** *No, I prefer* ***this one.***
Tu vas acheter **ces bottes**? Non, je vais acheter **celles-là.** *No, I am going to buy* ***those.***

FORMS

The demonstrative pronoun **celui** agrees with the noun it replaces. It has the following forms:

	SINGULAR	PLURAL
MASCULINE	celui	ceux
FEMININE	celle	celles

USES

The pronoun **celui** cannot stand alone. It is used in the following constructions:

- **celui-ci** and **celui-là**
  Celui-ci usually means *this one* (or *these,* in the plural).
  Celui-là usually means *that one* (or *those*, in the plural).

  Quelle veste préfères-tu? **Celle-ci** ou **celle-là**? ***This one*** *or* ***that one?***

- **celui de** + NOUN
  This construction is used to express ownership or relationship.

  Est-ce que c'est ton parapluie? *Is it your umbrella?*
  Non, c'est **celui de ma soeur.** *No, it's* ***my sister's*** *(umbrella).*
  [= the one belonging to my sister]

- **celui qui** and **celui que**
  Usually **celui qui** and **celui que** mean *the one(s) that* or *the one(s) who/whom.*

  Tu aimes cette veste?
  Je préfère **celle qui** est en solde. *I prefer* ***the one that*** *is on sale.*
  Je préfère **celle que** je porte. *I prefer* ***the one (that)*** *I am wearing.*

  Qui est cette fille?
  C'est **celle qui** parle espagnol. *She is* ***the one who*** *speaks Spanish.*
  C'est **celle que** je vais inviter à la boum. *She is* ***the one (whom)*** *I am going to invite to the party.*

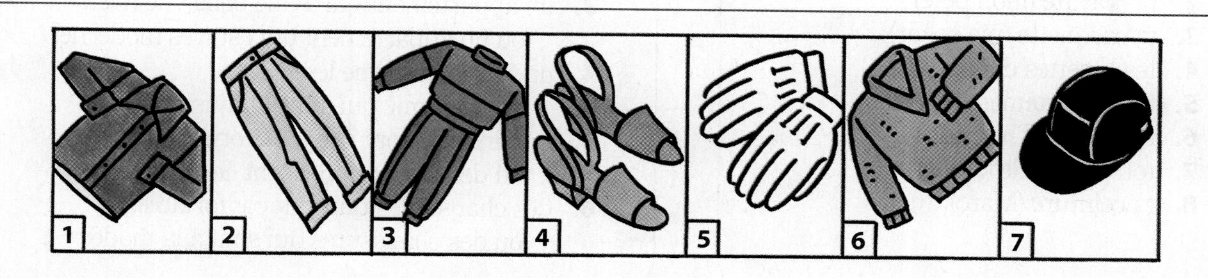

2 Clients difficiles

PARLER Vous travaillez dans un grand magasin. Vous présentez certains articles à un(e) camarade qui va jouer le rôle d'un(e) client(e) difficile.

3 À qui est-ce?

PARLER Claire demande à Pierre si certains objets sont à lui. Pierre dit que non et il indique leurs propriétaires *(owners)*. Jouez les deux rôles.

▶ la guitare (mon frère)
Claire: **C'est ta guitare?**
Pierre: **Non, c'est celle de mon frère.**

1. ton sac (mon cousin)
2. ta cravate (mon père)
3. ta casquette (ma soeur)
4. tes lunettes de soleil (Léa)
5. ton survêtement (Nicolas)
6. tes gants (Thomas)
7. ton parapluie (Alice)
8. ta ceinture (Marc)

4 Au choix *(Your choice)*

PARLER/ÉCRIRE Exprimez vos choix, d'après le modèle.

▶ des amis qui sont sincères
ou des amis qui sont riches?
Je préfère ceux qui sont riches.
(Je préfère ceux qui sont sincères.)

1. des profs qui sont stricts
ou des profs qui donnent de bonnes notes?
2. une voiture qui est économique
ou une voiture qui va vite?
3. un appartement qui a une belle vue *(view)*
ou un appartement qui est très moderne?
4. une amie qui aime les sports
ou une amie qui aime la musique?
5. des amis qui ont des idées originales
ou des amis qui pensent comme toi?
6. des chaussures qui sont confortables
ou des chaussures qui sont à la mode?

5 À vrai dire *(To tell the truth)*

PARLER Caroline exprime des réserves sur le choix de Grégoire. Jouez les deux rôles en faisant les substitutions suggérées.

▶ Tu aimes <u>mes chaussures</u>?

À vrai dire, je préfère celles que tu <u>portais la semaine dernière</u>.

Ah bon? Pourquoi?

Elles étaient <u>plus élégantes</u>.

1. ma veste
   porter lundi
   plus jolie
2. ce livre
   lire hier
   plus amusant
3. mon chien
   avoir avant
   plus mignon
4. ma nouvelle copine
   avoir l'année dernière
   moins snob et plus gentille
5. cette chanson
   chanter ce matin
   plus géniale

OBJECTIFS

Now you can . . .
- be more specific when talking about things

1 Emprunts

PARLER/ÉCRIRE Dites à qui vous empruntez certaines choses. Complétez les phrases suivantes avec la forme appropriée de **celui de** + un nom de votre choix.

▶ Si je n'ai pas mon portable …

Si je n'ai pas mon portable, j'emprunte celui de mon frère (de ma copine …).

1. Si je n'ai pas mon livre de français, …
2. Si je n'ai pas mes clés, …
3. Si je n'ai pas mon appareil-photo, …
4. Si je n'ai pas ma calculatrice, …
5. Quand j'ai besoin d'un MP3, …
6. Si j'oublie mes CD, …
7. Si j'oublie mes lunettes de soleil, …
8. Si j'ai oublié mes notes, …

2 Un catalogue

PARLER Apportez un catalogue ou un magazine en classe. Dans ce catalogue ou magazine, choisissez deux objets de la même nature et demandez à un(e) camarade d'indiquer l'objet qu'il/elle préfère. Par exemple, vous pouvez trouver des photos de:

- deux vestes
- deux paires de chaussures
- deux vélos
- deux voitures

(J'aime la couleur. Je la trouve jolie …).

Lecture Monsieur Belhomme cherche une veste

Monsieur Belhomme est un homme très élégant. Aujourd'hui, il cherche une veste. Il entre dans une boutique. Un vendeur aimable° vient vers lui.

—Vous désirez, monsieur?

—Je cherche une veste.

—Vous avez de la chance. Notre nouvelle collection vient justement d'arriver ...° Nous avons un très grand choix de vestes.

Le vendeur prend les mesures de Monsieur Belhomme. Puis il va chercher plusieurs vestes qu'il lui présente.

—Dans votre taille, nous avons celles-ci. Laquelle voulez-vous essayer d'abord?

—Celle-ci en bleu.

Monsieur Belhomme essaie la veste.

—Hm, elle est un peu trop grande.

—Alors, essayez celle-ci en beige.

—J'aime le style, mais je n'aime pas beaucoup la couleur.

—Qu'est-ce que vous pensez de celle-ci en marron?

—Hm, c'est un peu trop classique pour moi.

—Et celle-là alors?

—Elle est bien! Combien coûte-t-elle?

—300 euros.

—C'est un peu trop cher pour moi.

—Alors, essayez celle-ci. Elle est en solde.

Monsieur Belhomme essaie la veste, mais elle ne lui va pas.

D'autres clients entrent dans la boutique. Le vendeur va s'occuper d'eux, laissant à Monsieur Belhomme le soin de choisir lui-même.°

aimable *friendly* **vient justement d'arriver** *has just come in* **lui-même** *himself*

Additional readings @ **my.hrw.com**
FRENCH InterActive Reader

Mots utiles

un cintre	*hanger*	La veste beige est sur **un cintre.**
au fond de	*at the back of*	**Au fond** de la boutique, il y a une porte.
prendre les mesures de quelqu'un	*to take someone's measurements*	Le vendeur **prend les mesures** du client.
s'occuper de quelqu'un	*to take care of someone*	Le vendeur **s'occupe de** ses clients.
laisser le soin à quelqu'un de ...	*to leave it up to someone to ...*	Le vendeur **laisse** au client **le soin de** choisir une veste.

Monsieur Belhomme essaie toutes les vestes de la boutique, les unes après les autres. Après trois quarts d'heure, il appelle° le vendeur:

—J'ai essayé toutes vos vestes. Eh bien, finalement, j'ai trouvé celle que je veux.

—C'est laquelle?

—C'est celle qui est sur le cintre là-bas.

—Au fond du magasin?

—Oui, c'est celle-là. Je l'ai essayée. Elle me va parfaitement.

—Hélas, monsieur, je regrette, mais c'est la seule veste que je ne peux pas vous vendre.

—Ah bon? Pourquoi?

—Parce que c'est celle du patron!

appelle *calls*

Avez-vous compris?

Monsieur Belhomme n'a pas de chance aujourd'hui. Faites correspondre chaque veste avec le problème qu'elle présente.

LES VESTES	LES PROBLÈMES
• la veste bleue	■ Elle est trop classique.
• la veste en solde	■ Elle n'est pas à vendre.
• la veste à 300 euros	■ Elle ne va pas à Monsieur Belhomme.
• la veste sur le cintre	■ Elle est un peu trop grande.
• la veste marron	■ La couleur ne plaît pas à Monsieur Belhomme.
• la veste beige	■ Elle est trop chère.

Tests de contrôle

By taking the following tests, you can check your progress in French and also prepare for the unit test. Write your answers on a separate sheet of paper.

Review...
- vocabulary: pp. 372-373, 374

1 Qu'est-ce qu'ils portent?

Describe what the following people are wearing. Mention as many items of clothing and accessories as possible.

Monsieur Giraud porte ...

Vanessa porte ...

Review...
- vocabulary: pp. 372-373, 374, 375, 377

2 L'intrus

The following sentences can be completed logically by two of the three suggested options. Find the option that does not fit and circle it.

▶ Pauline aime les sports. Elle fait —. **(du ski / du camping / de la natation)**

1. Je mets — parce qu'il fait froid. **(une cravate / un blouson / un manteau)**
2. Éric est très élégant avec son nouveau —. **(tailleur / costume / blazer)**
3. Quand je fais du jogging, je mets —. **(un survêtement / un short / un sac)**
4. Quand il pleut, je prends mon —. **(imper / parapluie / sweat)**
5. Céline a acheté une bague en —. **(or / argent / fourrure)**
6. Est-ce que ces bottes sont en — ? **(caoutchouc / cuir / velours)**
7. Le foulard est en —. **(soie / laine / plastique)**
8. J'aime beaucoup ce tissu —. **(en or / à pois / à fleurs)**
9. Ce pull n'est pas cher. Il est —. **(bon marché / en solde / court)**
10. Cette cravate ne me plaît pas. Elle est —. **(élégante / moche / affreuse)**
11. Ce pantalon ne me va pas. Il est trop —. **(cher / court / étroit)**
12. J'aime bien cette veste. Je vais —. **(l'essayer / l'acheter / la vendre)**

3 Comparaisons

Make logical comparisons with each pair of items using the words indicated.

▶ un scooter / rapide / une moto
Un scooter est moins rapide qu'une moto.

1. un pull / chaud / un tee-shirt
2. une chemise / cher / une veste
3. les filles / intelligentes / les garçons
4. un cheval / fort / un éléphant
5. un C / bon / un B
6. un A / bon / un C

Review...
- comparisons pp. 390, 391

4 Contextes

Complete the following dialogues with the appropriate options.

(1) *Corinne et Léa sont dans un magasin de mode.*

C: Comment trouves-tu **(ce / celui)** foulard?
L: **(Quel / Lequel)**?
C: **(Ce / Celui)** en soie.
L: Il est joli, mais il coûte 100 euros.
C: Oh là là! Je parie *(bet)* que c'est **(plus cher / le plus cher)** du magasin.
L: Tu as **(probable / probablement)** raison.

(2) *Thomas et sa soeur Isabelle choisissent leurs vêtements pour aller à une soirée.*

T: **(Quelle / Laquelle)** robe est-ce que tu vas mettre?
I: **(Cette / Celle)** que j'ai achetée samedi dernier.
T: Elle est très jolie. Tu vas **(certaine / certainement)** être la fille **(plus élégante / la plus élégante)** de la soirée.
I: Tu sais, j'aime m'habiller **(élégant / élégamment)**, pas toi?
T: Non, je préfère m'habiller **(simple / simplement)**.

Review...
- expressions pp. 385, 394, 400, 401

5 Composition: Comparaisons personnelles

Digital performance space

Write a paragraph in which you compare yourself to another member of the class (real or imaginary) and also decide who is the best in the class. Use complete sentences. Mention ...

- the name of your classmate
- if you are older or younger than your classmate
- if you are better in French than he/she is
- if he/she is taller or shorter than you are
- who is the most athletic **(sportif)**
- who is the best student in the class
- who is the nicest

STRATEGY Writing

1	2	3
Answer the above questions with brief phrases.	Use these notes to write out your paragraph.	Read over your work, checking the agreement of adjectives and whether you have used the appropriate comparative and superlative forms.

Vocabulaire

POUR COMMUNIQUER

Buying clothes

Ce manteau vous va?	*Does this coat fit you?*
Il me va bien.	*It fits me well.*
Il me plaît.	*I like it.*
Ces bottes vous vont?	*Do these boots fit you?*
Elles ne me vont pas.	*They don't fit.*
Elles ne me plaisent pas.	*I don't like them.*

MOTS ET EXPRESSIONS

L'achat des vêtements

un catalogue	*catalog*
un grand magasin	*department store*
un magasin	*store*
un rayon	*department (in a store)*
une boutique	*boutique*
une boutique de soldes	*discount shop*
la couleur	*color*
la pointure	*(shoe) size*
la taille	*(clothing) size*

Les vêtements

un accessoire	*accessory*
des baskets	*high tops*
un blazer	*blazer*
un blouson	*jacket*
un chapeau	*hat*
un chemisier	*blouse*
des collants	*tights, pantyhose*
un costume	*suit*
un foulard	*scarf*
des gants	*gloves*
un imper(méable)	*raincoat*
un jean	*pair of jeans*
un maillot de bain	*bathing suit*
un manteau	*coat*
un pantalon	*pair of pants*
un parapluie	*umbrella*
un polo	*polo shirt*
un portefeuille	*wallet*
un pull	*sweater*
des bottes	*boots*
une casquette	*cap*
une ceinture	*belt*
une chaussette	*sock*
des chaussures	*shoes*
une chemise	*long-sleeved shirt*
une cravate	*tie*
une jupe	*skirt*
des lunettes de soleil	*sunglasses*
une robe	*dress*
des sandales	*sandals*
une veste	*jacket*

Interactive Flashcards
@HOMETUTOR
my.hrw.com

Les vêtements (suite)

un sac	*handbag, pocketbook*
un short	*pair of shorts*
un survêtement	*jogging, track suit*
un sweat	*sweatshirt*
un tailleur	*suit*
un tee-shirt	*t-shirt*
des tennis	*sneakers, running shoes*
un vêtement	*item of clothing*

Les bijoux

un bijou	*piece of jewelry*
un bracelet	*bracelet*
un collier	*necklace*
une bague	*ring*
des boucles d'oreilles	*earrings*
une chaîne	*chain*
une médaille	*medal*

Les tissus et les autres matières

l'argent	*silver*
le caoutchouc	*rubber*
le coton	*cotton*
le cuir	*leather*
le nylon	*nylon*
l'or	*gold*
le plastique	*plastic*
le polyester	*polyester*
le tissu	*fabric*
le velours	*velvet*
le velours côtelé	*corduroy*
la fourrure	*fur*
la laine	*wool*
la matière	*material*
la soie	*silk*
la toile	*linen, canvas*

Les couleurs

blanc (blanche)	*white*
beige	*tan, beige*
bleu(e)	*blue*
bleu clair	*light blue*
bleu foncé	*dark blue*
gris(e)	*grey*
jaune	*yellow*
marron	*brown*
noir(e)	*black*
orange	*orange*
rose	*pink*
rouge	*red*
vert(e)	*green*
violet(te)	*purple*

Le dessin (pattern, design)

à carreaux	*checked*
à fleurs	*floral*
à pois	*dotted, polka-dotted*
à rayures	*striped*
uni	*solid*

Vocabulaire

Adjectifs descriptifs

affreux (-euse)	*awful*
bon marché	*inexpensive, cheap*
chaud	*warm, hot*
cher (-ère)	*expensive*
court	*short*
difficile	*difficult*
élégant	*elegant*
étroit	*tight*
facile	*easy*
faible	*weak*
fort	*strong*
froid	*cold*
gentil(le)	*nice*
grand	*big*
inutile	*useless*
large	*wide, baggy*
léger (-ère)	*light*
lent	*slow*
long(ue)	*long*
lourd	*heavy*
méchant	*mean, nasty*
meilleur marché	*cheaper*
moche	*ugly*
petit	*small*
rapide	*fast*
ridicule	*ridiculous*
trop cher (-ère)	*too expensive*
utile	*useful*

Adjectifs irréguliers

beau (bel, belle; beaux, belles)	*beautiful*
nouveau (nouvel, nouvelle; nouveaux, nouvelles)	*new*
vieux (vieil, vieille; vieux, vieilles)	*old*

Quelques adverbes

tôt	*early*
tard	*late*
vite	*fast, quickly*
lentement	*slowly*
longtemps	*(for) a long time*
calmement	*calmly*
sérieusement	*seriously*
élégamment	*elegantly*
patiemment	*patiently*

Le comparatif des adjectifs/adverbes

plus … que	*more … than*
moins … que	*less … than*
aussi … que	*as … as*
meilleur(e)	*better (adjective)*
mieux	*better (adverb)*

Le superlatif des adjectifs

le/la/les plus …	*the most …*
le/la/les moins …	*the least …*
le/la/les meilleur(e)(s) …	*the best …*

Verbes réguliers

décider	*to decide*
essayer (j'essaie)	*to try on*
porter	*to wear*
porter du [38]	*to wear size [38]*
réfléchir	*to think it over*

Verbes irréguliers

faire du [40]	*to wear size [40]*
mettre	*to put on, to wear*

Expressions utiles

lequel/laquelle	*which one*	**à la mode**	*in fashion*
lesquels/lesquelles	*which ones*	**en solde**	*on sale*
celui/celle	*this one*	**quelque chose d'autre**	*something else*
ceux/celles	*these*		

Les nombres de 100 à 1 000 000

100	*cent*	**1 000**	*mille*
101	*cent un*	**2 000**	*deux mille*
110	*cent dix*	**5 000**	*cinq mille*
200	*deux cents*	**10 000**	*dix mille*
250	*deux cent cinquante*	**100 000**	*cent mille*
900	*neuf cents*	**1 000 000**	*un million*

Nombres ordinaux

premier (première)	*first*	**cinquième**	*fifth*
deuxième	*second*	**neuvième**	*ninth*
troisième	*third*	**centième**	*one hundredth*

Adverbes numéraux

premièrement	*first*	**cinquièmement**	*fifth*
deuxièmement	*second*		

Additional readings @ my.hrw.com
FRENCH InterActive Reader

Interlude 7

L'affaire des bijoux

PRE-READING STRATEGY Avant de lire

- D'abord, regardez le titre de cette histoire: «L'affaire des bijoux». D'après vous, est-ce que c'est une histoire d'amour ou une histoire policière?
- Regardez maintenant le format de la lecture et le premier extrait de journal: C'est évidemment l'histoire d'un crime, plus précisément l'histoire d'un vol.
- Maintenant vous savez que vous devez faire attention aux détails si vous voulez découvrir le criminel!

Chatel-Royan, 28 juillet

La série des vols de bijoux continue

Pour la troisième fois en un mois, un bijoutier de notre ville a été victime d'un audacieux malfaiteur. M. Kramer, propriétaire de la bijouterie Au Bijou d'Or, a signalé à la police la disparition de plusieurs diamants de grande valeur.° Comme° les fois précédentes, le vol a été découvert peu après le passage dans la bijouterie d'un mystérieux monsieur blond. Selon la description donnée par M. Kramer, l'homme portait des lunettes de soleil et un imperméable beige. Il parlait avec un léger accent britannique. La police continue son enquête.°

valeur *value* **Comme** *Like* **enquête** *investigation*

Mots utiles

un vol	*theft*
un voleur	*thief*
un malfaiteur	*criminal*
la disparition	*disappearance*
un bijou, des bijoux	*jewel, jewelry*
un bijoutier	*jeweler*
une bijouterie	*jewelry store*
un diamant	*diamond*

Avez-vous compris?

1. De quelle sorte de crime s'agit-il dans le journal?
2. Quelle est la description du voleur, selon Monsieur Kramer?

Quelques jours plus tard …

Monsieur Rochet, propriétaire de la bijouterie Top Bijou, a engagé une nouvelle employée. Bien entendu,° il lui a recommandé d'être très prudente:

—Soyez très vigilante, mademoiselle! Vous savez que des vols importants ont été commis dans les bijouteries de notre ville. Je ne veux pas être la prochaine victime.

—Vous pouvez compter sur moi, Monsieur Rochet! Je vais faire très attention.

Ce matin-là, il n'y a pas beaucoup de clients à Top Bijou. La première cliente est une vieille dame. Elle demande à regarder des médailles. Peu après, un autre client entre dans la boutique. Il est blond et très élégant. Il ne porte pas de lunettes de soleil, mais il a un imperméable beige sur le bras.

Bien entendu *Of course*

Mots utiles

commettre (commis)	*to commit*
vers	*toward*
satisfait	*satisfied*
la vitrine	*store window*
un plateau	*tray*
une bague ornée de rubis	*ring set with rubies*
gros (grosse)	*large*

Monsieur Rochet appelle son employée:

—C'est certainement lui. Faites très, très attention, mais ne soyez pas trop nerveuse. Je suis là. Si quelque chose arrive, je déclenche° le signal d'alarme.

L'employée accueille° le client.

—Bonjour, monsieur. Vous désirez?

—Je voudrais une bague ...

L'employée remarque que l'homme parle avec un accent étranger.° Elle tourne nerveusement les yeux vers Monsieur Rochet. Celui-ci° reste très calme.

L'employée est rassurée.

—C'est pour un homme ou pour une femme?

—Pour une femme.

Prudemment, l'employée montre quelques bagues assez bon marché au client. Celui-ci répond:

—Ces bagues sont jolies, mais vous avez certainement mieux.

L'employée montre d'autres bagues beaucoup plus chères au client qui ne semble pas satisfait.

—Ces bagues sont plus jolies, mais je cherche quelque chose de vraiment exceptionnel. C'est pour l'anniversaire de ma femme.

L'employée jette un coup d'oeil désespéré° vers Monsieur Rochet. Celui-ci, impassible, lui dit:

—Eh bien, mademoiselle, qu'est-ce que vous attendez? Montrez à monsieur la «collection Top Bijou».

L'employée va chercher dans une vitrine un plateau de bagues ornées d'émeraudes, de rubis et de diamants de plusieurs carats. C'est la «collection Top Bijou».

Le client examine chaque bague sous la surveillance de Monsieur Rochet et de son employée. Finalement, il choisit une bague ornée d'un gros rubis.

—Voilà, c'est cette bague que je voudrais acheter. Combien coûte-t-elle?

—Cent mille euros.

—Cent mille euros? Très bien. Est-ce que je peux payer par chèque?

déclenche *set off* **accueille** *welcomes* **étranger** *foreign* **Celui-ci** *The latter*
jette un coup d'oeil désespéré *glances desperately*

Monsieur Rochet est très prudent.

—Excusez-nous, monsieur, mais la maison accepte seulement les traveller's chèques. Pouvez-vous payer en travellers?

—Oui, monsieur. C'était mon intention.

—Très bien. Est-ce que vous voulez un paquet-cadeau?°

—Oui, s'il vous plaît.

—Mademoiselle, est-ce que vous pouvez faire un paquet-cadeau pour monsieur?

L'employée va dans l'arrière-boutique° préparer le paquet. Pendant ce temps, le client signe les traveller's chèques sous le regard extrêmement vigilant de Monsieur Rochet. L'employée revient dans la boutique avec un joli paquet.

—Voici votre paquet, monsieur.

—Merci, mademoiselle … Au revoir, mademoiselle.

—Au revoir, monsieur.

Le client sort de la boutique.

L'employée s'adresse alors à la première cliente. Mais celle-ci sort de la boutique sans acheter de médaille.

Après le départ de la vieille dame, l'employée va trouver Monsieur Rochet.

—Eh bien, dites donc, j'ai eu peur.

—À vrai dire, moi aussi!

—J'ai vraiment pensé que c'était lui le malfaiteur.

—Et même si c'est lui, cela n'a pas d'importance. Il m'a payé! Regardez … cent mille euros en traveller's chèques.

Expressions utiles

bien entendu	*of course*
dites donc	*hey! I say*
à vrai dire	*to tell the truth*
cela n'a pas d'importance	*that doesn't matter*

paquet-cadeau *gift-wrapped package* **l'arrière-boutique** *back of the store*

Avez-vous compris?

1. Pourquoi est-ce que la nouvelle employée est nerveuse pendant cette scène?
2. Décrivez la visite du client à la bijouterie. Comment est-il? Qu'est-ce qu'il achète?
3. Que fait la vieille dame pendant la scène?
4. Pourquoi Monsieur Rochet est-il content?

Quelques minutes plus tard …

L'employée va remettre la «collection Top Bijou» dans la vitrine. Elle a alors une surprise très désagréable.

—Monsieur Rochet, Monsieur Rochet!

—Qu'est-ce qu'il y a?

—Venez voir, les diamants ont disparu!

—Mon Dieu, ce n'est pas possible!

Monsieur Rochet est bien obligé de se rendre à l'évidence.° Il manque trois bagues serties° de gros diamants. Les trois bagues les plus chères de la boutique … Trois bagues qui valent° plus de trois cent mille euros chacune!

—J'appelle la police tout de suite!

Mots utiles

disparaître (disparu)	*to disappear*
paraître (paru)	*to appear*
grâce à	*thanks to*
ne … aucun(e)	*not any, no*
le lendemain	*the next day*
nier	*to deny*

Grâce à la signature sur les chèques et à la description donnée par Monsieur Rochet et son employée, la police n'a eu aucune difficulté à arrêter le client de la bijouterie.

Le lendemain, l'article suivant a paru dans *L'Écho du Centre:*

Chatel-Royan, 6 août

Le voleur de bijoux arrêté

La police a arrêté hier soir un certain Sven Ericsen, touriste suédois, de passage dans notre ville. M. Rochet, propriétaire de la bijouterie Top Bijou, et son employée, Mlle Picard, ont formellement identifié ce personnage comme étant° l'auteur d'un vol de trois bagues.

M. Ericsen a reconnu avoir rendu visite à la bijouterie, mais il nie catégoriquement le vol. Malgré° une longue perquisition° dans la chambre de M. Ericsen à l'Hôtel Excelsior, la police n'a pas encore retrouvé la trace des bijoux, à l'exception d'une bague que le touriste suédois affirme avoir payée en traveller's chèques.

se rendre à l'évidence *face facts* **serties** *set* **valent** *are worth*
comme étant *as (being)* **Malgré** *Despite* **perquisition** *search*

Avez-vous compris?

1. Quelle est la désagréable surprise de Mademoiselle Picard?
2. Qu'est-ce que Monsieur Rochet dit à la police?
3. Que dit l'article du 6 août?

Pour la dixième fois, une vieille dame relit l'article publié dans *L'Écho du Centre*. Cette vieille dame est la première cliente de la bijouterie. Elle pense: «La police n'a pas retrouvé les bijoux? Tiens, c'est curieux! Moi, je sais où ils sont. Mais d'abord, je dois vérifier quelque chose.»

Elle se lève et va téléphoner.

...

—Ah bon? Tu es absolument sûr? Alors, dans ce cas, je vais à la police immédiatement.

La vieille dame met son chapeau, prend sa canne et sort.

Une demi-heure plus tard, elle se trouve° dans le bureau de l'inspecteur.

—Alors, Inspecteur, est-ce que vous avez retrouvé les bijoux?

—Non, non, pas encore! Mais nous avons arrêté le voleur. Il n'a pas encore confessé son crime, mais ce n'est qu'une affaire de temps!

—Ce n'est pas parce que vous avez arrêté quelqu'un que cette personne est coupable.

se trouve *is*

Mots utiles

ce n'est qu'une affaire de temps	*it's only a matter of time*
coupable	*guilty*
faire erreur	*to make a mistake*
un passe-partout	*passkey*

—Qu'est-ce que vous dites? Le voleur a été formellement identifié par Monsieur Rochet et son employée.

—Je dis que vous faites erreur.

—Mais c'est impossible!

—Moi aussi, j'étais dans la bijouterie au moment de la disparition des bijoux. J'ai tout vu et je sais où sont les trois bagues de diamants.

—Mais …

—Suivez-moi,° Inspecteur.

—Mais, où allons-nous?

—À la bijouterie, pour la reconstitution du vol! Et n'oubliez pas de prendre votre passe-partout!

Suivez-moi *Follow me*

Avez-vous compris?

1. Que pense la vieille dame quand elle lit l'article?
2. À qui téléphone-t-elle?
3. Pourquoi est-ce qu'elle va voir l'inspecteur de police?

L'inspecteur Poiret et la vieille dame entrent dans la bijouterie. Monsieur Rochet est seul à l'intérieur.

—Bonjour, Inspecteur! Alors, vous avez retrouvé mes bijoux?

—Non, Monsieur Rochet. Mais madame prétend savoir où ils sont.

—Eh bien, où sont-ils?

La vieille dame prend la parole.

—Ils sont là … Dans ce tiroir!

Monsieur Rochet devient très pâle.

—Mais c'est impossible, madame.
Les bijoux ont été volés.
Le voleur a été arrêté!

L'inspecteur s'adresse au bijoutier:

—Ouvrez ce tiroir, s'il vous plaît.

Monsieur Rochet est devenu de plus en plus° pâle.

—Euh, c'est que j'ai laissé la clé chez moi.

La vieille dame se tourne alors vers l'inspecteur.

—Inspecteur, pouvez-vous ouvrir le tiroir?

L'inspecteur Poiret prend son passe-partout et ouvre le tiroir. À l'intérieur, tout au fond,° il y a trois magnifiques bagues. Monsieur Rochet paraît° très surpris.

—Ça alors! Mais qui a pu mettre les bagues dans ce tiroir? Vraiment, je ne comprends pas. Je vais demander à mon employée si elle a remarqué quelque chose.

La vieille dame lui répond:

—Allons, Monsieur Rochet, ne faites pas l'innocent. C'est vous-même° qui les avez mises dans le tiroir.

—Moi?

—Oui, vous! J'étais là. Je vous ai vu. Quand votre employée est allée dans l'arrière-boutique, vous avez discrètement sorti les bagues du plateau et vous les avez mises dans votre poche. Après le départ de votre client, vous avez mis les bagues dans le tiroir et vous l'avez fermé à clé.

Mots utiles

prétendre	*to claim*
prendre la parole	*to speak, take the floor*
le tiroir	*drawer*
faire l'innocent	*to act innocent*
une poche	*pocket*
l'assurance	*insurance*
simuler	*to fake*
fou (folle)	*crazy*

de plus en plus *more and more* **tout au fond** *all the way at the back*
paraît *looks, appears* **vous-même** *yourself*

—Mais, c'est ridicule! Pourquoi voler mes propres° bagues?

—À cause de° l'assurance! Hier après-midi, après le constat° de la police, vous avez téléphoné à votre compagnie d'assurance et vous avez réclamé un million d'euros.

—Mais comment savez-vous cela?

—Ce matin, j'ai téléphoné à mon cousin. C'est lui le directeur de votre compagnie d'assurance. Il m'a tout expliqué.

—Qu'est-ce que vous inventez là?

—Je n'invente rien. Vous êtes en difficultés financières. Vous avez besoin d'argent. Alors, vous profitez de la série de vols qui affligent° les bijoutiers de notre ville pour simuler un vol dans votre propre boutique.

Hier matin, vous avez vu entrer un client ressemblant vaguement au signalement de la police. C'était l'occasion idéale pour commettre votre crime!

—Cette femme est folle!

L'inspecteur intervient.

—C'est inutile, Monsieur Rochet. Suivez-moi au poste de police.

Avez-vous compris?

1. Où se trouvent les trois bagues ornées de diamants? Qui les a mises là?
2. Pourquoi Monsieur Rochet a-t-il simulé ce vol?

propres *own* **À cause de** *Because of* **constat** *report* **affligent** *afflict*

Épilogue

Sven Ericsen est rentré chez lui avec les excuses de la police.

La vieille dame a reçu° une médaille de la compagnie d'assurance et les félicitations du maire° de Chatel-Royan.

L'inspecteur Poiret a reçu une promotion.

Monsieur Rochet attend d'être jugé.

a reçu *received* **maire** *mayor*

READING STRATEGY **L'Art de la lecture**

If you look in a dictionary, you will notice that many English words have two or more meanings. For example, a *bat* might be either something you play baseball with or a small flying animal. When you encounter the word *bat* in an English sentence, you know from the CONTEXT which meaning is appropriate. When people are afraid of bats, you know they are not scared of sports equipment.

Similarly, if you look up a French word in a dictionary, you will often discover that it has several meanings. For example, **un vol** could be a *theft* or *a flight*. However, in the phrase **nous arrivons sur le vol 23 d'Air France**, the word **vol** can only mean *flight*. As in English, it is the context that helps you decide which meaning is appropriate.

Exercice de lecture

Select the appropriate meaning of the key word in each of the following sentences.

1. arrêter a. *to arrest* b. *to stop*

- La police **a arrêté** le voleur.
- Le gendarme **a arrêté** la voiture.

2. arriver a. *to arrive* b. *to happen*

- L'accident **est arrivé** hier à 11 heures.
- Mon cousin **est arrivé** hier à 11 heures.

3. assurance *(f.)* a. *assurance* b. *insurance*

- Jacques parle avec beaucoup d'**assurance.**
- Jacques a acheté beaucoup d'**assurance.**

4. porter a. *to wear* b. *to carry*

- La dame **portait** un imper.
- La dame **portait** son enfant.

5. temps *(m.)* a. *time* b. *weather*

- Nous allons trouver le voleur. C'est une question de **temps.**
- Je ne sais pas si nous pouvons faire du ski. Ça dépend du **temps.**

IMAGES DU MONDE FRANCOPHONE

L'AFRIQUE

Le français en Afrique

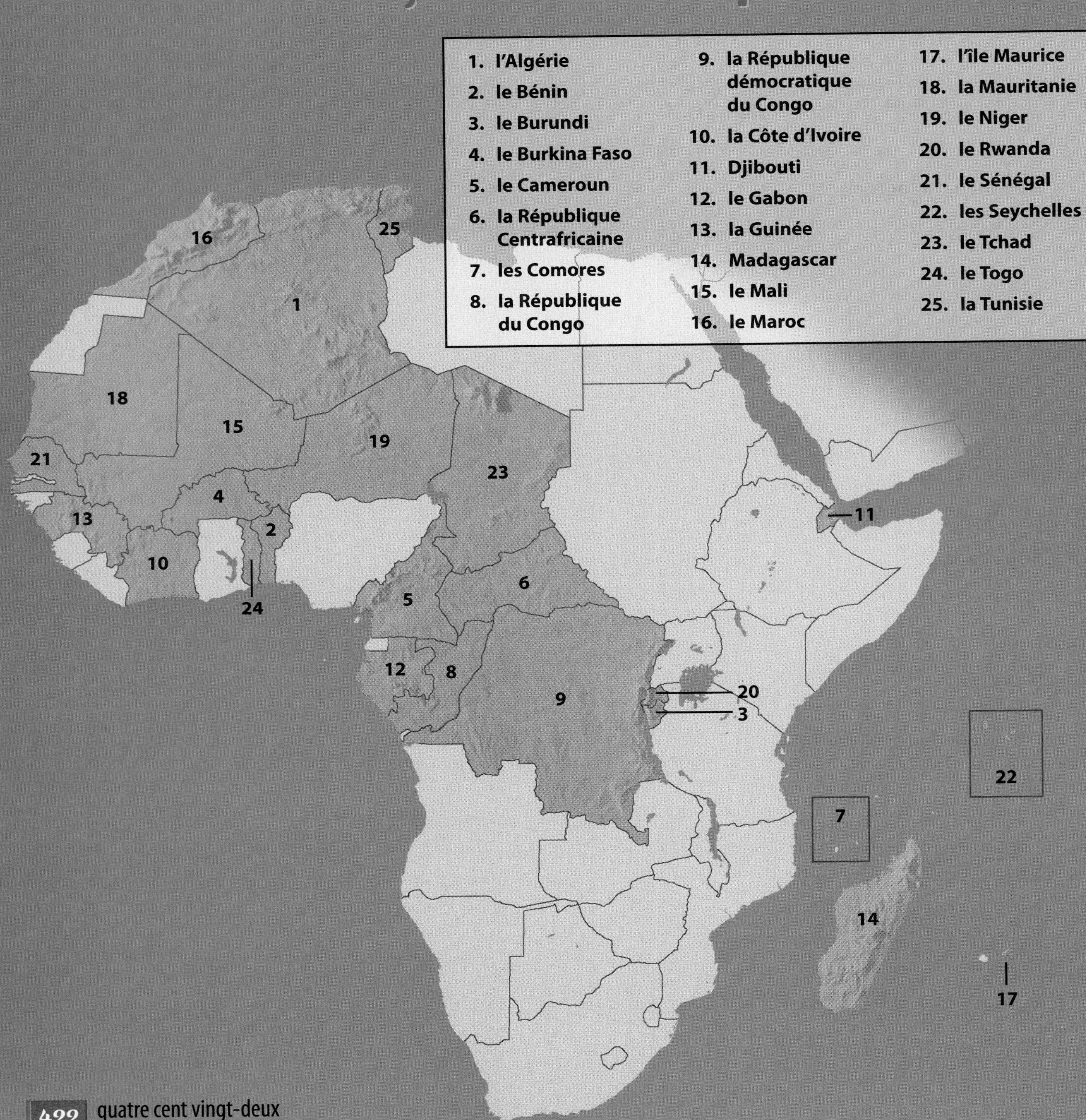

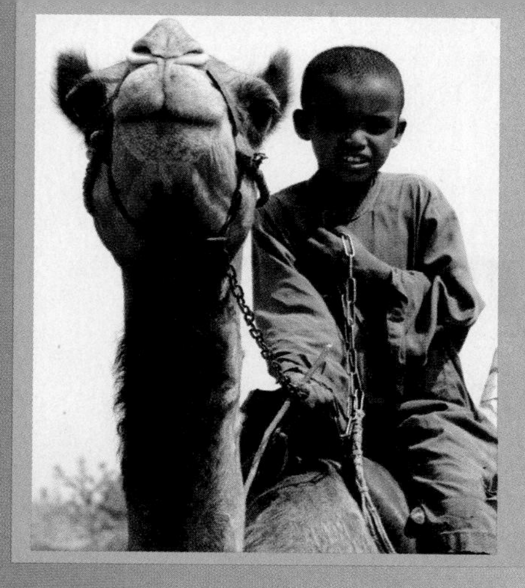

C'est en Afrique que le domaine du français est géographiquement le plus étendu.° Une vingtaine de pays africains utilisent cette langue à titres divers.° Dans certains pays, le français est la langue officielle ou administrative (exclusivement ou avec d'autres langues nationales). Dans d'autres pays, le français est utilisé comme langue d'enseignement° dans le système public. Dans tous ces pays, le français est souvent utilisé dans le commerce et l'industrie.

l'Algérie

le Bénin

le Burundi

le Burkina Faso

le Cameroun

la République Centrafricaine

les Comores

la République du Congo

la République démocratique du Congo

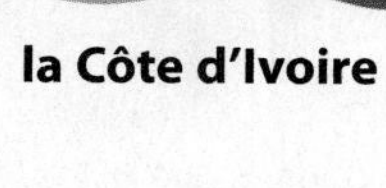

la Côte d'Ivoire

Djibouti

le Gabon

la Guinée

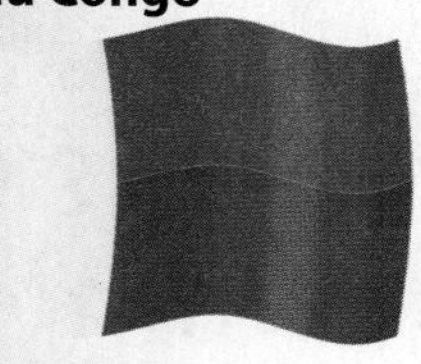

Madagascar

le Mali

le Maroc

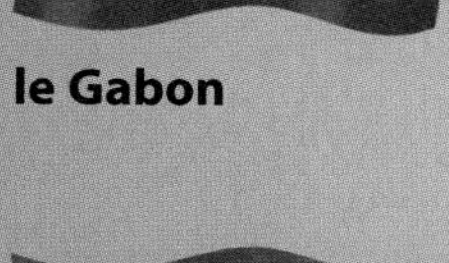

l'île Maurice

la Mauritanie

le Niger

le Rwanda

le Sénégal

les Seychelles

le Tchad

le Togo

la Tunisie

étendu *widespread* **à titres divers** *in different ways* **enseignement** *instruction*

L'Afrique occidentale

Un peu d'histoire

L'histoire de l'Afrique occidentale est très ancienne. On sait, par exemple, qu'un vaste royaume° existait au neuvième siècle° dans la région du Sénégal actuel. Ce royaume s'appelait le royaume de Tekrour. Au dixième siècle, les Arabes sont arrivés dans cette région et ils ont converti ses habitants à l'Islam. Au quatorzième siècle, des marins° français ont exploré la Côte d'Ivoire (qu'on appelait alors la «côte des dents», c'est-à-dire des dents d'éléphant) pour faire le commerce de l'ivoire. À partir du° quinzième siècle, les Portugais, les Hollandais, les Anglais et les Français ont établi des comptoirs° sur les côtes d'Afrique. Au dix-septième et dix-huitième siècles, ces Européens ont fait le commerce des esclaves° avec leurs colonies d'Amérique.

Dans la seconde moitié° du dix-neuvième siècle, la France a colonisé une grande partie de l'Afrique occidentale. Dans ses colonies, elle a établi une administration et un système d'enseignement public. En 1960, les colonies françaises d'Afrique sont devenues des républiques indépendantes. Aujourd'hui, tous ces pays sont membres des Nations unies.

Le rôle du français en Afrique occidentale

Après l'indépendance, les pays d'Afrique occidentale ont conservé° le français comme langue officielle. Pourquoi? La raison est très simple. La population de ces pays est composée d'un grand nombre de tribus qui parlent généralement des dialectes différents. Pour faciliter la communication entre ces tribus et ainsi promouvoir° l'unité nationale, il était nécessaire d'adopter une langue commune. Pour cela, on a choisi le français.

Dans la majorité des pays africains, l'instruction est faite en français. Chez eux, les jeunes Africains parlent la langue locale, mais à l'école secondaire ils font leurs études en français. Aujourd'hui, le français est non seulement une langue d'enseignement. C'est la langue utilisée dans le commerce, dans les journaux, à la radio et à la télévision.

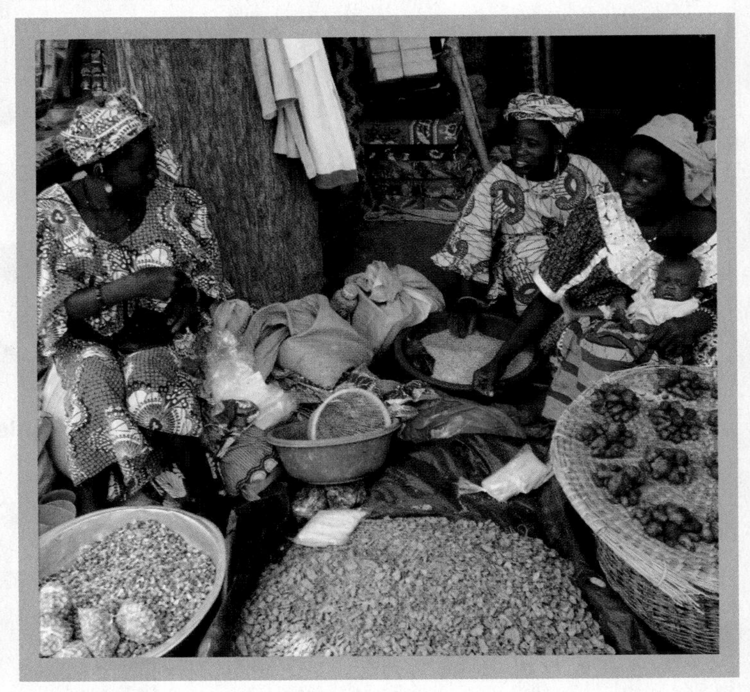

Bamako, Mali

royaume *kingdom* **siècle** *century* **marins** *sailors* **À partir du** *Beginning with the* **comptoirs** *trading centers* **esclaves** *slaves* **moitié** *half*
ont conservé *kept* **promouvoir** *to promote*

L'Afrique du nord

Le Maroc, l'Algérie et la Tunisie

constituent l'Afrique du nord ou le Maghreb. La majorité des habitants de ces pays sont arabes et pratiquent la religion musulmane.° Beaucoup d'Algériens, de Marocains et de Tunisiens travaillent en France où ils représentent un pourcentage important de la population immigrée.

L'Algérie est le plus grand pays du Maghreb. Une vaste partie de son territoire est occupée par le Sahara, un immense désert de sable.° L'Algérie est membre de l'OPEP (Organisation des Pays Exportateurs de Pétrole). Elle exporte son pétrole et son gaz naturel en France et aussi aux États-Unis.

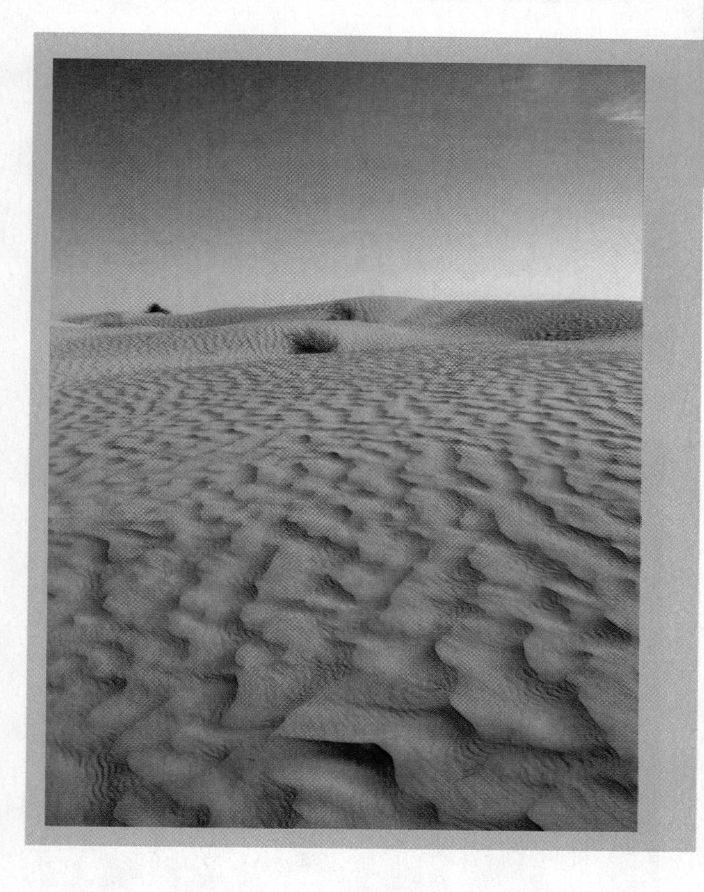

CONNEXIONS

Les pays d'Afrique francophone

En groupes de deux ou troix, choisissez un pays d'Afrique où le français est utilisé et préparez un poster sur ce pays. Ce poster peut contenir ...

- une carte du pays
- des informations de base (population, langues, religions, histoire et géographie, économie)
- des photos et illustrations

Sources: encyclopédies, brochures touristiques, Internet, etc.

musulmane *Moslem* **sable** *sand*

IMAGES DU MONDE FRANCOPHONE

90% des **Sénégalais** sont musulmans. À l'heure de la prière,° les fidèles° s'agenouillent° en direction de la Mecque,° la ville sainte° de l'Islam.

Les Dakaroises ont la réputation d'être très élégantes. Ces femmes portent un «boubou» qui est le costume traditionnel du pays. C'est une longue tunique généralement ornée° de broderies.°

Le baobab est éternel comme l'Afrique. (Certains baobabs peuvent vivre° jusqu'à° 5 000 ans!) C'est un arbre très utile. On mange ses fruits. On utilise son écorce° pour faire des cordes. On utilise ses feuilles° dans la préparation de certains plats et de certains médicaments. Finalement, avec la calebasse, qui est son fruit séché° et vidé,° on fait des récipients et des instruments de musique.

Le «griot» est un personnage typiquement africain. Il est poète, musicien, historien … Son prestige est très grand dans la société traditionelle d'Afrique de l'ouest. Chaque village a son griot. Il assiste à toutes les cérémonies religieuses et familiales. Là, il écoute et il raconte.° Aujourd'hui, il raconte une fable. Dans cette fable, il met en scène° les animaux de la savane et de la forêt: le lion, l'éléphant, la gazelle, la girafe, le singe° … Évidemment,° ces animaux sont des symboles. Ils représentent en réalité les habitants du village ou leurs ancêtres. Chacun comprend le sens de la fable. On rit° ou on pleure° …

Le griot joue un rôle très important. C'est lui qui transmet l'histoire et les traditions orales des villages d'Afrique.

prière *prayer* **fidèles** *faithful* **s'agenouillent** *kneel* **Mecque** *Mecca* **sainte** *holy* **ornée** *decorated* **broderies** *embroidery* **vivre** *live* **jusqu'à** *up to* **écorce** *bark* **feuilles** *leaves* **séché** *dried* **vidé** *emptied out* **raconte** *tells stories* **met en scène** *puts on stage, features* **singe** *monkey* **Évidemment** *Obviously* **rit** *laughs* **pleure** *cries*

Images d'Afrique

Les Touareg sont les hommes du désert. Ces courageux nomades accompagnent les caravanes qui traversent° le Sahara. À cause de la couleur de leurs vêtements, on les appelle les «hommes bleus».

Abidjan est la capitale économique de la Côte d'Ivoire. Elle avait 120 000 habitants en 1960. Aujourd'hui, elle en a 4 000 000. C'est l'une des villes les plus modernes et les plus dynamiques d'Afrique.

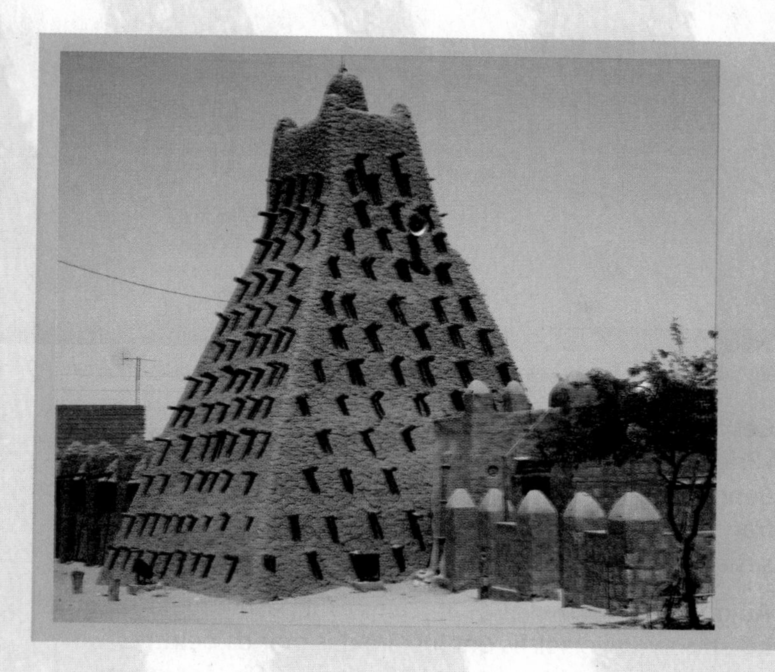

Située au terminus de la route des caravanes transsahariennes, la mystérieuse ville de **Tombouctou** était autrefois° la capitale du puissant° empire du Mali. Avec sa célèbre° université coranique et ses riches bibliothèques, Tombouctou était aussi le centre d'une brillante vie° culturelle, intellectuelle et religieuse, basée sur l'enseignement° de l'Islam. La mosquée de Sankoré date du quinzième (15e) siècle.° C'était le centre de cette université où d'éminents professeurs enseignaient° la théologie, l'astronomie, l'histoire et les mathématiques à 25 000 étudiants du monde° islamique.

CONNEXIONS L'Islam

L'Islam, ou religion musulmane, est la principale religion de l'Afrique de l'ouest. En groupe de deux ou trois, préparez un petit rapport sur l'un des sujets suivants:

- le Coran
- les cinq piliers de l'Islam
- l'histoire de l'Islam en Afrique de l'ouest.

Sources: L'Internet, encyclopédies.

traversent *cross* **autrefois** *in the past* **puissant** *powerful* **célèbre** *famous* **vie** *life* **enseignement** *teaching* **siècle** *century* **enseignaient** *taught* **monde** *world*

Masques africains

«Masques! O Masques
Masque noir masque rouge, vous masques blanc-et-noir
Masques aux quatre points° d'où souffle° l'Esprit
Je vous salue dans le silence!»

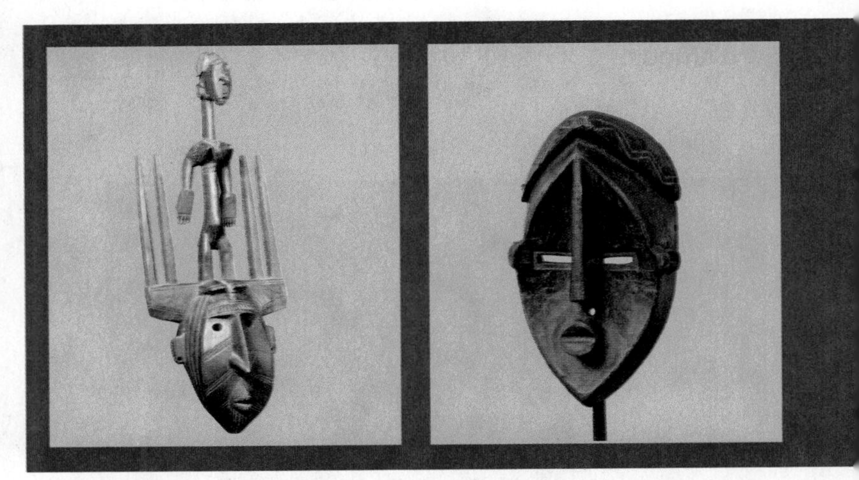

Boy's initiation, Pole dance mask *Female Lwalwa mask, Southern Congo*

Ces lignes sont les premiers vers° d'un poème intitulé «Prière aux masques». Ce poème a été écrit par Léopold Senghor, l'un des grands poètes africains d'expression française. Dans ce poème, Senghor évoque l'Afrique de ses ancêtres.

Aujourd'hui, les masques africains font partie du patrimoine° artistique universel. Ils ont inspiré des grands peintres européens comme Picasso et Modigliani. On les trouve dans les plus grands musées du monde. Mais en Afrique, le masque n'est pas un objet artistique. C'est avant tout° un objet religieux.

points *directions* **souffle** *blows* **vers** *lines* **patrimoine** *heritage* **avant tout** *above all*

Selon les religions africaines, la destinée humaine est déterminée par des forces surnaturelles° toujours présentes autour de° nous. Le masque représente le moyen° d'entrer en communication avec ces forces et surtout avec l'esprit des ancêtres. Les masques sont particulièrement importants aux moments critiques de l'existence individuelle et collective: naissance, passage de l'adolescence à l'âge adulte, mariage, funérailles pour l'individu; saison des récoltes° ou période de la chasse° pour le village. À ces moments-là, des cérémonies rituelles sont organisées où les participants portent des masques pour obtenir la protection des déités.

Les masques africains sont très variés. La majorité sont en bois,° mais il y a des masques en bronze et des masques en cuivre.° Certains représentent des figures humaines. D'autres représentent des animaux: lions, girafes, antilopes, boeufs,° crocodiles. Il y a des masques simples et des masques très complexes. Certains ont des formes abstraites; d'autres sont très réalistes et très détaillés. Chaque village et chaque tribu a son style. La variété des masques africains est infinie.

Punu funerary mask

Fang mask, Ivory Coast

Baoule mask, Ivory Coast

Kwele tribe mask, Congo

CONNEXIONS Masques africains

Comme projet de classe, préparez une exposition avec des illustrations de masques africains. Pour chaque masque, donnez:

- l'origine
- le(s) matériau(x) utilisé(s)
- une brève description de ce masque

Source: Livres sur l'art africain; sites Internet

surnaturelles *supernatural* **autour de** *around* **moyen** *means* **récoltes** *harvest* **chasse** *hunting*
bois *wood* **cuivre** *brass* **boeufs** *oxen*

IMAGES DU MONDE FRANCOPHONE

Rencontre avec René Philombe

René Philombe (1930-2001) est un poète camerounais. Dans le poème suivant, il exprime avec beaucoup de sensibilité° l'universalité de la race humaine.

L'homme qui te ressemble

J'ai frappé° à ta porte
J'ai frappé à ton coeur
pour avoir bon lit
pour avoir bon feu°
pourquoi me repousser?°
Ouvre-moi° mon frère! …

Pourquoi me demander
si je suis d'Afrique
si je suis d'Amérique
si je suis d'Asie
si je suis d'Europe?
Ouvre-moi mon frère! …

Pourquoi me demander
la longueur° de mon nez
l'épaisseur° de ma bouche
la couleur de ma peau°
et le nom de mes dieux?°
Ouvre-moi mon frère! …

Je ne suis pas un noir
je ne suis pas un rouge
je ne suis pas un jaune
je ne suis pas un blanc
mais je ne suis qu'un° homme
Ouvre-moi mon frère! …

Ouvre-moi ta porte
Ouvre-moi ton coeur
car je suis un homme
l'homme de tous les temps
l'homme de tous les cieux°
l'homme qui te ressemble! …

Petites gouttes de chant pour créer l'homme,
in *Le Monde,* 8 février 1973

ACTIVITÉ

1. Expliquez le message de ce poème.
2. Expliquez la simplicité de ce poème.
3. Expliquez la beauté de ce poème.

sensibilité *sensitivity* **J'ai frappé** *I knocked* **bon feu** *warm fire*
repousser *push away* **Ouvre-moi** *Open up for me*
longueur *length* **épaisseur** *thickness* **peau** *skin* **dieux** *gods*
je ne suis qu'un … *I am only a …* **cieux** *heavens*

LE SAVEZ-VOUS?

1. Les pays d'Afrique du Nord sont l'Algérie, la Tunisie et …
   a. le Niger
   b. le Maroc
   c. le Sénégal
2. Un autre nom pour l'Afrique du nord est …
   a. le Maghreb
   b. le Burkina Faso
   c. la République démocratique du Congo
3. La majorité des habitants d'Afrique du nord sont …
   a. protestants
   b. catholiques
   c. musulmans
4. L'Algérie produit et exporte …
   a. du pétrole
   b. du coton
   c. des automobiles
5. Les pays d'Afrique occidentale sont devenus indépendants …
   a. en 1880
   b. en 1910
   c. en 1960

6. Au Sénégal et dans les pays africains d'expression française, l'enseignement à l'école secondaire est fait principalement …
   a. en anglais
   b. en français
   c. en langue locale
7. Le «griot» est …
   a. un village africain
   b. un légume tropical
   c. un homme qui raconte des fables
8. Le baobab est …
   a. un animal
   b. un arbre
   c. une plante
9. Le «boubou» est …
   a. un vêtement
   b. un fruit
   c. un sorcier
10. Les Touareg sont …
    a. des médecins
    b. des administrateurs
    c. des nomades du Sahara

11. Abidjan est une grande ville …
    a. de la Tunisie
    b. du Sénégal
    c. de la Côte d'Ivoire
12. Il y avait une célèbre université coranique à …
    a. Dakar
    b. Tombouctou
    c. Abidjan
13. Pour les Africains, les masques sont des objets …
    a. artistiques
    b. religieux
    c. de la vie courante

Unité 8

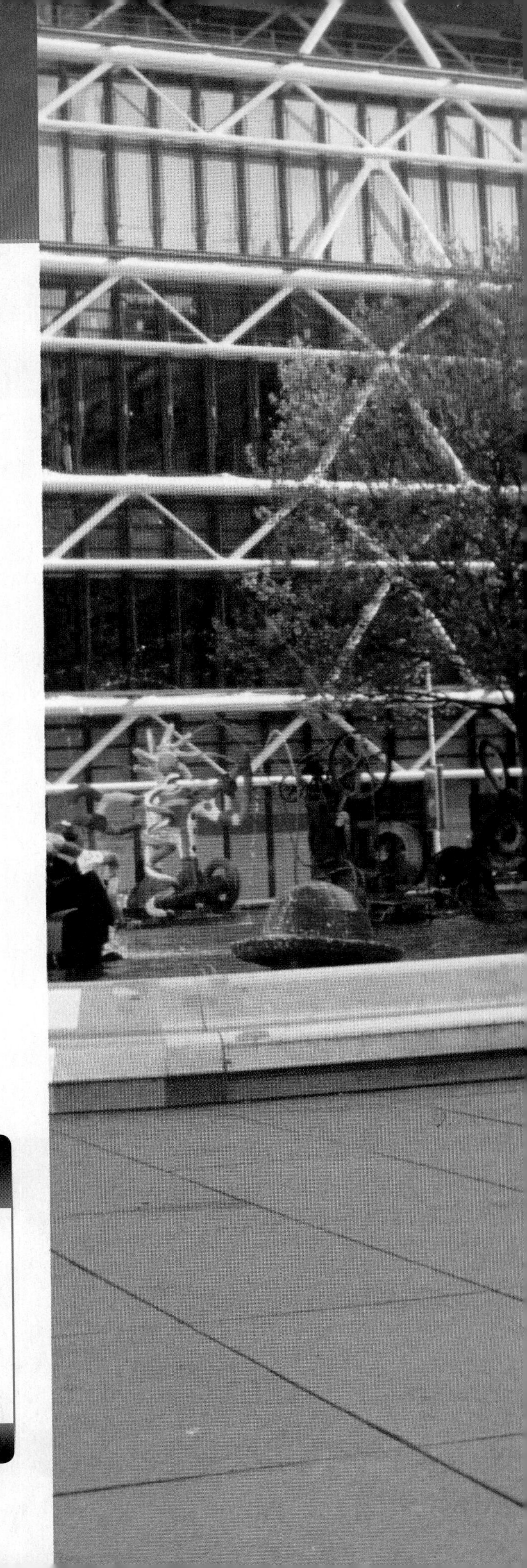

Bonnes vacances!

THÈME ET OBJECTIFS

Culture

In this unit, you will learn what young French people like to do during the summer vacation and where they go.

Communication

You will learn how ...

- to plan a camping trip
- to describe your vacation plans
- to travel by train or plane
- to name many countries of the world

You will also learn how ...

- to talk about your plans and to describe what you will do in the future
- to discuss what you would do under a variety of circumstances

DIGITAL FRENCH my.hrw.com
ONLINE STUDENT EDITION with...

performance space
News + Networking
@HOMETUTOR

- Audio Resources
- Video Resources
- Interactive Flashcards
- WebQuest

PRACTICE FRENCH WITH HOLT MCDOUGAL APPS!

Leçon 29

LE FRANÇAIS PRATIQUE

DVD  AUDIO 

Culture

Les vacances et les voyages

Aperçu culturel ... Les Français en vacances

Les «grandes vacances» commencent en juillet et finissent en septembre. Pour beaucoup de Français, c'est la période la plus importante de l'année. Les adultes ont cinq semaines de vacances payées par leurs compagnies. Pendant cette période, ils ne restent pas chez eux. Beaucoup quittent les villes et vont de préférence à la mer. D'autres vont à la campagne et à la montagne où ils font du «tourisme vert», c'est-à-dire, des excursions dans la nature.

Les «grands départs»

1. Le 1er juillet, le 15 juillet et le 1er août sont les jours de « grands départs». Ces jours-là, des millions de Français partent en vacances, par le train ou en voiture.

2. À la différence des jeunes Américains, la majorité des jeunes Français ne travaillent pas pendant les vacances. En général, ils voyagent avec leurs parents. Les plus jeunes vont en colonies de vacances. Les « colos» , ou centres de vacances, sont organisées par les écoles, les municipalités ou les entreprises où travaillent leurs parents. En colonie de vacances, les jeunes pratiquent toutes sortes de sports: natation, voile, canoë, etc.

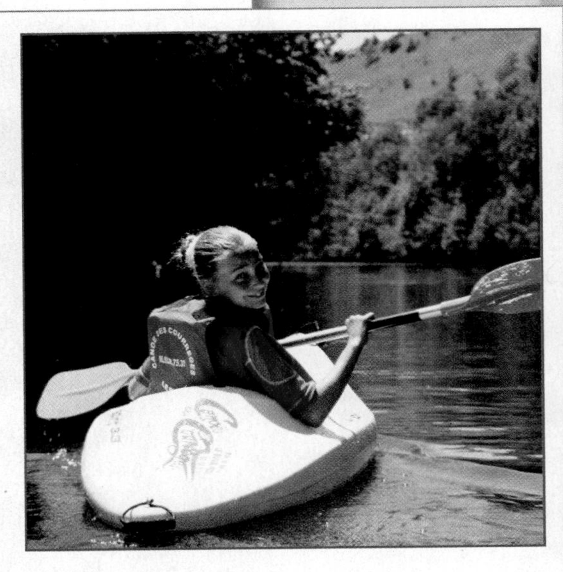

En colonie de vacances

@HOMETUTOR my.hrw.com

3. Où loger pendant les vacances? On peut aller chez des amis, louer une villa ou aller à l'hôtel. Une autre solution, extrêmement populaire en France, est de faire du camping. La France est le pays d'Europe qui a le plus grand nombre de terrains de camping: 9 000 au total! En général, ces terrains de camping sont très bien équipés. Certains ont une piscine, des terrains de sport, des salles de jeux et même des restaurants et des boutiques.

Un terrain de camping près de la mer

Une auberge de jeunesse près du Mont-Saint-Michel

4. Chaque année des millions d'étudiants étrangers visitent la France. Ils viennent principalement d'Angleterre, d'Allemagne, d'Italie et des États-Unis. Beaucoup sont logés dans des familles françaises. Ceux qui préfèrent voyager peuvent aller dans les «auberges de jeunesse». Ces auberges offrent un logement qui est bon marché et relativement confortable. Un autre avantage important est qu'on y rencontre d'autres jeunes de tous les pays du monde.

Le TGV en Gare de Lyon

5. Pour beaucoup de jeunes Américains, le train est le moyen de transport le plus pratique, le plus économique et le plus rapide pour visiter la France et les autres pays d'Europe. En achetant un «Eurailpass», ils peuvent faire un nombre illimité de voyages dans 23 pays différents.

COMPARAISONS *Culturelles*

Comparez les vacances en France et aux États-Unis pour les adultes et pour les jeunes. Quelles sont les différences et les similarités?

Et vous?

Imaginez que vous avez l'occasion de passer deux semaines en France. Est-ce que vous préférez loger dans une famille française pendant quinze jours ou est-ce que vous préférez explorer la France avec un «Eurailpass» et dormir dans les auberges de jeunesse? Expliquez.

A VOCABULAIRE Les vacances

—Où vas-tu aller pendant les vacances?

Je vais aller | **à la mer.**
à la montagne
à la campagne

la mer *ocean, sea*
la montagne *mountains*

Où vas-tu aller en vacances?

Je vais aller à la mer.

—Combien de temps est-ce que tu vas rester là-bas?

Je vais passer | quinze jours.
trois semaines
deux mois

FLASH d'information

15 jours = 2 weeks
8 jours = 1 week

—Où est-ce que tu vas rester?

Je vais | **loger** à l'hôtel.
loger chez des amis
louer une caravane
louer **une villa**
faire du camping

loger *to stay (have a room)*
louer *to rent*
une caravane *camping trailer*
une villa *country house*

—Est-ce que tu es **prêt(e) à** partir?

prêt à *ready to*

Oui, j'ai | mon **passeport.**
mon **visa**
une carte de la région

J'ai fait mes valises.

une carte *map*
une valise *suitcase*
faire ses valises *to pack*

Le camping

transporter *to carry*
utiliser *to use*

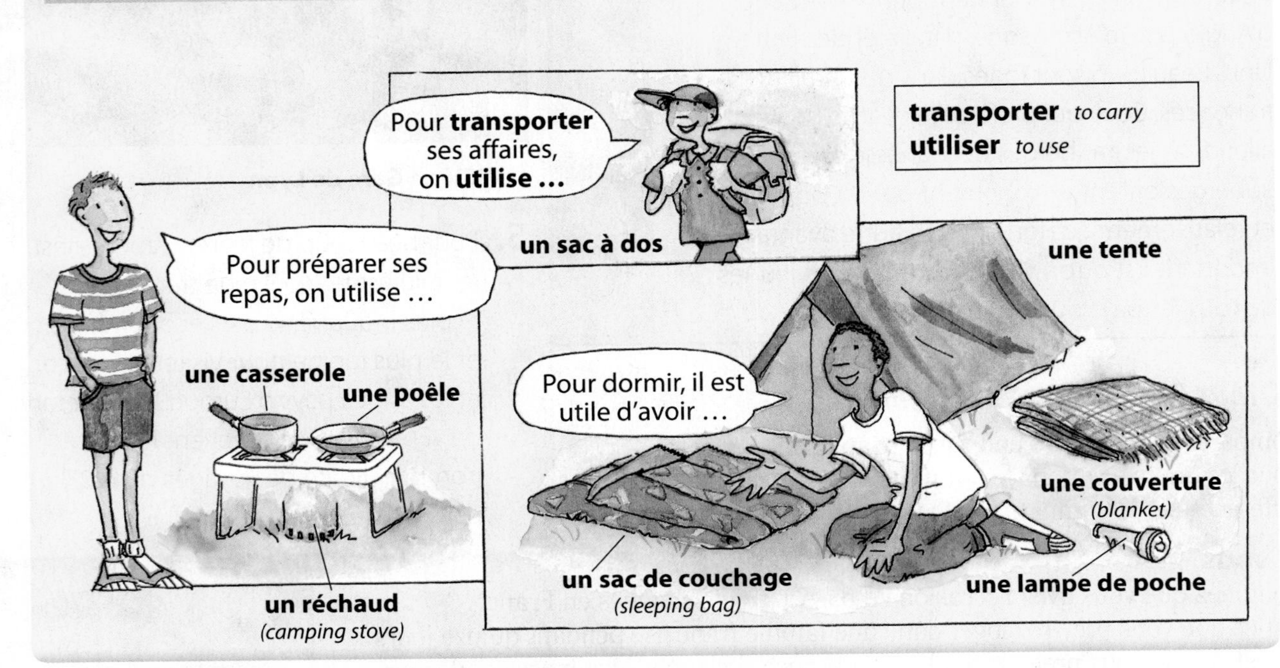

@HOMETUTOR
my.hrw.com

1 Et vous?

PARLER/ÉCRIRE Complétez les phrases en exprimant votre opinion personnelle.

1. Je préfère passer les vacances …
- à la mer
- à la montagne
- à la campagne

2. Je préfère voyager avec …
- un sac à dos
- une petite valise
- beaucoup de valises

3. Quand on visite une grande ville, il est préférable de …
- loger à l'hôtel
- loger chez des amis
- louer un appartement

4. Quand on passe les vacances à la mer, il est préférable de …
- loger à l'hôtel
- louer une villa
- faire du camping

5. Quand on veut visiter l'ouest des États-Unis, il est préférable de voyager …
- en train
- en bus
- en caravane

6. Quand on est sur une île déserte, l'objet le plus utile est …
- une lampe de poche
- un sac de couchage
- un réchaud

7. Quand on est perdu dans la campagne, l'objet le plus utile est …
- une couverture
- une carte de la région
- une lampe de poche

8. Si on veut aller en France, il est nécessaire d'avoir …
- un passeport
- une carte de France
- beaucoup de valises

2 Le matériel de camping

PARLER/ÉCRIRE Complétez les phrases suivantes.

1. Pour voir la nuit, on utilise …
2. Pour transporter ses vêtements, on utilise …
3. On peut dormir dans …
4. Quand il fait froid le soir, on peut s'envelopper *(wrap oneself up)* dans …
5. Quand il pleut, on va dans …
6. On fait frire *(fry)* les oeufs dans …
7. On fait cuire *(cook)* les spaghetti dans …
8. On fait la cuisine sur …

3 Questions personnelles **PARLER/ÉCRIRE**

1. Est-ce que tu as déjà voyagé en caravane? À quelle occasion? À ton avis, quels sont les avantages et les désavantages de voyager en caravane?
2. Est-ce que tu as déjà fait du camping? Quand? Où? Avec qui? Est-ce que tu as aimé cette expérience? Pourquoi ou pourquoi pas?
3. Est-ce que tu as un sac à dos? Quand est-ce que tu l'utilises? En général, qu'est-ce que tu transportes dedans *(in it)*?
4. Est-ce que tu as un sac de couchage? Quand est-ce que tu l'utilises? À ton avis, est-ce qu'on dort bien dans un sac de couchage?
5. À ton avis, quels sont les avantages et les désavantages de faire du camping?

B VOCABULAIRE Les voyages à l'étranger 

—Qu'est-ce que tu vas faire cet été?

Je vais | aller
voyager
faire un voyage
faire un séjour | **à l'étranger.**

> **à l'étranger** *abroad*
>
> **faire un voyage** *to take a trip*
> **faire un séjour** *to spend some time*

—Quels pays est-ce que tu vas visiter?
Je vais visiter la France, le Portugal et l'Espagne.

Un peu de géographie

un continent
- **un état** *(state)*
- **un pays** *(country)*

une région

le nord, **le nord-ouest**, **le nord-est**, **l'ouest**, **l'est**, **le sud-ouest**, **le sud-est**, **le sud**

l'Amérique du Nord
- **le Canada**
- **le Mexique**
- **les États-Unis**

l'Amérique Centrale
- **le Guatemala**

l'Amérique du Sud
- **l'Argentine**
- **le Brésil**

l'Australie

l'Europe
- **l'Allemagne** *(Germany)*
- **l'Angleterre** *(England)*
- **la Belgique** *(Belgium)*
- **l'Espagne** *(Spain)*
- **la France**
- **l'Irlande**
- **le Portugal**
- **la Suisse** *(Switzerland)*
- **la Russie**

l'Afrique
- **l'Égypte**
- **le Sénégal**

le Moyen Orient *(Middle East)*
- **Israël**
- **le Liban**

l'Asie
- **le Cambodge**
- **la Chine**
- **la Corée** *(Korea)*
- **l'Inde** *(India)*
- **le Japon**
- **le Viêt-Nam**

@HOMETUTOR
my.hrw.com

➔ In French, most geographical names *(except names of cities and small islands)* are introduced by a definite article.

Le Vermont est un état de la Nouvelle-Angleterre.
Le Mississippi est un très grand fleuve *(river)*.

➔ Names of countries and states that end in **-e** are generally FEMININE.

la France   **la** Louisiane

EXCEPTIONS: **le Mexique, le Cambodge, le Maine, le Nouveau-Mexique**

Other geographical names are MASCULINE.

le Japon   **le** Colorado

4 Le jeu des capitales

PARLER/ÉCRIRE Choisissez une capitale et faites correspondre cette capitale avec son pays.

▶ **Tokyo est la capitale du Japon.**

CAPITALES	
Mexico	Ottawa
Bruxelles	Washington
Rome	Londres
Dakar	Berlin
Le Caire	Moscou
▶ Tokyo	Lisbonne
Beijing	Beyrouth

PAYS	
le Canada	l'Allemagne
le Mexique	l'Angleterre
le Japon	l'Égypte
le Liban	l'Italie
le Portugal	la Belgique
le Sénégal	la Chine
les États-Unis	la Russie

5 Tourisme

PARLER/ÉCRIRE Utilisez les renseignements *(information)* suivants et dites quel pays les personnes ont visité.

▶ Vincent a pris des photos du Kremlin.
Il a visité la Russie.

1. Sabine a fait une croisière *(cruise)* sur le Nil.
2. Nous avons acheté des cartes postales de Venise.
3. Nous avons écouté un orchestre de mariachi.
4. Vous avez pris des photos du Palais de Buckingham.
5. J'ai fait une promenade sur la Grande Muraille *(wall)*.
6. Tu as vu les vestiges du Mur de Berlin.
7. Nous avons visité les temples bouddhistes à Kyoto.
8. Mes cousins sont allés au Grand Canyon.

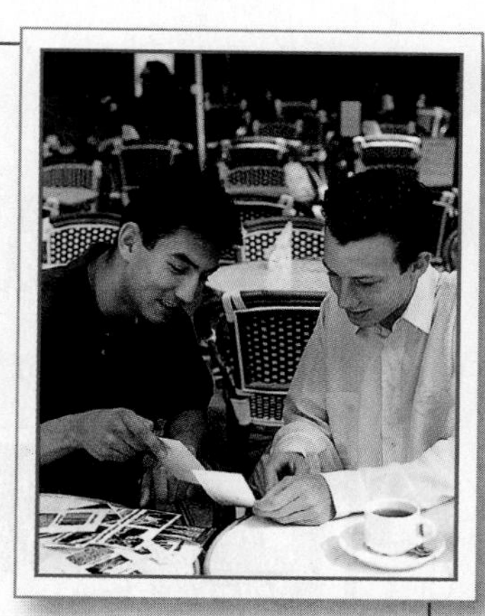

6 Questions personnelles PARLER/ÉCRIRE

1. Dans quelle région des États-Unis est-ce que tu habites? (l'est? le nord-est? …)
2. Est-ce que tu as visité le Colorado? la Californie? la Floride? le Kentucky? le Vermont?
3. Comment s'appelle l'état où tu habites? Quelle est sa capitale?
   Quels sont les états environnants *(neighboring)*?
4. Quels états aimerais-tu visiter? Pourquoi?

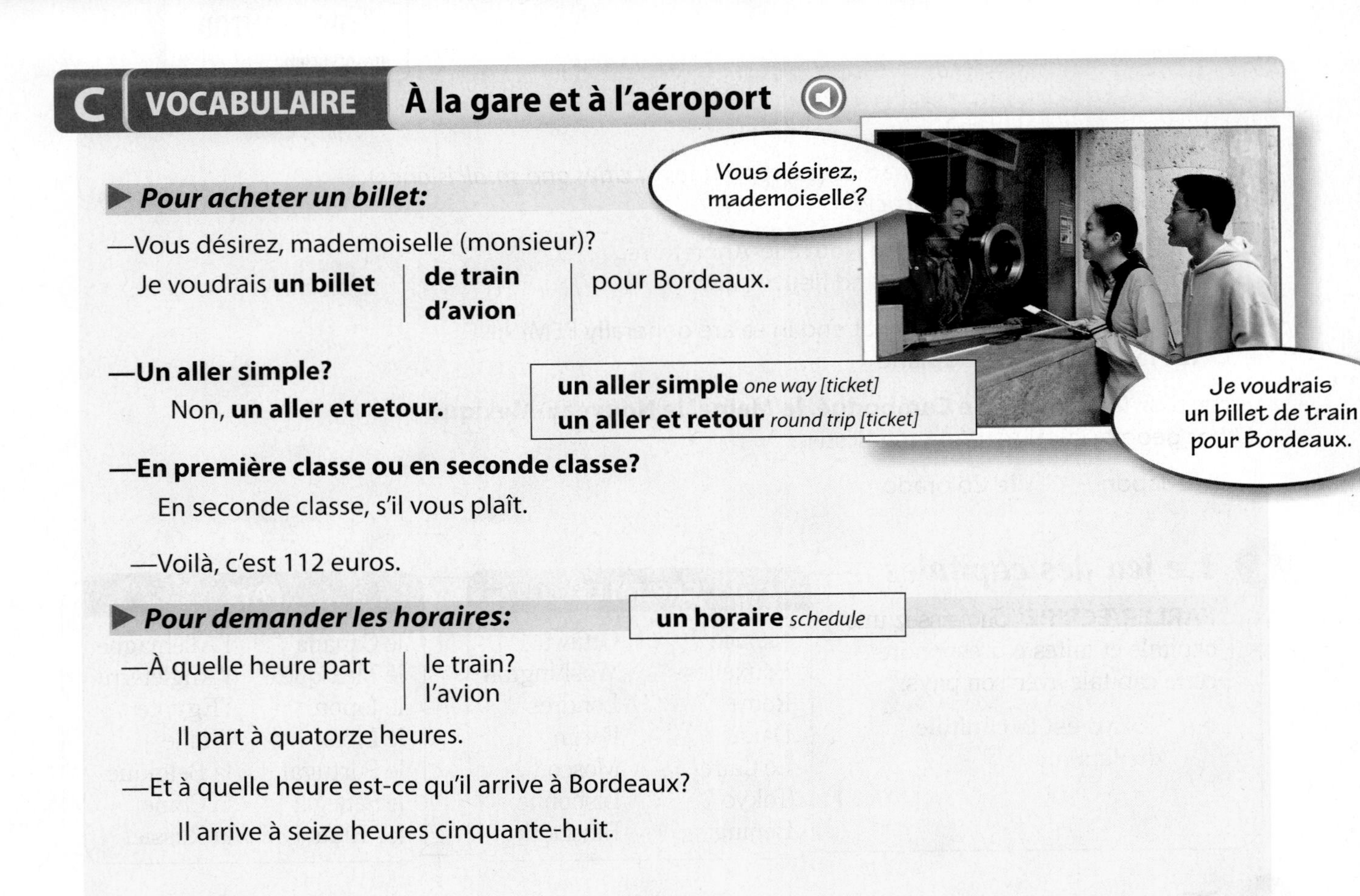

C VOCABULAIRE À la gare et à l'aéroport

▶ ***Pour acheter un billet:***

—Vous désirez, mademoiselle (monsieur)?

Je voudrais **un billet** | **de train** / **d'avion** | pour Bordeaux.

—Un aller simple?

Non, **un aller et retour.**

un aller simple *one way [ticket]*
un aller et retour *round trip [ticket]*

—En première classe ou en seconde classe?

En seconde classe, s'il vous plaît.

—Voilà, c'est 112 euros.

▶ ***Pour demander les horaires:***

un horaire *schedule*

—À quelle heure part | le train? / l'avion

Il part à quatorze heures.

—Et à quelle heure est-ce qu'il arrive à Bordeaux?

Il arrive à seize heures cinquante-huit.

Au jour le jour

RÉSERVEZ VOTRE VOYAGE

○ Aller simple ◉ Aller-retour

Départ* Paris
Arrivée* Rennes

Aller le* 10/03/2013
Retour le* 18/03/2013

○ 1e class ◉ 2e class

Nombre de passagers 2

RÉSERVEZ

Départ le	le 10/03/2013		
Départ à	07h15	09h12	12h56
À partir de	45,00€	27,00€	22,00€
Durée	02h05	02h05	02h05
Voyage	TGV	TGV	TGV
Retour le	**le 18/03/2013**		
Départ à	15h14	16h20	17h58
À partir de	22,00€	35,00€	55,00€
Durée	02h05	02h06	02h05
Voyage	TGV	TGV	TGV

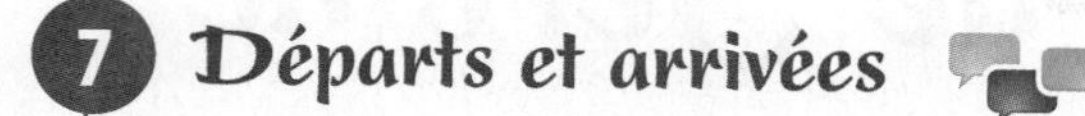

7 Départs et arrivées

PARLER Le TGV (train à grande vitesse) est un train très moderne et très rapide. Vous êtes à Paris avec des copains.

Vous devez aller à Rennes ensemble. Vous devez choisir votre heure de départ et de retour. Vous discutez entre vous pour vous mettre d'accord. Utilisez les informations ci-dessous.

▶

8 Au guichet *(At the ticket window)*

PARLER Vous allez voyager en TGV. Choisissez une destination,le type de billet (aller simple ou aller et retour) et la classe (première/seconde),et puis achetez votre billet. Jouez le dialogue avec un(e) camarade.

▶ **—Vous désirez mademoiselle (monsieur)?**
—Je voudrais un billet pour Rennes.
—Un aller simple ou un aller et retour?
—Un aller et retour.
—En quelle classe?
—En seconde classe, s'il vous plaît.
—Alors, ça fait 54 euros.
—Voilà 54 euros.
—Merci. Au revoir, mademoiselle (monsieur).
—Au revoir, monsieur (madame).

RÉSERVER VOTRE VOYAGE...

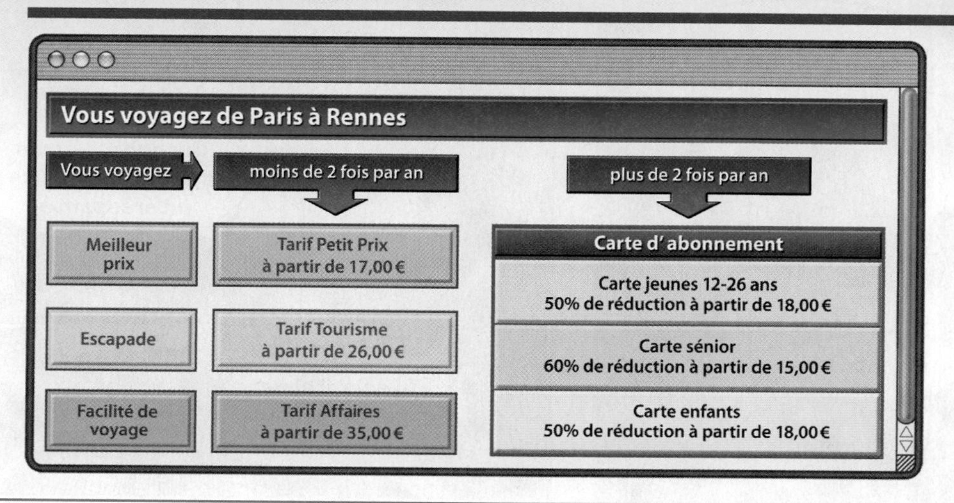

Vous voyagez de Paris à Rennes

Vous voyagez	moins de 2 fois par an	plus de 2 fois par an
		Carte d'abonnement
Meilleur prix	Tarif Petit Prix à partir de 17,00 €	Carte jeunes 12-26 ans 50% de réduction à partir de 18,00 €
Escapade	Tarif Tourisme à partir de 26,00 €	Carte sénior 60% de réduction à partir de 15,00 €
Facilité de voyage	Tarif Affaires à partir de 35,00 €	Carte enfants 50% de réduction à partir de 18,00 €

Leçon 30

VIDÉO-SCÈNE DVD AUDIO

Les collections de Jérôme

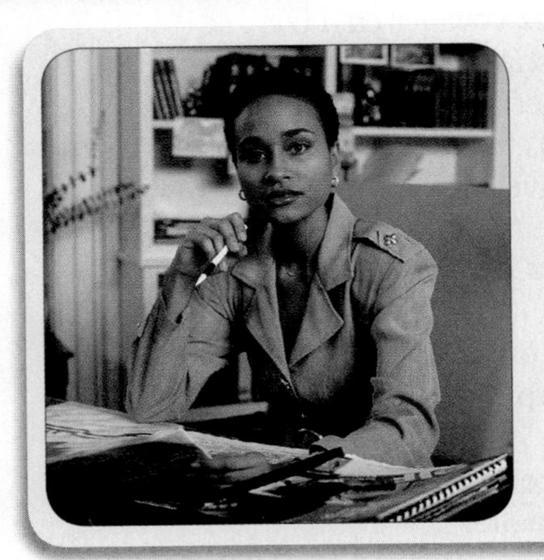

Vous vous souvenez de Jérôme et de son accident? Maintenant Jérôme est parfaitement remis° de cet accident.

remis *recovered*

Hier il a téléphoné à Pierre pour l'inviter à passer chez lui avec Armelle.

Aujourd'hui, Pierre et Armelle sont allés à l'appartement de Jérôme, mais Jérôme n'est pas chez lui.

Pierre lit la note.

Pierre et Armelle entrent chez Jérôme. Armelle regarde les objets qui sont là.

@HOMETUTOR
my.hrw.com

Compréhension

1. Où Pierre et Armelle sont-ils allés?
2. Qu'est-ce qu'ils ont trouvé sur la porte?
3. Quels sont les divers objets qu'Armelle regarde?
4. Qu'est-ce qu'elle essaie?
5. Où est-ce que Jérôme a acheté tous ces objets?

A L'usage des prépositions avec les noms de pays

Note the use of PREPOSITIONS with names of countries.

	FEMININE COUNTRY	MASCULINE COUNTRY	PLURAL COUNTRY
	Je visite **la** France.	Je visite **le** Canada.	Je visite **les** États-Unis.
in *to*	Je suis **en** France. Je vais **en** France.	Je suis **au** Canada. Je vais **au** Canada.	Je suis **aux** États-Unis. Je vais **aux** États-Unis.
from	Je viens **de** France.	Je viens **du** Canada.	Je viens **des** États-Unis.

→ Note that **en** and **d'** are used with MASCULINE countries beginning with a VOWEL.
Je suis allé **en** Iran. J'habite **en** Haïti. Je reviens **d'**Uruguay.

1 Dans quel pays?

PARLER/ÉCRIRE Remplacez le nom des villes par le nom du pays correspondant.

▶ Monsieur Katagiri travaille à Tokyo. **Il travaille au Japon.**

1. Mon copain habite à Rio de Janeiro.
2. Éric revient de Casablanca.
3. Françoise est à Bruxelles.
4. Je passe les vacances à Genève.
5. Florence arrive de Moscou.
6. Nous passons une semaine à San Francisco.
7. Monsieur Santos téléphone de Lisbonne.
8. Les athlètes arrivent de Barcelone.

la Belgique	les États-Unis	le Portugal
le Brésil	le Japon	la Russie
l'Espagne	le Maroc	la Suisse

2 D'où reviennent-ils?

PARLER/ÉCRIRE Des amis ont passé les vacances à l'étranger. Dites de quel pays chacun revient.

▶ **Alice revient de France.**

▶ 
Alice

1. Jérôme

2. Martine

3. Isabelle

4. Alain

5. Thomas

@HOMETUTOR
my.hrw.com

B Les verbes *recevoir* et *apercevoir*

Note the forms of the irregular verbs **recevoir** *(to get, receive; to entertain people)* and **apercevoir** *(to see, catch sight of)*.

INFINITIVE	recevoir	apercevoir
PRESENT	Je **reçois** une carte. Tu **reçois** un télégramme. Il/Elle/On **reçoit** une lettre.	J' **aperçois** mon copain. Tu **aperçois** le bus. Il/Elle/On **aperçoit** la Tour Eiffel.
	Nous **recevons** un cadeau. Vous **recevez** une lettre. Ils/Elles **reçoivent** leurs amis.	Nous **apercevons** Notre Dame. Vous **apercevez** les Alpes. Ils/Elles **aperçoivent** leurs amis.
PASSÉ COMPOSÉ	J'**ai** **reçu** une lettre.	J'ai **aperçu** le prof au café.

3 À Montréal

PARLER/ÉCRIRE Des amis visitent Montréal. Ils sont au sommet du Mont Royal. Dites ce que chacun aperçoit.

1. Jean-Paul / l'Île Sainte Hélène
2. vous / le Pont *(bridge)* Jacques-Cartier
3. nous / la Tour Olympique
4. moi / le Vieux Montréal
5. mes cousins / la Basilique Notre-Dame
6. toi / l'Université McGill
7. on / l'Île Notre-Dame
8. Sophie / le Saint-Laurent

4 Questions personnelles PARLER/ÉCRIRE

1. Reçois-tu beaucoup de lettres? Est-ce que tu as reçu une lettre ou une carte récemment? De qui?
2. Est-ce que tu reçois tes copains chez toi? Est-ce que tu les reçois au salon ou dans ta chambre?
3. Est-ce que tes parents reçoivent souvent leurs amis?
4. Est-ce que tu as reçu un cadeau récemment?
5. Est-ce que tu as reçu des vêtements pour ton anniversaire? Qu'est-ce que tu as reçu?
6. Qu'est-ce que tu aperçois de la fenêtre de ta chambre?

C La construction verbe + infinitif

In French as in English, verbs are frequently used together with an infinitive.
In French, such constructions follow one of three patterns:

VERB + INFINITIVE	VERB + à + INFINITIVE	VERB + de + INFINITIVE
Je **dois travailler.**	Je **commence à travailler.**	Je **finis de travailler.**
Je **veux danser.**	J'**apprends à danser.**	Je **décide de danser.**
Je n'**aime** pas **nager.**	J'**hésite à nager.**	Je **refuse de nager.**

→ The choice of the pattern depends on the first verb.

VOCABULAIRE Verbes suivis de l'infinitif

VERBE + à + INFINITIF		
apprendre à	*to learn (how) to*	Nous **apprenons à faire** de la planche à voile.
commencer à	*to begin to*	Je **commence à être** assez bon.
continuer à	*to continue, go on*	Pauline **continue à prendre** des leçons.
hésiter à	*to hesitate, be hesitant about*	Éric **hésite à prendre** des risques.
réussir à	*to succeed in, manage*	J'**ai réussi à gagner** la course *(race).*
VERBE + de + INFINITIF		
accepter de	*to accept, agree to*	J'**accepte de répondre** à ta question.
arrêter de	*to stop*	Nous **arrêtons de travailler** à cinq heures.
cesser de	*to stop, quit*	Monsieur Arnaud **a cessé de fumer** *(smoking).*
décider de	*to decide to*	Nous **avons décidé de faire** du sport.
essayer de	*to try to*	Vous **essayez de rester** en forme.
finir de	*to finish*	Tu **as fini de jouer** au tennis?
oublier de	*to forget to*	J'**ai oublié de prendre** ma raquette.
refuser de	*to refuse to*	Marc ne **refuse** jamais **d'aider** ses amis.
rêver de	*to dream about*	Je **rêve d'avoir** une voiture de sport.

5 Un séjour aux États-Unis

PARLER/ÉCRIRE Ces jeunes Français sont aux États-Unis. Certains aiment parler anglais. D'autres ont des difficultés à parler anglais. Décrivez l'attitude de chacun en complétant les phrases avec **à** / **de parler anglais.**

1. Jean-Pierre essaie …
2. Nathalie apprend …
3. Philippe n'hésite pas …
4. Thomas refuse …
5. Stéphanie décide …
6. Patrick commence …
7. Alice réussit …
8. Marc hésite …
9. Isabelle n'essaie pas …
10. Jérôme n'arrête pas …

@HOMETUTOR
my.hrw.com

6 Qu'est-ce qu'ils apprennent?

PARLER/ÉCRIRE Pour chaque personne, choisissez un endroit où aller. Dites ce que cette personne apprend à faire là.

▶ **Nathalie va à la piscine. Elle apprend à nager.**

moi	à la plage	conduire *(to drive)*
toi	à la piscine	danser
vous	au conservatoire	utiliser un PC
nous	à l'auto-école	nager
Nathalie	au Racket-Club	chanter
Alice et Pierre	à l'Alliance Française	jouer du piano
mes copains	à l'école d'informatique	jouer au tennis
ma cousine	au Studio Fred Astaire	faire de la voile
		parler français

7 Oui ou non?

PARLER/ÉCRIRE Lisez la description des personnes et dites si oui ou non elles font les choses indiquées entre parenthèses.

▶ Paul est timide (hésiter / parler en public) **Il hésite à parler en public.**
▶ Jacqueline est généreuse. (hésiter / aider ses amis) **Elle n'hésite pas à aider ses amis.**

1. Sylvie est paresseuse. (refuser / étudier)
2. Catherine n'a pas beaucoup de mémoire. (oublier / téléphoner)
3. Philippe prend des leçons de guitare. (commencer / jouer très bien)
4. Thomas est maladroit *(clumsy)*. (réussir / réparer son vélo)
5. Caroline est ambitieuse. (rêver / être présidente)
6. Jean-Pierre est bavard *(talkative)*. (arrêter / parler)
7. Nicolas est persévérant. (continuer / prendre des leçons d'anglais)
8. Françoise veut parler anglais. (décider / passer ses vacances à Londres)
9. Alice est une mauvaise élève. (essayer / comprendre le prof)

À votre tour!

OBJECTIFS
Now you can . . .
• discuss travel plans

Digital performance space

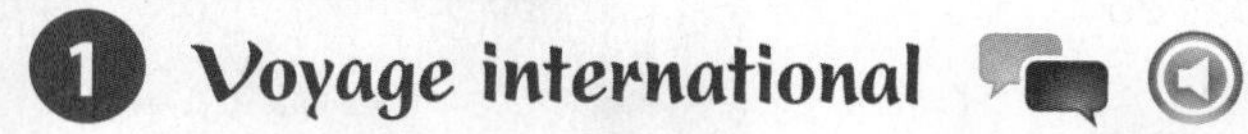

1 Voyage international

ÉCRIRE Votre camarade et vous, vous avez reçu un billet d'avion. Avec ce billet, vous pouvez visiter cinq pays différents. Ensemble, faites une liste de cinq pays que vous voulez visiter et expliquez votre choix.

CINQ PAYS
1. l'Irlande
2. la Russie

▶ **Nous avons décidé de visiter l'Irlande parce que c'est le pays de nos ancêtres, (parce que nous aimons faire des promenades dans la nature, ...).**

LESSON REVIEW
my.hrw.com

Lecture Séjours à l'étranger

Pendant les vacances, des copains sont allés à l'étranger. Maintenant ils parlent de leur voyage sans° mentionner le pays où ils sont allés. Lisez ce qu'ils disent. Savez-vous dans quel pays chacun est allé?

sans *without*

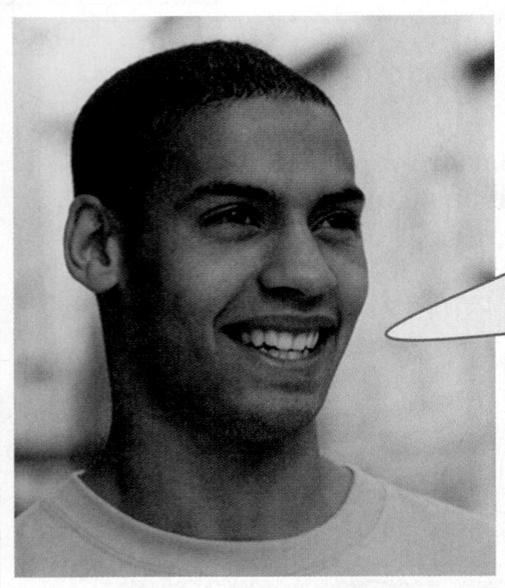

André

On peut faire beaucoup de choses dans le pays où je suis allé. On peut visiter des châteaux° et des musées. On peut aller à des concerts de musique classique. On peut assister à des spectacles folkloriques ... Moi, j'ai préféré faire du sport. J'ai fait de la voile et j'ai fait beaucoup de marche à pied. (Le dimanche, la marche à pied est l'une des distractions° favorites des gens!) Autrefois ce pays était divisé. Maintenant, il est uni.° C'est le plus grand pays d'Europe centrale.

Où est allé André?
- en Allemagne
- en Italie
- au Portugal

châteaux *castles* **distractions** *pastimes* **uni** *united*

J'ai visité un pays qui est l'un des pays les plus modernes et les plus développés d'Afrique occidentale.° Quand j'étais dans la capitale, je n'ai pas eu de difficultés à communiquer avec les gens parce que beaucoup parlent français. Dans la campagne, au contraire, les gens parlent seulement le dialecte régional. Beaucoup de citoyens° américains ont des ancêtres qui ont été déportés par force de ce pays.

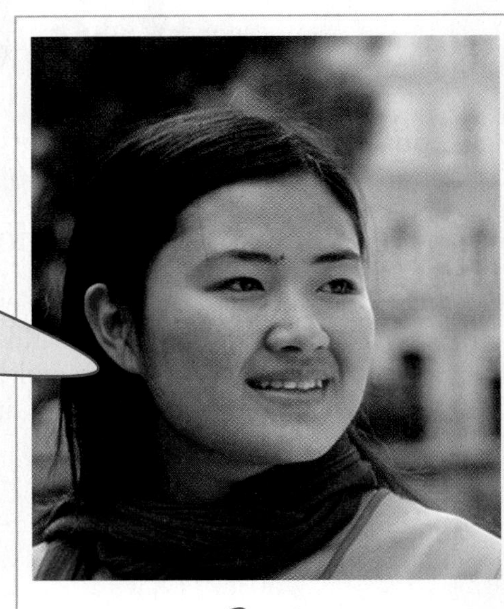

Renée

Où est allée Renée?
- en Tunisie
- au Sénégal
- en Afrique du Sud

occidentale *west* **citoyens** *citizens*

Additional readings @ **my.hrw.com**
FRENCH InterActive Reader

J'ai visité un pays qui est constitué de quatre îles° principales. Pendant mon voyage, j'ai visité beaucoup de temples et j'ai mangé beaucoup de poisson et de riz qui sont les principaux aliments° de ce pays. Les gens étaient toujours très polis avec moi, mais j'ai eu des difficultés à communiquer avec eux parce qu'ils ne parlent pas français.

Où est allée Juliette?
- en Angleterre
- au Japon
- en Israël

îles *islands* **aliments** *foods*

Pendant mon voyage, j'ai fait beaucoup de choses intéressantes. Un jour, par exemple, j'ai fait une excursion dans le désert à dos de chameau.° La chose la plus intéressante de mon séjour a été la visite de pyramides très anciennes. Comme je ne parle pas arabe, j'ai dû parler anglais. L'anglais est une langue que beaucoup de gens comprennent, mais ce n'est pas la langue de ce pays.

Où est allé Grégoire?
- en Chine
- en Inde
- en Égypte

chameau *camel*

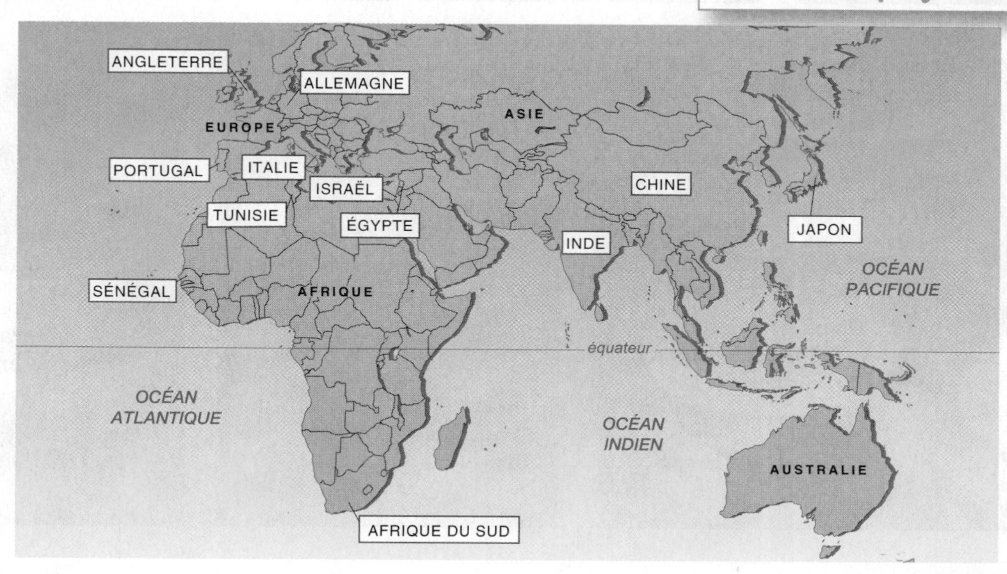

Projet de voyage

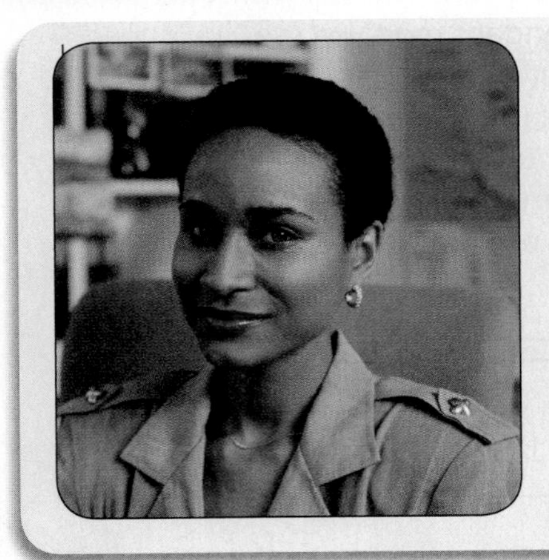

Dans l'épisode précédent, Pierre et Armelle sont allés chez Jérôme, mais Jérôme n'était pas chez lui. Alors ils ont regardé les objets qui étaient dans la chambre de Jérôme. Finalement, Jérôme est arrivé.

Compréhension

1. Qu'est-ce que Jérôme propose?
2. Comment les amis iront-ils à Genève?
3. Qu'est-ce que Pierre ne veut pas faire?
4. Qu'est-ce qu'Armelle veut faire?
5. Qui achètera les billets?
6. À quelle heure les amis seront-ils à la gare?

A Le futur: formation régulière

The sentences below describe what WILL HAPPEN in the future. The verbs are in the FUTURE TENSE.

Cet été, je **voyagerai** avec mes amis.	*This summer, I **will travel** with my friends.*
Nous **visiterons** le Canada.	*We **will visit** Canada.*
Est-ce que tu **prendras** le train?	***Will** you **take** the train?*
Non, je **ne prendrai pas** le train.	*No, I **will not (won't) take** the train.*

The future tense is a *simple* tense that is formed as follows:

FUTURE STEM + FUTURE ENDINGS

Note the future forms of the regular verbs **voyager, finir,** and **vendre,** paying special attention to the endings.

INFINITIVE FUTURE STEM		voyager voyager-	finir finir-	vendre vendr-	FUTURE ENDINGS
FUTURE	je	**voyagerai**	**finirai**	**vendrai**	**-ai**
	tu	**voyageras**	**finiras**	**vendras**	**-as**
	il/elle/on	**voyagera**	**finira**	**vendra**	**-a**
	nous	**voyagerons**	**finirons**	**vendrons**	**-ons**
	vous	**voyagerez**	**finirez**	**vendrez**	**-ez**
	ils/elles	**voyageront**	**finiront**	**vendront**	**-ont**
NEGATIVE	je **ne**	**voyagerai pas**			
INTERROGATIVE	**est-ce que tu**	**voyageras?**			
		voyageras-tu?			

STEM

The future stem always ends in **-r.**

For most regular verbs and many irregular verbs, the future stem is derived as follows:

FUTURE STEM = INFINITIVE (minus final **-e**, if any)

sortir: je **sortir**ai
partir: je **partir**ai

écrire: j'**écrir**ai
boire: je **boir**ai

→ Note the following stem changes:

	PRÉSENT	FUTUR
acheter	j'**achète**	j'**achèter**ai
payer	je **paie**	je **paier**ai

ENDINGS

The future endings are the same for all verbs, both regular and irregular.

1 Séjours à l'étranger

PARLER/ÉCRIRE Les étudiants suivants vont voyager cet été. Dites quelle ville chacun visitera et quelle langue il parlera.

▶ moi / Mexico

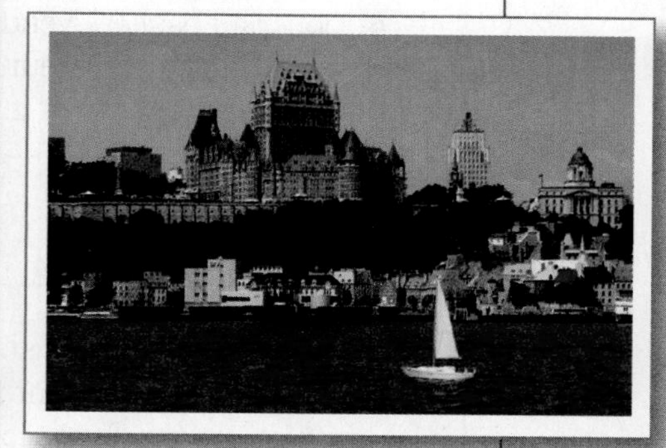

1. Isabelle / Moscou
2. moi / Berlin
3. vous / Bordeaux
4. nous / Boston
5. toi / Buenos Aires
6. Anne et Hélène / Munich
7. Éric et Thomas / Dakar
8. mes copains / Saint Pétersbourg
9. ma soeur / Madrid
10. la cousine de Paul / Québec

allemand
anglais
espagnol
français
russe

2 Voyages en France

PARLER Des copains vont visiter les différentes provinces de France cet été. Décrivez leurs projets.

	moi	Alice	nous	Nicolas et Philippe
• visiter →	la Normandie	la Provence	la Bretagne	l'Alsace
• voyager →	en scooter	en voiture	en train	en moto
• loger →	chez un copain	à l'hôtel	dans une ferme	chez leur oncle
• partir →	le 30 juin	le 1er juillet	le 3 juillet	le 15 juillet
• rentrer →	le 15 août	le 1er septembre	le 25 août	le 30 août

▶ **Je visiterai la Normandie. Je voyagerai en scooter, …**

3 Peut-être

PARLER André veut connaître les projets de Karine. Jouez les deux rôles.

Tu vas voyager?

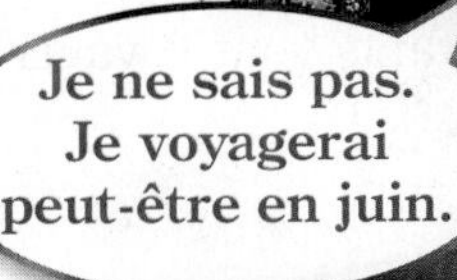

▶ voyager / en juin

1. sortir / samedi soir
2. étudier / après le dîner
3. dîner au restaurant / dimanche
4. jouer au basket / vendredi
5. acheter un ordinateur / ce week-end
6. te promener / avant le dîner
7. partir en vacances / en juillet
8. apprendre à skier / cet hiver

4 Oui ou non?

PARLER/ÉCRIRE Dites si oui ou non les personnes suivantes vont faire les choses suggérées cet été. Soyez logique!

▶ Je n'ai pas d'argent. • voyager?

1. Je veux gagner de l'argent.
   - partir en vacances?
   - travailler?
   - chercher un job?
2. Mes parents sont fatigués.
   - se reposer?
   - prendre des vacances?
   - travailler?
3. Tu es paresseux.
   - dormir beaucoup?
   - te coucher tard?
   - te lever tôt?
4. Stéphanie est très sportive.
   - nager?
   - rester à la maison?
   - jouer au tennis?
5. Vous voulez faire du camping.
   - loger à l'hôtel?
   - acheter une tente?
   - dormir dans un sac de couchage?
6. Nous allons aller en France.
   - prendre l'avion?
   - nous amuser?
   - parler espagnol?

@HOMETUTOR
my.hrw.com

B Futurs irréguliers

A few French verbs are irregular in the future tense. These verbs have:
- an IRREGULAR future STEM
- REGULAR future ENDINGS

INFINITIVE	FUTURE STEM	
aller	**ir-**	Cet été nous **irons** au Sénégal.
avoir	**aur-**	Tu **auras** assez d'argent?
être	**ser-**	Je ne **serai** pas à Paris en juin.
faire	**fer-**	Pierre **fera** un voyage en Algérie.
voir	**verr-**	Nous **verrons** la Tour Eiffel.

5 Expression personnelle

PARLER/ÉCRIRE Comment imaginez-vous votre existence dans cinq ans? Dites si oui ou non vous ferez les choses suivantes.

▶ avoir une moto?

1. aller à l'université?
2. avoir un job intéressant?
3. être marié(e)?
4. être millionnaire?
5. avoir un avion?
6. être très heureux (heureuse)?
7. faire beaucoup de voyages?
8. être complètement indépendant(e)?
9. être président(e) d'une compagnie?
10. voir tes copains d'aujourd'hui?

6 Rêve ou réalité?

PARLER/ÉCRIRE Comment sera la vie dans 25 ans? Indiquez si les prédictions suivantes vous semblent certaines, possibles, probables ou impossibles.

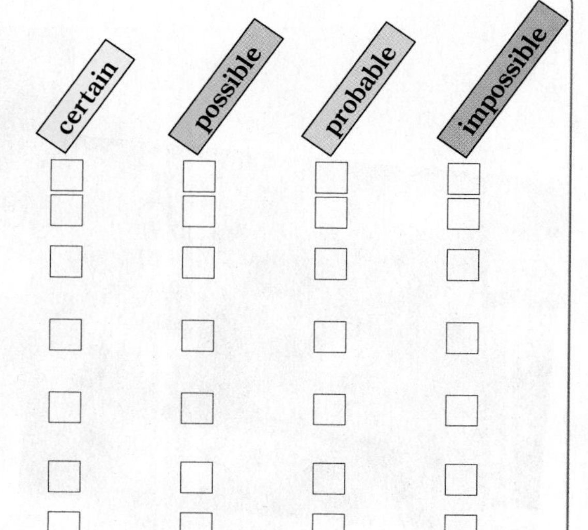

	certain	possible	probable	impossible
1. Il y aura un vaccin contre le cancer.	☐	☐	☐	☐
2. On vivra en moyenne° jusqu'à° cent ans.	☐	☐	☐	☐
3. Tout le monde aura un ordinateur et on restera à la maison pour travailler.	☐	☐	☐	☐
4. On habitera dans des maisons en verre° qui utiliseront l'énergie solaire pour l'électricité.	☐	☐	☐	☐
5. Il fera toujours beau parce que les savants° contrôleront le climat.	☐	☐	☐	☐
6. Pendant les vacances on ira sur la lune° où il y aura de grands hôtels interspaciaux.	☐	☐	☐	☐
7. Les gens seront plus heureux qu'aujourd'hui.	☐	☐	☐	☐

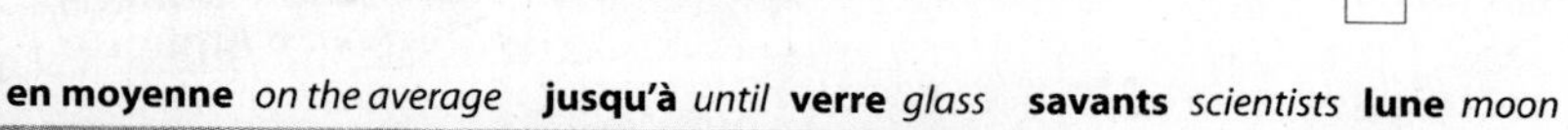

en moyenne *on the average* **jusqu'à** *until* **verre** *glass* **savants** *scientists* **lune** *moon*

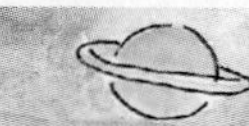

7 Week-end en Touraine

LIRE/PARLER Catherine, une jeune Parisienne, a décidé de passer un week-end en Touraine. La Touraine est une province célèbre pour ses châteaux et sa capitale, Tours. Catherine a préparé son itinéraire pour le week-end. Regardez bien cet itinéraire et répondez aux questions suivantes.

<u>vendredi</u>
départ Paris (train de 16h40)
arrivée à Tours (18h30)
Hôtel de Bordeaux
dîner Chez Balzac

<u>samedi</u>
matin: visite du vieux Tours (maisons anciennes)
après-midi: pique-nique
promenade à vélo (Amboise)
soir: spectacle «Son et Lumière» au château

<u>dimanche</u>
matin: repos
après-midi: promenade en voiture (châteaux de Villandry et de Langeais)
soir: départ pour Paris (train de 20h31 ou de 21h46)

1. Quel jour est-ce que Catherine ira à Tours? Comment voyagera-t-elle? À quelle heure est-ce qu'elle arrivera? À quel hôtel est-ce qu'elle ira? Où dînera-t-elle?
2. Qu'est-ce qu'elle fera d'abord samedi matin? Qu'est-ce qu'elle verra?
3. Qu'est-ce qu'elle fera samedi après-midi? Et après, comment est-ce qu'elle ira à Amboise? Qu'est-ce qu'elle verra le soir?
4. Qu'est-ce qu'elle fera dimanche matin? Quels châteaux est-ce qu'elle verra?
5. Quand est-ce qu'elle partira de Tours? À quelle heure est-ce que le premier train partira? À quelle heure est-ce qu'il y aura un autre train?

Le château de Villandry

Le château de Langeais

Le château d'Amboise

@HOMETUTOR
my.hrw.com

C L'usage du futur dans les phrases avec *si*

Note the use of the future in the following sentences.

S'il **fait** beau, nous **irons** à la plage.	*If the weather* ***is*** *nice, we* ***will go*** *to the beach.*
Si j'**ai** de l'argent, je **voyagerai** cet été.	*If I* ***have*** *money, I* ***will travel*** *this summer.*

The above sentences express what WILL HAPPEN if a certain condition is met. They consist of two parts:
- the **si** *(if)* clause, which expresses the condition
- the result clause, which tells what WILL HAPPEN

In French, as in English, the pattern of tenses is:

si-clause: PRESENT	result clause: FUTURE
Si nous **achetons** une caravane,	nous **ferons** du camping.

→ NOTE: **Si** becomes **s'** before **il** and **ils,** but not before **elle** and **elles.**

8 Fais attention!

PARLER/ÉCRIRE Dites à vos camarades ce qui arrivera s'ils font ou s'ils ne font pas certaines choses. Soyez logique!

1. Si tu lis trop …
2. Si tu n'étudies pas …
3. Si tu manges trop de bonbons *(candy)* …
4. Si tu ne te dépêches pas …
5. Si tu ne te reposes pas …
6. Si tu dépenses tout ton argent maintenant …

rater *(miss)* **le bus**
être fatigué(e) demain
être fauché(e) *(broke)* **pour les vacances**
avoir mal au ventre
avoir mal aux dents
avoir mal à la tête
avoir une mauvaise note à l'examen

▶ Si tu manges trop …
Fais attention! Si tu manges trop, tu auras mal au ventre.

9 Ça dépend!

PARLER Ce que nous allons faire dépend souvent des circonstances. Exprimez cela dans des dialogues.

1. acheter une moto ou un vélo?
   Si j'ai assez d'argent …
2. prendre le bus ou un taxi?
   Si je suis pressé(e) …
3. dîner chez toi ou au restaurant?
   Si j'ai envie de sortir …
4. faire du jogging ou une promenade à pied?
   Si je suis fatigué(e) …
5. manger un steak ou un sandwich?
   Si j'ai très faim …

D L'usage du futur après *quand*

The following sentences describe what will HAPPEN *when* another event occurs. Compare the use of tenses in the French and English sentences below.

Quand Sophie **sera** en vacances, elle **voyagera.**	*When Sophie* ***is*** *on vacation, she* ***will*** *travel.*
Quand nous **irons** au Canada, nous **visiterons** Québec.	*When we* ***go*** *to Canada, we* ***will visit*** *Quebec City.*

When referring to future events, the French use the future tense in BOTH the main clause and the **quand**-clause. In French, the pattern is:

quand-clause: FUTURE	main clause: FUTURE
Quand nous **aurons** une caravane,	nous **ferons** du camping.

10 *Vacances aux États-Unis*

PARLER/ÉCRIRE Des étudiants français iront aux États-Unis cet été. Dites ce que chacun visitera quand il sera dans la ville ou l'état où il passera ses vacances.

- la Maison Blanche
- Hollywood
- l'Alamo
- Mesa Verde
- le Cap Canaveral
- la Statue de la Liberté
- le Grand Canyon

▶ Paul / à New York
Quand il sera à New York, Paul visitera la Statue de la Liberté.

1. Jacqueline / à Washington
2. Thomas et André / à San Antonio
3. nous / en Californie
4. vous / en Floride
5. moi / dans le Colorado
6. toi / en Arizona

11 *C'est évident!*

PARLER/ÉCRIRE Ce que nous ferons plus tard dépend souvent des circonstances dans lesquelles nous nous trouverons. Exprimez cela par des phrases logiques en utilisant les éléments des colonnes A, B et C.

A	B	C
moi	avoir 18 ans	voter
toi	avoir une voiture	étudier beaucoup
ma soeur	être riche	s'amuser
nous	être en vacances	se reposer
mes copains	aller en Suisse	voir Genève
vous	aller à l'université	faire du camping
		acheter une voiture

▶ **Quand nous aurons 18 ans, nous voterons.**

@HOMETUTOR
my.hrw.com

E D'autres futurs irréguliers

The verbs below have irregular future stems.

	INFINITIVE	FUTURE STEM	
to know (how)	**savoir**	**saur-**	Je **saurai** la réponse demain soir.
to have to	**devoir**	**devr-**	Éric **devra** travailler cet été.
to receive	**recevoir**	**recevr-**	Marc **recevra** une lettre de Sophie.
to see	**apercevoir**	**apercevr-**	D'ici, tu **apercevras** la mer.
to come	**venir**	**viendr-**	Mes amis **viendront** demain.
to come back	**revenir**	**reviendr-**	Quand est-ce que nous **reviendrons**?
to become	**devenir**	**deviendr-**	Je ne **deviendrai** jamais très riche.
to want	**vouloir**	**voudr-**	Paul ne **voudra** pas sortir s'il pleut.
to send	**envoyer**	**enverr-**	Je t'**enverrai** un mail.
to be able	**pouvoir**	**pourr-**	Tu **pourras** me téléphoner ce soir?

12 Oui ou non?

PARLER/ÉCRIRE Dites si oui ou non vous ferez les choses suivantes.

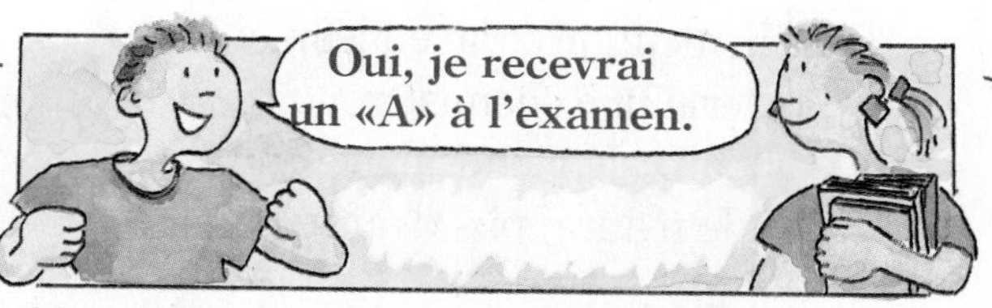

▶ recevoir un «A» à l'examen?

(Non, je ne recevrai pas d'«A» à l'examen.)

1. recevoir un mail aujourd'hui?
2. recevoir un vélo pour mon anniversaire?
3. savoir très bien parler français?
4. devoir travailler cet été?
5. devoir étudier ce soir?
6. envoyer une carte au professeur cet été?
7. vouloir nager ce week-end?
8. pouvoir aller en France au printemps?
9. devenir célèbre *(famous)* un jour?
10. devenir millionnaire?

À votre tour!

OBJECTIFS

Now you can . . .
- talk about future plans

Digital performance space

Conversation: Voyage  

PARLER/ÉCRIRE Vous décidez de voyager cet été avec un camarade. Discutez des sujets suivants.

- où vous irez
- quand vous partirez
- comment vous voyagerez
- ce que vous ferez (visites, promenades, sports, autres activités)
- quand vous reviendrez chez vous

Ensuite, écrivez un paragraphe où vous décrivez vos projets.

Où est-ce que nous irons pendant les vacances?

Moi, j'aimerais aller à Miami.

Bonne idée! On ira en Floride.

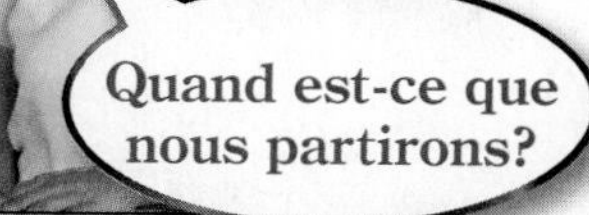

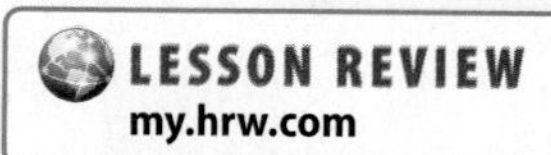

Lecture Arrivée en France

Stéphanie habite à Paris. Elle est vice-présidente du club international de son école. De temps en temps, elle va accueillir° des étudiants qui viennent visiter Paris. Lisez les lettres de quatre de ces étudiants. Pouvez-vous les identifier d'après la description qu'ils font d'eux-mêmes?°

accueillir *to greet* **eux-mêmes** *themselves*

A

Je partirai de Munich le 20 juin et j'arriverai à la gare de l'Est par le train de 18 h 22. Tu me reconnaîtras facilement. Je serai en jean et je porterai une chemise rouge à carreaux. Je viendrai avec un sac à dos. Je n'aurai pas d'autre bagage.

À bientôt!

Gaby

B

Merci de venir me chercher à la gare. J'arriverai de Londres samedi prochain par le train de 15h12. Je ne sais pas exactement ce que je porterai ce jour-là. Cela dépendra du temps. S'il fait beau, je porterai une jupe grise et le blazer vert de mon école. S'il pleut, je mettrai mon imperméable. Je suis petite et j'ai les cheveux roux.

Amicalement,

Christy

roux *red*

C

Je serai à Paris le 3 août. Est-ce que tu viendras me chercher à l'aéroport ce jour-là? J'arriverai de Boston à 8 h 35 par le vol Air France 331. Je ne sais pas comment je serai habillé, mais ce sera facile de me reconnaître parce que j'aurai un foulard rouge autour du cou. Je viendrai avec une valise et ma guitare.

Mes amitiés,

David

D

Dans deux semaines je serai en France! Je prendrai le train Barcelone-Paris qui arrive à la gare d'Austerlitz le 15 août à 10h25.

Il y aura certainement beaucoup de monde à la gare, mais je ne serai pas difficile à reconnaître: je suis grand et je porte des lunettes. Je serai en short et en chemise à carreaux et je porterai un sac à dos et une valise rouge.

Merci de te déplacer pour moi,

Antonio

Additional readings @ **my.hrw.com**
FRENCH
InterActive Reader

VIDÉO-SCÈNE DVD AUDIO

À la gare

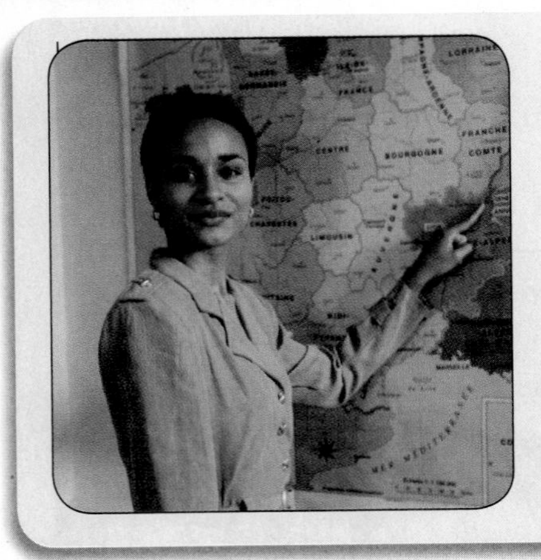

Dans le module précédent, Armelle, Pierre et Jérôme ont décidé d'aller à Genève samedi. C'est Jérôme qui prendra les billets. Il a dit qu'il serait à l'heure à la gare.
Nous sommes samedi matin à la gare d'Annecy.

Armelle est déjà là.

Pierre arrive.

Compréhension

1. Qui arrive la première à la gare?
2. Qui arrive ensuite?
3. Pourquoi est-ce que Pierre ne veut pas monter dans le train?
4. Comment se termine l'histoire?

A Révision: L'imparfait

The imperfect is a past tense that describes what people USED TO DO on a regular basis:

Nous **passions** l'été à la mer. — We ***used to spend*** *the summer at the ocean.*
J'allais tous les jours à la plage. — *Every day I* ***used to go*** *to the beach.*

➔ You may want to review the forms of the imperfect on page 339, Leçon 23.

1 Souvenirs de vacances

PARLER/ÉCRIRE Des copains parlent de leurs vacances. Décrivez ce que chacun faisait tous les jours.

	le matin	l'après-midi	le soir
moi	aller au marché	aller à la plage	retrouver mes copains au café
nous	faire du jogging	jouer au tennis	aller au cinéma
Thomas	faire une promenade	nager	dîner au restaurant
Alice et Léa	aller en ville	faire de la voile	sortir
vous	travailler dans le jardin	se reposer	aller danser dans les discothèques
toi	se lever à dix heures	se promener en ville	se coucher à une heure

▶ **Le matin, j'allais au marché. L'après-midi ...**

@ HOMETUTOR
my.hrw.com

B Le conditionnel: formation

The CONDITIONAL is used to describe what people WOULD DO, or what WOULD HAPPEN in certain circumstances. Note the use of the conditional in the following sentences.

S'ils avaient de l'argent, …	*If they had money, …*
• Isabelle **voyagerait**	• *Isabelle **would travel***
• mes cousins **achèteraient une moto**	• *my cousins **would buy** a motorcycle*
• mes parents **iraient** au Japon	• *my parents **would go** to Japan*

In French, the conditional is a simple tense. It consists of one word and it is formed as follows:

FUTURE STEM + IMPERFECT ENDINGS

Note the conditional forms of the regular **verbs parler, finir, vendre,** and the irregular verb **aller.**

INFINITIVE		parler	finir	vendre	aller	IMPERFECT ENDINGS
FUTURE	je	**parler**ai	**finir**ai	**vendr**ai	**ir**ai	
CONDITIONAL	je	**parlerais**	**finirais**	**vendrais**	**irais**	**-ais**
	tu	**parlerais**	**finirais**	**vendrais**	**irais**	**-ais**
	il/elle/on	**parlerait**	**finirait**	**vendrait**	**irait**	**-ait**
	nous	**parlerions**	**finirions**	**vendrions**	**irions**	**-ions**
	vous	**parleriez**	**finiriez**	**vendriez**	**iriez**	**-iez**
	ils/elles	**parleraient**	**finiraient**	**vendraient**	**iraient**	**-aient**
NEGATIVE	je **ne**	**parlerais pas**				
INTERROGATIVE	**est-ce que tu**	**parlerais?**	**parlerais-tu?**			

→ Verbs that have an irregular future stem keep this same irregular stem in the conditional. For example:

avoir: j'**aur**ais **être:** je **ser**ais **aller:** j'**ir**ais **faire:** je **fer**ais **voir:** je **verr**ais

2 La tombola *(Raffle)*

PARLER Imaginez que vos camarades ont participé à une tombola. Demandez-leur s'ils feraient les choses suivantes s'ils gagnaient le grand prix de mille dollars.

▶ voyager?

(Non, je ne voyagerais pas.)

1. partir en vacances
2. acheter une moto
3. organiser une fête
4. visiter l'Europe
5. faire un voyage
6. passer l'été à Paris
7. aider les pauvres
8. faire du ski en Suisse
9. aller à la Martinique
10. être très généreux

3 Vive les vacances!

PARLER/ÉCRIRE Les personnes suivantes rêvent aux vacances d'été. Dites si oui ou non elles feraient les choses suivantes pendant leurs vacances.

▶ nous / préparer l'examen?
Nous ne préparerions pas l'examen.

1. moi / voyager?
2. Monsieur Boulot / travailler?
3. les élèves / étudier?
4. toi / finir les exercices?
5. vous / se reposer?
6. nous / s'amuser?
7. on / partir à la mer?
8. Catherine et Hélène / sortir avec des copains?
9. vous / se promener sur la plage?
10. Marc / écrire à ses copains?

4 Décisions, décisions ...

PARLER/ÉCRIRE Imaginez que vous avez le choix entre les choses suivantes. Que choisiriez-vous?

▶ avoir un vélo ou une moto?
J'aurais une moto (un vélo).

1. avoir un chien ou un chat?
2. avoir des patins à glace ou des rollers?
3. aller au Canada ou au Mexique?
4. aller à un concert ou à un match de baseball?
5. faire du ski ou du surf des neiges?
6. faire de la planche à voile ou du parapente?
7. être architecte ou avocat(e)?
8. être en vacances à Tahiti ou en Floride?
9. voir Paris ou Rome?
10. voir un OVNI *(UFO)* ou une éclipse?

C Le conditionnel de politesse

The conditional is sometimes used to make polite requests. Compare the following sentences.

Je **veux** te parler.	*I **want** to talk to you.*
Je **voudrais** te parler.	*I **would like** to talk to you.*
Peux-tu m'aider?	***Can** you help me?*
Pourrais-tu m'aider?	***Could** you help me?*
Tu **dois** étudier.	*You **must** study.*
Tu **devrais** étudier.	*You **should** study.*

5 La politesse

PARLER/ÉCRIRE Vous voulez dire les choses suivantes à vos copains. Dites-leur ces choses d'une manière plus polie. Pour cela, utilisez le conditionnel.

▶ Je veux jouer au tennis avec toi.

1. Je veux te demander un service *(favor)*.
2. Je veux t'emprunter ton vélo.
3. Est-ce que je peux prendre tes livres?
4. Est-ce que tu peux me prêter cinq dollars?
5. Tu dois être plus patient(e) avec moi.
6. Tu dois m'écouter.
7. Est-ce que tu peux m'aider à faire le devoir?
8. Je veux te parler.

@HOMETUTOR
my.hrw.com

D Le conditionnel dans les phrases avec *si*

Note the use of the conditional in the following sentences.

Si j'avais de l'argent, … j'**achèterais** une voiture.	*If I had money (but I don't), … I **would buy** a car.*
Si nous étions en vacances, … nous **irions** à la plage.	*If we were on vacation (but we're not), … we **would** go to the beach.*

The CONDITIONAL is used to express what WOULD HAPPEN if a certain condition contrary to reality were met. In such sentences, the construction is:

si-clause: IMPERFECT	result clause: CONDITIONAL
Si tu **étais** au lycée à Paris,	tu **parlerais** français en classe.

→ The CONDITIONAL is *never* used in the **si**-clause.

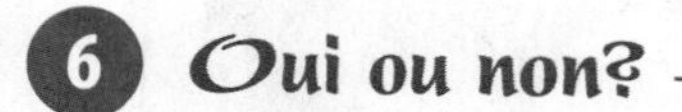

6 Oui ou non?

PARLER/ÉCRIRE Supposez que vous êtes dans les situations suivantes. Dites si oui ou non vous feriez les choses suggérées.

▶ avoir beaucoup d'argent
voyager tout le temps?

(Si j'avais beaucoup d'argent, je ne voyagerais pas tout le temps.)

1. être en vacances
   - étudier?
   - aller à la piscine?
2. être le président
   - aider les pays pauvres?
   - faire beaucoup de voyages?
3. être le professeur
   - donner des examens faciles?
   - être très strict(e)?
4. habiter dans un château
   - inviter tous mes copains?
   - organiser des concerts chez moi?
5. aller en France
   - voir la Tour Eiffel?
   - manger des éclairs?
6. voir un fantôme
   - rester calme?
   - avoir peur?

À votre tour!

OBJECTIFS

Now you can . . .
- discuss what you would like to do

Digital performance space

Discussion: Les billets de tombola *(raffle)*

PARLER/ÉCRIRE Supposez que vous avez acheté des billets à la tombola de l'école avec 4 ou 5 camarades. Discutez avec eux de ce que chacun ferait avec les prix suivants et inscrivez ces choix sur une feuille de papier.

	les prix		
les participants	$100	$500	$1 000
moi			
Anne			

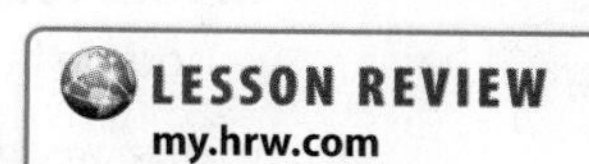

LESSON REVIEW
my.hrw.com

Lecture Pas de panique

Parfois nous nous trouvons dans des circonstances difficiles. Il est alors important de réagir° avec calme et sang-froid.° Analysez les situations suivantes et dites comment vous réagiriez. Ensuite, comparez vos réponses avec vos camarades de classe. Discutez de votre choix.

réagir *to react* **avec calme et sang-froid** *calmly and coolly*

1. Vous passez devant une banque. Deux hommes masqués sortent d'une voiture et entrent dans la banque.

Que feriez-vous?

A. Vous attaqueriez les bandits.
B. Vous noteriez le numéro de la voiture des bandits.
C. Vous partiriez à toute vitesse.

2. Vous êtes seul(e) dans une maison isolée. Pendant la nuit, vous entendez des bruits mystérieux.

Que feriez-vous?

A. Vous crieriez° très fort.°
B. Vous allumeriez la lumière° pour identifier la source des bruits.
C. Vous vous cacheriez° sous le lit.

crieriez *would scream* **fort** *loudly*
lumière *light* **cacheriez** *would hide*

3. Vous faites une promenade à pied dans une région que vous ne connaissez pas très bien. Il est tard et vous vous apercevez que vous êtes perdu(e).

Que feriez-vous?

A. Vous feriez un grand feu° pour attirer° l'attention.
B. Vous grimperiez° dans un arbre pour mieux voir où vous êtes.
C. Vous continueriez votre route dans l'espoir° de trouver une ferme.

feu *fire* **attirer** *to attract* **grimperiez** *would climb* **espoir** *hope*

Additional readings @ **my.hrw.com**
FRENCH InterActive Reader

4. Vous faites une promenade en bateau avec un copain qui ne sait pas très bien nager. Vous êtes à cinquante mètres de la plage quand vous vous apercevez que le bateau prend l'eau très lentement.

Qu'est-ce que vous feriez?

A. Vous resteriez avec votre copain en attendant le passage d'un autre bateau.
B. Vous nageriez jusqu'à° la plage en aidant votre copain.
C. Vous nageriez seul(e) jusqu'à la plage pour trouver du secours.°

jusqu'à *up to* **secours** *help*

5. Vous avez un rendez-vous très important en ville. Vous prenez le bus pour aller à ce rendez-vous. En route, le bus a un accident léger.° Il n'y a pas de blessés graves° mais le bus est immobilisé.

Que feriez-vous?

A. Vous aideriez les autres passagers.
B. Vous feriez de l'auto-stop° pour être à l'heure au rendez-vous.
C. Vous attendriez le prochain bus, en sachant° que vous serez en retard à votre rendez-vous.

léger *minor* **blessés graves** *seriously injured people*
feriez de l'autostop *would hitchhike* **en sachant** *knowing*

6. Vous êtes à Québec en tant que° délégué(e) à un congrès international de jeunes. Vous avez une belle chambre au premier étage d'un hôtel. Un jour vous sentez° une drôle d'°odeur dans votre chambre. Vous remarquez de la fumée° sous la porte.

Que feriez-vous?

A. Vous téléphoneriez à la réception.
B. Vous ouvririez° la porte pour tirer° la sonnette° d'alarme qui est dans le couloir.
C. Vous ouvririez la fenêtre et vous sauteriez° dans la rue.

en tant que *as* **sentez** *smell* **une drôle d'** *a strange* **fumée** *smoke*
ouvririez *would open* **tirer** *to pull* **sonnette** *bell* **sauteriez** *would jump*

Tests de contrôle

By taking the following tests, you can check your progress in French and also prepare for the unit test. Write your answers on a separate sheet of paper.

1 Géographie

Review...
- countries and prepositions: pp. 438, 444

Complete each of the following sentences with the missing words.

1. Cécile visite — Portugal.
2. Paul va — Canada le 2 août.
3. Mon cousin habite — Mexique.
4. Mon oncle a travaillé — États-Unis.
5. Voici des photos — Espagne.
6. — Suisse est un beau pays.
7. Léa fait un séjour — Irlande.
8. J'ai reçu une lettre — Japon.

2 Le verbe logique

Review...
- verbs and prepositions: p. 446

Complete each of the following sentences by selecting the verb in parentheses which logically fits. Put this verb in the present and add **à** or **de (d')** as appropriate.

1. Mélanie aime voyager. Elle — aller au Japon. **(rêver / commencer)**
2. Thomas est égoïste. Il — aider ses copains. **(essayer / refuser)**
3. Alice est timide. Elle — parler en public. **(hésiter / continuer)**
4. En général, les gens — travailler à 9 heures. **(commencer / finir)**
5. Tu n'es pas poli. Tu — dire «merci». **(cesser / oublier)**
6. Ma petite soeur — nager à la piscine. **(apprendre / accepter)**

3 Cet été à Paris

Review...
- regular future forms: pp. 452-453

Say what the following people will do by using the future of the verbs in parentheses.

1. (partir) Léa — le 2 juillet.
2. (voyager) Les touristes — en avion.
3. (monter) Je — à la Tour Eiffel.
4. (louer) Vous — une voiture.
5. (rendre) Éric — visite à un copain.
6. (prendre) Nous — beaucoup de photos.
7. (choisir) Tu — un cadeau pour ta mère.
8. (rentrer) Je — le 12 août.

4 En vacances

Review...
- irregular future forms: pp. 455, 459

Complete the following sentences with the FUTURE forms of the verbs in parentheses.

1. (avoir) Nous — une caravane.
2. (aller) Vous — à la campagne.
3. (faire) Ils — du camping.
4. (voir) Mathieu — ses amis.
5. (être) En juillet, je — en France.
6. (envoyer) Tu m'— des cartes?
7. (pouvoir) Mélanie — faire de la voile.
8. (venir) Est-ce que vous — me voir?

5 S'ils étaient millionnaires ...

Say what people would do by completing the following sentences with the conditional forms of the verbs in parentheses.

1. (aller) Tu — à Tahiti.
2. (aider) Vous — votre famille.
3. (acheter) Éric — une voiture.
4. (se reposer) Mes parents — .
5. (voyager) Je — en première classe.
6. (faire) Nous — un grand voyage.
7. (avoir) Vous — une belle maison.
8. (être) Je — généreux avec tout le monde.

Review...
- conditional forms: p. 465

6 Contexes et dialogues

Complete the dialogue with the PRESENT OR FUTURE forms of the verbs in parentheses.

Claire is asking Alain about his vacation plans.

CLAIRE: Tu — **(avoir)** des **projets** *(plans)* pour cet éte?
ALAIN: Oui. Si j'— **(avoir)** assez d'argent, j'— **(aller)** au Canada.
CLAIRE: Et qu'est-ce que tu — **(faire)** quand tu **— (être)** là-bas?
ALAIN: Je — **(louer)** une voiture quand j' **— (arriver)** à Montréal, et je — **(visiter)** le pays.

Review...
- use of present and future: pp. 457, 458

7 Composition: Un voyage à l'étranger

Digital performance space

Imagine that you are going to spend some time abroad with your best friend. Describe what you will do. Mention ...

- what day you will leave
- which countries you will go to
- how you will travel when you are there
- what cities you will see
- what else you will do and see
- what day you will come back

STRATEGY Writing

1 Note down your brief answers to the above questions.

2 Use these notes to write out the description of your trip.

3 Check that you have used the appropriate articles with the names of the countries, and be sure you have used the correct future forms of the verbs.

Vocabulaire

POUR COMMUNIQUER

Talking about countries

Je visite la France (le Canada, les États-Unis).	*I visit France (Canada, the United States).*
Il habite en France (au Canada, aux États-Unis).	*He lives in France (Canada, the United States).*
Elle vient de France (du Canada, des États-Unis).	*She comes from France (Canada, the United States).*

Talking about what one will do

Je voyagerai en Italie.	*I will travel in Italy.*
Tu finiras ta leçon.	*You will finish your lesson.*
Ils vendront leur maison.	*They will sell their house.*

Talking about what one would do

Si j'étais en France, je parlerais français.	*If I were in France, I would speak French.*
Si tu avais le temps, tu finirais ta leçon.	*If you had the time, you would finish your lesson.*
Si nécessaire, elles vendraient leur voiture.	*If necessary, they would sell their car.*

MOTS ET EXPRESSIONS

À la gare et à l'aéroport

un aller et retour	*round trip [ticket]*
un aller simple	*one way [ticket]*
un billet d'avion	*plane ticket*
un billet de train	*train ticket*
un horaire	*schedule*
en première classe	*(in) first class*
en seconde classe	*(in) second class*

Pays et continents

le Brésil	*Brazil*
le Cambodge	*Cambodia*
le Canada	*Canada*
le Guatemala	*Guatemala*
Israël	*Israel*
le Japon	*Japan*
le Liban	*Lebanon*
le Mexique	*Mexico*
le Moyen Orient	*Middle East*
le Portugal	*Portugal*
le Sénégal	*Senegal*
le Viêt-Nam	*Vietnam*
les États-Unis	*United States*
l'Afrique	*Africa*
l'Allemagne	*Germany*
l'Amérique Centrale	*Central America*
l'Amérique du Nord	*North America*
l'Amérique du Sud	*South America*
l'Angleterre	*England*
l'Argentine	*Argentina*
l'Asie	*Asia*
l'Australie	*Australia*
la Belgique	*Belgium*
la Chine	*China*
la Corée	*Korea*
l'Égypte	*Egypt*
l'Espagne	*Spain*
l'Europe	*Europe*
la France	*France*
l'Inde	*India*
l'Irlande	*Ireland*
l'Italie	*Italy*
la Russie	*Russia*
la Suisse	*Switzerland*

Interactive Flashcards
@HOMETUTOR
my.hrw.com

Les vacances et les voyages

un continent	*continent*
un état	*state*
un passeport	*passport*
un pays	*country*
un sac à dos	*backpack*
un visa	*visa*
une caravane	*camping trailer*
une carte	*map*
la mer	*ocean, sea*
la montagne	*mountains*
une région	*region*
une valise	*suitcase*
une villa	*country house*

Équipement de camping

un réchaud	*camping stove*
un sac de couchage	*sleeping bag*
une casserole	*pot*
une couverture	*blanket*
une lampe de poche	*flashlight*
une poêle	*pan*
une tente	*tent*

Les points cardinaux *(compass points)*

l'est	*east*
l'ouest	*west*
le nord	*north*
le sud	*south*
le nord-est	*northeast*
le nord-ouest	*northwest*
le sud-est	*southeast*
le sud-ouest	*southwest*

Verbes réguliers

loger	*to stay (have a room)*
louer	*to rent*
passer	*to spend (time)*
transporter	*to carry*
utiliser	*to use*

Verbes irréguliers

apercevoir	*to see, catch sight of*
recevoir	*to get, receive; to entertain people*
faire un séjour	*to spend some time*
faire ses valises	*to pack*
faire un voyage	*to take a trip*

Verbe + de + INFINITIF

accepter de	*to accept, agree to*
arrêter de	*to stop*
cesser de	*to stop, quit*
décider de	*to decide to*
essayer de	*to try to*
finir de	*to finish*
oublier de	*to forget to*
refuser de	*to refuse to*
rêver de	*to dream about*

Verbe + à + INFINITIF

apprendre à	*to learn (how) to*
commencer à	*to begin to*
continuer à	*to continue, to go on*
hésiter à	*to hesitate, be hesitant about*
réussir à	*to succeed in, manage*

Expressions utiles

à l'étranger	*abroad*
prêt à	*ready to*

Interlude 8

LA CHASSE AU TRÉSOR

PRE-READING STRATEGY Avant de lire

Voici une lecture différente: C'est une chasse au trésor qui permet aux participants de créer leur propre itinéraire. La carte à droite te donnera une idée générale du parcours. À chaque étape tu devras prendre une décision. Cette décision déterminera la suite de ta promenade. Bonne lecture … et bonne route!

Veux-tu participer à une chasse au trésor? C'est facile.
Lis attentivement les instructions suivantes.

Dans ce texte, tu vas faire une promenade à vélo. Pendant cette promenade, tu devras choisir certaines options. Tu auras aussi l'occasion de découvrir certains objets cachés et de prendre certaines photos. Comment découvriras-tu le trésor? Essaie de rapporter le plus grand nombre d'objets et de photos. (Marque toutes ces choses sur une liste comme celle en bas de la page.) Mais attention, toutes ces choses (objets ou photos) ne sont pas équivalentes. Une seule te donnera l'accès au trésor!

Es-tu prêt(e) maintenant? Va au **DÉPART** et bonne chance!

Je m'arrête …	De ma promenade, je ramène …	
ÉTAPES	OBJETS	PHOTOS
10	•	• photo du lac
20		

Mots utiles

une chasse au trésor	*treasure hunt*
un parcours	*route*
une étape	*stage, lap*
la suite	*continuation*
caché	*hidden*
rapporter	*to bring back*

Additional readings @ my.hrw.com
FRENCH InterActive Reader

LA CARTE

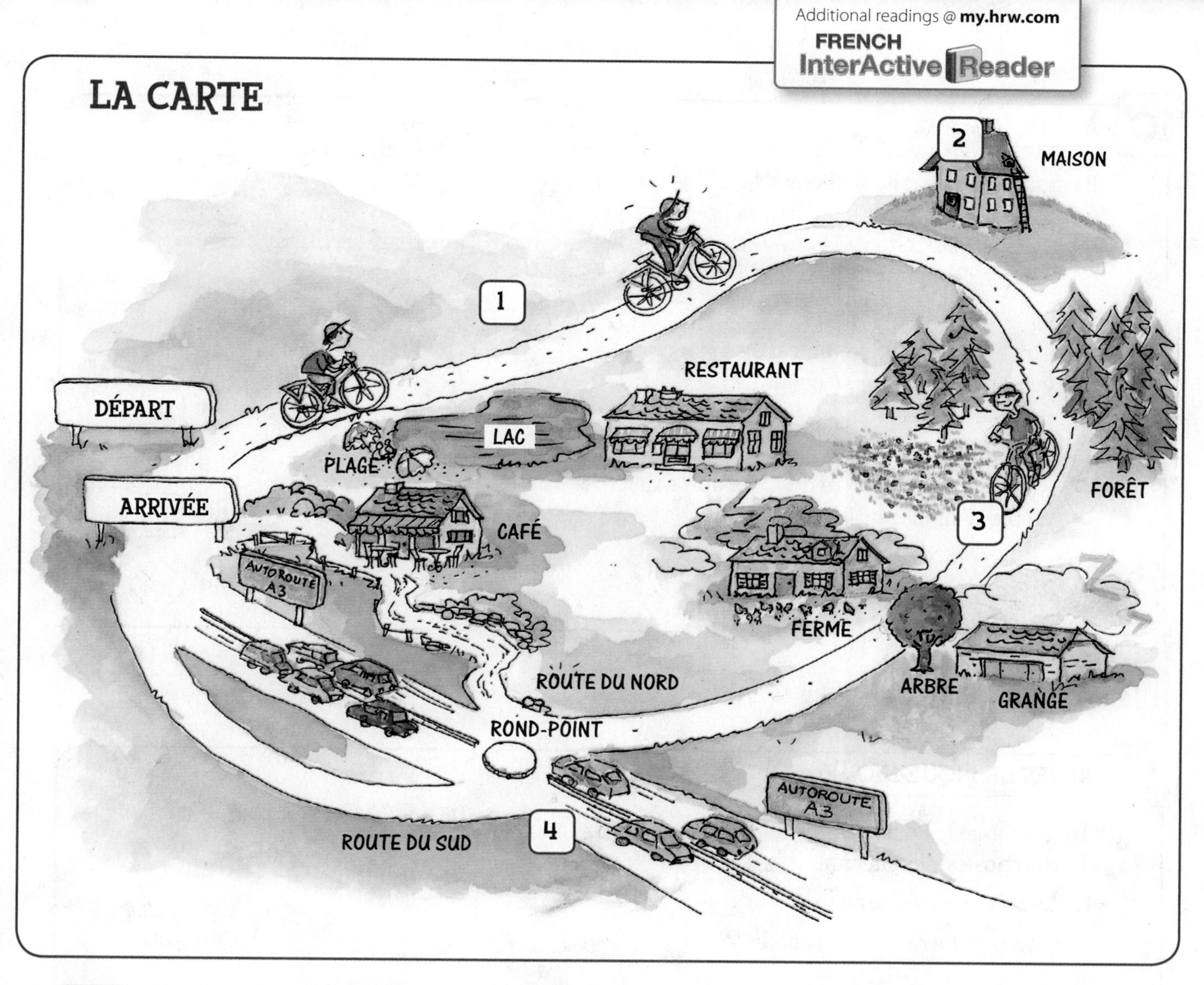

O DÉPART

C'est samedi matin. Qu'est-ce que tu vas faire aujourd'hui? Cela dépend du temps. Tu écoutes la radio. La météo° annonce du beau temps avec possibilité d'averses dans l'après-midi. Tu décides de faire une promenade à vélo dans la campagne. Tu prends ton sac à dos. Dans ton sac, tu mets ton imperméable, ton maillot de bain, une lampe de poche, une carte de la région et ton nouvel appareil-photo. Tous ces objets te seront peut-être utiles pendant ta promenade. Tu prends aussi une bouteille de limonade et deux sandwichs.

une averse

Va au 10

météo *weather report*

10 À MIDI

une pancarte

Il est midi. Tu as fait 20 kilomètres. Tu es un peu fatigué(e) et tu as faim. Tu t'arrêtes près d'un lac. Il y a une belle plage. Il y a aussi une pancarte qui indique: Restaurant du Lac à 200 mètres.

Qu'est-ce que tu feras?

- Tu t'arrêteras cinq minutes. Tu mangeras tes sandwichs, puis tu continueras ta promenade. **Va au** 20
- Tu prendras une photo du lac et après tu feras un pique-nique sur la plage. **Va au** 11
- Tu iras au Restaurant du Lac. **Va au** 101

11 APRÈS LE PIQUE-NIQUE

Tu as mangé tes deux sandwichs et tu as bu de la limonade. Tu es reposé(e) maintenant.

Qu'est-ce que tu feras après?

- Tu continueras ta promenade. **Va au** 20
- Tu iras nager. **Va au** 12
- Tu rentreras chez toi. **Va au** 100

Mots utiles

véritable *real, true*
tout à coup *suddenly*

12 SUR LA PLAGE

Tu mets ton maillot de bain et tu vas nager. C'est un véritable plaisir de nager ici. L'eau est pure et pas très froide. Tu nages pendant dix minutes et tu sors de l'eau.

Qu'est-ce que tu feras après?

- Tu t'habilleras et tu continueras ta promenade à vélo. **Va au** 20
- Tu prendras une photo de la plage et tu feras une petite promenade à pied. **Va au** 13

13 LE PORTE-MONNAIE

Tu marches sur une belle plage de sable fin. Tout à coup ton pied heurte quelque chose. Qu'est-ce que c'est? Tu cherches l'objet caché dans le sable. C'est un porte-monnaie.

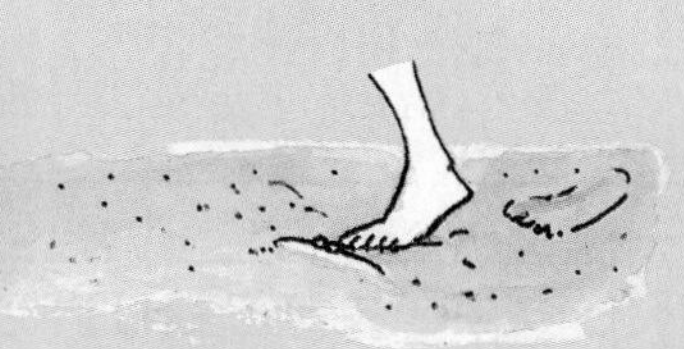

le sable

Tu ouvres ce porte-monnaie. Il n'y a pas de nom, pas d'adresse. Il y a seulement trois choses: un billet de 50 euros, un billet de loterie et une clé. Tu peux choisir seulement une chose.

un porte-monnaie

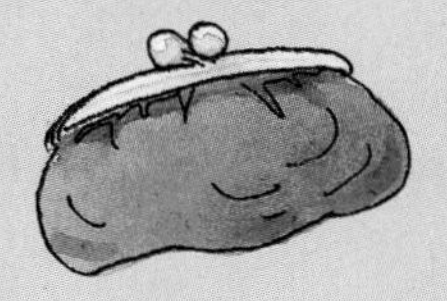

Qu'est-ce que tu choisiras?

- le billet de 50 euros

- le billet de loterie

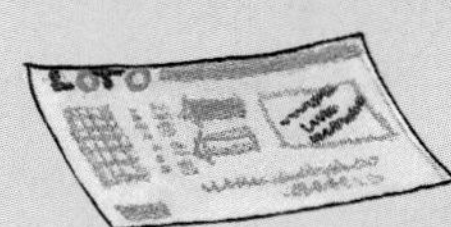

- la clé

- Tu mettras la chose que tu as choisie dans ton sac et tu continueras ta promenade. **Va au** 20

20 LA MAISON ABANDONNÉE

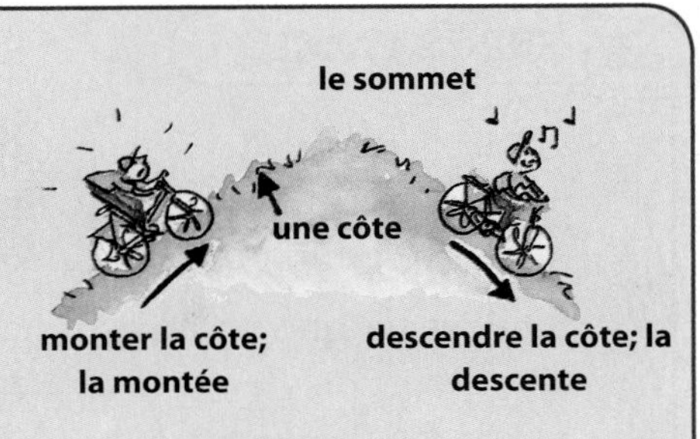

Tu pédales, tu pédales … Maintenant, tu montes une côte. Oh là là, c'est difficile. Au sommet de la côte, tu aperçois une belle maison de pierre.

Ça y est! Tu es maintenant au sommet. Tu arrives devant la maison. Surprise, c'est une maison abandonnée! La porte principale est fermée à clé. Sur la porte, il y a un écriteau: «Interdiction d'entrer». Cette maison est mystérieuse et fascinante. Tu as bien envie de la visiter.

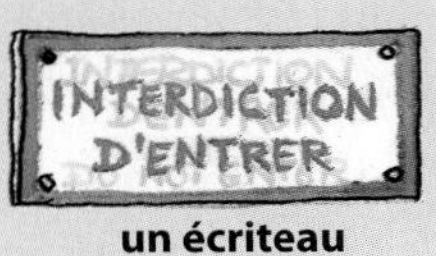

un écriteau

Qu'est-ce que tu feras?

- Tu prendras une photo de la maison et tu continueras ta promenade. Va au 30
- Tu prendras une photo de la maison et ensuite tu exploreras la maison malgré l'interdiction. Va au 21

21 PAR QUELLE ENTRÉE?

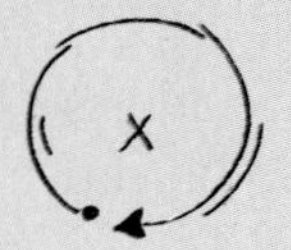

D'accord, tu veux explorer la maison, mais comment entrer? Ce n'est pas si difficile. Tu fais le tour de la maison et tu découvres trois entrées possibles. À droite, il y a une échelle qui mène à un grenier. À gauche, il y a une petite trappe qui ouvre sur une cave. Derrière, il y a une fenêtre ouverte qui mène dans la cuisine.

Qu'est-ce que tu feras?

- Tu monteras au grenier par l'échelle. Va au 102

- Tu descendras dans la cave par la trappe. Va au 22
- Tu entreras dans la cuisine par la fenêtre. Va au 25

Mots utiles

malgré	*in spite of*
mener	*to lead*

22 DANS LA CAVE

des piles

une chauve-souris

une brique

Tu descends dans la cave. Il fait froid et humide …
Cette cave est vraiment très noire. Heureusement
tu as pris ta lampe de poche, mais est-ce que les piles
sont bonnes?

Vroum! Euh, qu'est-ce que c'est que ce bruit?
C'est une chauve-souris!

Ploc! Qu'est-ce que c'est que cet autre bruit?
C'est une brique qui vient de tomber.

Est-ce que tu veux vraiment continuer l'exploration de la cave?

- Oui, tu continueras l'exploration de la cave. — Va au 23
- Non, mais tu entreras dans la maison par la fenêtre de la cuisine. — Va au 25
- Non, vraiment, cette maison est trop dangereuse. Tu sortiras de la cave et tu continueras ta promenade à vélo. — Va au 30

23 DANS LE TUNNEL

Tu continues l'exploration de la cave. (Tu as de la chance.
Ta lampe fonctionne bien!) Maintenant tu es dans
un tunnel.

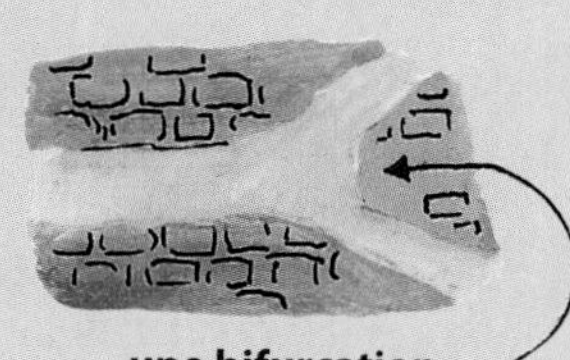
une bifurcation

Ploc! Une autre brique tombe.

Vroum! Une autre chauve-souris passe.

Tu avances très lentement. Tu arrives à
une bifurcation. Il y a un passage à droite
et un passage à gauche.

Qu'est-ce que tu feras?

- Tu iras à droite. — Va au 24
- Tu iras à gauche. — Va au 104

24 LE PASSAGE DE DROITE

Le passage de droite mène à un mur. Tu ne peux pas continuer.
Le passage est bloqué. Tu es fatigué(e) et, avoue-le, tu as un peu peur!

Qu'est-ce que tu feras?

- Tu exploreras le passage de gauche. **Va au** 104
- Tu sortiras de la cave et tu continueras ta promenade à vélo. **Va au** 30

25 DANS LA CUISINE

Tu réussis à entrer dans la cuisine par la fenêtre.
(C'est assez facile parce que tu es très athlétique.)

Cette cuisine n'est vraiment pas très hospitalière.
Les murs, autrefois blancs, sont maintenant gris.
Il y a des toiles d'araignée partout. Au centre de la cuisine, il y a une vieille table de métal.
Autour de la table, il y a six chaises cassées.
À gauche, il y a un placard avec l'inscription: «Attention! Danger!»
À droite, il y a un buffet. En face de la fenêtre, il y a une porte fermée.
Tu peux faire seulement l'une des choses suivantes.

une toile d'araignée

Qu'est-ce que tu feras?

- Tu ouvriras le placard. **Va au** 103
- Tu ouvriras le buffet. **Va au** 26
- Tu ouvriras la porte. **Va au** 27

Mots utiles

avouer	*to admit*	**sauf**	*except*
hospitalier (hospitalière)	*welcoming*	**au centre de**	*in the middle of*
partout	*everywhere*	**autour de**	*around*
un dessin	*drawing, picture*	**en face de**	*opposite, across from*
vide	*empty*		

26 LE BUFFET

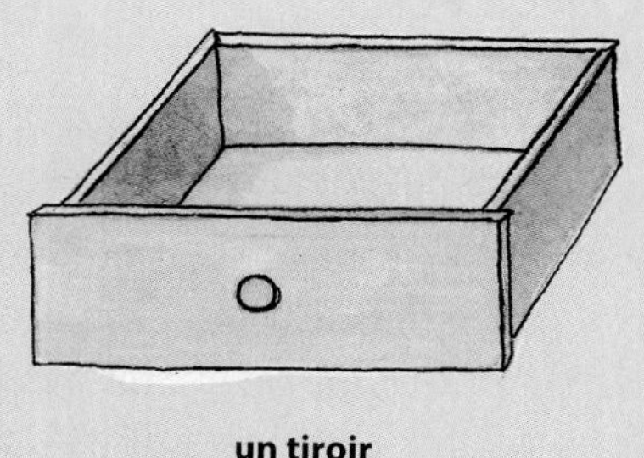

un tiroir

Le buffet est un buffet ancien. Il y a trois tiroirs. Dans chaque tiroir, il y a un objet différent. Dans le premier tiroir, il y a un pot de confiture. Dans le second tiroir, il y a une assiette avec un dessin qui représente un homme à cheval et l'inscription: «Waterloo 1814». Cette assiette est cassée. Dans le troisième tiroir, il y a une enveloppe avec des vieilles photos représentant des gens habillés à la mode de 1900.

Tu peux prendre seulement un objet avec toi.

Quel objet choisiras-tu?

- le pot de confiture?
- l'assiette?
- l'enveloppe avec les photos?

- Prends l'objet que tu as choisi et continue ta promenade à vélo. **Va au 30**

27 DANS LA SALLE À MANGER

Tu ouvres la porte. Tu entres dans une grande pièce. C'est probablement la salle à manger de la maison. Cette pièce est complètement vide. Il n'y a rien sauf un portrait ancestral au mur. Ce portrait représente une belle jeune femme avec un grand chapeau. Tu prends une photo de ce portrait.

Il y a deux autres portes, mais elles sont fermées à clé.

Qu'est-ce que tu feras?

- Tu quitteras la maison et tu continueras ta promenade à vélo. **Va au 30**
- Tu descendras dans la cave par la petite trappe. **Va au 22**

30 LA PLUIE

Maintenant tu descends la côte. La descente est beaucoup plus facile que la montée.

Le paysage est magnifique. La route traverse d'abord une forêt de sapins. Ensuite, elle traverse des prairies et des champs couverts de fleurs. Là-bas, au loin, on peut voir une rivière. Malheureusement, il y a maintenant de gros nuages noirs dans le ciel. Bientôt, la pluie commence à tomber. Tu mets ton imperméable. La pluie devient plus forte. Il y a des éclairs et du tonnerre. Tu décides de t'arrêter. Oui, mais où trouver un abri?

Heureusement, il y a plusieurs possibilités. Sur le bord de la route, il y a un grand arbre. Un peu plus loin, il y a une grange. Si tu continues par un petit chemin, il y a une ferme avec une grande cheminée.

Qu'est-ce que tu feras?

- Tu iras sous l'arbre. Va au 105
- Tu iras dans la grange. Va au 31
- Tu iras dans la ferme. Va au 106

31 DANS LA GRANGE

La grange n'est pas fermée à clé. Tu entres. Cette grange est en réalité un garage. À l'intérieur, il y a une grosse Peugeot noire.

C'est drôle, mais tu as l'impression que tu as vu cette Peugeot quelque part. Oui, mais où? Tu ne te souviens pas. Tu inspectes de près la Peugeot. Tiens, c'est bizarre. Les roues sont blanches. Sur le capot, il y a un masque de ski. Tu regardes à l'intérieur. Sur le siège arrière, il y a un talkie-walkie. Tu es vraiment très intrigué(e).

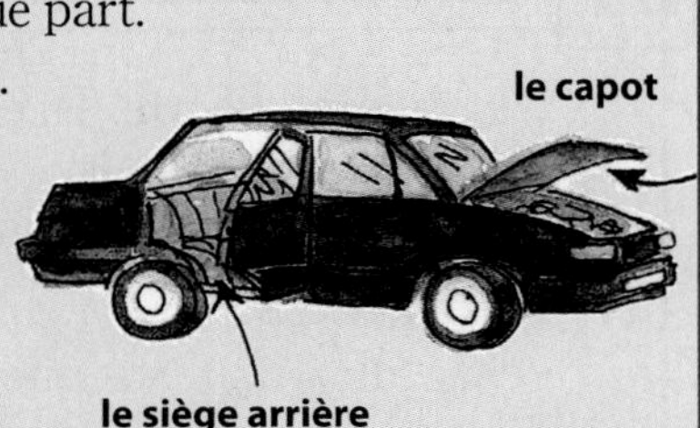

Qu'est-ce que tu feras?

- Tu ouvriras la porte de la Peugeot et tu prendras le talkie-walkie. Va au 107
- Tu prendras le masque de ski. Va au 40
- Tu prendras une photo de la Peugeot. Va au 40

40 LE ROND-POINT

La pluie a cessé de tomber maintenant. Tu peux ôter ton imper, remonter sur ton vélo et continuer ta promenade. Tu regardes ta montre. Oh là là, il est six heures du soir. Tu es pressé(e) de rentrer chez toi, et puis tu commences à être fatigué(e).

Tu arrives à un rond-point. Il y a trois possibilités pour rentrer chez toi. Tu peux prendre l'autoroute A3. Le problème, c'est qu'il y a toujours beaucoup de circulation. Tu peux prendre la route du nord. C'est une petite route pittoresque avec un café où tu peux t'arrêter. Le problème, c'est que cette route n'est pas en très bon état. Tu peux prendre la route du sud. Le problème, c'est que cette route n'est pas très intéressante.

Quelle route choisiras-tu?

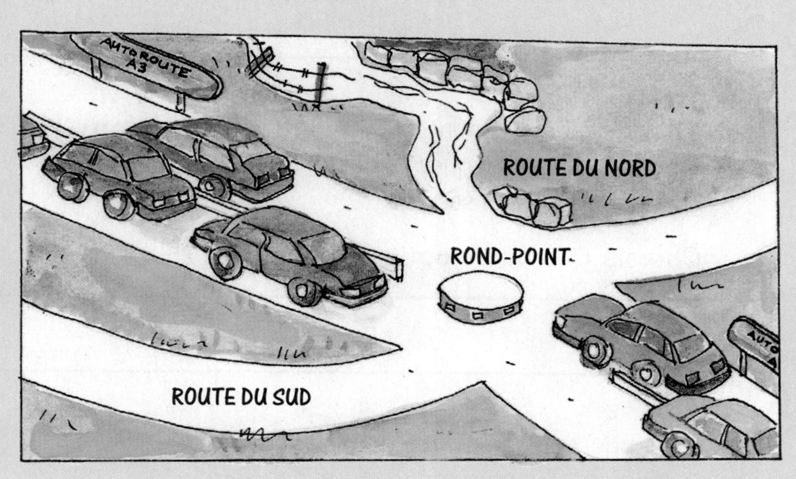

- Tu prendras l'autoroute A3. Va au 108
- Tu choisiras la route du nord. Va au 109
- Tu prendras la route du sud. Va au 110

Mots utiles

le paysage	*landscape, scenery*
le ciel	*sky*
à l'intérieur	*inside*
quelque part	*somewhere*
ôter	*to take off*
une autoroute	*toll road*
la circulation	*traffic*
en bon état	*in good shape (condition)*

100

Ce n'est pas chez toi que tu trouveras le trésor.

Retourne au 11 et choisis une autre option.

101

Tu n'as pas de chance. Quand tu arriveras au restaurant, tu verras une pancarte qui dit: «Fermé le samedi».

Retourne au 10 et choisis une autre option.

102

Fais attention! Ne monte pas sur cette échelle. Elle n'est pas solide. Si tu montais, tu risquerais de tomber et de te casser le cou. Qui viendrait à ton secours?

Choisis une autre option: 22 ou 25

103

Mais pourquoi est-ce que tu as ouvert le placard? À l'intérieur, il y a un squelette! Oui, un squelette humain!

un squelette

Vraiment, tu as très peur! Tu sautes par la fenêtre. Tu montes sur ton vélo et tu quittes la maison à toute vitesse.

sauter par la fenêtre

Va au 30

(Ne t'inquiète pas. Le squelette que tu as vu est un squelette utilisé dans les laboratoires d'école. L'ancien propriétaire de la maison était en effet un professeur d'anatomie qui, pour des raisons inconnues, gardait ce squelette dans le placard de sa cuisine.)

Mots utiles

casser	*to break*	**garder**	*to keep*	**féroce**	*ferocious*
inconnu	*unknown*	**énorme**	*enormous*		

104

Tu as eu une bonne intuition. Après quelques mètres, tu trouves une porte. Cette porte est ouverte. Elle donne dans une petite salle. Avec ta lampe de poche, tu regardes l'intérieur de la salle. Dans un coin il y a trois sacs.

un coin

Tu prends un sac. Oh là là, il est lourd! Qu'est-ce qu'il y a dedans? Tu regardes avec ta lampe. Il y a des pièces de métal jaune. Est-ce que tu as découvert le trésor?

Attends! L'histoire n'est pas finie! Tu prends quelques pièces que tu mets dans ton sac à dos. Tu sors de la cave et tu continues ta promenade à vélo.

une pièce

Va au 30

105

Ne va pas sous l'arbre. Tu sais bien qu'il est très dangereux de se mettre sous un arbre quand il y a un orage!

Retourne au 30 **et choisis une autre option.**

106

Tu vas vers la ferme. Quand tu arrives à la ferme, tu vois un énorme chien. C'est un berger allemand. Bien sûr, il est attaché avec une chaîne, mais il a l'air très, très féroce.

un berger allemand

Fais demi-tour et va dans la grange. C'est plus prudent.

Va au 31

faire demi-tour

107

Ça, vraiment, ce n'est pas une bonne idée. D'abord, c'est illégal de prendre quelque chose qui n'est pas à soi.° Et puis, la Peugeot est équipée d'un système d'alarme. Si tu ouvrais la porte, tu déclencherais ce système d'alarme.

Retourne au 31 et choisis une autre option.

qui n'est pas à soi *that doesn't belong to you*

108

une voiture de la gendarmerie

Oh là là! Qu'est-ce que c'est? Oh là là, mon Dieu! C'est une voiture de la gendarmerie. Ne sais-tu pas qu'il est absolument interdit de circuler à vélo sur une autoroute? Tu dois payer une amende de 50 euros et retourner au rond-point.

Retourne au  **et choisis une autre option.**

109

C'est vrai, cette route est en mauvais état. Ta roue avant heurte une pierre très pointue° et tu as une crevaison. Impossible de réparer ta roue. Tu n'as pas les outils nécessaires. Tu dois faire de l'auto-stop. Heureusement, un automobiliste généreux s'arrête et t'amène directement chez toi. (Et il a même la gentillesse d'embarquer ton vélo dans son coffre.)

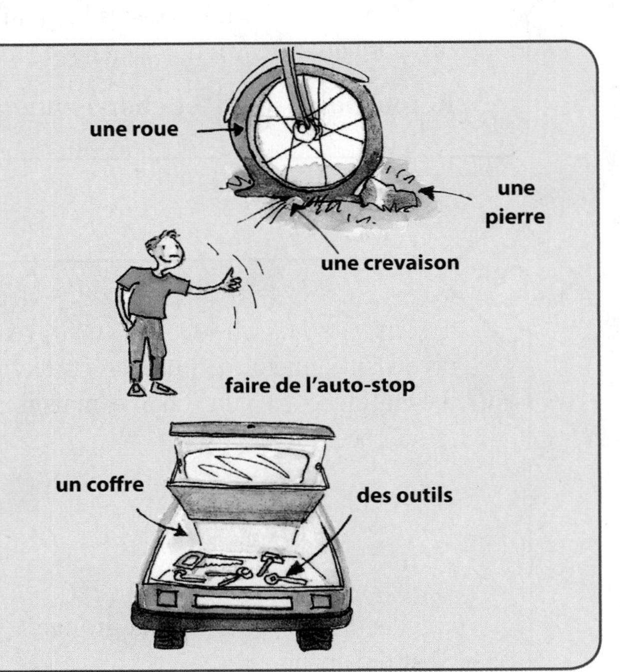

Va à **200 ARRIVÉE**

pointue *sharp*

Mots utiles

déclencher l'alarme	*to set off the alarm*	**même**	*even*
interdit	*forbidden, illegal*	**la gentillesse**	*kindness*
une amende	*fine*		

110

C'est vrai, cette route n'est pas très pittoresque, mais elle est en bon état et il n'y a pas beaucoup de circulation. Tu arrives chez toi fatigué(e) mais content(e) de ta journée.

Va à 200 ARRIVÉE

200 ARRIVÉE

Tu es enfin chez toi! Qu'est-ce que tu vas faire maintenant? D'abord, tu vas prendre un bain. Ensuite, tu vas dîner. Pendant le dîner, tu racontes les détails de ta journée à ta famille. Après le dîner, tu ouvres ton sac à dos et tu vérifies la liste de tous les objets que tu as trouvés et de toutes les photos que tu as prises.

OBJETS	PHOTOS
• clé	• photo du lac
• enveloppe	• photo de la maison

Est-ce qu'il y a les choses suivantes sur ta liste?

- le billet de loterie?
- les pièces de métal jaune?
- la photo de la Peugeot?

• Si tu n'as trouvé aucune de ces choses, **va au** 300

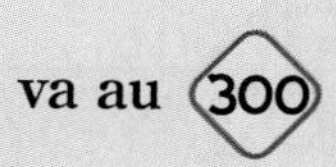

• Si tu as le billet de loterie, **va au** 301

• Si tu as les pièces, **va au** 302

• Si tu as la photo de la Peugeot, **va au** 400

300

Tu as fait une belle promenade, mais tu n'as rien trouvé de très intéressant.
Si tu veux découvrir le trésor, recommence ta promenade demain matin.

Retourne à O DÉPART **et essaie de trouver les trois choses de la liste.**

À la fin de ta promenade, va au 

301

On ne gagne pas souvent quand on joue à la loterie. Mais aujourd'hui, tu as de la chance. Le billet de loterie que tu as trouvé gagne 200 euros.
(C'est beaucoup d'argent, mais ce n'est pas le trésor.)

- Si tu as aussi les pièces, **va au** 302
- Si tu as aussi la photo de la Peugeot, **va au** 400
- Si tu as seulement le billet de loterie, **retourne demain matin au** 20 et cherche les deux choses que tu n'as pas rapportées de ta promenade.

Continue ta promenade jusqu'à 200 ARRIVÉE

Va ensuite au 400

302

Qu'est-ce que c'est que ce métal jaune? Est-ce que c'est de l'or? Mais non, c'est du cuivre. Et ces pièces de cuivre ne sont pas très anciennes. Leur valeur? À peu près 100 euros. Ce n'est pas le trésor.

- Si tu as aussi la photo de la Peugeot, **va au** 
- Si tu n'as pas la photo, **retourne au** 30

Prends la photo et continue ta promenade jusqu'à 200 ARRIVÉE

Va ensuite au 

Mots utiles

la fin	*end*
le cuivre	*copper*
la valeur	*value*
la prime	*reward*

400

Tu as eu raison de prendre la photo de la Peugeot. Évidemment, ce n'est pas le trésor. Mais c'est la clé du trésor.

Souviens-toi! Quand tu es entré(e) dans la grange, tu as eu la vague impression d'avoir vu cette Peugeot quelque part. Après le dîner, tu as montré les photos que tu avais prises à ta soeur. Elle, elle a reconnu immédiatement la Peugeot. La photo était en première page du journal de samedi. C'est la voiture utilisée par le célèbre gangster Jo Lagachette quand il a attaqué la Banque Populaire la semaine dernière. Tu sais où il a caché la voiture. Tu peux apporter ce renseignement à la police. Elle va arrêter le gangster et toi, tu vas gagner la prime offerte par la Banque Populaire: 20 000 euros. Ça, c'est le trésor!

READING STRATEGY L'Art de la lecture

Words that look alike in French and English but have *different* meanings are FALSE COGNATES. (The French call them **faux amis** or *false friends.*)

You encountered several as you were searching for the treasure:

une cave	is	*a cellar*	and not	*a cave*	**(une caverne)**
un pot	is	*a jar*	and not	*a pot*	**(une casserole)**
un coin	is	*a corner*	and not	*a coin*	**(une pièce)**
une pièce	is	*a coin*	and not	*a piece*	**(un morceau)**

You also are familiar with these false cognates:

attendre	means	*to wait*	and not	*to attend*	**(assister à)**
assister (à)	means	*to attend*	and not	*to assist*	**(aider)**
quitter	means	*to leave*	and not	*to quit*	**(abandonner)**
rester	means	*to stay*	and not	*to rest*	**(se reposer)**
crier	means	*to yell*	and not	*to cry*	**(pleurer)**
une lecture	means	*a reading*	and not	*a lecture*	**(une conférence)**

Unité 9

Bonne route

LEÇON 33 LE FRANÇAIS PRATIQUE En voiture

LEÇON 34 VIDÉO-SCÈNE Une leçon de conduite

LEÇON 35 VIDÉO-SCÈNE En panne

LEÇON 36 VIDÉO-SCÈNE Merci pour la leçon

THÈME ET OBJECTIFS

Culture

In France, as in the United States, the car plays an important role in people's daily lives.
In this unit, you will learn about ...

- what kinds of cars French people drive
- how to get a driver's license in France

Communication

You will learn how ...

- to name different kinds of vehicles
- to identify the parts of a car
- to ask for assistance at a service station

You will also learn how ...

- to describe how you feel about certain events
- to say what you and other people have to do
- to tell others what you want or expect them to do

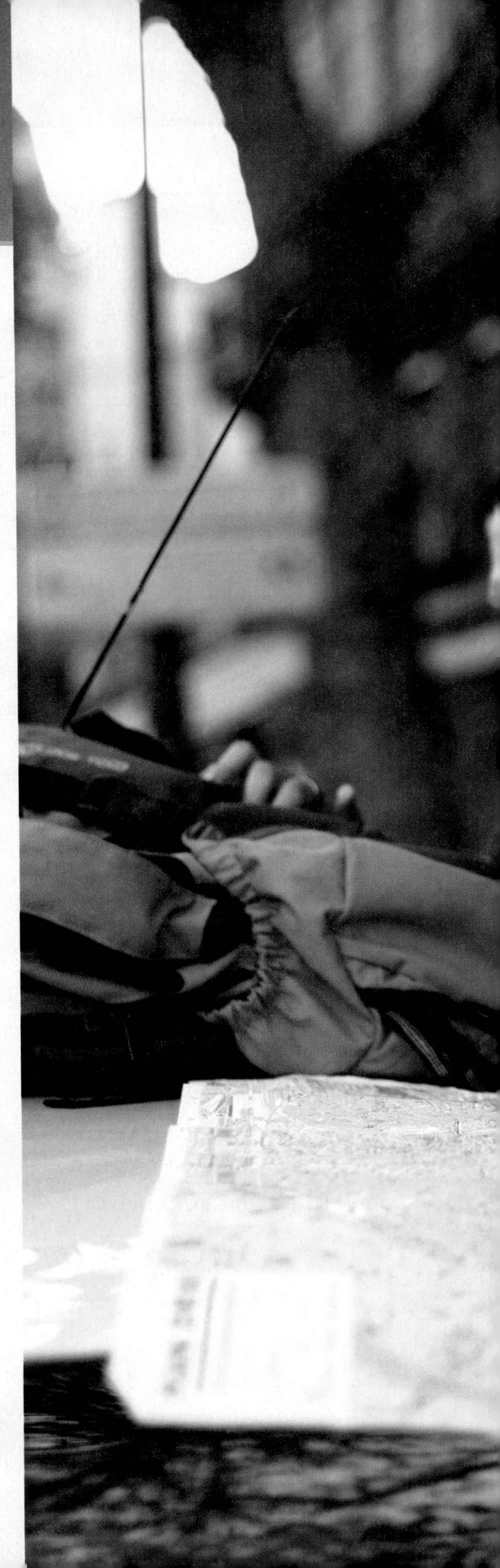

Leçon 33

LE FRANÇAIS PRATIQUE

DVD  AUDIO 

En voiture

Aperçu culturel ... Les Français et la voiture

En 1862, un ingénieur français, Alphonse Beau de Rochas, a inventé le principe du moteur «à quatre temps»°. Cette invention a permis le développement de la voiture moderne. Aujourd'hui la France produit plus de trois millions de véhicules par an. Il y a deux grands constructeurs d'automobiles: Renault et Peugeot-Citroën. Ces constructeurs produisent toute une gamme de véhicules, y compris des voitures de tourisme, voitures de sport, minivans, camping cars et des camions de toutes sortes.

moteur à quatre temps *four-stroke engine*

1. La Peugeot 207 est une des voitures les plus populaires en France. Elle est petite, très économique ... et très rapide. On dit que c'est une voiture «musclée».

2. Les jeunes Français apprennent à conduire dans des «auto-écoles». Ces auto-écoles sont des écoles privées qui coûtent généralement très cher. On estime que pour obtenir le permis de conduire, il faut dépenser en moyenne 800 à 1 000 euros en leçons.

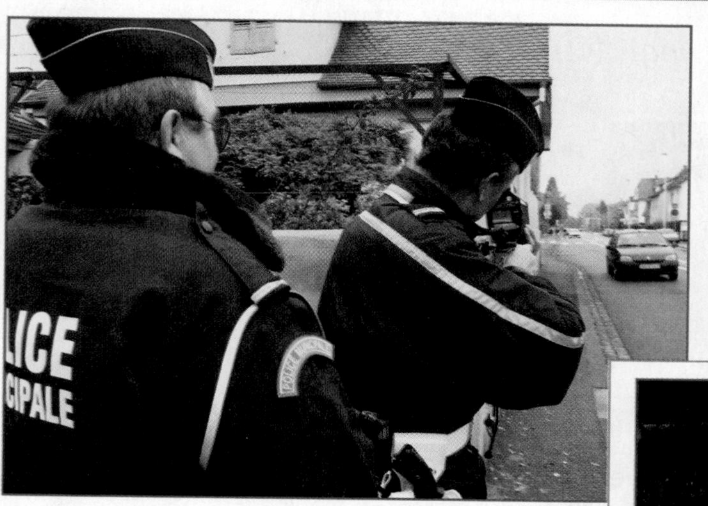

3. Quand ils sont au volant, les Français conduisent bien … et vite. Sur les autoroutes, la vitesse est limitée à 130 kilomètres/heure. Dans les villes, elle est limitée à 50 kilomètres/heure. Attention! Si vous ne respectez pas cette limitation de vitesse, vous pouvez avoir une contravention. Après un certain nombre de contraventions, vous pouvez perdre votre permis de conduire.

4. Les «24 heures du Mans» sont une grande course automobile. Cette course a lieu chaque année en juin sur le circuit du Mans, une ville qui a joué un rôle important dans le développement de l'industrie automobile en France. La course dure exactement 24 heures. Il y a environ 70 voitures avec, pour chaque voiture, trois pilotes qui se relaient de jour et de nuit. La voiture gagnante est celle qui a couvert la plus grande distance pendant cette période de temps.

COMPARAISONS *Culturelles*

- Comparez la Peugeot 207 avec une voiture américaine semblable.
- Calculez les limites de vitesse françaises en miles/heure. (10 kilomètres égalent à peu près 6 miles.) Comparez-les aux limites de vitesse dans votre région.
- Quelles sont les grandes courses automobiles aux États-Unis? Comment sont-elles différentes des 24 heures du Mans?

A VOCABULAIRE La conduite *(Driving)*

—Est-ce que tu as **le permis de conduire?**
—Non, je ne sais pas **conduire.**

un permis de conduire *driver's license*
conduire *to drive*

—Est-ce que tu vas apprendre à conduire?
—Oui, je vais **suivre des cours** dans **une auto-école.**

suivre un cours *to take a class*
une auto-école *driving school*

	conduire				suivre			
PRESENT	je	**conduis**	nous	**conduisons**	je	**suis**	nous	**suivons**
	tu	**conduis**	vous	**conduisez**	tu	**suis**	vous	**suivez**
	il/elle/on	**conduit**	ils/elles	**conduisent**	il/elle/on	**suit**	ils/elles	**suivent**
PASSÉ COMPOSÉ	**j'ai**	**conduit**			**j'ai**	**suivi**		

➔ **Suivre** has two meanings:

to follow — La voiture rouge **suit** le camion.
to take (a class) — Hélène **suit** des cours de piano.

On peut conduire:

une voiture

une voiture de sport

une décapotable

un camion

un minivan

un SUV

@HOMETUTOR
my.hrw.com

1 Questions personnelles PARLER/ÉCRIRE

1. As-tu une voiture favorite? Quelle est sa marque *(make)*? Est-ce que c'est une voiture confortable? rapide? spacieuse *(roomy)*? économique?
2. Dans ta famille, qui sait conduire? En général, qui conduit quand vous faites un voyage?
3. Est-ce que tu sais conduire? Si oui, depuis combien de temps est-ce que tu as le permis? Sinon *(If not)* est-ce que tu suis des cours? Où? Quand est-ce que tu vas avoir le permis?
4. Est-ce que tu voudrais avoir une décapotable? Pourquoi ou pourquoi pas?
5. Préférerais-tu avoir une voiture ou un minivan? Pourquoi?
6. Est-ce que tu as conduit une mobylette *(moped)*? une moto? un scooter? Quand?
7. Est-ce que tu as suivi des cours de danse? des cours de piano? Quand et où?

NOTE Culturelle

Le permis de conduire

Pour conduire en France, il faut avoir le permis de conduire et être âgé de 18 ans. Pour avoir ce permis, il faut réussir à un examen très difficile. Cet examen consiste en deux parties: une partie théorique sur le code de la route° et une partie pratique de conduite. Pour la partie théorique, on peut s'entraîner sur l'Internet, mais pour la partie pratique, on doit aller dans une «auto-école». Beaucoup de gens échouent° à cette épreuve° pratique et doivent se présenter plusieurs fois à l'examen avant d'obtenir le permis.

Les jeunes Français de 16 ans peuvent conduire une voiture, mais à deux conditions. D'abord, ils doivent suivre des cours dans une auto-école. Ensuite, quand ils conduisent, ils doivent être accompagnés par un adulte âgé d'au moins 25 ans qui a le permis.

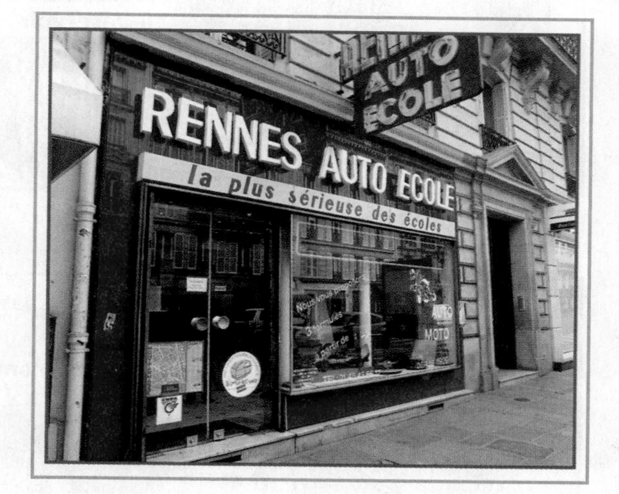

code de la route *traffic regulations*
échouent *fail* **épreuve** *test*

COMPARAISONS Culturelles

Selon vous, est-ce que le permis de conduire est plus difficile à obtenir en France ou aux États-Unis? Expliquez.

B VOCABULAIRE À la station-service

La voiture

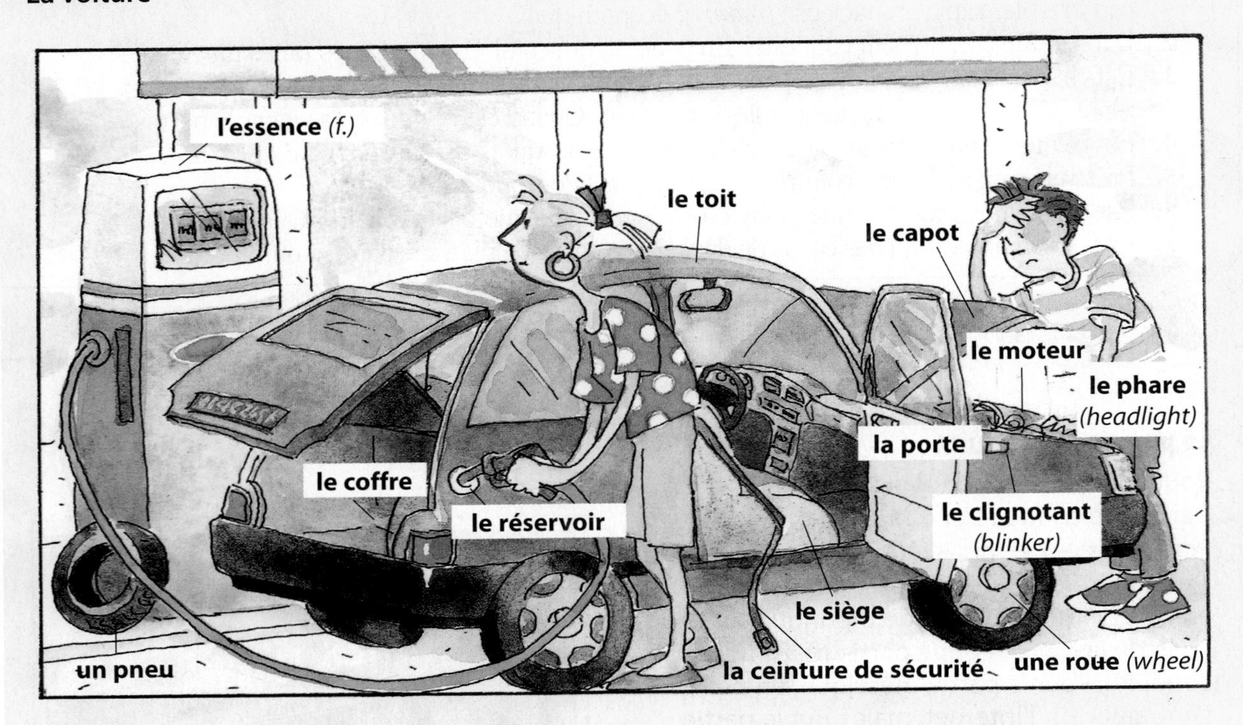

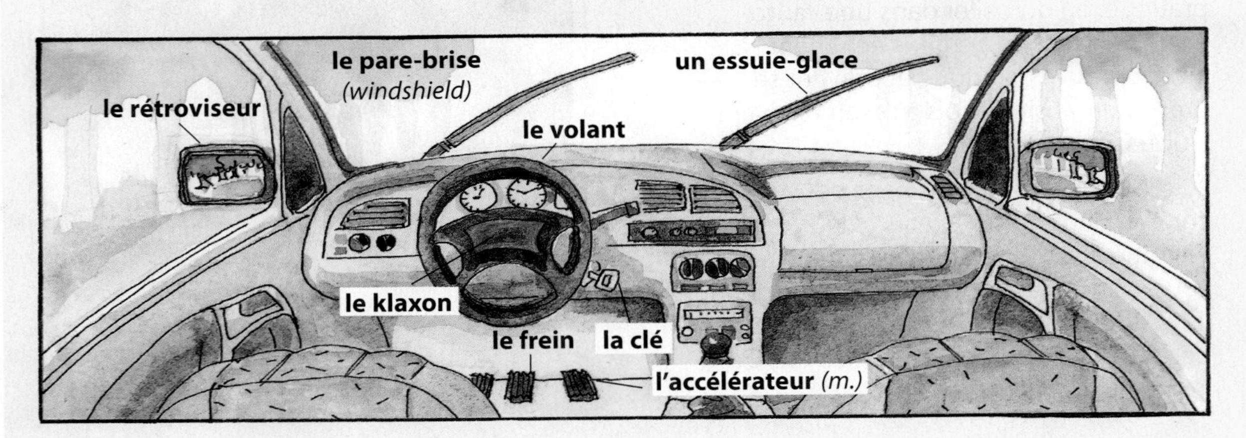

Avant de partir en voyage, il faut …
faire le plein d'essence
nettoyer le pare-brise
vérifier | **l'huile** *(f.)*
les freins
les pneus

faire le plein *to fill it up*

vérifier *to check*

@HOMETUTOR
my.hrw.com

2 Une leçon de conduite

PARLER/ÉCRIRE Complétez les phrases suivantes avec les mots qui conviennent.

1. Quand on conduit, il est obligatoire de mettre …
2. Quand on conduit la nuit, il faut mettre …
3. Quand on tourne à droite ou à gauche, il faut mettre …
4. Quand il pleut, on met …
5. On met l'essence dans …
6. On met les valises dans …
7. Pour s'arrêter, il faut appuyer sur *(step on)* …
8. Quand on veut vérifier l'huile, il faut ouvrir …
9. Quand on conduit, on doit garder *(keep)* les deux mains sur …
10. Tous les 40 000 ou 50 000 kilomètres, il est recommandé de changer …

Au jour le jour

Si vous conduisez en France et vous arrivez à une intersection, il est essentiel de savoir qui a la priorité.

Voici trois panneaux que vous devez reconnaître:

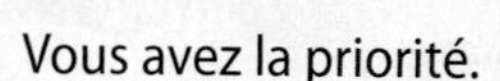

Vous avez la priorité.

Vous n'avez pas la priorité.

La voiture qui vient de la droite a la priorité.

Regardez les trois illustrations tirées d'un manuel du Code de la Route.

Essayez de déterminer l'ordre de passage des voitures. Puis vérifiez vos réponses en lisant les solutions.

A.

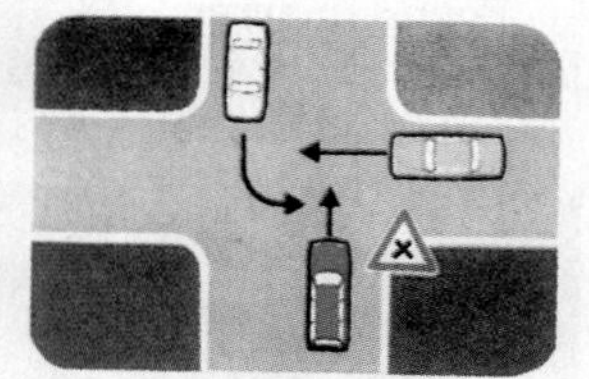

A. ORDRE DE PASSAGE DES VOITURES
1. LA BLANCHE AVANCE JUSQU'AU CENTRE DE L'INTERSECTION
2. LA JAUNE PASSE
3. LA BLEUE PASSE
4. LA BLANCHE PASSE LA DERNIÈRE

B.

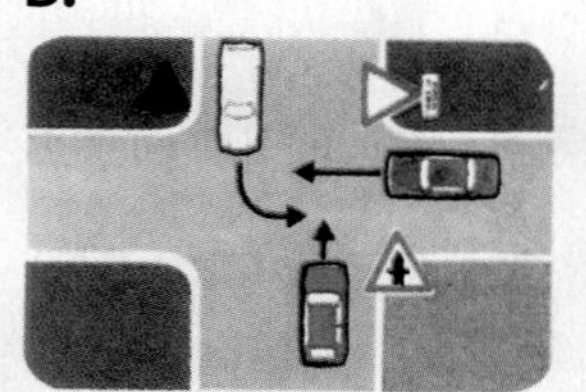

B. ORDRE DE PASSAGE DES VOITURES
1. LA BLEUE PASSE
2. LA BLANCHE PASSE DERRIÈRE LA BLEUE
3. LA ROUGE PASSE LORSQUE LA ROUTE EST LIBÉRÉE

C.

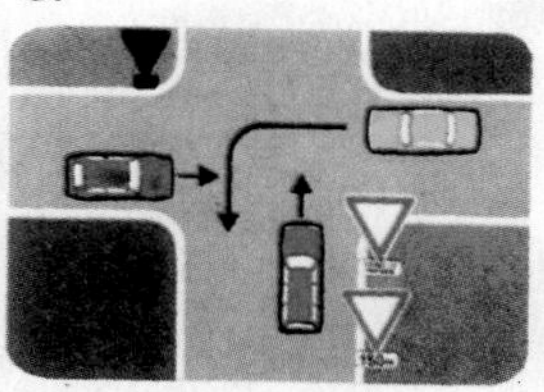

C. ORDRE DE PASSAGE DES VÉHICULES
1. LA ROUGE PASSE
2. LA JAUNE PASSE DERRIÈRE LA ROUGE
3. LA BLEUE PASSE ENSUITE

Leçon 34

VIDÉO-SCÈNE

DVD AUDIO

Une leçon de conduite

Jérôme vient d'acheter une voiture. La voiture de Jérôme est une petite décapotable blanche. C'est une voiture d'occasion, mais elle marche bien et elle est assez rapide ... Jérôme est très fier de sa nouvelle voiture.

Aujourd'hui, il va proposer une leçon de conduite à Pierre.

Pierre et Jérôme montent dans la voiture. La leçon de conduite commence ...

roule *drives*

Compréhension

1. Qu'est-ce que Jérôme propose à Pierre?
2. Quelle est la condition de Pierre?
3. Qu'est-ce qu'on doit faire avant de partir?
4. Quelle est l'attitude de Pierre pendant la leçon?

Leçon 34

Langue et Communication

A La construction: adjectif + *de* + infinitif

Note the use of the infinitive in the following sentences.

Je suis **heureux de faire** ta connaissance.	*I am **pleased to meet** you.*
Catherine est **contente d'aller** à Genève.	*Catherine is **happy to go** to Geneva.*
Nous sommes **tristes de partir.**	*We are **sad to leave.***

Adjectives are often followed by an infinitive according to the construction:

ADJECTIVE + **de** + INFINITIVE

➔ A similar construction is used with nouns.

Je n'ai pas **le temps de jouer** au tennis. *I don't have **the time to play** tennis.*

Zoé est triste d'avoir un «F» à l'examen.

1 Heureux ou tristes?

PARLER/ÉCRIRE Dites si les personnes suivantes sont **heureuses** ou **tristes.**

▶ Zoé a un «F» à l'examen.

1. Catherine a un «A».
2. Corinne part en vacances cet été.
3. Philippe reste à la maison ce week-end.
4. Juliette sort avec un garçon sympathique.
5. François perd son match de tennis.
6. Pauline conduit la voiture de sport de son frère.
7. Christophe reçoit des lettres de sa copine.
8. Nicole a des problèmes avec son copain.

B La construction: préposition + infinitif

Note the use of the infinitive in the following sentences.

Je travaille **pour gagner** de l'argent.	*I work **(in order) to earn** money.*
Prends de l'essence **avant de partir.**	*Get gas **before leaving.***
Ne pars pas **sans mettre** ta ceinture.	*Don't leave **without fastening** your seat belt.*

In French, the infinitive is used after prepositions such as **pour** *(in order to)*, **avant de** *(before)*, and **sans** *(without)*.

LANGUAGE COMPARISON

➔ While the expression *in order* to is often omitted in English, **pour** must be used in French.

@HOMETUTOR
my.hrw.com

2 Pourquoi?

PARLER/ÉCRIRE Choisissez une destination pour les personnes suivantes et dites pourquoi elles sont allées là-bas.

A	B	C
moi	à Québec	acheter une veste
vous	au café	apprendre à conduire
nous	dans les magasins	prendre de l'essence
Monsieur Rimbaud	à la station-service	réserver les billets d'avion
Anne et Florence	à l'agence de voyages	retrouver des copains
ma cousine	à l'auto-école	apprendre le français

▶ **Vous êtes allés à Québec pour apprendre le français.**

3 Une question de priorité

PARLER/ÉCRIRE On fait certaines choses avant d'en faire d'autres. Exprimez cela en utilisant la construction **avant de** + infinitif.

▶ Léa met une veste et elle sort.
Léa met une veste avant de sortir.

1. Vous téléphonez et vous allez chez des amis.
2. Ils étudient et ils vont au cinéma.
3. Éric vérifie les pneus et il part.
4. Nous suivons des cours et nous passons *(take)* l'examen.
5. Tu prends de l'essence et tu pars.
6. Nous achetons les billets d'avion et nous allons à Tahiti.
7. Je demande la permission et j'organise une boum.
8. Je me lave les mains et je dîne.
9. Tu mets le clignotant et tu tournes.

4 Conseils *(Advice)*

PARLER/ÉCRIRE On ne doit pas faire certaines choses sans en faire d'autres. Exprimez cela dans des dialogues.

▶ **Qu'est-ce que tu fais cet après-midi?**

Je vais aller en ville.

Eh bien, ne va pas en ville sans mettre ta veste.

1. après le dîner
   sortir
   dire au revoir
2. samedi soir
   aller en ville
   prendre de l'argent
3. cet été
   partir en vacances
   laisser ton adresse
4. ce week-end
   prendre la voiture
   faire le plein

C La construction: *en* + participe présent

Read the following sentences, paying attention to the verbs in heavy print. These verbs are in a new form: the PRESENT PARTICIPLE.

J'écoute la radio en **étudiant.** — *I listen to the radio while* ***studying.***
Paul gagne de l'argent en **travaillant** dans une station-service. — *Paul earns money by* ***working*** *in a gas station.*

FORMS

The present participle always ends in **-ant.** It is derived as follows:

STEM	+	ENDING
nous-form of present *minus* **-ons**		**-ant**

travailler:	nous **travaill**ons	→	**travaillant**
finir:	nous **finiss**ons	→	**finissant**
attendre:	nous **attend**ons	→	**attendant**
aller:	nous **all**ons	→	**allant**
prendre:	nous **pren**ons	→	**prenant**

USES

The construction **en** + PRESENT PARTICIPLE is used to express:

- simultaneous action *(**while** doing something)*
  Il écoute la radio **en lavant** sa voiture. — *He listens to the radio* ***while washing*** *his car.*
- cause and effect *(**by** doing something)*
  Il gagne de l'argent **en lavant** des voitures. — *He earns money* ***by washing*** *cars.*

5 Comment?

PARLER/ÉCRIRE Expliquez comment les personnes suivantes font certaines choses. (Si vous voulez, vous pouvez aussi expliquer comment vous faites les mêmes choses.).

▶ Christine / gagner de l'argent (faire du baby-sitting)

▶ Christine gagne de l'argent en faisant du baby-sitting. Moi, je gagne de l'argent en travaillant dans un supermarché.

1. Pauline / rester en forme (faire de la gymnastique)
2. Robert / apprendre le français (écouter de la musique)
3. Juliette / réussir à ses examens (étudier tous les jours)
4. Stéphanie / apprendre les nouvelles *(news)* (regarder la télé)
5. Jean-Paul / aider sa mère (faire la vaisselle)
6. Catherine / aider son père (laver la voiture)
7. Olivier / se reposer (écouter de la musique classique)
8. Nicolas / s'amuser (lire des bandes dessinées)

@HOMETUTOR my.hrw.com

6 Et vous?

PARLER/ÉCRIRE Dites si oui ou non vous faites les choses suivantes en même temps.

▶ écouter mon lecteur MP3? (faire du jogging)

1. écouter la radio? (étudier)
2. écouter les nouvelles *(news)*? (prendre le petit déjeuner)
3. regarder la télé? (dîner)
4. chanter? (prendre un bain)
5. parler à mes copains? (attendre le bus)
6. m'arrêter dans les magasins? (rentrer chez moi)

(Je n'écoute pas mon lecteur MP3 en faisant du jogging.)

À votre tour!

OBJECTIFS
Now you can …
- give reasons for your decisions

Digital performance space

Pourquoi? 

ÉCRIRE/PARLER Complétez les phrases suivantes en indiquant pour quelles raisons vous voudriez faire ou avoir certaines choses. Utilisez la construction **pour** + infinitif. Ensuite comparez vos réponses avec celles d'un(e) camarade.

- Je voudrais avoir de l'argent …
- Je voudrais avoir une voiture …
- Je voudrais aller à l'université …
- Je voudrais aller en France …
- Je voudrais être riche …

▶ **—Moi, je voudrais avoir de l'argent pour acheter un ordinateur. Et toi, André?**
—Moi, je voudrais avoir de l'argent pour faire un voyage.

	MOI	ANDRÉ
avoir de l'argent	pour acheter un ordinateur	pour faire un voyage
avoir une voiture	pour aller à l'école	

LESSON REVIEW my.hrw.com

Lecture Le test du bon conducteur

Un jour ou l'autre, vous conduirez une voiture. Pour juger si vous êtes bien qualifié(e), complétez les phrases suivantes avec l'option qui vous semble être la meilleure.

1. Avant de partir pour un long voyage, il est très important de …
A. laver la voiture
B. vérifier les pneus et les freins
C. acheter des lunettes de soleil

2. Avant de démarrer, il faut …
A. mettre sa ceinture de sécurité
B. se regarder dans la glace
C. mettre les phares

3. En conduisant, il est toujours prudent de …
A. mettre la radio
B. fermer les fenêtres
C. regarder souvent dans le rétroviseur

4. Quand il neige, il est recommandé de …
A. mettre de l'eau dans le radiateur
B. accélérer aux feux rouges°
C. conduire lentement

feux rouges *red lights*

5. En traversant une ville, il faut …
A. klaxonner
B. ralentir
C. accélérer

6. En arrivant devant un feu rouge, il faut …
A. changer de voie°
B. mettre le frein à main
C. s'arrêter progressivement

voie *lane*

7. Avant de doubler une autre voiture, il faut …
A. nettoyer le pare-brise
B. vérifier les freins
C. signaler avec le clignotant

8. Pour s'arrêter, il faut …
A. arrêter le moteur
B. enlever la ceinture de sécurité
C. appuyer° sur le frein

appuyer *to step on*

9. En sortant de la voiture, il ne faut pas oublier de …
A. ouvrir le coffre
B. prendre les clés
C. faire le plein d'essence

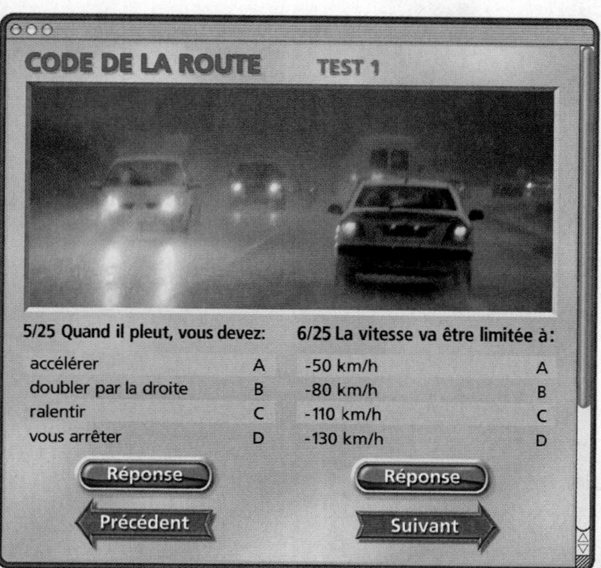

Mots utiles: la conduite

Un conducteur / Une conductrice peut ...

- **mettre / garder / enlever sa ceinture** — *to put on / keep on / take off one's seatbelt*
- **démarrer / s'arrêter / arrêter le moteur** — *to start / stop / stop the engine*
- **accélérer / ralentir** — *to accelerate, speed up / slow down*
- **klaxonner** — *to honk*
- **doubler** — *to pass*

RÉSULTATS:

Marquez un point pour les réponses suivantes:
1-B, 2-A, 3-C, 4-C, 5-B, 6-C, 7-C, 8-C, 9-B

- Si vous avez huit ou neuf points, vous êtes un excellent conducteur/une excellente conductrice.
- Si vous avez cinq à sept points, vous devez prendre des leçons.
- Si vous avez moins de cinq points, prenez le bus.

Leçon 35

VIDÉO-SCÈNE DVD AUDIO

En panne

Dans l'épisode précédent, Jérôme a proposé à Pierre de lui donner une leçon de conduite. Pierre a accepté l'offre de son frère, mais à deux conditions. Il faut que Jérôme le laisse conduire la voiture et il faut aussi qu'il soit de retour pour son rendez-vous avec Armelle. Jérôme et Pierre sont finalement partis. Maintenant, Pierre veut conduire.

Jérôme trouve une petite route de campagne.

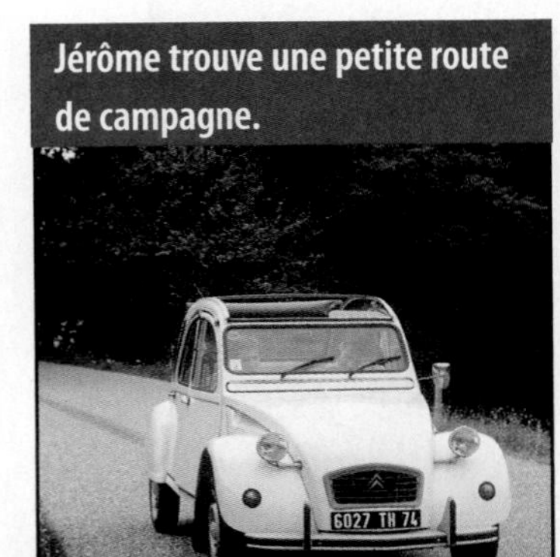

Pierre attend impatiemment son tour. Finalement Jérôme décide de le laisser conduire. Il arrête la voiture.

Pierre a hâte de prendre le volant.

Au moment où Pierre va démarrer,° il remarque quelque chose.

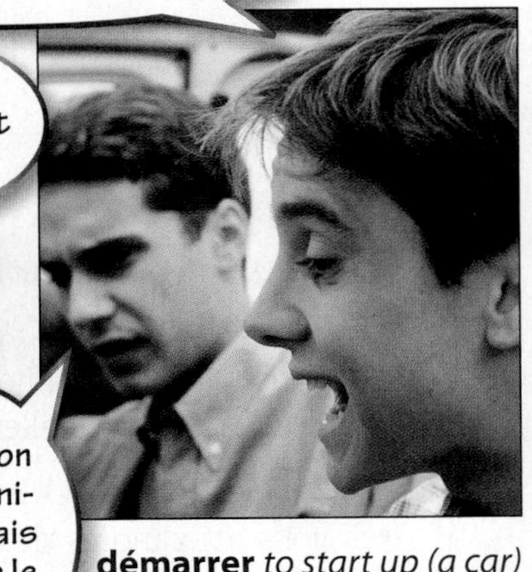

démarrer *to start up (a car)*
aiguille *pointer, needle*

demi-tour *U-turn*

en panne *broken down*

Compréhension

1. Où se passe la scène?
2. Quel est le problème?
3. Que fait Jérôme à la fin de la scène?
4. Que fait Pierre?
5. Qu'est-ce que Pierre demande à Armelle?

A Le subjonctif: formation régulière

In the following sentences, people are being told what to do.
To express NECESSITY or OBLIGATION, the French use a verb form called the SUBJUNCTIVE.
In the sentences below, the verbs in heavy print are in the subjunctive.

Il faut **que tu conduises** bien.	*It is necessary* ***that you drive*** *well. (You have to drive well.)*
Il faut **que je mette** ma ceinture de sécurité.	*It is necessary* ***that I fasten*** *my seat belt. (I have to fasten my seat belt.)*

The SUBJUNCTIVE is a verb form that occurs frequently in French. It is used after certain verbs and expressions in the construction.

VERB OR EXPRESSION	+ **que** +	SUBJECT +	SUBJUNCTIVE VERB ...
Il faut	**que**	Paul	**réponde** à la question.

→ The subjunctive is always introduced by **que.**

@HOMETUTOR
my.hrw.com

FORMS

For all regular verbs and many irregular verbs, the subjunctive is formed as follows:

SUBJUNCTIVE STEM	+	SUBJUNCTIVE ENDINGS
ils-form of the present *minus* **-ent**		

Note the subjunctive forms of the regular verbs **parler, finir, vendre,** and the irregular verb **sortir.**

INFINITIVE		parler	finir	vendre	sortir	SUBJUNCTIVE ENDINGS
PRESENT STEM	ils	**parlent**	**finissent**	**vendent**	**sortent**	
		parl-	**finiss-**	**vend-**	**sort-**	
SUBJUNCTIVE	que je	**parle**	**finisse**	**vende**	**sorte**	**-e**
	que tu	**parles**	**finisses**	**vendes**	**sortes**	**-es**
	qu'il/elle/on	**parle**	**finisse**	**vende**	**sorte**	**-e**
	que nous	**parlions**	**finissions**	**vendions**	**sortions**	**-ions**
	que vous	**parliez**	**finissiez**	**vendiez**	**sortiez**	**-iez**
	qu'ils/elles	**parlent**	**finissent**	**vendent**	**sortent**	**-ent**

1 Le subjonctif, s'il vous plaît!

PARLER/ÉCRIRE Pour chaque verbe du tableau, donnez la forme **ils** du présent. Ensuite, complétez les phrases correspondantes avec le subjonctif.

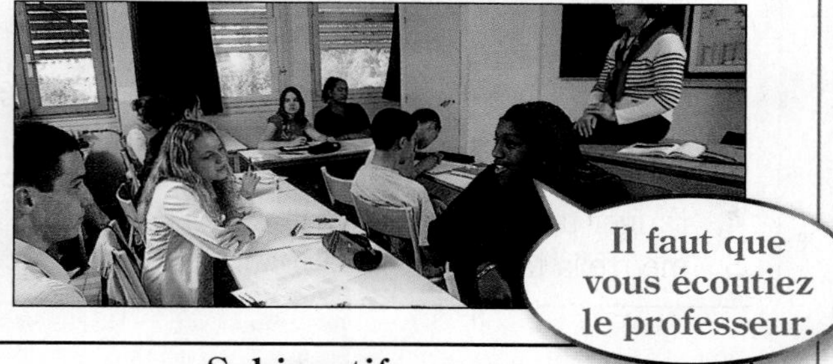

Infinitif	Présent	Subjonctif
▶ écouter	[ils écoutent]	Il faut que (je, vous) … le professeur.
1. téléphoner	[ils …]	Il faut que (tu, nous) … à Jean-Claude.
2. assister	[ils …]	Il faut que (Marc, mes copains) … à la conférence.
3. finir	[ils …]	Il faut que (je, vous) … ce livre.
4. réussir	[ils …]	Il faut que (tu, les élèves) … à l'examen.
5. attendre	[ils …]	Il faut que (Madame Moreau, nous) … le taxi.
6. répondre	[ils …]	Il faut que (tu, Véronique) … à l'invitation.
7. lire	[ils …]	Il faut que (je, nous) … ce roman.
8. écrire	[ils …]	Il faut que (vous, Sophie) … à Catherine.
9. partir	[ils …]	Il faut que (je, Marc et Julie) … à deux heures.
10. mettre	[ils …]	Il faut que (nous, Olivier) … la ceinture de sécurité.

B L'usage du subjonctif après *il faut que*

Note the use of the subjunctive after **il faut que** in the sentences below.

Il faut que je **finisse** mon travail. — *I **must (have to) finish** my work.*
Il faut que vous **répariez** la voiture. — *You **must (have to)** fix the car.*

To state what specific people *must do* or *have to do,* the French often use the construction:

il faut que + SUBJUNCTIVE

2 Oui ou non?

PARLER/ÉCRIRE Dites si oui ou non vous devez faire les choses suivantes à la maison.

▶ aider ta soeur?

▶ **Oui, il faut que j'aide ma soeur.**

(Non, il ne faut pas que j'aide ma soeur.)

1. étudier?
2. finir tes devoirs avant de dîner?
3. laver la voiture?
4. ranger ta chambre?
5. mettre la table?
6. sortir les ordures *(take out the garbage)*?
7. passer l'aspirateur *(run the vacuum)*?
8. tondre la pelouse *(mow the lawn)*?

3 Avant le départ

PARLER La famille Aubin habite à Montréal. Madame Aubin dit à son fils Guy ce qu'il doit faire avant de partir passer un mois avec une famille en Normandie. Jouez les deux rôles.

MME A: **Guy, il faut que tu cherches ton passeport.**

GUY: **D'accord, je vais chercher mon passeport.**

- ☐ chercher ton passeport
- ☐ passer à l'agence de voyages
- ☐ réserver ton billet d'avion
- ☐ préparer tes valises
- ☐ choisir des cadeaux pour tes hôtes
- ☐ acheter une carte de France

4 Je regrette, mais ... 

PARLER Vous invitez vos camarades à faire certaines choses. Ils doivent faire d'autres choses.

▶ **—Dis, est-ce que tu veux aller au cinéma avec moi?**
—Je regrette, mais je ne peux pas.
—Ah bon? Pourquoi?
—Il faut que j'étudie.

INVITATIONS	EXCUSES POSSIBLES
1. sortir	• travailler
2. dîner en ville	• finir mes devoirs
3. jouer au volley	• rentrer chez moi
4. faire du roller	• dîner chez ma tante
5. voir un film	• écrire une lettre
6. aller au concert	• lire un livre

@HOMETUTOR
my.hrw.com

5 Qu'est-ce qu'il faut faire?

PARLER/ÉCRIRE Dites ce que chacun doit faire dans les circonstances suivantes.

▶ Nous recevons des invités *(guests)* ce soir.

- toi / mettre la table
  Il faut que tu mettes la table.
- nous / préparer le repas
  Il faut que nous préparions le repas.

1. Nous faisons une promenade en voiture.
   - moi / choisir l'itinéraire
   - vous / mettre vos ceintures
   - Marc / conduire prudemment *(carefully)*
2. Nous avons une panne *(breakdown)*.
   - nous / nous arrêter
   - vous / téléphoner au mécanicien
   - le mécanicien / changer la roue
3. Nous allons faire du camping ce week-end.
   - moi / vérifier la tente
   - toi / réparer le réchaud
   - vous / apporter une lampe électrique
4. Nous organisons une boum
   - vous / écrire les invitations
   - Sandrine / choisir la musique
   - nous / décorer le salon

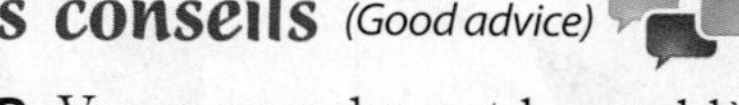

6 Bons conseils *(Good advice)*

PARLER Vos camarades ont les problèmes suivants. Dites-leur ce qu'ils doivent faire.

▶ **—Je suis fatigué(e).**
—Il faut que tu te reposes.
(Il faut que tu dormes.)

	SUGGESTIONS
1. J'ai chaud.	• dormir
2. J'ai froid.	• trouver un travail
3. J'ai la grippe.	• manger moins
4. Je n'ai pas d'argent.	• ouvrir la fenêtre
5. Je veux maigrir.	• mettre un pull
6. Je suis fatigué(e)	• se reposer

À votre tour!

OBJECTIFS
Now you can . . .
- explain what has to be done

Digital performance space

Projets

PARLER/ÉCRIRE Avec un(e) camarade, choisissez l'un des projets suivants. Discutez les choses que vous devez faire dans la réalisation de ce projet et faites une liste de ces choses. Commencez vos phrases par **Il faut que nous ...** (N'utilisez pas le subjonctif des verbes **être, avoir, faire,** ou **aller.**)

Project:
- organiser une boum
- organiser un pique-nique
- faire du camping
- faire une promenade en auto
- passer une semaine à Québec

Liste

Nous allons organiser une boum.

1. Il faut que nous demandions la permission à nos parents.
2. Il faut que nous rangions le salon.
3. . . .

Lecture La meilleure décision

Dans la vie,° nous devons prendre certaines décisions. Analysez les situations suivantes et dites quelle est la meilleure décision à prendre. Discutez de votre choix avec vos camarades de classe.

vie *life*

1. Jean-Marc a un copain Vincent. Vincent a une copine, Isabelle, qu'il aime beaucoup. Un jour, en allant au cinéma, Jean-Marc voit Isabelle avec un autre garçon.

Qu'est-ce que Jean-Marc doit faire?

A. Il faut qu'il parle à Vincent.
B. Il faut qu'il dise quelque chose à Isabelle.
C. Il ne faut pas qu'il s'occupe° de ce problème.

s'occupe *get involved*

2. Sur la route° de l'école, Irène trouve un portefeuille. Dans le portefeuille, il y a 100 dollars, mais il n'y a aucun° papier concernant l'identité du propriétaire.°

Que doit faire Irène?

A. Il faut qu'elle apporte le portefeuille à la police.
B. Il faut qu'elle mette une annonce° dans le journal. (Elle pourra garder l'argent si personne ne répond.)
C. Elle peut garder le portefeuille à condition de donner 50 dollars à une organisation charitable.

Sur la route *On her way* **ne ... aucun** *no*
propriétaire *owner* **annonce** *ad*

3. Jacqueline a reçu deux invitations pour le même jour. Son cousin Laurent l'a invitée à sa fête d'anniversaire. Son camarade de classe Jean-Michel l'a invitée à un concert de rock. Le problème est que Laurent et Jean-Michel sont très jaloux l'un de l'autre et qu'on ne peut pas accepter l'invitation de l'un sans offenser l'autre.

Que doit faire Jacqueline?

A. Il faut qu'elle refuse les deux invitations.

B. Il faut qu'elle accepte l'invitation de Laurent parce que c'est son cousin.

C. Il faut qu'elle choisisse l'invitation qu'elle préfère et qu'elle invente une excuse pour l'autre invitation.

4. Par erreur,° Monsieur Masson a ouvert une lettre destinée à son voisin Monsieur Rimbaud. En lisant cette lettre, Monsieur Masson a appris que Monsieur Rimbaud est le cousin d'un criminel.

Que doit faire Monsieur Masson?

A. A. Il faut qu'il rende la lettre à Monsieur Rimbaud.

B. Il faut qu'il détruise° la lettre.

C. Il faut qu'il alerte la police.°

Par erreur *By mistake* **détruise** *destroy*

Leçon 36

VIDÉO-SCÈNE DVD AUDIO

Merci pour la leçon

Dans l'épisode précédent, Jérôme a finalement donné le volant à Pierre.

Malheureusement, la voiture est tombée en panne. Jérôme est allé chercher de l'essence. Pierre a téléphoné à Armelle.

Armelle accepte d'aller chercher Pierre.

Armelle termine sa conversation avec Pierre.

Puis elle quitte sa maison et monte sur son scooter.

La route est longue. Finalement, Armelle retrouve Pierre.

Pierre et Armelle vont chercher Jérôme.

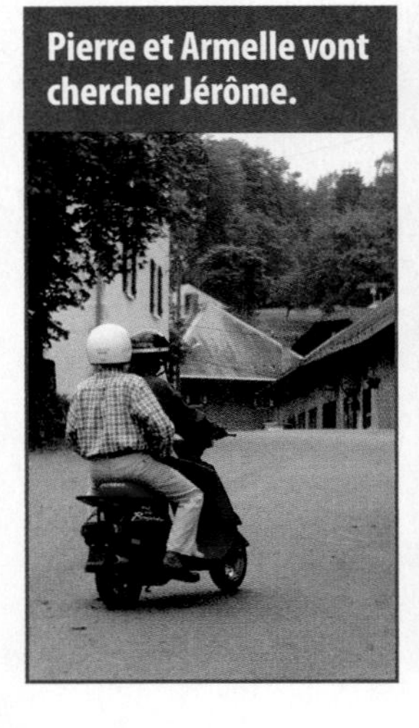

Ils le retrouvent sur la route . . .

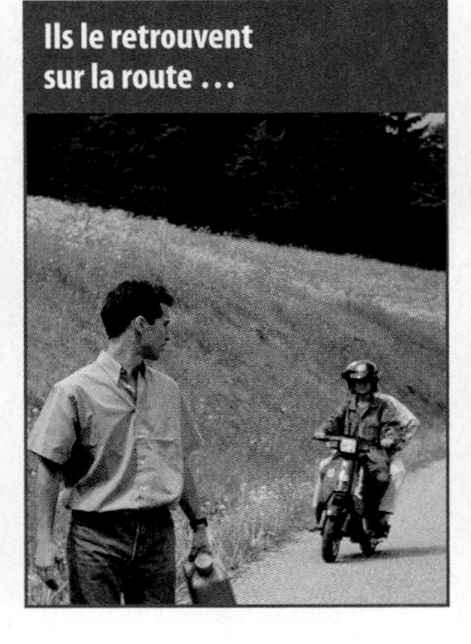

Pierre décide de jouer un tour° à son frère.

Il fait semblant° de ne pas s'arrêter.

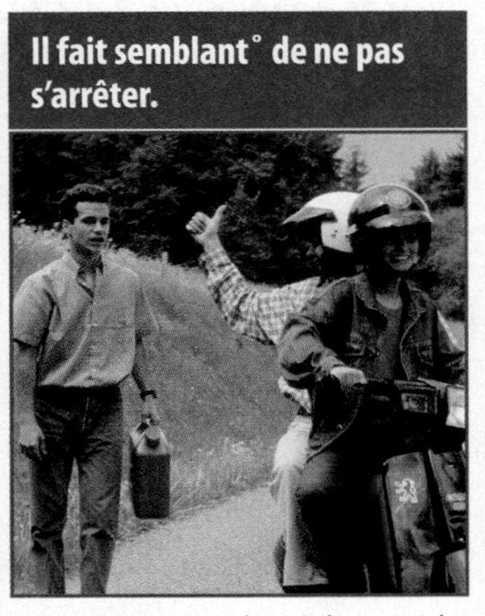

jouer un tour *to play a joke on, trick*
faire semblant *to pretend*

@HOMETUTOR
my.hrw.com

Compréhension

1. Que fait Armelle au début de la scène?
2. Où Pierre et Armelle retrouvent-ils Jérôme?
3. Quel service est-ce qu'ils lui rendent?
4. Que font Pierre et Armelle à la fin de la scène?

A Le subjonctif: formation irrégulière

The subjunctive forms of **être, avoir, aller,** and **faire** are irregular.

	être	avoir	aller	faire
que je (j')	**sois**	**aie**	**aille**	**fasse**
que tu	**sois**	**aies**	**ailles**	**fasses**
qu'il/elle/on	**soit**	**ait**	**aille**	**fasse**
que nous	**soyons**	**ayons**	**allions**	**fassions**
que vous	**soyez**	**ayez**	**alliez**	**fassiez**
qu'ils/elles	**soient**	**aient**	**aillent**	**fassent**

1 Pour réussir à l'examen

PARLER/ÉCRIRE Vous passez l'examen du permis de conduire. Dites si oui ou non vous devez faire les choses suivantes. Commencez vos phrases par **Il faut que** ou **Il ne faut pas que.**

▶ être nerveux (nerveuse)?
Il ne faut pas que je sois nerveux (nerveuse).

1. être calme?
2. être prudent(e) *(careful)*?
3. être impatient(e)?
4. avoir peur?
5. avoir un accident?
6. faire attention?
7. aller très vite?
8. avoir ma ceinture de sécurité?
9. aller lentement?
10. avoir de bons réflexes?

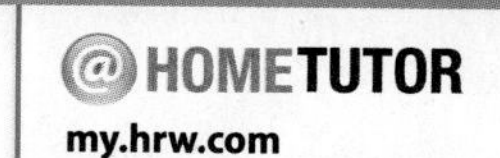

2 Que faire?

PARLER/ÉCRIRE Dites ce que les personnes suivantes doivent faire. Utilisez la construction **il faut que** + subjonctif.

▶ Monsieur Martin veut aller en Chine. (avoir un passeport)
Il faut qu'il ait un passeport.

1. Nous voulons voir un film. (aller au cinéma)
2. Mes copains veulent bien parler français. (aller en France)
3. Tu veux rester en forme. (faire du sport)
4. Ma cousine veut être médecin. (faire de la biologie)
5. Vous voulez avoir des amis. (être polis, généreux et gentils)
6. Je veux prendre l'avion. (être à l'aéroport à l'heure)
7. Vous voulez voyager cet été. (avoir une voiture)
8. Tu veux jouer au tennis. (avoir une raquette)

3 Pas possible! 

PARLER Proposez à vos camarades de faire certaines choses. Ils vont refuser en expliquant pourquoi ce n'est pas possible.

▶ aller à la piscine?

INVITATIONS
1. voir un film?
2. sortir ce soir?
3. faire une promenade?
4. dîner en ville?
5. venir chez moi cet après-midi?
6. aller à un concert de jazz?

EXCUSES
faire des achats
faire les courses
faire mes devoirs
aller chez ma tante
aller à la bibliothèque
être chez moi à sept heures
faire du baby-sitting pour les voisins

B L'usage du subjonctif après *vouloir que*

Note the use of the subjunctive in the sentences below.

Je **voudrais que tu sois** à l'heure.	*I **would like you to be** on time.*
Marc **veut que je sorte** avec lui.	*Marc **wants me to go out** with him.*
Mon père **ne veut pas que je conduise.**	*My father **does not want me to drive.***

In French, the subjunctive is used after **vouloir que** to express a wish.

➔ Note that the wish must concern someone or something OTHER THAN THE SUBJECT. When the wish concerns the SUBJECT, the INFINITIVE is used. Contrast:

the wish concerns the subject: INFINITIVE	the wish concerns someone else: SUBJUNCTIVE
Je veux **sortir.**	**Je** veux que tu **sortes** avec moi.
Mon père veut **conduire.**	**Mon père** ne veut pas que **je conduise.**

➔ The subjunctive is also used after **je veux bien (que).**

—Est-ce que je peux sortir?	*Can I go out?*
—Oui, **je veux bien que tu sortes.**	*Sure, **it's OK with me if you go out.***

4 Baby-sitting

PARLER/ÉCRIRE Vous faites du baby-sitting pour un enfant français. Expliquez-lui ce qu'il doit faire et ce qu'il ne doit pas faire. (Commencez vos phrases par **Je veux que** ou **Je ne veux pas que.**)

▶ ranger ta chambre?
Je veux que tu ranges ta chambre.

▶ jouer avec des allumettes *(matches)*
Je ne veux pas que tu joues avec des allumettes.

1. être sage *(be good)*
2. faire tes devoirs
3. manger ton dîner
4. finir tes épinards *(spinach)*
5. manger trop de chocolat
6. mettre les pieds sur la table
7. jouer au foot dans la maison
8. tirer la queue *(pull the tail)* du chat

5 Exigences *(Demands)*

PARLER/ÉCRIRE Tout le monde exige *(demands)* quelque chose. Expliquez les exigences des personnes suivantes.

▶ le professeur / les élèves / étudier
Le professeur veut que les élèves étudient.

1. le médecin / Monsieur Legros / maigrir
2. le professeur de l'auto-école / tu / conduire moins vite
3. les adultes / les jeunes / être polis avec eux
4. les jeunes / les adultes / être plus tolérants
5. je / tu / aller au cinéma avec moi
6. Hélène / son copain / aller danser à la discothèque avec elle
7. mon père / je / avoir de bonnes notes
8. ma mère / je / faire les courses

6 Oui ou non? 

PARLER Vos camarades vous demandent la permission de faire certaines choses. Acceptez ou refusez.

▶ écouter tes CD

(Non, je ne veux pas que tu écoutes mes CD.)

1. dîner chez toi
2. regarder tes photos
3. lire ton journal *(diary)*
4. emprunter ton portable
5. prendre ton vélo
6. sortir avec ton copain (ta copine)
7. amener mes copains à ta fête
8. écrire dans ton livre

7 Pas de chance 

PARLER Aujourd'hui Julien et sa mère ne sont pas d'accord. Composez les dialogues et jouez les rôles correspondants.

▶ sortir ce soir/faire tes devoirs

—Je voudrais sortir ce soir.
—Eh bien, moi, je ne veux pas que tu sortes.
—Mais pourquoi?
—Parce qu'il faut que tu fasses tes devoirs.

1. aller chez ma copine/ faire les courses
2. conduire la voiture/ avoir le permis
3. regarder la télé/ aller chez le dentiste
4. déjeuner en ville/ être à midi à ta leçon de piano
5. rester à la maison ce week-end/ aller chez tes grands-parents
6. acheter une moto/ faire des économies *(save money)*

À votre tour!

OBJECTIFS
Now you can . . .
- ask others to do things for you

Tant pis! *(Too bad!)*  

PARLER Demandez à un(e) camarade de faire trois choses pour vous. Il/Elle va refuser en donnant une excuse.

▶ **—Je voudrais que tu me prêtes tes CD.**
—Je regrette mais je ne peux pas.
—Pourquoi pas?
—Parce que je veux les écouter ce soir.
—Tant pis!

▶ me prêter tes CD
- m'aider à faire mes devoirs
- m'attendre après la classe
- faire une promenade avec moi
- faire du skate avec moi
- aller au ciné avec moi
- sortir avec moi samedi
- me prêter ton lecteur MP3
- m'inviter au restaurant

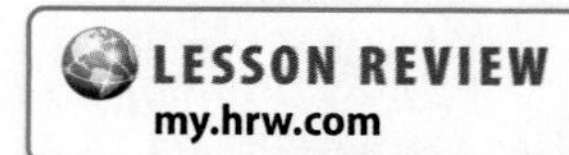

Lecture La vie n'est pas juste

Le petit Pierre (10 ans) pense que la vie° n'est pas juste. Êtes-vous d'accord avec lui?

vie *life*

jeudi soir, à la maison

—Dis, Papa, est-ce que je peux regarder la télé?

—Oui, je veux bien que tu regardes la télé, mais avant je veux que tu finisses ton dîner et que tu fasses tes devoirs …

—Et à neuf heures, il faut que tu sois au lit.

vendredi après-midi, à la maison

—Dis, Maman, est-ce que je peux aller chez mon copain?

—Mais oui, je veux bien que tu ailles chez lui, mais d'abord je voudrais bien que tu fasses ton lit et que tu ranges ta chambre.

—Et je veux absolument que tu sois rentré° à sept heures pour le dîner.

rentré *back home*

Additional readings @ **my.hrw.com**
FRENCH InterActive Reader

samedi matin, chez la voisine Madame Lamballe

—S'il vous plaît, madame, est-ce que je peux jouer dans votre jardin?

—Oui, je veux bien que tu y joues, mais je ne veux pas que tu marches° sur les fleurs.

marches *step*

—Je ne veux pas non plus° que tu arroses° le chien ou que tu fasses peur° au chat.

non plus *neither*
arroses *spray water on*
fasses peur *scare*

dimanche matin, chez son copain

—Dis, Éric, est-ce que tu peux me prêter ton vélo?

—Si tu veux que je te prête mon vélo, il faut que tu m'invites chez toi et que tu me laisses jouer avec tes jeux vidéo.

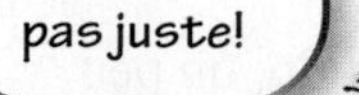

ET VOUS?

Pensez à l'époque où vous aussi vous étiez petit(e). Vous vous souvenez probablement d'une situation où vous avez pensé que la vie n'était pas juste. Composez un dialogue et faites un dessin où vous décrivez cette situation de façon humoristique. Comparez votre dessin avec les dessins préparés par vos camarades.

Tests de contrôle

By taking the following tests, you can check your progress in French and also prepare for the unit test. Write your answers on a separate sheet of paper.

Review...
- vocabulary: pp. 494, 496

1 Le choix logique

Complete each of the following sentences with the logical option.

1. À l'auto-école, nous apprenons à —. **(conduire / suivre / marcher)**
2. Hélène — des cours de piano. **(sait / suit / apprend)**
3. Éric a une voiture de sport. C'est —. **(un camion / un minivan / une décapotable)**
4. Mettez vos valises dans —. **(le coffre / le siège / le capot)**
5. Quand on conduit la nuit, on met —. **(les phares / le clignotant / le siège)**
6. Les voitures ont quatre —. **(roues / volants / pare-brise)**
7. Pour s'arrêter, on appuie sur —. **(l'accélérateur / le pneu / le frein)**
8. On ouvre une porte avec —. **(une clé / un frein / un toit)**

Review...
- constructions with verbs: pp. 500, 502

2 La bonne construction

Complete each of the following sentences with the appropriate option

1. Nous sommes contents — partir en vacances. **(à / de)**
2. Cécile va à une auto-école — apprendre à conduire. **(de / pour)**
3. On doit vérifier les pneus — partir en voyage. **(avant de / avant)**
4. Thomas fait ses devoirs — écoutant de la musique. **(en / sans)**
5. Élodie gagne de l'argent — du baby-sitting. **(en faisant / pour faire)**
6. Les élèves étudient — à l'examen. **(en réussissant / pour réussir)**

Review...
- regular subjunctive forms: pp. 508-509, 510

3 Il faut que ...

Describe what each of the people in parentheses has to do, using the expression **il faut que** + SUBJUNCTIVE.

▶ **(toi / nous)** réussir à l'examen
Il faut que tu réussisses à l'examen.
Il faut que nous réussissions à l'examen.

1. **(moi / vous)** finir les devoirs
2. **(Léa / nous)** téléphoner à un ami
3. **(Éric / vous)** répondre à une lettre
4. **(les élèves / toi)** parler au prof
5. **(moi / mes copains)** attendre un peu
6. **(Pauline / nous)** écrire un mail
7. **(moi / vous)** lire ce livre
8. **(toi / les enfants)** mettre la ceinture de sécurité

4 Souhaits *(Wishes)*

Express the wishes of the following people by completing each sentence with the appropriate subjunctive form of the verb in parentheses.

Review...
- irregular subjunctive forms: p. 516

1. **(faire)** Le professeur veut que les élèves — attention en classe.
2. **(être)** Je veux que vous — à l'heure au rendez-vous.
3. **(aller)** Mon copain veut que j'— au stade avec lui.
4. **(avoir)** Vos parents veulent que vous — une bonne note à l'examen.
5. **(faire)** Nos copains veulent que nous — une promenade avec eux.
6. **(aller)** Je voudrais que vous — au cinéma avec moi.

5 Contexes et dialogues

Complete the dialogue with the appropriate verb forms.

Review...
- use of the subjunctive: pp. 510, 518

Pierre wants to borrow Marc's moped.

PIERRE: Dis, Marc, est-ce que tu peux me prêter ta mobylette? Il faut que **(je vais / j'aille)** en ville.
MARC: Je veux bien que tu **(prendre / prennes)** ma mobylette, mais il faut que tu **(as / aies)** ton casque et que tu **(sois / es)** très prudent.
PIERRE: Tu sais, je **(suis /sois)** toujours prudent!
MARC: Et avant de partir, je veux aussi que tu **(vérifies / vérifier)** l'huile.
PIERRE: D'accord!

6 Composition: Obligations personnelles

Indicate what you have to do in certain situations. Choose four options from the following list and complete each one with two sentences beginning with **il faut que**.

- Ce soir, avant le dîner …
- Demain matin …
- À la maison, en général …
- Ce week-end, …
- Avant l'examen, …
- Avant les vacances …
- Pour gagner de l'argent …
- Si je veux conduire une voiture …

STRATEGY Writing

1	2	3
Choose the four options you wish to write about, and note two completions for each one. Aim for variety and originality in your answers.	Write out your paragraph.	Check that you have used the appropriate subjunctive verb forms.

Vocabulaire

POUR COMMUNIQUER

Expressing feelings

Je suis heureux de faire ta connaissance.	*I am happy to meet you.*
Nous sommes tristes de partir.	*We are sad to leave.*

Describing cause and effect, purpose, and sequence

Je travaille pour gagner de l'argent.	*I work (in order) to earn money.*
Fais le plein avant de partir.	*Fill up the tank before leaving.*
Ne pars pas sans mettre ta ceinture de sécurité.	*Don't leave without attaching your seatbelt.*
J'écoute la radio en étudiant.	*I listen to the radio while studying.*
Paul gagne de l'argent en lavant des voitures.	*Paul earns money by washing cars.*

Expressing an obligation

Il faut que tu répondes à ma question.	*You have to answer my question.*
Il faut qu'ils sortent avant midi.	*They have to leave before noon.*

Expressing one's wishes

Je voudrais que tu sois ici.	*I would like you to be here.*
Elle veut que tu viennes maintenant.	*She wants you to come now.*

MOTS ET EXPRESSIONS

La conduite

un permis de conduire	*driver's license*	**une auto-école**	*driving school*
		la conduite	*driving*
		une station-service	*gas station*

Les véhicules

un camion	*truck*	**une décapotable**	*convertible*
un minivan	*minivan*	**une voiture**	*car*
un SUV	*SUV*	**une voiture de sport**	*sports car*

Interactive Flashcards
@HOMETUTOR
my.hrw.com

La voiture

un accélérateur	*accelerator, gas pedal*
un capot	*hood*
un clignotant	*blinker*
un coffre	*trunk*
un essuie-glace	*windshield wiper*
un frein	*brake*
un klaxon	*horn*
un moteur	*motor*
un pare-brise	*windshield*
un phare	*headlight*
un pneu	*tire*
un réservoir	*gas tank*
un rétroviseur	*rearview mirror*
un siège	*seat*
un toit	*roof*
un volant	*steering wheel*
une ceinture de sécurité	*seatbelt*
une clé	*key*
l'essence	*gas*
l'huile	*oil*
une porte	*door*
une roue	*wheel*

À la station-service

faire le plein [d'essence]	*to fill it up [with gas]*
nettoyer [le pare-brise]	*to clean [the windshield]*
vérifier [l'huile]	*to check [the oil]*

Verbes irréguliers

conduire	*to drive*
suivre	*to follow*
suivre un cours	*to take a class*

Prépositions

avant de + INFINITIVE	*before [doing]*
pour + INFINITIVE	*in order [to do]*
sans + INFINITIVE	*without [doing]*
en + PRESENT PARTICIPLE	*while, by [doing]*

Expressions suivies du subjonctif

il faut que + SUBJUNCTIVE	*it is necessary that*
vouloir que + SUBJUNCTIVE	*to want, wish that*

Expression utile

Je n'ai pas le temps de ...	*I don't have the time to ...*

VOCABULAIRE SUPPLÉMENTAIRE: En voiture

accélérer (j'accélère)	*to accelerate, to speed up*
arrêter le moteur	*to stop the engine*
s'arrêter	*to stop (the car)*
démarrer	*to start (the car)*
doubler	*to pass*
enlever (j'enlève) sa ceinture	*to take off, unbuckle one's seatbelt*
garder sa ceinture	*to keep one's seatbelt on*
klaxonner	*to honk*
mettre sa ceinture	*to put on, buckle one's seatbelt*
ralentir	*to slow down*

Additional readings @ **my.hrw.com**
FRENCH InterActive Reader

Interlude 9

Quelle soirée!

PRE-READING STRATEGY Avant de lire

Lisez le titre de ce drame: **Quelle soirée!** *(What an evening!)*

- À votre avis, est-ce que ce titre veut dire que c'était une soirée réussie ou une soirée désastreuse?

Regardez maintenant les illustrations et lisez les titres des trois actes.

- Avez-vous une impression plus précise de la soirée?
- D'après vous, qu'est-ce qui est arrivé?

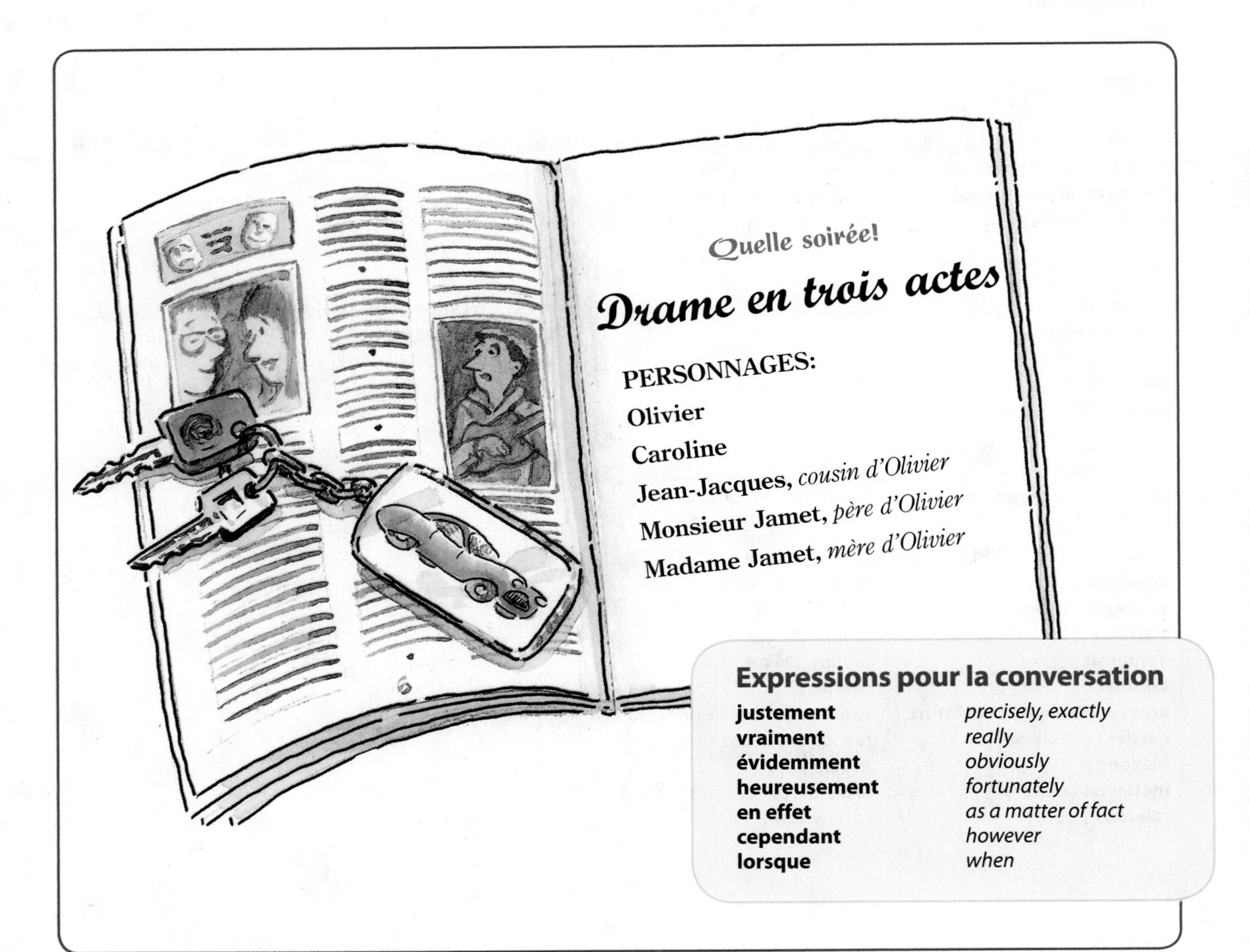

Expressions pour la conversation

justement *precisely, exactly*
vraiment *really*
évidemment *obviously*
heureusement *fortunately*
en effet *as a matter of fact*
cependant *however*
lorsque *when*

Acte 1: Olivier trouve une solution

SCÈNE 1

Aujourd'hui, c'est samedi. Olivier est très content. Ce matin il a fait la queue pendant trois heures devant le Rex-Palace. Finalement il a obtenu les deux derniers billets pour le grand concert de ce soir. La seule° question est de savoir qui il va inviter …

Olivier pense à Caroline. Caroline est une fille très sympathique et très jolie. Voilà justement le problème. Elle a des quantités d'admirateurs et, par conséquent, beaucoup d'invitations. Est-ce qu'elle sera libre ce soir? Olivier décide de tenter sa chance. Il téléphone à Caroline.

OLIVIER: Allô, Caroline?
CAROLINE: Ah, c'est toi, Olivier? Ça va?
OLIVIER: Ça va! Tu sais, j'ai pu obtenir des billets pour le concert de ce soir.
CAROLINE: Comment as-tu fait? J'ai téléphoné au Rex-Palace. Tout est vendu! Impossible de trouver des billets! Je voulais absolument aller à ce concert …
OLIVIER: Si tu veux, je t'invite.
CAROLINE: Tu es vraiment gentil de m'inviter. Bien sûr, j'accepte avec plaisir.
OLIVIER: Bon! Je viendrai te chercher chez toi à huit heures! D'accord?
CAROLINE: D'accord! À ce soir!

Expressions utiles

tenter sa chance *to try one's luck*
être de mauvaise humeur *to be in a bad mood*
être déçu *to be disappointed*
perdre espoir *to lose hope*

seule *only*

Avez-vous compris?

1. Le premier paragraphe dit qu'Olivier est très content. Pourquoi?
2. Si Caroline a beaucoup d'admirateurs, pourquoi a-t-elle accepté l'invitation d'Olivier?

SCÈNE 2

En rentrant chez lui, Olivier pense au rendez-vous de ce soir. Évidemment, il y a un petit problème. Il a promis à Caroline de venir la chercher chez elle. Oui, mais comment?

«Heureusement, pense Olivier, il y a la voiture de Papa! Papa est toujours très généreux. Il me prête souvent sa voiture quand j'en ai besoin. Je suis sûr qu'il me la prêtera ce soir.»

Quand il est rentré à la maison, Olivier a tout de suite remarqué que son père était de très mauvaise humeur.

OLIVIER: Dis, Papa. Est-ce que je peux prendre ta voiture?
M. JAMET: Pour aller où?
OLIVIER: Je voudrais sortir avec une copine.
M. JAMET: Écoute, Olivier, je veux bien que tu sortes, mais je ne veux pas que tu prennes la voiture!
OLIVIER: Mais, tu sais que je suis toujours très prudent.
M. JAMET: Je ne veux absolument pas que tu prennes la voiture ce soir. Un point, c'est tout!° Si tu veux sortir, tu peux prendre le bus!
OLIVIER: Mais …
M. JAMET: Vraiment, il est inutile que tu insistes.

Un point, c'est tout! *Period*

SCÈNE 3

Olivier est déçu, très déçu. Il comptait en effet sur la voiture de son père. C'est une voiture de sport toute neuve. Caroline aurait certainement été° très impressionnée° … Dommage!

Olivier, cependant, ne perd pas tout espoir. Il sait que ses parents sortent ce soir. Ils sont invités chez les Roussel, des voisins. Olivier sait aussi que lorsque ses parents rendent visite aux Roussel, ils ne rentrent jamais avant une heure du matin.

Olivier réfléchit … Le concert finira vers onze heures et demie. Vers minuit il sera de retour chez lui. Ses parents rentreront beaucoup plus tard. Alors?

Alors, Olivier n'hésite plus. Il attend patiemment le départ de ses parents. Puis, à huit heures moins le quart, il prend les clés de la voiture et va dans le garage … Il monte dans la voiture de son père et sort sans faire de bruit … À huit heures, Olivier est chez Caroline.

aurait … été *would have been*
impressionnée *impressed*

Avez-vous compris?

Scène 2

1. Olivier a un petit problème. Qu'est-ce que c'est?
2. Quel est le résultat de sa conversation avec son père?

Scène 3

1. Comment Olivier voulait-il impressionner Caroline?
2. Comment Olivier trouve-t-il une solution au problème de transport?

Acte 2: Olivier a des problèmes

SCÈNE 1

Le concert a commencé à huit heures et demie. L'orchestre est excellent. Caroline est ravie et Olivier est très heureux et très fier d'être avec elle.

Soudain, Olivier pense à quelque chose. «Zut, j'ai oublié d'éteindre° les phares° de la voiture! Bon, ça ne fait rien.° Je vais aller les éteindre pendant l'entracte.°»

À dix heures, l'entracte commence. Olivier dit à Caroline de l'attendre cinq minutes. Il va au parking où il a laissé la voiture. Là, il a une très, très mauvaise surprise! Olivier remarque en effet que le feu arrière de la voiture de son père est complètement défoncé.°

«Zut, alors! Pendant que j'étais avec Caroline, quelqu'un est rentré dans° la voiture de Papa! Quelle catastrophe! Qu'est-ce que je vais faire? Il faut que je trouve quelqu'un pour changer le feu arrière! Oui, mais qui va réparer la voiture maintenant? À cette heure, tous les garages sont fermés … Il faut absolument que je trouve une solution! Il faut absolument que cette voiture soit réparée avant demain matin, sinon° …

éteindre *turn off* **phares** *headlights*
ça ne fait rien *that doesn't matter* **entracte** *intermission*
défoncé *smashed in* **est rentré dans** *ran into* **sinon** *if not*

Mots utiles

ravi(e)	*delighted*
fier (fière)	*proud*
désobéir	*to disobey*
la désobéissance	*disobedience*
fou (folle)	*crazy*

Avez-vous compris?

1. Comment commence la soirée?
2. Où va Olivier pendant l'entracte?
3. Qu'est-ce qu'il découvre?

SCÈNE 2

Olivier pense à son cousin Jean-Jacques. Jean-Jacques est mécanicien. Il a peut-être les pièces° nécessaires. Olivier lui téléphone. Une voix légèrement irritée répond.

JEAN-JACQUES: Allô ...
OLIVIER: Jean-Jacques? Il faut que tu m'aides.
JEAN-JACQUES: Ah, c'est toi Olivier? Qu'est-ce qui se passe?°
OLIVIER: Un accident!
JEAN-JACQUES: Grave?°
OLIVIER: Je ne sais pas. Quelqu'un est rentré dans la voiture de Papa.
JEAN-JACQUES: Et c'est pour ça que tu me téléphones? Dis donc, je suis en train de regarder un film à la télé. Tu peux bien attendre lundi.
OLIVIER: Non, non! Il faut que tu répares la voiture.
JEAN-JACQUES: Dis! Tu ne sais pas qu'on est samedi soir?
OLIVIER: Écoute, c'est très sérieux.

Olivier a expliqué toute la situation: le refus de son père, sa désobéissance, le concert, l'accident.

JEAN-JACQUES: Bon, bon! J'ai compris! Si tu veux que je répare ta voiture avant le retour de tes parents, il faut que tu viennes immédiatement.
OLIVIER: Merci, Jean-Jacques! Tu es un vrai copain!

pièces *parts* **Qu'est-ce qui se passe?** *What's up?* **Grave** *Serious*

SCÈNE 3

Maintenant Olivier est rassuré, mais il est aussi inquiet.° Il faut qu'il aille chez Jean-Jacques immédiatement! Est-ce que Caroline comprendra la situation? Olivier retourne au concert ... C'est la fin° de l'entracte.

CAROLINE: Dis, Olivier, où étais-tu? Je commençais à m'impatienter ...
OLIVIER: Excuse-moi! ... Euh ... Il faut que je te raccompagne chez toi ...
CAROLINE: Mais le concert n'est pas fini.
OLIVIER: Il faut absolument que je rentre.
CAROLINE: Tu es malade?
OLIVIER: Euh, non ... Il faut que j'aille chez mon cousin qui est garagiste.
CAROLINE: Comment? Il faut que tu ailles chez le garagiste à dix heures du soir? Si tu n'es pas malade, tu es fou!
OLIVIER: Je suis vraiment désolé, mais il faut que je parte ...
CAROLINE: Eh bien, moi, je suis furieuse que tu me traites de cette façon!°Veux-tu que je te dise quelque chose? Tu es un vrai mufle!° Et la prochaine fois, il est inutile que tu m'invites. Après tout, j'ai d'autres copains!

inquiet *worried* **fin** *end* **de cette façon** *like that*
un vrai mufle *a real clod (jerk)*

Avez-vous compris?

Scène 2

1. Qu'est-ce qu'Olivier demande à son cousin Jean-Jacques?
2. Pourquoi est-ce qu'il faut réparer la voiture tout de suite?

Scène 3

1. Pourquoi Olivier est-il inquiet?
2. Est-ce que Caroline comprend la situation d'Olivier? Quelle est sa réaction?

Acte 3: Sauvé? Pas tout à fait!

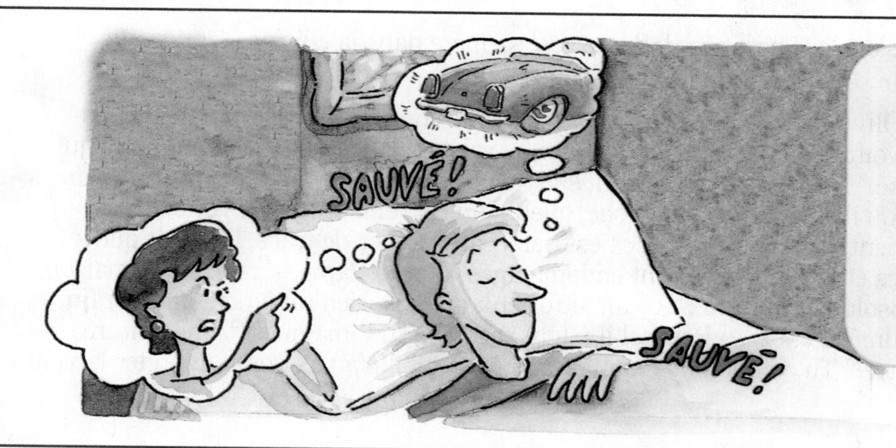

Expressions utiles

être sauvé	*to be saved*
une pièce de rechange	*spare part*
une réparation	*repair*
réparer	*to repair*
s'apercevoir de	*to notice*
tant pis	*too bad*
un type	*guy*
endommagé	*damaged*

SCÈNE 1

Olivier a raccompagné Caroline chez elle. Il arrive chez son cousin. Il est onze heures maintenant. Jean-Jacques examine la voiture.

OLIVIER: Alors?
JEAN-JACQUES: Il faut que je répare le pare-chocs et que je change le feu arrière.
OLIVIER: Ce n'est pas trop sérieux?
JEAN-JACQUES: Non, mais tu as de la chance que j'aie les pièces de rechange.

Jean-Jacques est un excellent mécanicien. À minuit, il a fini la réparation. Olivier remercie son cousin et rentre chez lui …

SCÈNE 2

Olivier est arrivé chez lui à minuit et demi. Ses parents sont rentrés bien plus tard, vers une heure et demie. Ils n'ont rien remarqué …

Olivier s'est couché immédiatement après son retour, mais il n'a pas pu dormir. Il pense aux événements de la soirée.

«Quelle soirée! Elle avait si bien° commencé. Et puis, il y a eu cet accident ridicule! Heureusement Jean-Jacques était chez lui! Est-ce que Papa s'apercevra de la réparation? Non! Jean-Jacques est un excellent mécanicien et Papa est un peu myope.° Il ne s'apercevra de rien … Sinon, ce serait un drame à la maison!

«Et Caroline? Elle était vraiment furieuse! Bah, tant pis! L'essentiel c'est que la voiture soit réparée.

Je suis sauvé, sauvé … »

si bien *so well* **myope** *nearsighted*

Avez-vous compris?

Scène 1

1. Que fait Jean-Jacques?
2. Pourquoi Jean-Jacques dit qu'Olivier a de la chance?

Scène 2

1. Que fait Olivier en rentrant chez lui?
2. Pourquoi dit Olivier: «Je suis sauvé, sauvé … »?

SCÈNE 3

Dimanche matin, Olivier s'est levé assez tard. Il a trouvé sa mère dans la cuisine. Madame Jamet est en train de préparer le déjeuner.

MME JAMET: Tu sais, Olivier, il ne faut pas que tu sois fâché contre° ton père. S'il ne t'a pas prêté sa voiture hier, c'est qu'il y avait une raison. Il faut que je t'explique ce qui s'est passé.° Hier matin, comme tous les samedis, ton père est allé faire les courses. Pendant qu'il était au supermarché, quelqu'un est rentré dans sa voiture. Évidemment, le type qui a fait ça est parti sans laisser de trace. Il paraît que le pare-chocs et le feu arrière sont endommagés! Quand Papa est rentré à la maison, il était absolument furieux. Il était si furieux qu'il n'a rien dit à personne. Enfin, il s'est calmé et chez les Roussel il a tout raconté. Tu t'imagines?° Une voiture toute neuve!° Tu comprends maintenant pourquoi il n'a pas voulu te prêter la voiture hier soir!

fâché contre *angry with, upset with*
ce qui s'est passé *what happened*
Tu t'imagines? *Do you realize?*
toute neuve *brand-new*

Avez-vous compris?

1. Qu'est-ce qu'Olivier apprend dimanche matin?
2. Est-ce qu'il est vraiment sauvé?

ÉPILOGUE

À cause de l'accident, Olivier est dans une situation très embarrassante. Selon vous, quelle est la meilleure solution?

- Il faut qu'il prenne un marteau° et qu'il casse à nouveau le feu arrière de la voiture.
- Il faut qu'il propose à son père de réparer lui-même la voiture.
- Il faut qu'il dise la vérité.

Avez-vous une autre solution à proposer à Olivier?

marteau *hammer*

READING STRATEGY L'Art de la lecture

French and English both commonly use FIGURES OF SPEECH, such as METAPHORS and SIMILES. Sometimes both languages use the same image. For example, consider the following figures of speech referring to animals:

SIMILE: Tu es **lent comme une tortue**. *You're* ***slow as a turtle***.

Other times the images are close, but not identical.

Tu es **une poule mouillée** *(a wet hen)*! *You're* ***chicken***.

And there are some images that simply do not translate at all.

Tu es **un mufle** *(snout of an ox)*. *You have* ***terrible manners***!

Quel **chameau** *(camel)*! *What a* ***disagreeable person***!

C'est **une vraie vache** *(a real cow)*. *He/She is* ***really mean***.

Tête à tête Pair Activities

CONTENTS

Échange scolaire — Élève B

Imagine you and your partner are doing volunteer work at an office that sets up international school exchanges.

Partie 1

Your partner has a letter from Renée.
Ask him/her for the information you need to complete the form below. Write your answers on a separate sheet of paper.

Nom:

Prénom: Renée

Âge:

Lieu de naissance:

Nationalité:

Domicile:

Numéro de téléphone:

Partie 2

You have just opened a letter from André.
Use the information in the letter to answer your partner's questions about this exchange student.

Bonjour,

Je voudrais bien passer un mois dans une école américaine. Je m'appelle André Lacour. J'ai 18 ans. J'habite à Tours, mais je suis né à Paris. Je suis de nationalité française. J'aime beaucoup les États-Unis.

Mon numéro de téléphone est le (33) 2.47.35.82.11.

Sincèrement,
André Lacour

Échange scolaire — Élève A

Imagine you and your partner are doing volunteer work at an office that sets up international school exchanges.

Partie 1

You have just opened a letter from Renée.
Use the information in the letter to answer your partner's questions about this exchange student.

Bonjour,

Je voudrais visiter les États-Unis au printemps. Je m'appelle Renée Jan. J'ai quinze ans. Je suis née à Toulouse mais maintenant j'habite à Paris. Je suis française.

Mon numéro de téléphone est le (33) 1.45.32.77.52.

Sincèrement,
Renée Jan

Partie 2

Your partner has a letter from André.
Ask him/her for the information you need to complete the form below. Write your answers on a separate sheet of paper.

Nom:

Prénom: André

Âge:

Lieu de naissance:

Nationalité:

Domicile:

Numéro de téléphone:

Week-end — Élève B

Partie 1

You were pretty busy last weekend. The calendar below indicates where you were at different times. For each place, imagine an activity that you did there.

samedi matin	samedi après-midi	samedi soir

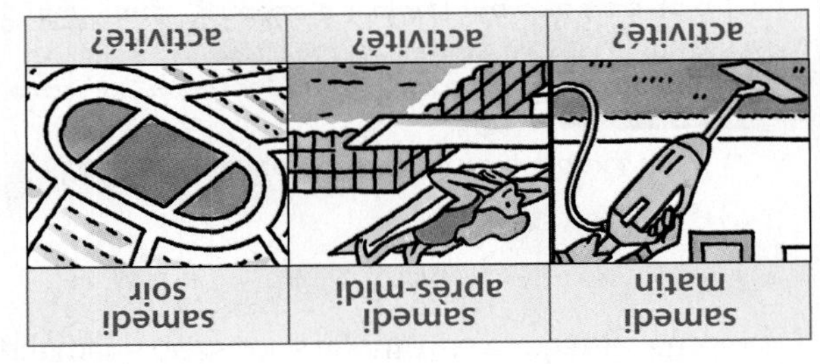

activité?	activité?	activité?

dimanche matin	dimanche après-midi	dimanche soir

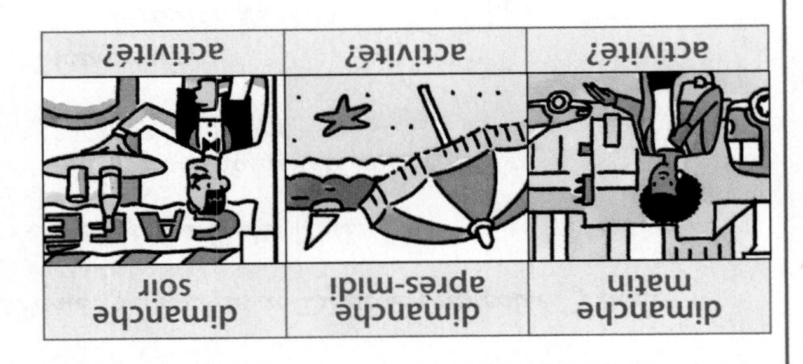

activité?	activité?	activité?

Partie 2

Now find out where your partner went last weekend (or when he/she stayed home). Also ask what he/she did in each place and complete the chart below, marking your answers on a separate sheet of paper.

Élève B: Où es-tu allé(e) samedi matin?
Qu'est-ce que tu as fait?

		aller/rester où?	faire quoi?
samedi	matin		
	après-midi		
	soir		
dimanche	matin		
	après-midi		
	soir		

? *Did you do any of the same things last weekend?*

Week-end — Élève A

Partie 1

You were pretty busy last weekend. The calendar below indicates where you were at different times. For each place, imagine an activity that you did there.

samedi matin	samedi après-midi	samedi soir

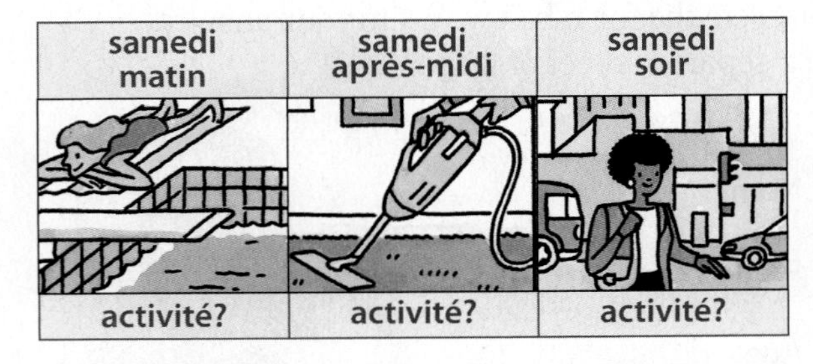

activité?	activité?	activité?

dimanche matin	dimanche après-midi	dimanche soir

activité?	activité?	activité?

Partie 2

Now find out where your partner went last weekend (or when he/she stayed home). Also ask what he/she did in each place and complete the chart below, marking your answers on a separate sheet of paper.

Élève A: Où es-tu allé(e) samedi matin?
Qu'est-ce que tu as fait?

		aller/rester où?	faire quoi?
samedi	matin		
	après-midi		
	soir		
dimanche	matin		
	après-midi		
	soir		

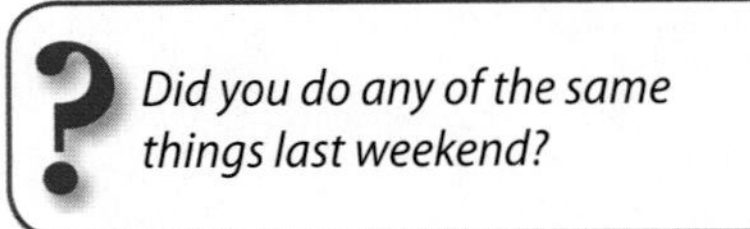

Au Musée d'Orsay — Élève B

After visiting the Musée d'Orsay in Paris, you go to lunch at the "Café des Hauteurs" located on its top floor. Select three items and a beverage. Your partner will first play the role of the waiter and take your order. Then change roles.

	COMMANDE	PRIX
Salade:	______	______
Sandwich:	______	______
Pâtisserie:	______	______
Boisson:	______	______
Total:		______

Élève A: Qu'est-ce que vous prenez comme salade?

Élève B: Je vais prendre ...

M'O *Café des Hauteurs*

Les salades composées

Salade antiboise (thon, tomates, oeuf dur)	3,75
Salade flash (jambon, poulet, fromage)	3,50
Salade végétarienne	3,25
Salade verte	2,50

Les sandwichs

Jambon	2,75
Thon	2,50
Fromage	2,50
Jambon et fromage	3,50

Les pâtisseries

Croissant au beurre	1,25
Pain au chocolat	1,50
Tarte aux pommes	3,50
Brownies au chocolat	4,00

Les boissons

Eau minérale (25 cl)	1,75
Sodas (20 cl)	2,00
Café arabica	1,25
Thé Earl Grey	2,15

Au Musée d'Orsay — Élève A

After visiting the Musée d'Orsay in Paris, you go to lunch at the "Café des Hauteurs" located on its top floor. Select three items and a beverage. First play the role of the waiter and take your partner's order. Then change roles.

	COMMANDE	PRIX
Salade:	______	______
Sandwich:	______	______
Pâtisserie:	______	______
Boisson:	______	______
Total:		______

Élève A: Qu'est-ce que vous prenez comme salade?

Élève B: Je vais prendre ...

M'O *Café des Hauteurs*

Les salades composées

Salade antiboise (thon, tomates, oeuf dur)	3,75
Salade flash (jambon, poulet, fromage)	3,50
Salade végétarienne	3,25
Salade verte	2,50

Les sandwichs

Jambon	2,75
Thon	2,50
Fromage	2.50
Jambon et fromage	3,50

Les pâtisseries

Croissant au beurre	1,25
Pain au chocolat	1,50
Tarte aux pommes	3,50
Brownies au chocolat	4,00

Les boissons

Eau minérale (25 cl)	1,75
Sodas (20 cl)	2,00
Café arabica	1,25
Thé Earl Grey	2,15

UNITÉ 4 Pair Activity

Les sorties — Élève B

Marc and Céline love to go out. Who went out the most last month?
Here is Céline's calendar.

Calendrier de Céline

LUN	MAR	MER	JEU	VEN	SAM	DIM
1	2	3	4	5	6 Musée de l'Homme	7 match de tennis
8	9	10 théâtre Hamlet	11	12	13	14 concert de rock
15	16	17	18	19 cinéma	20 Musée d'Orsay	21
22	23 cinéma	24	25 Musée du Louvre	26	27	28 cinéma

Your partner has a copy of Marc's calendar. Ask your partner questions so that you can complete the chart. Write your answers on a separate sheet of paper.

Marc

	1 fois	2 fois	3 fois	4 fois ou +
• aller au théâtre?	❑	❑	❑	❑
• aller au concert?	❑	❑	❑	❑
• aller au cinéma?	❑	❑	❑	❑
• aller au musée?	❑	❑	❑	❑
• aller à un match sportif?	❑	❑	❑	❑

Élève B: Combien de fois est-ce que Marc est allé au théâtre?

Les sorties — Élève A

Marc and Céline love to go out. Who went out the most last month?
Here is Marc's calendar.

Calendrier de Marc

LUN	MAR	MER	JEU	VEN	SAM	DIM
1	2 concert de rock	3	4	5	6 Musée Picasso	7 match de foot
8 théâtre **Le cid**	9	10 cinéma	11	12	13	14 concert de jazz
15	16	17	18	19 cinéma	20 match de basket	21
22	23 cinéma	24	25 Musée du Louvre	26	27	28 cinéma

Your partner has a copy of Céline's calendar. Ask your partner questions so that you can complete the chart. Write your answers on a separate sheet of paper.

Céline

	1 fois	2 fois	3 fois	4 fois ou +
• aller au théâtre?	❑	❑	❑	❑
• aller au concert?	❑	❑	❑	❑
• aller au cinéma?	❑	❑	❑	❑
• aller au musée?	❑	❑	❑	❑
• aller à un match sportif?	❑	❑	❑	❑

Élève A: Combien de fois est-ce que Céline est allée au théâtre?

La toilette — Élève B

Partie 1

Your partner is in the bathroom getting ready for the day. Ask whether he/she is going to do the following.

oui	non	se laver les mains
oui	non	se raser *(un garçon)*
oui	non	se brosser les dents
oui	non	se laver les cheveux
oui	non	se peigner
oui	non	se maquiller *(une fille)*

Élève B: Est-ce que tu vas te laver les mains?
Élève A: Non, je ne vais pas me laver les mains.
Je n'ai pas de savon.

Partie 2

You have packed the following items in your toiletry bag. Now you are in the bathroom getting ready for the day. Your partner will ask whether you are going to do certain things. Answer yes or no, according to whether you have the appropriate item with you.

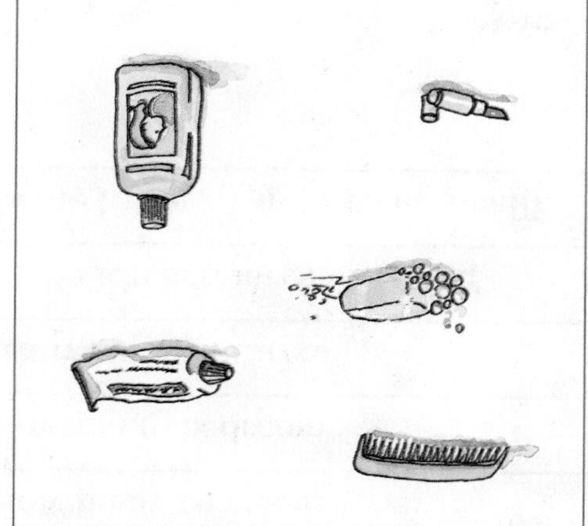

La toilette — Élève A

Partie 1

You have packed the following items in your toiletry bag. Now you are in the bathroom getting ready for the day. Your partner will ask whether you are going to do certain things. Answer yes or no, according to whether you have the appropriate item with you.

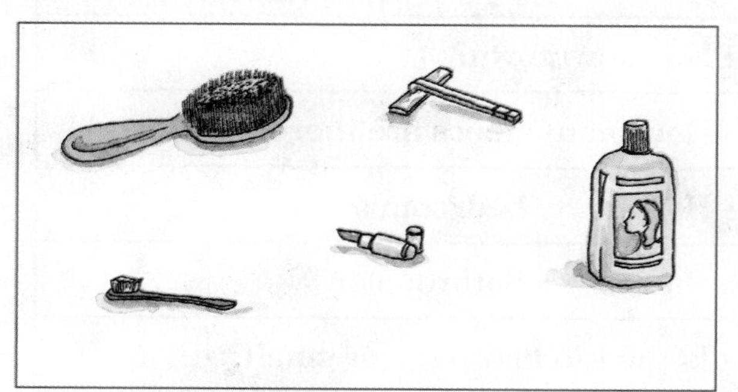

Élève B: Est-ce que tu vas te laver les mains?
Élève A: Non, je ne vais pas me laver les mains.
Je n'ai pas de savon.

Partie 2

Your partner is in the bathroom getting ready for the day. Ask whether he/she is going to do the following.

oui	non	se laver les mains
oui	non	se brosser les dents
oui	non	se laver les cheveux
oui	non	se brosser les cheveux
oui	non	se maquiller *(une fille)*
oui	non	se raser *(un garçon)*

À l'agence immobilière (At the real estate agency) — Élève B

Partie 1

Imagine you are moving to Tours with your best friend. You are inquiring about a recommended listing. Ask your partner (a real estate agent) for the following information.

• On which floor is the apartment?
• How many rooms are there?
• How many bedrooms?
• How many bathrooms?
• Is the kitchen large or small?
• Is the living room large or small?

Partie 2

Imagine you are working in a real estate agency in the Geneva area in Switzerland. Your partner is calling to have more information on the listing below. Answer his/her questions.

BELLE MAISON DE CAMPAGNE
à 10 km de Genève

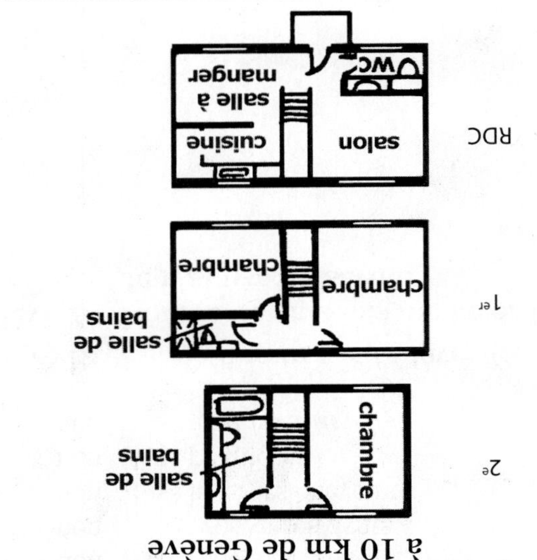

À l'agence immobilière (At the real estate agency) — Élève A

Partie 1

Imagine you are working in a real estate agency in Tours. Your partner is calling to have more information on the listing below. Answer his/her questions.

IMMEUBLE CENTRE-VILLE
Appartement, 2e etage

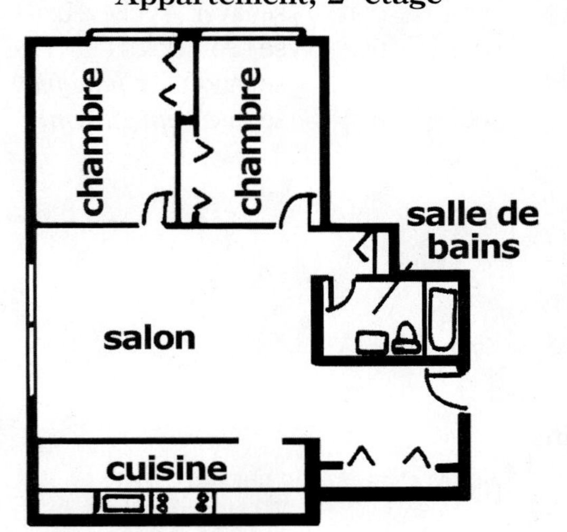

Partie 2

Imagine you are moving with your family to the Geneva area. You are inquiring about a recommended listing. Ask your partner (a real estate agent) for the following information.

• Is it a house or an apartment?
• Is it downtown?
• How many floors are there?
• How many bedrooms?
• How many bathrooms?
• Is the kitchen large or small?

Cadeaux — Élève B

Partie 1

You and your partner are buying holiday presents. Look at the pictures and select a gift for each of the people on your list.

- copain • frère • oncle
- copine • soeur • tante

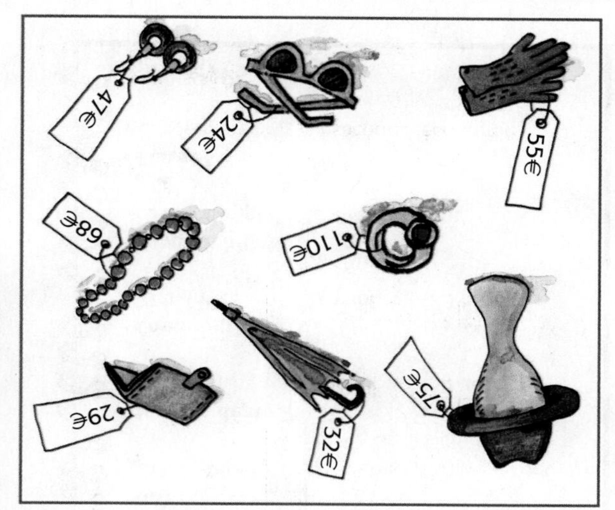

Partie 2

Now find out what your partner bought for the people on his/her list and the price of each gift.

PERSONNE	CADEAU	PRIX
copain		
copine		
frère		
soeur		
oncle		
tante		

A: **Qu'est-ce que tu as acheté pour ton copain?**
B: **J'ai acheté ...**
A: **Combien est-ce que tu as payé?**
B: **J'ai payé ...**
Et toi, qu'est-ce que tu as acheté pour ton copain?

Cadeaux — Élève A

Partie 1

You and your partner are buying holiday presents. Look at the pictures and select a gift for each of the people on your list.

- copain • frère • oncle
- copine • soeur • tante

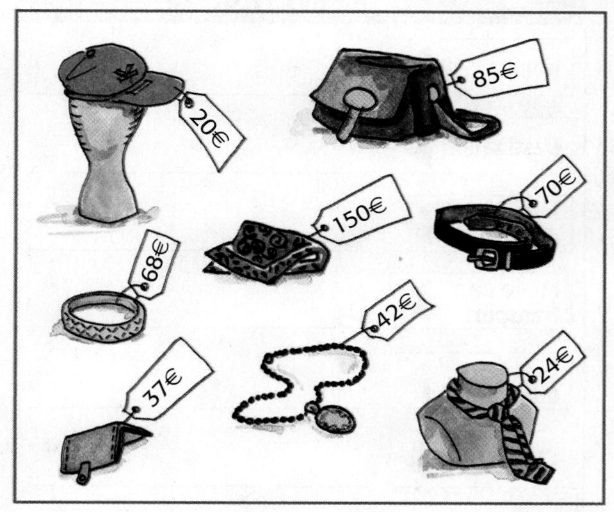

Partie 2

Now find out what your partner bought for the people on his/her list and the price of each gift.

PERSONNE	CADEAU	PRIX
copain		
copine		
frère		
soeur		
oncle		
tante		

A: **Qu'est-ce que tu as acheté pour ton copain?**
B: **J'ai acheté ...**
A: **Combien est-ce que tu as payé?**
B: **J'ai payé ...**
Et toi, qu'est-ce que tu as acheté pour ton copain?

Voyages — Élève B

Partie 1

You are working in a travel agency. A customer (your partner) phones to make a reservation. Ask for the following information and use your partner's answers to complete the form below, writing the answers on a separate sheet of paper.

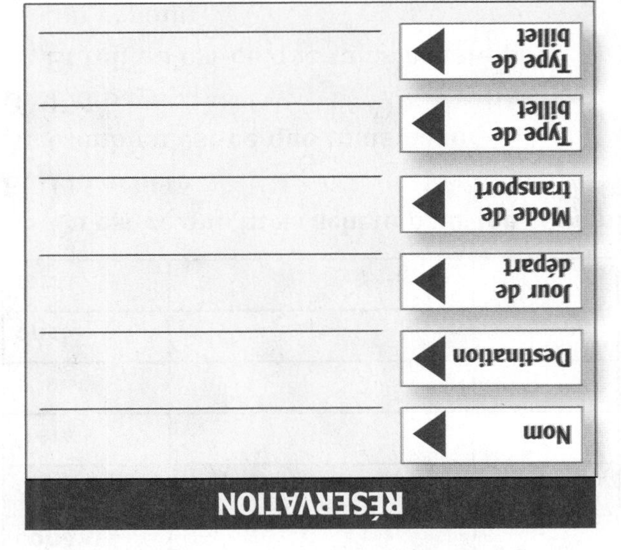

Partie 2

You are a Canadian tourist preparing your next trip. Mark your preferences of the choices given below on a separate paper, and then answer the questions of your travel agent (your partner).

- **Où?**
  - ❑ Los Angeles ❑ Québec ❑ New York
- **Jour de départ?**
  - ❑ dimanche ❑ jeudi ❑ vendredi
- **Comment?**
  - ❑ train ❑ avion ❑ bus
- **Type de billet?**
  - ❑ aller simple ❑ aller et retour
- **Classe?**
  - ❑ première ❑ seconde/économie

Voyages — Élève A

Partie 1

You live in Paris and want to go on a week vacation. Mark your preferences of the choices given below on a separate sheet of paper, and then answer the questions of your travel agent (your partner).

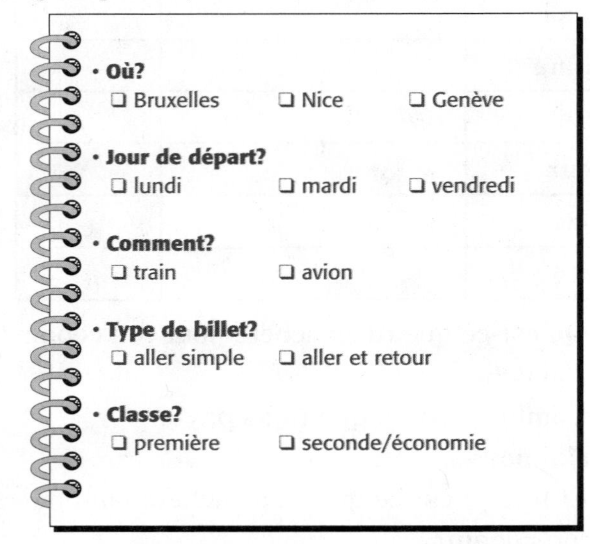

Partie 2

You are working in a travel agency. A customer (your partner) phones to make a reservation. Ask for the following information and use your partner's answers to complete the form below, writing the answers on a separate sheet of paper.

RÉSERVATION

- Nom ▶ ______
- Destination ▶ ______
- Jour de départ ▶ ______
- Mode de transport ▶ ______
- Type de billet ▶ ______
- Classe ▶ ______

À la station-service — Élève B

Imagine you are a mechanic in a French service station. A customer wants his/her car checked.

Find out what the customer wants done, by asking the following questions:

Élève B:
Qu'est-ce que je dois vérifier?
Qu'est-ce que je dois changer?
Qu'est-ce que je dois réparer?
Qu'est-ce que je dois ajuster?

Copy the repair chart on the right onto a separate piece of paper and fill it in according to the answers you get.

LISTE DES RÉPARATIONS

- vérifier ______________ ______________
- changer ______________ ______________
- réparer ______________ ______________
- ajuster ______________ ______________

À la station-service — Élève A

Imagine you are traveling through France with your family. It is time to bring your leased car to a service station for a checkup.

- From the pad on the right, choose what you want done. Pick one option for each item and note it on a separate piece of paper.
- Now the mechanic on duty (your partner) will ask you what should be done. Answer the mechanic's questions. Begin each sentence with **Il faut que vous ...**

Élève B: Qu-est-ce que je dois vérifier?
Élève A: Il faut que vous vérifiez ... [les freins].

vérifier
- ❑ le moteur
- ❑ les freins
- ❑ les pneus

changer
- ❑ l'huile
- ❑ les essuie-glaces
- ❑ les phares

réparer
- ❑ le capot
- ❑ la porte gauche avant
- ❑ les clignotants

ajuster
- ❑ les essuie-glaces
- ❑ le siège avant
- ❑ le rétroviseur

Reference Section

CONTENTS

APPENDIX A RAPPEL 1 *Les nombres, la date, l'heure et le temps*

A VOCABULAIRE Les nombres

▶ ***How to count:***

0 to 19

0	**zéro**	10	**dix**
1	**un**	11	**onze**
2	**deux**	12	**douze**
3	**trois**	13	**treize**
4	**quatre**	14	**quatorze**
5	**cinq**	15	**quinze**
6	**six**	16	**seize**
7	**sept**	17	**dix-sept**
8	**huit**	18	**dix-huit**
9	**neuf**	19	**dix-neuf**

20 to 59

20	**vingt**	30	**trente**
21	**vingt et un**	31	**trente et un**
22	**vingt-deux**	32	**trente-deux**
23	**vingt-trois**		**...**
24	**vingt-quatre**	40	**quarante**
25	**vingt-cinq**	41	**quarante et un**
26	**vingt-six**	46	**quarante-six**
27	**vingt-sept**		**...**
28	**vingt-huit**	50	**cinquante**
29	**vingt-neuf**	51	**cinquante et un**
		59	**cinquante-neuf**

60 to 99

60	**soixante**	80	**quatre-vingts**
61	**soixante et un**	81	**quatre-vingt-un**
62	**soixante-deux**	82	**quatre-vingt-deux**
63	**soixante-trois**	88	**quatre-vingt-huit**
	...		...
70	**soixante-dix**	90	**quatre-vingt-dix**
71	**soixante et onze**	91	**quatre-vingt-onze**

100 to 1,000

100	**cent**
101	**cent un**
110	**cent dix**
200	**deux cents**
211	**deux cent onze**
300	**trois cents**
400	**quatre cents**
1 000	**mille**

→ Note the use of **et** in the numbers 21, 31, 41, 51, 61, 71.
→ Note that French uses a space where English uses a comma. **1 000** *(1,000)*

B VOCABULAIRE La date

▶ ***How to give the date:***

Quel jour est-ce aujourd'hui?
C'est jeudi.

Quelle est la date?
C'est le trois janvier.
C'est le dix-sept mai.
C'est le trois août deux mille douze.

Quand est-ce, ton anniversaire?
C'est le vingt-deux novembre.

Les jours de la semaine:

lundi	**mercredi**	**vendredi**	**dimanche**
mardi	**jeudi**	**samedi**	

Les mois de l'année:

janvier	**avril**	**juillet**	**octobre**
février	**mai**	**août**	**novembre**
mars	**juin**	**septembre**	**décembre**

→ The first of the month is **le premier.** Demain, c'est **le premier** juillet.

C VOCABULAIRE L'heure

▶ *How to tell time:*

Quelle heure est-il?
Il est ...

une heure

dix heures

midi

minuit

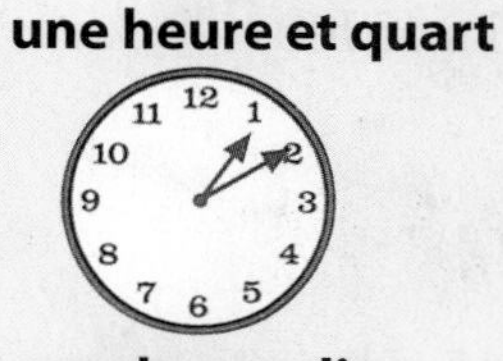

une heure et quart

neuf heures et demie

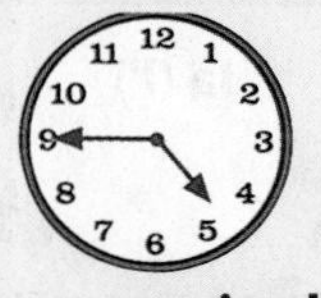

cinq heures moins le quart

une heure dix

dix heures vingt

deux heures moins vingt

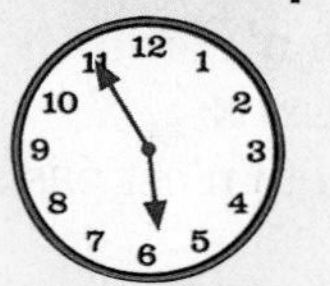

six heures moins cinq

—À quelle heure est le film?
—Il est à huit heures et demie.

➔ In French, official time is given on a 24-hour clock. Compare:

	CONVERSATIONAL TIME	OFFICIAL TIME
10 A.M.	Il est **dix heures du matin.**	Il est **dix heures.**
1 P.M.	Il est **une heure de l'après-midi.**	Il est **treize heures.**
9 P.M.	Il est **neuf heures du soir.**	Il est **vingt et une heures.**

D VOCABULAIRE Le temps

▶ *How to talk about the weather:*

Quel temps fait-il?

Il fait	**beau.**	*It's nice.*
	bon.	*It's fine, pleasant.*
	chaud.	*It's hot.*
	froid.	*It's cold.*
	mauvais.	*It's bad.*

Il pleut. *It's raining.*
Il neige. *It's snowing.*

Les saisons:

le printemps	*spring*
l'été	*summer*
l'automne	*fall*
l'hiver	*winter*

APPENDIX A

A Les articles

In French, articles and adjectives agree with the nouns they introduce. They are MASCULINE or FEMININE, SINGULAR or PLURAL.

Definite Articles (*the*)

	SINGULAR	PLURAL		
MASCULINE	**le (l')**	**les**	**le** garçon, **l'**ami	**les** garçons, **les** amis
FEMININE	**la (l')**	**les**	**la** fille, **l'**amie	**les** filles, **les** amies

Elision and Liaison

- Before a vowel sound, **le** and **la** become **l'** and **ne** becomes **n'**.
  This is called ELISION.
  L'appareil-photo **n'**est pas sur la table.
- Before a vowel sound, the final **s** of **les** is pronounced.
  This is called LIAISON.
  Où sont **les** affiches?

VOCABULAIRE Quelques objets

un objet	*object, thing*	**une chose**	*thing*
un crayon	*pencil*	**une montre**	*watch*
un stylo	*pen*	**des lunettes**	*glasses*
un cahier	*notebook*	**des lunettes de soleil**	*sunglasses*
un livre	*book*		
un sac	*bag*		
un bureau	*desk*	**une table**	*table*
un lit	*bed*	**une chaise**	*chair*
		une affiche	*poster*
un ordinateur	*computer*		
un appareil-photo	*camera*		
un (lecteur) MP3	*MP3 player*	**une télé**	*TV set*
un CD	*CD*		
un portable	*cell phone*		
un vélo	*bicycle*	**une voiture**	*car*

Vocabulaire supplémentaire: Quelques couleurs

blanc (blanche) **noir (noire)** **bleu (bleue)** **rouge (rouge)** **jaune (jaune)** **vert (verte)** **marron (marron)** **orange (orange)**

Indefinite Articles *(a, an; some + noun)*

	SINGULAR	PLURAL		
MASCULINE	un	des	**un** sac, **un** ordinateur	**des** sacs, **des** ordinateurs
FEMININE	une	des	**une** table, **une** affiche	**des** tables, **des** affiches

→**Des** often corresponds to the English *some.* Although the word *some* may be omitted in English, the article **des** must be used in French.

J'ai **des** cousins à Québec. *I have (some) cousins in Quebec.*

→ After a NEGATIVE verb (other than **être**), **un, une,** and **des** become **de (d').**

Philippe a **un** vélo.	Alice **n'**a **pas de** vélo.	*Alice* ***doesn't*** *have a bike.*
J'ai **des** amis à Paris.	Je **n'**ai **pas d'**amis à Rome.	*I* ***don't*** *have* ***any*** *friends in Rome.*

VOCABULAIRE Quelques vêtements

des vêtements *clothes*
un pantalon *(pair of) pants*
un jean *(pair of) jeans*
un short *(pair of) shorts*
un pull *sweater*
un sweat *sweatshirt*
un survêtement *warm-up suit*
un maillot de bain *bathing suit*

une chemise *shirt*
une veste *jacket*
une cravate *tie*
une ceinture *belt*
une casquette *(baseball) cap*

un chemisier *blouse*
un tee-shirt *T-shirt*

une jupe *skirt*
une robe *dress*

un blouson *windbreaker*
un manteau *coat*
un imper (imperméable) *raincoat*

des chaussures *shoes*
des chaussettes *socks*

Vocabulaire supplémentaire

un jogging *jogging suit*
des sandales *(f.)* *sandals*
des baskets *(m.)* *high tops*
des tennis *(m.)* *sneakers, running shoes*

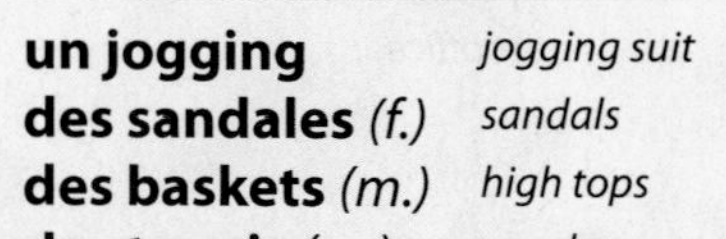

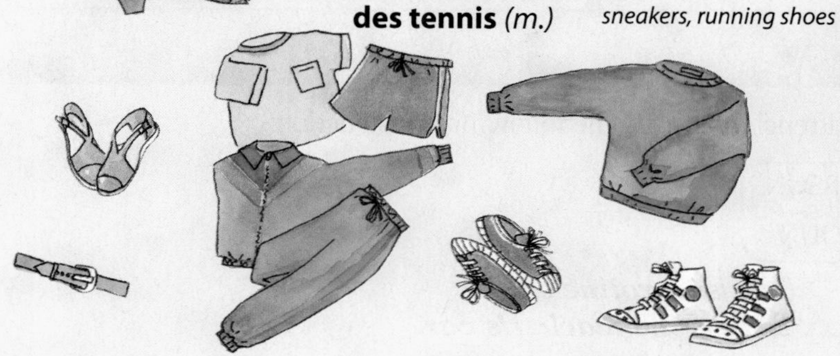

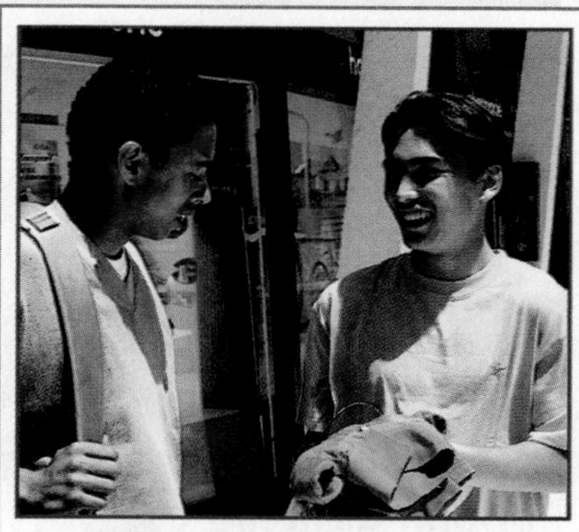

B À et *de* + l'article défini

The definite articles **le** and **les** contract **with à** *(to, at)* and **de** *(of, from)*.

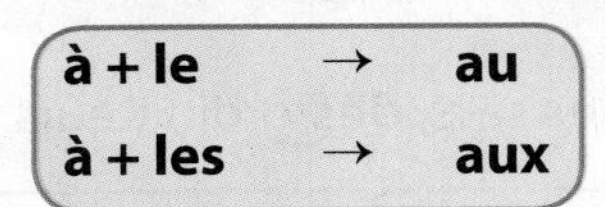

à + le	→	**au**
à + les	→	**aux**

de + le	→	**du**
de + les	→	**des**

Voici **le** café.
Voici **les** élèves.

Marc va **au** café.
Le prof parle **aux** élèves.

Alice vient **du** café.
Vous parlez **des** élèves.

→ There is no contraction with **l'** and **la.**

Voici **la** plage.
Voici **l'**hôpital.

Anne est **à la** plage.
Le docteur va **à l'**hôpital.

Nous rentrons **de la** plage.
Je rentre **de l'**hôpital.

VOCABULAIRE Quelques endroits

un endroit	*place*	**une ville**	*city, town*
un quartier	*district, neighborhood*	**une maison**	*house*
		une rue	*street*
un café	*café*		
un centre commercial	*mall*	**une bibliothèque**	*library*
un cinéma (un ciné)	*movie theater*	**une boutique**	*shop*
un hôpital	*hospital*	**une école**	*school*
un hôtel	*hotel*	**une église**	*church*
un magasin	*store*	**une piscine**	*swimming pool*
un musée	*museum*	**une plage**	*beach*
un restaurant	*restaurant*		
un stade	*stadium*		
un supermarché	*supermarket*		

Vocabulaire supplémentaire

un aéroport	*airport*	**une gare**	*station*
un parc	*park*	**une poste**	*post office*

C La possession avec *de*

To express possession or relationship, the French often use the following construction:

NOUN + **de (d')** + { NAME OF PERSON / ARTICLE + NOUN }

Voici **le vélo de Caroline.** — *Here is* ***Caroline's bike.***
Voilà **la voiture du professeur.** — *There is* ***the teacher's car.***

D Les adjectifs possessifs

Another way to express possession or relationship is to use POSSESSIVE ADJECTIVES. In French, possessive adjectives agree with the nouns they introduce.

Voici **un** stylo.	C'est **mon** stylo.
Voici **une** veste.	C'est **ma** veste.
Voici **des** livres.	Ce sont **mes** livres.

THE OWNER	THE POSSESSIVE ADJECTIVE			ENGLISH EQUIVALENT
	before a singular noun		before a plural noun	
	MASCULINE	FEMININE		
je	**mon**	**ma (mon)**	**mes**	*my*
tu	**ton**	**ta (ton)**	**tes**	*your*
il, elle	**son**	**sa (son)**	**ses**	*his, her, its*
nous	**notre**		**nos**	*our*
vous	**votre**		**vos**	*your*
ils, elles	**leur**		**leurs**	*their*

→ The possessive adjectives in parentheses are used before a vowel sound.

Voici **une** auto. C'est **mon** auto. Ce n'est pas **ton** auto.

→ The gender and number of a possessive adjective are determined only by the noun it introduces.

Voici Corinne et **sa voiture.**	*Here is Corinne and **her car.***
Voici Philippe et **sa voiture.**	*Here is Philippe and **his car.***
Voici Nathalie et **son vélo.**	*Here is Nathalie and **her bicycle.***
Voici Marc et **son vélo.**	*Here is Marc and **his bicycle.***

E Les adjectifs démonstratifs et interrogatifs

Demonstrative Adjectives (*this, that; these, those* + NOUN)

	SINGULAR	PLURAL		
MASCULINE	**ce (cet)**	**ces**	**ce** pull, **cet** ami	**ces** pulls, **ces** amis
FEMININE	**cette**	**ces**	**cette** robe, **cette** amie	**ces** robes, **ces** amis

→ To distinguish between *this (over here)* and *that (over there)*, the French add **-ci** or **-là** after the noun.

Patrick aime **cette** chemise-**ci**.	*Patrick likes **this** shirt.*
Je préfère **cette** chemise-**là**.	*I prefer **that** shirt.*

Interrogative Adjectives (*which, what* + NOUN)

	SINGULAR	PLURAL		
MASCULINE	**quel**	**quels**	**quel** café, **quel** ami	**quels** cafés, **quels** amis
FEMININE	**quelle**	**quelles**	**quelle** rue, **quelle** amie	**quelles** rues, **quelles** amies

APPENDIX A RAPPEL 3 *Les activités*

A Les verbes réguliers en *-er:* formes affirmatives et négatives

	AFFIRMATIVE		NEGATIVE			ENDINGS
INFINITIVE		**parler**				
STEM		**parl-**				
PRESENT	je	parl**e**	je	**ne** parl**e**	**pas**	**-e**
	tu	parl**es**	tu	**ne** parl**es**	**pas**	**-es**
	il/elle/on	parl**e**	il/elle/on	**ne** parl**e**	**pas**	**-e**
	nous	parl**ons**	nous	**ne** parl**ons**	**pas**	**-ons**
	vous	parl**ez**	vous	**ne** parl**ez**	**pas**	**-ez**
	ils/elles	parl**ent**	ils/elles	**ne** parl**ent**	**pas**	**-ent**

→For verbs ending in **-ger,** the **nous-** form is written with **-geons:**
nous man**geons,** nous na**geons**

→ The stem of the verb **acheter** is written with **è** in the **je, tu, il,** and **ils-** forms:
j'ach**è**te, tu ach**è**tes, il/elle ach**è**te, ils/elles ach**è**tent

VOCABULAIRE Quelques activités

en semaine *during the week*

étudier	*to study*	**manger**	*to eat*
travailler	*to work*	**dîner**	*to have dinner*

parler (anglais, français, espagnol)	*to speak (English, French, Spanish)*
regarder (un magazine)	*to look at (a magazine)*
(la télé)	*to watch (TV)*
écouter (la radio, le professeur)	*to listen to (the radio, the teacher)*
téléphoner à (un copain)	*to call, to phone (a friend)*
rencontrer (des amis)	*to meet (by chance), to run into (friends)*
retrouver (des amis)	*to meet (friends) at an arranged time and place*
habiter (à Paris, en France)	*to live (in Paris, in France)*
rentrer	*to go back, to come home*
rester (à la maison)	*to stay (home, at home)*
aider (ses parents)	*to help (one's parents)*
préparer (le dîner)	*to prepare, to fix (dinner)*
(ses devoirs)	*to do (one's homework)*
prêter (5 euros)	*to loan, lend (5 euros)*

The pronoun *on*

- The pronoun **on** always takes the il/elle- form of the verb.
- The pronoun **on** has several English equivalents: *they, you* (in general), *people, one.*

À Montréal, **on** parle français.	*In Montreal,* ***people (they)*** *speak French.*
Quand **on** est jeune, **on** aime la musique.	*When* ***one*** *is young,* ***one*** *likes music.*

In conversation, **on** is frequently used instead of **nous** to mean *we.*

Quand est-ce qu'**on** mange?	*When are* ***we*** *eating?*

le week-end	*on weekends*		
pendant les vacances	*during vacation*		
chanter	*to sing*	**nager**	*to swim*
danser	*to dance*	**marcher**	*to walk*

organiser (une boum, un pique-nique)	*to organize (a party, a picnic)*
apporter (un CD)	*to bring (a CD)*
inviter (une copine)	*to invite (a friend)*
louer (un film)	*to rent (a movie)*
acheter (des vêtements)	*to buy (clothes)*
porter (un jean)	*to wear (jeans)*
(un sac)	*to carry (a bag)*
jouer (au foot, aux jeux vidéo)	*to play (soccer, video games)*
(du piano, de la guitare)	*to play (the piano, the guitar)*
gagner (un match)	*to win (a game)*
(de l'argent)	*to earn (money)*
voyager (en voiture, en train, en avion)	*to travel (by car, by train, by plane)*
visiter (une ville)	*to visit (a city)*

B Les questions avec *est-ce que*

When you ask a question, you may want a YES or NO answer, or you may be looking for SPECIFIC INFORMATION. In French, you may ask both types of questions using **est-ce que.**

Yes/No Questions

est-ce que + rest of sentence

Est-ce que tu habites ici?	*Do you live here? (Are you living here?)*
Est-ce qu'Alice travaille?	*Does Alice work? (Is Alice working?)*

→ In conversation, YES/NO questions can also be formed:
- by letting your voice rise at the end of the sentence

  Tu habites ici? **Alice travaille?**
- by adding **n'est-ce pas?** (when an affirmative answer is expected)

  Tu habites ici, **n'est-ce pas?** Alice travaille, **n'est-ce pas?**

Information Questions

QUESTION WORD(S) + **est-ce que** + rest of sentence

Où est-ce que tu habites?	*Where do you live?*
Quand est-ce que vous travaillez?	*When do you work?*

→ In informal conversation, information questions can also be formed by placing the question words at the end of the sentence.

Tu habites **où?** Vous travaillez **quand?**

C Les verbes réguliers en *-ir* et *-re*

INFINITIVE		finir			vendre	
		fin-	ENDINGS		vend-	ENDINGS
PRESENT	je	fin**is**	**-is**	je	vend**s**	**-s**
	tu	fin**is**	**-is**	tu	vend**s**	**-s**
	il/elle/on	fin**it**	**-it**	il/elle/on	vend	–
	nous	fin**issons**	**-issons**	nous	vend**ons**	**-ons**
	vous	fin**issez**	**-issez**	vous	vend**ez**	**-ez**
	ils/elles	fin**issent**	**-issent**	ils/elles	vend**ent**	**-ent**
NEGATIVE	je **ne**	finis **pas**		je **ne**	vends **pas**	

VOCABULAIRE Quelques activités

choisir	*to choose, select, pick*	**attendre**	*to wait, wait for*
finir	*to finish, end*	**entendre**	*to hear*
grossir	*to gain weight, get fat*	**perdre**	*to lose*
maigrir	*to lose weight, get thin*	**rendre visite à**	*to visit (a person)*
réussir	*to succeed, to be successful*	**répondre (à)**	*to answer*
réussir à un examen	*to pass a test*	**vendre**	*to sell*

➔ Note the two ways to say visit:

visiter	*to visit (places)*	Je **visite** Paris.
rendre visite à	*to visit (people)*	Je **rends visite à** Sophie.

D L'impératif

The IMPERATIVE form of the verb is used to give orders and make suggestions.

IMPERATIVE	AFFIRMATIVE		NEGATIVE	
(tu)	**Attends!**	*Wait!*	**N'attends pas!**	*Don't wait!*
(vous)	**Attendez!**	*Wait!*	**N'attendez pas!**	*Don't wait!*
(nous)	**Attends!**	*Let's wait!*	**N'attendons pas!**	*Let's not wait!*

➔ The forms of the imperative are the same as the present tense.
EXCEPTION: In the **tu-** form of all **-er** verbs, the final **s** is dropped.

Écoute! *Listen!* **Ne parle pas!** *Don't speak!*

➔ Note the use of **moi** in affirmative commands:

Téléphone-moi! *Call me!* **Apporte-moi** ce livre. *Bring me that book.*

APPENDIX B MAPS *France*

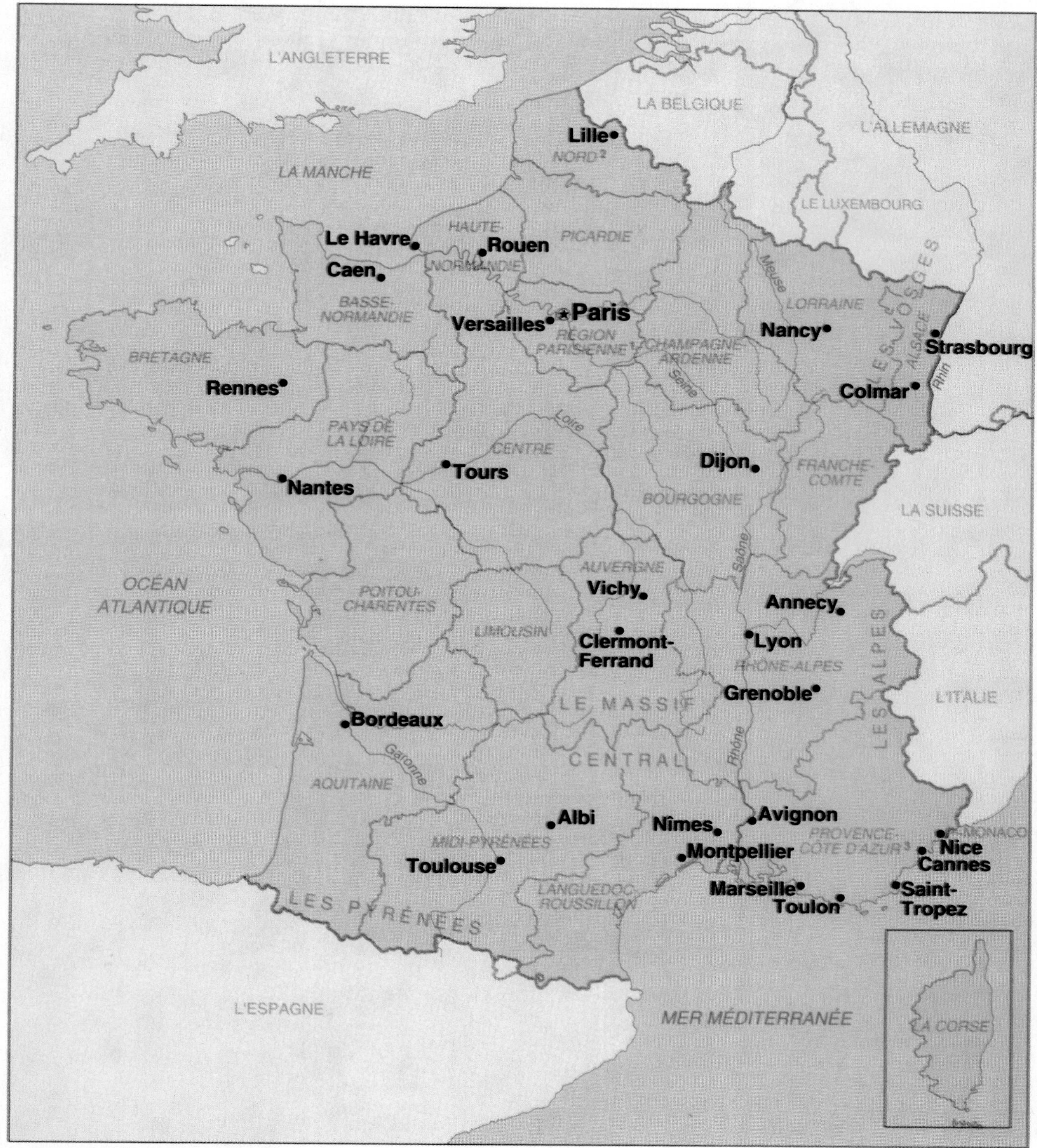

[1]Also known as Île-de-France
[2]Also known as Nord-Pas-de-Calais
[3]Also known as Provence-Alpes-Côte d'Azur *(Bottin 1989)*

APPENDIX B MAPS *The French Speaking World*

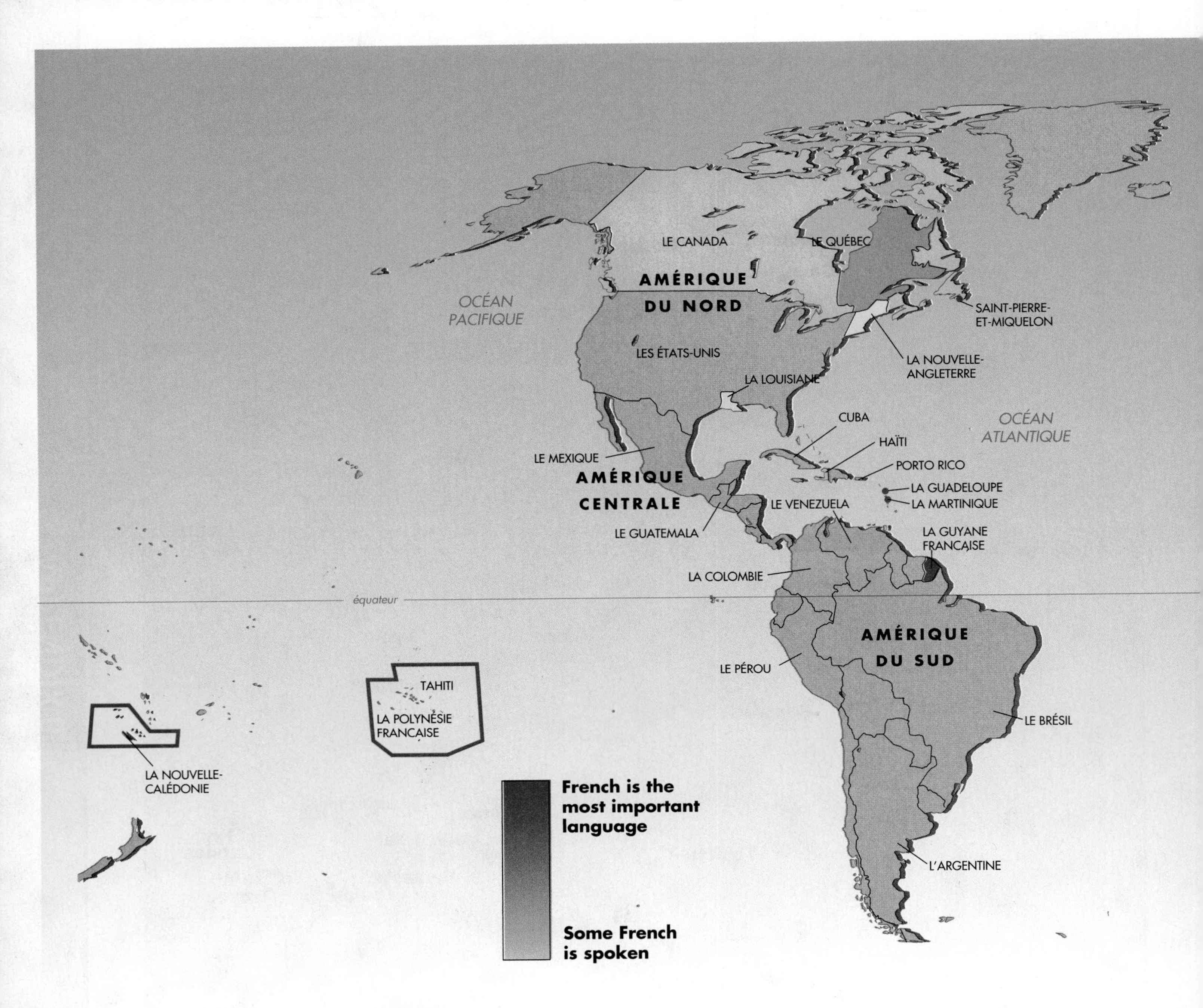

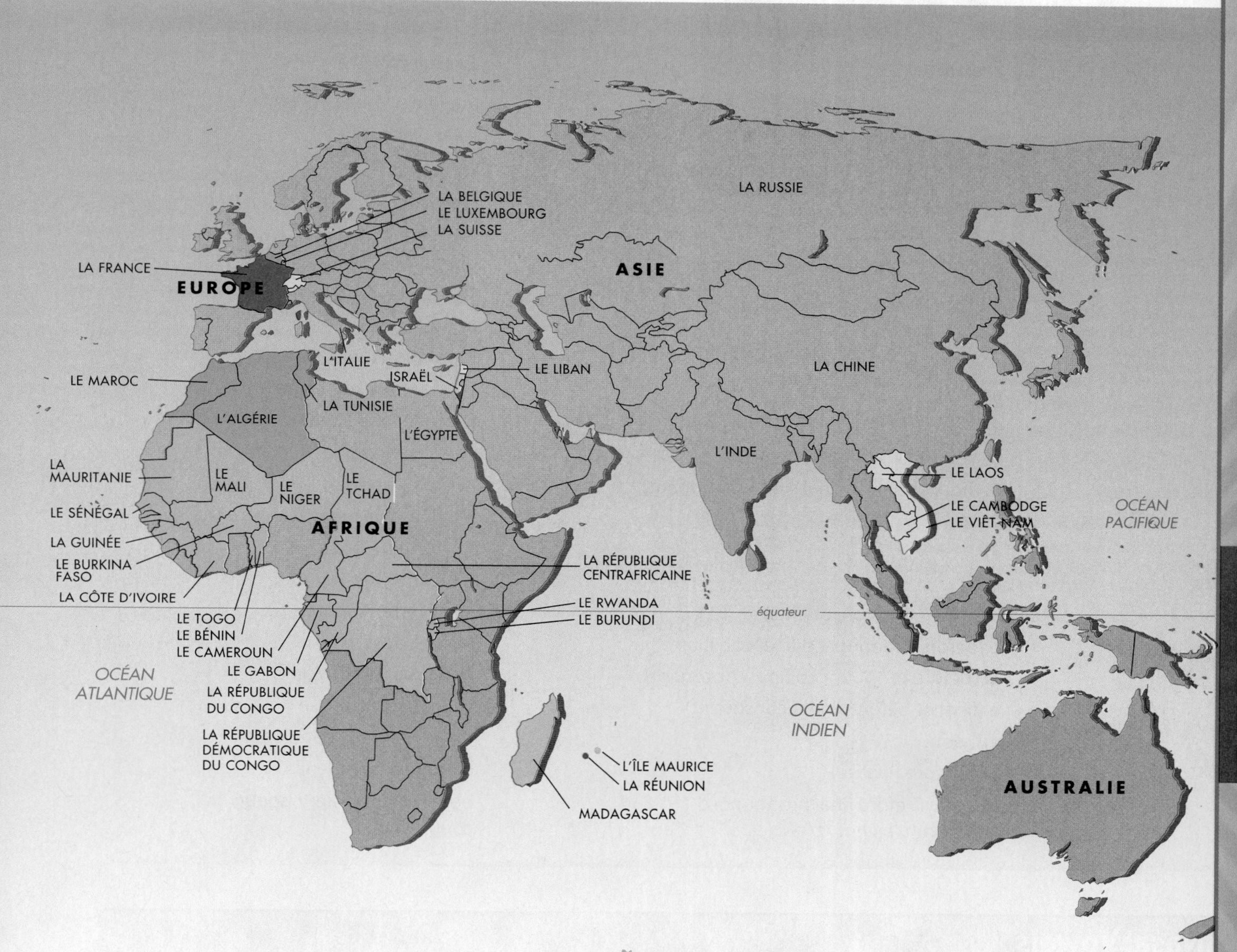

LA BELGIQUE
LE LUXEMBOURG
LA SUISSE
LA FRANCE
EUROPE
LA RUSSIE
ASIE
LE MAROC
L'ITALIE
ISRAËL
LE LIBAN
LA CHINE
LA TUNISIE
L'ALGÉRIE
L'ÉGYPTE
L'INDE
LA MAURITANIE
LE MALI
LE NIGER
LE TCHAD
LE LAOS
LE SÉNÉGAL
LE CAMBODGE
LE VIÊT-NAM
OCÉAN PACIFIQUE
AFRIQUE
LA GUINÉE
LE BURKINA FASO
LA RÉPUBLIQUE CENTRAFRICAINE
LA CÔTE D'IVOIRE
équateur
LE RWANDA
LE BURUNDI
LE TOGO
LE BÉNIN
LE CAMEROUN
LE GABON
OCÉAN ATLANTIQUE
LA RÉPUBLIQUE DU CONGO
OCÉAN INDIEN
LA RÉPUBLIQUE DÉMOCRATIQUE DU CONGO
L'ÎLE MAURICE
LA RÉUNION
AUSTRALIE
MADAGASCAR

APPENDIX C SOUND-SPELLING CORRESPONDENCES

Vowels

SOUND	SPELLING	EXAMPLES
/a/	**a, à, â**	Madame, là-bas, théâtre
/i/	**i, î**	visite, Nice, dîne
	y (initial, final, or between consonants)	Yves, Guy, style
/u/	**ou, où, oû**	Toulouse, où, août
/y/	**u, û**	tu, Luc, sûr
/o/	**o** (final or before silent consonant)	piano, idiot, Margot
	au, eau	jaune, Claude, beau
	ô	hôtel, drôle, Côte d'Ivoire
/ɔ/	**o**	Monique, Noël, jolie
	au	Paul, restaurant, Laure
/e/	**é**	Dédé, Québec, télé
	e (before silent final **z, t, r**)	chez, et, Roger
	ai (final or before final silent consonant)	j'ai, mai, japonais
/ɛ/	**è**	Michèle, Ève, père
	ei	seize, neige, Tour Eiffel
	ê	tête, être, Viêt-nam
	e (before two consonants)	elle, Pierre, Annette
	e (before pronounced final consonant)	Michel, avec, cher
	ai (before pronounced final consonant)	française, aime, Maine
/ə/	**e** (final or before single consonant)	je, Denise, venir
/ø/	**eu, oeu**	deux, Mathieu, euro, oeufs
	eu (before final **se**)	nerveuse, généreuse, sérieuse
/œ/	**eu, oeu** (before final pronounced consonant except /z/)	heure, neuf, Lesieur, soeur, coeur, oeuf

Nasal Vowels

SOUND	SPELLING	EXAMPLES
/ɑ̃/	**an, am**	France, quand, lampe
	en, em	Henri, pendant, décembre
/ɔ̃/	**on, om**	non, Simon, bombe
/ɛ̃/	**in, im**	Martin, invite, impossible
	yn, ym	syndicat, sympathique, Olympique
	ain, aim	Alain, américain, faim
	(o) + in	loin, moins, point
	(i) + en	bien, Julien, viens
	un, um	un, Lebrun, parfum
/œ̃/	**un, um**	un, Lebrun, parfum

Semi-Vowels

SOUND	SPELLING	EXAMPLES
/j/	**i, y** (before vowel sound)	bien, piano, Lyon
	-il, -ill (after vowel sound)	oeil, travaille, Marseille
/ɥ/	**u** (before vowel sound)	lui, Suisse, juillet
/w/	**ou** (before vowel sound)	oui, Louis, jouer
/wa/	**oi, oî, oy** (before vowel)	voici, Benoît, voyage

Consonants

SOUND	SPELLING	EXAMPLES
/b/	**b**	Barbara, banane, Belgique
/k/	**c** (before **a, o, u,** or consonant)	casque, cuisine, classe
	ch(r)	Christine, Christian, Christophe
	qu, q (final)	Québec, qu'est-ce que, cinq
	k	kilo, Kiki, ketchup
/ʃ/	**ch**	Charles, blanche, chez
/d/	**d**	Didier, dans, médecin
/f/	**f**	Félix, franc, neuf
	ph	Philippe, téléphone, photo
/g/	**g** (before **a, o, u,** or consonant)	Gabriel, gorge, légumes, gris
	gu (before **e, i, y**)	vague, Guillaume, Guy
/ɲ/	**gn**	mignon, champagne, Allemagne
/ʒ/	**j**	je, Jérôme, jaune
	g (before **e, i, y**)	rouge, Gigi, gymnastique
	ge (before **a, o, u**)	orangeade, Georges, nageur
/l/	**l, ll**	Lise, elle, cheval
/m/	**m**	Maman, moi, tomate
/n/	**n**	banane, Nancy, nous
/p/	**p**	peu, Papa, Pierre
/r/	**r, rr**	arrive, rentre, Paris
/s/	**c** (before **e, i, y**)	ce, Cécile, Nancy
	ç (before **a, o, u**)	ça, garçon, déçu
	s (initial or before consonant)	sac, Sophie, reste
	ss (between vowels)	boisson, dessert, Suisse
	t (before **i** + vowel)	attention, Nations Unies, natation
	x	dix, six, soixante
/t/	**t**	trop, télé, Tours
	th	Thérèse, thé, Marthe
/v/	**v**	Viviane, vous, nouveau
/gz/	**x**	examen, exemple, exact
/ks/	**x**	Max, Mexique, excellent
/z/	**s** (between vowels)	désert, télévision, Louise
	z	Suzanne, zut, zéro

APPENDIX C

APPENDIX D VERBS

A. REGULAR VERBS

Infinitive	Present	Imperative	Passé Composé	Imperfect
parler *(to talk, speak)*	je **parle** tu **parles** il **parle**	**parle**	j'**ai parlé** tu **as parlé** il **a parlé**	je **parlais** tu **parlais** il **parlait**
	nous **parlons** vous **parlez** ils **parlent**	**parlons** **parlez**	nous **avons parlé** vous **avez parlé** ils **ont parlé**	nous **parlions** vous **parliez** ils **parlaient**
finir *(to finish)*	je **finis** tu **finis** il **finit**	**finis**	j'**ai fini** tu **as fini** il **a fini**	je **finissais** tu **finissais** il **finissait**
	nous **finissons** vous **finissez** ils **finissent**	**finissons** **finissez**	nous **avons fini** vous **avez fini** ils **ont fini**	nous **finissions** vous **finissiez** ils **finissaient**
vendre *(to sell)*	je **vends** tu **vends** il **vend**	**vends**	j'**ai vendu** tu **as vendu** il **a vendu**	je **vendais** tu **vendais** il **vendait**
	nous **vendons** vous **vendez** ils **vendent**	**vendons** **vendez**	nous **avons vendu** vous **avez vendu** ils **ont vendu**	nous **vendions** vous **vendiez** ils **vendaient**
se laver *(to wash oneself)*	je **me lave** tu **te laves** il **se lave**	**lave-toi**	je **me suis lavé(e)** tu **t'es lavé(e)** il/elle **s'est lavé(e)**	je **me lavais** tu **te lavais** il **se lavait**
	nous **nous lavons** vous **vous lavez** ils **se lavent**	**lavons-nous** **lavez-vous**	nous **nous sommes lavé(e)s** vous **vous êtes lavé(e)(s)** ils/elles **se sont lavé(e)s**	nous **nous lavions** vous **vous laviez** ils **se lavaient**

Future	Conditional	Subjunctive	Present Participle
je **parlerai** tu **parleras** il **parlera**	je **parlerais** tu **parlerais** il **parlerait**	que je **parle** que tu **parles** qu'il **parle**	**parlant**
nous **parlerons** vous **parlerez** ils **parleront**	nous **parlerions** vous **parleriez** ils **parleraient**	que nous **parlions** que vous **parliez** qu'ils **parlent**	
je **finirai** tu **finiras** il **finira**	je **finirais** tu **finirais** il **finirait**	que je **finisse** que tu **finisses** qu'il **finisse**	**finissant**
nous **finirons** vous **finirez** ils **finiront**	nous **finirions** vous **finiriez** ils **finiraient**	que nous **finissions** que vous **finissiez** qu'ils **finissent**	
je **vendrai** tu **vendras** il **vendra**	je **vendrais** tu **vendrais** il **vendrait**	que je **vende** que tu **vendes** qu'il **vende**	**vendant**
nous **vendrons** vous **vendrez** ils **vendront**	nous **vendrions** vous **vendriez** ils **vendraient**	que nous **vendions** que vous **vendiez** qu'ils **vendent**	
je **me laverai** tu **te laveras** il **se lavera**	je **me laverais** tu **te laverais** il **se laverait**	que je **me lave** que tu **te laves** qu'il **se lave**	**se lavant**
nous **nous laverons** vous **vous laverez** ils **se laveront**	nous **nous laverions** vous **vous laveriez** ils **se laveraient**	que nous **nous lavions** que vous **vous laviez** qu'ils **se lavent**	

B. *-er* VERBS WITH SPELLING CHANGES

INFINITIVE	PRESENT		IMPERATIVE	PASSÉ COMPOSÉ	IMPERFECT
acheter *(to buy)*	j'**achète** tu **achètes** il **achète**	nous **achetons** vous **achetez** ils **achètent**	**achète** **achetons** **achetez**	j'**ai acheté**	j'**achetais**
Verbs like **acheter: amener** *(to take, bring along)*, **se lever** *(to get up)*, **se promener** *(to take a walk, take a ride)*					
appeler *(to call)*	j'**appelle** tu **appelles** il **appelle**	nous **appelons** vous **appelez** ils **appellent**	**appelle** **appelons** **appelez**	j'**ai appelé**	j'**appelais**
Verbs like **appeler: s'appeler** *(to be named)*					
préférer *(to prefer)*	je **préfère** tu **préfères** il **préfère**	nous **préférons** vous **préférez** ils **préfèrent**	**préfère** **préférons** **préférez**	j'**ai préféré**	je **préférais**
Verbs like **préférer: accélérer** *(to accelerate, go faster)*, **espérer** *(to hope)*, **répéter** *(to repeat)*					
manger *(to eat)*	je **mange** tu **manges** il **mange**	nous **mangeons** vous **mangez** ils **mangent**	**mange** **mangeons** **mangez**	j'**ai mangé**	je **mangeais** nous **mangions**
Verbs like **manger: changer** *(to change)*, **nager** *(to swim)*, **neiger** *(to snow)*, **voyager** *(to travel)*					
commencer *(to start, begin)*	je **commence** tu **commences** il **commence**	nous **commençons** vous **commencez** ils **commencent**	**commence** **commençons** **commencez**	j'**ai commencé**	je **commençais** nous **commencions**
Verbs like **commencer: annoncer** *(to announce, proclaim)*, **divorcer** *(to divorce)*, **se fiancer** *(to get engaged)*, **menacer** *(to threaten)*					
payer *(to pay, pay for)*	je **paie** tu **paies** il **paie**	nous **payons** vous **payez** ils **paient**	**paie** **payons** **payez**	j'**ai payé**	je **payais** nous **payions**
Verb like **payer: essayer** *(to try)*					

FUTURE	CONDITIONAL	SUBJUNCTIVE	PRESENT PARTICIPLE
j'**achèterai**	j'**achèterais**	que j'**achète** que nous **achetions**	**achetant**
j'**appellerai**	j'**appellerais**	que j'**appelle** que nous **appelions**	**appelant**
je **préférerai**	je **préférerais**	que je **préfère** que nous **préférions**	**préférant**
je **mangerai**	je **mangerais**	que je **mange** que nous **mangions**	**mangeant**
je **commencerai**	je **commencerais**	que je **commence** que nous **commencions**	**commençant**
je **paierai**	je **paierais**	que je **paie** que nous **payions**	**payant**

APPENDIX D

APPENDIX D VERBS *continued*

C. IRREGULAR VERBS

INFINITIVE	PRESENT		IMPERATIVE	PASSÉ COMPOSÉ	IMPERFECT
avoir *(to have)*	j'**ai** tu **as** il **a**	nous **avons** vous **avez** ils **ont**	**aie** **ayons** **ayez**	j'**ai eu**	j'**avais**
être *(to be)*	je **suis** tu **es** il **est**	nous **sommes** vous **êtes** ils **sont**	**sois** **soyons** **soyez**	j'**ai été**	j'**étais**
aller *(to go)*	je **vais** tu **vas** il **va**	nous **allons** vous **allez** ils **vont**	**va** **allons** **allez**	je **suis allé(e)**	j'**allais**
s'asseoir *(to sit down)*	je **m'assieds** tu **t'assieds** il **s'assied**	nous **nous asseyons** vous **vous asseyez** ils **s'asseyent**	**assieds-toi** **asseyons-nous** **asseyez-vous**	je **me suis assis(e)**	je **m'asseyais**
boire *(to drink)*	je **bois** tu **bois** il **boit**	nous **buvons** vous **buvez** ils **boivent**	**bois** **buvons** **buvez**	j'**ai bu**	je **buvais**
conduire *(to drive)*	je **conduis** tu **conduis** il **conduit**	nous **conduisons** vous **conduisez** ils **conduisent**	**conduis** **conduisons** **conduisez**	j'**ai conduit**	je **conduisais**
Verbs like **conduire: construire** *(to build)*, **détruire** *(to destroy)*, **produire** *(to produce)*, **traduire** *(to translate)*					
connaître *(to know)*	je **connais** tu **connais** il **connaît**	nous **connaissons** vous **connaissez** ils **connaissent**	**connais** **connaissons** **connaissez**	j'**ai connu**	je **connaissais**
Verbs like **connaître: reconnaître** *(to recognize)*					
croire *(to believe)*	je **crois** tu **crois** il **croit**	nous **croyons** vous **croyez** ils **croient**	**crois** **croyons** **croyez**	j'**ai cru**	je **croyais**
devoir *(must, to have to, to owe)*	je **dois** tu **dois** il **doit**	nous **devons** vous **devez** ils **doivent**	**dois** **devons** **devez**	j'**ai dû**	je **devais**
dire *(to say, tell)*	je **dis** tu **dis** il **dit**	nous **disons** vous **dites** ils **disent**	**dis** **disons** **dites**	j'**ai dit**	je **disais**
Verbs like **dire: contredire** *(to contradict)*, **prédire** *(to predict)*					

FUTURE	CONDITIONAL	SUBJUNCTIVE		PRESENT PARTICIPLE
j'**aurai**	j'**aurais**	que j'**aie** que tu **aies** qu'il **ait**	que nous **ayons** que vous **ayez** qu'ils **aient**	**ayant**
je **serai**	je **serais**	que je **sois** que tu **sois** qu'il **soit**	que nous **soyons** que vous **soyez** qu'ils **soient**	**étant**
j'**irai**	j'**irais**	que j'**aille** que nous **allions**		**allant**
je **m'assiérai**	je **m'assiérais**	que je **m'asseye** que nous **nous asseyions**		**s'asseyant**
je **boirai**	je **boirais**	que je **boive** que nous **buvions**		**buvant**
je **conduirai**	je **conduirais**	que je **conduise** que nous **conduisions**		**conduisant**
je **connaîtrai**	je **connaîtrais**	que je **connaisse** que nous **connaissions**		**connaissant**
je **croirai**	je **croirais**	que je **croie** que nous **croyions**		**croyant**
je **devrai**	je **devrais**	que je **doive** que nous **devions**		**devant**
je **dirai**	je **dirais**	que je **dise** que nous **disions**		**disant**

APPENDIX D

APPENDIX D VERBS *continued*

C. IRREGULAR VERBS

INFINITIVE	PRESENT		IMPERATIVE	PASSÉ COMPOSÉ	IMPERFECT
dormir *(to sleep)*	je **dors** tu **dors** il **dort**	nous **dormons** vous **dormez** ils **dorment**	**dors** **dormons** **dormez**	j'**ai dormi**	je **dormais**
écrire *(to write)*	j'**écris** tu **écris** il **écrit**	nous **écrivons** vous **écrivez** ils **écrivent**	**écris** **écrivons** **écrivez**	j'**ai écrit**	j'**écrivais**
Verbs like **écrire: décrire** *(to describe)*, **inscrire** *(to write)*					
envoyer *(to send)*	j'**envoie** tu **envoies** il **envoie**	nous **envoyons** vous **envoyez** ils **envoient**	**envoie** **envoyons** **envoyez**	j'**ai envoyé**	j'**envoyais**
faire *(to make, do)*	je **fais** tu **fais** il **fait**	nous **faisons** vous **faites** ils **font**	**fais** **faisons** **faites**	j'**ai fait**	je **faisais**
lire *(to read)*	je **lis** tu **lis** il **lit**	nous **lisons** vous **lisez** ils **lisent**	**lis** **lisons** **lisez**	j'**ai lu**	je **lisais**
mettre *(to put, place)*	je **mets** tu **mets** il **met**	nous **mettons** vous **mettez** ils **mettent**	**mets** **mettons** **mettez**	j'**ai mis**	je **mettais**
Verbs like **mettre: permettre** *(to let, allow, permit)*, **promettre** *(to promise)*					
ouvrir *(to open)*	j'**ouvre** tu **ouvres** il **ouvre**	nous **ouvrons** vous **ouvrez** ils **ouvrent**	**ouvre** **ouvrons** **ouvrez**	j'**ai ouvert**	j'**ouvrais**
Verbs like **ouvrir: découvrir** *(to discover)*, **offrir** *(to offer)*, **souffrir** *(to suffer)*					
partir *(to leave)*	je **pars** tu **pars** il **part**	nous **partons** vous **partez** ils **partent**	**pars** **partons** **partez**	je **suis parti(e)**	je **partais**
Verbs like **partir: sortir** *(to go out)*					
pleuvoir *(to rain)*	il **pleut**			il **a plu**	il **pleuvait**
pouvoir *(can, may, to be able)*	je **peux** tu **peux** il **peut**	nous **pouvons** vous **pouvez** ils **peuvent**		j'**ai pu**	je **pouvais**
prendre *(to take, have)*	je **prends** tu **prends** il **prend**	nous **prenons** vous **prenez** ils **prennent**	**prends** **prenons** **prenez**	j'**ai pris**	je **prenais**
Verbs like **prendre: apprendre** *(to learn)*, **comprendre** *(to understand)*					

Future	Conditional	Subjunctive	Present Participle
je **dormirai**	je **dormirais**	que je **dorme** que nous **dormions**	**dormant**
j'**écrirai**	j'**écrirais**	que j'**écrive** que nous **écrivions**	**écrivant**
j'**enverrai**	j'**enverrais**	que j'**envoie** que nous **envoyions**	**envoyant**
je **ferai**	je **ferais**	que je **fasse** que nous **fassions**	**faisant**
je **lirai**	je **lirais**	que je **lise** que nous **lisions**	**lisant**
je **mettrai**	je **mettrais**	que je **mette** que nous **mettions**	**mettant**
j'**ouvrirai**	j'**ouvrirais**	que j'**ouvre** que nous **ouvrions**	**ouvrant**
je **partirai**	je **partirais**	que je **parte** que nous **partions**	**partant**
il **pleuvra**	il **pleuvrait**	qu'il **pleuve**	**pleuvant**
je **pourrai**	je **pourrais**	que je **puisse** que nous **puissions**	**pouvant**
je **prendrai**	je **prendrais**	que je **prenne** que nous **prenions**	**prenant**

C. IRREGULAR VERBS

Infinitive	Present		Imperative	Passé Composé	Imperfect
recevoir *(to receive)*	je **reçois** tu **reçois** il **reçoit**	nous **recevons** vous **recevez** ils **reçoivent**	**reçois** **recevons** **recevez**	j'**ai reçu**	je **recevais**
Verbs like **recevoir: apercevoir** *(to see, catch sight of)*, **s'apercevoir** *(to notice, realize)*					
rire *(to laugh)*	je **ris** tu **ris** il **rit**	nous **rions** vous **riez** ils **rient**	**ris** **rions** **riez**	j'**ai ri**	je **riais**
Verbs like **rire: sourire** *(to smile)*					
savoir *(to know)*	je **sais** tu **sais** il **sait**	nous **savons** vous **savez** ils **savent**	**sache** **sachons** **sachez**	j'**ai su**	je **savais**
suivre *(to follow)*	je **suis** tu **suis** il **suit**	nous **suivons** vous **suivez** ils **suivent**	**suis** **suivons** **suivez**	j'**ai suivi**	je **suivais**
se taire *(to be quiet)*	je **me tais** tu **te tais** il **se tait**	nous **nous taisons** vous **vous taisez** ils **se taisent**	**tais-toi** **taisons-nous** **taisez-vous**	je **me suis tu(e)**	je **me taisais**
tenir *(to hold)*	je **tiens** tu **tiens** il **tient**	nous **tenons** vous **tenez** ils **tiennent**	**tiens** **tenons** **tenez**	j'ai **tenu**	je **tenais**
Verbs like **tenir: appartenir** *(to belong to)*, **obtenir** *(to get, obtain)*, **retenir** *(to reserve, retain)*, **se tenir** *(to keep, stay)*					
venir *(to come)*	je **viens** tu **viens** il **vient**	nous **venons** vous **venez** ils **viennent**	**viens** **venons** **venez**	je **suis venu(e)**	je **venais**
Verbs like **venir: devenir** *(to become)*, **prévenir** *(to warn, tell in advance)*, **revenir** *(to come back)*, **se souvenir** *(to remember)*					
vivre *(to live)*	je **vis** tu **vis** il **vit**	nous **vivons** vous **vivez** ils **vivent**	**vis** **vivons** **vivez**	j'**ai vécu**	je **vivais**
voir *(to see)*	je **vois** tu **vois** il **voit**	nous **voyons** vous **voyez** ils **voient**	**vois** **voyons** **voyez**	j'**ai vu**	je **voyais**
vouloir *(to want, wish)*	je **veux** tu **veux** il **veut**	nous **voulons** vous **voulez** ils **veulent**	**veuille** **veuillons** **veuillez**	j'**ai voulu**	je **voulais**

Future	**Conditional**	**Subjunctive**	**Present Participle**
je **recevrai**	je **recevrais**	que je **reçoive** que nous **recevions**	**recevant**
je **rirai**	je **rirais**	que je **rie** que nous **riions**	**riant**
je **saurai**	je **saurais**	que je **sache** que nous **sachions**	**sachant**
je **suivrai**	je **suivrais**	que je **suive** que nous **suivions**	**suivant**
je **me tairai**	je **me tairais**	que je **me taise** que nous **nous taisions**	**se taisant**
je **tiendrai**	je **tiendrais**	que je **tienne** que nous **tenions**	**tenant**
je **viendrai**	je **viendrais**	que je **vienne** que nous **venions**	**venant**
je **vivrai**	je **vivrais**	que je **vive** que nous **vivions**	**vivant**
je **verrai**	je **verrais**	que je **voie** que nous **voyions**	**voyant**
je **voudrai**	je **voudrais**	que je **veuille** que nous **voulions**	**voulant**

APPENDIX D

FRENCH-ENGLISH VOCABULARY

The French-English vocabulary contains active and passive words from the text, as well as the important words of the illustrations used within the units. Obvious passive cognates and adverbs have not been listed.

The numbers following an entry indicate the first lesson in which the word or phrase is activated. The following abbreviations have been used:

- **A** Appendix A
- **R** Reprise
- **I** Interlude

An asterisk (*) after the lesson or unit number indicates that the word or phrase is presented in the **Mots utiles** section of the reading.

Nouns: If the article of a noun does not indicate gender, the noun is followed by *m. (masculine)* or *f. (feminine)*. If the plural *(pl.)* is irregular, it is given in parentheses.

Adjectives: Adjectives are listed in the masculine form. If the feminine form is irregular, it is given in parentheses. Irregular plural forms *(pl.)* are also given in parentheses.

Verbs: Verbs are listed in the infinitive form. An asterisk (*) in front of an active verb means that it is irregular. (For forms, see the verb charts in the Appendix.) Irregular past participle *(p.p.),* present participle *(pres. part.),* future *(fut.),* and subjunctive *(subj.)* forms are listed separately.

Words beginning with an **h** are preceded by a bullet (•) if the **h** is aspirate; that is, if the word is treated as if it begins with a consonant sound.

A

à at, to **R; in**
à + *hour, day, date, moment* see you (at/on) ...
à quelle heure? at what time? **A**
à qui? to whom? **R**
abandonner to abandon, give up, quit
abord: d'abord first, at first **6**
un **abri** shelter
absolu absolute
absolument absolutely
abstrait abstract
un **acadien (une acadienne)** Acadian
un **accélérateur** accelerator **33**
accélérer to accelerate, go faster **34***
accentué: un pronom accentué stress pronoun
accepter (de) to accept, agree **30**
un **accès** approach
un **accessoire** accessory **25**
un **accident** accident **24**
accompagner to accompany, go along with
accomplir to accomplish
accord: d'accord okay, all right **13**
être d'accord avec to agree with **2**
accueillir to greet, welcome
un **achat** purchase **5**
faire des achats to go shopping **5**
acheter (à) to buy (for) **11**
un **acteur** actor **1**
actif (active) active **2**
activement actively **26**
une **activité** activity
une **actrice** actress **1**
actuel (actuelle) present
l' **addition** *f.* check, bill **9; addition**
un **adjectif** adjective
administratif (administrative) administrative **1**
un **admirateur, une admiratrice** admirer
admirer to admire
adorer to love **9; to worship**
une **adresse** address **1**
un **aéroport** airport **A**
affaire: ce n'est qu'une affaire de temps it's only a matter of time **I7***
des **affaires** *f.* things, personal belongings **5**
un homme (une femme) d'affaires businessman (woman) **1**
affectueusement affectionately **14***
une **affiche** poster **A**; sign
affirmatif (affirmative) affirmative
affliger to afflict
affreux (affreuse) awful **25**
affronter to confront
l' **Afrique** *f.* Africa **29**
l'Afrique du Sud South Africa
un **âge** age **3**
âgé old
plus âgé older **1**
une **agence** agency
une agence immobilière real estate agency
s' **agenouiller** to kneel
un **agent** agent
un agent de police policeman
agir to act
agréable pleasant, agreeable
ah bon? really?
aider to help **A**
l' **aiguille** *f.* needle
aille *(subj. of* **aller) 36**
aimable friendly; pleasant, nice **2**
aimer to like **R**
aimer mieux to prefer
j'aimerais I would like
aîné oldest
ainsi therefore; so
l' **air** *m.* air; tune
avoir l'air to look **3**
l'air conditionné *m.* air conditioning
ait *(subj. of* **avoir) 36**
ajouter to add
alarmer to alarm
alerter to alert, warn
algérien (algérienne) Algerian

l' **alimentation** *f.* food, nourishment
les **aliments** *m.* foods
l' **Allemagne** *f.* Germany **29**
allemand German **R**
aller to go **4**
aller + *inf.* to be going to + *inf.* **4**
aller à pied to go on foot, walk **5**
aller chercher to go get, pick up **4**
un aller et retour round trip (ticket) **29**
un aller simple one-way (ticket) **29**
est-ce que [ce pantalon] vous va? do [these pants] fit you? **25**
est-ce que [ces chaussures] vous vont? do [those shoes] fit you? **25**
il (elle) me va bien it fits me well **25**
il (elle) ne me va pas it doesn't fit **25**
ils (elles) me vont très bien they fit very well **25**
allergique allergic
allô hello *(on the telephone)*
allumer to light **I2*, 21**
une **allumette** match
alors then, so
l' **alpinisme** *m.* mountain climbing
l' **Alsace** *f.* Alsace *(province in eastern France)*
ambitieux (ambitieuse) ambitious **2**
un **aménagement** facility
une **amende** fine **I8***
amener to take, bring (along) *(mainly people)* **11**
américain American **1**
l' **Amérique** *f.* America
l'Amérique centrale Central America **29**
l'Amérique du Nord North America **29**
l'Amérique du Sud South America **29**
un **ami, une amie** friend **1**
un meilleur ami, une meilleure amie best friend **1**

amicalement love *(at the end of a letter)* **I4***
l' **amitié** *f.* friendship
amitiés best regards *(at the end of a letter)*
l' **amour** *m.* love **I4***
amoureux (amoureuse) de in love with
une **ampoule** lightbulb
amusant amusing
amuser to amuse
s'amuser to have fun **20**
un **an** year
avoir ... ans to be ... (years old) **3**
le jour de l'An New Year's Day
un **ananas** pineapple
un(e) **ancêtre** ancestor
les **anchois** *m.* anchovies **9**
ancien (ancienne) former; old **21**
un **âne** donkey
anglais English **1**
l' **anglais** *m.* English *(language)* **R**
l' **Angleterre** *f.* England **29**
un **animal** (*pl.* **animaux**) animal **5**
des **animations** *f.* organized activities
animé animated, lively
une **année** (whole) year **A**
un **anniversaire** birthday **A**
joyeux anniversaire! happy birthday!
une **annonce** ad
des annonces publicitaires advertising
annoncer to announce; to proclaim
un **anorak** ski jacket
ans: avoir ... ans to be ... (years old) **3**
les **Antilles** *f.* West Indies
les **antiquités** *f.* antiques
août August **A**
* **apercevoir** to see, catch sight of **30**
s'apercevoir (de) to note, notice, realize **I9***
apercevra (*fut. of* **apercevoir) 31**
un **aperçu** glimpse
apparaître to appear **I1***
un **appareil** machine, appliance **21**
un **appareil-photo** camera **A**

apparenté: un mot apparenté cognate
un **appartement** apartment **21**
appeler to call
s'appeler to be named **1**
un **appétit** appetite
applaudir to applaud
apporter (à) to take, bring (along) *(things)* **A, 14**
* **apprendre** to learn **6;** to teach
apprendre à + *inf.* to learn (how) to **6**
s' **apprêter (à)** to get ready
s' **approcher (de)** to approach, get near (to)
approprié appropriate
appuyer (sur) to step (on), push
après after **6**
après tout after all
d'après (moi) according to (me) **18**
l' **après-midi** *m.* afternoon, in the afternoon **7**
cet après-midi this afternoon **7**
de l'après-midi in the afternoon, P.M. **A**
(lundi) après-midi (on) (Monday) afternoon
un **aqueduc** aqueduct
arabe Arabic
un **arbre** tree **5**
un **architecte, une architecte** architect
l' **argent** *m.* money; silver **25**
l'argent de poche pocket money
l' **Argentine** *f.* Argentina **29**
une **armée** army
l' **arrêt** *m.* **de bus** bus stop
arrêter (de) to arrest, stop *(someone, something)* **30**
s'arrêter to stop **20**
l' **arrière** *m.* back
une **arrivée** arrival; finish
arriver (à, de) to arrive, come; to happen **8**
j'arrive! I'm coming!
qu'est-ce qui est arrivé? what happened? **24**
un **arrondissement** district, borough
arroser to spray (water) on
un **article** article
artistique artistic
l' **ascendance** *f.* ancestry

un **ascenseur** elevator
une **ascension** ascent, climb
asiatique Asian
l' **Asie** *f.* Asia **29**
l' **aspect** *m.* aspect, appearance
un **aspirateur** vacuum cleaner
passer l'aspirateur to vacuum
*s' **asseoir** to sit down **20**
asseyez-vous sit down **20**
assez (de) rather **2,** enough **12**
assieds-toi sit down **20**
une **assiette** plate **9**
assis seated
assister à to attend **5**
l' **assurance** *f.* insurance **I7*;** assurance
assurer to make, ensure
un **astérisque** asterisk
un(e) **astronaute** astronaut
un **atelier** studio
atmosphérique atmospheric
attaquer to attack
atteindre to reach
attendre to wait, wait for **A**
attentif (attentive) careful **26**
l' **attention** *f.* care, attention
attention! watch out!
faire attention (à) to pay attention (to), be careful (about) **3**
attentivement carefully
attirer to attract
attraper to catch
au (à + le) at (the), to (the) **R**
une **auberge de jeunesse** youth hostel
aucun no
ne ... aucun not any, no **I7***
audacieux (audacieuse) daring
au-dessus above **I3***
augmenter to increase, turn up
aujourd'hui today **7**
aura (*fut. of* **avoir**) **31**
aussi also, too; that, so, therefore
aussi ... que as ... as **27**
l' **Australie** *f.* Australia **29**
un **auteur** originator, author
une **auto** car
en auto by car
une **auto-école** driving school **33**
un **autographe** autograph
l' **automne** *m.* autumn, fall **A**
un **autoportrait** self-portait

l' **autorité** *f.* authority
une **autoroute** toll road **I8***
l' **auto-stop** *m.* hitchhiking
autour (de) around **I8***
autre other **12**
d'autres other(s) **12**
les autres the others; other people
un (une) autre another **12**
autrefois in the past **23**
l' **Auvergne** *f.* Auvergne *(province in central France)*
aux (à + les) at (the), to (the) **R**
avance: être en avance to be early **2**
avancer to advance
avant before **6; first**
avant de before **34**
avant tout above all
avec with **R**
avec qui? with whom? **R**
une **aventure** adventure
un film d'aventures action movie **13**
un **aventurier, une aventurière** adventurer
une **avenue** avenue
une **averse** rain shower
un **avion** plane **A**
en avion by plane **A**
l' **aviron** *m.* rowing
un **avis** opinion **18**
à (mon) avis in (my) opinion **18**
un **avocat, une avocate** lawyer **1**
* **avoir** (*p.p.* **eu**) to have **3**
avoir ... ans to be ... (years old) **3**
avoir besoin de to need **3**
avoir chaud to be warm, hot **3**
avoir de la chance to be lucky **3**
avoir envie de to feel like, want **3**
avoir faim to be hungry **3**
avoir froid to be cold **3**
avoir la grippe to have the flu **17**
avoir l'air to look **3**
avoir un vertige to feel dizzy
avoir lieu to take place **24**
avoir l'intention de to intend to, plan to **3**

avoir mal à + *part of body* to have a sore ..., to have a ... ache **17**
avoir peur to be afraid **3**
avoir raison to be right **3**
avoir soif to be thirsty **3**
avoir sommeil to be sleepy **3**
avoir tort to be wrong **3**
avoir un rhume to have a cold **17**
avouer to admit **I8***
avril April **A**
ayez (*subj. of* **avoir**) **36**

B

le **babyfoot** tabletop soccer game
le **bac** high school diploma
les **bagages** *m.* baggage, luggage
un **bagne** prison
une **bague** ring **25**
une **baguette** long, thin loaf of French bread
une **baignoire** bathtub **21**
un **bain** bath
un bain de soleil sunbath **5**
un maillot de bain bathing suit **A, 25**
une salle de bains bathroom **21**
baisser to lower
un **bal** dance
un **ballon** ball
une **banane** banana **9**
un **banc** bench
une **bande dessinée** comic strip **16**
un **bandit** thief
la **banlieue** suburbs **21**
une **banque** bank
bas (basse) soft; low
en bas at the bottom; downstairs
basé based
une **basilique** basilica
le **basket (ball)** basketball
les **baskets** *m.* high tops **A, 25**
une **bataille** battle
un **bateau** (*pl.* **bateaux**) boat
une **batte** (baseball) bat
se **battre** to fight
battu beaten, defeated
bavard talkative
le **bavardage** chatter, gossip
beau (bel, belle; beaux)

good-looking, beautiful **2**
il fait beau it's nice (weather) **A**
beaucoup (de) (very) much, a lot, many **12**
un **beau-père** stepfather **1;** father-in-law
les **beaux-arts** *m.* fine arts
beige beige **25**
bel good-looking, beautiful **26**
belge Belgian **1**
la **Belgique** Belgium **29**
belle good-looking, beautiful **2**
une **belle-mère** stepmother **1;** mother-in-law
ben … well …
les **béquilles** *f.* crutches
un **berger allemand** German shepherd
besoin: avoir besoin de to need **3**
bête stupid, dumb, silly **2**
une **bête** animal
la **bêtise** stupidity, foolishness
le **beurre** butter **9**
une **bibliothèque** library **A;** bookcase
une **bicyclette** bicycle
un **bidon** (gas) can
bien well **27;** indeed, very much **R**
bien à toi yours *(at the end of a letter)* **I4***
bien entendu of course **I7***
bien sûr of course **13**
eh bien well…
ou bien or else
vouloir bien to want *(used to accept an offer),* to accept, agree **R**
bientôt soon **I6***
à bientôt see you soon (in a few days)
une **bifurcation** fork
un **bijou** (*pl.* **bijoux**) jewel, jewelry **25**
une **bijouterie** jewelry store **I7***
un **bijoutier** jeweler **I7***
un **billet** ticket **I1*, 13**
un billet (de métro) subway ticket **5**
un billet d'avion (de train) plane (train) ticket **29**
la **biologie (bio)** biology **R**
blague: sans blague! really?

blanc (blanche) white **A, 25**
un **blazer** blazer **25**
blessé hurt
un **blessé, une blessée** injured person
bleu blue **A, 25**
bleu clair light blue **25**
bleu foncé dark blue **25**
blond blond
bloqué blocked
un **blouson** jacket **A, 25**
le **boeuf** beef, ox, steer
* **boire** to drink **11**
le **bois** wood
une **boisson** beverage, drink **9**
une **boîte** box, can **12**
bon (bonne) good **2**
ah bon? really?
bon marché *inv.* cheap, inexpensive **25**
des **bonbons** *m.* candy
le **bonheur** happiness
un **bonhomme de neige** snowman
bonjour hello, good morning, good afternoon
un **bonnet** (wool) hat
le **bord** shore
au bord de at the edge of **I2***
botanique botanical
des **bottes** *f.* boots **25**
un **boubou** traditional Senegalese costume
une **bouche** mouth **17**
une **boucherie** butcher shop
des **boucles d'oreilles** *f.* earrings **25**
bouddhiste Buddhist
le **boudin blanc** meatless milk-based sausage
la **bouillabaisse** fish chowder
un **boulanger, une boulangère** baker
une **boulangerie** bakery
les **boules** *f.* bowling
un **boulevard** boulevard
une **boum** (informal) party **A**
la **Bourgogne** Burgundy *(province in central France)*
un **bout** end
au bout de after **I3***
une **bouteille** bottle **12**
une **boutique** boutique, shop **A, 25**
une boutique de soldes discount shop **25**
un **bracelet** bracelet **25**

la **branche** branch
un **bras** arm **17**
le **Brésil** Brazil **29**
brésilien (brésilienne) Brazilian
la **Bretagne** Brittany *(province in western France)*
un **bricoleur, une bricoleuse** mechanically inclined person
brièvement briefly
un **brigand** robber
une **brioche** *type of French bread with a sweet, light dough*
la **brique** brick
britannique British
la **broderie** embroidery
bronzer to tan **5**
une **brosse à cheveux** hairbrush **19**
une **brosse à dents** toothbrush **19**
se **brosser** to brush **19**
un **bruit** noise **I2***
brûler to burn
brun dark-haired; dark brown
brusquement suddenly
Bruxelles Brussels
bu (*p. p. of* **boire**) **11**
un **bureau** office **1; desk A, 21**
un **bus** bus **5**

c' (*see* **ce**)
ça that **9**
ça fait combien? how much does that cost? **9**
ça ne fait rien that doesn't matter, no problem
ça, par exemple! wow!; what do you know!
ça va I'm fine **17**
ça va? how are you? **17**
et avec ça? anything else? **9**
une **cabine téléphonique** telephone booth
caché hidden **I8***
se **cacher** to hide
un **cadeau** (*pl.* **cadeaux**) gift, present **14**
un **cadre** frame
le **café** coffee **9**
un **café** café **A, 5**
un **cahier** notebook **A**
la **caisse** cashbox
une **calculatrice** calculator

une calebasse gourd
un calendrier calendar
calmement calmly **26**
un camarade, une camarade classmate **1; friend**
un(e) camarade de chambre roommate
le Cambodge Cambodia **29**
cambodgien (cambodgienne) Cambodian **1**
un cambriolage burglary
cambriolé burglarized
une caméra movie camera
camerounais Cameroonian
un caméscope camcorder **16**
un camion truck **33**
une camionnette (small) van **33**
la campagne country, countryside **29**
à la campagne in the country **5**
le camping camping **29**
faire du camping to go camping **29**
le Canada Canada **29**
canadien (canadienne) Canadian **1**
un canard duck **5**
une canne cane
une cantine cafeteria
un canton canton, district
le caoutchouc rubber **25**
une capitale capital (city)
le capot hood *(of a car)* **33**
capter to capture
car since, because
un car scolaire school bus
caraïbe Caribbean
une caravane camping trailer **29**
un carnet small notebook
un carnet d'adresses address book **I3***
une carotte carrot **9**
carreau: à carreaux checked **25**
une carrière career
une carte card **16; map 29**
les cartes (playing) cards
une carte postale postcard **16**
un cas case
dans ce cas in that case **I6***
en cas de in case of
une case box
un casque helmet, headphones
une casquette (baseball) cap **A, 25**
casser to break **I8***
se casser (la jambe) to break (one's leg)
une casserole pot, pan **29**
un catalogue catalog **25**
cause: à cause de because of
une cave cellar **21**
une caverne cave
un CD compact disc **A**
ce it, that **A**
ce que what
c'est that's, it's, he's, she's **2**
c'est-à-dire that is (to say)
c'est le (3 janvier) it's (January **3rd) A**
c'est tout? is that all? **9**
qu'est-ce que c'est? what is it? what's that? **R**
ce (cet, cette; ces) this, that, these, those **A**
ce ... -ci this (over here) **A, 28**
ce ... -là that (over there) **A, 28**
ceci this
céder to give up
un cédérom (un CD-ROM) CD-ROM
une ceinture belt **25**
une ceinture de sécurité seat belt **33**
cela that
célèbre famous
célébrer to celebrate
le céleri celery **9**
célibataire single **1**
celle the one **28**
celle-ci this one **28**
celle de the one of/ belonging to/from **28**
celle-là that one **28; the** latter
celles these, those **28**
celles-ci these **28**
celles de the ones of/ belonging to/from **28**
celles-là those **28**
celtique Celtic
celui (celle) the one **28**
celui-ci this one **28**
celui de the one of/ belonging to/from **28**
celui-là that one **28**
celui que the one(s) that/whom **28**
celui qui the one(s) who/whom **28**
cent one hundred **A, 26**
un cent or **un centime** 1/100 of a euro
pour cent percent
centième hundredth **26**
un centre center
au centre (de) in the center (of)
un centre commercial shopping center **A**
le centre-ville downtown **21**
cependant however **I9***
les céréales *f.* cereal **9**
une cérémonie ceremony
une cerise cherry **9**
certain certain
certains some
certainement certainly
un certificat diploma
ces these, those **A**
cesser de to stop **30**
c'est (*see* **ce**)
c'est-à-dire that is (to say)
cet this, that **A**
cette this, that **A**
ceux (celles) these, those **28**
ceux-ci these; the latter **28**
ceux de the ones of/ belonging to/from **28**
ceux-là those **28**
chacun each one, each person
une chaîne chain **25**
une chaîne hi-fi hi-fi set **A**
une chaise chair **A, 21**
une chambre (à coucher) room; bedroom **5**
un chameau (*pl.* **chameaux**) camel
un champ field **5**
la Champagne Champagne *(province in northeastern France)*
des champignons *m.* mushrooms **9**
un champion, une championne champion
la chance luck
avoir de la chance to be lucky **3**
tenter sa chance to try one's luck **I9***
chanceux (chanceuse) lucky
la Chandeleur Candlemas
un changement change
changer (de) to change

une **chanson** song **13**
chanter to sing **A**
un **chanteur, une chanteuse** singer **13**
un **chapeau** (*pl.* **chapeaux**) hat **25**
chaque each **23**
un **char** float *(in a parade),* chariot
une **charcuterie** delicatessen
chargé de in charge of
la **chasse** hunting; hunt **I8***
un **chat** cat
un **château** (*pl.* **châteaux**) castle
chatter to chat (online)
chaud warm, hot **27**
avoir chaud to be warm, hot **3**
il fait chaud it's hot (weather) **A**
le **chauffage** heat
des **chaussettes** *f.* socks **A, 25**
des **chaussures** *f.* shoes **A, 25**
une **chauve-souris** bat
un **chef** chef, head; chief, leader
un **chemin** path
un **chemin de fer** railroad
un **chemin de terre** dirt path
une **cheminée** fireplace; chimney
une **chemise** shirt **A, 25**
un **chemisier** blouse **A, 25**
cher (chère) expensive **25;** dear
chercher to get, pick up **4;** to look for **5**
un **chercheur** seeker
chéri darling
un **cheval** (*pl.* **chevaux**) horse **5**
à cheval on horseback **5**
les **cheveux** *m.* hair **17**
chez home, at home, at the house (office, shop, etc.) of, to the house of **R**
chez moi (toi, lui ...) (at) (my, your, his, her ...) home **R**
un **chien** dog
les **chiffres** *m.* statistics, numbers
la **chimie** chemistry **R**
chimique chemical
un **chimiste, une chimiste** chemist
la **Chine** China **29**
chinois Chinese **1**
un **chocolat** cocoa, hot chocolate **9**
choisir to choose, pick **A**
un **choix** choice
au choix choose one, your choice
une **chorale** choir
une **chose** thing **A**
quelque chose something **7**
la **choucroute** sauerkraut
chouette great, terrific, neat
une **chouette** owl **I6***
ci: ce ... -ci this (over here) **28**
le **cidre** cider
le **ciel** heaven; sky **I8***
le **cimetière** cemetery
un **cinéaste, une cinéaste** filmmaker **1**
un **ciné-club** film club
le **cinéma** movies
au ciné at/to the movies **5**
un **cinéma** movie theater **A**
un **cinéphile** movie lover
cinq five **A**
une **cinquantaine** about fifty
cinquante fifty **A**
cinquième fifth **26**
un **cintre** hanger **28***
une **circonstance** circumstance
la **circulation** traffic, circulation **I8***
circuler to get around
un **citoyen, une citoyenne** citizen
un **citron pressé** lemon juice
clair clear, light
bleu clair light blue **25**
une **clarinette** clarinet
une **classe** class **R**
en classe to class, in class
première classe first class **29**
seconde classe second class **29**
un **classement** ranking
classique classical
le **clavier** keyboard (computer)
une **clé** key **I3*, 21**
fermer à clé to lock **21**
un **client, une cliente** client, customer
le **clignotant** blinker **33**
des **clips** *m.* music videos
une **cloche** bell
un **club de théâtre** drama club
un **cochon** pig **5**
le **code de la route** traffic regulations
un **coeur** heart **17**
un **coffre** trunk *(of a car)* **33**
un **coiffeur** hairdresser
un **coin** corner, spot
des **collants** *m.* tights, pantyhose **25**
collectionner to collect
un **collège** middle school **R**
un **collier** necklace **25**
une **colline** hill
un **colon** colonist
une **colonie** colony
une **colonie de vacances** (summer) camp
une **colonne** column
combattre to fight
combien how much **12**
combien de fois? how many times?
une **comédie** comedy **13**
une comédie musicale musical comedy **13**
commander to order **9;** to command
comme like; for, as **9; since I6*;** as well as
commémorer to commemorate
le **commencement** beginning
commencer to start, begin **I3*, 13**
commencer à + *inf.* to begin to **30**
comment? how?; what? **R**
comment est-il/elle? what's he/she like? what does he/she look like?
un **commentaire** comment
un **commerçant, une commerçante** shopkeeper, merchant
le **commerce** business
commercial commercial **1**
* **commettre** to commit **I7***
une **commode** dresser
commun common
la **communauté** community
un **compact (un CD)** compact disc **A**
une **compagnie** company
un **compagnon** friend, companion
une **comparaison** comparison
comparer to compare
complément: un pronom complément object pronoun
complet (complète) full
complètement completely
compléter to complete
composer to compose, write;

FRENCH-ENGLISH VOCABULARY *continued*

to dial
* **comprendre** to understand **6;** to include
compris included **I4*, 9**
y compris including
un **comptable, une comptable** accountant **1**
compter to count **I3*;** to intend
le **comptoir** counter
un **comptoir** trading post
un **concert** concert **13**
un concert de rock rock concert **5**
un **concierge, une concierge** concierge (building superintendent)
un **concours** contest
un **conducteur, une conductrice** driver **24**
* **conduire** (*p. p.* **conduit**) to drive **33**
un permis de conduire driver's license **33**
la **conduite** driving **33**
une **conférence** lecture
la **confiture** jam **9**
le **confort** comfort
confortable comfortable
confus ashamed, embarrassed **I1***
un **congrès** congress, convention
conjuguer to conjugate
connaissance: faire la connaissance de to meet **15**
* **connaître** (*p.p.* **connu**) to know, be acquainted or familiar with **15;** *(in passé composé)* to make the acquaintance of **15;** (*p.p.* **connu**) known
conquérir to conquer
se **consacrer** to devote oneself
consciencieux (consciencieuse) conscientious **2**
un **conseil** piece of advice, council
conseiller to advise
un **conseiller** advisor
conséquent: par conséquent consequently, therefore
conserver to keep
un **constat** report
consterné dismayed
constitué (par) made up (of)
un **constructeur** manufacturer
* **construire** to build
contact: mettre le contact to turn on the ignition
contenir to contain
content happy, content **2**
contenu contained
un **continent** continent **29**
continuer (à) to continue; to go on **30**
le **contraire** opposite
au contraire on the contrary
une **contravention** traffic ticket
contre against
un **contrebandier** smuggler
contrôler to control, to check
un **contrôleur, une contrôleuse** inspector
convenable suitable
convient: qui convient (that is) appropriate
convoquer to call together
un **copain** pal, friend **1**
une **copine** pal, friend **1**
un **coquillage** shellfish
la **Corée** Korea **29**
coréen (coréenne) Korean **1**
une **corde** rope
le **corps** body, corps **17**
correspondant corresponding
un **correspondant, une correspondante** pen pal
correspondre to correspond
la **Corse** Corsica *(French island off the Italian coast)*
un **cosmonaute** astronaut
costaud strong, strapping
un **costume** suit **25**
la **côte** coast, shore; hill
un **côté** side
à côté (de) beside, next to **R**
le **coton** cotton **25**
en coton made of cotton **25**
le **cou** neck **17**
couchage: un sac de couchage sleeping bag **29**
se **coucher** to go to bed **19;** to set *(the sun)*
une **couleur** color **25**
de quelle couleur est ... ? what color is ... ? **25**
un **couloir** corridor **21**
un **coup** stroke, blow
un coup de chance stroke of luck
un coup de téléphone telephone call
un coup de tonnerre thunder clap
un coup d'oeil glance
coupable guilty **I5***
un **coupable, une coupable** guilty one **I5***
une **coupe** cup, trophy
couper to cut
se couper to cut oneself
la **cour** court(yard) **R**
courageux (courageuse) courageous
courant running; current
un **coureur** racer, runner **26***
* **courir** (*p.p.* **couru**) to run **I2*, 17**
la **couronne** crown
couronner to crown
le **courrier** mail
un **cours** course **R**
suivre un cours to take a course *(class)* **33**
une **course** race **26*; ride**
les **courses** *f.* shopping **9**
faire les courses to go shopping, do the shopping, to do errands **3**
court short **25**
un **court métrage** short film
un **cousin, une cousine** cousin **1**
un **couteau** knife **9**
coûter to cost **13**
une **coutume** habit, custom
un **couturier, une couturière** fashion designer
une **couverture** blanket **29**
* **couvrir** (*p.p.* **couvert**) to cover **21**
craindre to fear
une **cravate** tie **A, 25**
un **crayon** pencil **A**
créer to create, set up
la **crème** custard
la crème glacée ice cream *(Canadian)*
une **crémerie** dairy store
le **créole** Creole *(French dialect spoken in the Caribbean)*
une **crêpe** pancake
une **crêperie** pancake shop
une **crevaison** flat tire
criard tacky, loud
crier to shout, yell, scream **I1***
critique critical

* **croire (à, que)** (*p.p.* **cru**) to believe (in, that) **18**
je crois que I believe that **18**
une **croisière** cruise
un **croissant** crescent; crescent roll **9**
une **croix** cross
la **Croix-Rouge** Red Cross
un **croque-monsieur** grilled ham and cheese sandwich **9**
croustillant crisp, crusty
cru (*p.p. of* **croire**) **18**
cubain (cubaine) Cuban **1**
une **cuillère** spoon **9**
le **cuir** leather **25**
cuire to cook
la **cuisine** cooking **9**
faire la cuisine to cook, do the cooking **3**
une **cuisine** kitchen **21**
un **cuisinier** cook
une **cuisinière** range, stove **21**; cook
le **cuivre** copper **I8***; brass
cultiver to cultivate
curieux (curieuse) curious **2**
les **cybernautes** people who like to use the Internet
cycliste cycling *(adj.)*

D

d' (*see* **de**)
d'abord first, at first **6**
d'accord! okay, all right **13**
être d'accord avec to agree with **2**
une **dame** woman, lady
dangereux (dangereuse) dangerous
dans in, into; inside **R**
la **danse** dance
danser to dance **A**
d'après according to **18**
d'après moi according to me **18**
la **date** date **1**
quelle est la date aujourd'hui? what's the date today? **A**
d'autres other(s) **12**
de of, from; any; with **R**
débarquer to land
le **début** beginning
décamper to leave *(fam.)*
une **décapotable** convertible **33**
décembre December **A**
décider (de) to decide (to) **25, 30**
une **décision** decision
déclencher (l'alarme) to set off (the alarm) **I8***
décorer to decorate
* **découvrir** (*p.p.* **découvert**) to discover **21**
* **décrire** to describe **16**
déçu disappointed **I9***
dedans into; inside
défense de + *inf.* do not …
un **défi** challenge, dare **I6***
un **défilé** parade
défini definite
défoncé smashed in
défunt deceased
se **dégonfler** to become deflated
déguisé disguised
dehors outside **I6***
une **déité** deity
déjà already; before, ever **6**
le **déjeuner** lunch **9**
le petit déjeuner breakfast **9**
déjeuner to have (eat) lunch **9**
délicieux (délicieuse) delicious
le **deltaplane** hang gliding
demain tomorrow **7**
à demain see you tomorrow
demander (à) to ask, ask for **16**
démarrer to start *(a car)* **34***
le **déménagement** moving
demi half
… heure(s) et demie half past … **A**
un **demi-frère** half brother **1**
une **demi-heure** half-hour
une **demi-soeur** half sister **1**
un **demi-tour** about-face, U-turn
démonstratif (démonstrative) demonstrative
se **dénoncer** to confess
le **dentifrice** toothpaste **19**
un **dentiste, une dentiste** dentist **1**
une **dent** tooth **17**
avoir mal aux dents to have a toothache **I4***
un **départ** departure; start
un **département** department *(administrative division of France)*
se **dépêcher** to hurry **19*, 20**
dépend: ça dépend that depends
dépenser to spend
un **déplacement** move
se **déplacer** to move, go out of one's way
déporté deported
depuis since **4**
depuis combien de temps? for how long? **4**
depuis quand? since when? **4**
depuis que since
le **dérangement** turmoil
dernier (dernière) last **I1*, 7**
derrière behind, in back (of) **R**
des (de + les) some **10**; of (the), from (the) **R**
dès as early as, upon
désagréable unpleasant
un **désavantage** disadvantage
descendre to go down **5**
le **désert** desert
désert deserted
désespéré desperate, hopeless
se **déshabiller** to get undressed
désigner to designate
un **désir** wish
désirer to wish, desire; to want **9**
désobéir to disobey **I9***
la **désobéissance** disobedience, failure to obey **I9***
désolé sad; very sorry **13**
je suis désolé(e) I am sorry **1**
un **dessert** dessert **9**
un **dessin** pattern, design **25**; drawing **I8***
un **dessin animé** cartoon **13**
un **dessinateur, une dessinatrice** designer, draftsperson **1**
dessinées: des bandes *f.* **dessinées** comics **16**
destiné intended
la **destinée** destiny
détaillé detailed
détester to hate, dislike **9**
* **détruire** to destroy
le **deuil** mourning **I4***
deux two
deuxième second **26**
deuxièmement secondly **26**
devant in front (of) **R**
développer to develop

* **devenir** (*p. p.* **devenu**) to become **4**
deviendra (*fut. of* **devenir**) **31**
deviner to guess
une devinette guessing game
une devise motto
un devoir homework assignment **3**
* **devoir** (*p.p.* **dû**) must, to have to, owe **R**
dévoré eaten up
devra (*fut. of* **devoir**) **31**
d'habitude usually **23**
un diable devil
un diabolo-menthe lemonade with mint
un dialecte dialect
un diamant diamond **I7***
un dieu god
Dieu: mon Dieu! my goodness!
difficile difficult, hard **27**
dimanche *m.* Sunday, on Sunday **A**
le dîner dinner **9**
dîner to have (eat) dinner, supper **A, 9**
un diplôme diploma
* **dire (à)** (*p.p.* **dit**) to say, tell **16**
à vrai dire to tell the truth **I7***
vouloir dire to mean
directement directly
un directeur, une directrice director, principal
diriger to steer, direct
dis donc hey!; I say
une discothèque disco
un discours speech
discret (discrète) discreet **26**
discuter to discuss
disparaître to disappear **I7***
la disparition disappearance **I7***
dispersé spread, scattered
disputé fought, held
disputer to compete in
une distance distance
une distraction pastime
dites donc! hey! I say **I7***
divers various
divisé divided
divorcé divorced **1**
dix ten **A**
dix-huit eighteen **A**
dix-neuf nineteen **A**
dix-sept seventeen **A**
une dizaine about ten

un dock docking station
un docteur doctor **1**
un doigt finger **17**
un dollar dollar
un domaine domain
le domicile place of residence
dommage: (c'est) dommage! what a pity! that's too bad!
donc therefore, so **I2***
donner (à) to give **14**
dont whose
* **dormir** to sleep **8**
un dortoir dormitory
un dos back **17**
un sac à dos backpack, knapsack **29**
doubler to pass **34***
une douche shower **21**
doué gifted
une douzaine about twelve, a dozen **9**
douze twelve **A**
un drame scene, drama
un drame psychologique psychological drama **13**
un drapeau flag
une drogue drug
droit right **17**
à droite (de) to the right (of) **R**
le droit law, right
drôle funny
ça, c'est drôle! that's funny!
drôlement extremely
du (de + le) of (the), from (the) **R**; some **10**
dû (*p. p. of* **devoir**) **10**
dur hard, tough **I4***
durant during
la durée duration, length
durer to last
un DVD DVD
dynamique dynamic, energetic

E

l' eau *f.* (*pl.* **eaux**) water **9**
l' eau minérale mineral water **9**
un échange exchange
une échelle ladder
échouer to fail
un éclair (flash of) lightning **I2***
éclater to break out
une école school **R**

l' économie economics **R**
économique economical
l' écorce *f.* bark
écouter to listen to **A**
un écran screen (computer)
* **écrire (à)** (*p. p.* **écrit**) to write (to) **16**
un écriteau notice
un écrivain writer **1**
un écureuil squirrel **5**
l' éducation *f.* **physique** physical education **R**
effet: en effet in fact; indeed, as a matter of fact **I9***
efficace efficient
effrayer to frighten **I6***
égal (*pl.* **égaux**) equal
également also
l' égalité equality
une église church **A**
égoïste selfish **2**
l' Égypte *f.* Egypt **29**
eh bien well ...
électrique electric, electrical
électroménager: des appareils *m.* **électroménagers** household appliances
l' électronique *f.* electronics
élégamment elegantly **26**
élégant elegant **25**
un élève, une élève student
élevé high, raised
élever (des animaux) to raise (animals)
elle she, it; her **R**
elles they, them **R**
élu elected
embarquer to take on
embarrassant embarrassing
embrasser to embrace, kiss **14***
je t'embrasse love and kisses (*at the end of a letter*) **14***
une émeraude emerald
émigrer to emigrate
une émission (de télé) (TV) show
emménager to move in
un emplacement délimité marked campsite
un employé (une employée) de bureau office worker **1**
employer to use
emporter to carry away
un emprunt borrowed thing, loan
emprunter (à) to borrow (from) **16**

en some, any, from there, of (about) it/them **18**
en in, by, to **A**
en + *pres. part.* while, on, upon, by ...ing **34**
en (argent, coton) made of (silver, cotton) **25**
en autobus (avion, bateau) by bus (plane, boat) **A**
en semaine during the week **A**
encerclé encircled
enchanté(e) glad to meet you **1**
encore still, yet; again
encore une fois once more **I5***
endommagé damaged **I9***
endormi sleepy, asleep
un **endroit** place; spot **A, 5**
l' **énergie** *f.* energy
l' **enfance** *f.* childhood
un **enfant, une enfant** child **1**
un **(une) enfant unique** only child **1**
enfin at last **6**
s' **engager** to enlist
enlever to take off **34***
ennuyeux (ennuyeuse) boring **2**
énorme enormous, huge **I3***
une **enquête** inquiry, survey
enregistré recorded
l' **enseignement** *m.* teaching
ensemble together
un grand ensemble high-rise complex
ensuite then, after **6**
entendre to hear **A, 13;** to understand
entendre parler to hear about
entier (entière) whole, entire
entouré surrounded
un **entracte** intermission
s' **entraîner** to train
entre between, among **R**
une **entreprise** company
entrer to enter **8**
une **enveloppe** envelope; bag
envelopper to wrap
s'envelopper to wrap oneself up
enverra (*fut. of* **envoyer**) **31**
envers toward(s)
l' **envie** *f.* envy
avoir envie de to feel like, want **3**
environ approximately
environnant neighboring
s' **envoler** to fly off **I6***
* **envoyer** to send **11**
envoyer un mail (un mél) to send an e-mail
l' **épaisseur** *f.* thickness
l' **épaule** *f.* shoulder **17**
une **épicerie** grocery, grocery store
les **épinards** *m.* spinach
un **épisode** episode
une **époque** period, time
une **épreuve** competition, hardship, test
l' **équilibre** *m.* balance
un **équipage** team, crew
une **équipe** team **13**
équipé equipped
l' **équipement** *m.* equipment **21**
l' **équitation** *f.* horseback riding **17**
une **erreur** mistake **I3***
faire erreur to make a mistake **I7***
l' **escalade** rock climbing **17**
escalader to climb
un **escalier** staircase **21**
les escaliers stairs **I3*, 21**
un **escargot** snail
l' **esclavage** *m.* slavery
un **esclave, une esclave** slave
l' **escrime** *f.* fencing
l' **Espagne** *f.* Spain **29**
espagnol Spanish **1**
l' **espagnol** *m.* Spanish *(language)* **R**
espérer to hope **11**
l' **espoir** *m.* hope **I9***
un **esprit** spirit, mind
essayer to try, try out, try on **25**
essayer de to try to **30**
l' **essence** *f.* gas **33**
l' **essentiel** *m.* important thing
l' **essuie-glace** *m.* windshield wiper **33**
l' **est** *m.* east **29**
est-ce que *phrase used to introduce a question* **R**
estimer to estimate
l' **estomac** *m.* stomach **17**
et and **R**
établir to establish
un **étage** floor, story **I3*, 21**
une **étagère** bookshelf **21**
étant (*pres. part. of* **être**)
une **étape** stage, lap **I8***
l' **état** state, government
un **état** state **29**; condition
en bon état in good shape (condition) **I8***
les **États-Unis** *m.* United States **29**
été (*p. p. of* **être**) **7**
l' **été** *m.* summer **A**
éteindre to turn off **21**
étendu spread out, extensive
une **étoile** star
étonné surprised; astonished
étrange strange
étranger (étrangère) foreign **29**
à l'étranger abroad **29**
être (*p. p.* **été**) to be **2**
être à to belong to **2**
être à l'heure to be on time **2**
être d'accord (avec) to agree (with) **2**
être de retour to be back
être en avance to be early **2**
être en bonne santé to be in good health **17**
être en forme to be in shape **17**
être en retard to be late **2**
être en train de to be in the midst of **2**
une **étrenne** New Year's gift
étroit tight **25**
l' **étude** *f.* study **R**
un **étudiant, une étudiante** student
étudier to study **A**
eu (*p. p. of* **avoir**) **7**
euh ... er ..., uh ...
un **euro** euro
l' **Europe** *f.* Europe **29**
européen (européenne) European
eux them **R**
eux-mêmes themselves
un **événement** event **23**
évidemment obviously **I9***
évident evident, obvious
un **évier** kitchen sink **21**
éviter to avoid
évoquer to evoke, recall
exactement exactly
exagérer to exaggerate

exaltant exciting
un **examen** exam **A**
s' **excuser** to apologize **20**
un **exemple** example
ça, par exemple! what do you mean!; what do you know!
par exemple for example
exercer to do, carry out, perform
une **exigence** demand
un **exode** exodus
expliquer to explain **I3***
s'expliquer to be explained
un **exploit** exploit, feat
un **explorateur, une exploratrice** explorer
un **explosif** explosive
un **exportateur** exporter
une **exposition** exhibition, exhibit **13**
une **expression** expression
d'expression française French-speaking
exprimer to express **18**
s'exprimer to express oneself
expulser to expel
un **extrait** extract
extraordinaire extraordinary, unusual
extrêmement extremely

F

la **fabrication** manufacturing
fabriqué made
face: en face (de) across (from), opposite **I8***
fâché (contre) angry, upset (with)
se **fâcher** to get angry
facile easy **27**
faciliter to facilitate, make easy
une **façon** manner, way
facultatif (facultative) optional
faible weak **27**
faim: avoir faim to be hungry **3**
* **faire** (*p. p.* **fait**) to do, make **3;** to manage
faire attention (à) to pay attention (to), be careful (about) **3**
faire de + *activity* to play, participate in, study, learn, learn to play, be active in **3**
faire des achats to go shopping **5**
faire des économies to save money
faire du camping to go camping **29**
faire du mal to hurt
faire du [40] to wear size [40] **25**
faire la connaissance de to meet **15**
faire la cuisine to cook, do the cooking **3**
faire la queue to stand in line
faire la vaisselle to do (wash) the dishes **3**
faire le plein to fill the tank **33**
faire les courses to go shopping, do the shopping **3**
faire ses devoirs to do one's homework **3**
faire ses valises to pack one's suitcase **29**
faire une promenade (à pied, en auto) to go for a walk, go for a ride **3**
faire une randonnée to take a hike, a long ride **5**
faire un match to play a game
faire un pique-nique to have a picnic **5**
faire un séjour to spend some time **29**
faire un tour to take a walk, ride **5**
faire un voyage to go on a trip, take a trip **29**
un **faire-part** announcement
fais: ne t'en fais pas don't worry
fait: au fait by the way
en fait in fact
fait: ça ne fait rien that doesn't matter, no problem
il fait beau (bon, mauvais, chaud, froid) it's nice (pleasant, bad, hot, cold) *(weather)* **A**
quel temps fait-il? how's the weather? **A**
un **fait** fact
falloir to be necessary
fameux (fameuse) notorious, famous; great
familial (*pl.* **familiaux**) family
familier (familière) familiar
une **famille** family **1**
un **fan, une fan** fan
un **fantôme** ghost
fasse (*subj. of* **faire**) **36**
fatigué tired **I2*, 17**
fauché broke (without money)
faut: il faut one has to (must, should), you should (need to, have to), it is necessary **12**
une **faute** fault, mistake
un **fauteuil** armchair **21**
un **fauteuil roulant** wheelchair
faux (fausse) wrong, false
favori (favorite) favorite
féliciter to congratulate
féminin feminine
une **femme** woman; wife **1**
une **fenêtre** window **21**
fera (*fut. of* **faire**) **31**
férié: un jour férié holiday **I4***
une **ferme** farm **5**
fermer to close, turn off **21**
fermer à clé to lock **21**
un **fermier (une fermière)** farmer
féroce ferocious **I8***
un **festin** feast
une **fête** holiday, feast; name day, party, festival
la fête du Travail Labor Day (May **1**)
un **feu** fire **I2***
faire un feu to build a fire
des feux d'artifice fireworks
un feu de joie bonfire
un **feu arrière** taillight
un **feu rouge** red light
une **feuille** leaf **5**
une feuille de papier piece of paper
un **feuilleton** soap opera, series
février February **A**
un **fiancé, une fiancée** fiancé(e)

se **fiancer** to get engaged
fidèle faithful
fier (fière) proud I9*
une **figure** face 17
un **fil** wire
une **fille** girl; daughter 1
un **film** movie 5
un film d'aventures action movie 13
un film d'horreur horror movie 13
un film policier detective movie 13
un film de science-fiction science fiction movie 13
un **fils** son 1
la **fin** end I8*
en fin de at the end of I2*
finalement finally 6
finir to finish, end A
finir de to finish 30
fixe specific
le **flamand** Flemish *(language)*
une **flèche** arrow
une **fleur** flower 5
à fleurs flowered 25
un **fleuve** river
flipper: jouer au flipper to play pinball 5
la **fois** time I1*, 13
à la fois at the same time
combien de fois? how many times?
deux fois twice 13
plusieurs fois several times 13
une fois once, one time 13, 23
fonctionner to work, function
fond: au fond (de) at the back (of) 28*
le **fondateur** founder
fonder to found
fondre to melt
la **fondue** melted cheese dish
le **foot(ball)** soccer A
le football américain football
la **force** strength
une **forêt** forest 5
une **forme** form
en forme in shape 17
formidable terrific, super
formuler to formulate
fort strong 27
fou (fol, folle) crazy, mad I2*
un **foulard** scarf 25
un **four** oven 21
un four à micro-ondes microwave 21
une **fourchette** fork 9
la **fourrure** fur 25
frais (fraîche) fresh, cool
une **fraise** strawberry 9
une **framboise** raspberry
un **franc** franc *(former currency of France and Belgium, current currency of Switzerland)*
français French 1
le **français** French *(language)* R
la **France** France 29
franco-américain French-American
francophone French-speaking
frapper to knock
la **fraternité** brotherhood
le **frein** brake 33
fréquenter to keep company with, visit
un **frère** brother 1
frire to fry
frisé curly
les **frites** *f.* French fries 9
froid cold 27
avoir froid to be cold 3
il fait froid it's cold *(weather)* A
le **fromage** cheese 9
une **frontière** border
un **fruit** fruit 9
fumé smoked
la **fumée** smoke
fumer to smoke
les **funérailles** *f.* funeral
furieux (furieuse) furious, mad; upset, angry
une **fusée** rocket
le **futur** future

G

gagner to win; to earn A
une **galerie** gallery, tunnel
une **galette** cake
une **gamme** range
un **gant** glove 25
un **garage** garage 5
un **garagiste** mechanic
un **garçon** boy; waiter
un garçon de courses errand boy
un **garde-boue** fender
garder to keep 13
une **gare** station A
un **gars** guy, fellow
le **gâteau** *(pl.* **gâteaux***)* cake 9
un **gâteau sec** biscuit
gauche left 17
à gauche (de) to the left (of) R
gazeux (gazeuse) carbonated
un **gendarme** police officer
la **gendarmerie** highway police
généalogique genealogical
général *(pl.* **généraux***)* general
en général in general
généreux (généreuse) generous 2
génial *(pl.* **géniaux***)* great 2
un **génie** genius
un **genou** knee 17
un **genre** type, kind, gender 13
quel genre de film est-ce? what type of film is it? 13
les **gens** *m.* people 1
gentil (gentille) nice 27
la **gentillesse** kindness I8*
la **géographie (géo)** geography R
géographique geographic
gigantesque gigantic
la **glace** ice cream 9; mirror 21; ice
le **golfe** gulf
la **gomme** chewing gum *(Canadian)*
un **gourmand** glutton
la **gourmandise** gluttony
goûter to taste, try I3*
une **goutte d'eau** drop of water
gouverné governed
grâce à thanks to I7*
grand tall, big 2; great
un **grand magasin** department store 25
grandir to grow
une **grand-mère** grandmother 1
un **grand-père** grandfather 1
les **grands-parents** *m.* grandparents
une **grange** barn
un **gratte-ciel** skyscraper
gratuit free of charge
grave serious
un **graveur** engraver
grec (grecque) Greek
un **grenier** attic 21

le **gril (du four)** broiler
une **grille** grid
un **grille-pain** toaster **21**
grimper to climb
un **grimpeur, une grimpeuse** climber
la **grippe** flu **17**
gris gray **25**
gros (grosse) fat, big **I3***
grossir to gain weight, get fat **A**
un **groupe** band **13**
le **gruyère** Swiss cheese
la **Guadeloupe** Guadeloupe *(French island in the West Indies)*
le **Guatemala** Guatemala **29**
le **guépard** cheetah
une **guerre** war
un **guichet** ticket window
un **guidon** handlebars
une **guitare** guitar **A**
la **Guyane française** French Guiana
le **gymnase** gymnasium
la **gym(nastique)** gymnastics **17**

s' **habiller** to get dressed **19**
un **habitant** inhabitant
habiter to live **A, 22**
une **habitude** habit, custom **I4***
d'habitude usually **23**
habituel (habituelle) usual **23**
habituellement usually **23**
haïtien (haïtienne) Haitian **1**
hanté haunted
les • **haricots verts** *m.* (green) beans **9**
la • **hâte** hurry, haste
• **haut** high
en haut at the top
• **hein?** huh?
• **hélas** unfortunately
un **hélicoptère** helicopter
helvétique Swiss
l' **herbe** *f.* grass
hésiter à to hesitate, be hesitant about **30**
l' **heure** *f.* time, hour, o'clock **A**
à l'heure on time **2; per hour**
à quelle heure? at what time? **A**
à ... heures at ... o'clock **A**
... heure(s) (cinq) (five) past ... **A**
... heure(s) et demie half past ... **A**
... heure(s) et quart quarter past ... **A**
... heure(s) moins (cinq) (five) of ... **A**
... heure(s) moins le quart quarter of ... **A**
il est ... heure(s) it is ... (o'clock) **A**
quelle heure est-il? what time is it? **A**
heureusement fortunately **8***
heureux (heureuse) happy **2**
heurter to run into **24**
hier yesterday **6**
l' **histoire** *f.* history **R**
une **histoire** story **16**
historique historical
l' **hiver** *m.* winter **A**
• **hollandais** Dutch
un **homme** man
un homme (une femme) d'affaires business person **1**
honnête honest
l' **honneur** *m.* honor
un **hôpital** hospital **A**
un **horaire** schedule **29**
les • **hors-d'oeuvre** *m.* appetizers **9**
hospitalier (hospitalière) welcoming **I8***
un **hôte, une hôtesse** host, hostess; flight attendant
un **hôtel** hotel **A**
l' **huile** *f.* oil **33**
• **huit** eight **A**
à (mardi) en huit see you a week from (Tuesday)
une **huître** oyster
humain human
humeur: de bonne humeur in a good mood
de mauvaise humeur in a bad mood **I9***
humoristique humorous

ici here
idéaliste idealistic
une **idée** idea
identifier to identify
ignorer to not know
il he, it **R**
il faut one must
il faut que + *subjunctive* it is necessary that **35**
il n'y a pas there is no, there aren't any **R**
il y a there is, there are **R**
il y a eu there was **7**
il y a + *time* time ago **7**
il y avait there had been **23**
qu'est-ce qu'il y a? what's up?; what's wrong? what's the matter? what's going on? **R**
une **île** island
illustré illustrated
ils they **R**
imaginatif (imaginative) imaginative **2**
imaginer to imagine
imbattable unbeatable
immédiatement immediately
un **immeuble** apartment building **I4*, 21**
immigré immigrant
immobiliser to immobilize
immortaliser to immortalize
l' **imparfait** *m.* imperfect *(tense)*
s' **impatienter** to get impatient
l' **impératif** *m.* imperative *(command)* mood
un **imperméable (imper)** raincoat **A, 25**
importance: cela n'a pas d'importance that doesn't matter **I7***
impoli impolite **2**
impressionné impressed
une **imprimante** printer **A**
impulsif (impulsive) impulsive **2**
inauguré inaugurated
inclus gratuitement included at no extra cost
incolore colorless **I5***
inconnu unknown **I8***
incroyable unbelievable, incredible
l' **Inde** *f.* India **29**
indéfini indefinite
indemne unhurt
indien (indienne) Indian **1**
indiquer to indicate, point out

indiscret (indiscrète) indiscreet
un **individu** individual
individuel (individuelle) individual **17**
infini infinite
un **infinitif** infinitive
un **infirmier, une infirmière** nurse **1**
un **informaticien, une informaticienne** computer specialist **1**
l' **informatique** *f.* computer science **R**
s' **informer** to find out, make inquiries
un **ingénieur** engineer **1**
un **ingrédient** ingredient **9**
injuste unfair **2**
innocent: faire l'innocent to act innocent **I7***
inquiet (inquiète) worried, concerned
s' **inquiéter** to worry
* **inscrire** to write *(in a notebook)*
inscrit registered
s'inscrire to join
un **inspecteur, une inspectrice** inspector
s' **installer** to settle
instituer to set up
intellectuel (intellectuelle) intellectual **2**
intelligent smart, intelligent
intention: avoir l'intention de to intend to, plan to **3**
une **interdiction** prohibition
interdit forbidden, illegal **I8***
intéressant interesting
intéresser to interest
s'intéresser (à) to be interested (in)
l' **intérieur** *m.* interior
à l'intérieur inside **I8***
les **internautes** people who like to use the Internet
Internet the Internet
interrogatif (interrogative) interrogative
interroger to interrogate
interrompre to interrupt
interviewer to interview
intriguer to puzzle
introduire to introduce
intuitif (intuitive) intuitive **2**
inutile useless; unnecessary **27**
inverse: en sens inverse in the opposite direction
à l'inverse conversely
l' **inversion** *f.* inversion
un **invité, une invitée** guest
inviter to invite **A**
ira (*fut. of* **aller**) **31**
l' **Irlande** *f.* Ireland **29**
irrégulier (irrégulière) irregular
irriter to irritate
isolé alone, separate
Israël *m.* Israel **29**
issu de from
l' **Italie** *f.* Italy **29**
italien (italienne) Italian **1**
un **itinéraire** itinerary, route
l' **ivoire** *m.* ivory

j' (*see* **je**)
jaloux (jalouse) jealous
jamais: ne ... jamais never **6**
une **jambe** leg **17**
le **jambon** ham **9**
janvier January **A**
le **Japon** Japan **29**
japonais Japanese **1**
un **jardin** garden **21**
jaune yellow **A, 25**
je I **R**
un **jean** (pair of) jeans **25**
jeter to throw
un **jeu** (*pl.* **jeux**) game
les jeux d'ordinateur computer games
les jeux télévisés TV game shows
les jeux vidéo video games **A**
jeudi Thursday, on Thursday **A**
jeune young **1**
les **jeunes** *m.* young people
la **jeunesse** youth
le **jogging** jogging **17**
joli pretty **2**
c'est bien joli, ça that's all well and good
un **jongleur, une jongleuse** juggler
jouer to play **R**
jouer à + *sport, game* to play **R**
jouer de + *instrument* to play **R**
jouer un tour (à) to play a joke (on)
qu'est-ce qu'on joue? what's playing (at the movies)? **13**
un **joueur, une joueuse** player **13**
un **jour** day **A, 23**
un **journal** (*pl.* **journaux**) newspaper; diary, journal **16**
un **journaliste, une journaliste** journalist **1**
une **journée** (whole) day
bonne journée! have a good day!
joyeux (joyeuse) joyous
judicieux (judicieuse) judicious, discerning
juger to judge
juillet July **A**
juin June **A**
des **jumeaux** *m.* twins
une **jupe** skirt **A, 25**
le **jus** juice
le jus de fruits fruit juice
le jus de pomme apple juice **9**
le jus d'orange orange juice **9**
le jus de raisin grape juice **9**
jusqu'à until, up to; as far as
juste fair **2**
justement as a matter of fact; precisely, exactly **I9***

le **karaté** karate
le **ketchup** ketchup **9**
un **kilo** kilo(gram) **9**
un **kilomètre** kilometer
un **klaxon** horn **33**
klaxonner to honk (the horn) **34***

L

l' (*see* **le, la**)
la the **R**; her, it **15**
là there **28**
ce ...-là that (over there) **28**
là-bas over there **5**
oh là là! oh dear! wow! whew!

le **laboratoire** laboratory
un **lac** lake **5**
la **laine** wool **25**
laisser to leave **13;** to let
laisser le soin à quelqu'un ... to leave it up to someone to **28***
le **lait** milk **9**
le **lambi** conch
une **lampe** lamp **21**
une lampe de poche flashlight **I6*, 29**
lancer to throw **I6*;** to launch
une **langue** language **R**
un **lapin** rabbit **5**
laquelle which one **28**
large wide, baggy **25**
un **lavabo** sink **21**
laver to wash **5**
se laver to wash (oneself), wash up **19**
une machine à laver washing machine **21**
un **lave-vaisselle** dishwasher **21**
le the **R;** him, it **15**
une **leçon** lesson
un **lecteur** reader, player
un **lecteur de CD** CD player
la **lecture** reading
légal legal **1**
une **légende** legend
léger (légère) light **27;** minor
un **légume** vegetable **9**
le **lendemain** the next day **I4***
lent slow **I4*, 27**
lentement slowly **27**
lequel (laquelle) which one **28**
les the **R;** them **15**
lesquels (lesquelles) which ones **28**
une **lettre** letter **16**
leur their **A;** (to) them **16**
se **lever** to get up **17;** to rise
lèvres: le rouge à lèvres lipstick **19**
le **Liban** Lebanon **29**
libéral (*pl.* **libéraux**) liberal **2**
libérer to liberate
la **liberté** liberty
une **librairie** bookstore
libre free **I3**
un **lieu** place, area **1**
au lieu de instead of
avoir lieu to take place **24**
les **lieux** premises

une **ligne** line; figure
la **limitation de vitesse** speed limit
la **limonade** lemon soda **9**
* **lire** (*p. p.* **lu**) to read **16**
lisiblement legibly
un **lit** bed **A, 21**
un **litre** liter **12**
la **littérature** literature
un **living** informal living room **21**
un **livre** book **A**
une **livre** metric pound **9**
une **location** rental
un **logement** lodging
loger to stay (have a room) **29**
le **logiciel** software
logique logical
loin (de) far (from), far away from **R**
de **loin** by far
lointain distant
un **loisir** leisure-time activity
long (longue) long **25**
le long de along
longtemps (for) a long time **27**
la **longueur** length
lorsque when **I9***
la **loterie** lottery
un **lotissement** subdivision **21**
louer to rent **29**
louer un film to rent a movie **A**
un **loup** wolf
lourd heavy **27**
le **Louvre** *museum in Paris*
le **loyer** rent
lu (*p. p. of* **lire**) **16**
une **lueur** flash of light, glimmer, glow
lui him **R;** (to) him, (to) her **16**
lui-même himself
une **lumière** light **I5***
lumineux (lumineuse) illuminated
lundi Monday, on Monday **A, 7**
la **lune** moon
des **lunettes** *f.* glasses **A**
des lunettes de soleil sunglasses **A, 25**
la **lutte** struggle
un **Luxembourgeois, une Luxembourgeoise** native of Luxembourg
un **lycée** high school **R**
un **lycéen, une lycéenne** high school student

M

M. Mr.
m' (*see* **me**)
ma my **A**
mâcher to chew
une **machine à laver** washing machine **21**
Madame (Mme) Mrs., ma'am
Mademoiselle (Mlle) Miss
un **magasin** store **A, 5**
faire les magasins to go shopping
un grand magasin department store **25**
le **magasinage** shopping (*Canadian*)
magasiner to go shopping (*Canadian*)
un **magazine** magazine **16**
le **Maghreb** French-speaking northern Africa
magnifique magnificent
mai May **A**
maigrir to lose weight, get thin **A**
un **mail** e-mail **16**
un **maillot** jersey, athletic T-shirt **26***
un **maillot de bain** bathing suit **A, 25**
une **main** hand **17**
maintenant now **7**
un **maire** mayor
mais but
le **maïs** corn
une **maison** house **A, 21**
à la maison at home **5**
une Maison des Jeunes youth center
une maison individuelle single-family home **21**
un **maître** master
mal badly, poorly
avoir mal à la tête to have a headache **17**
où est-ce que tu as mal? where does it hurt? **17**
malade sick **17**
un(e) **malade** patient
maladroit clumsy
la **malchance** bad luck
un **malfaiteur** evildoer; criminal **I7***
malgré despite, in spite of **I8***
malheureusement

unfortunately **8***
malheureux (malheureuse) unhappy **2**
malhonnête dishonest
Mamie grandma, nana
manger to eat **A**
une salle à manger dining room **21**
une **manière** manner, way
un **mannequin** fashion model **1**
les **manoeuvres** *f.* maneuvers
manque: il manque … … is missing **I5***
un **manuel** manual, guidebook
un **manteau** (*pl.* **manteaux**) coat **A, 25**
m'appelle: je m'appelle my name is **A**
se **maquiller** to put on make-up **19**
un **marchand, une marchande** merchant, storekeeper
la **marche** march, course, progress
la marche à pied hiking **17**
mettre en marche to start (a car)
une **marche** step
un **marché** market **9; deal**
bon marché *inv.* cheap; inexpensive **25**
meilleur marché cheaper **27**
un marché aux puces flea market
un marché en plein air outdoor market
marcher to walk **A, 5;** to function
mardi Tuesday, on Tuesday A, **23**
la **margarine** margarine **9**
un **mari** husband **1**
le **mariage** marriage, wedding
marié married **1**
un **marié** groom
une **mariée** bride
se **marier (avec)** to marry (someone), get married
marin sea *(adj.)*
un **marin** sailor
le **Maroc** Morocco
marocain Moroccan
une **marque** make, brand name
marqué (par) marked (with)
marrant funny
marron brown **A, 25**
mars March **A**
la **Marseillaise** *French national anthem*
un **marteau** (*pl.* **marteaux**) hammer
un **Martiniquais, une Martiniquaise** *person from Martinique*
la **Martinique** Martinique *(French island in the West Indies)*
une **mascotte** mascot
un **masque** mask
masqué masked
un **match** game, match **13**
faire un match to play a game
un match de foot soccer game **5**
matériel (matérielle) material
maternel (maternelle) maternal
les **maths** *f.* math **R**
la **matière** material **25**
les **matières** *f.* school subjects **R**
le **matin** morning, in the morning **R**
ce matin this morning **7**
du matin in the morning, A.M. **A**
(lundi) matin (on) (Monday) morning
une **matinée** (whole) morning; afternoon performance
mauvais bad **2**
il fait mauvais it's bad (weather) **A**
la **mayonnaise** mayonnaise **9**
me me, to me **14; myself 19**
un **mécanicien, une mécanicienne** mechanic
mécanique mechanical
méchant nasty, mean **27**
le **mécontentement** displeasure **I4***
une **médaille** medal **25**
un **médecin** doctor **1**
médical (*pl.* **médicaux**) medical **1**
des **médicaments** *m.* drugs, medicine
la **Méditerranée** Mediterranean Sea
meilleur better **27**
le (la) meilleur(e) the best **27**
meilleur marché *inv.* cheaper **27**
un meilleur ami, une meilleure amie best friend **1**
un meilleur copain, une meilleure copine best friend **1**
un **mél** e-mail **16**
un **melon** melon **9**
un **melon d'eau** watermelon *(Canadian)*
un **membre** member
même same; even **I8***; exactly
le (la) même the same one
même si even if
tout de même all the same **I4***
une **mémoire** memory
ménager household *(adj.)*
mener to lead **I6***
un **mensonge** lie **16**
mentionner to mention
mentir to lie **I1***
la **mer** sea **29**
merci thank you
mercredi Wednesday, on Wednesday **A**
une **mère** mother **1**
une **merveille** wonder
merveilleux (merveilleuse) marvelous
mes my **A**
la **messagerie vocale** voice mail
la **messe** Mass
les **mesures** *f.* measurements **28***
la **météo** weather forecast
un **métier** profession
un **mètre** meter
le **métro** subway **5**
métropolitaine: la France métropolitaine *France with the exception of its overseas territories*
* **mettre** (*p. p.* **mis**) to put, place **6;** to put on, to wear *(clothing)* **25;** to turn on *(the radio)* **21;** to set *(the table)* **9**
mettre la table to set the table **9**
mettre la ceinture to fasten one's seatbelt **34***
se mettre à to begin,

start **I6***
un **meuble** piece of furniture **21**
mexicain Mexican **1**
le **Mexique** Mexico **29**
midi noon **A**
mieux better **17**
le **mieux** the best
mignon (mignonne) cute **2**
une **migraine** headache, migraine
milieu: au milieu (de) in the middle (of) **I6***
militaire military
mille one thousand **A, 26**
un **mille** mile
milliers: des milliers thousands
un **million** million **26**
mince thin
une **mini-chaîne** compact stereo
un **minivan** minivan **33**
minuit midnight **A**
mis (*p. p. of* **mettre**) **7**
mixte mixed, coed
Mlle Miss
Mme Mrs.
le **mobilier** furniture **21**
une **mobylette** moped
moche plain, unattractive **25**
la **mode** fashion
à la mode fashionable, in fashion **25**
un **modèle** model
moderne modern **21**
modifier to modify, alter
moi me **R**
moi non plus neither do I, "me neither"
moins less, minus **A**
au moins at least **I2***
... heure(s) moins (cinq) (five) of ... **A**
le (la, les) moins ... the least ... **27**
... moins le quart quarter of ... **A**
moins ... que less ... than **27**
un **mois** month **A**
la **moitié** half
un **moment** moment
au moment où when
mon (ma; mes) my **A**
une **monarchie** monarchy
le **monde** world
beaucoup de monde many people **I1***
du monde (many) people
tout le monde everybody, everyone **I2*, 12**
mondial (*pl.* **mondiaux**) world
un **moniteur, une monitrice** counselor
la **monnaie** change (coin)
une pièce de monnaie coin
Monsieur (M.) Mr., sir
la **montagne** mountain(s) **29**
la **montée** climb
monter to go up **8;** to get on *(a bus, subway)* **8;** to put up
une **montre** watch **A**
montrer (à) to show (to) **14**
un **monument** monument
se **moquer de** to make fun of
un **morceau** piece **12**
mort (*p. p. of* **mourir**)
un **mot** word
un mot apparenté cognate, related word
un **moteur** motor, engine **33**
un **moteur à quatre temps** four-stroke engine
une **moto** motorcycle
mouillé wet
mourir to die
un **moustique** mosquito **I2***
la **moutarde** mustard **9**
mouvementé action-packed
moyen (moyenne) middle
en moyenne on the average
un **moyen** means, resources
le **Moyen-Orient** Middle East **29**
muet (muette) silent
un **mufle** "clod," muzzle, snout
le **multimédia** multimedia
un **mur** wall **21**
musclé muscular, brawny
un **musée** museum **A, 13**
musicien (musicienne) musical **2**
la **musique** music **R**
musulman Moslem
myope nearsighted
mystérieux (mystérieuse) mysterious

N

n' (*see* **ne**)
nager to swim **A**
naïf (naïve) naive **2**
la **naissance** birth **1**
naître to be born
la **natation** swimming **17**
une **nationalité** nationality **1**
nature plain *(of food)* **9**
naturellement naturally **26**
nautique: le ski nautique waterskiing **17**
un **navet** turnip; a flop
ne: ne ... aucun not any, no **I7***
ne ... jamais never **6**
ne ... pas not **R**
ne ... personne no one, nobody, not anyone **7**
ne ... plus no longer, no more, not anymore **10**
ne ... presque jamais almost never **18**
ne ... rien nothing, not anything **7**
n'est-ce pas? no? isn't it so? right? **A**
né (*p. p. of* **naître**)**: je suis né(e)** I was born **1**
nécessaire necessary
négatif (négative) negative
la **neige** snow
neige: il neige it's snowing **A**
neiger to snow
il neigeait it snowed **23**
nerveusement nervously
nerveux (nerveuse) nervous
n'est-ce pas? no? isn't it so? right? **A**
nettoyer to clean **5**
neuf nine **A**
neuf (neuve) brand new **26**
toute neuve brand new
neuvième ninth **26**
un **neveu** (*pl.* **neveux**) nephew **1**
un **nez** nose **17**
ni ... ni ... neither ... nor ...
une **nièce** niece **1**
nier to deny **I7***
un **niveau** (*pl.* **niveaux**) level
les **noces** *f.* wedding festivities
Noël *m.* Christmas
noir black **A, 25**
il faisait noir it was dark
une **noix de coco** coconut
un **nom** name, last name **1;** noun
un nom de famille last name
un **nombre** number
nombreux (nombreuse)

numerous
nommer to name
non no
non plus neither
non-alcoolisé nonalcoholic
le nord north 29
le nord-est northeast 29
le nord-ouest northwest 29
normal (*pl.* normaux) normal 26
normalement normally 26
la Normandie Normandy *(province in northwestern France)*
nos our A
une note note, grade; bill I4*
noter to mark (write) down, note
notre (*pl.* nos) our A
la nourriture food 9
nous we R; us R; to us 14; ourselves 19; each other, one another 19
nouveau (nouvel, nouvelle; nouveaux) new 2
à nouveau again I3*
nouvel new 26
nouvelle new 2
une nouvelle news item
les nouvelles the news
la Nouvelle-Angleterre New England
la Nouvelle-Écosse Nova Scotia
novembre November A
un nuage cloud
la nuit night, at night
il fait nuit it's nighttime, it's dark
un numéro number 1
le numéro de téléphone phone number 1
le nylon nylon 25

obéir (à) to obey
obéissant obedient
les objectifs *m.* objectives
un objet object A
les objets trouvés lost and found
obligatoire compulsory, required
obligé obliged
l' obscurité *f.* darkness
* obtenir to get, obtain
une occasion occasion; opportunity
d'occasion second-hand
occidental (*pl.* occidentaux) western
une occupation activity
occupé busy 13
s' occuper (de) to take care of someone, keep busy 28*
occupe-toi (de tes oignons) mind you own business
l' Océanie *f.* South Pacific
octobre October A
un oeil (*pl.* yeux) eye 17
un oeuf egg 9
des oeufs sur le plat fried eggs 9
une oeuvre work
offenser to offend
* offrir to offer, give
un oiseau (*pl.* oiseaux) bird 5
une ombre shadow
une omelette omelet 9
on one, you, people, they, we A
un oncle uncle 1
onze eleven A
onzième eleventh 26
opérer to operate
une opinion opinion 18
optimiste optimistic
l' or *m.* gold 25
un orage storm
oralement orally
orange orange *(color)* A, 25
une orange orange 9
le jus d'orange orange juice 9
une orange pressée fresh orange juice
un orchestre orchestra, band 13
ordinal: un nombre ordinal ordinal number
un ordinateur computer A
un ordinateur portable (un PC portable) laptop computer
l' ordre *m.* order
les ordures *f.* garbage
une oreille ear 17
avoir mal aux oreilles to have an earache 17
des boucles *f.* d'oreilles earrings 25
un orfèvre silversmith
organiser to organize A
original (*pl.* originaux) original 2
une origine origin, beginning
orner to adorn I7*
oser to dare
ôter to take off I8*
ou or R
où? where? R
n'importe où anywhere
ouais yeah, yup
oublier (de) to forget (to) 13
l' ouest *m.* west 29
oui yes
un outil tool
outre-mer overseas
la France d'outre-mer *overseas territories of France*
un ouvrier, une ouvrière worker
* ouvrir (*p.p.* ouvert) to open I4*, 21
un OVNI (Objet Volant Non-Identifié) UFO

le pain bread 9
le pain grillé toast
la paix peace
un palais palace
un pamplemousse grapefruit 9
une pancarte sign
la panique panic
une panne breakdown
en panne out of order
une panne d'électricité power failure
un panneau (*pl.* panneaux) (traffic) sign 24
un pantalon pants A, 25
le pape pope
la papeterie stationery store
le papier paper
Pâques *m.* Easter
un paquet package, pack 12
un paquet-cadeau gift-wrap
par by, through; per 13
par conséquent consequently, therefore
par exemple for example
le parachutisme parachuting
paraître to appear I7*
il paraît it seems
le parapente parasailing
un parapluie umbrella 25

un **parc** park **A**
parce que because
parcourir to cover, travel
un **parcours** route **I8***
pardon excuse me
le **pare-brise** windshield **33**
une **parenthèse** parenthesis
les **parents** *m.* parents, relatives **1**
paresseux (paresseuse) lazy **2**
parfait perfect
parfois sometimes **18**
le **parfum** perfume
une **parfumerie** perfume store
parie: je parie I bet
un **parking** parking lot
parler (à) to speak, talk **A, 16**
tu parles! no way!; you're telling me!
parmi among
une **paroisse** parish
parole: prendre la parole to speak, take the floor **I7***
partager to share
un(e) **partenaire** partner
un **participe** participle
participer (à) to participate, take part (in)
particulier (particulière) specific
en particulier in particular
une **partie** part **17**
faire partie de to be part of
* **partir** to leave **8**
à partir de beginning with
partitif: l'article partitif partitive article
partout everywhere **I8***
un **parvis** square
pas not **R**, no
ne ... pas not **R**
(pas) encore still (not) **19***
pas possible! that can't be!
un **pas** step
un **passage** route
un **passager, une passagère** passenger
un **passant** passer-by
le **passé** past
le **passé composé** compound past tense
un **passe-partout** passkey **I7***
un **passeport** passport **29**
passer to spend *(time)* **5;** to pass, come by, go by **8**
passer un examen to take a test
qu'est-ce qui se passe? what's happening?
qu'est-ce qui s'est passé? what happened?
se passer to take place, happen
un **passe-temps** pastime
passionnant exciting
passionner to excite, interest greatly
une **pastèque** watermelon
une **patate douce** sweet potato
patiemment patiently **26**
le **patinage artistique** figure skating
un **patineur, une patineuse** skater
le **patin à roulettes** roller-skating **17**
le **patinage** ice skating **17**
des **patins** *m.* **à glace** ice skates
une **pâtisserie** pastry shop
le **patrimoine** heritage
un **patron, une patronne** boss **1; patron saint**
une **patte** foot, paw *(of animal or bird)*
pauvre poor **2**
payer to pay, pay for **9**
un **pays** country **29**
le **paysage** landscape **I8***
un **PC** PC
la **peau** skin **I5***
la **pêche** fishing **5**
aller à la pêche to go fishing **5**
un **pédalier** pedal shaft
le **pédalo** pedal boat
un **peigne** comb **19**
se **peigner** to comb one's hair **19**
peindre to paint
un **peintre** painter **I4***
la **peinture** painting
une **pellicule** roll of film
pendant during, for **6**
pendant les vacances during vacation
pendant que while
pénible boring, "a pain"; painful, unpleasant **2**
une **péniche** barge
penser (que) to think (that) **18**
penser à to think about
penser de to think of
perdre to lose **A**
perdre son temps to waste one's time
un **père** father **1**
perfectionner to perfect
* **permettre** to let, allow, permit **6**
un **permis** license
un **permis de conduire** driver's license **33**
une **perquisition** search
persévérant persevering
la **personnalité** personality **2**
personne: ne ... personne no one, nobody, not anyone **7**
une **personne** person **1**
personnel (personnelle) personal
peser to weigh
pessimiste pessimistic
la **pétanque** *French bowling game*
pétillant sparkling
petit short, small **2**
le **petit déjeuner** breakfast **9**
la **petite-fille** granddaughter **1**
le **petit-fils** grandson **1**
les **petits pois** *m.* peas **9**
le **pétrole** oil
peu (de) little, not much, few, not many **12**
un peu a little; some **12**
un **peuple** people
peuplé populated
peur: avoir peur to be afraid **3**
peut-être maybe, perhaps
un **phare** headlight **33**
une **pharmacie** pharmacy
un **pharmacien, une pharmacienne** pharmacist **1**
la **philosophie (la philo)** philosophy **R**
une **photo** photograph, picture
un **photographe, une photographe** photographer **1**
un **photo-roman** "photo novel" *(novel in comic-book format, illustrated with photographs)*
une **phrase** sentence
la **physique** physics **R**
physiquement physically
une **pièce** room *(in general)* **21;** coin; part
une pièce de monnaie coin
une pièce de rechange spare

part I9*
une pièce de théâtre play 13
un **pied** foot 17
à pied on foot 5
la **pierre** stone; rock
une **pile** battery
à (huit) heures pile at (eight) on the dot
un **pique-nique** picnic A
faire un pique-nique to have a picnic 5
piquer to sting
une **pirogue** canoe
pis: tant pis! too bad! I9*
une **piscine** swimming pool A, 5
une **piste d'atterrissage** landing area
pittoresque picturesque
une **pizza** pizza 9
un **placard** closet 21
des **placards** *m.* cabinets 21
une **place** place, square; seat 13
à la place de instead of
le **plafond** ceiling 21
une **plage** beach A
une **plaine** plain
plaisanter to joke
plaisent: est-ce que [ces lunettes] vous plaisent? do you like [these glasses]? 25
ils/elles (ne) me plaisent (pas) I (don't) like them 25
le **plaisir** pleasure 13
avec plaisir with pleasure 13
plaît: s'il te (vous) plaît please
est-ce que [ce pull] vous plaît? do you like [this sweater]? 25
il/elle (ne) me plaît (pas) I (don't) like it 25
un **plan** plan; (street) map
une **planche** board
la planche à voile windsurfing 17
une **plante** plant 5
une **plaque** baking sheet
le **plastique** plastic 25
un **plat** dish, course *(of a meal)* 9
le plat principal main dish
un **plateau** tray I7*
un **plâtre** plaster cast
plein full
faire le plein to fill the tank 33
pleurer to cry
pleut: il pleut it's raining A
* **pleuvoir** to rain
il pleuvait it rained 23
plier to bend, fold 17
la **plongée sous-marine** scuba diving
un **plongeoir** diving board
plonger to dive
plu: il a plu it rained
la **pluie** rain
la **plupart** majority
plus more 27
de plus en plus more and more I6*
le (la, les) plus the most, the ...-est 27
moi non plus neither do I, "me neither"
ne ... plus no longer, no more, not anymore
plus de more than
plus ... que more ... than, ...er than 27
plus tard later 1
plusieurs several 12
plutôt rather I6*
un **pneu** tire 33
une **poche** pocket I7*
l'argent *m.* **de poche** allowance, pocket money
une lampe de poche flashlight I6*, 29
une **poêle** frying pan 29
un **poème** poem 16
la **poésie** poetry
un **poète** poet
une **poignée** handle
un **point** period, point; direction
les points cardinaux compass points
pointu sharp
la **pointure** shoe size 25
une **poire** pear 9
pois: les petits pois *m.* peas
à pois dotted, polkadotted 25
un **poisson** fish 5
un poisson rouge goldfish
le **poivre** pepper 9
poli polite 2
policier: un film policier detective movie 13
un **policier** police officer
poliment politely 26
la **politesse** politeness
politique political
un **polo** polo shirt 25
le **polyester** polyester 25
la **Polynésie française** French Polynesia
une **pomme** apple 9
une **pomme de terre** potato 9
ponctuel (ponctuelle) punctual 2
un **pont** bridge
le **porc** pork 9
un **portable** cell phone A
une **porte** door 21
un **porte-bagages** luggage rack
un **portefeuille** wallet 25
un **porte-monnaie** coin purse
porter to bring; to wear A, 25; to carry A
porter du [40] to wear size [40] 25
le **porte-parole** spokesperson
portoricain Puerto Rican 1
le **portugais** Portuguese *(language)*
le **Portugal** Portugal 29
poser to pose, to ask *(a question)*
posséder to own
possessif (possessive) possessive
postale: une carte postale postcard 16
la **poste** post office A
un **pot** jar 12
prendre un pot to have a drink
la **poterie** pottery
une **poule** hen 5
le **poulet** chicken 9
le poulet rôti roast chicken 9
les **poumons** *m.* lungs
une **poupée** doll
pour for; in favor of R
pour + *inf.* (in order) to 34
pour cent percent
un **pourboire** tip I4*
un **pourcentage** percentage
pourquoi? why? R
pourra *(fut. of* **pouvoir***)* 31
pourtant however, nevertheless
* **pouvoir** *(p. p.* **pu***)* can, may, to be able, to be allowed R, 10
je pourrais I could R

une **prairie** meadow **5**
pratique practical
pratiquer to practice, play, take part in, participate in **17**
précédent preceding
précipitamment quickly
se **précipiter** to dash into
précis precise, well-defined
des **précisions** *f.* detailed information
* **prédire** to predict
préféré favorite **9**
préférer to prefer **R**
premier (première) first **I1*, 26**
le premier (mars) (March) first **A**
premièrement first **26**
* **prendre** (*p. p.* **pris**) to take, have, eat, drink **9**; to get, pick up **5**
prendre la direction [Balard] to take the subway toward [Balard] **5**
prendre la parole to speak, take the floor **I7***
prendre le petit déjeuner to have breakfast **9**
prendre les mesures de quelqu'un to take someone's measurements **28***
un **prénom** first name **1**
se **préoccuper** to worry
des **préparatifs** *m.* preparations
préparer to prepare, fix **A**
une **préposition** preposition
près (de) near **R**
le **présent** present
présenter … à to introduce … to **14**
je te présente I introduce to you **1**
je voudrais vous présenter … I would like to introduce … to you **1**
presque almost
pressé in a hurry **19***
prêt (à) ready **I2*, 19*, 29**
prétendre to try, claim **I7***
prêter … à to loan to, lend **A, 14**
prêter serment to pledge allegiance
* **prévenir** to warn, tell in advance **I3***
prévu planned
une **prière** prayer
primaire primary
la **prime** reward **I8***
principal (*pl.* **principaux**) principal, main
une **principauté** principality
un **principe** principle
en principe in principle
le **printemps** spring **A**
une **priorité** priority, right of way
pris (*p. p. of* **prendre**) **7**
prisonnier (prisonnière) captive
privé private **R**
en privé in private **I5***
un **prix** prize; price
un **problème** problem **14***
un **procédé** procedure, process
prochain next **I1*, 7**
proche de close to
un **producteur** producer
* **produire** to produce
un **produit** product **I5***
un **professeur** teacher, professor
une **profession** profession **1**
professionnel (professionnelle) professional
profiter to take advantage
programmer to program (a computer)
un **programmeur, une programmeuse** programmer **1**
progrès: faire des progrès to make progress
un **projet** plan **13**
faire des projets to make plans
une **promenade** walk, drive
faire une promenade (à pied, en auto) to go for a walk, go for a ride **3**
promener to walk *(a dog, etc.)*
se **promener** to take a walk, a ride **19**
une **promesse** promise
* **promettre** to promise **6**
promouvoir to promote
un **pronom** pronoun
un pronom complément object pronoun
un **pronostic** forecast
proposer (à) to propose, suggest
propre own; clean
un **propriétaire, une propriétaire** landlord/landlady; owner
la **propriété** property
prospère prosperous
protéger to protect
provençal (*pl.* **provençaux**) from Provence
la **Provence** Provence *(province in southern France)*
prudemment carefully
prudent careful; advisable, prudent
pu (*p. p. of* **pouvoir**) **10**
public (publique) public **R**
en public in public
publicitaire advertising
la **publicité** advertising, advertisement
publié published
puis then; moreover
puisque since **I2***
puissant powerful
un **pull** sweater **A, 25**
punir to punish
pur pure
les **Pyrénées** *f.* Pyrenees *(mountains between France and Spain)*

Q

qu' (*see* **que**)
une **qualité** quality
quand? when? **R**
depuis quand? since when? **4**
une **quantité** quantity, amount **12**
quarante forty **A**
quart: … heure(s) et quart quarter past … **A**
… heure(s) moins le quart quarter of … **A**
un **quartier** district, neighborhood **A, 21**
quatorze fourteen **A**
quatre four **A**
quatre-vingt-dix ninety **A**
quatre-vingts eighty **A**
que that, whom, which **22;** than **27;** what
les **Québécois** *m.* people of Quebec
qu'est-ce que what **R**
qu'est-ce que c'est? what is

it? **R**
qu'est-ce que tu as? what's wrong with you? **3**
qu'est-ce qui est arrivé? what happened? **24**
qu'est-ce qu'il y a? what's up?; what's wrong? what's the matter? what's going on? **R**
qu'est-ce qui se passe? what's happening?
qu'est-ce qui s'est passé? what happened?
quel (quelle) what, which **A**
à quelle heure? at what time? **A**
quel + *noun!* what (a) ...!
quel temps fait-il? how's the weather? **A**
quelle est la date aujourd'hui? what's the date today? **A**
quelle heure est-il? what time is it? **A**
quelque chose something **7**
quelque chose d'autre something else **25**
quelquefois sometimes **18**
quelque part somewhere **I8***
quelques some, a few **12**
quelques-uns some
quelqu'un (de) someone, somebody **7**
une **querelle** quarrel
qu'est-ce que? what? **R**
qu'est-ce qui? what? **R**
une **question** question
une **queue** tail
faire la queue to stand in line
tirer la queue to pull the tail
qui who(m) **R**; that, which; people **22**
à qui? to whom? **R**
avec qui? with whom? **R**
qu'est-ce qui? what?
qui est-ce qui? who? **R**
quinze fifteen **A**
quinze jours two weeks **29**
quitter to leave
ne quittez pas hold on *(on telephone)* **1**
quoi? what? **R**
quotidien (quotidienne) daily **I4***

R

raccompagner to take back (home)
raconter to tell *(a story)*; to tell about **16**
un **radiateur** radiator
une **radio** radio
un **radis** radish
du **raisin** grapes
une **raison** reason
avoir raison to be right **3**
raisonnable reasonable
ralentir to slow down **34***
un **rallye** rally
ramener to bring back, take home **I1***
un **rang** row
ranger to put away, to pick up **5**
râpé grated
rapide rapid; fast **27**
rapidement rapidly, quickly
rappeler to call back **1; to remind I4***
je rappellerai I will call back **1**
un **rapport** relationship, report
rapporter to bring back **I8***
une **raquette** racket
rarement rarely **18**
se **raser** to shave **19**
un **rasoir** razor **19**
rassurer to reassure
rater to fail *(an exam)*, to miss *(a train)*
ravi delighted **I9***
un **rayon** department *(in a store)* **25**; spoke *(of a wheel)*
rayure: à rayures striped **25**
réagir to react
réaliser to achieve, fulfill, see come true, carry out
réalité: en réalité in reality
récemment recently
une **recette** recipe
* **recevoir** (*p.p.* **reçu**) to receive, get, entertain *(people)* **30**
recevra (*fut. of* **recevoir**) **31**
rechange: une pièce de rechange spare part **I9***
un **réchaud** (portable) stove **29**
la **recherche** research
rechercher to search for
un **récipient** container
la **réciprocité** reciprocity, mutual exchange
réciproque reciprocal
réclamer to ask for
reçoit: il reçoit he welcomes, receives **30**
la **récolte** harvest
recommander to recommend
* **reconnaître** to recognize **15**; to survey
reconstituer to reorganize
une **reconstitution** reenactment
* **reconstruire** to rebuild
la **récréation** recess
reçu (*p. p. of* **recevoir**) **30**
reculer to back up, back down **I6***
la **rédaction** drawing up, writing
réel real
réfléchi reflexive
réfléchir to think over, reflect **I5*, 25**
refléter to reflect
un **réfrigérateur** refrigerator **21**
un **refus** refusal
refuser to refuse, say "no"
refuser de to refuse to **30**
se **régaler** to have a great time
regarder to look at, watch **A**
se regarder to look at oneself
un **régime** diet
une **région** region **29**
une **règle** rule
réglé taken care of, settled
regretter to be sorry **13**
régulier (régulière) regular
régulièrement regularly
une **reine** queen
rejoindre to join
relatif (relative) relative
se **relayer** to take turns
relier to join, to link
religieux (religieuse) religious
remarquer to notice, remark
remercier (de) to thank (for)
* **remettre** to put back
remis recovered
le **remords** regrets, remorse
un **rempart** rampart

remplacer to replace
remplir to fill (in)
remporter to win
une **rencontre** meeting
rencontrer to meet **A**
un **rendez-vous** date, appointment, meeting place **I4***
avoir rendez-vous to have a date **I1***
rendre (à) to give back, return **14;** to make
rendre visite (à) to visit *(a person)* **16**
rendu made
se rendre à l'évidence to face facts
renouveler to renew
un **renseignement** information **I4***
renseigner to inform, tell
la **rentrée** opening of school, back to school
rentrer (à, de) to go home, return, come back **A, 8**
rentrer dans to run (bump) into
renvoyer to fire (an employee) **I5***
une **réparation** repair **I9***
réparer to fix, repair **I9***
réparti divided
un **repas** meal **9**
répéter to repeat
répondre (à) to answer **A, 16**
une **réponse** answer, reply
un **reportage** news story
se **reposer** to rest **19**
repousser to push away
un **représentant** representative
une **reprise** rerun, review
à (trois) reprises on (three) occasions
réservé reserved
le **réservoir** gas tank **33**
la **résidence** residence **21**
résoudre to solve
respirer to breathe
se **ressembler** to resemble one another
une **ressource** resource
un **restaurant** restaurant **A**
rester to stay **A, 8;** to remain
restituer to return
un **résultat** result
un **résumé** résumé, summary

rétablir to reestablish
retard: de retard delay
être en retard to be late **2**
réticulé reticulate
retirer to take out
un **retour** return
être de retour to be back
retourner to return, go back **8**
la **retraite** retirement
un **retraité, une retraitée** retired person
retrouver (des amis) to meet (friends) at an arranged time and place **A;** to recover
se retrouver to meet again
un **rétroviseur** rearview mirror **33**
une **réunion** meeting
se **réunir** to get together
réussir to succeed **A**
réussir à to succeed in **30**
réussir à un examen to pass a test **A**
un **rêve** dream
se **réveiller** to wake up **19**
le **réveillon** Christmas Eve party
* **revenir (de)** to come back (from) **4**
rêver (de) to dream (about) **I2*, 30**
reviendra (*fut. of* **revenir**) **31**
une **révision** review
revoir to see again
au revoir good-bye
se **révolter** to revolt, to rebel
révolutionner to revolutionize
une **revue** magazine **16**
le **rez-de-chaussée** ground floor **21**
un **rhume** cold **17**
riche rich **2**
un **rideau** (*pl.* **rideaux**) curtain **21**
ridicule ridiculous **25**
rien nothing **7**
ça ne fait rien that doesn't matter, no problem
ne ... rien nothing, not anything **7**
* **rire** to laugh
risquer to risk, venture
une **rivale** rival
une **rivière** river **5**
le **riz** rice **9**
une **robe** dress **A, 25**
un **rocher** rock

le **rock** rock-and-roll
un **roi** king
un **rôle** role, part
les **rollers** in-line skates
le **roller** in-line skating **17**
romain Roman
un **roman** novel **16;** story
le **romanche** Romansh *(language spoken in a section of Switzerland)*
rond round
un **rond-point** traffic circle
le **rosbif** roast beef **9**
rose pink **25**
une **roue** wheel **33**
rouge red **A, 25**
le **rouge à lèvres** lipstick **19**
rougir to blush
rouler to roll along, drive
roulettes: le patin à roulettes roller skating **17**
une **roulotte** trailer
une **route** highway, road; way
roux (rousse) red *(hair)*
un **royaume** kingdom
un **ruban** ribbon
un **rubis** ruby **I7***
une **rue** street **A**
une **rumeur** rumor
russe Russian **1**
la **Russie** Russia **29**

S

s' (*see* **se**) (*see* **si**)
sa his, her, its; one's **A**
le **sable** sand
un **sac** bag; sack **A, 12**
un sac à dos backpack, knapsack **29**
un sac de couchage sleeping bag **29**
sachant (*pres. part. of* **savoir**)
sage: être sage to be good, well-behaved
sain healthy
saint holy
le **Saint-Laurent** St. Lawrence River
une **saison** season **A**
la **salade** salad **9**
le **salaire** salary
sale dirty
une **salle** large room; concert

hall **I1***
une salle à manger dining room **21**
une salle de bains bathroom **21**
une salle de réunion conference room
une salle de séjour living room
un **salon** (formal) living room **21**
saluer to greet, hail
salut hi
samedi Saturday, on Saturday **A**
samedi dernier last Saturday **6**
des **sandales** *f.* sandals **A, 25**
un **sandwich** sandwich **9**
le **sang-froid** cool
sans without **34**
sans engagement at no obligation
santé: en bonne santé in good health, healthy **17**
un **sapin** pine tree
satisfait satisfied **I7***
des **saucisses** *f.* sausages
le **saucisson** sausage **9**
sauf except **I8***
le **saumon** salmon **9**
saura (*fut. of* **savoir**) **31**
sauter to jump
sauvé saved **I9***
sauver to save
la **savane** savannah
un **savant, une savante** scientist
la **Savoie** Savoy *(province in eastern France)*
* **savoir** (*p.p.* **su**) to know, know how to **16**
le **savon** soap **19**
une **scène** scene, stage
les **sciences** *f.* science **R**
scolaire academic **R**
la **scolarité** schooling
un **scooter** motorscooter
se himself, herself, oneself, themselves; each other, one another **19**
une **séance** performance **13**
séché dried
le **secours** help
un **secrétaire, une secrétaire** secretary **1**
seize sixteen **A**
un **séjour** stay
faire un séjour to stay **29**
une salle de séjour living room
le **sel** salt **9**
une **selle** seat
selon (moi) according to (me) **18**
une **semaine** week **A**
en semaine during the week **A**
semblable similar
semblant: faire semblant to pretend
sembler to seem, appear **I3***
le **Sénégal** Senegal **29**
un **sens** sense, meaning
le bon sens common sense
la **sensibilité** sensitivity
sensible sensitive **2**
sentir to smell; to feel
se sentir (bien) to feel (well) **17**
séparer to separate
sept seven **A**
septembre September **A**
sera (*fut. of* **être**) **31**
sérieusement seriously **26**
sérieux (sérieuse) serious **2**
serrer to shake
serti set
un **serveur, une serveuse** waiter, waitress
le **service** service, change, tip **9**; favor
une **serviette** napkin **9**
servir to serve
se servir to help or serve oneself **I5***
ses his, her, its; one's **A**
seul alone, by oneself, only **I5***
un seul only one person **I5***
seulement only **I2***
sévère strict, severe
le **shampooing** shampoo **19**
un **short** shorts **25**
si if, whether **31**
même si even if
s'il te (vous) plaît please **9**
si! yes! *(to a negative question)*
un **siècle** century **I6***
un **siège** seat **33**
signaler to signal, indicate
un **signe** sign
une **signification** meaning
signifier to mean
s'il te (vous) plaît please **9**
simuler to fake **I7***
un **singe** monkey
sinon otherwise, if not, or else
une **sirène** siren
situé located
être situé to be (situated, located)
six six **A**
un **skate** skateboard
le **skate(board)** skateboarding **17**
le **ski** skiing **17**
le ski nautique waterskiing **17**
skier to ski
snob snobbish, stuck-up
le **snowboard** snowboarding **17**
une **société** society
un **soda** carbonated soft drink **9**
une **soeur** sister **1**
un **sofa** sofa **21**
soi himself, herself, oneself
la **soie** silk **25**
soif: avoir soif to be thirsty **3**
le **soir** evening **A**, in the evening **23**
à ce soir see you tonight
ce soir this evening, tonight **7**
du soir in the evening **A**
tous les soirs every evening **23**
une **soirée (whole)** evening, evening party
sois be **2**
soit (*subj. of* **être**) **36**
soixante sixty **A**
soixante-dix seventy **A**
le **sol** ground **21**
solaire solar
un **soldat** soldier
une **solde** sale
en solde on sale **25**
la **sole** sole **9**
le **soleil** sun
des lunettes *f.* **de soleil** sunglasses **A, 25**
un bain de soleil sunbath **5**
solennel (solennelle) solemn
une **somme** sum
sommeil: avoir sommeil to be sleepy **3**
un **sommet** top, summit, peak
son (sa; ses) his, her, its;

one's **A**
un **sondage** poll, survey
sonner to ring (the bell) **I3***
la **sonnette** bell
une **sorte** sort, type, kind **13**
* **sortir** to go out; to take out **8**
sortir de to get out of
une **soucoupe volante** flying saucer
soudain all of a sudden
souffler to blow
* **souffrir** to suffer
un **souhait** wish
souhaiter to wish
souligné underlined
se **soumettre** to submit
la **soupe** soup **9**
le **souper** dinner *(Canadian)*
* **sourire** to smile **I3***
une **souris** mouse (computer)
un tapis (de) souris mousepad
sous under; in **R**
sous-marin underwater
un **sous-marin** submarine
le **sous-sol** basement **21**
la **soustraction** subtraction
souterrain underground
un **souvenir** remembrance
*se **souvenir (de)** to remember **20**
souvent often **18**
soyez be (*subj. of* **être**) **2**
soyons let's be **2**
spacial (*pl.* **spaciaux**) space
spacieux (spacieuse) roomy
les **spaghetti** *m.* spaghetti **9**
spécialisé specialized
une **spécialité** specialty
spécifique specific **23**
le **spectacle** show **13**
un **spectateur, une spectatrice** spectator
spirituel (spirituelle) witty **2**
spontanément spontaneously **26**
le **sport** sports **R**
sportif (sportive) athletic, who likes sports; active in sports **2**
un **sportif, une sportive** person who likes sports, athlete
un **squelette** skeleton
un **stade** stadium **A, 5**
stage: faire un stage to train
une **station de ski** ski resort
stationnement: en stationnement parked
une **station-service** gas station **33**
un **steak-frites** steak with French fries **9**
un **studio** studio apartment
un **stylo** pen **A**
su (*p. p. of* **savoir**) **16**
le **subjonctif** subjunctive (mood)
le **sucre** sugar **9**
le **sud** south; southern **29**
le sud-est southeast **29**
le sud-ouest southwest **29**
la **Suède** Sweden
suédois Swedish
suffit enough
suggérer to suggest
suisse Swiss **1**
la **Suisse** Switzerland **29**
la **suite** continuation **I8***
à la suite following
tout de suite right away, immediately **19**
suivant following
suivant le cas accordingly
* **suivre** to follow **33**
à suivre to be continued
suivre un cours to take a course (class) **33**
un **sujet** topic, subject
un pronom sujet subject pronoun
super super **25**
le **superlatif** superlative
un **supermarché** supermarket **A**
supplémentaire extra
supplier to beg **I6***
sur on; about **R**
sûr sure, certain
bien sûr of course
sûrement surely
le **surf** surfboarding **17**
le **surf des neiges** snowboarding **17**
surfer sur l'Internet (sur le Net) to surf the Internet
le **surnaturel** supernatural
surtout especially, above all, mainly
un **survêtement (un survêt)** jogging suit, track suit A, **25**
survivre to survive
un **sweat** sweatshirt **A, 25**
sympathique (sympa) nice **2**

t' (*see* **te**)
ta your **A**
le **tabac** tobacco
une **table** table **A, 9**
à table at the table
un **tableau** (*pl.* **tableaux**) painting, picture **21**
une **tablette** tablet (computer)
un **tablier** smock
une **tache** spot
tahitien (tahitienne) Tahitian
la **taille** (clothing) size **25**
un **tailleur** suit **25**
***se taire** to be quiet **20**
tais-toi be quiet **20**
taisez-vous be quiet **20**
un **tambour** drum
une **tampoura** Indian stringed instrument
tant: en tant que as
tant pis! too bad! **I9***
une **tante** aunt **1**
taper (à la machine) to type
un **tapis** rug **I3*, 21;** doormat
un **tapis (de) souris** mousepad
tard late **I1*, 27**
plus tard later **1**
la **tarte** pie **9**
des **tas** *m.* **(de)** lots (of)
une **tasse** cup **9**
un **taureau** bull
te you, to you **14;** yourself **19**
un **technicien, une technicienne** technician **1**
technique technical **1**
la **technologie (la techno)** technology class **R**
un **tee-shirt** T-shirt **25**
tel (telle) such
la **télé** TV **A**
télécharger to download
téléphoner (à) to call, phone A, **16**
un **téléviseur** TV set
la **télévision** television

tellement that, very; so
je n'aime pas tellement ... I don't like ... that much **9**
tellement de so much, so many
un **témoin** witness **24;** best man
une **tempête** storm
une tempête de neige blizzard
le **temps** weather **A;** time **13**
de temps en temps once in a while; from time to time **18**
depuis combien de temps? for how long? **4**
quel temps fait-il? how's the weather? **A**
tout le temps all the time **12**
tenez! look!
* **tenir** to hold
des **tennis** *m.* sneakers **A, 25**
le **tennis** tennis
une **tente** tent **29**
tenter to try
tenter sa chance to try one's luck **I9***
termes: en bons termes on good terms
une **terminaison** ending
terminer to end
un **terrain** grounds
un terrain de camping campground
la **terre** earth
terrestre land *(adj.)*
la **terreur** terror
un **territoire** territory
tes your **A**
une **tête** head **17**
avoir mal à la tête to have a headache **17**
en tête (de) at the top (of)
les **textiles** *m.* textiles
un **texto** text message
le **thé** tea **9**
le thé glacé iced tea **9**
un **théâtre** theater **13**
théorique theoretical
le **thon** tuna **9**
un **ticket de métro** subway ticket **5**
tiens! look! hey!
le **Tiers-Monde** Third World
un **timbre** stamp
timide timid, shy **2**
le **tir à l'arc** archery
tiré taken
un **tiroir** drawer **I7***
le **tissu** fabric **25**
titre: à titre divers in different ways
toc, toc, toc! knock, knock!
toi you **R**
une **toile** canvas, linen **25**
une toile d'araignée spider's web **I6***
la **toilette** washing and dressing **19**
les **toilettes** *f.* toilet **21**
un **toit** roof **21**
une **tomate** tomato **9**
tomber to fall **8**
tomber en panne to have a breakdown
la **tombola** raffle
ton (ta; tes) your **A**
tondre (la pelouse) to mow the lawn
une **tonne** ton
le **tonnerre** thunder
tort: avoir tort to be wrong **3**
une **tortue** turtle
tôt early **I1*, 27**
toujours always; still **19***
tour: à votre tour it's your turn
le tour du monde trip around the world
tour à tour one after the other
une **tour** tower
la **Touraine** Touraine *(province in central France)*
touristique touristy
le **tournage** filming
tourner to turn
un **tournoi** tournament
tous (toutes) all, every **12**
tous les jours every day **23**
tous les (mardis) every (Tuesday) **23**
la **Toussaint** All Saints' Day
tout all, everything, any **12**
tout (toute) all, every **12**
à tout âge at any age
à tout de suite see you (meet you) right away
après tout after all
pas tout à fait not quite
tout à coup suddenly **I2***
tout de suite right away, immediately **19**
tout (toute) le (la) the whole **12**
tout le monde everybody, everyone **12**
tout le temps all the time **12**
toutes sortes all kinds
la **trace** tracks
traditionnel (traditionnelle) traditional
* **traduire** to translate
train: être en train de to be in the midst of **2**
un **train** train **A**
en train by train **A**
traîner to lie around
un **traité** treaty
une **tranche** slice **12**
tranquille quiet
être tranquille to relax, be calm
un **transistor** transistor radio
* **transmettre** to transmit
transmis transmitted
le **transport** transportation
transporter to transport **29**
une **trappe** trap door, bulkhead door
le **travail** work
la fête du Travail Labor Day (May 1)
travailler to work **A**
travailleur (travailleuse) hardworking
un **travailleur, une travailleuse** worker
un **traveller's chèque** traveler's check
travers: à travers across **I6***
une **traversée** crossing
traverser to cross **24**
treize thirteen **A**
un **tremblement de terre** earthquake
trente thirty **A**
très very **2**
un **trésor** treasure **I8***
une **tribu** tribe
triste sad **2**
trois three **A**
troisième third **I1*, 26**
se **tromper** to be mistaken, make a mistake
une **trompette** trumpet
trop (de) too much, too; too many **2**

FRENCH-ENGLISH VOCABULARY *continued*

tropical (*pl.* **tropicaux**) tropical
une **troupe** troop
trouver to find **13**; to think **18**
  se trouver to find oneself; to be (located)
  trouver le temps long to be impatient
  trouvés: les objets *m.* **trouvés** lost and found
un **truc** thing, knick-knack
tu you **R**
tuer to kill
une **tunique** tunic
la **Tunisie** Tunisia
le **tunnel routier** highway tunnel
la **Turquie** Turkey
un **type** guy, fellow **I9***
typique typical
typiquement typically

un one; a, an **R**
une a, an **R**
uni solid *(color)* **25**; close, united
uniquement only
une **unité** unit
une **université** university
urbain urban
l' **usage** *m.* use
une **usine** factory
un **ustensile** utensil
utile useful **27**
utilisant: en utilisant (by) using
utiliser to use **I2*, 29**

les **vacances** *f.* vacation **29**
  en vacances on vacation
  pendant les vacances during vacation **A**
un **vaccin** vaccine
une **vache** cow **5**
un **vainqueur** winner
vaisselle: faire la vaisselle to do (wash) the dishes **3**
la **valeur** value **I8***
une **valise** suitcase **29**
une **vallée** valley
valoir to be worth
la **vanille** vanilla **9**
varier to vary
les **variétés** *f.* variety show
vas-y! go on! go ahead! keep going! **18**
vaut: il vaut mieux it is better **I2***
le **veau** veal **9**
vécu (*p. p. of* **vivre**) **22**
une **vedette** star
un **véhicule** vehicle
la **veille** eve, day before **I4***
le **vélo** cycling **17**
un **vélo** bicycle **A**
  à vélo by bicycle **5**
  le vélo tout terrain mountain biking
  un vélo tout terrain mountain bike **A**
  le vélo-cross dirt bike (circuit)
un **vélomoteur** moped, motorbike
le **velours** velvet **25**
  le velours côtelé corduroy **25**
un **vendeur, une vendeuse** salesperson **1**
vendre to sell **A**
  à vendre for sale
vendredi Friday, on Friday **A**
* **venir** to come **4**
  venir de + *inf.* (to have) just **4**
le **vent** wind
une **vente** sale
le **ventre** stomach **17**
  avoir mal au ventre to have a stomach ache **17**
vérifier to check **33**
véritable true, real **I8***
la **vérité** truth **16**
verra (*fut. of* **voir**) **31**
un **verre** glass **9**
des **verres de contact** contact lenses
vers toward(s), around **I2***
un **vers** line (of poetry), verse
vert green **A, 25**
une **veste** jacket **A, 25**
des **vestiges** *m.* ruins, remains
des **vêtements** *m.* clothes **A, 25**
un **vétérinaire, une vétérinaire** veterinarian **1**
veuillez m'adresser please send me
la **viande** meat **9**
une **victoire** victory
victorieusement victoriously
vide empty **I6***
une **vidéo** video
la **vie** life **R**; living
  la vie de tous les jours daily life
vieil old **2**
vieille old **2**
viendra (*fut. of* **venir**) **31**
le **Viêt-nam** Vietnam **29**
vietnamien (vietnamienne) Vietnamese **1**
vieux (vieil, vieille; vieux) old **2**
une **villa** country house, villa **29**
un **village** town, village **21**
une **ville** city **A, 21**
  en ville downtown **5**
le **vin** wine
le **vinaigre** vinegar
la **vinaigrette** salad dressing
vingt twenty **A**
une **vingtaine** about twenty
violet (violette) purple **25**
un **violon** violin
un **visa** visa **29**
un **visage** face
la **visibilité** visibility
une **visite** visit
  rendre visite (à) to visit *(a person)* **A, 16**
visiter to visit *(a place)* **A**
un **visiteur, une visiteuse** visitor
vite quickly, fast **27**
la **vitesse** speed
  à toute vitesse full speed **19***
  en vitesse very quickly, fast **I2***
une **vitre** window pane
la **vitrine** store window **I7***
vivant lively
vive ... ! hurray for ... !
* **vivre** (*p.p.* **vécu**) to live **22**
le **vocabulaire** vocabulary
voici this is, here's, here comes **R**
une **voie** lane
voilà there's, that is **R**
la **voile** sailing **17**
une **voile** sail
  la planche à voile windsurfing **17**
* **voir** (*p.p.* **vu**) to see **5**
  se voir to see one another
un **voisin, une voisine** neighbor **1**

une **voiture** car **A, 5**
  en voiture by car **A**
  une voiture de sport sports car **33**
une **voix** voice
un **vol** flight **I4*; theft I7***
un **volant** steering wheel **33**
  au volant at the wheel
voler to fly
un **voleur** thief **I7***
  au voleur! stop thief!
un **volet** shutter
le **volley** volleyball
volontaire voluntary
la **volonté** will
volontiers! sure! I'd love to! **13**
vos your **A**
voter to vote
votre (*pl.* **vos**) your **A**
voudra (*fut. of* **vouloir**) **31**
voudrais: je voudrais I would like **R**
* **vouloir** (*p.p.* **voulu**) to want; to wish **10**
  vouloir bien to want *(used to accept an offer)*; to accept, agree **R**
  vouloir dire to mean
vous you **R; to you 14; yourself,** yourselves, each other, one another **19**
  vous-même yourself
un **voyage** trip **29**
  bon voyage! have a nice trip!
  faire un voyage to go on a trip, take a trip **29**
voyager to travel **A**
un **voyageur, une voyageuse** traveler
voyons! come on!
vrai true, right
  à vrai dire to tell the truth **I7***
vraiment really, truly **I9***
un **VTT (vélo tout terrain)** mountain bike **A**

vu (*p.p. of* **voir**) **7**
la **vue** view

les **WC** *m.* toilet **21**
un **week-end** weekend **A**
le **week-end** on (the) weekends

y there, (in) it, (about) them **18**
  allons-y! let's go! **18**
  il n'y a pas there is no, there aren't any **R**
  il y a there is, there are **R**
  il y a + *time* time ago **7, 8**
  on y va? should we go? are we going? **18**
  qu'est-ce qu'il y a? what's up?; what's wrong? what's the matter? what's going on? **R**
  vas-y go on! go ahead! keep going! **18**
le **yaourt** yogurt **9**
les **yeux** *m.* eyes **17**

Z

zéro zero **A**
zut (alors)! darn! rats!

ENGLISH-FRENCH VOCABULARY

The English-French vocabulary contains active vocabulary as well as words introduced in the **Mots utiles** sections of the Lectures and interludes.

The numbers following an entry indicate the lesson in which the word or phrase is activated.

A Appendix A
R Reprise
I Interlude

An asterisk (*) after the lesson or unit number indicates that the word or phrase is presented in the **Mots utiles** section of the reading.

Nouns: If the article of a noun does not indicate gender, the noun is followed by *m. (masculine)* or *f. (feminine)*. If the plural *(pl.)* is irregular, it is given in parentheses.

Verbs: Verbs are listed in the infinitive form. An asterisk (*) in front of an active verb means that it is irregular. (For forms, see the verb charts in Appendix.)

Words beginning with an **h** are preceded by a bullet (•) if the **h** is aspirate; that is, if the word is treated as if it begins with a consonant sound.

A

a, an un, une **R**
a few quelques **12**
a little un peu; un peu de **12**
a lot beaucoup (de) **12**
able: to be able (to) *pouvoir **10**
about: about it/them y, en **18**
about whom (what)? de qui (quoi)? à qui (quoi)? **R**
to be careful about faire attention à **3**
to be hesitant about hésiter à **30**
to dream about rêver de **30**
to tell about raconter **16**
to think about penser à
above: au-dessus **I3***
above all surtout
abroad à l'étranger **29**
to **accelerate** accélérer **34***
accelerator un accélérateur **33**
to **accept** accepter (de) **30;** vouloir bien **R**
accessory un accessoire **25**
accident un accident **24**
according to d'après, selon **18**
accountant un (une) comptable **1**
acquainted: to be acquainted with *connaître **15**
across (from) en face (de) **I8*;** à travers **I6***
act: to act innocent faire l'innocent **I7***
action movie un film d'aventures **13**
active actif (active) **2**
active in sports sportif (sportive) **2**
actively activement **26**
actor un acteur **1**
actress une actrice **1**
address une adresse **1**
address book un carnet d'adresses **I3***
to **admit** avouer **I8***
to **adorn** orner **I7***
advance: to tell in advance *prévenir **I3***
adventure une aventure
advice: piece of advice un conseil
advisable prudent
to **advise** conseiller
afraid: to be afraid avoir peur **3**
Africa l'Afrique *f.* **29**
after après **6;** ensuite **6;** au bout de **I3***
after all après tout
afternoon l'après-midi *m.* A, **7**
in the afternoon l'après-midi, de l'après-midi **A**
on (Tuesday) afternoon (mardi) après-midi
this afternoon cet après-midi **7**
again à nouveau **I3***
against contre
age l'âge *m.* **3**
at any age à tout âge
ago il y a + *elapsed time* **7**
to **agree** accepter (de) **30;** vouloir bien **R, 10**
to agree with être d'accord avec **2**
agreeable agréable
airplane un avion **A**
airplane ticket un billet d'avion **29**
by airplane en avion **A**
alarm: to set off the alarm déclencher l'alarme **I8***
alive: to be alive *vivre **22**
all tout **12;** tout (toute; tous, toutes) **12;** tous (toutes) les **23**
all right d'accord! **13**
all the tous (toutes) les **23**
all the time tout le temps **12**
is that all? c'est tout? **9**
to **allow** *permettre **6**
allowed: to be allowed to *pouvoir **10**
alone seul **I5***
along: to bring/take along *(mainly people)* amener **11;** *(things)* **apporter A, 14**
already déjà **6**
also aussi
always toujours
ambitious ambitieux (ambitieuse) **2**
America: North America l'Amérique *f.* du Nord **29**
South America l'Amérique *f.* du Sud **29**
American américain **1**
among entre **R**
amount une quantité **12**
amusing amusant
an un, une **R**

anchovies les anchois *m.* **9**
and et R
angry furieux (furieuse)
  angry (with) fâché (contre)
animal un animal (*pl.* animaux) **5**
to **announce** annoncer
announcement un faire-part
another un (une) autre **12**
  another (one) un (une) autre **12**
answer une réponse
to **answer** répondre (à) **A, 16**
any du, de la, de l', des, *(in negative sentences)* de (d') **R**; en **18**
  any other d'autres **12**
  is there any ... est-ce qu'il y a ... **R**
  not any ne ... aucun **I7***
  not any longer ne ... plus
  there aren't any il n'y a pas de **R**
anymore: not anymore ne ... plus
anyone: not anyone ne ... personne **7**
anything: not anything ne ... rien **7**
  anything else? et avec ça? **9**
apartment un appartement **21**
  apartment building un immeuble **I4*, 21**
to apologize s'excuser **20**
to appear apparaître **I1***; avoir l'air **3**; paraître **I7***; sembler **I3***
appetizers les •hors-d'oeuvre *m.* **9**
apple une pomme **9**
  apple juice le jus de pomme **9**
appliance un appareil **21**
appointment un rendez-vous **I4***
to **approach** s'approcher (de)
April avril *m.* **A**
architect un (une) architecte
are (*see* **to be**)
  there are il y a **R**
  there aren't any il n'y a pas de **R**
area un lieu **1**
Argentina l'Argentine *f.* **29**
arm un bras **17**
armchair un fauteuil **21**
around autour (de) **I8***; *(time)* vers **I2***
to **arrive** arriver (à, de) **8**
art class les arts *(m.)* plastiques **R**
as *(in comparisons)* que; comme **9**
  as ... as aussi ... que **27**
  as a matter of fact en effet **I9***; justement
  as far as jusqu'à
ashamed confus **I1***
Asia l'Asie *f.* **29**
to **ask (for)** demander (à) **16**
aspirin l'aspirine *f.*
at à **R**
  at ... (o'clock) à ... heure(s) **A**
  at (home) chez **R**
  at first d'abord **6**
  at last enfin **6**
  at least au moins **I2***
  at the house (office, shop, etc.) of chez **R**
  at what time? à quelle heure? **A**
athletic sportif (sportive) **2**
  athletic T-shirt un maillot **26***
to **attend** assister à **5**
attended: well-attended fréquenté
attention: to pay attention (to) faire attention (à) **3**
attic un grenier **21**
August août *m.* **A**
aunt une tante **1**
Australia l'Australie *f.* **29**
autumn l'automne *m.* **A**
  in the autumn en automne
avenue une avenue
away: right away tout de suite **19**
awful affreux (affreuse) **25**

B

back un dos **17**
  at the back of au fond de **28***
  in back (of) derrière **17**
  to come back rentrer (à, de) **A, 8**
  to come back (from) *revenir (de) **4**
  to give back rendre **14**
  to go back rentrer **A, 8**
  to have a sore back avoir mal au dos **17**
to **back up, back down** reculer **I6***
backpack un sac à dos **29**
bad mauvais **2**
  in a bad mood de mauvaise humeur **I9***
  it's bad (weather) il fait mauvais **A**
  that's too bad! c'est dommage!
  too bad! tant pis! **I9***
badly mal
bag un sac **A, 12**
  sleeping bag un sac de couchage **29**
baggy large **25**
bakery une boulangerie
banana une banane **9**
band un orchestre, un groupe **13**
bank une banque
baseball cap une casquette **A, 25**
basement le sous-sol **21**
basketball le basket **A**
bathing suit un maillot de bain **A, 25**
bathroom une salle de bains **21**
bathtub une baignoire **21**
to be être **2**; être situé, se trouver
  be quiet! tais-toi! taisez-vous! **20**
  to be ... (years old) avoir ... ans **3**
  to be able *pouvoir **10**
  to be acquainted (familiar) with *connaître **15**
  to be active in faire de + *pastime* **3**
  to be afraid avoir peur **3**
  to be alive *vivre **22**
  to be allowed to *pouvoir **10**
  to be careful (to) faire attention à **3**
  to be cold avoir froid **3**
  to be early (late, on time) être en avance (en retard, à l'heure) **2**
  to be going to *(do something)* aller + *inf.* **4**
  to be hesitant about hésiter à **30**
  to be hot avoir chaud **3**
  to be hungry avoir faim **3**

to be in good health être en bonne santé **17**
to be in shape être en forme **17**
to be in the midst of être en train de **2**
to be lucky avoir de la chance **3**
to be named s'appeler **1**
to be quiet *se taire **20**
to be ready être prêt **19***
to be right avoir raison **3**
to be sleepy avoir sommeil **3**
to be supposed to *devoir **10**
to be thirsty avoir soif **3**
to be warm avoir chaud **3**
to be wrong avoir tort **3**
beach une plage **A**
beans: green beans des •haricots (verts) **9**
beautiful beau (bel, belle; beaux) **2, 26**
because car, parce que
to **become** *devenir **4**
bed un lit **A, 21**
to go to bed se coucher **19**
bedroom une chambre **5**
beef: roast beef le rosbif **9**
before avant **6**; avant de **34**
to **beg** supplier **I6***
to **begin** commencer **I3*, 13;** se mettre à **I6***
to begin to commencer à + *inf.* **30**
behind derrière **R**
beige beige **25**
Belgian belge **1**
Belgium la Belgique **29**
to **believe** *croire (à, que) **18;** penser **18**
bell: to ring the bell sonner **I3***
to **belong to** *être à **2**
belonging to: the one(s) belonging to celui, celle (ceux, celles) de **28**
belt une ceinture **25**
beside à côté (de) **R**
best: best friend un meilleur ami, une meilleure amie **1**
the best le meilleur, la meilleure **27**
better meilleur **27;** mieux **17**
it's (it would be) better il vaut (il vaudrait) mieux **I2***
between entre **R**
beverage une boisson **9**
bicycle un vélo **A**; une bicyclette
by bicycle à vélo (bicyclette) **5**
big grand **2,** gros (grosse) **I3***
bill l'addition *f.* **9;** une note **I4***
biology la biologie **R**
bird un oiseau (*pl.* oiseaux) **5**
birth la naissance **1**
birthday un anniversaire **A**
black noir **A, 25**
blanket une couverture **29**
blazer un blazer **25**
blinker le clignotant **33**
blond blond
blouse un chemisier **A, 25**
blue bleu A, 25
dark blue bleu foncé **25**
light blue bleu clair **25**
boat un bateau (*pl.* bateaux)
by boat en bateau
body le corps **17**
book un livre **A**
bookshelf une étagère **21**
boots des bottes *f.* **25**
boring pénible **2;** ennuyeux **2**
born: I was born je suis né(e) **1**
to **borrow (from)** emprunter (à) **16**
boss un patron, une patronne **1**
bottle une bouteille **12**
boulevard un boulevard
boutique une boutique **A, 25**
box une boîte **12**
boy un garçon
bracelet un bracelet **25**
brake le frein **33**
Brazil le Brésil **29**
bread le pain **9**
to **break** casser **I8***
to break *(one's leg)* se casser (la jambe)
breakdown une panne
breakfast le petit déjeuner **9**
to have breakfast prendre le petit déjeuner **9**
bride une mariée **1**
to **bring (along)** *(mainly people)* **amener 11;** *(things)* apporter **A**
to bring back ramener I1*, rapporter **I8***
to bring ... to apporter ... à **14**
broke *(without money)* fauché
brother un frère **1**
half brother un demi-frère **1**
brown marron *(inv.)* **A, 25**
dark brown brun
to **brush** *(one's teeth)* se brosser (les dents) **19**
building: apartment building un immeuble **I4*, 21**
to **bump into** rentrer dans
bus un autobus, un bus **5**
by bus en autobus
businessperson un homme (une femme) d'affaires **1**
busy occupé **13**
but mais
butcher shop une boucherie
butter le beurre **9**
to **buy** acheter **11**
to buy for acheter à **16**
by: by ...-ing en + *pres. part.* **34**
by boat (bus, car, plane, train) en bateau (autobus, auto [voiture], avion, train) **A**
by oneself seul **I5***
to come by passer (par) **8**

cabinets des placards *m.* **21**
café un café **A, 5**
cake le gâteau (*pl.* gâteaux) **9**
calculator une calculatrice
calendar un calendrier
to **call** téléphoner **A, 16; appeler**
I'll call back je rappellerai **1**
calm calme
calmly calmement **26**
Cambodia le Cambodge **29**
Cambodian cambodgien (cambodgienne) **1**
camera un appareil-photo (*pl.* appareils-photo) **A**
movie camera une caméra
camping le camping **29**
camping trailer une caravane **29**
to go camping faire du camping **29**
can une boîte **12**
can *pouvoir **10**
Canada le Canada **29**
Canadian canadien (canadienne) **1**
canvas la toile **25**
cap une casquette **25**
car une auto, une voiture **A, 5**
by car en auto (voiture) **A**

card une carte **16**
(playing) cards les cartes
careful attentif (attentive) **26;** prudent
to be careful (about) faire attention (à) **3**
careless imprudent
carrot une carotte **9**
cartoon un dessin animé **13**
case: in that case dans ce cas **I6***
cat un chat
to catch sight of *apercevoir **30**
CD player un lecteur de CD
ceiling le plafond **21**
celery le céleri **9**
cell phone un portable **A**
cellar une cave **21**
cent *(1/100 of a euro)* un cent, un centime
center: in the center of au centre de
Central America l'Amérique centrale *f.* **29**
century un siècle **I6***
cereal les céréales f. **9**
certain sûr
chain une chaîne **25**
chair une chaise **A, 21**
challenge un défi **I6***
to change changer (de)
cheap bon marché *(inv.)* **25**
cheaper meilleur marché **27**
check l'addition f. **9**
to check vérifier **33**
checked à carreaux **25**
cheese le fromage **9**
chemistry la chimie **R**
cherry une cerise **9**
chicken le poulet **9**
child un (une) enfant **1**
only child un (une) enfant unique **1**
China la Chine **29**
Chinese chinois **1**
chocolate: hot chocolate un chocolat **9**
chocolate ice cream une glace au chocolat **9**
to choose choisir **A**
church une église **A**
city une ville **A, 21**
class un cours **R**; une classe **R**
first class première classe **29**
second class seconde classe **29**
classmate un (une) camarade **1**
to clean nettoyer **5**
climbing: *mountain climbing* l'alpinisme *m.; rock climbing l'escalade f.*
to close fermer **21**
closet un placard **21**
clothes des vêtements *m.* **A, 25**
coat un manteau (*pl.* manteaux) **A, 25**
cocoa un chocolat **9**
coffee le café **9**
cold froid **27**
it's cold il fait froid **A**
to be cold avoir froid **3**
cold un rhume **17**
to have a cold avoir un rhume **17**
color une couleur **25**
what color is ... ? de quelle couleur est ... ? **25**
colorless incolore **I5***
comb un peigne **19**
to comb one's hair se peigner **19**
to come arriver (à, de) **8;** *venir **4**
to come back rentrer (à, de) **A, 8;** *revenir (de) **4**
to come by passer **8**
comedy une comédie **13**
musical comedy une comédie musicale **13**
comic strip une bande dessinée **16**
to commit *commettre **I7***
compact disc un CD **A,** un compact **A**
compact stereo une mini-chaîne **A**
computer un ordinateur **A**
computer games les jeux *m.* d'ordinateur
computer specialist un informaticien, une informaticienne **1**
concerned inquiet (inquiète)
concert un concert **13**
rock concert un concert de rock **5**
condition: in good condition en bon état **I8***
conscientious consciencieux (consciencieuse) **2**
content content **2**
continent un continent **29**
continuation la suite **I8***
to continue continuer (à) **30**
to contradict *contredire
convertible une décapotable **33**
to cook faire la cuisine **3**
cooking la cuisine **9**
to do the cooking faire la cuisine **3**
copper le cuivre **I8***
corduroy le velours côtelé **25**
corridor un couloir **21**
to cost coûter **13**
how much does that cost? ça fait combien? **9**
cotton le coton **25**
made of cotton en coton **25**
could: I could je pourrais **R**
to count compter **I3***
country un pays **29**
country house une villa **29**
in the country à la campagne **5**
country(side) la campagne **29**
courageous courageux (courageuse)
course un cours **R**; *(of a meal)* un plat **9**
of course bien sûr **13,** bien entendu **I7***
to take a course suivre un cours **33**
cousin un cousin, une cousine **1**
to cover couvrir **21**
cow une vache **5**
crazy fou (folle) **I2***
crescent roll un croissant **9**
criminal un malfaiteur **I7***
to cross traverser **A**
Cuban cubain (cubaine) **1**
cuisine la cuisine **9**
cup une tasse **9**
curious curieux (curieuse) **2**
curtain un rideau (pl. rideaux) **21**
custom une habitude **I4***
cute mignon (mignonne) **2**
cycling le vélo **17**

D

daily quotidien (quotidienne) **I4***
damaged endommagé **I9***
to dance danser **A**
dangerous dangereux (dangereuse)

dare un défi **I6***
dark: dark blue bleu foncé **25**
dark brown brun
dark-haired brun
data processing l'informatique *f.* **R**
date *(on the calendar)* une date **1**; un rendez-vous **I4***
date of birth la date de naissance **1**
to have a date avoir rendez-vous **I1***
what's the date today? quelle est la date aujourd'hui? **A**
daughter une fille **1**
day un jour **A, 23**
day before la veille **I4***
every day tous les jours **23**
the next day le lendemain **I4***
(whole) day une journée
dear cher (chère)
December décembre m. A
to **decide (to)** décider (de) **25**
delighted ravi **I9***
dentist un (une) dentiste **1**
to **deny** nier **I7***
department *(in a store)* un rayon **25**
department store un grand magasin **25**
to **describe** *décrire **16**
design un dessin **25**
designer un dessinateur, une dessinatrice **1**
to **desire** désirer **9**
desk un bureau (*pl.* bureaux) **A, 21**
despite malgré **I8***
dessert un dessert **9**
to **destroy** *détruire
detective movie un film policier **13**
diamond un diamant **I7***
diary un journal **16**
to **die** mourir
difficult difficile **27**
dining room une salle à manger **21**
dinner le dîner **9**
to have (eat) dinner dîner **A, 9**
to **disappear** disparaître **I7***
disappearance la disparition **I7***
disappointed déçu **I9***
discount shop une boutique de soldes **25**
to **discover** *découvrir **21**
discreet discret (discrète) **26**
dish un plat **9**
main dish le plat principal
dishes: to do (wash) the dishes faire la vaisselle **3**
dishwasher un lave-vaisselle **21**
to **dislike** détester **9**
disobedience la désobéissance **I9***
to **disobey** désobéir **I9***
displeasure le mécontentement **I4***
district un quartier **A, 21**
divided highway une autoroute **I8***
divorced divorcé **1**
to **do** *faire *(a pastime)* **3; faire de** + *pastime* **3**
to do one's homework faire ses devoirs **3**
to do the cooking faire la cuisine **3**
to do the dishes faire la vaisselle **3**
to do the shopping *(for food)* faire les courses **3**; faire des achats **5**
docking station un dock
doctor un médecin **1**; un docteur **1**
dog un chien
dollar un dollar
door une porte **21**
dotted à pois **25**
down: to go down descendre **5**
downtown en ville **5**; le centre-ville **21**
dozen une douzaine **9**
drama: psychological drama un drame psychologique **13**
drawer un tiroir **I7***
drawing un dessin **I8***
to **dream (about)** rêver (de) **I2*, 30**
dress une robe **A, 25**
dressed: to get dressed s'habiller **19**
to get undressed se déshabiller
drink une boisson **9**
to **drink** *boire **25**, *prendre **6**
to **drive** *conduire **33**
driver un conducteur, une conductrice **24**
driver's license un permis de conduire **33**
driving la conduite **33**
driving school une auto-école **33**
druggist un pharmacien, une pharmacienne **1**
duck un canard **5**
dumb bête **2**; idiot
during pendant **6**
during the week en semaine **A**

E

e-mail un mail (un mél) **16**
each chaque **23**
each one, each person chacun
each other nous, vous, se **19**
ear une oreille **17**
to have an earache avoir mal aux oreilles **17**
early tôt **I1*, 27**
to be early être en avance **2**
to **earn** gagner **A**
earrings des boucles *f.* d'oreilles **25**
earth la terre
east l'est m. **29**
easy facile **27**
to **eat** manger A; *prendre **6**
to eat dinner dîner **9**
to eat lunch déjeuner **9**
economics l'économie *f.* **R**
edge: at the edge of au bord de **I2***
egg un oeuf **9**
fried eggs des oeufs sur le plat **9**
Egypt l'Égypte f. **29**
eight • huit **A**
eighteen dix-huit **A**
eighty quatre-vingts **A**
eighty-one quatre-vingt-un **A**
elegant élégant **25**
elegantly élégamment **26**
eleven onze **A**
eleventh onzième **26**
else: anything else? et avec ça? **9**

something else quelque chose d'autre 25
empty vide I6*
end un bout; la fin I8*
at the end of en fin de I2*
to **end** finir **A**
engaged: to get engaged se fiancer
engine un moteur 33
engineer un ingénieur 1
England l'Angleterre *f.* 29
English anglais 1
English (language) l'anglais *m.* **R**
enormous énorme I3*
enough assez 2; assez de 12
to **enter** entrer 8
to **entertain** *(people)* *recevoir 30
equipment l'équipement *m.* 21
error une erreur I3*
especially surtout
euro un euro
Europe l'Europe *f.* 29
eve la veille I4*
even même I8*
even if même si
evening le soir **A**
in the evening le soir 23; du soir **A**
on (Wednesday) evening (mercredi) soir
this evening ce soir 7
(whole) evening une soirée
event un événement 23
ever déjà 6
every tout (toute; tous, toutes) 12; tous (toutes) les 23
every day chaque jour 23, tous les jours 23
everybody, everyone tout le monde I2*, 12
everything tout 12
everywhere partout I8*
evidently évidemment I9*
exactly justement I9*
exam un examen **A**
except sauf I8*
exhibition une exposition 13
expensive cher (chère) 25
to **explain** expliquer I3*
explanation une explication
to **express** exprimer 18
to express oneself s'exprimer
eye un oeil (pl. yeux) 17

F

fabric le tissu 25
face une figure 17
fact: as a matter of fact en effet I9*; justement
failure to obey la désobéissance I9*
fair juste 2
to **fake** simuler I7*
fall l'automne *m.* **A**
in the fall en automne
to **fall** tomber 8
false faux (fausse)
familiar: to be familiar with *connaître 15
family une famille 1
famous célèbre
far, far away (from) loin (de) **R**
as far as jusqu'à
farm une ferme 5
fashion: in fashion à la mode 17
fast *(adv.)* vite 27; *(adj.)* rapide 27; en vitesse I2*
faster: to go faster accélérer 34*
fat: gros (grosse) I3*
to get fat grossir **A**
father un père 1
favor: in favor of pour **R**
favorite préféré 9
feast une fête
February février *m.* **A**
feel: to feel like (having) avoir envie de 3
to **feel (well)** se sentir (bien) 17
fellow un type I9*
ferocious féroce I8*
few peu de 12
a few quelques 12
fiancé(e) un fiancé, une fiancée
field un champ 5
fifteen quinze **A**
fifth cinquième 26
fifty cinquante **A**
to **fill** remplir
to fill the tank faire le plein 33
film un film 5
filmmaker un (une) cinéaste 1
finally finalement 6
to **find** trouver 13
fine: it's fine (weather) il fait bon **A**
I'm fine ça va 17
fine une amende I8*
finger un doigt 17
to **finish** finir **A**; finir de 30
finished fini
fire le feu I2*
to **fire** *(an employee)* renvoyer I5*
first premier (première) I1*, 26; premièrement 26
first name le prénom 1
(at) first d'abord 6
(March) first le premier (mars) **A**
fish un poisson 5
fishing la pêche 5
to **fit: do these pants (shoes) fit you?** est-ce que ce pantalon (ces chaussures) vous va (vont)? 25
it doesn't fit il/elle ne me va pas 25
it fits well il/elle me va bien 25
they (don't) fit ils/elles (ne) me vont (pas) 25
five cinq **A**
to **fix** préparer **A**; réparer 19*
flash: flash of lightning un éclair 12*
flashlight une lampe de poche 16*, 29
flight un vol 14*
floor un étage 13*, 21
ground floor le rez-de-chaussée 21
second floor le premier étage 21
flower une fleur 5
flowered à fleurs 25
flu la grippe 17
to have the flu avoir la grippe 17
to **fly off** s'envoler 16*
to **fold** plier 17
to **follow** *suivre 33
following suivant
food la nourriture 9
foot un pied 17
on foot à pied 5
for pour **R**; pendant 6; depuis 4; comme 9
for a long time longtemps 27
for how long? depuis combien de temps? 4

forbidden interdit **18***
foreign étranger (étrangère) **29**
forest une forêt **5**
to forget oublier **13**
to forget to oublier de **30**
fork une fourchette **9**
formal living room un salon **21**
former ancien (ancienne) **21**
fortunately heureusement **8***
forty quarante **A**
four quatre A
fourteen quatorze A
franc un franc *(former currency of France and Belgium, current currency of Switzerland)*
France la France **29**
free libre **13**
French français **1**
French (language) le français **R**
French fries des frites *f.* **9**
Friday vendredi *m.* **A**
on Friday vendredi **7**
on Fridays le vendredi **23**
friend un ami, une amie **1;** un copain, une copine **1**
best friend un meilleur ami (copain), une meilleure amie (copine) **1**
fries: French fries des frites *f.* **9**
to frighten effrayer **I6***
from de **R**
from time to time de temps en temps **18**
from there en **18**
front: in front (of) devant **R**
fruit un fruit **9**
fruit juice le jus de fruits
frying pan une poêle **29**
full plein **33**
full speed à toute vitesse **19***
fun: to have fun s'amuser **20**
funny drôle **2**
fur la fourrure **25**
furious furieux (furieuse)
furniture le mobilier **21**
piece of furniture un meuble **21**

to gain weight grossir **A**
game un match **13**
to play a game faire un match
garage un garage **5**
garden un jardin **21**
gas l'essence *f.* **33**
gas station une station-service **33**
gas tank le réservoir **33**
generally généralement
generous généreux (généreuse) **2**
geography la géographie (géo) **R**
German allemand **R**
Germany l'Allemagne *f.* **29**
to get chercher **4;** *recevoir **30;** *obtenir
to get dressed s'habiller **19**
to get on, into (a bus, subway) monter **5**
to get out (of) sortir (de) **8**
to get up se lever **17**
gift un cadeau (*pl.* cadeaux) **14**
to give donner (à) **14;** *offrir
to give back rendre (à) **14**
glad content
glad to meet you enchanté(e) **1**
glass le verre; *(for drinking)* un verre **9**
glasses des lunettes *f.* **A**
glove un gant **25**
to go *aller **4;** passer **8**
go on! go ahead! keep going! vas-y! **18**
let's go! allons-y! **18**
should we go? are we going? on y va? **18**
to be going to aller + *inf.* **4**
to go back rentrer **A, 8;** retourner
to go (camping) faire du (camping) **29**
to go down descendre **5**
to go faster accélérer **34***
to go fishing aller à la pêche **5**
to go for a ride faire une promenade (en auto) **35**
to go for a walk faire une promenade (à pied) **35**
to go get aller chercher **4**
to go home rentrer (à, de) **A, 8**
to go in entrer **8**
to go on continuer à **30**
to go on a trip faire un voyage **29**
to go out *sortir **8**
to go shopping (for food) faire les courses **3;** faire des achats **5**
to go to bed se coucher **19**
to go to stores aller dans les magasins **5**
to go up monter **8**
going: what's going on? qu'est-ce qu'il y a? **R**
gold l'or *m.* **25**
good bon (bonne) **2**
in a good mood de bonne humeur
in good health en bonne santé **17**
it's good il est bon, c'est bon
good-looking beau (bel, belle; beaux) **2**
granddaughter la petite-fille **1**
grandfather un grand-père **1**
grandmother une grand-mère **1**
grandparents les grands-parents *m.*
grandson le petit-fils **1**
grapefruit un pamplemousse **9**
grapes du raisin *m.*
grape juice le jus de raisin **9**
gray gris **25**
great génial (*pl.* géniaux) **2**
green vert **A, 25**
green beans des •haricots (verts) **9**
groom un marié **1**
ground le sol **21**
ground floor le rez-de-chaussée **21**
Guatemala le Guatemala **29**
guilty coupable **I5***
guilty one un coupable, une coupable **I5***
guitar une guitare **A**
guy un type **I9***
gymnastics la gym(nastique) **17**

habit une habitude **I4***
hair les cheveux *m.* **17**
hairbrush une brosse à cheveux **19**
Haitian haïtien (haïtienne) **1**

half: it's half past ... il est ... heure(s) et demie **A**
half brother un demi-frère **1**
half sister une demi-soeur **1**
hall une salle
ham le jambon **9**
grilled ham and cheese sandwich un croque-monsieur **9**
hand une main **17**
hanger un cintre **28***
to **happen** arriver **8,** se passer
happened: what happened? qu'est-ce qui est arrivé (s'est passé)? **24**
happening: what's happening? qu'est-ce qui se passe?
happy content **2;** heureux (heureuse) **2**
hard dur **I4*,** difficile **27**
has: one has to il faut **12**
hat un chapeau (*pl.* chapeaux) **25**
to **hate** détester **9**
to **have** *avoir **3;** *prendre **6**
to have a headache avoir mal à la tête **17**
to have a picnic faire un pique-nique **5**
to have a sore back avoir mal au dos **17**
to have breakfast prendre le petit déjeuner **9**
to have dinner dîner **A, 9**
to have fun s'amuser **20**
to have just venir de + *inf.* **4**
to have lunch déjeuner **9**
to have the flu avoir la grippe **17**
to have to *devoir **10**
you have to il faut **12**
he il **R**
he's c'est **R;** il est
head une tête **17**
headache: to have a headache avoir mal à la tête **17**
headlight un phare **33**
health: in good health en bonne santé **17**
healthy en bonne santé **17**
to **hear** entendre **A**
heart un coeur **17**
heavy lourd **27**
to **help** aider **A**
to help oneself se servir **I5***
hen une poule **5**
her elle; la **15;** son, sa, ses **A**
(to) her lui **16**
here ici
here is, here comes voici **R**
this ... (over here) ce ...-ci **A, 28**
herself se **19**
hesitant: to be hesitant about hésiter à **30**
to **hesitate** hésiter à **30**
hey! tiens!, dites donc! **I7***
hidden caché **I8***
to **hide** cacher
hi-fi set une chaîne hi-fi A
high school un lycée **R**
high tops *(shoes)* des baskets *m.* **A, 25**
highway une route
divided highway une autoroute **I8***
hike: to take a hike faire une randonnée **5**
hiking la marche à pied **17**
him lui **R;** le **15**
(to) him lui **16**
himself se **19**
his son, sa, ses **A**
history l'histoire *f.* **R**
to **hold** *tenir
hold on ne quittez pas **1**
holiday une fête, un jour férié **14***
home: (at) home chez + *stress pronoun* **R;** à la maison **A, 5**
to go home rentrer (à, de) **A, 8**
homework: to do one's homework faire (préparer) ses devoirs **3**
to **honk (the horn)** klaxonner **34***
hood (of a car) le capot **33**
hope l'espoir *m.* **I9***
to **hope** espérer **11**
horror movie un film d'horreur **13**
horse un cheval (*pl.* chevaux) **5**
horseback riding l'équitation *f.* **17**
on horseback à cheval **5**
hospital un hôpital **A**
hot chaud **27**
hot chocolate un chocolat **9**
it's hot il fait chaud **A**
to be hot avoir chaud **3**
hotel un hôtel **A**
house une maison **A, 21**
at/to the house of chez + *person* **R**
country house une villa **29**
single-family house une maison individuelle **21**
how: for how long? depuis combien de temps? **4**
how? comment? **R**
how are you? ça va? **17,** comment allez-vous?, comment vas-tu?
how many? combien (de)? **12**
how many times? combien de fois?
how much? combien? **12**
how's the weather? quel temps fait-il? **A**
to know how to *savoir **16**
to learn how to apprendre à + *inf.* **6**
however cependant **I9***
huge énorme **I3***
hundred cent **A, 26**
(one) hundred and one cent un **A**
two hundred deux cents **A**
hundredth centième **26**
hungry: to be hungry avoir faim **3**
hunting la chasse **I8***
hurry: in a hurry pressé **19***
to **hurry** se dépêcher **19***
hurt: where does it hurt? où est-ce que tu as (vous avez) mal? **17**
husband un mari **1**

I je **R**
I would like je voudrais **R;** j'aimerais
ice cream la glace **9**
vanilla (chocolate) ice cream une glace à la vanille (au chocolat) **9**
ice skating le patinage **17**
iced tea le thé glacé **9**
idiotic idiot
if si **31**
even if même si
illegal interdit **I8***
imaginative imaginatif (imaginative) **2**
immediately tout de suite **19**
impolite impoli **2**
important important

impulsive impulsif (impulsive) **2**
in à; en **18**; dans **R**
in a good (bad) mood de bonne (mauvaise) humeur **19***
in a hurry pressé **19***
in back (of) derrière **R**
in favor of pour **R**
in front (of) devant **R**
in good health en bonne santé **17**
in it/them y **18**
in (my) opinion à (mon) avis **18**
in order to pour + *inf.* **34**
in shape en forme **17**
in the middle (of) au milieu (de) **16***
in the morning (afternoon, evening) le matin (l'après-midi, le soir) **23**
in the (mornings) le (matin) **23**
in the past autrefois **23**
in the spring au printemps
in the summer (autumn, winter) en été (automne, hiver)
included compris **9, I4***
indeed bien; en effet **I9***
India l'Inde *f.* **29**
Indian **indien (indienne) 1**
individual individuel (individuelle) **17**
inexpensive bon marché *(inv.)* **25**
information un renseignement **14***
ingredient un ingrédient **9**
in-line skating le roller **17**
innocent: to act innocent faire l'innocent **I7***
inside dans **R**; à l'intérieur **I8***
insurance l'assurance *f.* **I7***
intellectual intellectuel (intellectuelle) **2**
intelligent intelligent
to **intend to** avoir l'intention de **3**
interested: to be interested (in) s'intéresser (à)
into dans **R**
to **introduce (to)** présenter (à) **1**
intuitive intuitif (intuitive) **2**
to **invite** inviter **A**
Ireland l'Irlande *f.* **29**
is (see **to be**)
isn't it so? n'est-ce pas? **A**
there is il y a **R**
there is no il n'y a pas de **R**
island une île
Israel Israël *m.* **29**
it il/elle **A**; le/la **15**
(in) it y **18**
it's c'est **A**
it's … (o'clock) il est … heure(s) **A**
it's (easy) to il est (facile) de + *inf.*
it's (five) of (four) il est (quatre) heures moins (cinq) **A**
it's (five) past (two) il est (deux) heures (cinq) **A**
it's half past … il est … heure(s) et demie **A**
it's (it would be) better il vaut (il vaudrait) mieux **I2***
it's (January 3rd) c'est le (3 janvier) **A**
it's necessary to il faut **12**
it's nice (bad, hot, cold) (weather) il fait beau (mauvais, chaud, froid) **12**
it's noon (midnight) il est midi (minuit) **A**
it's a quarter of … il est … heure(s) moins le quart **A**
it's a quarter past … il est … heure(s) et quart **A**
it's raining il pleut **A**
it snowed (rained) il a neigé (plu)
it's snowing il neige **A**
Italian italien (italienne) **1**
Italy l'Italie *f.* **29**
its son, sa, ses **A**

J

jacket une veste **A, 25**; un blouson **A, 25**
ski jacket un anorak
jam la confiture **9**
January janvier *m.* A
Japan le Japon **29**
Japanese japonais **1**
jar un pot **12**
jealous jaloux (jalouse)
jeans un jean **25**
jeweler un bijoutier **I7***
jewelry les bijoux *m. pl.* **25**
jewelry store une bijouterie **17***
jogging le jogging **A, 17**
jogging suit un survêtement (un survêt) **A, 25**
journal un journal **16**
journalist un (une) journaliste **1**
juice: apple juice le jus de pomme **9**
fruit juice le jus de fruits
grape juice le jus de raisin **9**
orange juice le jus d'orange **9**
July juillet *m.* **A**
June juin *m.* **A**
just: (to have) just venir de + *inf.* **4**

to **keep** garder **13**
to keep a promise tenir une promesse
ketchup le ketchup **9**
key une clé **I3*, 21**
kilogram un kilo **9**
kilometer un kilomètre
kind *adj.* gentil (gentille) **27**
kind *n.* un genre **13,** une sorte **13**
kindness la gentillesse **I8***
kisses: love and kisses *(at the end of a letter)* je t'embrasse … **14***
kitchen une cuisine **21**
kitchen sink un évier **21**
knapsack un sac à dos **29**
knee un genou **17**
knife un couteau **9**
to **know** *connaître **15**; *savoir **16**
to know how to *savoir **16**
Korea la Corée **29**
Korean coréen (coréenne) **1**

lake un lac **5**
lamp une lampe **21**
landscape un paysage **I8***
language une langue **R**
lap *(of a race)* une étape **I8***
large grand **2**

large room une salle
last dernier (dernière) I1*, 7
at last enfin 6
last (Monday) (lundi) dernier 7
late tard I1*, 27
to be late être en retard 2
later plus tard 1
lawyer un avocat, une avocate 1
lazy paresseux (paresseuse) 2
to lead mener I6*
leaf une feuille 5
to learn *apprendre 6
to learn *(a subject)* faire de + *subject* 3
to learn how to apprendre à + *inf.* 6
to learn to play *(an instrument)* faire de + *instrument*
least: at least au moins I2*
the least ... le/la/les moins + *adj.* 27
leather le cuir 25
to leave quitter; *partir 8; *(a place)* partir de; *(someone or something behind)* laisser 13
to leave for *(a place)* partir à
to leave it up to someone (to) laisser le soin à quelqu'un (de) 28
left gauche 17
to the left (of) à gauche (de) R
leg une jambe 17
lemon soda la limonade 9
to lend (to) prêter (à) 14
less ... than moins ... que 27
to let *permettre 6; laisser
let's go! allons-y! 18
letter une lettre 16
lettuce la salade
liberal libéral 2
library une bibliothèque A
license: driver's license un permis de conduire 33
lie un mensonge 16
to lie mentir I1*
life la vie R
light léger (légère) 27
light blue bleu clair 25
light une lumière I5*
to light allumer I2*, 21
lightning: flash of lightning un éclair I2*
like comme 9
to like aimer R
do you like [these glasses]? est-ce que [ces lunettes] vous plaisent? 25
do you like [this sweater]? est-ce que [ce pull] vous plaît? 25
I (don't) like it il/elle (ne) me plaît (pas) 25
I (don't) like them ils/elles (ne) me plaisent (pas) 25
I would like je voudrais R; j'aimerais
linen la toile 25
lipstick le rouge à lèvres 19
to listen to écouter A
liter un litre 12
little peu (de) 12
a little un peu 12
a little *(+ sing. noun)* un peu de 12
to live *(in a place)* habiter A, 22; *(in a given place, in a certain way)* *vivre 22
living room un salon 21, une salle de séjour
formal living room un salon 21
informal living room un living 21
to loan (to) prêter (à) A, 14
to lock fermer à clé 21
long long (longue) 25
for a long time longtemps 27
for how long? depuis combien de temps? 4
to look avoir l'air 3
look! tiens!
to look at regarder A
to look for chercher 5, I2*
to lose perdre A
to lose weight maigrir A
lot; a lot beaucoup 12
love l'amour *m.* I4*
love and kisses *(at the end of a letter)* je t'embrasse ... 14*; amicalement 14*
to love adorer 9
I'd love to! volontiers! 13
luck la chance
to try one's luck tenter sa chance I9*
lucky: to be lucky avoir de la chance 3
luggage les valises *f.* 29
lunch le déjeuner 9
to have (eat) lunch déjeuner 9

machine un appareil 21
washing machine une machine à laver 21
mad furieux (furieuse); fou (folle) I2*
made of (silver) en (argent) 25
magazine un magazine 16, une revue 16
to make *faire 3
make-up: to put on make-up se maquiller 19
man un homme
many beaucoup (de) 12
how many combien (de) 12
many people beaucoup de monde I1*
so many tellement de
too many trop (de) 12
map une carte 29
(street) map un plan
March mars *m.* A
margarine la margarine 9
market un marché 9
match une allumette; *(game)* un match 13
material la matière 25
math les maths *f.* R
matter: as a matter of fact en effet I9*; justement
that doesn't matter cela n'a pas d'importance I7*
what's the matter? qu'est-ce qu'il y a? R
May mai *m.* A
may *pouvoir 10
maybe peut-être
mayonnaise la mayonnaise 9
me moi R; me 14
to me me 14
meadow une prairie 5
meal un repas 9
mean méchant 27
to mean vouloir dire
measurement: to take someone's measurements prendre les mesures de quelqu'un 28*
meat la viande 9
mechanic un mécanicien, une mécanicienne
medal une médaille 25
to meet faire la connaissance de 15; *(by chance)* rencontrer A; *(at*

an arranged time and place)
retrouver **A**
glad to meet you enchanté(e) **1**
meeting place un rendez-vous **I4***
melon un melon **9**
meter un mètre
metric pound une livre **9**
Mexican mexicain **1**
Mexico le Mexique **29**
microwave oven un four à micro-ondes **21**
middle: in the middle (of) au milieu (de) **I6***
Middle East le Moyen-Orient **29**
middle school un collège **R**
midnight: it's midnight il est minuit **A**
midst: to be in the midst of être en train de **2**
mile un mille
milk le lait **9**
million un million **26**
mineral water l'eau *f.* minérale **9**
minivan un minivan **33**
minute une minute
mirror une glace **21**
Miss Mademoiselle (Mlle)
mistake une erreur **I3***
to make a mistake *faire (une) erreur **I7***
missing: ... is missing ... manque **I5***
model: fashion model un mannequin **1**
modern moderne **21**
Monday lundi *m.* **A**
on Monday lundi **7**
on Mondays le lundi **23**
money l'argent *m.* **A**
month un mois **A**
monthly par mois **13**
mood: in a good (bad) mood de bonne (mauvaise) humeur **I9***
moped une mob (mobylette), un vélomoteur
more plus **27**
more and more de plus en plus **I6***
more ... than plus ... que **27**
no more ne ... plus
once more encore une fois **I5***
morning le matin **A, 7**
in the morning le matin
on (Monday) morning (lundi) matin
this morning ce matin **7**
mosquito un moustique **I2***
most: the most ... le/la/les plus + *adj.* **27**
mother une mère **1**
motor un moteur **33**
motorbike une mob (mobylette), un vélomoteur
motorcycle une moto
mountain(s) la montagne **29**
mountain bike un VTT (un vélo tout terrain) **A**
mountain biking le VTT **17**
mountain climbing l'alpinisme *m.*
mourning le deuil **I4***
mouse (computer) une souris
mousepad un tapis (de) souris
mouth une bouche **17**
movie un film **5**
action movie un film d'aventures **13**
at (to) the movies au ciné **5**
detective movie un film policier **13**
horror movie un film d'horreur **13**
science fiction movie un film de science-fiction **13**
movie camera une caméra **A**
movie theater un cinéma **A**
much beaucoup **12**
how much combien (de) **12**
not much peu (de) **12**
so much tellement de
that much tellement **9**
too much trop (de) **12**
museum un musée **A, 13**
mushroom un champignon **9**
music la musique **R**
musical musicien (musicienne) **2**
musical comedy une comédie musicale **13**
must *devoir **10**
one must il faut **12**
mustard la moutarde **9**
my mon, ma, mes **A**
myself me **19**

naive naïf (naïve) **2**
name un nom **1**
first name le prénom **1**
named: to be named s'appeler **1**
napkin une serviette **9**
nasty méchant **27**
nationality une nationalité **1**
naturally naturellement **26**
near près (de) **R**
necessary nécessaire
it's necessary to il faut **12**
neck un cou **17**
necklace un collier **25**; une chaîne **25**
to **need** avoir besoin de **3**
you need to il faut **12**
neighbor un voisin, une voisine **1**
neighborhood un quartier **A, 21**
nephew un neveu (*pl.* neveux) **1**
never ne ... jamais **6**
almost never ne ... presque jamais **18**
new neuf (neuve) **26**; nouveau (nouvel, nouvelle, nouveaux) **2**
newspaper un journal **16**
next prochain **I1*, 7**
next (Monday) (lundi) prochain **7**
next to à côté de **R**
the next day le lendemain **I4***
nice sympathique **2**; aimable **2**; gentil (gentille) **27**
it's nice (weather) il fait beau **A**
niece une nièce **1**
night la nuit
on (Thursday) night (jeudi) soir
nine neuf **A**
nineteen dix-neuf **A**
ninety quatre-vingt-dix **A**
ninety-one quatre-vingt-onze **A**
ninth neuvième **26**
no non; ne ... aucun **I7***
no? non?; n'est-ce pas? **A**
no one personne, ne ... personne **7**

to say no refuser **30**
no more ne ... plus **10**
nobody ne ... personne **7**
noise un bruit **I2***
noon: it's noon il est midi **A**
normal normal (*pl.* normaux) **26**
normally normalement **26**
north le nord **29**
North America l'Amérique *f.* du Nord **29**
nose le nez **17**
not ne ... pas **R**
not (+ *inf.*) ne pas + *inf.*
not any ne ... aucun **I7***
not anyone ne ... personne **7**
not anything ne ... rien **7**
not many, not much peu (de) **12**
to **note** *s'apercevoir (de) **I9***; noter
notebook un cahier **A**
small notebook un carnet
nothing rien, ne ... rien **7**
to **notice** remarquer; *s'apercevoir (de) **I9***
novel un roman **16**
November novembre *m.* **A**
now maintenant **7**
number un nombre; un numéro **1**
phone number le numéro de téléphone **1**
nurse un infirmier, une infirmière **1**
nylon le nylon **25**

to **obey** obéir (à)
failure to obey la désobéissance **I9***
object un objet **A**
to **obtain** *obtenir
obviously évidemment **I9***
o'clock heure(s) **A**
at ... o'clock à ... heure(s) **A**
it's ... o'clock il est ... heure(s) **A**
October octobre *m.* **A**
of de **R**
it's (five) of (four) il est (quatre) heures moins (cinq) **A**
it's a quarter of ... il est ... heure(s) moins le quart **A**
of it/them en **18**
office un bureau **1**
at/to the office of chez **R**
office worker un employé (une employée) de bureau **1**
often souvent **18**
okay d'accord **13**
oil l'huile f. **33**
old âgé **1**; vieux (vieil, vieille; vieux) **2**; ancien (ancienne) **21**
to be ... years old avoir ... ans **3**
omelet une omelette **9**
on sur **R**
on ...-ing en + *pres. part.* **34**
on foot à pied **5**
on Monday lundi **7**
on Monday morning (afternoon, evening, night) lundi matin (après-midi, soir)
on (Mondays) le (lundi) **23**
on the weekend, on (the) weekends le week-end
on time à l'heure **2**
once une fois **13**
one un, une **R**
one time une fois **13**
one-way ticket un aller simple **29**
one *(you, they, people)* on **A**
another one un (une) autre **12**
one another nous, vous, se **19**
one has to (must) il faut **12**
that one celui-là (celle-la) **28**
the one celui (celle) **28**
the one(s) of/belonging to/from celui, celle (ceux, celles) de **28**
the one(s) that/who/whom celui, celle (ceux, celles) que/qui **28**
the same one le/la même
the same ones les mêmes
this one celui-ci (celle-ci) **28**
oneself se **19**
by oneself seul **I5***
only seulement **I2***; seul **I5***
only child un (une) enfant unique **1**
to **open** *ouvrir **I4***, **21**
opinion un avis **18**, une opinion **18**
in (my) opinion à (mon) avis **18**; d'après (moi) **18**
opposite en face (de) **I8***
or ou **R**
orange *(color)* orange **A, 25**
orange une orange **9**
orange juice le jus d'orange **9**
orchestra un orchestre **13**
order: in order to pour + *inf.* **34**
to **order** commander **9**
to **organize** organiser **A**
original original (*pl.* originaux) **2**
other autre **12**
(any) other d'autres **12**
others d'autres **12**
our notre, nos **A**
ourselves nous **19**
out: to get out (of) sortir (de) **8**
to try out essayer **25**
outside dehors **I6***
oven un four **21**
microwave oven un four à micro-ondes **21**
over: over there là-bas **5**
that ... (over there) ce ...-là **A, 28**
this ... (over here) ce ...-ci **A, 28**
to **owe** *devoir **10**
owl une chouette **I6***

Pacific: South Pacific l'Océanie *f.*
pack un paquet **12**
to **pack one's suitcase** faire ses valises **29**
package un paquet **12**
pain: "a pain" pénible **2**
painful pénible **2**
painter un peintre **I4***
painting un tableau (*pl.* tableaux) **21**
pal un copain, une copine **1**
pan une casserole **29**
frying pan une poêle **29**
pants un pantalon A, **25**
pantyhose des collants *m.* **25**
paper le papier
parents les parents *m.* **1**

park un parc **A**
part une partie **17,** une pièce
spare part une pièce de rechange **I9***
to take part (in) participer (à)
to participate (in) participer (à)
to participate in *(a sport)* faire de + *sport* **3, 17**
party une boum **A;** une soirée, une fête
(evening) party une soirée
to pass *(in a car)* doubler **34***
to pass a test réussir à un examen **A**
to pass by passer **8**
passkey un passe-partout **I7***
passport un passeport **29**
past: in the past autrefois **23**
it's (five) past (two) il est (deux) heures (cinq) **A**
it's half past ... il est ... heure(s) et demie **A**
it's a quarter past ... il est ... heure(s) et quart **A**
patiently patiemment **26**
pattern un dessin **25**
to pay (for) payer **9**
to pay attention (to) faire attention (à) **3**
pear une poire **9**
peas des petits pois *m.* **9**
pen un stylo **A**
pen pal un correspondant, une correspondante
pencil un crayon **A**
people les gens *m.* **1;** on **A;** du monde
many people du monde, beaucoup de monde **I1***
young people les jeunes *m.*
pepper le poivre **9**
per par **13**
performance une séance **13**
perhaps peut-être
to permit *permettre **6**
person une personne **1**
personal belongings des affaires *f.* **5**
personality la personnalité **2**
pharmacist un pharmacien, une pharmacienne **1**
philosophy la philosophie **R**
phone un téléphone
to phone téléphoner (à) **A, 16**
photograph une photo
photographer un photographe, une photographe **1**
physical education l'éducation *f.* physique **R**
physics la physique **R**
piano un piano **A**
to pick choisir **A**
to pick up *(go get)* chercher **4;** *(tidy up)* ranger **5**
picnic un pique-nique **A**
to have a picnic faire un pique-nique **5**
picture une photo; un tableau *(pl. tableaux)* **21**
pie une tarte **9**
piece un morceau (*pl.* morceaux) **12**
piece of furniture un meuble **21**
pig un cochon **5**
pinball: to play pinball jouer au flipper **5**
pink rose **25**
pity: what a pity! c'est dommage!
pizza une pizza **9**
place un endroit **A, 5;** un lieu **1**
meeting place un rendez-vous **I4***
to take place avoir lieu **24,** se passer
to place *mettre **6**
plain moche **25;** *(of food)* nature **9**
plan un projet **13**
to make plans faire des projets
plane un avion **A**
by plane en avion **A**
plant une plante **5**
plastic le plastique **25**
plate une assiette **9**
play une pièce de théâtre **13**
to play jouer **R**
to (learn to) play *(an instrument)* faire de + *instrument*
to play *(a musical instrument)* jouer de **R**
to play *(a sport)* faire de + sport **3**
to play *(a sport or a game)* jouer à **R**
to play a game faire un match
player un joueur, une joueuse **13**
what's playing? qu'est-ce qu'on joue? **13**
pleasant aimable **2**
it's pleasant (weather) il fait bon **A**
please s'il te (vous) plaît **9**
pleasure le plaisir **13**
pocket une poche **I7***
poem un poème **16**
polite poli **2**
politely poliment **26**
polka-dotted à pois **25**
polo shirt un polo **25**
polyester le polyester **25**
pool une piscine **A**
poor pauvre **2**
poorly mal
pork le porc **9**
portable stove un réchaud **29**
Portugal le Portugal **29**
postcard une carte postale **16**
poster un poster, une affiche **A**
post office la poste **A**
pot une casserole **29**
potato une pomme de terre **9**
pound: metric pound une livre **9**
precisely justement **I9***
to prefer aimer mieux; préférer **11**
to prepare préparer **A**
present un cadeau (*pl.* cadeaux) **14**
pretty joli **2**
price un prix
private privé
in private en privé **I5***
private school une école privée **R**
prize un prix
problem un problème **14***
product un produit **I5***
profession une profession **1**
professor un professeur
programmer un programmeur, une programmeuse **1**
to promise *promettre **6**
proud fier (fière) **I9***
prudent prudent
public public (publique)
public school une école publique **R**
Puerto Rican portoricain **1**
punctual ponctuel (ponctuelle) **2**
purple violet (violette) **25**
to put *mettre **6**

to put away ranger **5**
to put on *(clothing)* *mettre **6**
to put on make-up se maquiller **19**

quantity une quantité **12**
quarter: it's a quarter of ... il est ... heure(s) moins le quart **A**
it's a quarter past ... il est ... heure(s) et quart **A**
quickly vite **27**
quiet tranquille
be quiet! tais-toi! taisez-vous! **20**
to be quiet *se taire **20**

R

rabbit un lapin **5**
race une course **26***
racer un coureur **26***
racket une raquette
radio une radio
boom box une radiocassette **A**
to rain *pleuvoir
raincoat un imperméable (imper) **A, 25**
rained: it rained il a plu
raining: it's raining il pleut **A**
it was raining il pleuvait **23**
range une cuisinière **21**
rapid rapide **27**
rarely rarement **18**
rather assez **2**; plutôt **I6***
razor un rasoir **19**
to read *lire **16**
ready prêt **I2*, 29**
real véritable **I8***
to realize *s'apercevoir (de) **I9***
really vraiment **I9***
really? ah bon?
rearview mirror un rétroviseur **33**
to receive *recevoir **30**
to recognize *reconnaître **15**
red rouge **A, 25**
to reflect réfléchir **I5*, 25**
refrigerator un réfrigérateur **21**
to refuse to refuser de **30**
region une région **29**
relatives les parents *m.* **1**
to remember se souvenir (de) **20**
to remind rappeler **I4***
to rent louer **29**
louer un film to rent a movie **A**
repair une réparation **I9***
to repair réparer **I9***
to repeat répéter
reply une réponse **14***
residence une résidence **21**
to rest se reposer **19**
restaurant un restaurant **A**
restless agité
to return rentrer (à, de) **A, 8**; *(something)* rendre **14**; retourner **8**
reward la prime **I8***
rice le riz **9**
rich riche **2**
ride: to go for a ride faire une promenade (en auto) **3**
to take a ride se promener **19**; faire un tour **5**; faire une randonnée **5**
ridiculous ridicule **25**
right droit **17**; vrai
all right! d'accord! **13**
right? n'est-ce pas? **A**
right away tout de suite **19***
to be right avoir raison **3**
to the right (of) à droite (de) **R**
ring une bague **25**
to ring (the bell) sonner **I3***
river une rivière **5**
road une route
toll road une autoroute **I8***
roast: roast beef le rosbif **9**
roast chicken le poulet rôti **9**
rock climbing l'escalade *f.* **17**
roll: crescent roll un croissant **9**
roller skating le patin à roulettes **17**
roof un toit **21**
room *(in general)* une pièce **21**
(bed)room une chambre **5**
dining room une salle à manger **21**
formal living room un salon **21**
large room une salle
living room un salon **21**, une salle de séjour, un living **21**
roundtrip (ticket) un aller et retour **29**
route un parcours **I8***
rubber le caoutchouc **25**
ruby un rubis **I7***
rug un tapis **I3*, 21**
to run courir **I2*, 17**
to run into rentrer dans; heurter **24**
running shoes des tennis *m.* **25**
Russia la Russie **29**
Russian russe **1**

sack un sac **A, 12**
sad triste **2**
sailing la voile **17**
salad une salade **9**
sale: on sale en solde **25**
salesperson un vendeur, une vendeuse **1**
salmon le saumon **9**
salt le sel **9**
same même
all the same tout de même **I4***
the same one le/la même
the same ones les mêmes
sandals des sandales *f.* **25**
sandwich un sandwich **9**
grilled ham and cheese sandwich un croque-monsieur **9**
satisfied satisfait **I7***
Saturday samedi *m.* **A**
on Saturday samedi **7**
on Saturdays le samedi **23**
sausage(s) des saucisses *f.*; le saucisson **9**
saved sauvé **I9***
to say *dire **16**
to say no refuser **30**
scarf un foulard **25**
schedule un horaire **29**
school *(adj.)* scolaire **R**
school une école **R**
driving school une auto-école **33**
high school un lycée **R**
private school une école privée **R**
public school une école publique **R**
science les sciences *f.* **R**
science fiction movie un film de science-fiction **13**

to **scream** crier I1*
sea la mer **29**
season une saison **A**
seat un siège **33;** une place **13**
seat belt une ceinture de sécurité **33**
second deuxième **26**
secondly deuxièmement **26**
secretary un secrétaire, une secrétaire **1**
to **see** *voir **5;** *apercevoir **30**
see you tomorrow! à demain!
to **seem** sembler **I3*,** avoir l'air **3**
selfish égoïste **2**
to **sell** vendre **A**
to **send** envoyer **11**
Senegal le Sénégal **29**
sensitive sensible **2**
September septembre *m.* **A**
serious sérieux (sérieuse) **2**
seriously sérieusement **26**
service charge le service **9**
to **set** *(the table)* *mettre (la table) **6**
to set off the alarm déclencher l'alarme **I8***
seven sept **A**
seventeen dix-sept **A**
seventy soixante-dix **A**
seventy-one soixante et onze **A**
seventy-two soixante-douze **A**
several plusieurs **12**
shampoo le shampooing **19**
shape: in shape en forme **17**
in good shape en bon état **I8***
to be in shape être en forme **17**
to **shave** se raser **19**
she elle **R**
she's c'est **R**
shirt une chemise **A, 25**
T-shirt un tee-shirt
shoes des chaussures *f.* **A, 25**
shop une boutique A, **25**
at/to the shop of chez **R**
discount shop une boutique de soldes **25**
shopping les courses *f.* **9**
to go (do the) shopping *(for food)* faire les courses **3;** faire des achats **5**
shopping center un centre commercial **A**
short petit **2;** court **25**
shorts un short **25**
should: you should il faut **12**
you should not il ne faut pas **12**
shoulder l'épaule *f.* **17**
to **shout** crier **I1***
show un spectacle **13**
to **show (to)** montrer (à) **14**
shower une douche **21**
shy timide **2**
sick malade **17**
sight: to catch sight of *apercevoir **30**
sign *(traffic)* un panneau **24**
silk la soie **25**
silly bête **2**
silver l'argent *m.* **25**
since car; depuis **4;** depuis que; comme **I6*;** puisque **I2***
since what time? depuis quelle heure?
since when? depuis quand? **4**
to **sing** chanter **A**
singer un chanteur, une chanteuse **13**
single célibataire **1**
sink un lavabo **21**
kitchen sink un évier **21**
sister une soeur **1**
half sister une demi-soeur **1**
to **sit down** *s'asseoir **20**
sit down! assieds-toi! asseyez-vous! **20**
six six **A**
sixteen seize **A**
sixty soixante **A**
size *(clothing)* la taille **25;** *(shoe)* la pointure **25**
to wear size [40] faire (porter) du [40] **25**
skateboarding le skate(board) **17**
roller-skating le patin à roulettes **26**
to **ski** faire du ski, skier
skiing le ski **17**
waterskiing le ski nautique **17**
skin la peau **I5***
skirt une jupe **A, 25**
sky le ciel **I8***
to **sleep** *dormir **8**
sleeping bag un sac de couchage **29**
sleepy: to be sleepy avoir sommeil **3**
slice une tranche **12**
slow lent **I4*, 27**
to **slow down** ralentir **34***
slowly lentement **27**
small petit **2**
smart intelligent
to **smile** *sourire **I3***
sneakers des tennis *m.* **A, 25**
high top sneakers des baskets *m.* **A, 25**
to **snow** neiger
snowboarding le snowboard, le surf des neiges **17**
snowed: it snowed il a neigé
snowing: it's snowing il neige **A**
it was snowing il neigeait **23**
so alors; donc **I2*;** si; tellement
so much (many) tellement de
soap le savon **19**
soccer le foot **A**
soccer game un match de foot **5**
socks des chaussettes *f.* **A, 25**
soda *(carbonated soft drink)* un soda **9**
lemon soda la limonade **9**
sofa un sofa **21**
sole la sole **9**
solid *(color)* uni **25**
some des **R;** du, de la, de l', des **10;** quelques **12;** en **18;** un peu (de) **12**
somebody quelqu'un **7**
someone quelqu'un **7**
something quelque chose **7**
something else quelque chose d'autre **25**
sometimes parfois **18;** quelquefois **18**
somewhere quelque part **I8***
son un fils **1**
song une chanson **13**
soon bientôt **I6***
see you soon à bientôt
sore: to have a sore ... avoir mal à + *part of body* **17**
sorry: very sorry désolé **13**
I'm sorry je suis désolé **1**
to be sorry regretter **13**
sort une sorte **13**
sound system une chaîne hi-fi **A**
soup la soupe **9**
south le sud **29**
South America l'Amérique *f.* du Sud **29**
spaghetti les spaghetti *m.* **9**

Spain l'Espagne *f.* **29**
Spanish espagnol **1**
Spanish (language) l'espagnol *m.* **R**
spare part une pièce de rechange **I9***
to **speak** parler **A**; prendre la parole **I7***
specific spécifique **23**
speed: full speed à toute vitesse **19***
to **spend** dépenser
  to spend (time) passer **5;** faire un séjour **29**
spider's web une toile d'araignée **I6***
spite: in spite of malgré **I8***
spontaneously spontanément **26**
spoon une cuillère **9**
sports le sport **R**
  active in sports sportif (sportive) **2**
  sports car une voiture de sport **33**
spot un endroit **A, 5**
spring le printemps **A**
  in (the) spring au printemps
squirrel un écureuil **15**
stadium un stade **A, 5**
stage une étape **I8***
staircase un escalier **21**
stairs des escaliers *m.* **I3*, 21**
to **start** commencer **13;** démarrer **34*;** se mettre à **I6***
state un état **29**
station une gare **A**
  gas station une station-service **33**
to **stay** rester **A, 8;** faire un séjour **29;** loger **29**
steak with French fries un steak-frites **9**
steering wheel un volant **33**
stepfather un beau-père **1**
stepmother une belle-mère **1**
still encore **19*;** toujours **19***
stomach le ventre **17,** l'estomac *m.* **17**
  to have a stomach ache avoir mal au ventre **17**
to **stop** s'arrêter **20;** arrêter de **30;** cesser de 30
  to stop the engine arrêter le moteur **34***
store un magasin **A, 25**

  department store un grand magasin **25**
story une histoire 16; *(floor)* un étage **I3*, 21**
stove une cuisinière **21**
  (portable) stove un réchaud **29**
strawberry une fraise **9**
street une rue **A**
  street map un plan
striped à rayures **25**
strong fort **27**
student *(high school)* un élève, une élève
studies les études *f.* **R**
to **study** étudier **A**
  to study *(a subject)* faire de + *subject* **3**
stupid bête **2**
subdivision un lotissement **21**
subject: school subjects les matières *f.* **R**
suburbs la banlieue **21**
subway le métro **5**
  subway ticket un billet/un ticket (de métro) **5**
to **succeed** réussir **A**
  to succeed in réussir à **30**
suddenly tout d'un coup **I2***
sugar le sucre **9**
suit un costume **25,** un tailleur **25**
  bathing suit un maillot de bain **A, 25**
  jogging (track) suit un survêtement (un survêt) **A, 25**
suitcase une valise **29**
  to pack one's suitcase faire ses valises **29**
summer l'été *m.* **A**
  in (the) summer en été
summer vacation les grandes vacances *f.*
sun le soleil
  sunbath un bain de soleil **5**
Sunday dimanche *m.* **A**
  on Sunday dimanche **7**
  on Sundays le dimanche **23**
sunglasses des lunettes *f.* de soleil **A, 25**
super formidable, super **25**
supermarket un supermarché **A**
supper le dîner **9**
  to have (eat) supper dîner **A, 9**

supposed: to be supposed to *devoir **10**
sure sûr; volontiers! **13**
surfboarding le surf **17**
sweater un pull **A, 25**
sweatshirt un sweat **A, 25**
to **swim** nager **A**
swimming la natation **17**
swimming pool une piscine **A**
Swiss suisse **1**
Switzerland la Suisse **29**

T

table une table **A, 9**
tablet (computer) une tablette
to **take** *prendre **5**
  to take (along) *(mainly people)* amener **11**
  to take (along) *(things)* apporter **A**
  to take a course (class) suivre un cours **33**
  to take a hike faire une randonnée **5**
  to take a trip faire un voyage **29**
  to take a walk (ride) se promener **19;** faire un tour **5;** faire une randonnée **5**
  to take care of someone s'occuper de quelqu'un **28***
  to take home ramener **I1***
  to take off enlever **34*,** ôter **I8***
  to take place avoir lieu **24;** se passer
  to take someone's measurements prendre les mesures de quelqu'un **28***
  to take the subway toward [Balard] prendre la direction [Balard] **5**
to **talk** parler **A**
  to talk to s'adresser à, parler à **16**
tall grand **2**
to **tan** bronzer **5**
tank: to fill the tank faire le plein **33**
to **taste** goûter **I3***
tea le thé **9**
  iced tea le thé glacé **9**
to **teach** apprendre **6**
teacher un professeur

team une équipe **13**
technician un technicien, une technicienne **1**
technology la technologie (la techno) **A**
teeth les dents *f.* **17**
to **telephone** téléphoner (à) **A, 16**
television la télé **A**
  television set un téléviseur **A**
to **tell** *dire **16**
  to tell *(a story)* renseigner, raconter **16**
  to tell (about) raconter **16**
  to tell in advance *prévenir **I3***
ten dix **A**
tent une tente **29**
test un examen **A**
  to pass a test réussir à un examen **A**
text message un texto
than *(in comparisons)* que **27**
thank: thank you merci
  thanks to grâce à **I7***
that cela (ça) **9;** qui, que **22;** ce (cet, cette) **A**
  that ... (over there) ce ...-là **A, 28**
  that one celui-là (celle-là) **28**
  that's c'est **R,** voilà **R**
the le, la, l', les **R, A**
theater un théâtre **13**
theft un vol **I7***
their leur, leurs **A**
them eux, elles **R;** les **15**
  (in) it/them y **18**
  (to) them leur **16**
themselves se **19**
then alors; ensuite **6**
there là **5;** y **18**
  from there en **18**
  over there là-bas **5**
  that ... (over there) ce ...-là **A, 28**
  there is (are) il y a **R;** voilà **R**
  there is no (there aren't any) il n'y a pas de **R**
therefore donc **I2***
these ces **A;** ceux (celles) **28,** ceux-ci (celles-ci) **28**
they ils/elles **R;** on **A**
thief un voleur **I7***
thin: to get thin maigrir **A**
thing une chose
  things des affaires *f.* **5**
to **think** penser **18;** *croire; réfléchir **I5*, 25;** trouver (que) **18**
  to think about penser à
  to think of penser de
third troisième **I1*, 26**
thirsty: to be thirsty avoir soif **3**
thirteen treize **A**
thirty trente **A**
this ce, cet, cette **A;** ceci
  this (Friday) ce (vendredi)
  this is voici **R**
  this ... (over here) ce ...-ci **A, 28**
  this morning (afternoon, evening) ce matin (cet après-midi, ce soir)
  this one celui-ci (celle-ci) **28**
those ces **A;** ceux (celles) **28,** ceux-là (celles-là) **28**
  those are ce sont **R**
thousand mille **A, 26**
three trois **A**
to **throw** lancer **I6***
Thursday jeudi *m.* **A**
  on Thursday jeudi **7**
  on Thursdays le jeudi **23**
ticket un billet **I1*, 13**
  airplane (train) ticket un billet d'avion (de train) **29**
  one-way ticket un aller simple **29**
  round trip ticket un aller et retour **29**
  subway ticket un billet/un ticket de métro **5**
tie une cravate **A, 25**
tight étroit **25**
tights des collants *m.* **25**
time l'heure *f.* **A;** le temps **13;** *(occasion)* la fois **I1*, 13**
  all the time tout le temps **12**
  at what time? à quelle heure? **A**
  (for) a long time longtemps **27**
  from time to time de temps en temps **18**
  it's only a matter of time ce n'est qu'une affaire de temps **I7***
  on time à l'heure **2**
  one time (several times) une fois (plusieurs fois) **13**
  to spend some time faire un séjour **29**
  what time is it? quelle heure est-il? **A**
timid timide **2**
tip le service **9;** un pourboire **I4***
tire un pneu **33**
tired fatigué **I2*, 17**
to à **A;** en **18;** *(in order to)* pour + *inf.* **34**
  to the house (office, shop, etc.) of chez **R**
  to the left/right (of) à gauche/droite (de) **R**
  to whom? à qui? **R**
toaster un grille-pain **21**
today aujourd'hui **7**
toilet les toilettes *f.* **21;** les WC *m.* **21**
toll road une autoroute **I8***
tomato une tomate **9**
tomorrow demain **7**
  see you tomorrow à demain
tonight ce soir **7,** cette nuit
too aussi; trop **2, 25**
  that's too bad! c'est dommage!
  too bad! tant pis! **I9***
  too many trop (de) **12**
  too much trop (de) **12**
tooth une dent **17**
toothbrush une brosse à dents **19**
toothpaste le dentifrice **19**
toward *(a place)* vers **I2***
town une ville **A, 21;** un village **21**
track suit un survêtement (un survêt) **25**
traffic la circulation **I8***
trailer *(camping)* une caravane **29**
train un train **A**
  by train en train **A**
  train ticket un billet de train **29**
to **transport** transporter **29**
to **travel** voyager **A**
tray un plateau **I7***
treasure un trésor **I8***
tree un arbre **5**
trip: to go on (take) a trip faire un voyage **29**
truck un camion **33**
true vrai; véritable **I8***
truly vraiment **I9***
trunk *(of a car)* un coffre **33**
truth la vérité **16**

to tell the truth à vrai dire I7*
to **try** goûter I3*
to try one's luck tenter sa chance I9*
to try (out, on) essayer 25
to try to essayer de + *inf.* 30
T-shirt un tee-shirt 25
athletic T-shirt un maillot 26*
Tuesday mardi *m.* A
on Tuesday mardi 7
on Tuesdays le mardi 23
tuna le thon 9
to **turn** tourner
to turn off éteindre, fermer 21
to turn on *(the radio, etc.)* *mettre 6
TV la télé A
TV set un téléviseur
twelve douze A
twenty vingt A
twice deux fois 13
two deux A
type un genre 13; une sorte 13

umbrella un parapluie 25
unattractive moche 25
uncle un oncle 1
under sous R
to **understand** *comprendre 6
unfair injuste 2
unfortunately malheureusement 8*; hélas
unhappy malheureux (malheureuse) 2
United States les États-Unis *m.* 29
university une université
unknown inconnu I8*
unnecessary inutile 27
unpleasant désagréable; pénible 2
until jusqu'à
up: to get up se lever 19
to go up monter 5
to wake up se réveiller 19
to wash up se laver 19
upon: upon ...-ing en + *pres. part.* 34
upset furieux (furieuse)
us nous R
to us nous 14
to **use** utiliser I2*, 29
useful utile 27
useless inutile 27
usual habituel (habituelle) 23
usually d'habitude 23; habituellement 23

vacation les vacances *f.* 29
during vacation pendant les vacances A
summer vacation les grandes vacances *f.*
van une camionnette 33
value la valeur I8*
vanilla ice cream une glace à la vanille 9
veal le veau 9
vegetables les légumes *m.* 9
velvet le velours 25
very très 2; bien
very much beaucoup 12
very sorry désolé 1
veterinarian un vétérinaire, une vétérinaire 1
video games les jeux vidéo A
Vietnam le Viêt-Nam 29
Vietnamese vietnamien (vietnamienne) 1
villa une villa 29
village un village 21
visa un visa 29
to **visit** *(place)* visiter A; *(people)* rendre visite (à) 16
volleyball le volley A

W

to **wait (for)** attendre A
to **wake up** se réveiller 19
walk: to go for a walk faire une promenade (à pied) 5
to take a walk se promener 19; faire un tour 5
to **walk** aller à pied 5; marcher A, 5
wall un mur 21
wallet un portefeuille 25
to **want** *vouloir 10; avoir envie de 3; désirer 9
I want je veux R
to want to vouloir bien R
warm chaud 27
to be warm avoir chaud 3
to **warn** *prévenir I3*.
to **wash** laver 5
to **wash (oneself), wash up** se laver 19
to **wash the dishes** faire la vaisselle 3
washing machine une machine à laver 21
watch une montre A
to **watch** regarder A
water l'eau *f.* 9
mineral water l'eau minérale 9
waterskiing le ski nautique 17
we nous; on R
weak faible 27
to **wear** porter A, 25; *mettre 6
to wear size [40] faire (porter) du [40] 25
weather le temps A
how's (what's) the weather? quel temps fait-il? A
it's nice (bad, hot, cold) (weather) il fait beau (mauvais, chaud, froid) A
Wednesday mercredi *m.* A
on Wednesday mercredi 7
on Wednesdays le mercredi 23
week une semaine A
during the week en semaine A
two weeks quinze jours 29
weekend un week-end A
on the weekend, on (the) weekends le week-end
weekly par semaine 13
weight: to gain weight grossir A
to lose weight maigrir A
welcoming hospitalier (hospitalière) I8*
well bien 27
west l'ouest *m.* 29
what: about what? de quoi? à quoi? R
at what time? à quelle heure? A
what? qu'est-ce que? R; comment? R; que? qu'est-ce qui? quoi? R

what (a) ... ! quel + *noun!*
what a pity! c'est dommage!
what happened? qu'est-ce qui est arrivé (s'est passé)? **24**
what is it? qu'est-ce que c'est? **R**
what's the date today? quelle est la date aujourd'hui? **A**
what's the weather? quel temps fait-il? **A**
what's wrong (the matter, going on)? qu'est-ce qu'il y a? **R**
what time is it? quelle heure est-il? **A**
wheel une roue **33**
when quand; lorsque **I9***
since when? depuis quand? **4**
when? quand? **R**
where? où? **R**
whether si **31**
which quel (quelle) **A**; qui, que **22**
which one, which ones lequel, laquelle, lesquels, lesquelles **28**
while pendant que
while ...-ing en + *pres. part.* **34**
white blanc (blanche) **A, 25**
who qui **A, 22**
who? qui? qui est-ce qui? **22**
whole: the whole tout le, toute la **12**
whole day (evening, morning, year) une journée (soirée, matinée, année) **7**
whom que, qui **22**
about whom (what)? de qui (quoi)?, à qui (quoi)? **R**
to whom? à qui? **R**
whom? qui? qui est-ce que? **R**
with whom? avec qui? **R**
why? pourquoi? **R**; pour quelle raison?
wide large **25**
wife une femme **1**
to win gagner **A**
window une fenêtre **21**
store window la vitrine **I7***
windshield le pare-brise **33**
windshield wiper l'essuie-glace *m.* **33**
windsurfing la planche à voile **17**
winter l'hiver *m.* **A**
to wish désirer **9**; *vouloir **10**
with avec **R**
with what? avec quoi?
with whom? avec qui? **R**
without sans **34**
witness un témoin **24**
witty spirituel (spirituelle) **2**
woman une femme
wool la laine **25**
word un mot
to work travailler **A**; *(function)* fonctionner
worker: office worker un employé (une employée) de bureau **1**
would: I would like je voudrais **R**; j'aimerais
it would be better il vaudrait mieux
to write *écrire **16**
writer un écrivain **1**
wrong faux (fausse)
to be wrong avoir tort **3**
what's wrong? qu'est-ce qu'il y a? **R**; qu'est-ce que tu as? **3**

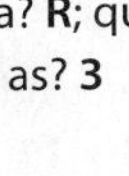

year un an
last year l'année dernière **7**
this year cette année **7**
to be ... years old avoir ... ans **3**
(whole) year une année **A**
yearly par an **13**
to yell crier **I1***
yellow jaune **A, 25**
yes oui; *(in answer to a negative question)* si
yesterday hier **6**
yet encore **I4***
yogurt le yaourt **9**
you tu, vous **R**; toi, vous **R**; on **A**; te, vous **14**
to you te, vous **14**
you should il faut **12**
you should not il ne faut pas **12**
young jeune **1**
your ton, ta, tes; votre, vos **A**
yours *(in a letter)* bien à toi **14***
yourself te, vous **19**
yourselves vous **19**

zero zéro **A**

INDEX

A

B

C

D

E

INDEX *continued*

Y

CREDITS

Front Cover
©David Sanger/The Image Bank/Getty Images

Back Cover
Level 1a: ©David Noble/Travel Pictures
Level 1b: ©Patrice Coppee/Workbook Stock/Getty Images
Level 1: ©Travelpix Ltd/Stone/Getty Images
Level 2: ©David Sanger/The Image Bank/Getty Images
Level 3: ©Shaen Adey/Gallo Images/Getty Images

Photography
All photos by Lawrence Migdale/PIX except the following: xii ©Rebecca and Jean-Paul Valette; 9 (euro notes) ©Creativ Studio Heinemann/Getty Images; 9 (verso of 1 Euro coin from France) ©Gunter Kirsch/Alamy; 11 (bl) ©Guenter Fischer/Getty Images; 11 (br) ©Goodshoot/Jupiterimages/Getty Images; 31 (tl) ©Odilon Dimier/PhotoAlto/Corbis; 37 (tr) ©Jupiterimages/Getty Images; 37 (tcr) ©Moodboard/Alamy; 37 (tcl) ©amana images inc./Alamy; 37 (cl) ©Moodboard/Alamy; 59 (cl) ©Catchlight Visual Services/Alamy; 59 (cr) ©Catchlight Visual Services/Alamy; 63 (bg) ©ImagesEurope/Alamy; 80 (c) ©Corbis; 85 (t) ©DWP/Fotolia; 86 (tr) ©Patrick Kovarik/AFP/Getty Images; 86 (br) ©Jupiterimages/Getty Images; 86 (bg) ©Andrew Ward/Photodisc/Getty Images; 86 (tcr) ©Gunter Kirsch/Alamy; 86 (bcr) ©Image Source/Getty Images; 88 (tl) ©nagelestock.com/Alamy; 88 (bl) ©A. Beveratos/Getty Images; 88 (br) ©Eitan Simanor/Robert Harding Picture Library Ltd/Alamy; 89 (tl) © Pippa West/Alamy; 89 (tr) Elena Elisseeva/Alamy; 89 (bl) ©Photononstop/Superstock; 89 (c) ©Marka/Superstock; 89 (br) ©International Photobank/Alamy; 90 (bg) ©Corbis; 90 (cl) © Universal Images Group (Lake County Discovery Museum)/Alamy; 91 (t) ©JTB Photo Communications, Inc./Alamy; 91 (c) ©Migueal Medina/AFP/Getty Images; 91 (b) ©Patrick Hertzog/AFP/Getty Images; 92 (bg) Mike Coleman/Alamy; 92 (br) ©Joel Saget/AFP/Getty Images; 93 (cr) ©William Stevens/Gamma-Rapho/Getty Images; 93 (bl) ©Jean-Luc Lamaere/Getty Images; 94 (cr) ©Goodshoot/Jupiterimages/Getty Images; 94 (br) ©Corbis; 95 (tr) ©Bora/Alamy; 95 (b) ©Vladimir Wrangel/Alamy; 96 (bg) ©John Elk III/Alamy; 96 (tl) ©Arthur Thévenart/Corbis; 97 (tl) ©Stockbyte/Getty Images; 97 (t) ©Migueal Medina/AFP/Getty Images; 97 (bl) ©Jean-Luc Lamaere/Getty Images; 97 (br) ©Vladimir Wrangel/Alamy; 127 (br) ©Image Source/Getty Images; 127 (bl) ©Anna Yu/Alamy; 145 (tl) ©Grant Faint/The Image Bank/Getty Images; 145 (tr) ©ImagesEurope/Alamy; 145 (tc) ©Photononstop/Superstock; 154 (b) ©Directphoto.org/Alamy; 203 (b) ©imagebroker.net/Superstock; 206 (b) ©AP Photo/Reed Saxon; 207 (br) ©Serge Benhamou/Gamma-Rapho/Getty Images; 207 (tl) ©Francois Guillot/AFP/Getty Images; 207 (cl) ©Andia/Alamy; 207 (cr) ©Nicolas Asfouri/AFP/Getty Images; 210 (br) ©Francois Guillot/AFP/Getty Images; 214 (c) ©Graham Kuhn; 221 (bl) ©Photodisc/Getty Images; 221 (bg) ©Arap/Fotolia; 223 (b) ©Rolf Hicker Photography/Alamy; 229 (cl) Digital Vision/Getty Images; 229 (tcl) ©Claude Coquilleau/Fotolia; 229 (tcr) ©Photodisc/Getty Images; 229 (cr) ©Inge Yspeert/Corbis; 229 (bl) ©Stockbyte/Getty Images; 229 (bcl) ©Stockbyte/Getty Images; 229 (br) ©Bureau L.A. Collection/Sygma/Corbis; 244 (b) ©Jupiterimages/Getty Images; 259 (cr) ©Danita Delimont/Getty Images; 259 (tr) ©Norma Joseph/Alamy; 259 (br) ©Philip Gould/Corbis; 260 (tl) ©David Sanger/Digital Vision/Getty Images; 260 (b) ©Philippe Renault/Hemis/Alamy; 261 (tr) ©Rubens Abboud/Alamy; 261 (cr) ©Megapress/Alamy; 262 (b) Acadians in Philadelphia Harbor 1755. Courtesy Robert Dafford.; 262 (tr) ©CODOFIL - Council for the Development of French in Louisiana; 263 (t) ©Goss Images/Alamy; 263 (b) ©Goss Images/Alamy; 264 (tl) ©GL Archive/Alamy; 264 (tcl) ©Bettmann/Corbis; 264 (bcl) ©The Art Gallery Collection/Alamy; 264 (bl) ©Mary Evans Picture Library/Alamy; 265 (tr) ©Photo Researchers/Getty Images; 265 (tc) Courtesy of the Library of Congress, LC-USZ61-1608; 265 (br) Courtesy of the Library of Congress, LC-DIG-pga-00384; 266 (br) ©David Sanger Photography/Alamy; 266 (cr) Photodisc/Getty Images; 267 (tr) ©David Sanger Photography/Alamy; 267 (br) ©S. Martin/ESA/Getty Images; 267 (cr) ©Owen Franken/Corbis; 268 (tr) ©Megapress/Alamy; 269 (t) ©Megapress/Alamy; 269 (bl) ©GL Archive/Alamy; 269 (bc) ©Bettmann/Corbis; 269 (br) ©Goss Images/Alamy; 272 (cl) ©Action Plus Sports Images/Alamy; 272 (bl) ©Pierre Jacques/Hemis/Getty Images; 272 (tc) ©Photo and Co/Stone/Getty Images; 272 (cr) ©Adrian Dennis/AFP/Getty Images; 272 (br) ©Geoff Waugh/Alamy; 273 (tr) ©Merillon/Stevens/Getty Images; 273 (tl) ©AP Photo/Jacques Brinon; 273 (bl) ©Jill Sabella/Getty Images; 288 (bc) ©Arctic-Images/Iconica/Getty Images; 288 (tcl) ©Daniel Barbier/The Image Bank/Getty Images; 288 (bl) ©John Warburton-Lee Photography/Alamy; 288 (br) ©Michael Blann/Digital Vision/Getty Images; 320 (t) ©Martial Colomb/PhotoDisc/Getty Images; 332 (br) ©Huntstock/Getty Images; 345 (br) ©Dynamic Graphics Group/Jupiterimages/Getty Images; 347 (l) ©Bert Hardy/Hulton Archive/Getty Images; 347 (r) ©Albert Harlingue/Roger Viollet/Getty Images; 367 ©Imagebroker/Alamy; 371 (c) ©Antonio de Moraes Barros Filho/WireImage/Getty Images; 371 (tr) ©Elke Hesser/Getty Images; 373 (tc) ©Hemis/Alamy; 373 (tr) ©Image Source/Getty Images; 373 (bl) ©Medioimages/Getty Images; 373 (bc) ©Francis Vachon/Alamy; 373 (tl) ©Photodisc/Getty Images; 386 (tr) ©Alex Segre/Flickr/Getty Images; 396 (tl) © VisionsofAmerica.com/Joe Sohm; 396 (tr) ©Corbis; 396 (br) ©Ian Fraser/Alamy; 397 (bl) ©Peter Barritt/Alamy; 397 (br) ©Albert Harlingue/Roger Viollet/Getty Images; 397 (tl) ©Roger Viollet/Getty Images; 397 (tr) ©Jasper Juinen/Getty Images; 423 (tl) ©Friedrich Stark/Alamy; 424 (tl) ©PhotoSpin, Inc/Alamy; 424 (br) ©Doelan Yann/hemis.fr/Getty Images; 425 (tr) ©Ingolf Pompe/LOOK Die Bildagentur der Fotografen GmbH/Alamy; 425 (l) ©Edoardo Frola/Flickr/Getty Images; 426 (tl) ©Photononstop/Superstock; 426 (bg) ©Dynamic Graphics Group/Jupiterimages/Getty Images; 426 (tr) ©Beryl Goldberg; 426 (cl) ©Bruno Morandi/The Image Bank/Getty Images; 426 (br) ©Eye Ubiquitous/Superstock; 427 (tl) ©Peter Adams/The Image Bank/Getty Images; 427 (tr) ©José Nicolas/Hemis/Alamy; 427 (bl) ©Dariusz Wiejaczka/Fotolia; 428 (l) ©PhotoSpin, Inc/Alamy; 428 (cr) ©Doelan Yann/hemis.fr/Getty Images; 428 (c) ©akg-images/André Held; 429 (l) ©akg-images/André Held; 429 (cl) ©Nikreates/Alamy; 429 (cr) ©akg-images/André Held; 429 (r) ©Doelan Yann/hemis.fr/Getty Images; 430 (tl) ©Roger Turley/Alamy; 430 (bg) ©Photodisc/Getty Images; 430 (tr) ©Anthony Ham/Lonely Planet Images/Alamy; 431 (t) ©Peter Adams/The Image Bank/Getty Images; 431 (cr) ©PhotoSpin, Inc/Alamy; 431 (b) ©Friedrich Stark/Alamy; 434 (cl) ©Tor Eigeland/Alamy; 434 (br) ©Denise Hager/Catchlight Visual Services/Alamy; 435 (tr) ©Red Sky/Getty Images; 435 (cl) ©Andia/Alamy; 445 (c) ©Wernher Krutein/Corbis; 453 (br) ©Royalty-Free/CORBIS; 456 (br) ©Glowimages/Alamy; 456 (bl) ©John Elk III/Alamy; 456 (cr) ©incamerastock/Alamy; 492 (cl) ©culture-images GmbH/Alamy; 493 (tl) ©age fotostock/Superstock; 493 (cr) ©Rick Dole/Getty Images; 505 ©Jean Francois Frey/Maxppp/Landov; 505 ©Peter Titmuss/Alamy